장애 학생을 위한 개별화 행동지원

긍정적 행동지원의 계획 및 실행

Linda M. Bambara · Lee Kern 공저

이소현 · 박지연 · 박현옥 · 윤선아 공역

INDIVIDUALIZED Supports for Students with Problem Behaviors

Designing Positive Behavior Plans

학지사

Individualized Supports for Students with Problem Behaviors:
Designing Positive Behavior Plans
by Linda M. Bambara and Lee Kern

역자 서문

장애 학생과 함께 시간을 보낸 경험이 있는 사람들의 대부분은 이들이 보이는 크고 작은 문제행동으로 인하여 당황하거나 힘들어했던 경험이 있을 것이다. 우리가 '문제행동' 이라고 부르는 그 행동들은 사실 많은 의미를 지니고 있었을 텐데도, 정작 우리는 그 행동을 문제행동이라고 칭하고 어떻게 하면 없앨 수 있을지만 고민하였을 뿐 이들의 삶과 연계해서 왜 그러한 행동이 꼭 필요했는지에 대해서는 별로 고민하지 않았던 것 같다.

최근에 이르러서 문제행동을 바라보는 시각이 많이 변한 것이 사실이다. 문제행동이라는 용어가 암시하는 의미를 '문제' 에 초점을 맞추던 시각에서 벗어나 왜 그러한 '행동' 을 하는가에 초점을 맞추는 것으로 변화해 왔다. 다시 말해서, 행동에 문제가 있으니 이를 교정하거나 제거해야 한다고 생각하던 관점으로부터 뭔가 이유가 있어 이러한 행동을 하는 것일 테니 그 이유를 충족시켜 주면서도 문제가 되지 않게 행동하는 방법을 알려 주자는 관점으로 변했다는 것이다.

긍정적 행동지원은 문제행동을 바라보는 시각의 변화 과정에서 자연스럽게 등장한 문제행동에 대한 교수 방안이라고 할 수 있다. 긍정적 행동지원은 행동에만 초점을 맞추지 않는다. 왜 그러한 행동이 발생하는지 그 이유를 알려고 노력한다. 그래서 행동이 발생하는 환경, 상황, 맥락 등 행동 발생과 관련된 모든 것을 고려한다. 또한 행동이 나타나는 현재에만 초점을 맞추지도 않는다. 행동이 발생하기 전의 다양한 배경과 앞으로의 바람직한 삶의 모습에도 많은 관심을 기울인다.

우리나라에서도 최근에 긍정적 행동지원이 소개되면서 대부분의 특수교육 관련 전문가들은 특수교육 현장에서 시급하게 도입되어야 하는 바람직한 방법으로 인정하고 있다. 그러나 교육현장에서 문제행동을 보이는 장애 학생들과 함께 일하는 사람이라면 누구나가 경험하고 있듯이, 문제행동을 다루기란 참으로 길고도 어려운 과정이 아닐 수 없다. 아무리 철학적으로나 논리적으로 바람직한 방법이 제시된다고 할지라고 그 실행의 가능성이나 용이성을 확신할 수 없는 한 실천의 의지는 꺾일 수밖에 없는 것이 사실이다.

이 책을 처음 접하면서 무척이나 반가운 마음이 들었던 것은 긍정적 행동지원이 아직은 철학적이고 원리적인 개념이라는 생각이 남아 있는 교육현장에서 실제로 실행에 옮길 수 있도록 상세하게 안내하는 구체적인 내용을 담고 있었기 때문이다. 나라나 현장 간의 문화적인 차이로 인하여 번역서가 지니는 한계가 있다는 사실을 잘 알고 있기에 번역에 대해 다소 회의적인 생각이 들기도 했다. 그러나 다른 이슈와는 달리 문제행동이 지니는 중재의 시급함과 절박함으로 인하여, 또한 아직까지도 처벌 중심의 전통적인 중재가 교육현장에 많이 남아 있다는 현실적인 안타까움으로 인하여 이렇게 번역서를 출간하기에 이르렀다.

이 책은 13장으로 구성되어 있다. 긍정적 행동지원의 발생 과정과 이론적 배경을 설명하고, 실제로 행동지원 계획을 세우고 실행하고 평가하는 전 과정에 대하여 상세하게 설명하고 있으며, 더 나아가서는 학급 내에서뿐만 아니라 가정과 지역사회에서의 지원 및 학교 차원의 지원까지도 비교적 상세하게 설명하고 있다. 특히 이 책에서는 긍정적 행동지원 전 과정에 걸쳐 설명하고 있는 구체적인 방법론을 실제 사례에 적용하면서 각 장마다 사례 중심의 적용 절차를 상세하게 보여주고 있어 현장 적용의 용이성을 더해 준다.

거의 대부분의 장애 학생들이 크고 작은 행동 문제들로 인하여 주변으로부터 적절한 대우를 받지 못하고 있는 현실을 생각해 볼 때, 이 책의 구체적인 방법론이 이들의 '문제행동'을 더 이상의 문제가 아닌 '기능적인 행동'으로 변화시키는 역할을 해 주길 기대해 본다. 세상과 소통하기 위하여 아직까지는 문제행동에 의존하고 있는 많은 학생들과 그로 인하여 힘들어 하는 가족들, 그리고 이들을 가르치고 지원해야 하는 수많은 교사들에게 이 책이 조금이나마 도움이 되기를 진심으로 바란다. 가장 크게는 이 책을 통하여 우리 모두가 장애 학생들이 보이는 어떤 행동도 '문제' 의 시각에서가 아니라 주변에 메시지를 전달하기 위하여 안타깝게 노력하는 '소통의 방법' 일 수 있다는 관점으로 볼 수 있게 되기를 바란다.

하나님은 그들의 행동을 날날이 살피신다

-욥기 24:23-

2008년 9월

역자 일동

저자 서문

이 책은 어떤 책인가

『장애 학생을 위한 개별화 행동지원: 긍정적 행동지원의 계획 및 실행(*Individualized Supports for Students with Problem Behavior: Designing Positive Behavior Plans*)』은 문제행동을 보이는 장애 학생을 위한 개별화된 긍정적 행동지원(positive behavior supports: PBS)을 개발하는 과정을 설명한 책이다. 장애를 가진 많은 학생들은 일반 학교나 학급의 행동관리 시스템에 잘 반응하지 않는다. 따라서 전형적인 학교 경험이나 환경으로부터 배제될 위험을 지니고 있다. 이 책은 이러한 학생들을 위하여 긍정적 행동지원을 통한 효과적인 해결책을 제시하고자 하였다. 긍정적 행동지원은 우선적으로 그리고 가장 중요하게 기능진단이라는 과정을 통해 학생을 이해하고 문제행동에 대한 환경적인 '이유' 또는 결정인자를 확인하는 것에 대한 내용이다. 긍정적 행동지원은 일단 학생과 그 학생의 문제행동을 이해한 후에 문제 상황을 변화시키고 학생에게 문제 상황을 다룰 수 있도록 대체기술을 가르치는 개별화된 중재를 계획하게 된다. 긍정적 행동지원은 학생의 문제행동에 기여하는 상황들을 직접적으로 다루기 때문에 효과적이다. 또한 장기적인 변화와 학생 및 그 가족의 지속적인 만족도에 영향을 미치기 위해서 종합적인 삶의 양식을 지원한다. 현재까지 다양한 장애를 지닌 학생과 학교, 가정, 지역사회 등 다양한 환경에서 문제행동을 보이는 학생을 대상으로 긍정적 행동지원의 효과를 입증하는 많은 연구가 이루어져 왔다.

이 책의 목적은 무엇인가

이 책은 학교를 중심으로 일하는 사람들에게 장애인교육법(IDEA '97)의 요구사항에 해당되는 학생들의 개별화된 행동지원 계획을 세우기 위한 정보를 제공한다. 긍정적 행동지원과 관련된 훌륭한 책들이 많이 있지만, 실제로 과정의 처음부터 끝까지 상세하게 설명하고 한 권의 책 안에 진단과 중재 전략의 개관을 모두 제공하는 책은 거의 없다. 이 책은 교사, 부모, 지원 전문가, 관리자, 장애 학생, 기타 학생의 성과에 책임이 있는 모든 사람들을 포함하는 팀 중심의 접근을 강조한다. 이 책의 목표는 독자로 하여금 일련의 진단 도구 및 중재 전략, 안내 질문들, 팀 구성원들이 개별 학생을 위한 지원 계획을 개발할 때 참고할 수 있는 상세한 사례 등을 제공함으로써 긍정적 행동지원 과정의 전반을 훑어볼 수 있게 하는 것이다. 이 책에서 제시하는 과정은 장애, 능력, 연령 및 학년, 문제행동 등 학생의 다양한 필요를 다루기 위해서 충분히 융통성 있게 적용될 수 있다. 특별히 이 책이 제시하고 있는 주요 내용은 다음과 같다.

- 기능진단의 실행 절차를 포함한 개별화된 PBS 계획을 개발하기 위한 단계별 팀 협력 과정
- 선행사건 및 배경사건 중재, 대체기술 훈련, 문제행동에 대한 반응, 장기적인 지원 등 종합적인 행동지원 계획의 각 요소에 대한 연구 기반의 실제적인 중재 및 지원 사례
- 다양한 장애와 문제행동을 보이는 다양한 학생들에 대한 긍정적 행동지원 과정을 보여 주는 수많은 사례들
- 팀이 과정 전반에 걸쳐 신중하게 생각하도록 도와주는 중요한 자기점검 질문들
- 학교환경에 적용하기 쉬운 교사들이 쓰기 편리한 계획 양식

이 책은 누구를 위해서 집필되었는가

이 책은 두 부류의 사람들을 고려하여 집필되었다. 첫째는 개별 학생을 위한 팀에서 일하는 학교 전문가들을 염두에 두었다. 따라서 행동지원 계획을 수립하거나 이에 참여하도록 요청받는 교사, 학교 관리자, 행동지원 전문가, 학교 심리학자와 같은 전문가들에게 충분히 상세한 정보를 제공할 수 있기를 바란다. 이 책이 학교 전문가들과의 협력하에 개발된 것은 사실이지만 학생의 팀에 속한 모든 구성원들, 특히 행동지원 과정의 세부사항에 관심이 있는 부모들에게도 가치 있는 자료가 될 수 있을 것이다. 이 책은 다양한 경험과 배경을 지닌 독자를 염두에 두고 기획되었기 때문에, 행동지원 과정에 참여할 수도 있는 모든 사람들의 이해를 촉진하기 위해서 광범위한 특수교육 또는 기술적인 용어의 사용을 피하려고 노력하였다.

둘째로 이 책은 특수교사, 학교 심리학자, 행동 전문가가 되기 위해 대학과 대학원에서 준비하고 있는 예비 전문가들을 위한 대학교재로 기획되었다. (대학원의 고학년 학생들은 과목에서 요구되는 교재 외에도 연구 사례 등의 보충 자료를 통하여 도움을 받을 수 있을 것이다.) 따라서 이 책의 내용은 학기 중 강의 계획을 고려하여 긍정적 행동지원에서의 전형적인 강의 순서에 따라 구성되었다. 이 책은 또한 학급 관리, 행동 관리, 가정-학교 중재, 응용행동분석 과목을 위한 보충교재로도 적절하게 활용될 수 있을 것이다.

이 책은 어떻게 구성되었는가

이 책의 각 장은 긍정적 행동지원의 개념, 적용방법, 학교 현장에서의 개별화된 지원을 넘어서는 긍정적 행동지원의 확장 등의 순으로 순차적으로 배열되었다. 행동지원 계획과 같은 내용의 책들은 다른 사람들의 기여를 통하여 더 좋은 책이 될 수 있기 때문에 장마다 특정 영역의 전문성과 관심을 확보하기 위하여 긍정적 행동지원 전문가와 연구자들을 저자 또는 공저자로 참여시켜 함께 집필하였다. 저자들의 공동 협력집필로 각 장은 이 책 전반에 걸쳐 제시하고 있는 연계적인 과정을 잘 설명하고 있다.

도입부인 1장부터 5장까지는 긍정적 행동지원의 철학적 기초를 제공하고, 행동지원 과정의 전반적인 개관을 설명하며, 장애 학생을 위한 개별화된 지원을 개발하기 위한 중심적인 기초 개념을 정리하고 있다. Linda M. Bambara가 집필한 1장은 긍정적 행동지원의 역사적 배경과 기본 특성에 대하여 설명한다. Glen Dunlap, Joshua Harrower 및 Lise Fox가 공동으로 집필한 2장은 문제행동이 환경 내 사건에 의해서 어떻게 달라질 수 있는지를 이해하기 위한 개념적 틀을 소개한다. 이러한 틀은 이 책에서 설명하고 있는 진단 및 중재 방법을 안내하는 필수적인 실제 구조를 제공한다.

Stacy Nonnemacher와 Freya Koger의 도움을 받아 Linda M. Bambara가 집필한 3장과 4장은 긍정적 행동지원 계획의 5단계 과정을 개괄적으로 설명하고 있다. 이 책의 후반부에서 각각 설명하고 있는 이 단계들은 문제행동의 우선순위 정하기 및 정의하기, 기능진단 수행하기, 가설 세우기, 행동지원 계획 수립하기, 지원 계획을 실행하고 평가하고 수정하기 등이다. 4장은 이 5단계 과정을 문제 해결을 위한 팀 상황에서 설명하고 있다. 지원 계획을 세우는 데 협력이 왜 필요한지, 그리고 구성원들 간의 기여와 능력을 바탕으로 5단계 과정이 어떻게 협력하기 과정에 포함될 수 있는지를 설명한다. Raymond G. Miltenberger가 집필한 5장은 개론적 성격의 마지막 장이다. 5장에서는 행동 변화를 측정하는 전략에 대하여 설명한다. 얼핏 보기에 행동 변화와 관련된 장은 책의 초반보다는 마지막 부분에 있어야 할 것으로 보이지만, 학생의 진보와 행동 변화의 측정이 지속적인 과정이며 지원이 실행되기 전과 기능진단이 이루어지는 동안 그리고 지원 후에 지원 계획의 수정이 필요한지를 결정하기 위해서 요구되기 때문에 다른 장들과 함께 초반 개요 부분에 포함시킨다. 이 장은 독자에게 문제행동과 대체기술 모두를 포함하는 목표행동 측정의 기본적인 방법을 설명하고 있다. 이 책의 후반부에서는 이러한 기본적인 방법들을 통하여 진도 점검이 어떻게 지원 계획에서의 변화를 만들어 내기 위하여 사용될 수 있는지도 설명한다.

초반부에서는 행동지원 과정을 설명하는 것 외에도 이 책 전반에 걸쳐 다루고 있는 두 가지 요소들을 소개한다. 첫 번째 요소는 3장에서 시작되는 두 학생에 대한 사례로, 이 책 저자들의 개인적인 경험을 바탕으로 구성된 명호와 보미의 사례다. 명호와 보미 이야기 및 이들의 지원 계획 개발은 몇몇 장의 마지막 부분에 제시된다. 이 사례들은 각 장의 내용을 어떻게 적용하는가와 함께 긍정적 행동지원의 전반적인 과정이 개별 학생을 위해서 어떻게 적용될 수 있는지를 보여 주고 있다. 명호와 보미를 위해서 완전히 개발된 지원 계획은 11장의 마지막 부분에 제시된다. 행동지원 계획의 5단계 과정과 요소들이 이 학생들을 위하여 어떻게 함께 작용하는지를 보기 위해서는 각 장을 오가며 읽을 것을 권한다. 이 책에서는 가장 종합적인 필요를 지닌 학생에게 적용한 예를 소개하고자 하였기에, 여기서 제시한 지원 계획은 대부분의 학생들에게는 필요 이상으로 광범위할 수도 있다.

두 번째 요소는 4장에서 시작하여 몇몇 장의 마지막 부분에 제시된 일반적인 질문들(commonly asked questions)이다. 이 부분에서는 학교 교사들이 일상적으로 직면하는 문제들을 예측하여 연구문헌 및 저자들의 경험을 바탕으로 한 대답을 제시한다.

6장부터 11장까지는 개별화된 행동지원을 개발하기 위한 핵심 단계를 설명한다. 이 장들은 사례를 이용하여 과정을 상세하게 설명하고 다양한 진단 및 중재 전략을 제시하고 있다. Lee Kern, Robert E. O'Neill 및 Kristin Starosta가 집필한 6장은 기능진단 정보를 수집하는 방법을 설명하고 있다. 진단방법에 대한 설명은 Lee Kern이 집필한 7장에서 계속되면서 수집된 정보를 어떻게 해석하는지를 알려 주고 있다. 특히 이 부분에서는 진단 정보를 가설 문장으로 요약한 후 행동지원 계획 수립에 어떻게 사용할 수 있는지에 대하여 설명한다. 다음 8장부터 11장까지는 행동지원 계획의 네 가지 주요 요소를 설명하며, 각 장은 개별 학생을 위한 최상의 지원을 선정하기 위한 고려사항에 대하여 설명한다. Lee Kern과 Shelley Clarke가 집필한 8장에서는 선행사건 및 배경사건 중재를 소개한다. 이어서 James Halle, Linda M. Bambara 및 Joe Reichle이 집필한 9장은 대체행동, 대처하기 및 인내하기, 문제행동에 대한 대안으로서 일반적인 적응기술 교수를 포함하는 대체기술 중재를 설명한다. Lee Kern이 집필한 10장은 긍정적이고 교수적이고 학생을 존중하면서도 문제행동에 반응하기 위한 지침들을 소개하고 있다. Tim Knoster와 Don Kincaid가 집필한 11장에서는 일반적으로 학교 현장에서 간과되기 쉬운 행동지원 계획의 마지막 요소인 장기적 지원을 다룬다. 장기적 지원은 학생을 위한 폭넓은 삶의 양식 변화와 지원 계획의 시간 및 장소에 따른 유지 전략으로 구성된다. 5장에서 이미 소개된 진도 점검의 기본적인 방법을 바탕으로, 이 장에서는 의미 있는 성과의 진단을 근거로 행동지원 계획을 수정하기 위한 방법들을 소개한다.

이 책은 마지막 두 개 장에서 긍정적 행동지원의 확장에 대하여 설명하고 마무리된다. 장애 학생의 가족들 역시 행동 문제에 직면하기 때문에 Lynn Kern Koegel, Robert L. Koegel, Mendy Boettcher 및 Lauren Brookman-Frazee는 가정 및 지역사회를 위한 행동지원 수립 과정을 제시한다. 이들은 행동지원 계획이 학교 또는 가정 어느 곳에서 수립되는가와는 상관없이 가족과 함께 일하는 중요한 원칙으로 부모-전문가 파트너십 형성의 중요성을 강조하고 있다. 마지막으로 Robert E. Horner, George Sugai, Anne W. Todd 및 Teri Lewis-Palmer는 훈육 문제를 예방하기 위해서 학교 전체에 긍정적 행동지원의 기본 원리가 적용되는 학교 차원의 긍정적 행동지원에 대하여 설명한다. 물론 개별화된 지원을 필요로 하는 장애 학생들이 항상 있는 것이 사실이지만, 학교 차원의 모델은 특정 학교에서 집중적인 지원을 필요로 하는 아동의 전반적인 수를 감소시킬 수 있다. 또한 중요한 것은 학교 차원의 모델은 학교 내 모든 교직원들이 긍정적 행동지원의 기본적인 가치와 원리를 접하게 된다는 점에서 개별화된 학생지원이 이루어지고 팀은 지원을 받는다고 느끼는 긍정적인 학교문화를 조성할 수 있다.

이 책에서 설명하고 있는 긍정적 행동지원 과정은 문제가 되는 행동을 보이는 학생들의 필요를 충족시키기 위해서 반드시 필요한 과정이다. 이러한 과정은 얼핏 보기에는 매우 힘들어 보일 수도 있지만, 교사들이 문제행동을 예방적이고 선행적이고 교수적인 방법으로 접근하기 시작하게 된다면 이런 전략들은 좀 더 실행 가능한 방법이 될 것이며 일과의 한 부분이 될 수도 있을 것이다. 더욱이 문제행동에 반응하기 위해서는 지나치게 많은 시간이 소모되는데, 이 책에서 소개하고 있는 방법은 일반적으로 성과가 거의 없는 반응적 전략에 소모되는 지나친 시간과 노력을 대체하기 위해서 고안된 것이다. 이와 같은 주장을 뒷받침하는 많은 문헌들은 이 방법이 장애와 장기간의 문제행동을 보이는 학생들의 삶을 의미 있게 향상시킬 수 있으며 교사들로 하여금 아동과 관련된 성과와 학생을 가르치는 중요한 일에 헌신했다는 생각으로 좀 더 큰 만족감을 경험할 수 있게 해 줄 것이라고 밝히고 있다.

이 책을 집필하면서 수많은 사람들의 생각과 자료를 참고하였다. 이 책에 포함된 전략과 제언들은 긍정적 행동지원의 이론 및 실제와 관련된 문헌을 기반으로 하였으며, 긍정적인 지원을 실행하는 데 기여하고 있는 수많은 동료 전문가, 학생, 장애 아동의 부모들과의 끊임없는 대화를 통하여 다듬어졌다. 실제로 이 책에서 소개하고 있는 사례들은 저자들의 개인적인 현장 및 연구 경험을 바탕으로 구성된 것이다. 오랜 시간 동안 알고 지내면서 직접 배울 수 있는 기회를 제공한 수많은 장애인들에게 특별한 감사를 표한다. 마지막으로 지원 계획 수립을 위한 연계적인 과정을 설명하기 위하여 참을성 있게 함께 일해 준 이 책의 공저자들에게 감사의 마음을 전한다.

차 례

01 긍정적 행동지원의 역사

Linda M. Bambara

1. 긍정적 행동지원의 정의
2. 긍정적 행동지원에 영향을 미친 주요 요소들
3. 행동 관리를 위한 전통적인 접근의 문제
4. 긍정적 행동지원의 주요 요소
5. 학교 차원의 긍정적 행동지원
6. 긍정적 행동지원과 장애인교육법
7. 요 약

장애를 지닌 학생들이 보이는 모든 사회성 및 학습 문제 중에서 문제행동은 가장 큰 어려움으로 존재한다. 이러한 행동은 다양한 형태로 나타난다. 어떤 학생들은 분노 폭발이나 탠트럼(tantrum) 또는 자신이나 다른 사람들을 해치려고 시도하는 행동을 보인다. 또 어떤 학생들은 학급 활동을 방해하거나, 지시를 따르는 데 어려움을 보이거나, 친구들과 협력하지 못하거나, 학교의 규칙을 어기는 행동을 보인다. 반대로 어떤 학생들은 지나치게 수동적이거나 사회적으로 위축됨으로써 문제행동을 보이기도 하며, 자기자극 형태(반복적으로 상체나 손 흔들기 등)의 행동을 보이기도 한다. 문제행동은 다양한 형태를 취하지만, 그 정의는 행동의 형태에 의해서가 아니라 학생과 그 학생이 생활하고 학습하는 사회적 체계에 미치는 영향에 의해서 이루어진다.

정의에 의하면 문제 또는 도전이 되는 행동은 그것이 학생의 교육적 · 사회적 안녕을 방해하고 학생의 교육과 양육을 책임지는 교사와 가족에게 어려운 도전이 되기 때문에 문제가 된다. 예를 들어, 학생이 학교에서 이러한 행동을 하게 되는 경우 모든 학생을 위한 교육 활동은 종종 방해를 받게 된다. 문제행동은 개별 학생의 학습을 방해하고 학생의 사회적, 정서적, 인지적 발달에 부정적인 영향을 미친다. 또한 문제행동은 학생의 우정 형성을 방해하며 학교생활에서의 사회적 수용과 통합을 방해한다(예: Farrington, 1991; Hanson & Carta, 1996; Kauffman, Lloyd, Baker, & Riedel, 1995). 실제로 문제행동은 학생이 지역사회 학교에서 배제되어 특수학교나 주거시설 등의 대안적인 환경으로 보내지는 가장 큰 이유가 되곤 한다(Kauffman et al., 1995). 가정에서는 아동의 문제행동이 가족 기능의 모든 측면에 전반적인 영향을 미칠 수 있다. 이러한 사실은 가족이 시장 보기, 교회 가기, 함께 식사하기 등의 전형적인 가족 활동을 수행하거나 즐기는 것을 어렵게(경우에 따라서는 불가능하게) 만들곤 한다(Fox, Vaughn, Wyatte, & Dunlap, 2002). 문제행동은 형제자매와의 갈등을 초래하거나, 가족 구성원들의 관계에 영향을 미치거나, 가정 밖에서 우정을 형성하는 능력을 방해하기도 한다(Turnbull & Ruef, 1996, 1997). 따라서 적절한 중재나 지원이 없다면 문제행동은 성인기까지 지속되면서 개인의 경제적이고 사회적인 삶과 전반적인 삶의 질에 심각한 영향을 미칠 수도 있다(Kazdin, Mazurick, & Bass, 1993; Walker, Colvin, & Ramsey, 1995).

다행히도 최근 들어 특수교육과 심리학 분야가 발전하여 장애를 지닌 학생들의 심각한 문제행동을 다루기 위한 새롭고 효과적인 접근방법이 제시되었다. 긍정적 행동지원(positive behavioral support: PBS)은 체계적이면서도 주의 깊은 프로그래밍을 통한 문제행동의 예방을 강조하는 종합적인 중재 접근이다. 긍정적 행동지원은 중도 장애인들이 보이는 심각한 행동(예: 자해행동, 자기자극행동, 공격행동)을 중단시키기 위해서 사용되어 온 매우 처벌적이고 제한적인 행동 관리 중재에 대한 대안으로 1980년대 중반에 처음 등장했다(Evans & Meyer, 1985; Meyer & Evans, 1989; Horner et al., 1990). 긍정적 행동지원이 시작된 이래로 이 방법은 학교, 가정, 지역사회 등 다양한 환경에서 다양한 장애와 행동 문제를 지닌 학생들을 지원하는 데 성공적으로 사용되어 왔다. 또한 긍정적 행동지원은 개별 학생을 위하여 고안되는 중재 접근에서 이 책의 13장에서 소개하고 있는 것과 같이 학교 전체를 대상으로 적용될 수 있는 접근으로 확장되어 왔다(Sugai et al., 2000 참조). 긍정적 행동지원이 소개된 이후로 이 방법은 지속적으로 국가적 지원을 받고 있다. 예를 들어, 1997년의 장애인교육법(IDEA '97, 공법 105-17)은 교사가 개별 학생을 위한 행동 중재 계획을 세울 때 긍정적인 전략을 고려하도록 명시하고 있다.

이 책은 지속적이고 어려운 문제행동을 보이는 개별 학생을 위한 긍정적 행동지원 계획을 고안하기 위한 과정을 설명한다. 또한 새롭게 발현하는 행동 문제에 대해서도 이러한 과정을 사용할 것을 권장한다. 그러나 이러한 과정을 소개하기 전에 긍정적 행동지원의 주요 가정과 철학을 이해하는 것이 중요하다. 따라서 이 책의 첫 장인 이 장에서는 이 책의 나머지 부분에 대한 중요한 기초를 제시한다. 먼저 긍정적 행동지원을 정의한 후에 문제행동과 행동 중재에 대한 현재 우리의 입장과 견해가 시간이 흐름에 따라 어떻게 변화해 왔는지 등 긍정적 행동지원에 영향을 미친 역사적 배경에 대하여 설명한다. 다음에는 행동 관리를 위한 전통적인 방법이 갖는 특성과 문제점에 대하여 설명한다. 마지막으로 긍정적 행동지원을 정의하고 그 주요 요소, 가정, 목적을 설명하며, 긍정적 행동지원이 장애인교육법(IDEA '97)에 어떻게 포함되어 있는지와 그 개념이 학교 전체에 어떻게 적용될 수 있는지에 대한 간략한 설명을 제시한다.

1. 긍정적 행동지원의 정의

긍정적 행동지원은 문제행동의 이유를 이해하고 문제행동이 왜 발생하는지에 대한 가설에 따라 개인의 독특한 사회적, 환경적, 문화적 배경에 적합한 종합적인 중재를 고안하는 문제해결 접근방법이다. 긍정적 행동지원의 가장 중요한 목표는 단기간에 문제행동을 감소시키는 것이 아니라 개인의 전반적인 삶의 질에 영향을 미칠 수 있도록 장기간에 걸쳐 지속되는 변화를 만들어 내는 것이다. 긍정적 행동지원은 학생에게 문제행동을 대체할 수 있는 기술을 가르치고 문제행동에 기여하는 환경을 변화시키는 교육적이고 예견적이고 대상을 존중하는 중재라는 특성을 지닌다. 긍정적 행동지원은 장애를 지닌 학생과 그 가족 및 학생의 교육에 관련된 사람들에게 의미 있고 관련된 성과를 달성하기 위하여 행동공학, 교육방법론 그리고 개인 중심의 가치를 표방하는 생태학적 체계 변화에서의 최상의 실제를 혼합한 방법이다.

오래된 격언에 의하면 우리가 가고 있는 곳을 확실히 알기 위해서는 우리가 지나온 흔적을 이해하는 것이 가장 좋은 방법이다. 긍정적 행동지원의 정의를 좀 더 상세하게 전개하기 위해서 문제행동과 행동 관리에 대한 새로운 견해를 탄생시킨 긍정적 행동지원에 주요 영향을 미쳐 온 지난 흔적들을 살펴보고자 한다.

2. 긍정적 행동지원에 영향을 미친 주요 요소들

행동심리학, 특수교육, 장애인을 위한 지역사회 서비스 제도의 발전으로부터 나타난 최소한 네 가지 주요 요소들이 긍정적 행동지원의 발전에 기여하였다(Carr et al., 2002; Jackson & Panyan, 2002; Meyer & Park, 1999). 이 요소들은 응용행동분석, 개인 중심의 계획, 자기결정, 통합이다.

1) 응용행동분석

긍정적 행동지원은 사회적으로 중요하거나 심각한 문제를 해결하기 위한 행동주의 또는 조작적 심리학의 체계적이고 과학적인 적용으로 정의되는 응용행동분석(applied behavior analysis)에 그 근원을 둔다(Baer, Wolf, & Risley, 1968). 응용행동분석은 학습과 행동 변화에 대한 정확한 측정 및 체계적이고 과학적인 접근으로 특징지어진다. 응용행동분석은 긍정적 행동지원의 기초로서 이론적인 틀과 함께 문제행동을 이해하고 변화시키기 위해서 긍정적 행동지원에서 사용하는 전략 중 많은 부분을 제공해 주었다. 응용행동분석은 최소한 다음과 같은 세 가지 측면에서 긍정적 행동지원에 기여한 것으로 인정되고 있다(Carr et al., 2002).

첫째, 응용행동분석은 인간의 행동과 학습을 이해하기 위한 이론적 틀을 제공해 주었다. 4단계 행동발생 모형(four-term contingency model; 2장 참조)은 문제행동을 포함한 인간의 행동이 환경사건과 후속결과에 의하여 어떻게 학습되고 영향을 받는지를 설명해 준다. 이 모델은 문제행동의 환경적 결정인자를 식별하고 환경 변화에 목표를 둔 효과적인 중재를 고안하고 새로운 기술을 교수하기 위한 유용하고도 중요한 구조를 제공해 준다.

둘째, 응용행동분석은 특수교육과 긍정적 행동지원에서 사용되는 수많은 효과적인 교수법 및 행동 관리 중재들에 기여한 것으로 인정될 수 있다. 장애를 지닌 학생들에게 학업, 의사소통, 사회성, 지역사회 생활 기술들을 가르치는 데 사용되어 온 직접 교수(예: Carnine, Silbert, & Kame'enui, 1997) 및 체계적인 교수법(예: Snell & Brown, 2000)을 포함한 가장 효과적인 교수방법들은 행동주의 원리와 실제를 기반으로 한다. 또한 장애 학생의 행동을 변화시키기 위하여 사용되는 교육과정 수정(예: Dunlap, Kern, & Worchester, 2001), 후속 계약(예: Cooper, Heron, & Heward, 1987), 사회적 문제 해결(예: Hune & Nelson, 2002), 자기관리 전략(예: King-Sears & Carpenter, 1997) 등을 포함하는 대부분의 행동 관리 중재들은 응용행동분석에 그 근원을 두고 있다.

셋째, 응용행동분석은 기능분석(functional analysis)의 원리와 방법 및 행동 기능(behavior function)의 개념을 긍정적 행동지원의 체계 내에 도입하는 역할을 했다. 현재 긍정적 행동지원에서 기능진단(functional assessment) 또는 기능적 행동진단(functional behavioral assessment: IDEA '97에서 사용하는 용어)으로 알려진 것은 행동이 뒤따르는 후속결과에 의하여 어떻게 강화되는지를 설명함으로써 행동의 목적이나 기능을 식별하는 데 사용되는 실험방법인 기능분석으로부터 유래하였기 때문이다(Iwata, Dorsey, Slifer, Bauman, & Richman, 1982). 응용행동분석의 핵심은 문제행동이 사회적으로 동기화될 수 있음을 발견하였다는 것이다(Carr, 1977). 이것은 문제행동이 행동에 대한 다른 사람의 사회적 반응에 의해서 형성되며, 따라서 그 행동은 다른 사람의 행동을 변화시키거나 영향을 미치기 위한 의도로서 의사소통적인 기능을 지닌다는 것이다(예: Carr & Durna, 1985). 1980년대 중반부터 시작된 이와 같은 인식은 행동의 의사소통적인 기능을 식별하고 효과적인 중재(처벌에 목적을 둔 것이 아니라 새로운 의사소통적 대안을 교수하는)를 고안하기 위한 기능진단 절차로 확장되었다. 더 나아가서 기능진단은 행동의 후속결과(consequences)만이 아니라 선행사건(antecedent events)까지도 분석하는 것으로 확장되었다. 이것은 결국 개인의 문제행동을 일으키는 문제환경을 변화시키는 데 초점을 맞춘 좀 더 폭넓고 종합적인 중재로 발전시켰다. 기능진단, 대체기술의 교수, 문제환경의 변화는 현재 긍정적 행동지원의 기초라고 할 수 있다.

긍정적 행동지원에 대한 응용행동분석의 기여는 실제적이다. 응용행동분석에서 유래한 중재들은 어떻게 행동을 변화시킬 수 있는지를 알려 준다. 그러나 장애를 지닌 사람들에 대한 가치와 견해는 무엇이 변화해야 하는지와 어떻게 그러한 변화가 발생해야 하는지를 알려 주는 데 더 적합하다(Carr et al., 2002). 개인 중심의 계획, 자기결정, 통합은 긍정적 행동지원의 이러한 가치와 견해를 형성하는 데 도움을 주었으며, 교육의 실제, 행동 관리, 일반적인 장애인에 대한 새로운 사고방식을 조성해 왔다.

2) 개인 중심의 계획 및 가치

개인 중심의 계획(person-centered planning: PCP)은 1980년대 후반 발달장애를 지닌 아동과 성인들을 위한 지역사회 서비스 제도 내에서 생겨났다(예: O'Brien, 1987). 개인 중심의 계획은 장애를 지닌 사람들을 지원하기 위한 과정과 가치 기반 모두를 제공한다. 과정으로서의 개인 중심의 계획은 협력적인 팀 안에 장애를 지닌 대상학생과 학생의 삶에서 중요한 사람들(예: 가족, 교사, 친구)을 포함한다. 팀 구성원들은 협력적인 논의를 통하여 학생의 강점, 관심, 선호도를 근거로 학생을 위한 바람직한 미래 또는 좀 더 나은 학교나 지역사회 또는 가정 생활에 대한 비전을 제시한다. 시간이 지나면서 팀 구성원들은 이러한 비전이 실현되기 위하여 필요한 서비스, 중재, 지원, 자원이 무엇인지를 알아내기 위하여 함께 계획하고 일하게 된다. 개인 중심의 계획이 시작된 이래로 학교와 지역사회 환경에 맞도록 개인 중심의 계획을 세우는 방법들이 개발되었다. 이러한 방법 중에는 삶의 방식 계획하기(Lifestyle Planning; O' Brien, 1987), 개인의 미래 계획하기(Personal Futures Planning; Mount, 2000), 희망으로 대안적인 미래 설계하기(Planning Alternative Tomorrows with Hope: PATH; O'Brien & Pearpoint, 2003), 실행방안 계획하기(Making Action Plans: MAPS; Forrest & Pearpoint, 1992) 등이 있다. 개인 중심의 계획과 관련된 추가 정보는 11장을 참고하기 바란다.

개인 중심의 계획에서 강조하는 가치는 장애를 지닌 사람들을 위한 중재와 지원이 어떻게 계획되어야 하는지에 대한 우리의 생각을 변화시킴으로써 긍정적 행동지원에 큰 영향을 미쳤다. 최소한 네 가지 가치를 기반으로 한 기여가 이루어졌다. 첫째, 개인 중심의 계획은 우리의 사고를 프로그램 중심의 지원(예: 학생이 적응해야 하는 프로그램을 계획하기)에서 개인 중심의 지원(예: 개인의 가장 큰 관심 내에서 진행하기)으로 변화시켰다. 개인 중심이 되기 위해서는 다른 사람을 위해서 개발된 중재를 사용하거나 교육 프로그램의 편의를 위해서 중재를 선택하기보다는 개인의 독특한 필요와 선호도를 이해하고, 이를 기반으로 중재를 계획해야 한다. 개인 중심의 가치는 적절하지 않은 기존의 프로그램에 학생을 강제로 맞추게 하는 대신, 교사로 하여금 학생의 독특한 필요를 충족시키기 위하여 기존의 서비스를 재구성하거나 필요할 경우 새로운 서비스를 만들도록 요구한다.

둘째, 개인 중심의 가치는 지원 계획의 방향을 정하거나 중재의 성과를 평가할 때 '삶의 질(quality of life)' 에 중점을 두어야 함을 강조한다. 개인 중심의 가치는 교사로 하여금 모든 교육적 · 행동적 중재의 목표가 단순히 행동을 변화시키는 것이 아니라 학생을 위하여 긍정적인 삶의 변화를 만듦으로써 삶의 질을 강화하는 것이라는 것을 인식하도록 도와주었다. 장애인의 삶의 질은 모든 사람들의 삶의 질과 동일해야 한다. 이것은 학교와 지역사회 환경에서 의미 있고 즐거운 활동에 참여하기, 집단에 대한 소속감을 느끼고 구성원으로 수용되기, 또래 · 가족 · 친구들과 좋은 관계 유지하기, 선택하고 자신의 삶을 주도할 수 있는 기회 갖기, 꿈을 추구하기 위한 기술과 능력을 지니고 개인적으로 의미 있거나 중요한 활동에 참여하기 등을 포함한다(O'Brien, 1987). 주요 가치로서의 삶의 질에 대하여 고려하면서, 교육자들은 행동 중재가 행동 변화라는 편협한 관점에서 벗어나 학생의 향상된 삶을 추구할 수 있는 중재를 포함하여 좀 더 복합적 관점을 가지도록 변화해야 한다고 주장하기 시작하였다(예: Berkman & Meyer, 1988; Risley, 1996).

셋째, 개인 중심의 가치는 장애인을 바라보는 견해에 영향을 미쳤다. 개인 중심의 가치는 '개인' 을 강조함으로써 장애인들이 차이점보다는 유사점을 더 많이 가진 인간이라는 사실을 볼 수 있도록 도와주었다. 교육 및 행동 관리 중재와 관련해서 이러한 견해는 유사한 환경에서 우리(장애가 없는 사람들) 스스로가 원하는 것이 무엇인가를 고려함으로써 중재 수용도의 기준을 가장 잘 판단할 수 있다는 사실을 인식하게 해 주었다. 개인 중심의 가치는 장애인이 인간이라는 사실을 인식한다면 중재 수용도에서 이중적인 기준(장애가 있는 사람들과 장애가 없는 사람들을 위한 기준)이 있을 수 없다는 사실을 말해 준다. 사람들 간의 차이점을 없애는 것 외에도 개인 중심의 가치는 교육자로서 우리가 장애를 지닌 사람들의 결함보다는 능력과 가능성에 더 큰 강조점을 두도록 촉구한다. 그러므로 개인 중심의 가치는 중재에서 결함을 교정하고자 하는 접근을 취하기보다는 그가 할 수 있는 것이 무엇이며 그의 관심은 무엇인지를 봄으로써 중재의 노력이 학생의 삶의 질을 강화하는 데 초점을 맞출 수 있음을 보여 주고 있다.

마지막으로 개인 중심의 가치는 전문가들뿐만 아니라 장애를 지닌 사람들의 가족과 친구들까지 포함한 팀 접근과 협력의 중요성을 강조한다. 삶의 방식에서의 의미 있는 변화는 소수의 전문가들이 한두 개의 문제행동에 초점을 맞춘 행동 중재 계획을 실행할 때 이루어지는 것이 아니다. 특히 전반적인 행동상의 어려움을 보이는 학생들의 경우 다양한 환경에서의 의미 있는 변화는 학생의 삶 속에 들어와 있는 많은 중요한 사람들의 공동 협력과 기여를 요구한다.

3) 자기결정

장애를 지닌 사람들을 위한 교육 및 행동 중재에 대한 생각을 변화시키는 데 동일하게 중요한 영향을 미쳤던 것은 자기결정(self-determination)과 관련된 교육적 동향이었다. 자기결정은 개인 중심의 계획과 유사하게 장애를 지닌 성인들을 위한 지역사회 서비스 제도로부터 발전해 왔으나, 현재는 모든 장애 학생들을 위한 학교에서 강조되고 있다. 예를 들어, 장애인교육법(IDEA '97)은 장애를 지닌 학생이 학교 이후의 삶을 계획하는 전환 과정에 참여하도록 요구하고 있다. 장애를 지닌 학생들이 자신의 선호도를 표현하고 교육 목표를 설정하고 자신의 미래를 계획하고 개별화교육프로그램(IEP)과 전환 계획 회의에 참여할 수 있도록 가르치는 학교에서 사용될 수 있는 다양한 자기결정 교육과정들이 현재 개발되어 있다(Malian & Nevin, 2002).

장애 학생들의 자기결정력을 증진시킨다는 것은 학생들이 특히 성인기에 도달했을 때 자신의 삶을 주도하고 조절하는 데 '1차적인 결정권자(primary causal agents)'가 되기 위한 역량을 강화할 수 있는 기술을 가르치고 기회를 제공해 주어야 할 책임이 교사에게 있다는 것을 의미한다(Wehmeyer, Agran, & Hughes, 1998). 자기결정은 삶의 질과 불가분의 관계에 있다(예: Wehmeyer & Palmer, 2003). 교육의 목적이 삶의 질을 강화하는 것이라면 좋은 삶은 어떠해야 한다는 결정을 내려야 하는 사람이 장애인 외에 누가 더 있겠는가? 정해진 형식이나 단일 접근방법 또는 자기결정의 개발을 강화하기 위한 교육과정 등이 존재하는 것은 아니지만, 전문가들은 교육 프로그램에 다음과 같은 요소들을 포함시키도록 권장하고 있다.

- 학생의 선호도, 관심, 장래 희망에 대하여 관심을 가지고, 가능하다면 이러한 것들을 교육 및 교수 계획에 병합시킨다(Browder & Bambara, 2000). 학생들에게 자신의 관심을 추구하도록 기회를 주면 자기결정이 강화된다.
- 학생들이 자신의 삶을 주도하기 위한 더 큰 통제력을 발휘할 수 있도록 자기결정의 특정 기술들을 교수한다. 이러한 기술은 선택하고 결정하기, 문제 해결하기, 자기 조절하기 및 자기 관리하기, 주장하기, 자기 옹호하기 등을 포함한다(Wehmeyer et al., 1998).
- 교육 계획 및 의사결정에 학생이 참여할 기회를 제공한다. 이러한 기회들은 학교나 가정에서의 일과 중 매일 발생하는 선택하기 기술을 제공하는 것에서부터 진단하기, 장래 계획하기, 자신의 IEP 회의 주도하기 등에 학생을 참여시키는 것에 이르기까지 다양하다(예: Bambara, Cole, & Koger, 1998; Malian & Nevin, 2002).

자기결정에 대한 강조는 긍정적 행동지원과 장애 학생들을 위한 교육 프로그램에 다음과 같은 몇 가지 일반적인 영향을 미쳤다(Meyer & Park, 1999). 첫째, 개인 중심의 계획에서와 같이 교육자들은 장애 학생을 위한 중재나 교육 계획에서 더 이상 유일한 전문가가 아니다. 장애를 지닌 학생을 계획 과정에 포함시키고 그들의 선호도를 프로그램에 병합시키면서, 전문가들은 학생들이라는 새로운 소비자 집단과 파트너십을 형성하게 되었다. 더 나아가서 장애를 지닌 학생들이 자신을 위해서 발언할 수 없는 경우에는 전문가들이 학생의 행동에 대하여 가족이나 다른 옹호자들의 주장을 들어야 할 책임을 지게 되었다. 이 두 경우 모두 학생 참여에 대한 강조는 학생의 선호도와 선택이 교육 계획에서 결정적인 요소이며 장애를 지닌 학생은 교육과정에서 적극적인 참여자로 존중되어야 한다는 개인 중심의 가치를 강화하는 것이다(Meyer & Park, 1999).

둘째, 자기결정의 움직임은 교사들로 하여금 기술만을 가르치는 것이 아니라 자기결정에 방해가 되는 환경적인 장해물을 없애고 개인적인 선호도와 조절력을 추구하게 해 주는 자기결정의 특정 기술들을 가르쳐야 할 책임을 지게 하였다. 문제행동은 개인이 원하는 성과를 성취하기 위한 대체기술을 가지고 있지 못하기 때문에, 또 개인에게 적절하게 반응해 주지 못하거나 자기 표현 및 조절을 제공해 주지 못하는 제한적인 환경으로 인해서 발생하는 자기결정 행위로 인식되기 시작하였다(예: Brwon, Gothelf, Guess, & Lehr, 1998). 예를 들어, 1980년대에 시작된 많은 연구들(Kern et al., 1998 참조)은 장애를 지닌 사람들의 선택의 결여와 문제행동이 직접적으로 연결되어 있다는 사실을 보여 주고 있다. 자기결정에서의 이러한 강조는 교사로 하여금 문제행동에 대한 견해를 다시 생각해 보게 하였다. 자기결정의 측면에서 문제행동은 단순한 제거의 대상이 아니라 개인이 성취하거나 조절하기 위하여 무엇인가를 하고 있다는 것으로 이해되어야 한다. 또한 학생들에게 환경에 대해서 행동할 수 있는 대안적인 방법을 교수하거나 선택 및 조절을 위한 기회를 거의 제공하지 않는 환경을 변화시키지 않은 채 문제행동만을 제거하는 것은 학생의 자기결정에 대한 권리를 금지하는 것으로 여겨질 수 있다.

4) 통합

통합(inclusion) 역시 서비스 제공체계와 행동 중재를 위한 새로운 기준을 설정함으로써 긍정적 행동지원의 가치와 실제에 영향을 미쳤다. 통합은 장애를 지닌 사람들의 전형적인 학교와 지역사회 환경으로의 완전한 참여를 향한 움직임이다. 교육체계에서 통합은 장애를 지닌 학생들을 분리된 학교나 학급이 아닌 지역사회 내 학교의 일반 교육 프로그램에 배치하고, 시스템을 변화시킴으로써 특별한 지원이 일반 교육환경 내에서 완전히 합쳐지고 병합될 수 있도록 하는 것을 의미한다(Carr et al., 2002; Sailor, 1996). 지역사회에서 통합은 장애를 지닌 사람들이 분리된 그룹홈과 보호 작업장에서 벗어나, 가정에서 생활하고 자신이 선택한 직장에서 일하고 지역사회 구성원으로 수용되고 참여할 수 있도록 재배치하고 개별적인 지원을 제공하는 것이다.

통합은 장애를 지닌 사람을 교육적 또는 행동적 '교정(remediation)'을 목적으로 분리된 환경에 배치했다가 그 특정 교육적 · 행동적 기준이 성취되고 난 후에 주된 환경으로 다시 합치는 개념의 주류화(mainstreaming)나 합침(integration)과는 실제적으로 그 의미가 다르다. 통합 모델에서는 일반학급 또는 통합된 지역사회 환경의 구성원으로서의 장애인들에게 중재 또는 지원이 제공된다. 교정을 위한 목적으로 사람을 제외시키기보다는 교사들이 교수 및 조정을 포함하는 특별한 서비스를 통합환경 내의 개인에게 가져오는 것이다.

통합에 대한 강조는 문제행동을 지닌 학생들을 비롯하여 모든 장애 학생들이 일반 교육환경에 포함되어 있으며 학생의 안녕은 특수교육만이 아닌 일반교육 영역의 책임이라는 가치관을 조성하였다. 둘째, 통합 움직임은 교사들에게 통합된 삶에 대한 학생들의 권리를 손상시키지 않고 행동지원을 제공하도록 도전을 제공하였다(Meyer & Park, 1999). 다시 말해서, 장애를 지닌 학생에게 진정으로 도움이 되기 위해서는 행동 중재가 매일의 상황에서 편리하게 사용되고 수용 가능해야 한다는 것이다. 만일 위험한 행동 때문에 학생이 오랜 시간 통합환경에 참여하지 못하게 된다면, 목표는 이러한 환경 내에서 어떻게 행동지원을 해 줄 것인지를 고려하여 학생이 통합환경으로 돌아오게 하는 것이어야 한다. 이러한 가치는 어려운 행동 문제를 지닌 학생들을 문제행동의 처치나 교정을 위해서 분리된 학급이나 학교에 배치하는 교육의 실제와 분명하게 대립된다. 통합의 견해에 의하면 분리된 학교는 전형적인 학교 경험에 대한 권리를 무시할 뿐만 아니라 미래의 일반교육 환경에서 성공적으로 적응하기 위하여 필요한 중요한 경험(예: 장애가 없는 또래들과의 우정 형성, 일반교육 학급에서의 참여, 학교 활동에서의 적극적인 역할 수행)을 하지 못하게 한다.

통합 움직임은 또한 지속적인 환경 수정이 법에 의해서 지지되는 행동 관리의 중요한 요소라는 사실을 인식시켰다. 다시 말해서, 학생을 일반학급에 있게 하기 위해서 장애인교육법(IDEA '97)이 요구하는 학교 교육과정, 실제, 일과를 적절하게 수정하고 조정하는 것은 학업뿐만 아니라 행동지원에도 동일하게 적용된다는 것이다. 이러한 가치는 교사들에게 문제행동에 영향을 미치는 학급의 상황을 수정함으로써 장애 학생이 잘 참여하고 일반교육 환경의 경험을 통하여 혜택을 받을 수 있게 해야 한다는 책임을 부여한다. 근본적으로 이와 같은 가치는 교사들이 장애를 지닌 학생들과 타협하도록 권한다(Jackson & Panyan, 2002). 성공적인 통합을 위해서는 장애 학생들이 특정 목표기술을 보여야 하는 것이 아니라 오히려 사회와 교육적 환경이 통합환경에서의 학생들의 참여와 학습을 위해서 변화되어야 한다는 것이다.

지금까지의 내용을 요약하자면 응용행동분석, 개인 중심의 계획, 자기결정, 통합의 발전은 장애를 지닌 사람들, 문제행동, 수용 가능한 중재를 바라보는 견해에 실질적인 영향을 미쳐 왔으며 결과적으로 긍정적 행동지원의 발전에 영향을 미쳤다. 따라서 이 분야에서는 다음과 같은 것들을 점점 더 인식하게 되었다.

- 장애를 지닌 사람들을 존엄성을 지닌 개인으로, 특히 그들의 관심, 선호도, 통합된 지역사회의 완전하고 자기 주도적인 시민이 되기 위한 가능성을 지닌 사람으로 인식한다.
- 문제행동을 단순히 개인 내에 존재하는 결함만이 아니라 빈약한 환경에 의해서 발생하고 유지되는 문제로 인식한다.
- 중재 성과(예: 삶의 질, 통합)와 수용 가능성(예: 중재는 통합환경에 적합해야 함)에 대한 새로운 기준을 설정한다.
- 중재를 기술 결함의 교정보다는 환경적 수정과 지원의 측면에서 인식한다.
- 특수교육 전문가가 아닌 사람들(예: 가족, 일반교사, 또래, 지역사회 구성원, 장애를 지닌 사람)을 중재 계획에서의 공동 협력자와 파트너로 인식한다.

3. 행동 관리를 위한 전통적인 접근의 문제

교육 실천을 위한 가치, 기준, 견해가 발전될수록 학교나 학교 밖에서 장애를 지닌 학생들의 문제행동을 다루기 위하여 주로 사용되어 온 행동 관리를 위한 전통적 접근들은 점점 더 선호되지 않게 되었다. 가장 많이 사용되어 온 행동 관리 전략들은 1960년대와 1970년대에 개발된 행동주의 중재들을 기초로 하며, 오늘날 장애가 있거나 없는 학생들 모두에게 사용되는 전형적인 학교 훈육방법의 기초를 형성하였다. 그러나 장애를 지닌 사람들을 위한 전문가, 부모, 옹호자들이 전통적인 중재들에서 나타나는 심각한 문제와 단점을 인식하기 시작하면서 긍정적 행동지원을 점점 더 수용하게 되었다. 여기서 말하는 문제는 다음과 같다.

1) 제한된 장기 효과 및 성과

행동 관리를 위한 전통적인 접근들은 장기적인 효과 및 장애인을 위한 의미 있는 삶의 성과를 촉진하는 능력과 관련해서 제한된다. 전통적인 행동 관리 접근들은 그 특성상 반응적이고 결과 중심적이며 단기간에 이루어진다. 전통적인 행동 관리의 주요 목표는 문제행동의 미래 발생을 신속하게 중단시키거나 조절함으로써 가능한 한 빨리 중재를 소거하는 것이다. 문제행동을 감소시키기 위해서 대부분의 전통적인 방법들은 학생이 행동을 하고 있거나 한 후에 즉각적으로 처벌적인 결과를 제시하는 것에 의존한다. 벌은 긍정적인 무엇인가를 제거할 수도 있고(예: 휴식시간을 주지 않음), 싫어하거나 부정적인 사건을 제시하기도 한다(예: 교장실로 보냄, 방과후에 남아 있도록 함).

대부분의 학교 훈육방법들은 결과 중심적이며, 장애가 있거나 없는 많은 학생들에게 고도로 효과적이라는 사실에는 의심할 여지가 없다. 예를 들어, 방과후에 남기는 많은 학생들의 지각하는 행동을 교정하였다. 그러나 학교가 온전히 처벌적인 방법에만 의존한다면 학생들은 학교에서 잘 지내지 못하게 될 것이다. 또한 지속적인 행동 문제를 보이는 장애 학생들에게는 그 결과가 단순히 행동이 억압된 것이거나 또는 효과가 있더라도 단기적일 수 있다. 오랫동안 누적된 연구 결과들(예: Scotti, Evans, Meyer, & Walker, 1991; Scotti, Ujcich, Weigle, Holland, & Kirk, 1996)은 전통적인 중재가 벌을 종료하거나 제거하는 경우 그 효과를 유지하는 데 종종 실패한다는 사실을 밝히고 있다. 다시 말해서, 중재가 제거되면 문제행동은 다시 발생한다는 것이다. 이러한 사실은 불행하게도 지속적인 행동 문제를 보이는 많은 장애 학생들의 경우 문제행동이 반복해서 나타나는 것을 막기 위해서 학생의 삶의 질에 기여하는 것과는 아무런 상관도 없는 벌을 꾸준하게 받아야 하는 결과를 초래하게 된다. 또한 연구들은 하나의 상황에서 얻어진 문제행동의 감소가 새로운 환경이나 상황에서 또다시 중재가 주어지지 않는 한 저절로 나타나지는 않는다는 사실을 말해 주고 있다. 즉, 전통적인 방법들은 효과적이지만 그 효과는 현재 중재가 수행되고 있는 상황에서만 나타난다는 것이다. 그러므로 하나의 상황에서 사용된 전통적인 방법의 성과는 학생이 참여하는 다른 상황으로 일반화될 것이라고 기대할 수 없다.

장기적인 성과가 빈약하다는 것 외에도 전통적인 행동 관리 방법들은 학생의 삶의 방식을 향상시키는 것에서도 제한된다. 수용 가능한 방법과 의미 있는 성과에 대한 기준이 정해질 때 이러한 제한점은 드러나게 된다. 분명한 것은 다른 사람들과의 긍정적인 관계 및 통합환경에서의 성공적인 참여와 같은 삶의 방식에서의 성과를 촉진하는 중재는 문제행동을 제거하는 것 이상을 필요로 한다는 것이다. 특히 통합환경에서 거부된 경험이 있는 학생들에게는 문제행동을 중단시키는 것만으로는 충분하지 못하다. 가치가 인정되는 삶의 방식에서의 성과는 중재에서의 좀 더 종합적인 접근을 요구한다.

2) 비기능적인 중재

전통적인 접근과 관련된 두 번째 문제는 행동 변화를 위해서 주로 비기능적인 방법을 사용한다는 것이다(Carr, Robinson, & Palumbo, 1990). 대부분의 전통적인 행동 관리방법들은 문제행동이 기능적이며 환경적으로 결정된다는 사실을 완전히 인식하기 전에 개발되었다. 그러므로 전통적인 접근을 사용할 때 교사들은 문제행동의 이유나 환경적인 영향에 대하여 거의 또는 전혀 고려하지 않고 행동의 유형이나 형태에 근거해서 중재를 선택하곤 하였다. 예를 들어, 정 교사의 학급에서는 정해진 시간에 완성된 숙제를 제출하지 않으면 쉬는 시간을 가질 수 없다. 전형적인 학교 현장에서는 동일한 행동을 한 학생은 누구나 동일한 결과를 경험하게 된다. 연구자들과 행동 전문가들은 특정 중재가 특정 유형의 행동 문제에 효과적이라는 연구 결과에 따라 행동 유형에 근거하여 중재를 선택하도록 교사들에게 권장했다. 예를 들어, Louise Kent(1974)의 자폐 아동을 위한 언어프로그램은 교사들에게 '방해적인 자기자극 행동'을 감소시키기 위해서 과다행동(overcorrection: 학생이 '정확한' 행동을 반복해서 연습하도록 신체적으로 지도하는 방법)을 사용하도록 권장했다. 그 이유는 연구 결과에 의하면 자기자극을 보이는 다른 학생들에게 과다행동이 효과적이었기 때문이었다.

이렇게 비기능적인 접근이 지니고 있는 문제는 전통적인 행동 관리 중재가 왜 많은 장애 학생들에게서 종종 실패하는지를 설명해 준다. 문제는 학생의 행동만을 근거로 중재를 선택하고 문제행동의 환경적인 원인을 무시한다면 문제행동이 존재하는 이유가 계속 남아 있기 때문에 최상의 경우 단기적인 효과를 보일 수는 있겠지만 문제행동을 중단시키지는 못한다는 것이다. 환경적인 조건이 변화되지 않는 한 학생은 자신의 필요를 충족시키기 위해서 어떤 방법으로든 반응하도록 동기를 부여받게 된다. 어떤 학생들은 벌을 받고 난 후 사회적으로 적절하거나 바람직한 행동을 할 수도 있다. 그러나 심각한 사회적, 인지적, 학업적, 의사소통적 결함을 지닌 대부분의 학생들은 특정 형태의 문제행동을 지속적으로 보이는 것 외에는 선택할 여지가 거의 또는 전혀 없다. 장애를 지닌 학생은 대부분의 경우 한 가지 문제행동에 대하여 벌을 받으면 새로운 문제행동을 보이게 된다. 그것은 사회적으로 적절한 대체행동을 가지고 있지 못해서거나 변화를 만들어 낼 만한 능력이 없어서다(학생들은 환경에 내재되어 있는 문제로 인하여 벌을 받고 있다).

정 교사의 반 학생들 중 숙제를 계속해서 제출하지 않는 4학년 학생 민호를 생각해 보자. 민호는 며칠 동안이나 학급의 다른 친구들이 쉬는 시간에 운동장에 나가 놀 때 교장실에 앉아 있었음에도 불구하고 숙제를 제출하지 않았다. 민호와 민호의 가정환경을 자세히 살펴보면 왜 이러한 일이 발생하는지 알 수 있게 된다. 학습장애를 지닌 민호는 숙제하기를 어려워하며 조용한 환경에서 가장 잘 집중해서 할 수 있다. 민호는 어머니와 두 살짜리 여동생과 함께 산다. 민호의 어머니는 직장에 다니며, 민호는 매일 저녁 6시 15분에 할머니가 데리러 올 때까지 방과후 프로그램에 들어간다. 민호는 방과후 프로그램에서 45분 동안 숙제를 하도록 시간을 배정받지만 다른 학생들이 소란스럽게 돌아다니는 산만한 환경에서는 집중을 하지 못한다. 할머니 집으로 간 후에는 저녁을 먹고 설거지를 돕고 7시 30분에 어머니가 데리러 올 때까지 기다린다. 집에 돌아오면 어머니는 매일 밤 신속하게 집안일(예: 우편물 점검하기, 음성 메시지 듣기, 쓰레기 버리기, 아침식사 설거지하기)을 하는 1시간 동안 민호에게 여동생을 돌보도록 요구한다. 9시 정도가 되어 여동생이 잠이 들면 민호와 어머니는 식탁에 앉아 숙제를 한다. 이 시간은 조용하고 민호의 어머니도 민호를 도와줄 준비가 되어 있지만, 불행하게도 두 사람 모두 매우 지쳐 있다. 민호는 짜증을 내고 쉽게 좌절한다. 울고 소리 지르고 어머니의 도움을 거부하기도 한다("가 버려! 필요 없단 말이야!"). 가끔 민호의 어머니는 민호가 숙제의 일부분이라도 완성하도록 도와주기도 한다. 그러나 대부분의 경우 민호와 씨름하기가 너무 피곤하기 때문에, 그리고 민호가 집중하기에는 너무 피곤하다는 사실을 알기 때문에 내일은 더 나아지겠지 기대하면서 민호를 재우곤 한다.

만일 정 교사가 민호가 숙제를 제출하지 않는다고 계속 벌을 준다면 두 가지 일이 벌어질 것이라는 추측이 가능하다. 첫째, 민호는 숙제를 계속 완성하지 않을 것이다. 벌은 민호에게 숙제를 어떻게 해야 하는지 가르쳐 주지 않으며 민호가 숙제를 완성하지 못하게 만드는 환경을 수정해 주지도 않는다. 둘째, 민호와 정 교사는 이러한 어려운 상황에 따라 자신들의 행동을 변화시킬 것이다. 민호는 자신이 변화시킬 수 없는 상황으로 인하여 반복해서 벌을 받은 후 화를 내고 좌절하고 불안해할 것이다. 혹은 아프다는 핑계로 학교를 결석하려고 시도할 수도 있으며, 학급의 모든 활동에서 위축될 수도 있다. 숙제를 제출해야 하는 시간 직전에 교사의 관심을 분산시키기 위해서 방해행동을 보일 수도 있다. 민호는 쉬는 시간에 나가지 못하게 하면 교사에게 소리를 지를 수도 있다("이건 바보 같은 짓이야! 난 선생님이 싫어!"). 자신의 중재가 비효과적임을 발견하게 되고 민호가 점점 더 다루기 힘들어진다고 생각할 때, 정 교사는 점차 더 심해지는 문제행동을 통제하기 위해서 더 심한 벌이나 개입적인 전략을 사용하려고 할 것이다. 전통적인 행동 관리는 덜 개입적인 방법이 실패할 때 좀 더 개입적이거나 심한 벌을 사용하도록 지원하지만, 문제행동의 발생 원인이 변화되지 않고 남아 있는 한 가장 심한 벌도 민호의 습관을 변화시키지는 못할 것이다. 민호의 문제행동이 심각한 학급 문제로 악화되었을 때, 정 교사는 민호가 자신의 학급에서 나가야 한다고 요구할 것이다. 민호는 IEP를 개발한 팀이 그의 문제행동을 어떻게 인식하는가에 따라서 심각한 문제행동을 지닌 학생들을 잘 다루도록 특별히 훈련된 교사들이 있는 특수학급이나 특수학교에 배치될 수도 있다.

민호의 사례는 행동 관리를 위해서 비기능적인 방법이 사용되었을 때 벌어질 수 있는 일을 보여 주고 있다. 장애가 있거나 없는 많은 학생들의 경우 전통적인 행동 관리 방법들은 문제행동에 대한 환경적인 원인이 변하지 않고 남아 있을 때 실패하게 된다. 앞의 예는 벌을 사용하였는데, 벌이 아닌 어떤 중재의 경우에도 그것이 긍정적인 방법이라고 할지라도 문제행동의 원인을 다루는 데 실패한다면 동일한 결과가 나타날 수 있다. 예를 들어, 민호가 숙제를 완성할 때 추가로 스티커와 학급의 특전을 제공한다면 그에게 숙제를 완수해야 하는 강력한 동기가 될 수 있겠지만, 민호가 여전히 숙제를 할 수 없는 상황에 놓여 있다면 실패할 수밖에 없다. 민호의 사례는 매우 단순하지만 불행하게도 전통적인 중재가 실패할 때 많은 학생들에게서 나타날 수 있는 현상을 대표한다는 사실에는 의심할 여지가 없다.

3) 도덕적 · 윤리적 문제

전통적인 행동 관리 중재가 지니는 또 다른 문제는 장애 학생들을 고도의 개입적이고 처벌적인 중재에 노출시킴으로써 발생하는 도덕적이고 윤리적인 문제와 관련된다. 비기능적인 방법을 사용하는 가장 불행하고 우려할 만한 부수적인 결과는 중재자들이 문제행동을 한 번에 그리고 모두 중단시키기에 충분한 강력한 방법을 발견하기 위한 노력으로 점점 더 개입적인 중재를 사용하게 된다는 것이다. 역사적으로 가장 심각한 행동 문제(예: 공격행동, 기물 파괴 행동, 자해행동, 자기자극 행동)를 지닌 장애 학생들과 가장 심각한 장애(예: 인지 및 사회/정서)를 지닌 학생들은 주로 학교가 아닌 치료환경에서 가장 개입적인 중재(일반적으로 혐오성 중재로 알려진)에 노출되어 왔다. 예를 들어, 1987년에 Guess, Henstetter, Turnbull 및 Knowlton이 심각한 지적 장애를 지닌 사람들에게 사용한 행동 중재들을 검토한 결과, 이들에게 사용하고 있는 일련의 혐오적 중재들을 발견하였다. 이러한 중재로는 시각차단(visual screening, 예: 아동의 눈을 천이나 헬멧으로 가리기), 혐오적인 맛이나 냄새(예: 아동의 입 안에 레몬주스나 매운 소스 뿌리기, 아동의 코 밑에서 암모니아 캡슐 터뜨리기), 백색 소음(white noise, 예: 편안하지 않은 주파수의 반복되는 소리가 나는 헬멧을 강제로 씌우기), 과다행동(적절한 행동을 과다하게 연습하도록 강요하기), 후속적인 전기 충격 등이 있다. 이 모든 방법들은 문제행동이 나타난 후에 적용되었다. 행동장애를 지닌 학생들 또한 혐오성 중재에 자주 노출되었다. 이러한 아동들에게 가장 많이 사용된 중재는 신체적인 제재, 고립된 곳에서의 타임아웃, 아동의 거의 모든 행동이 중재자에 의해서 통제되는 고도의 제한적인 토큰 경제 등이다.

이와 같은 혐오적 중재에 대한 가장 주된 관심은 이러한 중재들이 사람, 특히 아동을 다루는 수용 가능한 방법의 경계선 밖에 놓여 있다는 사실이다. 간단히 말하자면, 혐오적인 중재는 문제행동을 단시간에 조절할 수 있다는 잠재력에도 불구하고 도덕적인 기준에서 벗어나며 그렇기에 수용할 수 없다. Singer, Gert 및 Koegel(1999)에 의해서 강조되었듯이, 도덕적인 사람은 '치료' 라는 명목으로 죽음, 고통, 능력의 상실, 자유의 상실 그리고 기쁨의 상실의 다섯 가지 도덕적 해를 고의로 끼쳐서는 안 된다. 혐오성 중재들은 이 중 죽음을 제외한(신체적인 제재를 부적절하게 사용한 결과로 죽은 아동들도 있지만) 네 가지 해와 일반적으로 관련된다.

비혐오성 운동(nonaversive movement)으로 알려진 동향은 많은 옹호자와 전문가들이 고통과 과도한 스트레스와 심각한 낙인을 초래하고 장애를 지닌 학생들에게 부적절한 것으로 여겨지는 혐오성 중재가 사용되지 않아야 한다는 논쟁을 시작한 1980년대 초반에 전개되었다. 그 결과, TASH(중도장애인협회[The Association for Persons with Severe Handicaps]의 전신), 특수교육협회(Council for Exceptional Children: CEC), 미국정신지체학회(American Association on Mental Retardation: AAMR), 전국학교심리사협회(National Association of School Psychologists: NASP)와 같은 전문가 단체들이 고도의 개입적인 형태의 중재 사용을 중단하도록 지지하였다. 도덕적인 논쟁을 일으키는 것 외에도 전문가 단체들은 혐오성 중재가 지니는 다른 심각한 제한점들을 지적하였다. 즉, (1) 제한적인 효과(예: 행동 억제 효과와 제한된 장기적인 성과), (2) 잘못 사용되거나 적용될 가능성(예: 아무 행동에나 비차별적으로 혐오성 중재를 사용함, 장기간에 걸쳐 부적절하게 학생을 신체적으로 제한함), (3) 학생의 성장과 학습을 강화하기 위하여 교사와 학생 간에 필요한 신뢰와 긍정적인 관계를 파괴할 가능성이 그것이다.

행동적 · 교육적 실제에 대한 사고의 변화와 함께 비혐오성 운동은 긍정적 행동지원의 탄생에 박차를 가했다. 전문가들은 새로운 기준과 성공을 위한 새로운 비전으로 문제행동을 다루기 위한 새로운 방법을 찾았다. 이것은 혐오성 중재가 오늘날 완전히 소거되었다고 말하는 것이 아니다. 실제로 전기 충격 시스템인 자해행동 억제 시스템(Self-Injurious Behavior Inhibiting System: SIBIS)이 특정 형태의 문제행동을 보이는 심각한 장애를 지닌 학생들에게 미치는 영향을 조사하는 연구들이 현재도 진행되고 있다(예: Linshied & Reichenbach, 2002). 그러나 전반적으로 특수교육은 긍정적 행동지원에 대한 길을 열어 주면서 전통적인 중재에 대한 대안적인 방법들을 수용하고 있다.

4. 긍정적 행동지원의 주요 요소

긍정적 행동지원은 행동 중재에서 현대적인 가치와 최상의 실제를 구현한다.

교사, 부모, 기타 중재자들이 장애를 지닌 사람들을 위해서 긍정적 행동지원을 사용할 때, 그들은 물론 문제행동의 감소가 하나의 중요한 목표임에도 불구하고 단순하게 문제행동을 감소시키거나 제거하기 위한 목적으로 후속결과를 적용하는 것보다 훨씬 더 폭넓은 방법을 사용한다(Janney & Snell, 2000). 긍정적 행동지원의 궁극적인 목표는 개인의 생활 방식에서의 향상을 가져다주는 의미 있고 장기적으로 지속되는 변화를 일으키는 것이다. 긍정적 행동지원은 다양한 방법으로 전통적인 행동 관리의 심각한 문제들을 다루고 있다. 전통적인 방법들과는 반대로, 긍정적 행동지원은 〈표 1-1〉에서 보는 바와 같은 주요 요소들을 포함한다.

〈표 1-1〉 긍정적 행동지원의 주요 요소들

긍정적 행동지원(PBS)은…	
• 생태학적인 접근이다.	• 종합적인 접근이다.
• 진단을 기반으로 한다.	• 팀 중심의 접근이다.
• 예견적이고 교육적이다.	• 대상자를 존중한다.
• 삶의 방식과 통합을 중심으로 한다.	• 장기적인 효과를 중심으로 한다.

1) 생태학적 접근

긍정적 행동지원은 문제행동에 대한 두 가지 상호 관련된 가정에 의해서 좌우된다. 첫 번째 가정은 주어진 상황에서 사람이 행동하는 방법은 사람과 환경 조건 간의 상호작용의 기능이라는 것이다(Janney & Snell, 2000). 문제행동은 장애로 인하여 발생하는 것이 아니다. 다시 말해서, 주의집중장애, 자폐, 정서 · 행동장애, 정신지체 등에 의해서 발생하는 것이 아니다. 오히려 생태학적이고 행동적인 견해에 의하면 문제행동은 특정 환경적 사건이나 조건이 행동을 일으키거나 지원하기 때문에 발생하게 된다. 두 번째 가정은 문제행동이 사람에게 유용한 목적이나 기능을 제공한다는 것이다. 행동은 자신이나 다른 사람에게 바람직하지 못하고 때로는 해로울 수도 있지만 '부적응적(maladaptive)' 이지는 않다. 개인을 바라보는 견해에 의하면 문제행동은 주어진 현재 상황에서 바람직한 성과를 얻기 위한 '역할'을 한다. 예를 들어, 어려운 상황을 회피하도록 도와주거나, 교사의 도움을 받도록 해 주거나, 지루하다고 느껴질 때 상호작용을 시작하도록 해 준다. 문제행동을 정기적으로 사용한다는 것은 자신의 필요를 충족시키기 위한 다른 효과적인 수단을 가지고 있지 못하다는 신호다. 이러한 두 가지 가정의 시사점은 행동 변화를 향한 첫 단계에서 문제행동을 설명하기 위하여 환경을 바라보아야 한다는 것이다.

2) 진단을 기반으로 하는 접근

중재가 효과적이기 위해서는 문제행동의 환경적인 원인을 다루거나 그에 연관되어야 한다. 긍정적 행동지원 중재는 기능진단에 의해서 이루어진다. 기능진단은 환경적 사건들, 개인의 반응, 문제행동이 개인에게 제공하는 목적이나 기능 사이의 관계를 이해하는 데 초점을 맞춘다. 기능진단 외에도 긍정적 행동지원은 진단에서 개인 중심의 접근을 적용한다. 학생의 선호도, 강점, 현재 가정과 학교에서의 삶의 방식과 함께 학생 및 가족의 장래에 대한 비전을 아는 데 강조점을 둔다. 이러한 정보는 긍정적 행동지원이 학생을 위한 중요한 삶의 성과를 성취하는 데 초점을 맞추도록 해 준다.

3) 맞춤형 접근

중재가 문제행동의 원인과 학생의 선호도 및 관심을 중심으로 고안된다면 그 중재는 개인에게 특별하게 맞추어진 것이라고 할 수 있다. 전통적인 접근들과는 달리, 긍정적 행동지원은 다른 학생이 유사한 필요와 선호도를 지니고 있지 않는 한 동일한 중재가 여러 학생에게 작용할 것이라거나 적절할 것이라고 가정하지 않는다. 긍정적 행동지원 중재들은 다른 중요한 방법으로 맞춤의 형태를 지닌다. 개인의 필요와 선호도에 맞추는 것 외에도 그 사람의 독특한 학교, 가정 또는 지역사회 환경에 맞도록 구성된다. 중재는 교사나 부모가 그러한 중재를 수행할 수 있게 하기 위해서, 전형적인 환경에 맞춤으로써 실제적이고 현실적이도록 해야 한다. 지원은 매일의 일과를 방해하지 않아야 하며, 교사와 부모에게 요구되는 매일의 해야 할 일들을 고려해야 하고, 문화적인 기대 및 가족의 가치관과 일치해야 한다.

4) 예방 및 교육 중심의 접근

문제행동이 그 행동의 목적과 행동을 일으키는 환경적인 조건의 측면에서 이해된다면 긍정적 행동지원의 주된 목표는 처벌하는 것이 아니라 예방하고 교수하는 것이다. 예방은 문제가 되는 행동에 기여하는 환경적인 조건, 즉 학생이 긴장하고 어려워하는 환경을 변화시킴으로써 이루어진다. 교수의 목적은 학생에게 문제 상황에서 원하는 성과를 얻어 내는 대체적인 방법과 미래의 문제 상황을 변화시키기 위하여 필요한 기술들을 제공하는 것이다. 예방과 교수가 중재의 목적이라면 문제행동의 감소는 변화된 환경과 새로운 학습된 기술에 의해서 자연적으로 발생하게 된다. 또한 학생들은 다양한 상황에서 사용될 수 있고 장기적인 성과에 기여할 수 있는 기술들을 학습하게 된다.

5) 삶의 방식 및 통합 중심의 접근

긍정적 행동지원은 전반적인 삶의 방식에 변화를 가져다주는 좀 더 폭넓은 성과에 초점을 맞춘다. 이 방법은 문제행동의 영향을 받거나 제한된 중재 및 분리된 교육적 환경으로 인해 발생하는 부정적인 상황을 되돌리는 역할을 한다. 또래와의 우정 향상, 전형적인 학교 활동에의 참여 증진, 가족 및 지역사회 활동에의 참여 증진, 부모 및 형제자매와의 상호작용 증가, 자기결정을 위한 기회 증가, 개인적인 만족감이나 행복감 강화 등에 강조점을 둔다. 이렇게 폭넓은 성과에 초점을 맞추게 되면 긍정적 행동지원은 통합을 촉진하고 삶의 질을 강화하는 중재를 포함하게 된다.

6) 종합적인 접근

긍정적 행동지원은 예방, 대체기술의 교수, 삶의 방식 개선 등을 강조함으로써 종합적인 특성을 지닌다. 전통적인 행동 중재 계획은 전형적으로 단일 중재로 구성되는데, 주로 문제행동 감소에 목적을 둔 후속결과 중심의 중재다. 긍정적 행동지원 계획에서 복수의 중재 전략들이 포함되는 것은 (1) 문제행동을 예방하고, (2) 대체기술을 교수하고, (3) 문제행동이 발생할 때 그에 반응하고, (4) 학생을 위한 삶의 방식 개선을 촉진하기 위해서다.

7) 팀 접근

긍정적 행동지원 중재는 부모, 교사, 학교 행정가, 행동지원 전문가나 학교 심리사, 장애를 지닌 학생, 기타 관심 있는 사람들을 포함한 팀의 노력을 필요로 한다. 팀 구성원들은 진단을 수행하고 긍정적 행동지원 계획을 고안하며 중재를 수행하고 평가하기 위하여 협력하거나 함께 일한다. 팀 접근에서 가장 중요한 것은 중재의 목표가 팀의 모든 참여자들, 특히 가족 구성원과 장애 학생에게 의미 있는 것이어야 한다는 것이다.

8) 대상을 존중하는 접근

긍정적 행동지원 중재는 낙인을 찍거나 창피를 주거나 고통을 주지 않는다. 오히려 항상 연령에 적절하고 정상화되어 있으며, 통합된 환경에서 긍정적인 이미지를 촉진하기 위한 목적으로 계획된다. 또한 긍정적 행동지원은 개인을 이해하고 개인의 입장에서 문제행동을 이해하며 학생의 필요와 선호도와 관심에 반응한다는 측면에서 대상을 존중하는 접근이다.

9) 장기 효과 중심의 접근

긍정적 행동지원은 장애를 지닌 많은 사람들이 새로운 환경에 성공적으로 적응하도록 도와주기 위해서는 일생에 걸친 지원을 필요로 한다는 사실에 근거한다. 단기적인 치료(문제행동을 신속하게 중단시킴)에 초점을 맞추는 전통적인 행동 관리 중재들과는 달리, 긍정적 행동지원은 장기적인 측면에 초점을 맞춘다. 긍정적 행동지원 중재는 시간이 흐름에 따라 수정되며 지난해의 성과에 따라 새롭게 구성된다. 삶의 방식에서의 변화가 실제로 나타나는가를 확인하고 빈약한 환경의 기능으로 또는 새로운 상황에서의 기술 결핍으로 미래에 새로운 문제행동이 발생하지 않게 하기 위해서는 장기적인 초점을 맞추어야 한다. 지속적인 환경 수정과 새로운 상황에 대한 교수로 장기적인 예방과 성과가 가능하다.

5. 학교 차원의 긍정적 행동지원

많은 교직원들은 이 책에서 설명한 개별화된 긍정적 행동지원이 도전적인 행동을 보이는 장애를 지닌 모든 학생들에게 반드시 필요한지 의문을 갖게 될 것이다. 지금까지의 내용을 종합하자면 많은 사람들이 안심할 수 있도록 대답은 '아니요'다. 그러나 긍정적 행동지원의 많은 기본 철학과 가치와 일반적인 실천은 모든 아동, 즉 장애가 있거나 없는 아동들과 관련된다. 역사적으로 볼 때, 지금까지 학교는 문제행동을 다루기 위하여 처벌적인 접근에 의존해 왔다. 그러나 만일 학교가 문제행동의 원인을 이해하고 긍정적인/친사회적인 행동을 보상하고 학생들이 친사회적인 방법으로 행동하도록 격려하는 학교환경을 만들어 주는 데 초점을 맞추었다면 훨씬 더 효과적일 수 있었을 것이다.

좀 더 최근에 개발된 긍정적 행동지원의 한 가지 방법은 학교 전체를 대상으로 긍정적 행동지원을 적용하는 것이다. 학교 차원의 긍정적 행동지원(schoolwide positive behavior support; 13장 참조; Horner & Sugai, 2000; Sugai et al., 2000)으로 알려진 이 방법은 개별화 긍정적 행동지원의 많은 기본적인 요소들을 채택함으로써 장애가 있건 없건 모든 학생들의 행동을 다루기 위하여 학교 전체에 적용하는 것이다. 학교 차원의 긍정적 행동지원은 긍정적인 학생 행동에 대한 기대를 제시하고, 긍정적인 행동에 대한 동기나 보상을 제공하며, 문제를 일으킬 만한 환경(예: 학교 식당, 복도)을 변화시키는 것에 강조점을 둠으로써 의욕을 저하시키기보다는 긍정적인 학생 상호작용을 촉진한다. 학교 차원의 긍정적 행동지원의 한 가지 목표는 심각한 문제행동을 예방하고 개별화된 지원을 필요로 하는 학생의 수를 감소시키는 데 있다. 대부분의 학생들이 일반적인 학교 교육에 반응적인 것이 사실이지만, 언제나 소수의 학생들은 이 책에서 설명하고 있는 좀 더 집중적이고 개별화된 지원을 필요로 한다. 이러한 경우 학교 차원의 긍정적 행동지원의 두 번째 목적은 개별화된 노력을 격려하고 지속시킬 수 있는 지원적인 학교문화를 만드는 것이다. 개별화된 긍정적 행동지원은 모든 교사들과 부모들과 학교 관리자들이 긍정적 행동지원의 가치와 실제의 중요성을 이해하고 수용할 때 가장 효과적일 수 있다.

6. 긍정적 행동지원과 장애인교육법

개별화된 긍정적 행동지원은 몇 가지 중요한 측면에서 장애인교육법(IDEA '97)에 의하여 촉진되었다. 첫째, 학생의 IEP를 개발할 때 팀은 학생의 도전적인 행동이 자신이나 다른 사람들의 학습을 방해하는 경우 '긍정적인 행동 중재'를 사용하도록 요구된다. IEP 팀은 다른 중재(예: 약물치료)를 고려할 수도 있지만 긍정적인 행동 중재는 법률에 의하여 반드시 고려되어야 한다(Turnbull, Wilcox, Stowe, & Turnbull, 2001). 둘째, 학생의 교육적 배치가 반복적인 정학이나 퇴학으로 위협을 받을 때 학교는 지금까지 하지 않았다면 반드시 기능적 행동진단을 수행해야 한다. 또한 학생의 행동 중재 계획을 검토하고 그것이 적절한지 결정하기 위해서 IEP 팀을 소집해야 한다. 다시 말해서, 심각한 훈육이 고려되는 경우 장애인교육법은 IEP 팀이 우선적으로 기능진단을 통하여 학생의 지원 계획의 적절성(제대로 이루어지고 있는가?)과 문제행동의 이유를 고려하도록 요구하고 있다. 이 책에서 설명하고 있는 긍정적 행동지원 중재는 대부분의 학생들이 필요로 하거나 법에서 요구하는 수준을 넘어설 수도 있다. 그러나 장애인교육법의 규정과 용어는 긍정적 행동지원을 적용하도록 규정하고 있다(Turnbull, Stowe, Wilcox, Raper, & Hedges, 2000; Turnbull et al., 2001).

7. 요 약

이 장에서는 긍정적 행동지원의 발전 과정에 대하여 살펴보았다. 긍정적 행동지원의 정의를 제시하고, 응용행동분석, 개인 중심의 계획, 자기결정, 통합에서의 발전이 긍정적 행동지원의 가치와 실제에 어떠한 영향을 미쳤는지 살펴보았다. 또한 이러한 영역에서의 발전이 장애를 지닌 학생, 문제행동, 행동 중재에 대한 견해를 어떻게 변화시켰는지도 설명하였다. 장애 학생들을 위한 전통적인 행동관리 방법의 주요 제한점들에 대해서도 알아보았다. 마지막으로 긍정적 행동지원의 주요 가설과 특성을 설명하였으며, 학교에서의 지속적인 발전과 수용에 대해서도 설명하였다.

긍정적 행동지원은 단순히 긍정적이고 비처벌적인 행동 관리 전략들을 모아 놓은 것이 아니다. 긍정적 행동지원은 문제행동의 이유를 이해하고 장애를 지닌 학생과 그 가족에게 의미 있고 그들을 존중하는 중재를 고안하기 위한 철학적이고 가치 중심적인 방법을 제공한다. 이러한 가치 기반의 접근은 행동공학의 지속적인 발전과 더불어 앞으로 긍정적 행동지원의 지속적인 발전과 적용을 이끌어 갈 것이다.

참고문헌 ……

Baer, D. M., Wolf, M. M., & Risley, T. R. (1968). Some current dimensions of applied behavior analysis. *Journal of Applied Behavior Analysis, 1,* 91-97.

Bambara, L. M., Cole, C., & Koger, F. (1998). Translating self-determination for adults with developmental disabilities. *Journal of The Association for Persons with Severe Handicaps, 23,* 18-37.

Berkman, K. A., & Meyer, L. H. (1988). Alternative strategies and multiple outcomes in the remediation of severe self-injury: Going "all out" nonaversively. *Journal of The Association for Persons with Severe Handicaps, 13,* 76-86.

Browder, D. M., & Bambara, L. M. (2000). Home and community. In M. E. Snell & F. Brown (Eds.), *Instruction of students with severe disabilities* (5th ed., pp. 543-589). Upper Saddle River, NJ: Merrill.

Brown, F., Godthelf, C. R., Guess, D., & Lehr, D. (1998). Self-determination for individuals with the most severe disabilities: Moving beyond chimera. *Journal of The Association for Persons with Severe Handicaps, 23,* 17-26.

Carnine, D. W., Silbert, J., & Kame' enui, E. J. (1997). *Direct instruction reading* (3rd ed.) Upper Saddle River, NJ: Merrill.

Carr, E. G. (1977). The motivation of self-injurious behavior: A review of some hypotheses. *Psychological Bulletin, 84,* 800-816.

Carr, E. G., Dunlap, G., Horner, R. H., Koegel, R. L., Turnbull, A. P., Sailor, W., et al. (2002). Positive behavior support: Evolution of an applied science. *Journal of Positive Behavior Interventions, 4,* 4-16.

Carr, E. G., & Durand, M. V. (1985). Reducing problem behavior through functional communication training. *Journal of Applied Behavior Analysis, 18,* 111-126.

Carr, E. G., Horner, R. H., Turnbull, A. P., Marquis, J. G., McLaughlin, D. M., & McAtee, M. L. (1999). *Positive behavior support for people with developmental disabilities: A research synthesis.* Washington, DC: American Association on Mental Retardation.

Carr, E. G., Robinson, S., & Palumbo, L. W. (1990). The wrong issue: Aversive versus nonaversive treatment. The right issue: Functional versus nonfunctional treatment. In A. C. Repp & N. Singh (Eds.), *Perspectives on the use of nonaversive and aversive interventions for persons with developmental disabilities* (pp. 361-379). Sycamore, IL: Sycamore.

Cooper, J. O., Heron, T. E., & Heward, W. L. (1987). *Applied behavior analysis.* Columbus, OH: Merrill.

Dunlap, G., Kern, L., & Worchester, J. (2001). Applied behavior analysis and academic instruction. *Focus on Autism and Other Developmental Disabilities, 16,* 129-136.

Evans, I. M., & Meyer, L. H. (1985). *An educative approach to behavior problems: A practical decision model for interventions with severely handicapped learners.* Baltimore: Paul H. Brookes.

Farrington, D. P. (1991). Childhood aggression and adult violence: Early precursors and later-life outcomes. In D. J. Pepler & K. H. Rubin (Eds.), *The development and treatment of childhood aggression* (pp. 5-29). Hillsdale, NJ: Erlbaum.

Forest, M., & Pearpoint, J. C. (1992). Putting all kids on the MAP. *Educational Leadership, 50,* 26-31.

Fox, L., Vaughn, B. J., Wyatte, M. L., & Dunlap, G. (2002). "We can' t expect other people to understand": Family perspectives on problem behavior. *Exceptional Children, 68,* 437-450.

Guess, D., Helmstetter, E., Turnbull, R. H., & Knowlton, S. (1987). *Use of aversive procedures with persons who are disabled: An historical review and critical analysis.* Seattle, WA: The Association for Persons with Severe Handicaps.

Hanson, M. J., & Carta, J. J. (1996). Addressing the challenges of families with multiple risks. *Exceptional Children, 62,* 200-212.

Horner, R. H., Dunlap, G., Koegel, R. L., Carr, E. G., Sailor, W., Anderson, J., et al. (1990). Toward a technology of nonaversive: Behavioral support. *Journal of The Association for Persons with Severe Handicaps, 15,* 125-132.

Horner, R. H., & Sugai, G. (2000). School-wide behavior support: An emerging initiative. *Journal of Positive Behavior Interventions, 2,* 231-232.

Hune, J. B., & Nelson, C. M. (2002). Effects of teaching a problem solving strategy on preschool children with problem behavior. *Behavior Disorders, 27*, 185-207.

Iwata, B. A., Dorsey, M. F., Silfer, K. J., Bauman, K. E., & Richman, G. S. (1982). Toward a functional analysis of self-injury. *Analysis and Intervention in Developmental Disabilities, 2*, 1-20.

Jackson, L., & Panyan, M. V. (2002). *Positive behavioral support in the classroom: Principles and practices.* Baltimore: Paul H. Brookes.

Janney, R., & Snell, M. E. (2000). *Teachers' guides to inclusive practices: Behavioral support.* Baltimore: Paul H. Brookes.

Kauffman, J. M., Lloyd, J. W., Baker, J., & Riedel, T. M. (1995). Inclusion of all students with emotional and behavioral disorders?: Let's think again. *Phi Delta Kappan, 76*, 542-546.

Kazdin, A. E., Mazurick, J. L., & Bass, D. (1993). Risk of attrition in treatment of antisocial children and families. *Journal of Clinical Child Psychology, 22*, 2-16.

Kent, L. (1974). *Language acquisition program for the severely retarded.* Champaign, IL: Research Press.

Kern, L., Vorndram, C. N., Hilt, A., Ringdahl, J. E., Adelman, B. E., & Dunlap, G. (1998). Choice as an intervention to improve behavior: A review of the literature. *Journal of Behavioral Education, 8*, 151-169.

King-Sears, M. E., & Carpenter, S. L. (1997). *Teaching self-management to elementary students with developmental disabilities.* Washington, DC: American Association on Mental Retardation.

Linsheid, T. R., & Reichenbach, H. (2002). Multiple factors in the long-term effectiveness of contingent electric shock treatment for self-injurious behavior: A case example. *Research in Developmental Disabilities, 23*, 161-177.

Malian, I., & Nevin, A. (2002). A review of the self-determination literature. *Remedial and Special Education, 23*, 68-74.

Meyer, L. H., & Evans, L. M. (1989). *Nonaversive intervention for behavior problems: A manual for home and community.* Baltimore: Paul H. Brookes.

Meyer, L. H., & Park, H. (1999). Contemporary, most promising practices for people with disabilites. In J. R. Scotti & L. H. Meyer (Eds.), *Behavioral intervention: Principles, models, and practices* (pp. 25-45). Baltimore: Paul H. Brookes.

Mount, B. (2000). *Person-centered planning.* New York: Graphic Futures.

O' Brien, J. (1987). A guide to life-style planning: Using The Activities Catalog to integrate services and natural support systems. In B. Wilcox & G. T. Bellamy (Eds.), *A comprehensive guide to The Activities Catalog: An alternative curriculum for youth and adults with severe disabilities* (pp. 175-189). Baltimore: Paul H. Brookes.

O' Brien, J., & Pearpoint, J. (2003). *Person-centered planning with MAPS and PATH: A workbook for facilitators.* Toronto: Inclusion Press.

Risley, T. (1996). Get a life! In L. K. Koegel, R. L. Koegel, & G. Dunlap (Eds.), *Positive behavioral support: Including people with difficult behaviors in the community* (pp. 425-437). Baltimore: Paul H. Brookes.

Sailor, W. (1996). New structures and systems change for comprehensive positive behavioral support. In L. K. Koegel, R. L. Koegel, & G. Dunlap (Eds.), *Positive behavioral support: Including people with difficult behaviors in the community* (pp. 163-206). Baltimore: Paul H. Brookes.

Scotti, J. R., Evans, I. M., Meyer, L. H., & Walker, P. (1991). A meta-analysis of intervention research with problem behavior: Treatment validity and standards of practice. *American Journal on Mental Retardation, 96,* 233-256.

Scotti, J. R., Ujcich, K. J., Weigle, K. L., Holland, C., & Kirk, K. S. (1996). Interventions with challenging behavior of persons with developmental disabilities: A review of current research practices. *Journal of The Association for Persons with Severe Handicaps, 21,* 123-134.

Singer, G. H., Gert, B., & Koegel, R. (1999). A moral framework for analyzing the controversy over aversive behavioral interventions for people with severe mental retardation. *Journal of Positive Behavior Interventions, 1,* 88-100.

Snell, M. E., & Brown, F. (Eds.). (2000). *Instruction of students with severe disabilities* (5th ed.). Upper Saddle River, NJ: Merrill.

Sugai, G., Horner, R. H., Dunlap, G., Hieneman, M., Lewis, T. J., Nelson, C. M., et al. (2000). Applying positive behavior support and functional behavioral assessment in schools. *Journal of Positive Behavior Interventions, 2,* 131-143.

Turnbull, A. P., & Ruef, M. (1996). Family perspectives on problem behavior. *Mental*

Retardation, 34, 280-293.

Turnbull, A. P., & Ruef, M. (1997). Family perspectives on inclusion lifestyle issues for people with problem behavior. *Exceptional Children, 63*, 211-227.

Turnbull, R. H., Stowe, M., Wilcox, B. L., Raper, C., & Hedges, L. P. (2000). The public policy foundations for positive behavioral interventions, strategies, and supports. *Journal of Positive Behavior Interventions, 2*, 218-230.

Turnbull, R. H., Wilcox, B. L., Stowe, M., & Turnbull, A. (2001). IDEA requirements for use of PBS. *Journal of Positive Behavior Interventions, 3*, 11-18.

Walker, H. M., Colvin, G., & Ramsey, E. (1995). *Antisocial behavior in school: Strategies and best practices*. Pacific Grove, CA: Brookes/Cole.

Wehmeyer, M. L., Agrane, M., & Hughes, C. (1998). *Teaching self-determination to students with disabilities*. Baltimore: Paul H. Brookes.

Wehmeyer, M. L., & Palmer, S. B. (2003). Adult outcomes for students with cognitive disabilities three years after high school: The impact of self-determination. *Education and Training in Developmental Disabilities, 38*, 131-144.

02

문제행동의 환경적 요인

GLEN DUNLAP
JOSHUA HARROWER
LISE FOX

1. 기본 원리와 가설
2. 문제행동 이해하기
3. 4단계 행동발생
4. 개인과 삶의 방식 고려하기
5. 요 약

아마도 긍정적 행동지원(PBS)에서 가장 중요한 중재 원칙은 처음으로 지원을 계획하게 된 이유인 바로 그 문제행동에 대한 기능적인 이해를 근거로 계획이 세워져야 한다는 것이다. 행동지원 계획은 임의로 할 수 있는 것이 아니며, 일반적인 행동 관리 지침서에서 복사할 수 있는 것도 아니다. 그리고 이전의 경험이나 다른 사람들에게 사용했던 중재로부터 그 요소들을 가져다 쓸 수 있는 것도 아니다. 오히려 계획은 기존의 인간 행동 과학을 기반으로 하며, 가장 중요한 것은 개인의 식별된 문제행동의 기능진단으로부터 알아낸 정보를 근거로 한다는 것이다. 기능진단 정보를 종합하는 것은 지원 계획의 기초인 기능적인 이해를 가능하게 해 준다. 이 장에서는 기능진단 과정과 긍정적 행동지원을 위한 기반으로 작용하는 개념 및 가설들을 설명하고자 한다.

이 장의 목표는 문제행동이 환경 내 사건에 의해서 어떻게 조절될 수 있는가를 이해하기 위한 간단한 개념틀을 제시하는 것이다. 이러한 목표를 달성하기 위해서 문제행동과 관련된 요소들을 이해하기 위한 임상적으로 지지되고 있는 체계에 대하여 설명하며, 이러한 이론이 복잡한 상황과 삶의 이슈를 포함하도록 확장시키기 위한 모델 또는 과정 개발의 필요성을 제시한다. 여기서 개념틀이란 광범위한 연구와 조작적 심리학 및 응용행동분석의 기본적인 개념을 기반으로 하는 것으로서, 진단과 중재의 실제적인 과정을 안내하기 위한 매우 유용한 기제로서 입증되어 왔다. 실제로 수천 개의 과학적인 연구들이 이러한 개념틀의 원리가 타당하다는 사실을 매우 강력하게 결론짓고 있으며, 효과적인 중재 전략을 개발하는데 사용될 수 있다는 사실을 입증해 왔다. 이러한 사실은 긍정적 행동지원 영역에서도 점점 더 많이 적용되고 있다(Carr et al., 1999).

개념적 틀을 설명하기 전에 이러한 틀이 모든 문제행동을 완전하게 이해하게 해 주지는 않는다는 사실을 먼저 인식해야 한다. 신경심리학 및 심리학에서는 아직까지 이해되지 않고 있는 상호작용적인 변인들이 존재하고 있다. 예를 들어, 현재 알려지고 있는 환경적인 변인을 넘어서는 신경심리학적 요소들이 자해행동뿐만 아니라 망상적, 반복적, 강박적 행동 등을 통제한다는 사실은 분명하게 알려지고 있다(Romanczyk & Matthews, 1998; Schroeder, Oster-Granite, & Thompson,

2002). 그러나 현재까지 이러한 지식은 그 변인들이 식별되거나 측정되거나 실제적인 진단 및 중재의 과정에서 유용하게 사용될 수 있을 정도로 발전되지는 못하고 있다. 도전적인 행동을 다루는 실천과학은 실제로 가치가 있음에도 불구하고 행동의 발생에 크게 기여하는 상호작용적이고 신경심리학적인 요소들에 대하여 좀 더 잘 이해하지 못한다면 그것만으로는 충분하지 못하다고 할 수 있다.

개념틀을 소개하기 전에 한 가지 더 주의해야 할 것이 있다. 그것은 이 영역의 발전이 지금까지 행동에 대한 즉각적인 환경의 영향에 주로 초점을 맞추어 왔다는 사실이다. 진단을 위해서 우리가 사용한 렌즈는 날카롭지만 현미경과 같은 좁은 시야를 제공해 주었다. 이러한 렌즈의 가치는 순간순간마다 행동을 예측하고 통제할 수 있게 해 주는 힘에 있다. 이런 가치는 중재가 전통적으로 원하는 것이었으며 교수 및 행동 발생 관리와 관련해서 매우 확실한 관심사였기 때문에 과소평가되어서는 안 된다. 그러나 효과적인 긍정적 행동지원과 실제로 의미 있는 삶의 성과를 위한 기초를 이해하기 위하여 요구되는 유일한 견해여서도 안 된다. 이렇게 폭넓고 좀 더 실제적인 목표를 다루기 위해서는 우리의 미시적인 이해가 인간의 삶을 바라보는 좀 더 거시적인 견해로 확장될 필요가 있다. 이러한 견해는 특별히 정의된 행동이 자신의 삶의 구성을 통하여 얻는 성취감, 선호도, 만족도, 가치에 미치는 영향을 넘어선다. 여기서 구성은 사회적 관계, 생활환경, 목표를 설정하고 성취할 수 있는 기회, 직장이나 학교에서의 만족감과 자극, 인간의 삶의 질을 결정해 주는 집단 내에서의 기타 환경 등을 포함한다. 인간의 삶의 질과 그러한 질을 강화하는 것으로 여겨지는 비전과 계획을 이해하는 것은 기능적인 이해 과정과 지원 계획의 개발을 수행하기 위한 필수 조건이다. 이와 같은 거시적 수준의 이해는 목표를 설정하고 중재를 계획할 때 특별히 시급하게 필요하다. 실제로 전문가들에 따라서는 이러한 삶의 구성 변인들이 대부분의 행동 문제를 어떠한 방식으로든 설명해 줄 수 있으며, 삶의 구성이 완벽하게 만족스럽게 이루어진다면 집중적인 중재를 필요로 하는 행동 문제는 거의 발생하지 않을 것이라고 지적해 왔다(Risley, 1996; Turnbull & Turnbull, 1990).

긍정적 행동지원에서 거시적 수준(삶의 방식)의 변인들이 특정 행동 문제에 미치는 영향력을 반드시 이해해야 한다는 인식이 점점 더 받아들여지고 있다(Carr, Carlson, Langdon, Magito-McLaughin, & Yarbrough, 1998; Carr et al., 2002; Risley, 1996). 이러한 영향력에 대한 중요성은 분명히 강조되고 있지만, 거시적 수준의 진단, 이해, 지원 과정은 미시적 또는 그보다 더 세밀한 수준으로 진단과 중재를 특성화해 주는 정확한 방법으로 분석되거나 개념화되지 않고 있다. 삶의 구성을 조사하기 위한 매우 유용한 지침들이 개발되었으며(11장 참조; Kincaid & Fox, 2002; Turnbull & Turnbull, 1996), 이러한 지침들은 효과적이고 진단에 기초한 긍정적 행동지원 계획의 개발 및 적용을 가능하게 해 준다. 확인된 특정 문제행동의 발생에 대하여 예측 가능한 변화를 가져오기 위해서는 상황적으로 좀 더 즉각적인 영향력을 기능적으로 이해하게 해 주는 데 초점을 맞출 필요가 있다.

이 장의 주제인 환경적 결정요인(environmental determinants)에 대해서는 응용행동분석과 긍정적 행동지원 분야의 여러 전문가들에 의해 많은 논의가 이루어지고 있다. 이 책에서 제시하고자 하는 틀은 새로운 것이 아니다. 그러나 차이점은 효과적이고 진단에 기초한 긍정적 행동지원 계획을 개발하기 위한 수단으로 행동과 환경 간의 관계에 대한 이해를 촉진한다는 측면에서 틀을 제시하고자 한다는 것이다. 이 장의 다음 부분에서는 이러한 개념틀의 과학적 기초를 제공하는 기본적인 가정과 원리를 설명하고자 한다. 그런 다음 이 장의 대부분을 할애하여 행동 발생에 영향을 미치는 측면에서 환경을 체계적으로 고려하는 과정을 설명한다. 이러한 과정은 기능진단의 과정으로 정의되며, 이 책의 6장과 7장에 설명되어 있다.

1. 기본 원리와 가설

문제행동의 환경적 결정요인에 대한 조사는 행동과 환경 간 관계를 정의하는 기본적인 원리와 가설을 설명하는 것으로 시작해야 한다. 이러한 원리들은 행동과학의 핵심적인 내용을 구성하며(Skinner, 1953), 긍정적 행동지원의 가장 근본적인 개념을 나타낸다(〈표 2-1〉 참조). 첫 번째 원리는 행동이 바람직하건 그렇지

〈표 2-1〉 세 가지 행동의 기본 원리

행동은…
• 법칙이 있다. • 기능적이다(그리고 의사소통적이다). • 상황과 관련된다.

않건 일련의 자연적인 법칙을 구성하며, 따라서 우리가 이해할 수 있다는 것이다. 이러한 원리는 만일 그렇지 않다면 행동의 발생과 비발생이 임의로 이루어지며 행동을 이해하고 변화시키고자 하는 우리의 노력도 궁극적으로는 소용없는 일이라는 사실을 시인해야만 하기에 매우 중요하다고 할 수 있다. 그러나 만일 이러한 법칙과 관련된 원리를 수용한다면 인간의 행동은 결과적으로 이해와 예측이 가능해진다. 우리는 이를 좀 더 확장해서 생각해 볼 수 있다. 만일 행동에 법칙이 있다면 우리는 이론적으로 모든 당면한 법칙들을 이해할 수 있어야 하며, 따라서 행동에 영향을 미치는 변인들에 대한 지식을 얻어 낼 수 있어야 한다. 만일 이러한 지식을 가지고 변인들을 관찰할 수 있다면 행동이 언제 발생하는지를 예측할 수 있어야 할 것이다. 또한 행동에 대한 그와 같은 예측이 가능하고 변인들에 대한 통제가 가능하다면 행동의 발생을 신뢰성 있게 조절할 수 있어야 할 것이다. 여기서 우리는 '만일' 이라는 용어를 많이 사용하였으며 아직까지 그 정도의 지식에는 도달하지 못하고 있지만, 중요한 것은 법칙에 대한 가정이 긍정적인 행동을 지원하는 우리의 능력을 향상시키기 위한 경험에 기반을 둔 탐구의 중심이 된다는 사실이다. 법칙이 존재한다는 가정은 인간 행동에 대한 모든 체계적인 고찰의 기본이며, 행동과학과 관련된 수많은 기초 및 응용 연구에 의하여 그 타당성이 입증되어 왔다.

두 번째 원리는 행동은 기능적이라는 것이다. 이것은 행동이 행동을 하는 개인에게 흥미를 제공하기 때문에 발생한다는 것을 의미한다. 다시 말해서, 행동은 자연적인 법칙에 따른 이유가 있을 뿐만 아니라 개인의 입장에서도 이유가 있다는 것이다. 행동을 바라보는 아주 간단한(지나치게 간단한) 방법은 개인이 무엇인가를 얻거나 무엇인가로부터 도피하기 위하여 행동한다는 것이다(O'Neill et al., 1997).

그러나 많은 전문가들은 이보다 좀 더 정교화된 방법으로 행동을 설명하였다(예: Donnellan, Mirenda, Maseros, & Fassbender, 1984; Maag & Kemp, 2003). 행동은 그 목적이나 기능이 분명하게 드러나는 경우도 있지만(예: 아기가 젖은 기저귀가 불편해서 우는 행동), 그렇게 즉각적으로 분명하게 나타나지 않는 경우도 있다. 행동의 목적은 인간의 의식이나 설명하는 능력을 넘어설 수도 있으며 종종 너무 복잡하거나 복합적이기도 하다(예: 월급을 받기 위해서 일을 하지만 사회적 관계나 성취감 때문에 하기도 함). 또한 목적이 환경과 더 이상 관련되지 않게 됨으로써 눈에 띄지 않을 수도 있으며, 학습 경험에 의해서 인위적으로 나타날 수도 있다. 기능적인 관계에 의해서 시작되고 유지되지 않는 행동들이 쉽게 발견되는 것은 아니지만 이러한 기능성의 원리가 모든 행동에 적용되지 않을 가능성도 있다.

이와 같은 두 번째 원리의 귀결은 결국 많은 행동들이 의사소통적이라는 사실이다. 이것은 행동의 기능이 사회적 환경에 대하여 행위하는 것이며(무엇인가를 얻거나 회피하기 위하여 다른 사람의 도움을 끌어들이기 위한), 따라서 의사소통 행위라는 것이다. 이는 눈에 띄게 다른 사람의 활동을 자극하려는 행동인 '외현적인(acting-out)' 행동에 특히 적용될 수 있지만, 온화하고 '내재적인(internalizing)' 행동에도 많이 적용되는 것으로 밝혀져 왔다(예: Koegel, Dyer, & Bell, 1987). 예를 들어, 상대방의 사회적 시작행동을 쳐다보지 않으려는 행동은 "혼자 있고 싶으니까 저리 가 줘."라고 말하는 것과 동일한 의사소통적 기능을 지닌다. 〈표 2-2〉는 행동이 지닐 수 있는 기능의 예를 보여 주고 있다.

긍정적 행동지원에서의 응용연구들은 문제행동의 의사소통적 기능의 많은 예들을 분명하게 제시하고 있다(예: Carr, 1977; Donnellan et al., 1984; Carr & Durand, 1985; Horner & Budd, 1985). 이러한 문헌들은 문제행동을 위한 기능적인 중재로서 의사소통의 중요성을 확실하게 강조하고 있다(Carr et al., 1994). 이것은 만일 문제행동과 동일한 기능을 하는 대체적인 형태의 의사소통을 가르친다면 학생이 그 행동의 기능(목적)을 만족시키는 다른 효과적인 방법을 가지게 되기 때문에 학생의 문제행동이 감소되거나 제거될 수 있다는 것이다.

행동이 기능을 지닌 것으로 설명하는 원리는 앞에서 설명한 의사소통적 동질성

〈표 2-2〉 행동의 의사소통적 기능의 범주

기 능	의사소통적 메시지
관심/사회적 상호작용 획득	"나에게 관심을 보여 주세요." "도움이 필요해요." "나와 함께 놀아 줄 수 있어요?"
물건/활동 획득	"컴퓨터를 하고 싶어요." "책을 주세요." "음악을 듣고 싶어요."
감각 자극 획득	"이렇게 움직이면 기분이 좋아요." "이렇게 움직이면 진정이 돼요."
감각 자극 회피	"이 소리는 너무 커요." "이 교실은 너무 더워요."
관심/사회적 상호작용 회피	"말하고 싶지 않아요." "나를 쳐다보는 게 싫어요."
물건/활동 회피	"이 일을 하고 싶지 않아요." "이 교실에 있고 싶지 않아요." "이건 싫어요. 쉬고 싶어요."

을 넘어서며 의사소통적 능력 이외의 더 많은 적용 시사점을 지닌다. 예를 들어, 초기 응용연구에서 Rincover 등(1979)은 상동행동(예: 반복적인 소리 만들기, 시각적인 자극 응시하기)과 놀잇감 놀이(예: 녹음기 작동하기, 비눗방울 불기)가 제공하는 감각 자극의 형태가 서로 유사하다면 혼자 노는 놀잇감 놀이가 상동행동을 대체할 수 있음을 보여 주었다.

세 번째 원리는 행동이 발생하는 상황에 의하여 행동이 조절된다는 사실을 이해하도록 지지한다. 이 원리는 행동이 무작위로 발생하는 것이 아니라 환경 내의 조건에 따라 발생한다고 주장한다. 환경은 특정 행동은 발생하고 다른 행동은 발생하지 않도록 하는 상황을 제공한다. 환경이 행동에 따라 다르게 작용하는 이유는 아마도 특정 유형 행동의 기능이 그러한 조건(자극)하에서 그 사람의 이전 경험을 통하여 만족되었던 반면에 다른 기능들은 만족되지 않았기 때문일 것이다. 예를 들어, 어려운 학업 과제가 주어졌을 때 머리를 책상 위에 대고 잠든 척 행동할 수 있다. 이러한 행동은 교사가 다가와 도와주는 결과를 가져다준다. 교사가 학생이 손을 들고 도움을 요청하는 행동을 더 선호한다고 할지라도, 학생은 원하는 결과(교사의 도움)를 얻기 위해서 덜 바람직한 행동을 효과적으로 사용한 경험을 하게 된다.

여기서 두 가지 용어의 정의를 강조하고자 한다. 첫째, 환경적 맥락(context)은 개인이 (의식하건 의식하지 않건) 인지하는 내적 또는 외적 사건이나 요인을 의미하며, 환경은 생리적인 감각 및 조건(예: 고통, 각성, 탈진, 굶주림, 공포), 외부 주변 환경의 자극에 의해서 발생하는 빛과 소리와 기타 경험으로 구성된다. 둘째, 맥락은 아주 다양한 사건과 요인들로 구성되며, 행동은 이러한 사건과 요인들의 복잡한 상호작용에 의해서 조절된다. 즉각적인 맥락 내에서의 어떤 사건들은 특정 행동을 일으키는 작용을 하지만, 반대로 다른 요인들이 그 특정 행동의 발생 가능성을 높일 수도 있다. 예를 들어, 배가 고프다는 사실은 음식을 가지려는 행동을 일으킬 가능성을 증가시키는 맥락적 요인이다. 원하는 음식을 보거나 소리를 듣는 행동이 아마도 실제 행동을 유발할 수 있을 것이다. 이러한 상호작용이 행동 발생을 결정해 주는 맥락이라고 할 수 있다.

일반적으로 특정 행동을 일으키는 환경 내의 즉각적인 자극은 선행자극(antecedent stimuli) 또는 식별자극(discriminative stimuli)이라고 불리며, 좀 더 구어적인 표현으로는 유발자극(triggering stimuli) 또는 유발자(triggers)라고 불린다(이 책에서는 선행사건[antecedents]이라는 용어를 사용한다). 선행사건은 (내적일 수 있어서 찾아내기 더 어려울 수도 있지만) 외부 환경에서 이미 식별된 일반적으로 매우 가까운 사건들을 말한다. 특정 행동이 더 많이 또는 덜 발생하도록 만드는 조건이나 사건들은 배경사건(setting events) 또는 설정된 영향(establishing operation)으로 불린다(Kantor, 1959; Michael, 1993). 배경사건은 상대적인 박탈감과 같은 생리적이고 생태학적인 조건과 강화물의 가치를 변경시킴으로써 이러한 강화물을 얻고자 하는 기능의 행동 발생 가능성을 강화시키는 기타 요인들을 포함한다(이 장의 뒷부분 참조). 많은 이론 및 실험연구들이 환경적인 맥락의 다양한 측면에 대하여 연구해 왔으나(예: Gardner, Cole, Davidson, & Karan, 1986; Michael, 1993), 이 책에서 강조하고 싶은 가장 중요한 것은 행동의 많은 부분이 이러한 맥락적 요인과 사건들을 기반으로 결정된다는 것이다.

2. 문제행동 이해하기

문제행동을 이해한다는 것은 환경의 발생, 비발생, 미래의 발생 가능성을 조절하는 환경 내 변인들을 이해한다는 것을 의미한다. 만일 이러한 것들을 이해할 수 있다면 행동이 언제 어디서 누구와 함께 어떤 조건에서 발생하는지와 발생하지 않는지(또는 발생할 가능성이 높은지와 낮은지)를 예측할 수 있다. 또한 문제행동을 이해한다는 것은 그 행동의 목적을 이해하는 것이다. 많은 연구자들이 비구어 행동과 의사소통을 연결시키기 위한 가설을 세웠다(예: Carr et al., 1994; Durand, 1990). 전형적인 아동 발달에서 울기는 의사소통의 초기 원시적인 형태로 이해되어 왔다. 영아들은 어머니의 관심을 얻거나 원하는 물건을 얻거나 싫어하는 상황을 피하기 위해서 등의 다양한 이유로 운다는 사실을 많은 연구들이 보여 주고 있다(Bayley, 1932; Wolff, 1969). 우는 행동 외에도 공격행동 역시 의사소통의 원시적인 형태로 알려져 왔다. Brownlee와 Bakeman(1981)은 영아들이 보이는 손바닥으로 때리기와 같은 특정 공격행동이 상호작용을 즉시 중단시키는 등 다른 아동들의 행동에 일관성 있는 형태로 영향을 미친다는 사실을 관찰하였다. 그들은 때리기가 "혼자 있게 해 줘."라고 말하는 것과 동일하다고 설명하였다. 또한 놀잇감을 가볍게 치는 행동은 "야, 같이 놀래?"라는 표현이라고 해석하였다. 이러한 관찰은 2세 아동들에게서는 사실로 나타났으나, 또래들에게 영향을 미치기 위해 공격행동보다는 말에 더 의존하는 3세 아동들에게서는 나타나지 않았다.

그러므로 장애가 없는 어린 아동들에게서 전형적으로 나타나는 방해행동은 사실상 동일한 이유와 목적에 의해서 심각한 문제행동으로 나타날 수도 있다. 여기서 다른 점은 대부분의 아동들이 새로운 의사소통적인 능력을 발전시키고 울기나 공격행동과 같은 문제행동에서 벗어나는 반면에 장애를 지닌 몇몇 아동들은 시간이 지나도 동일한 능력을 발전시키지 못할 수 있다는 것이다. 이러한 개념은 문제행동과 의사소통 기술 결여 간의 상호관계를 입증한 많은 연구들에 의하여 지지되고 있다. 예를 들어, 의사소통에서 지체나 손상을 보이는 아동들은 더 공격적이거나 불순종적이거나 적대적인 것으로 설명되고 있다(Aram, Ekelman, & Nation, 1984; Baker & Cantwell, 1982; Cantwell, Baker, & Mattison, 1980; Caulfield, Fischel, DeBaryshe, & Whitehurst, 1989; Kaiser, Cai, & Hancock, 2002). 또한 정신지체를 지닌 것으로 진단된 사람들 중에서 비교적 빈약한 의사소통 기술을 지닌 사람들이 더 나은 의사소통 기술을 지닌 사람들보다 더 높은 수준의 공격행동을 보인 것으로 보고되었다(Talkington, Hall, & Altman, 1971).

자폐를 지닌 아동들에게서도 빈약한 의사소통 기술과 자해행동 간에 유사한 결과가 보고되었다(Shodell & Rieter, 1968). 이러한 결과는 문제행동이 의사소통을 하기 위한 좀 더 정교하고 효과적이고 사회적으로 수용할 만한 방법을 가지고 있지 못한 사람들에 의해서 원시적인 형태의 의사소통 방법으로 기능한다는 결론을 내리게 해 준다. 여기서 얻을 수 있는 시사점은 문제행동을 보이는 개인이 의사소통을 하기 위한 좀 더 정교하고 효과적이고 사회적으로 수용할 만한 방법을 학습할 수 있다면 더 이상 문제행동을 보이지 않게 될 것이라는 점이다. 이것은 의사소통이 지체된 사람들만 문제행동을 보인다는 것을 말하는 것이 아니다. 특정 조건에서는 유능한 의사소통 기술을 지닌 사람들도 문제행동을 보일 수 있다. 표현하고자 하는 메시지가 어려울 때(예: 윗사람에게 좌절, 염려, 분노 등을 표현하기 어려움), 적절한 의사소통적 표현이 원하는 결과를 가져다주지 않을 때(예: 어려운 수학시간에 쉬는 시간을 요청하였으나 거부되는 경험을 함), 그러한 일이 발생할 수 있다. 그러나 이것은 특정 상황에서 자신이 만족하도록 상황을 수정하기 위해서 구어적 의사소통 기술을 사용할 수 있다는 사실을 아직 학습하지 못하였기 때문일 수도 있다.

문제행동에 목적이 있다는 사실은 개인이 다른 사람에게 영향을 미치기 위해서 고의로 그렇게 행동한다는 의미는 아니라는 사실을 고려해야 한다. 문제행동을 하는 사람이 "이 사람이 내가 싫어하는 행동을 시켰어요." "이 친구를 때리면 나는 교장실로 불려가고 활동을 하지 않아도 되기 때문에 이 친구를 때릴 거예요."

와 같은 맥락에서 전략적으로 행동한다는 증거는 없다. 오히려 문제행동을 목적이 있는 것으로 여긴다는 것은 문제행동이 의사소통 형태의 기능을 지니기 때문에 행동지원 계획을 고안하고 실행하는 데 유용하다는 것을 시사한다.

문제행동을 기능적으로 이해한다면 진단의 목표는 문제행동이 갖는 목적 또는 의사소통적 기능을 식별하는 것이 된다. 이러한 목표를 달성하기 위해서는 문제행동이 발생하는 상황, 행동이 제공하는 기능, 문제행동을 대체할 가능성이 있는 기능적인 대안을 분명하게 이해해야 한다. 이러한 이해를 돕기 위한 개념적인 틀은 4단계 행동 발생(four-term contingency)을 기초로 하며, 행동이 발생하는 상황 내에서의 각각의 단계들을 아는 것을 기반으로 한다.

3. 4단계 행동발생

문제행동은 환경에 대한 변화를 가져옴으로써 의사소통적인 목적으로 기능하기 때문에 행동이 발생하는 맥락(context)이라고 말하는 환경 내의 무엇인가가 잘못되지 않는 한 발생하지 않는다고 가정할 수 있다. 여기서 맥락이란 알려진 그리고 행동에 어떤 영향을 미치는 내적 및 외적 환경 내의 모든 사건과 자극으로 정의된다.

환경적 결정요인들에 대한 우리의 이해는 4단계 행동 발생 측면에서 행동 조절 과정을 설명하는 행동 등식과 관련된다. 이 등식은 [그림 2-1]에 잘 나타나 있다. 이 그림에 의하면, 맥락(context)은 배경사건과 선행사건을 포함한다. 그리고 유지시키는 후속결과는 행동에 뒤따라 일어나서 그 행동을 계속 발생하게 하는 기

배경사건 +	선행사건 ⟶	행동 ⟶	유지시키는 후속결과
아침에 등굣길에 버스에서 싸움	교사가 깜짝 퀴즈를 실시함	시험지를 찢고 문제 풀기를 거부함	교무실로 불려가 2교시가 시작될 때까지 돌아오지 못함

[그림 2-1] 4단계 행동발생 모형 및 행동에 대한 환경적 영향의 예

능적 강화제로 작용하는 환경으로부터의 자극을 의미한다. 4단계 행동 발생은 매우 세밀한 관점에서 행동을 이해하고 예측하도록 도와준다. 앞에서도 언급하였듯이 이러한 관점은 효과적인 행동지원 계획을 세우는 데 반드시 필요하다. 그러나 다시 한 번 말하지만 이러한 세밀한 관점에서의 이해는 건강, 안전, 관계, 삶의 요소들 전체를 폭넓게 고려하는 좀 더 크고 종합적인 견해로 확장되어야 한다. 이러한 요소들은 이 장의 마지막 부분에서 간략하게 설명될 것이며, 11장에서 좀 더 자세히 설명될 것이다.

1) 선행사건

선행사건(antecedents)이란 문제행동의 발생에 직접적으로 연결되는 자극을 말한다. 이들은 문제행동을 유발하거나 시작하게 하는 것으로 알려진 즉각적이며 단순하고 분명한 사건들이다(Durand, 1990). 이러한 자극들은 문제행동이 발생하기 직전이나 도중에 나타나서 행동의 발생을 유도한다. 이와 같은 직접적인 사건들은 그러한 행동이 발생하면 강화물을 얻을 수 있다는 신호로 기능함으로써 문제행동을 예측하게 해 준다.

선행사건의 예는 (1) 생리학, (2) 인지/정서, (3) 물리적 환경, (4) 사회적/활동 사건의 (최소한) 네 가지 일반적인 영역으로 나누어진다. 생리학 영역에서의 선행사건의 예는 즉각적인 고통 발생, 가득 찬 방광, 행동을 유발하는 질병(예: 귀의 염증으로 인하여 울기) 등을 포함한다(〈표 2-3〉 참조). 이 영역의 선행사건들의 공통적인 요소는 개인의 생리학적인 측면의 무엇인가가 변화됨으로써 과거의 유사한

〈표 2-3〉 문제행동의 배경사건과 선행사건의 예

배경사건	선행사건
• 피로	• 학습 관련 요구
• 질병	• 사회적 관심의 결여
• 어려운 사회적 상호작용	• 원하는 물건 제거
• 약물 부작용	• 요구

조건에서 발생했던 즉각적인 반응이 나타난다는 것이다. 인지/정서적 영역에서의 예는 정신건강 장애 증세의 발현이나 개인의 정서적인 상태에서의 변화를 포함한다. 이 경우의 인지적 또는 정서적 특성은 과거의 유사한 조건에서 성공적으로 강화를 가져다준 문제행동을 일으키는 변화를 말한다. 예를 들어, 정서장애를 지닌 학생은 주기적으로 교실 밖으로 뛰쳐나가게 하는 선행사건의 역할을 하는 '목소리'를 들을 수 있다. 물리적 환경 영역에서의 선행사건의 예는 가구의 재배치, 교실에서의 좌석 변경, 주의를 산만하게 하는 소음, 교실 온도의 변화 등을 포함한다. 물리적 환경에서 문제행동을 일으키는 상황의 변화가 있을 수 있다는 것이다. 사회적/활동 사건 영역에서의 다양한 예는 학업 과제, 좋아하지 않는 과제를 완수하도록 요구함, 교수 전달방법(예: 서면 또는 구두 전달, 대집단 또는 개별 교수 등), 실수를 정정해 주는 방법, 일과의 변화, 친구의 놀림, 사회적 교제 등을 포함한다. 이 영역은 선행사건에 대한 관심을 사회적 상호작용이나 특정 학업, 작업, 여가 또는 기타 활동으로도 확장시켜 준다.

이상의 모든 예들의 공통된 주제는 특정 사건이 맥락 내에서 발생하거나 나타남으로써 문제행동의 즉각적인 발생을 초래한다는 것이다. 이러한 맥락적인 사건들과 문제행동 간의 즉각적인 관계는 선행사건을 배경사건과 구분하게 해 주는 주요 요소다. 선행사건의 많은 예들이 환경적인 자극(예: 특정 맥락적 사건의 발현 또는 중단)에서의 변화를 포함하지만, 때로는 선행사건이 분명하게 관찰할 수 있는 특정 변화로 나타나지 않는다는 사실에 주목할 필요가 있다. 이와 관련된 분명한 예는 학생이 혼자 있을 때(혼자 과제를 수행하거나 놀 때) 어떠한 형태로든 성인의 관심을 일으키는 문제행동을 하는 경우에서 볼 수 있다. 이러한 형태의 예를 예외적인 것으로 볼 수도 있지만, 실제로 그 상황을 자세히 살펴보면 유용한 정보를 얻을 수 있다. 예를 들어, 특정 시간 동안 혼자 작업하는 행동이 문제행동을 일으키는 선행사건이 될 수 있는데, 이 경우 선행사건은 활동과 그에 소비한 시간 모두로 구성된다. 다시 말해서, 문제행동과 관련된 선행사건은 항상 있다는 것이다. 그러나 그 사건이 쉽게 관찰될 수 있는가 하는 것은 또 다른 문제다.

2) 배경사건

배경사건(setting events)이란 선행사건으로 연결되는 반응의 가치에 영향을 미침으로써 문제행동의 발생 가능성을 증가시키는 사건, 조건 또는 자극을 말한다. 특히 배경사건은 특정 상황에서의 특정 반응에 대한 후속결과를 유지(강화)하는 가치를 조정하는 역할을 한다. 예를 들어, 배경사건이 아동을 더 피곤하고 짜증나게 만든다면 학교 과제로부터의 도피는 그러한 상황이 아닌 경우보다 더욱 가치가 높아질 것이다. 따라서 아동은 학업 과제에 대한 지시를 받았을 때 도피하게 해 줌으로써 유지되는 문제행동(예: 탠트럼)을 일으킬 가능성이 더 높아질 것이다.

선행사건과는 반대로 배경사건은 문제행동을 즉각적으로 발생시키기보다는 문제행동을 위한 장을 마련해 주거나 문제행동이 발생할 가능성을 증가시키는 일반적으로 더 복잡한 사건, 조건 또는 자극으로 특징지어진다. 배경사건은 문제행동과 동시에 또는 직전에 발생할 수도 있으며, 문제행동이 나타나기 전에 발생할 수도 있다. 배경사건의 분명한 특징은 그 자체만으로는 문제행동을 일으키지 않는다는 것이다. 배경사건은 문제행동 발생에서 선행사건에 의존한다. 실제로 배경사건의 출현은 그것이 없었다면 문제행동을 일으키지 않을 수도 있는 선행사건에 뒤따라 문제행동이 발생할 가능성을 증가시킨다. [그림 2-2]는 배경사건의 발생

배경사건	선행사건	행 동	유지시키는 후속결과
없음	컴퓨터 영역으로 가서 다른 학생들이 모든 컴퓨터를 사용하고 있음을 확인함	기다리기 명단에 이름을 쓰고 차례를 기다림	컴퓨터를 하던 학생이 떠나고 컴퓨터를 시작하게 됨
있음 전날 밤에 머리가 아파서 잠을 잘 자지 못함. 수면 부족으로 눈가가 시커멓게 된 채 등교함	컴퓨터 영역으로 가서 다른 학생들이 모든 컴퓨터를 사용하고 있음을 확인함	컴퓨터를 하고 있는 학생의 옷을 잡아당겨 의자 밖으로 끌어내림	컴퓨터를 하던 학생이 떠나고 컴퓨터를 시작하게 됨

[그림 2-2] 배경사건의 유무에 따른 행동 연쇄의 예

이 개인의 행동에 어떻게 영향을 미칠 수 있는지를 설명해 준다. 이 예에서는 컴퓨터를 사용하기 위해서 기다려야 하는 교실 내에서의 간단한 상호작용을 설명하고 있다. 다음에는 학생이 잠을 자지 못하여 심한 두통을 겪게 되는 배경사건이 발생한다. 그 결과 지체 없이 자신의 과제를 완수하는 행동의 가치는 증가되며(짜증과 인내심 부족으로), 이것은 컴퓨터를 하기 위해서 기다려야 한다는 사실이 그림의 첫 번째 예에서 보인 것과 같은 일반적이고도 사회적으로 좀 더 수용적인 반응 대신에 학생의 공격적인 행동을 일으키게 된 것을 의미한다.

배경사건의 예는 선행사건에서와 마찬가지로 네 가지 일반적인 영역으로 분류된다. 즉, (1) 생리적 사건, (2) 인지/정서적 사건, (3) 물리적 환경, (4) 사회적/활동 사건이다. 생리적 영역의 배경사건의 예는 알레르기, 질병, 생리 등을 포함한다(〈표 2-3〉 참조). 예를 들어, 알레르기 증상(배경사건)이 나타나는 경우 교사가 책을 읽으라고 지시할 때(선행사건) 학생이 책을 던지고 과제를 회피하려고 하는 행동이 발생할 가능성은 높아진다. 문제행동의 발생에 기여하는 배경사건을 식별하는 방법은 책을 읽으라는 지시가 학생이 알레르기 증상을 보이지 않을 때는 잘 따르던 요구였는가를 아는 것이다. 그렇지 않다면 학생에게 책을 읽으라는 교사의 지시는 문제행동에 대한 분명한 상황으로서의 선행사건으로 간주된다.

인지/정서적 범주에서의 배경사건의 예로는 등교하는 버스 안에서 친구와 싸우고 화가 나 있거나 기분이 나빠진 상황을 들 수 있다. 이와 같은 범주에서는 내면적인 사건이 문제행동에 간접적인 영향을 미칠 수 있다. 한 학생이 학교에서 친구를 때렸다고 가정해 보자. 우리는 현재 이 학생이 기분이 좋지 않다는 사실을 알고 있으며, 또 평소에는 자신이 때린 친구와 반갑게 인사한다는 사실도 알게 되었다. 결과적으로 우리는 이 학생의 정서적 상태(기분 나쁨)가 자신에게 인사하는 친구(선행사건)를 때리는 행동을 유도하는 데 간접적으로나마 영향을 미친 것으로 결론지을 수 있다.

물리적 범주에서의 예는 조명, 소음 수준, 피로, 배고픔 등을 포함한다. 교실 내 배경 소음이 지속적으로 높은 경우 문제행동의 발생에 영향을 미칠 수 있다. 예를 들어, 이러한 상황에서 아동에게 활동에 참여하도록 요구하고 아동이 소음 때문에 지시를 잘 들을 수 없거나 과제에 집중하지 못하게 되는 경우 아동은 활동에 참여하는 대신 문제행동을 보일 수 있다. 다시 말하자면, 여기서 문제행동을 일으킨 것은 교사의 지시나 과제(선행사건)만이 아니며, 오히려 문제행동의 발생을 유도한 것은 그 선행사건이 높은 수준의 소음(배경사건)과 결합되었다는 것이다.

마지막으로 사회적/활동 범주에서는 사람들 간의 관계가 한 예라고 할 수 있다. 교사가 일상생활 기술을 가르칠 때 어려움을 보이고 문제행동을 일으키는 한 학생이 있다고 가정해 보자. 이 학생은 보조교사가 동일한 일상생활 기술을 가르칠 때에는 문제행동을 보이지 않거나 최소한으로 보인다. 보조교사는 학생을 이미 3년 동안 가르쳐 왔으며, 교사는 이제 막 이 학생을 가르치기 시작하였다. 학생에게 선택할 수 있게 해 주었을 때, 이 학생은 항상 보조교사와 함께 작업하는 것을 선택하였다. 이것은 활동 및 활동과 관련된 교수(선행사건)가 보조교사와 함께할 때에는 문제행동을 일으키지 않았기 때문에(또는 배경사건이 주어졌을 때 적어도 동일한 정도의 문제행동을 보이지 않았기 때문에) 관계가 배경사건으로서 문제행동에 영향을 미치는 예를 보여 주는 것이다.

하나의 사건이나 조건, 자극이 상황의 성격에 따라 배경사건의 역할을 할 수도 있고 선행사건의 역할을 할 수도 있다는 사실을 알 필요가 있다. 예를 들어, 지나친 운동으로 인하여 과열되고 지쳐 있는 상황을 생각해 보자. 운동으로 과열되고 지친 학생은 바닥에 주저앉아 일어나기를 거부할 수 있다. 이러한 경우 지치고 과열된 상태는 선행사건으로 작용한다. 반면에 다른 학생의 경우에는 지치고 과열되었어도 배경사건이 어려운 학업 과제를 수행하라고 요구하는 선행사건과 결합되지 않는 한 문제행동을 보이지 않을 수 있다. 후자의 예에서는 지치고 과열된 상태가 배경사건으로 작용하는 것이다.

결과적으로 문제행동에 대한 선행사건과 배경사건의 조합을 자세히 살펴보면 그러한 행동이 발생하고 발생하지 않는 상황을 좀 더 잘 이해할 수 있게 된다. 이러한 환경 내의 상황을 이해함으로써 우리는 문제행동의 목적 있는 특성을 이해할 수 있게 된다. 특정 상황에서의 행동 발생은 그 행동이 이전의 유사한 조건에서 만족스러웠다는 것을 말하는 것이다. 이러한 조건은 중재의 초점이 될 수 있다. 예를 들어, 학생의 문제행동이 과제 요구라는 선행사건에 의해서 시작된다는 사실이 관찰되었다면 과제 요구를 제시하는 것이 중재 상황이 될 수 있다. 그러므로 문제행동과 관련된 상황적인 요소들(선행사건 및 배경사건)을 식별함으로써 수정과 강화를 통하여 문제행동 발생의 필요성을 없앨 수 있을 것이다.

3) 유지시키는 후속결과

문제행동 발생 이전의 사건들을 이해하는 것이 문제행동의 기능적인 이해를 위한 필수적인 과정이라고는 하지만 그것만으로는 충분하지 않다. 완전한 이해를 위해서는 문제행동을 뒤따라 그 행동이 제공하는 목적 또는 기능과 행동을 강화하고 유지시키는 조건 또한 고려해야 한다. 앞에서도 언급하였듯이, 문제행동은 그 행동을 하는 개인의 관심을 충족시킨다는 차원에서 기능적이다. 우리는 행동의 발생에 뒤따르는 후속결과(consequences)를 조사함으로써 개인의 관심이 어떻게 충족되는지를 이해할 수 있다. 일반적으로 행동에 뒤따르는 후속결과는 행동을 유지시키는 후속결과, 즉 행동의 기능일 가능성이 크다. 기저귀가 젖어서 우는 아기는 성인으로 하여금 기저귀를 갈게 만든다(불쾌한 기저귀를 피할 수 있는 것이 후속결과다). 다른 사람이 다가올 때 눈맞춤을 피하는 아동은 원하지 않는 사회적 상호작용을 피할 수 있다(사회적 접촉의 회피가 행동을 유지시키는 후속결과다). 어려운 과제가 주어질 때 큰 소리로 떠드는 학생은 교사의 도움을 받을 수 있다(도움 제공이 행동을 유지시키는 후속결과다).

문제행동이 기능적이고 따라서 어느 정도 합리적으로 보인다고 할지라도, 문제가 되는 것은 행동이 사회적으로 부적절하다는 사실이다. 행동이 갖는 사회적 부적절함에도 불구하고 때로는 문제행동이 그 사람이 특정 기능을 만족시키기 위하여 사용할 수 있는 가장 좋은(가장 효과적인, 가장 효율적인) 방법일 수 있다. 행동은 개인이 사건에 접근하거나 회피할 수 있게 해 준다. 이러한 사건을 '유지시키는 후속결과(maintaining consequences)' 라고 한다.

문제행동을 기능적인 관점에서 이해한다는 것은 행동이 왜 발생하는지를 알아냄과 동시에 사회적으로 적절한 대체행동은 무엇인지와 왜 그 대체행동이 발생하지 않는지를 식별하는 것을 의미한다. 사회적으로 수용되는 대체행동이 존재하지 않거나 발생하지 않는 이유는 적어도 다음의 두 가지로 설명될 수 있다. (1) 사회적으로 적절한 대체기술이 현재 그 개인의 행동 범주 안에 들어 있지 않은 경우, (2) 사회적으로 적절한 기술이 그 개인의 행동 범주 안에 들어 있지만 문제행동이 제공하는 특정 기능을 효과적이거나 효율적으로 제공하는 데 문제가 있는 경우다 (환경이 문제행동보다 사회적으로 적절한 행동에 덜 반응적이다).

문제행동을 이해하는 데 중요하게 고려해야 할 점은 개인이 주어진 상황에서 사회적으로 적절한 기술로 행동하기 위해 그 기술을 가지고 있지 못하거나 필요할 때 그 기술을 사용할 수 없을 가능성이 높다는 사실이다. 만일 적절한 기술을 가지고 있지 못하다면 (특정 개인이 장애, 박탈된 환경, 기타 다른 경험을 했는지와는 상관없이) 사회적으로 적절한 필수 기술들이 효과적으로 교수되지 않은 것으로 단순하게 가정할 수 있다. 사회적으로 적절한 특정 기술이 부족하다면 문제행동이 발생하는 것은 놀라운 일이 아니다. 왜냐하면 문제행동은 영유아기에 특정 기능을 만족시켜 준 행동의 지속적인 연장이 될 수 있기 때문이다. 즉, 문제행동은 원하는 결과를 얻기 위해서 사용할 수 있는 가장 효과적이고 효율적인 행동이라는 것이다. 이러한 경우 문제행동을 감소시키기 위해서 사회적으로 수용할 수 있는 대체행동이 선정되고 성공적으로 교수되어야 한다는 적절한 지원의 제공에 대한 시사점은 크다고 할 수 있다.

그러나 사회적으로 수용할 만한 행동이 성공적으로 교수된 상황에서도 문제행동은 지속될 수 있는데, 그것은 가르친 행동이 문제행동에 의해서 얻었던 특정 기능을 성취하는 데 효과적이지 않기 때문이다. 예를 들어, 수업 중에 독립적으로 과제를 수행할 때 큰 소리를 지름으로써 교사의 관심을 얻곤 하던 학생에게 교사가 와서 도와줄 때까지 자신의 책상에서 조용히 책을 읽도록 가르쳤다고 가정해 보자. 이 경우 대체행동(조용히 책 읽기)은 특정 기능(교사의 관심)을 즉각적으로 만족시키지 못하기 때문에 문제행동(소리 지르기)이 감소할 가능성은 낮다.

마찬가지로 사회적으로 수용할 만한 행동이 성공적으로 교수되었으나 환경이 그 행동을 사용하도록 반응적이지 않을 수도 있다. 예를 들어, 수업 중 독립 과제를 수행하는 학생에게 교사의 관심을 얻기 위한 방법으로 소리 지르는 대신 손을 들도록 가르쳤다고 가정해 보자. 손들기는 교실에서 사회적으로 적절한 행동이며 교사의 관심을 얻는 효과적인 방법인 것 같아 보이지만, 만일 교사가 학생이 손을 든 것을 인식하지 못한다면 손들기 행동은 소리 지르기 행동을 대체할 수 없을 것이다. 이 경우 소리 지르기는 학생이 효과적으로 교사의 관심을 얻을 수 있는 유일한 선택이 될 수 있다. 교사가 학생이 손을 든 조금 후에 반응을 보이지만 돌발 행동에는 즉각적으로 반응한다면 후자의 경우가 교사의 관심을 얻는 데 더 효율적이기 때문에 손들기 행동은 소리 지르기 행동을 대체할 수 없게 된다. 그러므로 문제행동을 기능적으로 동등한 대체행동으로 대체하기 위해서는 대체행동이 특정 기능을 반드시 지니고 있어야 하며, 문제행동보다 더 효과적이고 효율적이어야 한다(최소한 처음만이라도).

문제행동이 왜 발생하는지 이해하기 위해서는 행동의 기능에 대한 개념을 병합해서 이해해야 한다. 문제행동에 뒤따르는 후속결과가 개인에게 어떠한 유익을 가져다주는지 이해함으로써 상황을 향상시키고, 동등한 대체기술을 가르치고, 문제행동과 적절한 행동의 결과를 좀 더 효과적으로 재구성하기 위한 적절한 방법을 식별해 가는 과정을 시작할 수 있다.

4. 개인과 삶의 방식 고려하기

이 장의 전반에서 강조한 것과 같이, 행동지원 계획의 개발과 관련된 환경적 요소들에 대한 이해는 4단계 행동 발생의 요소들을 살펴봄으로써 가장 정확하게 이루어질 수 있다. 이러한 변인요소들이 어떻게 작용하는지에 대한 우리의 지식이 아직은 불완전할지라도 기능진단을 수행하고 효과적인 지원 계획을 수립하기에는 충분하다. 그러나 이와 같은 요소들은 더 이상 문제행동을 보이는 사람을 위한 장기적이고 의미 있는 성과 및 삶의 질 향상을 위한 종합적인 지원 계획을 수립하고 실행하기 위해서 알아야 할 유일한 요소가 아니게 되었다. 여기서 말하는 추가적인 요소들은 개인의 특성과 개인의 삶의 방식을 포함하는 좀 더 폭넓은 변인들을 말한다(3, 6, 11장 참조).

문제행동은 환경 내에서 무언인가가 '잘못되었다'는 것을 알려 주는 기능을 한다는 사실이 주목되어 왔다. 문제행동은 개인의 요구나 바람이 환경(내적 및 외적 환경) 내의 조건이나 상황과 맞지 않을 때 발생할 가능성이 가장 크다. 그러므로 문제행동은 어떤 면에서 본다면 삶이 불만족스럽다는 신호로 볼 수도 있다. 이 장에서는 이미 강화자(예: 도피)의 가치에 일시적으로 영향을 미치는 그러한 배경사건(예: 알레르기, 피로)에 대해서 설명하였으며, 따라서 4단계 행동 발생의 세부적인 틀에 대하여 설명하였다. 지금부터는 문제행동의 특정 예와 쉽게 연계될 수 없으면서도 문제의 높은 발생률과 관련된 좀 더 고정적인 조건에 대해서 설명하고자 한다. 결과적으로 여기서 말하고자 하는 것은 문제행동은 사람이 기분이 좋을 때, 적절한 능력을 가지고 있을 때, 일반적으로 자신의 삶에 대해서 만족하고 성취감을 느낄 때 덜 발생한다는 것이다. 반대로 개인의 건강과 생활 조건이 불만족스럽고 좌절된다면, 또 원하는 변화를 만들어 내지 못한다고 생각한다면 일반적으로 이러한 상황에 의해 문제행동이 발생할 가능성이 더욱 커진다. 간단히 말해서, 개인의 특성과 삶의 조건은 행동지원과 관련되며 종합적인 지원 계획에서 목표하는 변화로서의 잠재적인 요소로 이해되어야 한다는 것이다.

이러한 변인들이 작용하는 영향력과 관련해서는 실증적인 자료가 거의 없기 때문에 아직까지 이런 변인들에 대한 분류 체계가 개발되지 않았다. 그러나 삶의 방식과 관련된 변인들은 일반적으로 생활환경 내에서 발견된다. 즉, 여가, 일, 학교활동; 지역사회 참여; 사람들 간의 관계 및 지원을 포함하는 사회적 지원망이 그것이다. 개인과 가장 밀접하게 관련되는 변인은 건강, 선호도, 학습력, 능력, 기타 개인적인 특성들을 포함한다(이에 대한 예는 〈표 2-4〉 참조). 다시 말해서, 이와 같은 변인들과 문제행동 간의 입증된 관계를 주장할 수는 없지만, 이러한 변인들이 개인의 삶의 질을 정의하기 위해서 포함되어야 하는 것이 분명하기 때문에(4단계 행동발생 모형 내에서와 같이) 긍정적 행동지원 중재의 목표와 계획안으로 병합되

〈표 2-4〉 고려해야 할 개인적이고 삶의 방식에 관련된 쟁점의 예

- 사회적으로 만족스러운 개인적인 관계
- 편안하고 안전한 생활환경
- 선호하는 활동에의 적극적인 참여
- 이동의 자유
- 원하는 것, 필요, 선호도를 표현하는 능력
- 직업을 포함한 의미 있는 매일의 활동
- 건강에 도움이 되고 개인적으로 만족하는 운동
- 질병/건강을 고려하는 적절한 의료적 돌봄과 치료
- 여가 및 오락에 대한 관심 추구

는 것은 적절하다고 할 수 있다.

앞에서 언급한 변인들 중 중요하면서도 매우 광범위한 요소 중 하나는 자신의 요구를 만족시키기 위해서 환경과 상호작용하는 개인의 능력이다. 능력은 의사소통, 자기관리, 이동, 자조, 사회적 조정과 협상, 사회적 환경을 조절하는 데 유용하게 사용되는 기타 기술들을 모두 포함한다. 환경의 기대치를 이해하고 그 기대치와 개인의 요구 및 바람 간의 일치를 이해하는 것은 문제행동의 맥락에 대한 정보를 제공해 준다. 중도 지체장애와 제한된 의사소통 기술을 지니고 있는 5세 아동이 동네의 한 유치원에 다니고 있다고 가정해 보자. 이 아동은 매일 휠체어를 타고 다른 아동들과 함께 야외놀이터로 나간다. 아동은 다른 아동들과 함께 상호작용하고 놀이에 참여하기를 원하지만 휠체어에서 일어날 수가 없다. 만일 아동이 효과적으로 의사소통을 할 수 있다면 아마도 교사에게 도움을 요청할 수 있을 것이다. 그러나 이 아동은 그렇게 할 수 없기에 자신의 손목을 물고 이러한 행동은 교사의 관심을 얻을 수 있도록 해 주며, 마침내 교사는 아동과 함께 놀거나 또래들이 와서 함께 상호작용하도록 권하게 된다. 이러한 상황은 이 아동에게는 '좋지 않은 목표 달성(bad fit)' 이다. 아동은 자신의 이동성과 의사소통 기술 부족으로 인하여 좌절하게 되었으며 문제행동을 일으키게 되었다. 만일 아동이 수정된 그네를 타거나, 모래밭에 있는 의자에 앉아서 놀거나, 이동성을 제공하는 다른 수정 도구를 사용할 수 있었다면 문제행동을 사용할 필요가 없었을 것이다. 그러므

로 개인의 능력과 조건을 이해하는 것은 문제행동을 이해하고 행동 및 삶의 방식에서의 향상을 위하여 사용될 수 있는 전략을 이해하도록 도와줄 것이다(Carr et al., 1988).

개인의 관련 기술 능력(그리고 결함)을 이해하는 것뿐만 아니라 건강, 몸의 상태, 안전, 사회적/정서적 안녕, 사회 공동체에 참여하고자 하는 관심, 환경의 풍부함과 자극 등과 관련된 기타 많은 요소들을 이해하는 것도 중요하다. 개인의 사적인 부분과 삶의 방식에 대한 이슈는 때로 매우 복잡하고 다른 환경에서 발생했던 개인의 성장력과 사건들에 대한 깊은 이해를 필요로 한다. 예를 들어, 친부모의 학대로 인하여 몇 군데의 보호가정을 거쳐 온 한 아동이 있다고 가정해 보자. 이 아동의 사회적 관계와 성인 및 또래를 신뢰하는 능력은 이러한 경험으로 인하여 가려질 가능성이 높다. 이 아동의 문제행동을 다루기 위한 중재는 이와 같은 성장력과 이전의 경험을 반드시 고려해야 하며 그 요소들을 다루어 주는 중재를 포함해야 한다. 이 아동의 삶의 방식을 지원하기 위한 예로는 큰언니 프로그램(Big Sister Program)을 통하여 돌보아 줄 성인과의 장기적인 관계를 형성하도록 촉진하고, 안정적인 양육의 경력이 있는 가정에 먼저 배치함으로써 보호가정과의 반복적인 결별 문제를 해결하고, 주거 배치와는 상관없이 지속될 수 있는 지역사회에서의 활동과 관계에 접근하도록 지원해 주는 것 등이 있다. 이와 같은 변인들을 모두 다 설명할 수는 없으며 물론 가장 적절한 것은 개인마다 다를 수 있지만, 그 범위와 초점은 양질의 삶이 문제행동의 발생과 반비례한다는 가정하에 삶의 질과 관련되어야 한다(Goode, 1994; Hughes, Hwang, Kim, Eisenman, & Killian, 1995; Schalock, Keith, Hoffman, & Karan, 1989). 그렇기 때문에 행동지원 팀의 구성원들은 개인의 삶에 영향을 미치는 이러한 변인들의 상태를 이해하고 삶의 질을 강화해 주는 지원을 찾아내는 것이 중요하다. 진단 및 중재와 지원 과정은 모두 이러한 중요한 요소들을 분명하게 고려해야 한다.

5. 요 약

이 장에서는 기능진단(6장 참조) 및 긍정적 행동지원 과정(3장 참조)의 기초인 문제행동에 대한 이해를 위해서 필요한 기본적인 정보에 대하여 설명하였다. 먼저 기능에 대한 이해의 기초가 되는 필수적인 가설과 원리들을 설명하였다. 그 내용은 인간의 행동은 자연적인 법칙을 따르며, 행동이 발생하는 환경적(내적 및 외적) 상황에 의하여 조절되고, 기능적이면서도 개인의 학습력에 의하여 영향을 받는다는 개념들이다. 다음에는 4단계 행동발생 모형을 제시하고 맥락의 작용, 배경사건, 식별(선행해서 일으키는) 자극, 유지시키는 후속결과에 대하여 상세히 제시하였다. 마지막으로 궁극적으로 종합적이고 효과적인 긍정적 행동지원 계획을 개발하기 위해서 반드시 이해해야 하는 개인의 특성과 삶의 방식에 대한 고려가 얼마나 중요한지를 설명하였다.

이 장에서 설명한 변인들에 대한 정확하고 총체적인 이해는 최대한으로 효과적이고, 개인의 문제와 강점을 반영하고, 인간의 자율과 양질의 삶에 대한 열망을 존중하는 행동지원을 유도할 수 있어야 한다. 그러한 이해는 긍정적 행동지원의 주요 특성이다.

참고문헌 ……

Aram, D. M., Ekelman, B. L., & Nation, J. E. (1984). Preschoolers with language disorders: 10 years later. *Journal of Speech and Hearing Research, 27*, 232-244.

Baker, L., & Cantwell, D. P. (1982). Developmental, social, and behavioral characteristics of speech and language disordered children. *Child Psychiatry and Human Development, 12*, 195-206.

Bayley, N. (1932). A study of the crying of infants during mental and physical tests. *Journal of Genetic Psychology, 40*, 306-329.

Brownlee, J. R., & Bakeman, R. (1981). Hitting in toddler-peer interaction. *Child Development, 52*, 1076-1079.

Cantwell, D. P., Baker, L., & Mattison, R. E. (1980). Psychiatric disorders in children with speech and language retardation. *Archives of General Psychiatry, 37*, 423-426.

Carr, E. G. (1977). The motivation of self-injurious behavior: A review of some hypotheses. *Psychological Bulletin, 84,* 800-816.

Carr, E. G., Carlson, J. I., Langdon, N. A., Magito-McLayghlin, D., & Yarbrough, S. C. (1998). Two perspectives on antecedent control: Molecular and molar. In J. K. Luiselli & M. J. Cameron (Eds.), *Antecedent control: Innovative approaches to behavioral support* (pp. 3-28). Baltimore: Paul H. Brookes.

Carr, E. G., Dunlap, G., Horner, R. H., Koegel, R. L., Turnbull, A. P., Sailor, W. et al. (2002). Positive behavior support: Evolution of an applied science. *Journal of Positive Behavior Interventions, 4,* 4-16.

Carr, E. G., & Durand, M. (1985). Reducing behavior problems through functional communication training. *Journal of Applied Behavior Analysis, 18*, 11-126.

Carr, E. G., Horner, R. H., Turnbull, A. P., Marquis, J. G., McLaughlin, D. M., McAtee, M. L., et al. (1999). *Positive behavior support for people with developmental disabilities: A research synthesis.* Washington, DC: American Association on Mental Retardation.

Carr, E. G., Levin, L., McConnachie, G., Carlson, J. I., Kemp, D. C., & Smith, C. E. (1994). *Communication-based intervention for problem behavior: A user's guide for producing positive change.* Baltimore: Paul H. Brookes.

Caulfield, M. B., Fischel, J., DeBaryshe, B. D., & Whtiehurst, G. J. (1989). Behavioral correlates of developmental expressive language disorder. *Journal of Abnormal Child Psychology, 17,* 187-201.

Durand, V. M. (1990). *Severe behavior problems: A functional communication training approach.* New York: Guilford Press.

Donnellan, A., Mirenda, P., Mesaros, R., & Fassbender, L. (1984). Analyzing the communicative functions of aberrant behavior. *Journal of Thc Association for Persons with Severe Handicaps, 9*, 201-212.

Gardner, W. I., Cole, C. L., Davidson, D. P., & Karan, O. C. (1986). Reducing aggression in individuals with developmental disabilities: An expanded stimulus control, assessment, and intervention model. *Education and Training of the Mentally Retarded, 21*, 3-12.

Goode, D. (1994). The National Quality of Life for Persons with Disabilities Project: A quality of life agenda for the United States. In D. Goode (Ed.), *Quality of life for persons with disabilities* (pp. 139-161). Cambridge, MA: Brookline Books.

Horner, R. H., & Budd, C. M. (1985). Acquisition of manual sign use: Collateral reduction of maladaptive behavior, and factors limiting generalization. *Education and Training of the Mentally Retarded, 20,* 39-47.

Hughes, C., Hwang, B., Kim, J. H., Eisenman, L. T., & Killiam, D. J. (1995). Quality of life in applied research: A review and analysis of empirical measures. *American Journal on Mental Retardation, 99*, 623-641.

Kaiser, A. P., Cai, X., & Hancock, T. B. (2002). Teacher-reported behavior problems and language delays in boys and girls enrolled in Head Start. *Behavioral Disorders, 28*, 23-39.

Kantor, J. R. (1959). *Interbehavioral psychology.* Granville, OH: Principia Press.

Kincaid, D., & Fox, L. (2002). Person-centered planning and positive behaviors support. In S. Hoburn & P. M. Vietze (Eds.), *Person-centered planning: Research, practice, and future directions* (pp. 29-50). Baltimore: Paul H. Brookes.

Koegel, R. L., Dyer, K., & Bell, L. K. (1978). The influence of child-preferred activities on autistic children's social behavior. *Journal of Applied Behavior Analysis, 20,* 243-252.

Maag, J. W., & Kemp, S. E. (2003). Behavioral intent of power and affiliation: Implications for functional analysis. *Remedial and Special Education, 24,* 57-64.

Michael, J. (1993). Establishing operations. *The Behavior Analyst, 16*, 191-206.

O' Neill, R. E., Horner, R. H., Albin, R. W., Sprague, J. R., Storey, K., & Newton, J. S. (1997). *Functional assessment of problem behavior: A practical assessment guide* (2nd ed.). Pacific Grove, CA: Brooks/Cole.

Rincover, A., Cook, R., Peoples, A., & Packard, D. (1979). Sensory extinction and sensory reinforcement principles for programming multiple adaptive behavior change. *Journal of Appled Behavior Analysis, 12,* 221-223.

Riskey, T. (1996). Get a life! In L. K. Koegel, & G. Dunlap (Eds.), *Positive behavioral support: Including people with difficult behavior in the community* (pp. 425-437). Baltimore: Paul H. Brookes.

Romanczyk, R. G., & Matthews, A. L. (1998). Physiological state as antecedent: Utilization in functional analysis. In J. K. Luiselli & M. J. Cameron (Eds.), *Antecedent control: Innovative approaches to behavioral support* (pp. 115-138). Baltimore: Paul H. Brookes.

Schalock, R. L., Keith, K. D., Hoffman, K., & Karan, O. C. (1989). Quality of life: Its measurement and use. *Mental Retardation, 27,* 25-31.

Schroeder, S. R., Oster-Granite, M. L., & Thompson, T. (Eds.). (2000). *Self-injurious behavior: Gene-brain-behavior relationships.* Washington, DC: American Psychological Association.

Shodell, M. J., & Reiter, H. H. (1968). Self-mutilative behavior in verbal and nonberbal schizophrenic children. *Archives of General Psychiatry, 19,* 453-455.

Skinner, B. F. (1953). *Science and human behavior.* New York: Macmillan.

Talkington, L. W., Hall S., & Altman, R. (1971). Communication deficits and aggression in the mentally retarded. *American Journal of Mental Deficiency, 76,* 235-237.

Turnbull, A. P., & Turnbull, H. R. (1990). A tale about lifestyle changes: Comments on "Toward a technology of 'nonaversive' behavioral support." *Journal of The Association for Persons with Severe Handicaps, 15,* 142-144.

Turnbull, A. P., & Turnbull, H. R. (1996). Group action planning as a strategy for planning comprehensive family support. In L. K. Koegel, R. L., Koegel, & G. Dunlap (Eds.), *Positive behavioral support: Including people with difficult behavior in the community* (pp. 99-114). Baltimore, MD: Paul H. Brookes.

Wolff, P. H. (1969). The natural history of crying and other vocalizations in early infancy. In B. M. Foss (Ed.), *Determinants of infant behavior* (Vol. 4, pp. 81-109). London: Methuen.

03

행동지원 절차

LINDA M. BAMBARA

1. 긍정적 행동지원의 단계
2. 요 약

2학년 통합학급에 다니고 있는 9세 소년 동호는 최근에 학습장애와 전반적 발달장애(PDD)의 특성을 지닌 것으로 진단받았다. 일찍부터 학습 문제의 증후를 보였으며 유치원 시절 말/언어 지체를 위한 특수교육 서비스를 받았음에도 불구하고 동호는 초등학교에서 2학년이 될 때까지 특수교육 대상자로 인정받지 못하였다. 이전에 실시된 심리평가에서는 학습장애 진단에 필요한 IQ(85)와 학업 성취 간의 차이가 발견되지 않았다. 동호는 유치원 과정에서의 어려움을 잘 견뎌 냈지만 1학년에서는 그렇게 하지 못하여 유급되었다. 동호가 다니는 학교의 교장은 동호가 미성숙하기 때문에 학습 및 사회적 문제가 있다고 믿었으며 부모에게 동호를 유급시킬 것을 권하였다. 동호는 두 번째 1학년을 다닐 때 잘 견뎌 냈지만 2학년을 시작하자마자 곧 시간이 문제를 해결해 주는 것이 아님을 분명히 보여 주었다. 동호의 어머니는 유치원 이후 세 번째로 동호가 종합적인 평가를 받도록 요청하였다.

동호는 현재 2학년 학급에서 특수교육 서비스를 받고 있으며, 특수교사는 매일 읽기와 수학 과목을 집중적으로 도와주고 있다. 그러나 학년이 절반이 지나도록 동호는 거의 진보를 보이지 않고 있다. 사실 동호의 사회적 행동은 더 나빠진 것처럼 보였다. 동호의 '친구들과 잘 지내지 못함' 과 '극도로 미성숙한 학급 행동'은 교사로 하여금 현재의 배치가 과연 동호에게 적절한지 의심하게 만들었다. 다음의 장면들은 최근에 학교에서 일어난 사건을 보여 준다.

장면 1: 동호는 학교 운동장에 혼자 앉아서 자신이 가지고 있는 많은 미니 기관차 중 하나를 가지고 놀고 있었다. 기차를 바닥에 놓고 밀거나 휙 소리를 내며 공중에 휘두르면서 자신의 주위에서 뛰거나 달리거나 놀고 있는 다른 아동들을 전혀 의식하지 못하는 것 같아 보였다. 20분 정도가 지난 후 동호는 피구를 하는 5명의 학급 친구들을 쳐다보았다. 동호는 갑자기 "이 바보야."라고 소리 질렀다. 동호의 이러한 행동에 익숙한 친구들은 동호를 무시했다. 동호는 "이 바보야, 바보, 바보."라고 다시 소리 질렀다. 그때 공이 동호 앞으로 굴러왔다. 동호는 재빠르게 공을 집어 들었다. 재호가 공을 잡으려고 하였으나 동호는 재호를 거세게 밀치고 발로 차려고 하였으며 공을 가지고 달아났다. 재호는 속이 상해서 "선생님, 동호가 또 그래요." 하고 외쳤다.

장면 2: 교사가 학생들에게 각자 수학 문제지를 풀라고 지시하였다. 동호는 책상 위에 머리를 대고 자신의 미니 기관차 놀잇감을 책상 가장자리에 굴리고 있었다. 교사는 기관차를 빼앗으며 문제를 풀라고 말하였다. 동호는 울기 시작했다. 교사는 "도와줄까?"라고 물었다. 동호는 발로 책상 다리를 차면서 "아냐, 아냐, 가 버려."라고 점점 더 크게 소리를 질렀다. 옆에서 재호가 "너는 애기 같아."라고 조용히 중얼거렸다. 동호는 "입 닥쳐."라고 소리 지르며 주먹을 앞으로 내밀면서 때릴 것처럼 위협하였다.

장면 3: 그날 오후 교사는 학급 구성원들을 5개 모둠으로 나누었다. 각 모둠의 구성원들에게 중세의 성을 색칠하고 꾸밀 것을 지시하였으며 필요한 재료들과 카드보드로 만든 성을 각 모둠의 중앙에 놓았다. 동호는 갑자기 흥분해서 눈이 커졌다. 동호는 자신 앞에 놓여 있는 성의 탑을 열심히 색칠하기 시작하였다. 검정 물감과 반짝이가 필요하게 되자 수희의 팔을 잡았다. 수희는 "야, 내가 끝낼 때까지 기다려."라고 말하며 저항하였다. 그러나 동호는 기다리지 않았으며 계속 팔을 잡아 필요한 재료를 자기 앞으로 가져다 놓았다. 동호는 자신의 몸(밀기)을 이용하여 친구들이 자기가 가져다 놓은 재료를 쓰지 못하도록 막았다. 결국은 수희가 속이 상해 "선생님, 동호가 물감을 모두 다 가져가고 우리는 쓰지 못하게 해요."라고 울며 소리쳤다.

동호와 같은 학생들은 수백 명이 존재한다. 어떤 학생들은 좀 더 심각한 문제행동을 보이며, 어떤 학생들은 문제가 덜한 행동을 보인다. 그럼에도 불구하고 그러한 학생을 위한 긍정적 행동지원 계획을 어떻게 세워야 하는지에 대한 질문은 당황스러울 수 있다. 특히 팀 구성원들이 학생의 요구 및 가족의 우선순위와 다른 학생, 교사, 부모, 학교 관리자의 관심을 균형 있게 배려해야 한다고 느끼는 경우에는 더욱 힘들어진다.

긍정적 행동지원은 문제행동이 발생하는 이유를 이해하고 개별 학생에게 특별히 맞추어진 효과적이고 장기적인 중재를 계획하기 위한 종합적이고 문제 해결적인 접근이다. 이 접근의 문제 해결적이고 지속적인 특성은 그 과정을 역동적이고 융통성 있게 해 준다. 팀 구성원들이 행동지원 계획을 개발하고 실행하게 되면 그들은 학생과 문제행동의 발생 원인에 대한 충분한 정보를 수집하게 된다. 장기간에 걸쳐 나타나는 삶의 여러 변화(예: 새로운 학급으로의 이동)는 팀으로 하여금 이러한 지원이 새로운 관심사항들을 다룰 수 있도록 수정하게 한다.

긍정적 행동지원을 제공하는 과정이 역동적이기는 하지만 문제행동을 식별하는 것부터 행동지원 계획을 평가하고 수정하는 것에 이르기까지의 전반적인 과정을 분명한 단계로 개념화하는 것이 도움이 된다(예: Bambara & Knoster, 1985; Janney & Snell, 2000). 이 장의 목적은 개별 학생의 긍정적 행동지원 중재를 고안하기 위한 기본 5단계 절차를 개괄적으로 소개하는 것이다. 기능진단을 실제로 어떻게 실시하며 가설을 세우고 행동지원 계획을 고안하고 평가하는 것에 대한 구체적인 정보는 이 책의 다음 장들에서 설명한다. 여기서의 목표는 전반적인 긍정적 행동지원 과정의 구조화된 체계를 제공하는 것이다.

1. 긍정적 행동지원의 단계

긍정적 행동지원 과정의 5단계는 [그림 3-1]에서 보는 바와 같다. 이 5단계 절차는 다양한 장애나 진단명(예: 학습장애, 정서 및 행동장애, 정신지체, 자폐), 문제행동(예: 공격행동, 방해행동, 자해행동, 사회적 위축), 상황(예: 가정, 학교, 지역사회)에 걸쳐 학생들에게 효과적으로 적용될 수 있다. 이 장에서는 이러한 과정이 어떻게 적용될 수 있는지에 대하여 동호의 예를 들어 설명하고자 한다. 내용 전반에 걸쳐 다양한 학생과 문제행동의 예를 포함한 사례들도 제시한다.

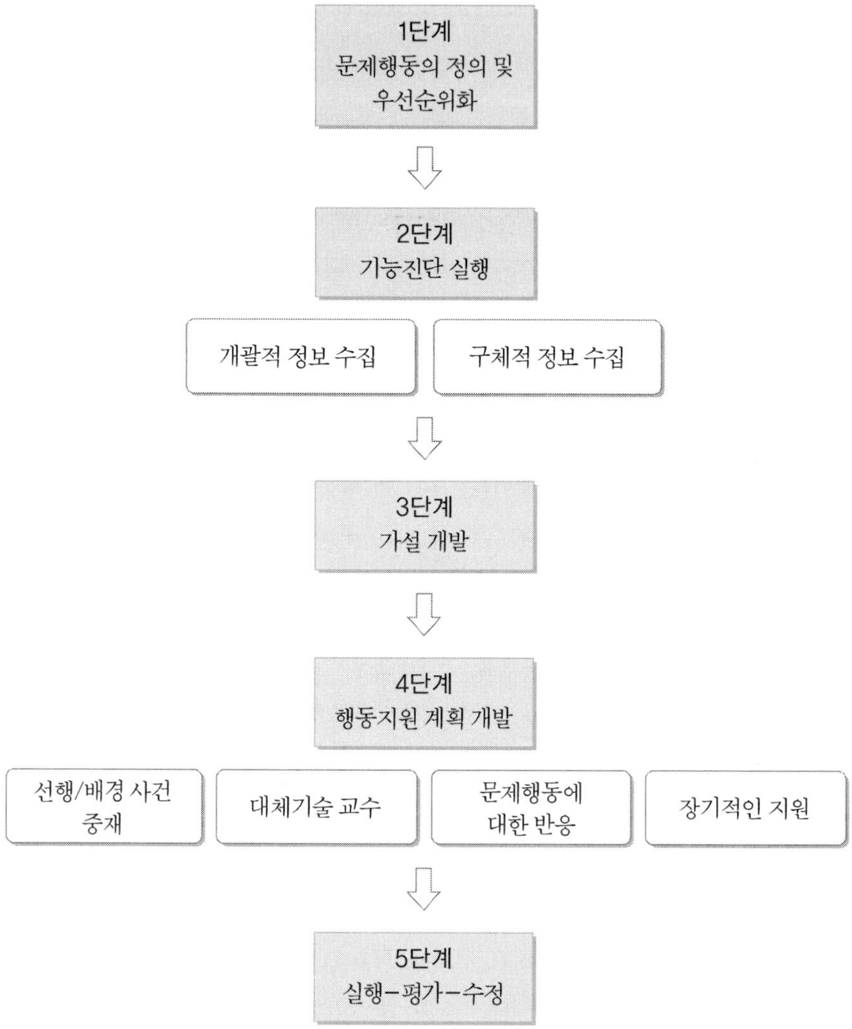

[그림 3-1] 긍정적 행동지원 계획을 고안하기 위한 5단계 절차

1) 1단계: 문제행동의 우선순위를 정하고 정의한다

◆ **주요 질문**: 문제가 무엇인가? 행동지원이 필요한가?

긍정적 행동지원 절차의 첫 번째 단계는 문제가 무엇인가와 개별화 행동지원 계획[1])이 필요한가를 결정하는 것이다. 모든 학생들이 이 책에서 설명하는 종합적인 행동지원 계획을 다 필요로 하는 것은 아니다. 대부분의 학생들은 학교에서 사용하는 일반적인 훈육 프로그램이나 학급 규칙 또는 교사의 비공식적인 중재에 반응을 보인다(13장 참조). 그러나 일반적이고 비공식적인 행동 관리 체계에 반응을 보이지 않는 학생을 위해서는 팀 구성원들이 개별화 행동지원 계획이 필요한지를 결정해 주어야 한다. 더 나아가서는 지속적인 문제행동을 보이는 대부분의 학생들이 다양한 행동적인 문제들을 보이기 때문에, 팀은 어떤 문제행동을 먼저 변화시키고 어떤 행동을 나중에 다루어도 되는지와 상대적으로 볼 때 변화시킬 필요가 없거나 관심을 덜 기울여도 되는 행동은 어떤 것인지 등을 결정해야 한다. 학생과 팀의 안전을 위해서 모든 문제행동을 동시에 중재하려고 시도하지 않는 것이 좋다. 또한 다양한 행동들이 단일 지원 계획에 반응을 보이는 경우에는 필요한 중재의 수를 감소시킬 수도 있다.

Janney와 Snell(2000)은 문제행동의 심각성이나 관심의 정도를 근거로 중재의 우선순위를 정하는 유용한 방법을 제안하였다(좀 더 상세한 내용은 Evans & Meyer, 1985 참조). 그들은 학생의 행동이 자신이나 다른 학생들에게 해가 되거나 위협이 될 때, 학습에 부정적인 영향을 미칠 때, 긍정적인 사회적 관계 형성과 다른 사람들에 의한 사회적 수용에 방해가 될 때만 문제가 된다고 강조하였다. 다시 말해서, 문제행동의 심각성이나 중재의 목표 여부를 결정하는 것은 행동의 일반적인 모양이나 개인적인 방해(예: "저 아이가 저렇게 안절부절못하고 조바심을 내니까 내가 못 참겠어!")가 아니라 중요한 사회적 및 학습 성과에 의해서 판단되어야 한다.

무엇부터 시작해야 하는지를 결정하기 위해서 팀은 〈표 3-1〉에서 보는 것과 같이 중재 우선순위의 세 가지 단계를 고려해야 한다. 파괴행동(destructive behaviors) 또는 자신이나 다른 사람에게 해가 되거나 위협적인 행동은 팀 구성원들이 중재를 고려할 때 가장 우선적인 관심을 기울여야 할 대상이다. 파괴행동의 예

1) 이 책의 전반에 걸쳐서 중재(intervention)와 행동지원 계획(behavior support plan)은 동일한 용어로 사용된다. 그러나 행동지원 계획은 주로 종합적인 지원 전반을 의미하지만 중재는 단일 전략을 의미할 수도 있다.

〈표 3-1〉 중재의 우선순위

1순위: 파괴행동
- 자신이나 다른 사람에게 해롭거나 건강을 위협하거나 생명을 위협하는가?

2순위: 방해행동
- 자신이나 다른 학생의 학습을 방해하는가?
- 사회적 관계를 방해하는가?
- 매일의 학교, 가정 또는 지역사회에서의 활동 참여를 방해하는가?
- 위험하고 방해가 되는 방법으로 물건을 망가뜨리는가?(예: 옷 찢기, 책 찢기)
- 효과적인 중재가 주어지지 않는다면 파괴행동이 될 가능성이 있는가?

3순위: 경미한 방해행동
- 사회적 수용을 방해하는가?
- 학생의 이미지에 부정적인 영향을 미치는가?
- 물건에 손상을 입히는가?(파괴하지는 않음)
- 그냥 둔다면 방해행동이 될 가능성이 있는가?

로는 머리 부딪히기, 몸에 상처 내기, 기타 자신을 해치는 행동; 다른 학생을 때리는 행동; 탠트럼을 부리면서 발로 차는 행동, 식사를 거부하는 행동, 학교에 무기를 가져오는 행동 등이 포함된다. 파괴행동은 학생과 다른 사람들을 위험으로부터 방어하는 위기 관리 절차를 포함하는 종합적인 긍정적 행동지원 계획을 통해 다루어져야 한다. 여기서 중요하게 고려해야 할 점은 장애인교육법(IDEA '97)이 학생을 위한 기존의 행동 관리 계획을 검토하고 문제행동으로 인하여 배치의 변화가 요구된다면(예: 10일 이상의 정학, 무기나 불법 약물 복용으로 인한 이동 배치) 기능적인 행동진단을 하도록 규정하고 있다는 사실이다(Turnbull, Wilcox, Stowe, & Turnbull, 2001).

방해행동(disruptive behaviors)은 종합적인 지원계획 내에서 파괴행동 다음의 우선순위를 지닌다. 방해행동은 자신이나 다른 사람을 즉각적으로 해롭게 하는 것은 아니지만 긍정적인 발달을 위해 필요한 매일의 활동과 경험을 방해한다. 방해행동을 지속적으로 하게 되면 학습이 방해되며, 학교, 가정, 지역사회 활동에 참여하지 못하게 되고, 다른 사람들과의 긍정적인 사회적 관계 형성이 방해된다.

동호의 팀은 동호의 행동을 긍정적 행동지원 계획을 개발하기 위해서 심각하게 고려해야 할 방해행동으로 분류하였다. 우는 행동과 독립적인 과제 수행을 거부하는 행동은 동호의 학습을 방해할 뿐만 아니라 다른 학생들의 활동 참여도 방해한다. 교재를 뺏고 함께 사용하기를 거부하고 친구들을 때리겠다고 위협하는 행동 또한 일반적인 학급 활동을 심각하게 방해하며, 동호가 학급 구성원으로 수용되고 또래들과 우정을 형성할 기회를 위협한다. 동호가 아직까지는 친구들을 직접적으로 해치지는 않았지만, 교사들은 중재가 제공되지 않는다면 때리겠다는 위협이 곧 파괴행동으로 발전할 것이라고 걱정하였다.

경미한 방해행동(distracting behaviors)은 중재에 대한 가장 낮은 우선순위를 지닌다. 일반적으로 경미한 방해행동은 자기 나이에서 일반적으로 기대되는 행동에서 벗어나지만 학습과 매일의 활동 참여를 실제로 방해하지는 않는다. 경미한 방해행동(예: 교실에 들어올 때 항상 같은 길로만 들어오기, 흥분했을 때 손 흔들기, 나이에 맞지 않게 옷 입기)은 팀과 가족에게 시간이 지나면 방해행동으로 발전하거나 사회적 수용에 방해가 된다고 여겨질 때 행동지원 계획의 대상이 된다. 분명한 것은 비전형적인 행동들이 모두 행동 변화를 위한 목표가 되는 것은 아니라는 것이다. 학교는 학생, 교사, 부모가 다른 사람의 다른 점, 특히 장애를 지닌 학생의 다른 점을 수용할 수 있도록 다양성의 문화를 조성해야 한다. 특히 그 다른 점이 비전형적이라고 할지라도 수용할 수 있어야 한다. 예를 들어, 앞에서도 언급하였듯이 동호는 기관차를 좋아한다. 동호는 수십 개의 미니 기관차를 가지고 있으며, 매일 기관차와 관련된 책을 보고, 교사와 친구들에게 기관차에 대해서 자주 이야기한다. 9세 아동은 일반적으로 좀 더 다양한 관심을 보이기 때문에 이러한 사실은 부모와 교사들에게 적신호가 될 수 있다. 동호의 관심이 동호를 친구들로부터 분리되게 만든다고 할지라도 동호의 팀은 그의 기관차에 대한 집착을 '특별한 관심'으로 보아야 하며, 중재가 필요한 문제행동이나 강박적인 행동으로 보아서는 안 된다. 기관차에 대한 특별한 관심이 동호가 다른 관심을 형성하는 데 방해가 되고 친구를 사귀거나 함께 놀 기회를 방해한다고 팀 구성원들이 믿는다면 중재 대상으로 고려할 수 있다.

첫 번째 단계에서는 문제인지 아닌지를 결정하는 것 외에도 문제를 정확하게 정의해야 한다. 문제행동의 분명한 정의는 확실한 의사소통과 기능진단 및 중재 시의 정확한 빈도 측정을 위해서 반드시 필요하다. 일반적이거나 비전문적인 용어를 사용하는 것(예: 동호는 불순종적이거나 공격적이다)보다는 분명한 정의를 사용함으로써 학생이 무엇을 하는지 또는 문제행동은 어떤 행동인지를 설명할 수 있어야 한다(예: 동호는 머리를 책상 위에 올려놓거나, 물건을 가지고 놀거나, 울면서 과제 수행을 거부하였다). 문제행동을 어떻게 유용하게 정의하는지에 대해서는 이 책의 5장에서 좀 더 자세히 설명한다.

요약하자면, 팀 구성원들은 문제행동을 중재하는 것에 대한 당위성을 제시할 수 있어야 하며, 세 단계의 우선순위 중 하나에 의해서 중재가 정당화될 때 행동지원 계획을 개발할 수 있어야 한다. 팀 구성원들이 일단 문제를 식별하고 정의를 하게 되면 긍정적 행동지원 과정의 다음 단계를 위한 준비가 된 것이다.

2) 2단계: 기능진단을 실시한다

◆ **주요 질문**: 문제행동이 왜 발생하는가?

기능진단(functional assessment, 기능적 행동진단[functional behavioral assessment]이라고도 불림)은 긍정적 행동지원 절차의 중요한 단계다. 행동지원 계획은 학생이 왜 문제행동을 하는지를 설명해 주는 진단 정보를 근거로 세워질 때 가장 효과적이다. 대부분의 교사들은 학생의 강점과 약점 및 특정 읽기 어려움에 대하여 먼저 알아내지 않은 상태에서 읽기 중재를 계획하려고 생각하지는 않는다. 철저한 진단이 효과적인 학업 중재를 위해서도 결정적인 요소이듯이 효과적인 행동중재를 위해서도 중요하다.

팀 구성원들은 학생의 문제행동을 다루기 위해서 무엇을 할 수 있는지 질문하기 전에 '문제행동이 왜 발생하는가?' 와 '학생의 삶과 즉각적인 환경 내에서 무슨 일이 진행되고 있는가?' 를 먼저 질문해야 한다. 기능적 진단은 유일한 진단방법으로 오해되는 경우도 종종 있지만 사실은 그렇지 않다. 오히려 기능진단은 정보를 수집하고, 문제행동의 이유를 이해하고, 문제행동을 일으키고 유지시키는 환경적 조건(소구조 및 대구조 환경 모두)을 정확하게 식별하기 위해서 정보를 수집하는 과정이다. 긍정적 행동지원은 아동을 치료하거나 '고치는' 의학적인 모델과는 달리 환경을 변화시키고 대안적인 적응기술을 가르침으로써 문제행동이 학생에게 더 이상 필요하지 않거나 유용하지 않도록 만드는 것을 강조한다. 그러므로 기능진단의 우선적인 목적은 학생을 진단하는 것이 아니라(예: '문제행동은 아동이 자폐적이라서 또는 행동장애를 지녔기 때문에 발생한다.'), 행동지원 중재의 목표인 학생의 환경을 변화시키고 대체기술을 가르치고 좀 더 나은 삶을 촉진하는 데 필요한 정확한 관련 정보를 알아내는 것이다.

유능한 탐정과 마찬가지로 유능한 기능진단에는 우수한 진단기술이 필요하다. 그 과정은 팀 구성원들이 지니고 있는 문제행동에 기여할 수 있는 많은 요소들에 대한 지식(2장 참조), 어떤 질문을 해야 하는가에 대한 정보, 정보를 수집하고 학생을 관찰할 때 무엇을 보아야 하는지에 대한 숙지 등에 의존한다. 일단 기능진단이 장애진단 과정으로 이해가 되면 팀은 이 책의 6장에서 소개하고 있는 정보 수집을 도와주는 다양한 진단방법들(예: 면담, 평가척도, 직접관찰)을 선택할 수 있다.

종합적인 기능진단은 학생과 그 학생의 문제행동에 대해서 일반적으로 두 가지 유형의 정보를 수집한다. 개괄적 정보를 수집할 때 팀 구성원들은 개인의 교육력이나 배경, 전반적인 건강 상태, 기술 및 능력, 가정과 학교에서의 전반적인 삶의 질(예: 가족과의 관계, 또래 간 우정, 지역사회 및 학교 참여도)에 대하여 알기를 원한다. 이와 같은 개괄적 정보는 특히 팀의 모든 구성원들이 학생을 잘 알지 못할 때 유용하다. 그것은 문제행동이 어떻게 발생하게 되었는지를 설명하는 데 도움이 되는 중요한 배경 정보를 제공해 줄 수도 있고, 앞으로의 좀 더 세밀한 진단의 방향을 결정해 주기도 하고, 학생에게 필요한 광범위한 교육과정이나 삶의 스타일 변화를 제안해 주기도 한다. 뿐만 아니라 개괄적 정보는 팀이 학생을 위한 동기 유발적인 학습환경을 조성하고 삶의 질을 강화하기 위한 지원 계획에 유용하게 사용할 수 있도록 학생의 강점, 선호도, 특별한 관심을 알 수 있게 해 준다.

동호의 팀이 중요하게 알고 싶어 하는 것은 동호의 교육력과 현재의 학업 능력이 독립적인 과제 수행에 어떤 영향을 미치고 있는가 하는 것이다. 또한 동호의 잘못된 사회적 행동(동호의 교사가 문제행동이 발생하기 시작하였음을 보고하였다)이 질병이 생겼기 때문인지, 기타 신체적인 문제 때문인지, 또는 가정에서의 변화 때문인지를 알기를 원할 것이다(예: 시력 문제가 발생했는가? 알레르기가 심해졌는가? 가정에 어떤 변화가 생겼는가?). 동호의 팀은 동호의 사회적 내력, 또래 집단과의 관계(예: 가정에서 친구가 있는가? 동네 친구들과 함께 노는가? 방과후 클럽 활동이나 운동 등에 참여하는가?), 사회적 기술(예: 사회적 게임을 할 수 있는가? 또래에게 함께 놀자고 할 수 있는가? 외로워서 부적절한 방법임에도 불구하고 또래들과 상호작용을 시작하기 위한 시도를 하는가?) 등에 대해서도 알기를 원할 것이다. 이와 같은 질문에 대한 답은 유용한 정보를 제공해 주지만 그 정보는 문제행동의 잠재적인 이유에 대한 매우 일반적이고 때로는 이론적인 정보만을 제공해 줄 수 있다. 이와 같은 개괄적 정보가 최대한 효과적으로 사용되기 위해서는 문제행동에 대한 좀 더 구체적인 진단 정보와 함께 사용되어야 한다.

구체적 정보를 수집하기 위해서 팀 구성원들은 문제행동 발생과 좀 더 밀접하게 관련된 특정 환경적인 사건을 식별하는 데 진단의 초점을 맞춘다. 이때 목표는 문제행동을 유발하는 정확한 환경을 신뢰성 있게 예측하는 것이며, 또 그러한 환경하에서 문제행동이 학생에게 제공해 주는 기능을 결정하는 것이다.

예를 들어, 동호의 팀은 다음과 같은 질문을 할 수 있다. 동호는 학교의 모든 활동 중에 친구를 놀리거나 교재를 가로채는가 혹은 일부 활동에서만 그러는가? 동호는 수학 시간에만 우는가 혹은 모든 학업 활동 중에 우는가? 문제행동이 발생하는 상황 중에 정확하게 어떤 일이 진행되는가? 이와 같은 질문에 대답하기 위해 팀 구성원들은 문제행동을 시작하게 하거나 나타날 상황을 조성하는 선행사건 또는 배경사건을 알아내기 위해서 문제행동이 나타나기 전에 무슨 일이 있는지를 관찰하고 기록하게 될 것이다. 마찬가지로 팀 구성원들은 교사와 또래 및 다른 사람들이 어떻게 반응하는지와 문제행동을 함으로써 동호가 얻는 것이 무엇인지(즉각적으로 얻는 것이 없으면 궁극적으로 얻는 것은 무엇인지)를 주의하면서 문제행동이 발생한 후에 무슨 일이 있는지를 관찰하게 될 것이다. 문제행동이 발생한 후에 무슨 일이 있는지를 아는 것은 행동의 기능을 결정하는 데 중요한 단서를 제공한다.

학생의 행동을 관찰하는 일은 문제행동을 일으키는 특정 상황을 예측하고(언제, 어디서, 어떻게, 누구와) 그러한 행동에 의해서 얻게 되는 기능이 무엇인지를 알게 해 주는 신뢰성 있는 패턴을 파악할 때까지 지속되어야 한다. 일단 패턴이 나타나면 팀 구성원들은 긍정적 행동지원의 다음 과정으로 넘어가서 가설을 개발하게 된다. 그러나 기능진단의 놀라운 측면 중 하나는 분명한 패턴이 나타난 경우에도 그 과정 자체는 완성되지 않을 수 있다는 것이다. 즉, 수집된 정보에 대해 계속해서 질문이 존재할 수 있는데, 이와 같은 질문들은 행동지원 계획 중 팀의 가설을 정교화하고 향상시키는 역할을 하게 된다.

3) 3단계: 가설을 개발한다

◆ **주요 질문**: 특정 사건과 문제행동 간의 관계는 무엇인가? 이러한 관계는 어떻게 요약될 수 있는가?

긍정적 행동지원 절차의 세 번째 단계는 학생이 왜 문제행동을 하며 그 행동이 학생에게 제공하는 기능은 무엇인지를 설명하는 가설을 세우는 것이다(이 과정에 대해서는 7장에서 상세히 설명하고 있다). 가설은 기능진단 과정에서 알게 된 행동 발생 패턴을 정확하게 요약해야 한다. 적절하게 잘 세워진 가설은 수집된 진단 정보와 중재를 연결하는 역할을 하기 때문에 매우 중요하다. 다시 말해서, 가설은 긍정적인 지원을 통하여 다루게 될 정확한 환경적인 상황을 식별해 준다.

예를 들어, 며칠간의 관찰을 통한 동호의 기능진단에서 문제행동 발생에 대한 두 가지 분명한 패턴을 발견하였다. 하나는 문제행동이 독립적인 과제 수행 시간에 발생한다는 것이며, 다른 하나는 또래와의 사회적 상호작용 중에 발생한다는 것이다. 이러한 패턴은 다음과 같은 두 가지 가설로 요약될 수 있다.

가설 1: 동호는 학급에서 독립적인 학업 과제를 완수하도록 요구될 때 독립적인 과제 수행을 피하기 위해서 종종 책상 위에 머리를 대고 엎드려 울고 과제 완수를 거부한다.

가설 2: 또래 주도의 활동(놀이, 협동학습) 중에 동호는 교재를 갖거나 또래 상호작용을 시작하기 위해서 교재를 가로채고 또래들을 놀린다.

가설은 특정 선행사건 및 배경사건을 식별하고('언제 이러한 행동이 발생하는가?'), 문제행동을 설명하고('학생이 무엇을 하는가?'), 행동의 기능을 식별하기 위해서('무엇인가를 얻거나 피하기 위해서') 항상 유사한 양식으로 작성된다. 이러한 양식은 2장에서 설명한 4단계 행동발생 모형과 유사한 개념으로, 팀 구성원들에게 변화되어야 할 학생의 환경(예: 선행사건)의 특정 측면과 가르쳐야 할 문제행동에 대한 대체기술(예: 교재를 가로채는 대신 동호가 할 수 있는 행동은 무언인가?)에 대한 매우 유용한 정보를 제공해 준다.

가설을 개발하는 것 외에도 이 단계에서 하게 되는 또 다른 중요한 활동은 기능진단 과정 중에 수집한 개괄적 정보를 요약하는 것이다. 의학적 정보, 선호도, 삶의 방식 등은 문제행동에 대한 가설과 결합될 때 어떤 중재를 선택해야 하는지와 학생을 위한 바람직한 성과를 촉진하기 위해 필요한 삶의 방식에서의 변화가 무엇인지를 결정하는 데 도움이 된다. 또한 개괄적 정보를 요약하는 것은 왜 문제행동이 발생하게 되었는가와 어떤 조건이 그 행동을 지지하였는지를 알게 해 준다.

동호의 팀은 진단을 기반으로 하여 독립적인 과제가 문제가 된다고 결론을 내렸으며, 이러한 문제는 과제의 난이도 때문이 아니라 동호의 부정적인 과제 수행 경험으로 인한 것으로 결론지었다. 동호의 새로운 교육과정이 그의 능력에 적절하다고 할지라도 과거의 반복적인 실패 경험으로 인해서 혼자 작업하는 것을 싫어하게 만든 것이다. 동호는 과거의 좌절했던 경험을 기억하고 과제가 자신에게 너무 어려울 것이라고 생각하기 때문에 과제를 혼자 수행하는 것을 피할 수도 있다. 이와 같은 이해와 가설을 바탕으로 동호의 지원팀은 그가 자신감을 회복하고 혼자 과제를 수행할 때 성공을 경험할 수 있게 하는 것에 중재의 초점을 맞추게 될 것이다.

또래 상호작용과 관련해서 동호의 팀은 동호가 이전에 사회적 기회가 부족했고 사회적 기술도 부족하며 (최근에는) 학급의 친구들에게 거부당하는 경험을 갖게 되어 이 모든 요인들이 함께 문제행동을 일으키는 역할을 한 것으로 결론지었다. 이것은 사회적 기술 훈련 및 또래 중재와 함께 또래 상호작용을 위한 사회적 기회를 만들어 주는 것이 동호의 행동지원 계획에서 중요함을 시사한다.

4) 4단계: 긍정적 행동지원 계획을 개발한다

◆ **주요 질문**: 주어진 가설에 의하면 학생의 환경 중 어떠한 측면이 변화되어야 하는가? 어떠한 대체기술이 교수되어야 하는가?

일단 가설이 개발되고 나면 긍정적 행동지원 절차의 네 번째 단계는 긍정적 행동지원 계획을 세우는 것이다. 이 단계에 이르기까지 팀 구성원들은 종종 문제행동을 없애야 한다는 생각을 갖게 된다. 그들의 잘 개발된 가설에도 불구하고 '자, 그러면 행동을 멈추게 하기 위해서 무엇을 해야 할까?' 라고 질문하곤 한다. 지금까지의 설명에 비추어 보자면 이것은 분명히 잘못된 질문이다. 왜냐하면 이러한 질문은 문제행동에 기여하는 상황을 무시하는 고도의 처벌적이고 비효과적인 중재를 하도록 만들기 때문이다. 그러나 지원 계획을 세우게 되면 팀 구성원들은 그들의 가설 및 기타 관련 진단 정보에 초점을 맞추어야만 한다. 따라서 '무엇이 변화되어야 하며 또한 어떤 대체기술을 가르쳐야 하는가?' 라고 질문해야 한다.

일반적으로 단일 중재를 사용하는 전통적인 행동 관리 계획과는 달리 긍정적 행동지원 계획은 종합적이면서 다양한 중재 또는 지원 전략으로 구성된다. 이렇게 하는 데에는 몇 가지 이유가 있다. 첫째, 가설과 포괄적 진단 정보는 동호의 경우에서와 같이 문제행동의 다양한 영향력과 기능을 제안한다. 지원 계획은 최대한으로 효과적이기 위해서 가능한 한 이러한 영향력을 많이 다룰 수 있어야 하며, 학생에게 서로 다른 상황에 대한 기술들을 교수해야 한다. 단일 중재는 이러한 효과를 내기가 거의 어렵다. 둘째, 긍정적 행동지원은 학생이 생활하고 놀이하고 일하고 학교에 가는 모든 상황에서의 성취에 목표를 둔다. 그렇게 함으로써 서로 다른 상황은 서로 다른 중재를 필요로 하기도 한다. 예를 들어, 문제행동에 미치는 영향은 상황에 따라 다를 수 있으며, 각 장소에 따라 서로 다른 중재 접근이 필요할 수 있다. 또한 팀 구성원들은 다양한 상황에서 현실적으로 실행 가능한 지원을 선택하도록 해야 한다. 사람들은 서로 다른 가치와 기술을 지니고 있으며 다양한 요구와 일과를 다루어야 하기 때문에 행동지원은 이와 같은 다양한 상황에 맞추어 수정되어야 할 것이다. 예를 들어, 동호가 학교 운동장에서 또래들과 좀 더 잘 상호작용하도록 도와주는 지원은 학급에서의 사회적 상호작용 지원과는 다를 수밖에 없다.

행동지원 계획이 종합적이어야 하는 세 번째 이유는 긍정적 행동지원의 목표와 관련된다. 전통적인 행동 관리 계획이 문제행동을 멈추게 하는 데(일반적으로 벌을 통하여) 초점을 맞추는 것과는 달리, 긍정적 행동지원 계획은 예방, 교수, 장기적인 효과에 초점을 맞춘다. 각각의 목표가 성취되기 위해서는 서로 다른 중재 접근이 요구되며 단일 전략으로 모두가 성취될 수는 없다.

종합적인 행동지원 계획은 네 가지 주요 요소들을 중심으로 수립된다. 각 요소는 서로 다른 목표를 가지며 모두가 합쳐져서 예방과 교수와 장기적 효과를 강조하게 된다. [그림 3-2]에서 보는 바와 같이, 이 요소들은 (1) 문제행동을 유발하는

선행/배경사건 중재	대체기술 교수	문제행동에 대한 반응	장기적인 지원
• 문제가 되는 선행사건 및 배경사건을 수정하거나 제거 • 긍정적인 선행/배경사건 도입	• 문제행동과 동일한 목적을 수행하는 대체기술 교수 • 대처기술 및 인내심 교수 • 전반적인 능력을 신장하기 위한 일반적인 기술 교수	• 문제행동이 가져다주는 성과를 감소시킴 • 교육적인 피드백을 제공하거나 논리적인 후속결과 제시 • 위기 관리 계획 개발	• 삶의 양식을 변화시킴 • 지원을 지속하기 위한 전략 수행

[그림 3-2] 행동지원 계획의 구성요소

사건을 변화시키기 위한 선행/배경사건 중재(antecedent/setting event interventions), (2) 문제행동을 대체하는 사회적으로 바람직한 행동을 교수하기 위한 대체기술 교수(alternative skill instruction), (3) 문제행동에 대한 다른 사람의 반응을 효과적이고 교육적인 방법으로 변화시키기 위한 문제행동에 대한 반응(response to problem behaviors), (4) 바람직한 성과를 지속적으로 지원하기 위한 광범위한 교육과정적, 사회적 또는 삶의 양식 변화를 만들기 위한 장기적인 지원(long-term supports)이다.

지원 계획을 세울 때 팀 구성원들은 문제행동에 대한 가설과 기타 관련 진단 정보를 기초로 학생에게 가장 효과적인 것이 무엇인지를 고려하면서 각 요소들을 위한 지원 전략을 선택하게 된다. 또한 팀은 계획이 실행될 상황에 가장 잘 맞도록 그와 같은 요소들을 고려하면서 전략들을 선정한다. 다행히도 팀 구성원들이 일단 문제행동의 이유를 이해하고 나면 다양한 상황에서의 동일한 문제를 다룰 수 있는 수많은 지원 전략들을 찾을 수 있다.

만성적이고 변화시키기 어려운 문제행동을 보이는 대부분의 학생들의 경우 네 가지 요소들이 모두 요구된다. 그러나 경우에 따라서는 모든 요소 또는 지원 전략들이 동시에 다 수행되어야 하는 것은 아니다. 어떤 팀은 선행사건 중재에 먼저 초점을 맞추고, 일단 문제행동이 예방되면 대체기술 교수와 장기적인 지원 계획에 관심을 기울이기 시작할 수 있다. 또 어떤 팀은 삶의 양식 변화(장기적인 지원과 관련된 전략)에 먼저 초점을 맞추고, 변화가 생기기 시작하면 어떤 대체기술 또는 어떤 선행사건 중재가 필요한지를 결정하게 된다. 네 가지 요소들을 모두 동시에 실행하지 않아도 되는 것이 사실이기는 하지만, 긍정적 행동지원 계획에서 문제행동에 반응하기 위한 전략만을 포함하는 것은 절대로 적절한 방법이 아니다. 이것은 결과 중심적이고 반응적인 중재로 교육적이고 예방적이지 않기 때문이다. 다음 부분에서는 각 요소들과 그 목표에 대하여 간단하게 설명하고자 한다.

(1) 선행/배경사건 중재

선행/배경사건 중재는 예방적인 목표를 수행한다. 가설을 통하여 일단 선행사건이나 배경사건이 식별되고 나면 팀 구성원들은 그것을 제거하거나 수정하여 더 이상 이러한 문제가 되는 사건들에 의해서 문제행동이 발생하지 않도록 한다. 또한 문제행동을 변화시키기 위해서 바람직한 행동을 유발하는 긍정적인 사건을 학생의 일과 안으로 도입할 수도 있다. 긍정적인 행동을 촉진하도록 상황을 조성하고 나면 문제행동은 줄어들 것이다.

동호의 경우, 독립적인 학업 과제 수행은 우는 행동과 과제 거부 행동을 일으킨다. 동호의 팀 구성원들은 이러한 선행사건을 어떻게 변화시킬 것인지를 고려하여 문제행동을 예방할 수 있다. 학급 내에서 어떤 방법이 가능하고 실제로 실행할 수 있는지에 따라서, 동호의 팀은 보조원이 동호의 과제 수행을 도와주게 하거나 교사가 가르치는 동안 교사 가까이에 앉아 지원과 격려를 받을 수 있도록 하는 등의 방법을 선택하게 된다. 일시적으로 독립적인 학업 과제를 전혀 제공하지 않는 대신 혼자서 성공적으로 수행할 수 있는 다른 과제(예: 학급 게시판에 붙일 자료 자르기, 오디오테이프 듣기)를 제공하는 방법도 고려할 수 있다. 팀이 선택하는 중재(들)은 무엇이 동호에게 가장 효과적이고 학급 내에서 현실적으로 수행 가능한 방법인가에 따라 달라지게 될 것이다.

선행/배경사건 중재는 일시적인 해결책만을 제공할 수도 있지만 가장 큰 장점은 신속하게 문제행동을 예방할 수 있다는 것이다. 그것이 문제행동을 일으키는 요소들을 제거하거나 수정하기 때문이다. 이와 같은 신속한 효과는 이러한 선행/배경사건에 의해서 곤란을 겪고 있는 교사, 부모 또는 학생에게 즉각적인 해결책을 제공해 주며, 때로는 매우 강력한 성과(예: 좀 더 제한적인 환경에의 배치를 피하게 함)를 가져다주기도 한다. 또한 선행/배경사건 중재는 새로운 또는 대체적인 기술을 학습할 수 있는 긍정적인 상황을 조성해 주는 매우 중요한 역할을 수행하기도 한다. 문제가 되는 상황으로 인하여 학생들이 좌절하고 문제행동을 하게 될 때 새로운 방법으로 반응하도록 가르치는 것은 매우 어려운 과제다. 그러나 문제가 되는 선행사건 또는 배경사건이 변한다면 어려운 상황을 다루기 위한 새로운 방법을 학습하는 것은 학습자에게 좀 더 쉽고 즐거운 일이 될 것이다. 다양한 선행/배경사건 중재들에 대해서는 그 선정 지침과 함께 이 책의 8장에서 설명하고 있다.

(2) 대체기술 교수

대체기술 교수의 목표는 학생에게 문제행동을 대체하면서도 사회적으로 적절한 기술을 가르치는 것이다. 선행/배경사건 중재가 다른 사람의 행동에 의존하는 것과는 달리, 대체기술 교수는 학생에게 바람직한 성과를 성취하고 문제행동이 더 이상 필요하지 않도록 상황을 변화시키는 능력을 제공하는 방법이다. 대체기술 교수는 장기적인 효과를 가져다주는데, 그것은 학습자가 더 이상 교사나 부모의 중재에 의존하지 않고 스스로 자신의 환경을 효과적이고 사회적으로 적절한 방법으로 조절하는 능력을 갖게 되기 때문이다.

세 가지 유형의 대체기술 교수가 행동지원 계획에 포함될 수 있다. 첫 번째 유형은 교체기술(replacement skill)로 문제행동과 동일한 목적이나 기능을 지니고 있는 사회적으로 수용 가능한 대체기술을 사용하도록 교수하는 것이다. 이 중재는 학습자가 문제행동으로 얻을 수 있는 동일한 성과를 가져다주는 다른 수단을 갖게 된다면 문제행동이 효과적으로 제거될 수 있을 것이라는 가정을 기초로 한다. 간단하게 말하자면, 원하는 성과를 얻고자 할 때 대체기술이 문제행동보다 더 효과가 있다면 학생은 문제행동 대신 대체기술을 사용하게 된다는 것이다. 예를 들어, 친구를 놀리는 행동을 대체하기 위해서 동호의 팀은 또래의 관심을 얻고 상호작용을 하기 위한 적절한 시작행동(예: "같이 놀아도 되니?" "나랑 공차기 놀이할래?")을 할 수 있도록 가르치게 된다. 마찬가지로 교재를 가로채는 행동을 대체하기 위해서 동호는 어떻게 적절하게 자료를 요구할 수 있는지를 배우게 된다(예: "저것 좀 가져가도 될까?" "저것 좀 빌려 쓸 수 있을까?").

대체기술 중재의 두 번째 유형은 어려운 상황이나 스트레스 상황에 반응하기 위한 대처기술 및 인내력을 가르치는 것이다. 우리 모두가 그렇듯이, 장애 학생들도 바꾸거나 피할 수 없는 어려운 상황에 효과적으로 대처하는 방법을 학습해야 한다. 중재의 목표는 기다리는 방법, 스트레스성 사건 중에 안정을 취하는 방법, 분노를 조절하는 방법을 학습하게 하고 다른 사람에게 의존하지 않고 문제를 해결하는 방법을 배우게 하는 것이다. 동호를 위한 중요한 목표는 독립적으로 과제를 수행하는 방법을 학습하게 하여 점점 더 과제 수행 시간을 늘려 가는 것이다.

선행/배경사건 중재가 동호의 부담을 어느 정도 감소시키기는 하지만, 궁극적으로 동호에게 필요한 기술은 성공적인 학교생활을 위하여 울지 않고 어려운 상황을 견뎌 내는 방법을 학습하는 것이다.

대체기술 중재의 세 번째 유형은 사회성, 의사소통, 학업 능력을 확장하기 위한 일반적인 기술들에 초점을 맞춘다. 일반적인 기술 교수는 문제행동에 직접적으로나 간접적으로 영향을 미치는 폭넓은 또는 기본적인 기술 결함을 다루게 된다. 학생의 일반적인 능력이 증진될수록 문제를 우회하고 긍정적인 방법으로 스스로를 위한 바람직한 성과를 추구하도록 자신을 더 잘 통제할 수 있게 된다. 팀 구성원들은 학생에게 어떤 성취가 중요한지와 현재와 미래에 어떤 기술이 필요한지를 잘 살펴봄으로써 일반적인 기술들을 목표로 삼을 수 있다. 동호의 예를 들면, 친구를 놀리는 행동을 대체하기 위한 사회적 시작행동을 교수하는 것만이 중요한 것이 아니라 또래들과 긍정적인 상호작용을 유지하고 학급의 중요한 구성원이 되는 데 필요한 기타 사회적 기술들(예: 차례 지키기, 사회적 게임 학습하기, 나누기)을 교수하는 것도 중요하다. 대체기술 교수를 위한 전략은 9장에서 상세하게 설명하고 있다.

(3) 문제행동에 대한 반응

행동지원 계획의 세 번째 요소는 교사와 부모 및 다른 사람들이 문제행동의 발생에 대하여 어떻게 반응해야 하는지를 설명하는 것이다. 선행/배경사건 수정과 대체기술 훈련이 효과가 있다면 문제행동의 빈도는 극적으로 감소할 것이다. 그럼에도 불구하고 팀 구성원들은 자신들과 다른 사람들이 문제행동에 어떻게 반응해야 하는지를 고려해야 하며, 그 반응은 효과적이고 교육적인 방법이어야 한다.

문제행동에 대한 반응에는 몇 가지 목표가 있는데, 이들 모두가 단일 지원 계획으로 병합되지 않을 수도 있다. 목표 중 하나는 문제행동의 성과를 감소시키는 것이다. 대체기술 교수와 함께 긍정적 행동지원의 중요한 목표 중 하나는 학생으로 하여금 대체기술만이 원하는 결과를 가져올 수 있으며 문제행동은 그렇지 않다는 것을 알게 하는 것이다. 만일 문제행동이 학생에게 유용한 목적을 달성시키지 못한다면(예: 우는 행동으로 과제 수행을 피하지 못하거나 친구를 놀리는 행동이 또래들의 반응을 얻지 못한다면) 문제행동은 중단될 것이다.

또 다른 목표는 교육적인 피드백을 제공하고 문제행동에 대한 자연스럽고도 논리적인 후속결과를 제시하는 것이다. 이때의 일반적인 목표는 학교, 가정, 지역사회에서 어떤 행동이 수용되고 수용될 수 없는지를 알려 줌으로써 분명한 사회적 경계를 설정하는 것이다. 특히 문제행동이 특정 학교나 사회의 규칙을 위반할 수 있으며 그런 경우에는 부정적인 결과가 뒤따를 수 있다는 사실을 가르치는 것이 목표다(예: "음식을 던지면 네가 청소를 해야 한다." "녹음기를 망가뜨리면 네가 수리비용을 지불해야 한다."). 학생들이 지역사회의 좋은 시민이 되기 위해서는 자신들의 행동의 결과를 이해해야 할 필요가 있다. 그러나 긍정적 행동지원의 가치와 일관성을 유지하기 위해서 부정적인 후속결과는 사려 깊게 선택되고 실행되어야 한다. 자연적이거나 논리적인 후속결과 모두가 모든 학생들에게 유익하나 적절하지 않을 수도 있으며, 특정 학생을 위해서 선택된 후속결과는 문제행동에 대한 가설과 가능한 한 밀접하게 관련되어야 한다. 또한 최대한의 교육적 효과를 위해서 부정적인 후속결과는 연령에 적절해야 하며 학생을 존중해야 하고 학생의 인지적 이해 수준에 맞아야 한다.

세 번째 목표는 위기 관리다. 중재의 노력에도 불구하고 학생들에 따라서는 자신이나 다른 사람에게 해가 될 수 있는 매우 위험한 행동을 하거나 학교, 가정, 지역사회 활동을 심각하게 방해할 수 있는 고도의 방해적인 행동을 하는 경우도 있다. 이러한 경우 위기 중재 계획이 세워져야 한다. 위기 관리 계획은 교사, 부모, 기타 다른 사람들이 잠재적으로 위험하거나 방해가 되는 행동을 발산시키고 학생과 다른 사람들의 안전을 지키기 위해서 따라야 하는 특정 단계를 설명한다. 이 부분에서 설명한 앞의 두 가지 전략과는 달리 위기 관리는 문제행동을 감소시키는 중재로 고려되지 않는다. 위기 관리의 유일한 목표는 보호하고 점진적으로 축소하는 것이지 장래의 문제행동을 교육하거나 감소시키는 것이 아니다. 문제행동에 대한 반응 전략은 이 책의 10장에서 설명한다.

(4) 장기적인 지원

행동지원 계획의 마지막 네 번째 요소는 장기적인 예방 및 긍정적인 성과 유지와 관련된다. 문제행동이 장기적인 측면에서 예방되고 기타 중재요소들이 시간이 흘러도 지원되고 유지되게 할 수 있는 한 가지 방법은 학생의 삶의 양식을 변화시키는 것이다. 문제행동은 선행사건의 변화나 대체기술의 훈련에도 불구하고 지속될 수 있다. 왜냐하면 학생의 삶, 교육 프로그램 또는 사회적 지원망에서의 좀 더 폭넓은 이슈들이 긍정적인 성장을 방해하고 다른 중재들의 효과를 떨어뜨리기 때문이다. 예를 들어, 학교에서의 과제를 좀 더 흥미롭게 만들기 위한 교수적 수정에도 불구하고 어떤 학생들은 전반적인 교육과정이 자신의 취업목표와 관련이 없다고 생각한다면 계속해서 과제 수행을 거부하고 궁극적으로는 학교를 자퇴할 수도 있다. 또 어떤 학생들은 대체기술 교수에도 불구하고 계속해서 사회적 활동에서 배제되고 제한된 사회적 수단을 지닌다면 또래들과 부적절한 상호작용을 지속할 수도 있다. 또 다른 학생들은 '조용한 시간' 에 할 수 있는 일을 마련해 주었음에도 불구하고 학교와 가정에서의 일과가 지루하거나 혹은 반복적이고 의미 있거나 즐거운 활동 기회를 제공하지 않는다면 계속해서 자기 자극 행동을 보일 수도 있다. 이와 같은 폭넓은 맥락에서의 변화가 고려되지 않는 한, 문제행동을 둘러싼 즉각적인 상황에만 초점을 맞춘 중재는 실패할 가능성이 있다. 분명한 것은 팀 구성원들이 학생의 삶의 모든 문제를 다 중재할 수는 없으며 많은 문제들이 팀의 지원과 통제 밖에 존재한다는 것이다. 그러나 전문가들과 가족이 함께 협력한다면 팀은 학생을 위한 바람직한 성과를 지원하는 매우 구체적인 삶의 양식에서의 변화를 만들어 낼 수 있다. 예를 들어, 동호를 위한 중요한 삶의 양식은 또래와의 우정을 촉진하고 학급에서의 구성원 자격을 갖게 하는 것이다. 이를 위한 한 가지 전략은 동호의 급우들이 동호와 좀 더 좋은 친구가 되고 자신들의 놀이에 동호를 포함시키기 위한 방법에 대하여 토론하게 하는 것이다. 팀 구성원들은 동호가 또래들에게 시작행동을 하고 상호작용을 할 수 있는 새로운 방법을 학습해야 하며 그동안 만들어진 동호에 대한 부정적인 인식을 없애고 또래 수용도를 증진시켜야 한다고 판단한다. 동호가 학급의 구성원으로 수용되게 도와주지 않는다면 친구를 놀리는 행동을 변화시키기 위한 중재의 노력은 장기적인 측면에서 효과가 없을 수 있다.

삶의 양식을 변화시키는 것 외에도 장기적인 지원이라는 요소는 지원과 긍정적인 성과가 시간이 지나도 유지되게 하는 전략을 포함한다. 현실적으로, 특히 부모에게 가장 좌절되는 상황은 팀 구성원들이 자신들의 지원이 새로운 환경과 교사에게 얼마나 성공적으로 전달되고 적응될 수 있는지를 고려하지 않아서 문제행동이 수년 후에 다시 나타나는 것이다. 따라서 이러한 요소를 고려하여 중재를 선택할 때에는 지원이 새로운 환경이나 상황으로 어떻게 적용될 수 있는지, 지원이 새로운 교사나 기타 다른 지원자에게 어떻게 학습되고 서로 의사소통할 수 있는지, 학생이 새로운 환경에 적용하기 위해서 학습해야 하는 대체기술은 무엇인지 등을 고려함으로써 장기적으로 계획을 세워야 한다. 지원을 지속하기 위한 전략 역시 중요하기 때문에 팀은 긍정적 행동지원 중재를 개발하고 실행하기 위한 그들의 노력을 지속하기 위해서 필요한 것이 무엇인지 고려해야 한다. 장기적인 지원에 대한 내용은 이 책의 11장에서 상세하게 설명하고 있다.

5) 5단계: 계획을 실행하고 평가하고 수정한다

◆ **주요 질문**: 행동지원 계획이 효과가 있는가? 진보가 있는가? 그렇지 않다면 좀 더 효과적이기 위해서 어떤 수정이 필요한가?

긍정적 행동지원 절차의 마지막 단계는 행동지원 계획을 실행하는 것이며, 지원 계획이 효과가 있는지를 결정하고, 그렇지 않다면 효과를 높이기 위해서 어떤 수정이 필요한지를 결정하는 것이다. 종합적인 지원 계획은 다양한 장소에서 실행되고 다양한 사람들(예: 교사, 지원자, 부모)이 참여하기 때문에 협력이 필수적이다. 효과적인 행동지원을 위해서는 팀 구성원들이 정기적으로 만나야 하고 구체적인 성과 목표를 수립해야 하며 수집된 자료를 근거로 다음 단계에서는 무엇을 해야 하는지에 대한 문제를 해결해야 한다. 팀은 중재를 수정해야 하는지, 제거해야 하는지, 혹은 새로운 중재를 도입해야 하는지를 결정해야 하며, 시간이 지남에 따라 특정 중재들을 점진적으로 소멸시켜야 한다. 팀 구성원들은 또한 진단 정보를 더 수집해야 하는지와 중재 자료 및 새로운 진단 정보를 근거로 가설을 수정해야 하는지도 결정해야 한다. 요약하자면, 긍정적 행동지원 과정에서의 평가는 진행적이며, 계획이 실행되는 순간부터 시작되고, 원하는 성과가 성취되고 합리적인 시간 동안 지속될 때까지 계속되어야 한다.

여기서 심사숙고해야 하는 한 가지 질문은 긍정적 행동지원의 성공 또는 효과를 어떻게 결정할 수 있는가 하는 것이다. 중재 효과는 절대적인 용어로 정의되기보다는 나타나고 있는 진보에 대한 팀의 만족도 측면에서 정의된다. 장애가 있는 많은 학생들, 특히 심각한 의사소통 결함을 보이거나 스트레스성 및 새로운 상황에서 문제 해결의 어려움을 보이는 학생들의 경우 문제행동을 100% 제거하는 것은 불가능하다. 문제 상황이 주어질 때 사람들은 일반적으로 자신이 할 수 있는 방법으로 반응한다. 문제행동이 효과가 있거나 다른 대안이 없는 경우(또는 적절한 대안이 다른 사람들에 의해서 반응되지 않는 경우)에는 특히 그렇다. 장애가 있는 대부분의 학생들의 경우 실질적으로 모든 현재 및 미래 상황에서 요구되는 기술들을 다 가르칠 수는 없으며, 문제행동이 영구적으로 제거될 수 있도록 모든 환경을 조정할 수도 없다. 마찬가지로 중재 효과는 긍정적 행동지원 계획의 완전한 제거로 판단할 수 없다. 많은 학생들은 가정, 학교, 지역사회 환경에서 성공적으로 수행하기 위해 약간의 지속적인 수정과 지원을 필요로 할 수 있다. 지속적인 중재는 때때로 긍정적인 행동을 유지시키기 위해서 새로운 학생과 교사들에게 긍정적인 학습환경을 조성하는 방법과 대체기술에 반응하는 방법을 학습시킬 필요가 있다.

절대적인 기준(문제행동이나 행동지원 계획의 완전한 제거)으로 효과를 평가하기보다는 최소한 세 가지 중요한 성과에 대한 만족도로 성공을 판단해야 한다. 첫째, 문제행동 감소와 관련해서 만족하는가? 둘째, 학생이 대체기술을 사용하도록 학습하였는가? 동호의 경우를 예로 들자면, 울지 않고 독립적으로 과제를 수행하는 방법을 학습하였는가? 동호는 친구를 놀리는 행동을 최소한으로 하면서 또래들과 상호작용하는 방법을 학습하였는가? 셋째, 광범위한 사회성 및 학습 성과를 향상시키는 데 긍정적 행동지원이 무슨 영향을 미쳤는가? 예를 들어, 동호는 일반 학급 활동에 참여하는가? 동호의 배치 적절성과 관련된 우려가 해소되었는가? 또래들은 동호를 더 잘 수용하게 되었는가? 우정을 형성하였는가? 행동지원 계획의 평가 및 수정과 관련된 내용은 이 책의 11장에서 좀 더 자세히 설명한다.

2. 요 약

이 장의 목적은 개별 학생의 긍정적 행동지원 계획을 고안하기 위한 기본적인 5단계 절차의 개관을 알아보는 것이었다. 실제로 기능진단을 수행하고, 가설을 개발하고, 각 지원 계획의 요소들을 위한 중재를 선택하고, 지원 계획의 효과를 평가하기 위한 구체적인 정보는 이 책의 뒷부분에서 설명할 것이다. 행동지원의 기본 원칙과 과정에 대한 개관에 이어서 다음 장에서는 협력적인 팀의 역할에 대하여 설명하고자 한다. 팀을 구성하는 것은 학생을 위한 지원 계획을 고안하는 것만큼 중요하다. 다음 장에서는 팀을 구성하는 전략이 이 장에서 설명한 5단계 절차로 어떻게 병합될 수 있는지에 대하여 설명한다.

사례

이 책에서는 긍정적 행동지원 과정을 처음부터 끝까지 완전하게 설명하기 위해서 두 명의 학생을 사례로 제시하고자 한다. 명호와 보미의 이야기 및 이들을 위한 종합적인 지원 계획은 앞으로 몇몇 장에서 소개될 것이다(이 장에서 시작하여 11장에서 끝남). 각 장의 마지막에 제공되는 사례 정보는 그 장에서 설명하고 있는 내용의 적용을 보여 준다. 마지막에는 긍정적 행동지원 과정의 모든 단계들이 어떻게 함께 작용하는지를 보여 주기 위해서 완전히 완성된 긍정적 행동지원 계획의 예를 제공한다.

명호의 배경 정보

명호는 다운증후군과 주의력결핍 과잉행동장애(ADHD)를 지닌 것으로 진단된 10세의 흑인 소년이다. 명호는 북동부에 위치한 대도시에서 출생했다. 아버지는 명호가 2세였을 때 AIDS로 사망했으며 단 한 번도 만난 적이 없다. 어머니는 17세에 명호를 낳았으나 직장도 없이 친구와 함께 살고 있었기 때문에 명호를 돌볼 형편이 못 되었다. 따라서 명호의 외조부모가 일시적으로 명호의 양육권을 갖게 되었다. 명호가 18개월이 되었을 때, 명호의 어머니는 지역 신문사에 채용되었다. 밤 11시부터 오전 7시까지 일하는 직장으로 신문이 배달되기 전에 간지를 끼워 넣는 일을 하였다. 그 당시 어머니는 명호의 양육권을 가지고 있었다. 그러나 마약 복용으로 1개월 만에 직장에서 해고되었으며 외조부모가 다시 명호의 양육권을 가지게 되었다. 그 후 몇 년 동안 명호의 어머니는 약물치료 재활 프로그램에 들어갔다. 가끔씩은 짧은 기간 동안 성공하기도 하였지만 약물을 끊고 지내는 시기가 한두 달을 넘어가지 못했다. 명호가 4세가 되었을 때, 어머니는 매춘으로 입건되었다. 동시에 명호의 외조부모는 명호를 위한 영구적인 양육권을 갖게 되었다. 명호의 삶에서 이 시기에는 어머니와 아주 드문 접촉만을 하고 긴밀한 관계를 갖지 못한 것으로 보인다.

명호는 작고 잘 정돈된 단독주택에서 생활한다. 명호의 외조부모는 명호 외에도 친손자인 19세 진희와 17세 태호도 함께 돌보고 있다. 명호의 가족 구성원들은 명호의 양육과 행복에 많은 관심을 가지고 있다. 명호의 조부모는 어린 손자를 돌보기 위해서 필요한 에너지가 부족하다는 것을 느낀다고 강조하였으며 진희와 태호의 지원과 보조를 매우 고맙게 생각한다. 사실 명호는 가끔씩 진희를 엄마같이 대하며 진희도 이러한 사실을 즐긴다. 명호는 진희를 기쁘게 해 주기 원하며 집안일을 돕는 것을 좋아한다. 태호는 운동을 즐기며 운동 연습이나 게임 때문에 바빠서 저녁 시간과 주말에도 집에 잘 들어오지 않는다. 그러나 집에 있을 때에는 명호와 함께 '큰형' 의 역할을 하며 놀아 주고, 공 던지고 받기 또는 DVD 기계 사용법을 가르쳐 주곤 한다. 가끔씩 조부모는 진희와 태호가 독립해서 나가게 되면 명호의 필요를 다 충족시켜 줄 수 없을지도 모른다는 걱정을 하기도 한다.

6세가 되었을 때 명호는 처음으로 공립학교의 통합 유치원에 다니게 되었다. 그 당시 명호는 간단한 요구와 질문을 이해하였으며 고개를 흔들어 긍정적이거나 부정적인 반응을 표현하였다. 말도 하기 시작하였지만 다른 사람들이 이해하기는 어려웠다. 학업 및 언어상의 어려움으로 인하여 한 주에 몇 번씩 특수학급 교사 및 언어치료사의 지원 서비스를 받았다. 그러나 말을 잘하지 못해서 친구를 사귀는 데 어려움을 보였다. 학교에 다니는 동안 교사는 명호가 친구들이 함께 놀아주지 않거나 자신을 잘 이해해 주지 못할 때 친구들을 밀치기 시작하는 것을 주목하게 되었다. 명호는 또한 자르기, 글자 식별하기, 도형 따라 그리기와 같은 자신에게 어려운 과제가 주어질 때 활동 참여를 거부하기 시작하였다. 명호가 학업 면에서나 사회적으로 진보를 보이지 않는 것을 고려하여 다음 해에는 쉬는 시간, 점심시간, 미술, 체육을 제외한 대부분의 시간을 특수학급에서 보내도록 배치되었다. 명호는 2년 동안 특수학급에서 지냈다.

명호의 구어가 발달하기 시작하였기 때문에 특수학급 교사는 의사소통의 수단으로 구어를 촉진하는 것이 중요하다고 생각하였다. 따라서 촉진을 사용하거나 모방하도록 요구하면서 구어로 반응하도록 격려하였다. 또한 명호는 가리키기를 이용해서 사물과 몇몇 글자를 식별할 수 있었다. 그러므로 교사는 전통적인 학업 프로그램이 적절할 것으로 판단하였다. 교사는 활발하고도 열정적으로 명호에게 글자 및 숫자 식별과 함께 기타 조기 학업기술을 가르쳤다. 그러나 명호의 문제가 되는 행동이 증가하기 시작하였다. 명호는 교재를 망가뜨리거나 물건을 던지거나 교사를 때리고 차거나 (두 가지 상황에서) 교사를 무는 등의 방해행동 및 공격행동을 보이기 시작하였다. 교사는 어떻게 해야 할지 몰라서 지역교육청의 행동 전문가에게 상담을 하였다. 행동 전문가는 명호가 주어진 과제를 하지 않아도 되도록 교사가 허용했다는 가설을 세웠다. 따라서 교사로 하여금 명호의 문제행동을 무시하고 신체적인 촉진이 요구되더라도 명호가 과제를 다 수행하게 하도록 권하였다. 또한 당시 명호는 말하기를 좋아하지 않았으나 행동 전문가는 교사에게 계속해서 말하기를 촉진하고, 비구어 의사소통으로는 과제 수행을 벗어나지 못하게 하도록 권하였다. 명호의 교사는 이와 같은 제안에 동의하였으나 명호의 행동이 향상되는 것을 보지는 못했다. 사실상 교사는 명호가 과제를 완수하도록 신체적인 촉진을 받을 때나 반응하라는 촉진을 거듭해서 받을 때 더 공격적이 되어 간다는 사실에 주목하게 되었다. 뿐만 아니라 명호는 학급 외의 장소에서도 또래와 다른 교직원들에게 공격행동을 보이기 시작하였다. 이와 같은 상황은 자녀들이 해를 입을까 염려하는 많은 학부모들이 교장에게 전화를 걸게 되는 결과를 초래하였다. 회의가 소집되었으며, 교장은 "명호는 다른 학생들의 안전을 위해서 이 학교에 계속 다닐 수 없다."라고 말하였다. 명호의 특수학급 교사는 명호가 학업에서 거의 진보를 보이지 않고 행동도 악화되었기 때문에 자신의 학급이 명호에게 적절한 배치가 아니라는 사실에 동의하였다. 결과적으로 명호는 3학년 때 행동문제를 보이는 학생들을 위한 사립학교로 전학하게 되었다.

명호가 새로 입학한 학교에는 약 100명의 학생들이 있는데 모두 공립학교에서 전학 온 학생들이다. 명호는 7명의 다른 학생들과 1명의 교사, 2명의 보조원이 있는 학급에 배치되었다. 학교에는 학생들이 좋은 행동을 보이도록 격려하는 학교 차원의 행동체계가 마련되어 있었다. 새로운 학교에서 속담에서와 같은 '신혼' 기간이 지난 후, 명호는 이전의 학교에서와 거의 비슷한 정도의 높은 비율로 공격행동과 파괴행동을 보이기 시작하였다. 이에 명호와 일대일로 일하기 위한 추가 보조원이 채용되었다. 그러나 명호는 첫 학기 내내 문제행동과 관련해서 아무런 진보를 보이지 않았다. 명호의 조부모는 그들이 참석하는 지원 그룹에서 긍정적 행동지원이라고 불리는 새로운 접근에 대하여 듣게 되었으며, 학교가 손자를 위해서 이 새로운 방법을 시도해 줄 것을 요청하였다. 지금까지 자신들의 노력이 아무런 효과를 보이지 않았기 때문에 학교는 명호의 문제행동에 대하여 체계적이고 종합적인 방법으로 가족과 함께 접근할 것을 동의하였다.

보미의 배경 정보

보미는 교외에 위치한 유치원부터 6학년까지 있는 초등학교에 다니는 12세 유럽계 미국인이다. 보미는 최근에 ADHD와 정서/행동장애를 지닌 것으로 진단받았다. 보미의 부모는 보미가 태어난 후 몇 년 동안 여러 차례에 걸쳐 헤어져 살았다. 그들은 화해하려고 노력하였으나 서로 간의 차이를 조정하고 함께 살기 어려워했으며, 보미가 4세가 되었을 때 이혼하였다. 보미는 외동딸이었고, 부모의 이혼 후 어머니와 함께 살아왔다. 보미의 아버지는 정신건강 문제(양극성 장애를 경험하였으며 약물치료의 효과가 제한적이었다)로 인하여 고등학교 이후 직업을 유지하기 어려웠다. 이혼 직후 생활비를 절약하기 위하여 부모 집으로 이사를 갔다. 불행하게도 보미 아버지의 부모는 보미가 사는 곳에서 300마일이나 떨어진 곳에서 살고 있었다. 따라서 보미 아버지는 보미와 정기적으로 시간을 보내기가 어려웠다. 그러나 보미는 가능할 때마다 주말에 아버지를 방문하였으며, 여름에는 한 달간 아버지와 함께 지냈다.

보미의 어머니는 청소회사에서 일하면서 최저임금보다 약간 높은 임금을 받았다. 보미의 아버지가 직업을 가지고 있을 때 가끔씩 송금해 준 것 외에는 보미의 아버지에게서 경제적인 지원을 거의 받지 못하였다. 보미의 어머니는 빚을 지지 않고 살아가기가 매우 어려우며 이로 인하여 항상 스트레스를 받는다고 말하였다. 가족의 경제적인 상태를 향상시키기 위해서는 기회가 될 때마다 추가로 일을 해야 한다고 생각하지만, 보미와 시간을 함께 보낼 수 없다는 이유로 추가로 일하는 것을 즐기지는 않았다. 또한 늦게까지 일할 때 보미가 초저녁까지 혼자 집에 있어야 하며 적절한 돌봄을 받지 못하기 때문에 많은 걱정을 하였다.

보미와 어머니는 계속해서 오르는 집세 때문에 여러 차례 이사를 하였다. 현재 그들은 범죄 발생률이 비교적 높은 지역에 있는 방이 두 개 딸린 아파트에 살고 있다. 어머니는 보미가 어두워지기 전에 집에 들어오도록 관심을 기울이지만 지난 몇 년간 이것은 심각한 문제가 되었다. 보미는 동네에서 친구들과 어울리기를 좋아한다. 보미는 때때로 자신이 어디에 있는지 어머니에게 연락하지 않고 자정이 넘도록 귀가하지 않기도 한다. 밤늦게 귀가하는 경우에는 다음 날 아침 학교에 가지 않으려고 한다. 어머니는 보미의 친구들이 보미에게 나쁜 영향을 미치는 것이 아닌지 우려하고 있으며, 그들이 술을 마시고 마약을 복용하는지 의심하고 있다.

보미는 유치원에서 전학문 기술의 학습에 어려움을 보였다. 말을 많이 하고 발음도 분명하지만 과제에 집중하거나 완수하는 데에는 어려움을 보였다. 지능검사에서 보미의 IQ는 평균 이상이었다. 보미의 어머니는 소아과 의사에게 상담을 요청하였는데, 보미는 다만 미성숙할 뿐이므로 시간이 지나면 괜찮아질 것이라는 답변을 들었다. 학교에서는 보미의 학교에서의 어려움이 부모의 이혼으로 인한 적응상의 어려움 때문인 것으로 생각하였다. 이에 어머니에게도 보미가 학교환경에 익숙해지면 괜찮아질 것이라고 안심시켰다. 따라서 어머니는 보미를 위해서 추가적인 도움을 찾지 않았다.

보미의 학업 문제는 초등학교에 입학한 후에도 지속되었다. 그러나 보미의 강점인 구어기술 덕분에 이를 보상하고 잘 지낼 수 있었다. 보미의 성적은 점점 더 떨어졌다. 학업상의 어려움은 학교생활에서의 큰 좌절을 경험하게 하였다. 3학년이 되었을 때, 보미의 행동 문제는 심각해졌다. 담임교사는 보미가 주어진 과제를 수행할 수 있으면서도 시도하지 않는다고 생각하였다. 또한 보미의 전 교사가 충분히 엄격하지 않았다고 생각하여 과제에 대해서 예외를 두지 않는 방법으로 문제를 해결할 수 있다고 믿었다. 따라서 보미 옆에서 항상 과제를 하라고 지시하거나 과제를 하지 않는 것에 대하여 야단을 쳤다. 보미는 이러한 상황을 매우 창피하게 생각하였다. 자존심을 유지하기 위해서 보미는 수행하기 어려운 과제가 주어질 때 교사에게 "싫어요." "하게 만들어 보세요."라고 말하면서 과제 수행을 거부하기 시작하였다. 이와 같은 행동을 참지 못한 교사는 보미에게 쉬는 시간과 자유 시간에 교실에 남아서 과제를 수행하게 하였다. 보미는 방과후에도 학교에 남는 벌을 받게 되었다. 학급 과제에 대한 문제 외에도 보미는 또래들과의 어려움을 보이기 시작하였다. 학급의 친구들이 서로 친구를 사귀고 함께 지내는 것을 즐기는 동안 보미는 거의 방치되었다. 아주 극소수의 경우에만 함께 놀도록 허용되었으며, 보미는 소외감을 느끼게 되었다. 보미는 친구들을 비판하고 자기에게 상관하지 말라고 말하면서 비난을 퍼붓기 시작하였다. 보미는 학교에 가는 것을 점점 더 싫어하게 되었다.

3학년이 끝나 갈 무렵, 보미의 행동과 학업 성취는 더욱 악화되었다. 학업 과제는 거의 완성하지 못했으며, 교실에서는 방해행동을 하고 또래들에게는 공격행동을 보였다. 학년 말에 보미의 교사는 보미가 특수교육 평가를 받도록 의뢰하였다.

보미는 4학년 초에 검사를 받았으며 정서/행동장애를 지닌 것으로 판별되었다. 소아과 의사도 보미가 ADHD를 지닌 것으로 진단하였다.

보미의 문제가 빈약한 동기 때문이라고 확신한 4학년 담임교사는 보미가 구조화된 점수체계하에서 긍정적으로 반응할 것이라고 믿었다. 그러나 학년이 끝나갈 때쯤 담임교사와 다른 교사들은 보미의 문제행동이 지속되고 있을 뿐만 아니라 오히려 증가하고 있다는 사실에 놀라움을 금치 못했다. 보미는 물건이나 활동 등을 얻을 수 있는 점수 획득에 그다지 흥미를 느끼지 못하는 것 같았다. 보미는 정기적으로 과제를 완수하지 않았으며 거의 매주 다른 친구들이 주말 활동(자유시간, 영화보기, 수영하기 등)을 즐기는 금요일 오후에 교실에 남게 되었다.

보미의 어머니와 교사들은 3년마다 실시되는 검사에서 보미가 모든 과목에서 자신의 학년 수준에서 크게 뒤떨어지지 않은 것으로 나타나자 매우 놀라워했다. 지난 2년간 보미는 어떤 과목에서도 C 이상의 성적을 받은 적이 없었기 때문이다. 보미는 현재 일반학급에서 특수교육 지원을 받고 있으나 보미의 팀은 현재의 지원이 적절하지 않은 것으로 판단하였다. 팀은 보미에게 가장 효과적인 개별화된 지원을 구체화하기 위해서는 기능진단이 가장 필요하다고 결정하였다.

명호와 보미의 이야기는 지원팀에 대한 설명과 함께 4장에서 계속될 것이다.

참고문헌 ……

Bambara, L. M., & Knoster, T. (1998). *Designing positive behavior support plans* (Innovations No. 13). Washington, DC: American Association on Mental Retardation.

Evans, I. H., & Meyer, L. H. (1985). *An educative approach to problem behaviors: A practical decision model for interventions with severely handicapped learners.* Baltimore: Paul H. Brookes.

Janney, R., & Snell, M. E. (2000). *Teachers' guides to inclusive practices: Behavioral *support*. Baltimore: Paul H. Brookes.

Turnbull, R. H., Wilcox, B. L., Stowe, M., & Turnbull, A. (2001). IDEA requirements for use of PBS: Guidelines for responsible agencies. *Journal of Positive Behavior Interventions, 3*, 11-18.

04

협력적 팀 접근

LINDA M. BAMBARA
Stacy Nonnemacher
Freya Koger

1. 협력적 팀의 정의
2. 협력하기의 중요성
3. 협력적 팀의 필수적인 특성
4. 협력적 PBS 팀 구성하기
5. 요 약

이 책에서는 긍정적 행동지원 계획을 고안하기 위한 협력적인 팀 중심의 접근을 강조하고 있다. 이 장에서는 협력하기, 또는 교직원과 기타 전문가 및 가족들이 문제가 되는 행동을 보이는 학생들을 위한 개별화된 지원을 개발하기 위해서 어떻게 함께 일할 수 있는지에 대한 내용을 다루고자 한다. 먼저 협력적 팀의 정의와 이론적 배경을 제시하고 팀의 필수적인 구성요소들을 설명한다. 그리고 팀을 구성하는 전략이 3장에서 설명한 5단계 긍정적 행동지원 과정에 어떻게 병합될 수 있는지에 대하여 설명한다.

1. 협력적 팀의 정의

협력적 팀(collaborative team)이란 가장 간단하게는 두 명 이상의 사람들이 공동의 목표를 향해서 함께 일하는 것을 의미한다(Snell & Janney, 2000; Robbins & Finley, 2000; Thousand & Villa, 2000). 이 팀은 가정에서의 지원을 계획하기 위해서 함께 일하도록 부모와 교사로 구성될 수도 있으며, 다양한 환경에서의 좀 더 종합적인 지원의 경우에는 부모, 교사, 학교 관리자, 행동 전문가, 사회복지사, 보조원, 장애 학생 등 많은 사람들로 구성될 수도 있다. 협력의 이와 같은 정의가 긍정적 행동지원에 적용될 때에는 추가적인 의미가 포함된다. 따라서 협력적 팀은,

- 공동의 목표를 수립하고 팀의 활동을 안내하기 위해 개인 중심의 가치와 긍정적 행동지원 절차를 사용하기로 약속한다.
- 팀의 각 구성원들의 기여를 존중하는 동의 기반의 과정을 사용한다.
- 팀의 모든 구성원들, 특히 장애 학생과 그 가족들이 만족하는 성과를 만들어 내기 위해 활동을 조정한다.

성공적인 협력은 학생을 위한 효과적인 긍정적 행동지원 중재를 고안하는 것과

팀 구성원들 간의 긍정적이고 지속적인 협력적 상호작용이 이루어질 수 있는 협력환경을 조성하는 것 모두를 필요로 한다(Bambara, Gomez, Koger, Lohrmann-O'Rourke, & Xin, 2001).

협력적 팀은 학교의 다른 다영역 팀(multidisciplinary team)과는 다르다. 협력적 팀과 다영역 팀은 모두 부모와 학생의 향상에 기여할 수 있는 일련의 전문가들을 포함하게 된다. 다영역 팀의 각 구성원들은 학생의 목표를 다루기 위하여 각자 독립적으로 일한다. 예를 들어, 개별화교육프로그램(IEP)에서의 각각의 목표를 작성한 후 언어치료사, 특수교사, 일반교사는 각자 자신과 관련된 목표에 대한 교수중재를 수행하고 점검하는 책임을 지게 된다. 팀 구성원들은 동일한 가치를 공유할 필요가 없으며, 공동의 목표에 동의할 필요도 없고, 학생의 향상을 위해서 함께 일할 필요도 없다. 각 구성원은 독립적으로 일하게 되는 것이다. 반대로 협력적 팀은 공동의 목표를 성취하기 위해서 함께 일하는 사람들로 정의된다. 협력적 팀은 목표를 달성하기 위해서 공동 수행(joint action; Snell & Janney, 2000)을 하게 된다. 대부분의 문제행동이 갖는 복잡성으로 인해서, 장애 학생이 참여하는 모든 환경에서 일관성 있게 지원하고 의미 있는 성과를 보장하기 위해서는 모든 관련인들(예: 부모, 교사, 지원 전문가)의 협력이 필수적이다.

2. 협력하기의 중요성

협력적 팀은 두 가지 중요한 목표를 지닌다. 첫 번째 목표는 학생 중심의 목표다. 이것은 팀의 첫 번째 목표가 학생의 현행 및 장기적인 필요에 반응적이고 학생과 그 가족들에게 의미 있는 성과를 가져다줄 효과적인 지원을 고안하는 것을 의미한다. 두 번째 목표는 팀 중심의 목표다. 이것은 팀의 두 번째 목표가 팀의 구성원들이 학생을 위한 긍정적인 지원을 수행하기 위해서 협력적으로 작업할 수 있는 능력을 조성하게 한다는 것이다(Bambara et al., 2001; Snell & Janney, 2000).

1) 학생 관련 중요성

긍정적 행동지원 과정은 그 정의에 의해서 학교, 가정, 지역사회에서 학생과 관련된 사람들의 적극적인 참여를 필요로 한다. 팀의 참여는 다음과 같은 몇 가지 측면에서 지원 계획의 전반적인 효과와 의미에 영향을 미친다. 첫째, 팀 참여는 타당하고 종합적인 기능진단을 위해서 필요하다. 기능진단 과정에서 학생과 문제행동의 잠재적인 원인에 대한 정보는 학생의 삶에서 중요한 역할을 하는 모든 사람들(예: 부모, 교사, 학교의 지원 전문가)로부터 수집된다. 다양한 사람들을 포함한 풍부한 진단 정보는 문제행동의 원인에 대하여 좀 더 종합적인 이해를 가능하게 하며, 결과적으로 더욱 효과적인 지원을 가능하게 한다. 가족이 제공하는 정보는 타당한 진단을 수행하는 데 특히 중요하다(Dunlap, Newton, Fox, Benito, & Vaughn, 2001; Schwartz, Boulware, McBride, & Sandall, 2001). 가족 구성원들은 자신들의 가족에 대하여 가장 잘 알고 가장 많은 시간을 보내며 다양한 상황에서 상호작용을 하기 때문에 거의 항상 학생의 강점과 요구 및 관심과 문제행동에 대한 깊은 이해와 통찰력을 가지고 있다(Dunlap et al., 2001). 가족 구성원들이 제공하는 정보는 효과적인 지원을 계획하는 데 무한한 가치를 지닌다.

둘째, 팀 참여는 지원 계획과 (1) 계획이 수행될 환경, (2) 계획의 수행을 책임질 팀 구성원들의 가치, 문화, 기술 간의 상황적 적합성(contextual fit)을 확인하기 위해서 필요하다(Albin, Lucyshyn, Horner, & Flannery, 1996). 아무리 잘 고안된 지원 계획이라도 부모, 교사 또는 기타 학교 관련인들이 사용하지 않는다면 효과가 없을 수도 있다. 또한 계획이 너무 어렵고 비현실적이라고 생각되거나 가정 및 학교의 가치 또는 문화와 일치하지 않는다고 여겨질 때에는 실행되지 않을 것이다. 지원 계획이 효과적이기 위해서는 두 가지 기준을 충족시켜야 한다. 먼저 기술적으로 적절해야 하는데, 이것은 진단을 근거로 해야 하며 종합적이어야 함을 의미한다. 그리고 목표로 하는 환경 및 계획을 수행하게 될 사람들의 가치와 맞아야 하는 상황적 적합성을 지녀야 한다. 상황적 적합성을 지니기 위해서는 환경적인 요구(setting demands, 예: 중재는 바쁜 교사와 가족들의 분주한 일과 내에서 합리적으로 실행될 수 있는가?), 계획 실행자의 기술(예: 교사와 부모는 자신들이 무엇을 해야 하는지 알고 있는가? 부가적인 교육, 훈련 또는 지원을 필요로 하는가?), 가정 및 학교의 문화(예: 교사와 부모들은 중재가 자신들의 믿음과 일치한다고 생각하는가? 중재가 학생의 연령이나 문화적 · 종교적 측면에서 적절하다고 생각하는가? 중재는 교사나 부모의 개인적인 가치관과 일치하는가? 학생은 자신이 받는 지원에 대하여 편안하게 생각하는가?) 등을 포함한 몇 가지 요소들을 고려해야 한다. 상황에 잘 맞는 지원 계획은 팀 구성원들이 계획 과정에서 정보를 제공하기 위하여 적극적으로 협력할 때에만 가능하다.

팀 참여에 대한 학생과 관련된 세 번째 이유는 의미 있는 변화나 차이가 실제로 학생에게 일어나게 할 수 있기 때문이다. 학생에게 많은 투자를 한 팀 구성원일수록 긍정적인 성과가 나타나야 한다고 주장한다. 가족 구성원들은 아동과 정서적인 애착을 형성하고 있기 때문에 중재 계획이 적절하고 잘 수행되고 최대한으로 혜택을 가져다줄 수 있는지에 대해서 다른 팀 구성원들이 확신하도록 압력을 가함으로써 이와 같은 측면에서의 중요한 역할을 수행할 수 있다. 그러나 다른 팀 구성원들 역시 동일한 중요한 역할을 수행할 수 있다. 학생들과 오랫동안 일해 온 많은 교사와 지역사회 지원 인력 및 행동지원 전문가들은 긍정적 행동지원 중재가 결실을 맺도록 수행되고 의미 있는 결과가 성취되도록 개인적이고도 전문적인 기여를 하곤 한다. 협력적 접근은 장애 학생의 삶에 변화를 가져오기 위해서 팀 구성원들의 개인적이고 전문적인 헌신을 필요로 한다.

2) 팀 관련 중요성

협력하기는 팀의 각 구성원들이 긍정적 행동지원 과정을 수행하고 개인 중심의 가치를 적용하고 학생의 삶에 변화를 가져오기 위한 능력을 형성하기 위해서 반드시 필요하다. 전통적으로 행동 중재는 문제행동을 보이는 사람을 변화시키는 데 초점을 맞추어 왔다. 그러나 현실적으로 효과적인 중재는 다른 사람들의 행동이 변하기를 요구한다. 교사, 부모 또는 기타 중재자들은 대상 학생의 삶의 양식이 향상되도록 환경을 변화시키고 대체기술을 교수하고 미래 발생률을 감소시키기 위한 방법으로 문제행동에 반응한다. 주변 사람들이 변하지 않는 한 장애 학생들의 행동 변화는 불가능하다. 따라서 중재의 노력은 팀 구성원들이 자신의 행동을 변화시킴으로써 학생을 위한 긍정적인 성과가 성취되도록 돕는 데 초점을 맞추어야 한다.

협력하기는 팀 구성원들을 위한 계속적인 행동 변화 및 지원의 과정을 제공한다. 첫째, 협력하기는 팀 구성원들이 긍정적이고 개인 중심의 중재를 실행하는 데 필요한 가치, 믿음, 기술을 성취하도록 도와준다. 많은 팀 구성원들은 긍정적 행동지원 관련 경험과 지식이 부족하다. 특히 지금까지 사용해 온 행동 관리 전략들과는 다르기 때문에 이러한 방법에 대해서 처음에는 거부감을 보일 수도 있다. 이러한 경우에는 긍정적 행동지원을 잘 이해하고 있는 사람들과 함께 일하게 함으로써 모든 팀 구성원들이 협력하기 과정을 통하여 필요한 전문성과 긍정적인 가치관을 갖도록 도와줄 수 있다. 둘째, 협력하기는 팀 구성원들이 학생을 위한 지원을 실행할 때 서로를 위한 계속적인 정서적 지원을 제공할 수 있다. 문제가 되는 행동을 보이는 학생과 함께 일하거나 생활하는 것은 쉬운 일이 아니다. 때때로 무엇이 가장 좋은지, 무엇을 해야 하는지, 중재가 효과적인지 등에 대하여 염려와 불안으로 가득 차게 된다. 뿐만 아니라 문제가 되는 행동은 부모와 교사들을 두렵거나 화나게 만들기도 한다. 협력하기 과정은 팀 구성원들이 학생과 함께 일하도록 대처하고 자신감을 가질 수 있게 도와준다. 마지막으로 협력하기는 팀 구성원들이 다른 구성원들, 전문가 또는 가족과의 효과적인 의사소통과 대인관계 기술을 개발하도록 도와준다. 종합적인 지원은 많은 사람들의 협력을 필요로 하기 때문에 다른 사람들과 거부감 없이 협력적인 방법으로 의사소통하는 방법을 배우는 것은 성공적인 성과를 위해서 반드시 필요하다.

3. 협력적 팀의 필수적인 특성

팀을 협력적으로 만드는 것은 무엇인가? 팀이 성공하기 위해서는 어떤 요소나

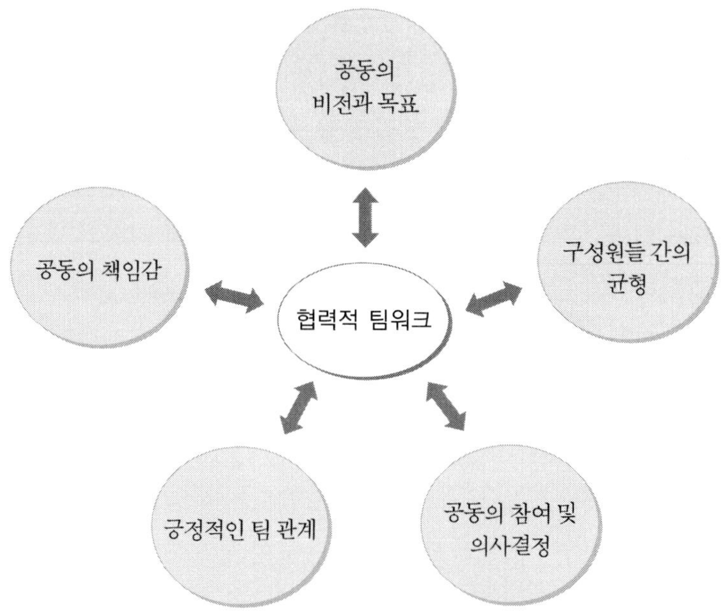

[그림 4-1] 협력적 팀의 필수적인 특성

특성이 필요한가? 교육행정이나 경영학 분야의 전문적인 문헌들에 의하면 협력적 팀을 구성하는 다섯 가지 필수적인 특성이 있는 것을 알 수 있다([그림 4-1] 참조).

1) 공동의 비전과 목표

공동의 목표에 동의하는 팀은 협력적인 노력에서 성공 가능성이 가장 큰 팀이라고 할 수 있다(Fleming & Monda-Amaya, 2001; Straka & Bricker, 1996). 서로 간에 동의하는 목표는 팀의 기여를 가능하게 하며 시작하는 순간부터 목적과 방향을 분명하게 해 준다(DeBoer & Fister, 1994). 학생 중심의 목표에 동의하는 것 외에도 팀 구성원들은 팀의 활동을 안내하는 일련의 공통된 가치에 동의해야 한다. 이것은 긍정적 행동지원 과정을 사용하는 데 동의하고 '우리는 함께 일한다.' '우리는 주희(장애 학생)를 위해서 여기에 모였다.' '우리는 주희에게서 무엇인가가 일어나도록 우리를 변화시킬 수 있다.' '이 방법이 효과가 없다면 다른 방법을 사용할 것이다.' '주희의 행복이 중요하다.' 등의 개인 중심적이고 협력적인 가치를 수용한다는 것을 의미한다. 서로 동의하는 목표를 수립하기 위해서 팀 구성원들은 개인적인 의견을 넘어서 팀이 수립한 목표와 가치를 받아들일 수 있어야 한다. 이것은 쉬운 과정이 아니며, 때로는 팀이나 장애 학생의 좀 더 큰 유익을 위해서 '손을 놓거나(letting go)' 다른 사람들과 함께 일하는 것에 대한 헌신을 필요로 한다(LaFasto & Larson, 2001).

2) 구성원들 간의 균형

효과적인 협력적 팀은 구성원들 간에 균형을 이룬다. 균형은 팀의 모든 구성원들이 팀의 목표를 성취하는 데 도움이 되는 전문성을 지녔다는 기본적인 믿음을 포함한다(Snell & Janney, 2000; Thousand & Villa, 2000). 팀이 균형을 이룰 때 구성원들 간에는 각자의 지위나 역할(부모, 교사, 관리자 그리고 팀의 리더나 행동 전문가로서)과 상관없이 평등감이 존재한다. 다시 말해서, 팀에 속한 모든 사람들은 다른 사람들로부터 무엇인가를 배우기도 하고 제공하기도 한다는 것이다. 균형은 팀 구성원들이 자신의 기여가 팀의 성과에 도움이 된다는 것을 잘 알고 인정하게 만든다. 팀 구성원들이 자신의 가치를 인정할 때, 이들은 자신이 말하는 것이 중요하고 의미 있는 변화를 만들 수 있다는 것을 알기에 긍정적 행동지원 과정에 더 열심히 참여하게 되고 팀의 토론에 기여하며 어려운 때에 함께 노력하게 된다(Bambara et al., 2001).

3) 공동의 참여와 의사결정

협력적 팀이 효과적이기 위해서는 팀의 모든 구성원들이 긍정적 행동지원 과정의 필수적인 요소들(예: 기능진단의 실행, 문제행동에 대한 가설 개발, 긍정적 행동지원 계획의 개발)과 관련된 심의와 의사결정에 적극적으로 참여해야 한다. 모든 구성원들이 참여한다 하더라도, 구성원들의 전문성이나 개인적인 지식에 따라서 기여하는 형태는 달라질 수 있다. 그럼에도 불구하고 참여와 의사결정은 모든 구성원들이 중요하게 생각하고 함께 기여해야 한다. 공동의 의사결정은 앞에서 설명한 균형과 함께 더 좋은 결정을 하고, 구성원들 간에 더 잘 협력하고 기여하며, 결과적으로는 더 좋은 팀의 성과를 만들 수 있도록 도와준다(DeBoer & Fister, 1994; Harrington-Mackin, 1994; LaFasto & Larson, 2001).

4) 긍정적인 팀 관계

성공적인 협력은 팀 구성원들 간의 개인적 관계 수립에 의해서 좌우된다. 분명한 사실은 팀의 목표는 팀 구성원들이 잘 지내거나 함께 일하지 않으면 성취될 수 없다는 것이다. 팀은 구성원들이 개방적이고 지원적인 분위기를 조성할 때 가장 잘 기능할 수 있다(LaFasto & Larson, 2001). 개방적이라는 것은 팀이 중요한(때때로 예민한) 문제를 제기했을 때, 구성원들 중 누구도 방어적이거나 잘 모른다고 느끼거나 열등감을 느끼지 않고 그 문제를 객관적으로 다룰 수 있는 것을 의미한다. 그리고 지원적이라는 것은 팀의 모든 구성원들이 자신의 경계를 초월해서 성공을 위하여 최선을 다하도록 돕는 능력을 의미한다. 개방적이고 지원적이기 위해서는 다른 사람의 견해를 이해하기 위한 청취, 정직한 의사소통, 비난하지 않는 갈등해결, 다른 사람이 새로운 개념을 이해하고 새로운 기술을 배우도록 도와주려는 진지함 등의 효과적인 의사소통과 긍정적인 인간관계 기술이 필요하다. 효과적인 팀은 협력하기 과정의 한 부분으로 긍정적인 팀 관계를 촉진하기 위한 시간을 투자한다(예: Friend & Cook, 2000).

5) 공동의 책임감

효과적인 팀은 구성원들이 행동을 공동으로 수행하게 하는 책임을 지닌다(DeBoer & Fister, 1994; LaFasto & Larson, 2001; Thousand & Villa, 2000). 팀의 모든 구성원들은 자신의 역할 수행에 동의해야 한다. 또한 공동의 책임감이란 팀이 공동체로서 팀의 성패에 대한 책임을 지며 잘되었을 때나 잘못되었을 때 한 사람이 성공이나 실패에 대한 책임을 지지 않는 것을 의미한다. 효과적인 팀은 학생을 위한 성과(변화를 가져왔는가?)와 협력하기 절차(실제로 하나의 팀으로 일하고 있는가?)를 검토함으로써 향상을 위한 지속적인 노력을 기울인다.

4. 협력적 PBS 팀 구성하기

지금까지 이 장에서는 팀이 왜 중요하며 효과적인 협력적 팀의 필수적인 구성요소가 무엇인지를 알아보았다. 여기서는 협력적인 팀이 긍정적 행동지원 체계 내에서 어떻게 수립될 수 있는지에 대하여 설명하고자 한다.

팀은 세 가지 기본적인 협력 과정을 거치게 된다. 즉, (1) 시작하기, (2) 진단 및 계획, (3) 실행, 평가 및 수정이 그것이다. 이미 설명하였듯이, 효과적인 PBS 팀은 협력적 팀워크의 모든 단계에서 학생 중심의 성과와 팀 중심의 성과를 모두 성취하도록 관심을 기울여야 한다. [그림 4-2]는 협력의 세 가지 단계에서 긍정적 행동지원의 학생 중심 및 팀 중심 활동을 보여 주고 있다. 그림에서 볼 수 있듯이, 학생 중심 활동은 개별 학생의 긍정적 행동지원 계획을 고안하기 위한 5단계로 구성된다. 이 단계들은 3장에서 소개되었으며, 이 책의 전반에 걸쳐 모든 장에서 설명하고 있다. 같은 그림에 제시된 팀 중심의 활동은 팀 구성원들 간의 협력을 위한 전략들로 구성된다. 이 장의 뒷부분에서는 이러한 중요한 팀 구성 전략에 초점을 맞추고자 한다. 시작하기 전에 한 가지 주의해야 할 점은 협력하기 전략이 차례대로 제시되기는 하지만, 긍정적 행동지원 자체와 마찬가지로 협력하기는 실제 삶에서 계속적인 과정으로 대부분의 전략들이 필요한 경우 융통성 있게 사용되어야 한다는 것이다.

협력 단계	긍정적 행동지원 단계		학생 중심의 활동	팀 중심의 활동
시작하기	1 단계	문제행동의 정의 및 우선순위화	팀은 다음에 대하여 동의할 것이다. • 목표, 성과, 가치 • 행동 변화를 위한 우선순위 • 문제행동의 정의	• 팀 구성원 정하기 • 팀 구성원의 역할 및 책임 정의하기 • 팀의 목표에 대하여 동의하기 • 협력을 위한 기본적인 규칙 정하기 • 팀 모임의 일정과 방법 정하기
진단 및 계획	2 단계	기능진단의 실행	팀은 다음을 결정할 것이다. • 수집되어야 할 정보 • 정보를 수집하는 방법 • 팀을 위해서 정보를 수집하고 정리할 사람	• 이해력 강화하기 • 팀의 의사결정을 위한 협력적인 문제해결 전략 사용하기 • 개방적이고 정직한 분위기 조성하기
	3 단계	가설 개발	팀은 다음을 수행할 것이다. • 수집된 정보의 분석 및 해석 • 가설(팀의 계획을 안내하게 될)에 대한 동의	
	4 단계	지원 계획 작성	팀은 다음을 수행할 것이다. • 서로 동의하는 긍정적 행동지원 계획 수립 • 계획을 수행하기 위한 실행 단계 수립	
실행, 평가 및 수정	5 단계	지원 계획의 실행, 점검, 평가	팀은 다음을 수행할 것이다. • 중요한 성과의 결정 • 진보 및 성과 측정방법의 결정 • 중재 계획이 효과가 있는지 결정 • 계획의 수정	• 팀 구성원 지원하기 • 수정 여부를 결정하기 위한 문제해결 전략 적용하기 • 축하하기 • 팀 과정 검토하기

[그림 4-2] 긍정적 행동지원 협력적 팀: 학생 및 팀 중심의 활동

1) 시작하기

위기에 놓인 학생, 자신이나 다른 사람의 건강이나 안전을 심각하게 위협하는 문제행동의 발생, 학급 또는 학교 차원의 행동 관리 체계로는 변화되지 않는 고질적인 문제행동 등은 개별 학생을 위한 PBS 팀 구성의 충분한 근거가 된다. 시작하기 단계에서 팀은 긍정적 행동지원 과정의 1단계를 수행하게 된다. 이 단계에서는 관심의 대상이 되는 문제행동을 정의하고, 진단 및 중재를 실시해야 할 문제행동의 우선순위를 정하고, 긍정적 행동지원 계획이 왜 필요한지에 대한 논리를 제시한다. 경우에 따라서 팀은 기능진단을 실시하고 긍정적 행동지원 계획을 고안하는 대신 학생과 다른 사람들의 안전을 위해서 또는 학생의 현재 배치를 유지할 것인지를 결정하기 위해서 긴급 위기 중재 계획을 세워야 할 때도 있다.

긍정적 행동지원의 학생 중심 활동은 팀의 첫 번째 관심 영역이지만 팀 중심의 활동에도 동일한 우선순위가 주어져야 한다. 시작하기 단계에서의 팀 중심 활동은 팀의 구성과 긍정적 행동지원 전 과정에 걸친 협력 조성을 위한 중요한 기초가 된다.

(1) 팀 구성원 정하기

PBS 팀에는 누가 포함되어야 하는가? 분명한 사실은 이 질문에 대한 대답이 PBS 팀이 형성될 때 가장 먼저 이루어져야 한다는 것이다. PBS 팀은 학생의 필요에 따라 개별적으로 구성된다. 그러나 이들은 이미 형성되어 있는 학생 중심, 프로그램 중심, 학교 중심의 팀 구성원들로부터 선택되거나 그들과 공동의 구성원 자격을 공유하기도 한다. 예를 들어, PBS 팀의 구성원들은 학생의 IEP 팀의 구성원으로의 역할을 할 수 있으며, 교사들에게 행동이나 교수 상담을 해 주는 학교 전체의 교사지원 팀으로부터 선택될 수도 있다. 구성원은 교직원 외에도 지역사회 정신건강 전문가(예: 지역의 사례 관리자, 사회복지사)로 구성된 학생의 지역사회 서비스 팀에서도 선택될 수 있다.

팀이 학생을 위한 긍정적 행동지원 계획을 개발하기 위해 처음으로 구성되었건, 이미 존재하는 팀으로부터 구성되었건 간에 협력을 위한 최상의 구성을 위해서는 몇 가지 사항을 반드시 고려해야 한다. Thousand와 Villa(2000)는 이러한 고려를 위한 세 가지 질문을 다음과 같이 제시하였다.

- **팀이 학생을 위한 최상의 결정을 내릴 수 있도록 돕는 데 필요한 전문성을 지닌 사람은 누구인가?** 정보에 근거한 결정을 내리고 효과적인 행동지원 계획을 세우기 위해서 팀은 대상 학생에 대한 가장 큰 전문성이나 지식을 가지고 있는 사람을 구성원으로 포함시켜야 한다. 이것은 행동지원 전문가, 언어치료사, 학교 심리사, 특수교사 등 특정 영역의 내용과 관련된 전문성을 포함한다. 또한 가족, 교사, 보조원 등 학생과 매일 상호작용하고 학생을 가장 잘 아는 사람들이 가지고 있는 개인적인 지식에서의 전문성도 포함한다. 더불어 팀 구성원들이 조직적으로 일하고 관심사에 초점을 맞추고 서로 협력적으로 일할 수 있도록 도와주는 특정 기술을 지니고 있는 전문가가 팀의 리더로 참여할 수도 있다.
- **팀의 결정에 의해서 영향을 받는 사람은 누구인가?** Thousand와 Villa(2000)에 의하면 이 질문은 팀의 결정에 영향을 받게 될 사람들을 포함시키는 평등 및 공평과 관련된 개념이면서 상황적 적합성(contextual fit)의 개념도 반영하고 있다(Albin et al., 1996). 즉, 긍정적 행동지원은 계획하는 과정에 성실하게 참여한 사람들일수록 긍정적 행동지원 계획을 사용하고 수용할 가능성이 높다는 것이다. 팀의 결정에 가장 큰 영향을 받게 되는 사람은 학생과 매일 상호작용하는 교사, 부모, 보조원 등이다. 그러나 팀 구성원들은 팀의 결정에 대하여 다른 사람들에게 영향을 미치고 교육시킬 수 있는, 또 팀에게 자원과 기회를 제공할 수 있는 학교 관리자 및 기타 프로그램 리더(예: 특수교육 장학사, 일반교육 장학사)를 포함시키는 것도 고려해 보아야 한다. 마지막으로 팀 구성원들은 장애 학생을 포함시키는 것도 고려해야 한다. 특히 학생이 고등학교에 진학할 정도의 나이가 되면 자신의 교육 프로그램과 관련된 중요한 결정을 내릴 수 있어야 한다.

• **참여를 원하는 사람은 누구인가?** 위의 두 가지 질문과는 달리 이 질문은 참여를 원하는 사람이 누구인지에 대한 간단한 질문이다. 학생이나 긍정적 행동지원 과정에 개인적인 관심을 가지고 있는 사람들은 팀에게 동기를 부여하고 일이 잘 수행되도록 기여하는 에너지를 보일 수 있다. 학생과 개인적인 관계를 맺게 된 전 학년 담임교사, 긍정적 행동지원 적용방법을 배우고 싶어 하는 학교장, 교육과정의 일부로 실습을 하고 있으면서 기능진단을 위한 면담을 수행하고 학생의 관찰 자료를 수집하는 방법을 배우기를 원하는 교육실습생 등이 그 예에 해당된다. 물론 가족 구성원들(부모, 형제자매, 기타 친척들)은 지원을 제공하는 데 가장 강력한 관심을 보일 것이다.

이러한 질문에 대답함으로써 팀은 폭넓은 구성원 자격을 고려하게 될 것이다. 많은 경우에서 동일한 사람들이 세 가지 질문에 모두 해당되곤 한다. 예를 들어, 부모는 부모로서의 전문성을 지니고 있으며, 팀의 결정에 가장 큰 영향을 받게 되고, 학생의 성취에 가장 높은 관심을 지닌 사람들이다. 이와 같은 중복 가능성에도 불구하고 위의 질문들은 수많은 팀 구성원들을 제시하게 되는데, 특히 학교, 가정, 지역사회 환경에서의 지원을 필요로 하는 학생, 많은 교사와 관련 서비스 전문가들 및 이들과 함께 일하는 보조원들의 지원을 받고 있는 학생, 기타 지역사회 중심의 서비스(예: 정신건강, 지역사회 사례 관리자, 청소년 범죄 전문가)를 받고 있는 학생의 경우에는 더욱 그렇다.

구성원이 15명을 넘게 되는 경우는 일정을 잡거나 협력하기가 어려워지므로 팀을 핵심 팀(core team)과 확장 팀(extended team)으로 나누어 구성하는 것이 바람직하다(Thousand & Villa, 2000; Snell & Janney, 2000). 핵심 팀은 학생 및 문제 상황과 가장 즉각적이고 직접적으로 관련된 소수의 구성원으로 이루어진다. 확장 팀은 핵심 팀을 포함하면서 핵심 팀의 관심사에 따른 특정 주제를 다루기 위해서 요구되는 기타 전문가들을 포함한다.

핵심 팀은 진단을 수행하고 지원 계획을 세우는 것을 포함한 긍정적 행동지원의 전 과정을 조정하기 위하여 정기적으로 모이는 '행동 그룹(working group)' 으로 기능한다. 일반적으로 핵심 팀은 한 명 이상의 특수교사 및 일반교사(학생이 통합학급에 배치되어 있는 경우), 준 전문가(예: 교사 보조원, 직업 코치, 치료지원 인력), 장애 학생(적절한 경우), 행동지원 전문가 또는 그룹에 기술적인 전문성을 제공할 수 있는 그와 동등한 사람 등으로 구성된다. 부모는 팀 회의에 모두 참여할 수 없는 경우에도 항상 핵심 팀의 구성원으로 고려되어야 한다. 반대로 확장 팀은 IEP 팀에 포함되는 경우는 최소한 1년에 한 번은 모이게 되며, 핵심 팀의 필요에 의해서 1년에 두세 번 협력 과정에 들어올 수도 있다. 확장 팀 전체가 함께 모이는 일이 한 번도 없을 수 있으며, 오히려 그들의 특정 전문성을 필요로 할 때 개별 구성원들 각자가 핵심 팀의 결정에 참여하게 된다. [그림 4-3]은 핵심 팀과 확장 팀의

[그림 4-3] 핵심 팀과 확장 팀의 구성원

출처: Snell & Janney(2000)에서 수정 발췌. Paul H. Brookes Publishing Co.의 허락하에 수정함.

구성원들의 예를 보여 주고 있다.

(2) 팀 구성원의 역할 및 책임 정하기

팀이 잘 기능하기 위해서는 구성원들이 자신이 해야 할 일이 무엇인지를 잘 알고 팀의 과제가 팀 구성원들 간에 어떻게 서로 촉진되고 배분되어야 하는지를 잘 알아야 한다. 핵심적인 역할에 대해서는 팀이 구성되는 즉시 정해져야 한다. 그렇지 않으면 팀 구성원 자격에 대한 결정에 영향을 미치게 된다. 긍정적 행동지원 과정에서 중요한 세 가지 결정적인 역할은 팀의 리더 또는 촉진자, 긍정적 행동지원 전문가(긍정적 행동지원에 대한 전문성을 지닌 사람), 일반적인 팀 구성원이다. [그림 4-4]는 이러한 필수적인 역할에 대한 각각의 책임 예를 보여 주고 있다.

숙련된 팀 리더 또는 촉진자는 팀 구성원들 간의 긍정적이고 협력적인 상호작용을 촉진하면서 팀이 학생 중심의 목표(긍정적 행동지원 계획 세우기)를 성취하도록 이끌어 가게 된다. 숙련된 팀 리더들은 조직적이고 행동 지향적일 뿐만 아니라 팀의 토론을 개방적이고 존중적이게 만드는 효과적인 의사소통 기술을 시범 보이고 촉진한다. 예를 들어, 팀 리더는 팀의 관심사를 명확하게 하고 모든 구성원들의 의사소통과 참여를 격려하며, 팀 구성원들이 서로를 이해할 수 있도록 쉽게 설명해 주고, 갈등을 해결하기 위해서 구성원들이 자신의 감정과 관심을 표현하도록 유도한다. 더불어 구성원들이 서로 거부감 없이 의사소통하도록 도와주고, 일단 결정이 내려지면 구성원들이 함께 행동할 수 있도록 도와주는 역할을 한다(Harrington-Mackin, 1994). 팀의 촉진자가 된다는 것은 상당한 기술을 필요로 하지만 팀 구성원들이 차례로 공유할 수 있는 역할이기도 하다. 팀 구성원들이 돌아가며 팀 촉진자의 역할을 수행하게 되면 그들은 다른 사람들에 대해서 덜 비판적이게 된다(Harrington-Mackin, 1994).

긍정적 행동지원 과정은 대부분의 학교 팀에게 익숙하지 않은 과제이므로 긍정적 행동지원 전문가로의 역할을 할 수 있는 최소한 한 명의 구성원이 포함되어야 한다. 긍정적 행동지원 전문가는 기능진단을 수행하고 자료를 해석하고 긍정적 행동지원 계획을 고안하는 기술적인 방법을 공유하게 되며, 중재를 위한 제언을

팀 구성원들의 주요 역할

팀의 리더/촉진자	긍정적 행동지원 전문가	일반 구성원
• 팀이 표명된 가치, 목적, 기대 내에서 발언하고 일하도록 안내함 • 팀의 관심사항 및 목표에 초점을 맞추어 진행하도록 팀을 관리함 • 팀의 모든 구성원들이 참여하도록 격려함 • 팀 구성원들이 좋은 협력기술을 보이도록 훈련함 – 훌륭한 인간관계 기술을 시범 보임 – 팀 구성원들의 기여를 인정함 – 모든 구성원들의 권리를 보호함 • 팀이 갈등을 해결하도록 유도함 • 팀의 기능이 부여되고 수행되도록 확인함 • 확장 팀 구성원들과의 의사소통을 위한 구심점 역할을 수행함 • 팀 모임 중 세부 계획을 관리함 • 일반적인 팀 구성원으로의 역할을 함	• 팀이 긍정적 행동지원의 가치와 실제 내에서 결정하도록 안내함 • 기능진단 및 행동지원 계획의 기술적 적합성을 확인함 • 팀에게 자원으로의 역할을 함; 기능진단, 긍정적 행동지원 계획, 특정 중재에 대한 지식/자료를 공유함 • 팀이 긍정적 행동지원의 실제를 환경, 문화, 팀의 자원에 맞추어 수정할 수 있도록 안내함 • 팀 구성원들이 진단, 계획, 실행을 위한 기술을 개발하도록 도와줌 • 일반적인 팀 구성원으로의 역할을 함	• 팀의 가치, 목표, 기대 내에서 일함 • 팀의 결정에 적극적으로 참여함; 의견을 개진하고 전문성과 정보를 공유함 • 팀의 다른 구성원들의 제안이나 의견을 경청함; 팀의 목표를 충족시킬 수 있는 대안적인 방법을 수용함 • 팀의 다른 구성원들에게 개방적이고 존중하는 태도로 의사소통함 • 팀이 동의한 결정을 수용하고 지원함 • 필요한 경우 팀의 다른 역할을 수행함
기타 역할		
기록자	**관찰자**	**시간 관리자**
• 회의록과 팀의 결정을 기록함 • 회의가 시작될 때 기록을 보고함	• 팀의 진보를 점검함(팀 구성원들은 자신들이 하겠다고 정한 사항들을 실제로 하고 있는가?) • 촉진자가 팀의 토론을 잘 이끌도록 도와줌	• 팀 토론에 소요되는 시간을 조절함 • 시간이 부족할 때 팀에게 알려 줌

[그림 4-4] 팀 구성원의 역할 및 책임

출처: Harrington-Mackin(1994); LaFasto & Larson(2001); Team Memory Jogger(1995).

제안함으로써 팀의 문제 해결을 촉진할 수 있다. 지역 교육청은 교육청 내 학교들의 학생 중심 팀에 기술지원을 제공할 수 있는 점점 더 많은 순회 행동지원 전문가를 채용하고 있다. 그러나 긍정적 행동지원 훈련을 받은 특수교사나 학교 심리사들이 이 역할을 수행하는 경우가 많아지고 있다. 만일 이들이 사전 훈련을 받지 않았다면 학교가 연수나 워크숍 등을 통하여 훈련을 받도록 해 주어야 할 것이다.

팀의 일반 구성원들의 역할은 팀의 중추가 된다. 팀의 모든 구성원들은 팀의 토론에 기여하고 팀 활동 및 기타 과제를 수행하고, 다른 구성원들과 서로를 존중하는 방법으로 상호작용해야 하는 책임을 지게 된다. 구성원들 간의 균형 개념에서 보여 주듯이, 팀 촉진자와 긍정적 행동지원 전문가도 팀의 구성원이며 팀 활동 중에는 일반적인 구성원으로서의 부가적인 역할을 맡게 된다. 마찬가지로 팀의 일반 구성원들도 자신의 지식과 기술이 요구될 때에는 촉진자나 긍정적 행동지원 전문가의 역할을 수행할 수 있다.

이상의 세 가지 주요 역할 외에도 팀은 토론을 진행하기 위해서 구성원들에게 다른 역할을 부여할 수도 있다. 회의 진행을 위한 이와 같은 역할은 기술적인 전문성을 거의 필요로 하지 않기 때문에 구성원 중 누구나 수행할 수 있다. 팀 관찰자(team observer)는 촉진자가 팀 토론을 진행하고 팀이 동의한 절차를 잘 따르고 있는지 평가하도록 도와주는 역할을 한다. 팀 기록자(team recorder)는 팀 회의록을 작성하고 팀의 활동과 결정을 기록한다. 팀의 시간 관리자(team timekeeper)는 팀의 토론 시간을 조절하고 회의 시간이 끝나갈 때 알려 주는 역할을 한다. 이들 역할에 대한 좀 더 상세한 내용은 [그림 4-4]에서 볼 수 있다.

(3) 팀의 목표에 동의하기

팀의 목표를 수립하고 이에 동의하는 일은 한 학생에게 긍정적 행동지원을 제공한다는 핵심 과제에 대한 팀의 헌신과 관련된다. 분명하게 표명된 학생 중심의 목표는 팀의 모든 사람들이 무엇을 해야 하며 왜 해야 하는지를 이해하도록 도와줄 뿐만 아니라 팀이 해서는 안 되는 것들의 경계를 설정하도록 도와준다(Team Memory Jogger, 1995). 만일 팀 구성원들이 서로 다른 관심사를 가지고 모인다면, 팀은 서로 다른 방향을 제시하게 되며 어떠한 단일 목표도 성취할 수 없게 될 것이다. 뿐만 아니라 팀 구성원들은 자신의 관심사가 다루어지지 않는다고 생각하게 될 경우 쉽게 불만족하게 될 것이다. 팀이 몇 가지 핵심적인 목표에 동의한다면 관심 영역에 대한 경쟁은 초기에 제거될 수 있을 것이다.

팀의 목표를 수립하는 한 가지 방법은 시간이 오래 걸리기는 하지만 팀 구성원들이 이 장의 뒷부분에서 설명하는 문제해결 또는 브레인스토밍 전략을 사용하여 함께 목표를 개발하는 것이다. 이 방법을 사용하면, 각 구성원들은 팀의 궁극적인 목표에 자신의 의견을 반영시킬 기회를 가지게 되며 목표가 자신에게 어떤 의미를 지니는지를 생각해 볼 수 있게 된다. 이러한 과정에서 촉진자의 중요한 역할은 긍정적 행동지원 가치 및 과정과 일치하는 목표 설정을 위한 단위를 수립하는 것이다. 예를 들어, 학생을 교실에서 나가게 만들기, 문제행동을 하지 못하도록 '멈추게 하기', 행동 억제 약물을 복용시키기, 대안적인 학교에 배치하기 등에 초점을 둔 목표는 긍정적 행동지원의 가치와 일치하지 않는다.

좋은 목표는 간략하고 모든 사람이 이해하고 동의하며 (중요하게는) 긍정적 행동지원의 가정 및 가치와 일치하는 것이다. 팀 구성원들은 학생에게 바라는 장기적인 성과를 반영하는 한두 가지의 광범위한 장기목표를 선택하여 서술하거나, 지원 계획을 고안하기 위한 긍정적 행동지원 단계를 반영하는 좀 더 즉각적인 몇 가지 단기목표를 선택하여 서술하게 된다(Snell & Janney, 2000). 〈표 4-1〉은 목표 서술의 몇 가지 예를 보여 주고 있다.

〈표 4-1〉 목표 서술의 예

우리의 목표는…
• 민호가 문제행동을 통하여 어떤 의사소통을 하고 있는지를 이해하는 것이다.
• 인호가 일반학급에 남아 참여할 수 있도록 효과적인 지원을 실행하는 것이다.
• 경호의 문제행동이 발생하는 것을 예방하기 위한 전략을 찾아내고 실행하는 것이다.
• 태희에게 대안적인 의사소통과 대처 전략을 교수하는 것이다.
• 영호가 매일의 활동을 정하는 데 활용할 수 있도록 자기 관리 전략을 사용하는 방법을 교수하는 것이다.
• 동희가 장애를 지니지 않은 또래들과 우정을 형성할 수 있도록 기회를 제공하는 것이다.
• 학교와 가정에서 연희에게 유용한 지원 계획을 고안하는 것이다.

(4) 협력을 위한 규칙 정하기

팀의 목표가 중요한 만큼 협력을 위한 기본적인 규칙도 매우 중요하다(Schwartz, 1994). 기본적인 규칙은 팀이 어떻게 (1) 행동 지향적이고 팀의 관심사에 초점을 맞추고, (2) 긍정적 행동지원 과정을 실행하고, (3) 서로 간에 긍정적이고 생산적인 방법으로 상호작용할 수 있는지에 대한 구성원들의 생각을 반영한다. 기본적인 규칙은 팀의 수행을 위한 기대를 구체화함으로써 팀의 효과를 강화하면서도 방해와 팀의 갈등을 최소화하는 데 도움이 된다.

협력을 위한 기본적인 규칙을 수립하기 위한 한 가지 방법은 팀 구성원들이 팀의 수행에 대한 자신의 개인적인 관심을 각자 기록한 후 팀 토론을 위하여 하나의 목록으로 정리하는 것이다. 이러한 과정을 촉진하기 위해서 Snell과 Janney(2000)는 팀의 토론을 유도하기 위한 '시작 질문'을 사용하도록 제안하였다. PBS 팀에게 적절한 질문의 예는 다음과 같다.

"우리가 일을 잘 수행하기 위해서는 무엇을 해야 할까?"

"우리의 일을 완수하기 위해서 긍정적 행동지원의 어떤 가정이 중심이 되어야 할까?"

일을 잘 수행하기 위해서 무엇을 해야 하는가?	• 회의에 올 때 미리 준비하고 관심을 가지고 온다. • 회의의 의제에 집중한다. • 모든 회의에서 팀 지향적으로 행동한다. • 팀이 결정한 기본적인 규칙을 지킨다.
일을 완수하기 위한 중심 긍정적 행동지원 가정은 무엇인가?	• 문제행동의 기능을 알아내기 위해서 자료를 근거로 한다. • 기능진단 자료를 근거로 지원 계획을 수립한다. • 학생과 가족의 선호도를 존중하는 중재를 개발한다. • 의사결정을 위해서 자료를 활용한다.
서로를 존중하는 방법으로 상호작용하기 위해서 어떻게 행동해야 하는가?	• 모든 구성원들이 각자의 의견을 개진할 기회를 갖는다. • 서로의 말을 듣고 이해하려고 노력한다. • 서로 간의 동의하에 중요한 결정을 내린다. • 효과적이고 건설적으로 의사소통하려고 노력한다.

[그림 4-5] 기본적인 규칙의 예

"우리의 상호작용이 서로를 존중하는 방법으로 이루어지기 위해서는 어떻게 행동해야 할까?"

이들 각 질문에 대한 기본적인 규칙의 예는 [그림 4-5]에서 보는 바와 같다. 기본적인 규칙이 일단 정해지면 팀은 모든 팀 구성원들이 규칙을 잘 따르고 있는지 알아보기 위해서 정기적으로 그 규칙을 검토해야 한다. 만일 규칙이 반복적으로 위반되고 있다면 팀은 회의에서 이 문제를 다루거나 구성원들에게 개별적으로 이야기해야 하며, 기본적인 규칙이 비현실적이거나 더 이상 팀의 활동과 관련이 없다면 변경해야 한다.

(5) 팀 모임의 일정과 방법 정하기

협력의 시작하기 단계에서 팀을 구성하기 위한 마지막 관심은 정기적인 회의 시간을 정하고 회의를 실시하는 방법을 결정하는 것이다. 일정을 정할 때 팀은 다음과 같은 질문들을 고려해야 할 필요가 있다.

- 얼마나 자주 모일 것인가? 팀 모임을 얼마나 자주 해야 하는지에 대한 정해진 규칙은 없다. 그러나 팀의 목표나 관심사에 적합한 정기적인 회의는 중요하다. 핵심 팀은 (1) 학생 중심의 목표를 적절한 때에 다루기 위해서, (2) 팀 구성원들이 팀의 책임을 수행하는 데 적극적으로 참여하고 생산적이기 위해서, (3) 팀의 활동을 잘 조정하기 위해서, (4) 개별 구성원들의 관심을 다루고 구성원들이 확신과 지지감을 느낄 수 있을 정도로 충분히 자주 만나야 한다. 팀이 얼마나 자주 모여야 하는지는 팀의 경험(일반적으로 팀의 경험이 없을수록 성공을 위한 중요한 기초를 수립하기 위해서 더 자주 만나야 한다), 협력 과정의 단계(일반적으로 진단 및 계획 단계는 실행, 평가 및 수정 단계보다 더 빈번한 회의를 필요로 한다), 학생의 시급한 문제(예: 빈번한 위기 상황은 팀의 즉각적이고 잦은 반응을 필요로 한다) 등을 포함한 여러 요소들에 영향을 받는다.
- 어디에서 모일 것인가? 일반적으로 팀은 기타 일과상의 책임으로부터 방해를

받지 않는 장소에서 회의를 할 때 가장 생산적일 수 있다. 또한 팀은 회의 내용에 대한 비밀 보장을 위해 다른 학생이나 교직원들이 회의의 내용을 듣지 않기를 원한다.

- 모임은 얼마나 오랫동안 해야 하는가? 문제 해결하기나 계획하기는 시간이 걸리는 활동이며, 특히 여러 사람들이 참여할 때에는 더욱 그렇다. 회의의 길이는 과제에 따라서 융통성 있게 조절될 수 있지만, 전문가들(Thousand & Villa, 2000)은 회의 시간을 1시간 이내로 제한하도록 권한다. 지속적인 주의집중을 필요로 하는 장시간의 회의보다는 작은 의제에 집중하는 짧은 회의를 자주 하는 것이 더 효율적이다. 바쁜 구성원들의 시간을 오랫동안 소요하는 것보다는 1시간 이내로 소요하게 하는 것이 논리적으로도 더 쉬운 일이다.
- 서로 다른 일정을 지닌 사람들의 시간을 어떻게 조정해야 하는가? 다양한 교직원과 부모의 일정을 조정하는 일은 가장 어려운 과제다. 여기서의 목표는 예측 가능한 기준 시간(예: 매주 화요일 2시 30분에 만나기로 함)을 정하고 그 시간을 비우는 것이다(정해진 시간에 회의에 참여하기 위해서 다른 약속을 하지 않음). 교사의 일정이 전적으로 학교에 의해서 결정되기 때문에 팀 협력을 위한 기존의 가능한 시간을 알아내거나 그렇지 않은 경우 가능한 시간을 만들기 위해서는(예: 교사의 준비 시간 재배치하기, 이미 정해져 있는 개별 학생을 위한 프로그램 회의 활용하기, 짧은 시간 동안 보조교사나 지원교사 활용하기, 교사가 수업으로부터 자유로워질 수 있도록 학생에게 과제 부여하기) 학교장의 협조가 필요하다(Thousand & Villa, 2000; Weigle, 1997). 이상적으로는 학교 전체가 팀에 기여하는 것이 가장 좋다. 팀 구성원들은 또한 전체가 함께 모일 수 없을 때나 확장 팀 구성원들에게 맞추기 위해서 일정을 조정할 수도 있다. 일정 조정(예: 매달 세 번째 화요일에는 2시 대신 3시 15분에 모임)은 가족들의 참여를 위해서 가장 바람직할 수 있다. 많은 부모들이 모든 회의에 매번 참여하기 어려워하며, 또 회의의 의제가 전문적인 전략(예: 관찰 일정 정하기, 교수 전략 실행방법 정하기)과 관련된 경우 그렇게 해야 할 필요도 느끼지 못한다.
- 모임과 모임 사이에는 어떻게 서로 의사소통을 할 것인가? 현대 사회의 기술 덕

분에 다양한 방법으로 의사소통을 할 수 있다. 간단한 진보 보고서(progress report)나 소식지(예: "명호 어머니, 보미 어머니와 상담을 했으며 그 내용을 나누었으면 합니다." "종호의 과제를 바꿔 보았는데 효과가 있는 것 같습니다!")가 전화, 쪽지,

	무엇을 해야 하는가?	무엇을 말해야 하는가?
시작하기	관심사 검토	• 구성원들 중 추가적인 관심사를 가진 사람이 있는가? • 지난 회의에서 결정한 것은 무엇인가?
	필요한 경우 관심사의 우선순위 결정: 시간 제한 설정	• 가장 중요한 관심사는 무엇인가? • 시간이 얼마나 필요할 것인가?
	회의에서의 역할 부여	• 누가 촉진자가 되고, 시간을 관리하고, 기록할 것인가? • 아직까지 팀의 주요 역할을 하지 않은 사람은 누구인가?
성과 및 과정 정의하기	원하는 성과 서술	• 회의에서 성취하고자 하는 것은 무엇인가?
	회의의 목표(들)를 위한 과정 결정	• 회의의 목표를 달성할 수 있는 가장 좋은 방법은 무엇인가? • 회의 진행방법과 관련해서 다른 제안이 있는가?
회의 진행	전체 토론에의 참여	• 원하는 성과와 관련해서 기여할 수 있는 다른 의견이 있는가?
	브레인스토밍에의 참여 (문제 해결이 필요한 경우)	• 우리가 생각해 낼 수 있는 방법은 어떤 것들인가?
	해결책 평가	• 우리의 기준에 가장 잘 맞는 해결책은 무엇인가?
	의사결정에 대한 동의	• 결정에 대하여 서로 동의하기 위하여 어떻게 협상할 것인가?
종결하기	팀의 토론 요약	• 중요한 안건은 무엇이었는가? • 팀의 동의하에 내려진 결론은 무엇인가?
	다음 단계에 대한 동의	• 다음에 해야 할 일은 무엇인가? • 수행해야 할 다음 단계는 무엇인가?
	과제/책임 부여	• 각 단계를 가장 잘 완수할 수 있는 사람은 누구인가?

[그림 4-6] 회의 양식의 예

이메일, 문자 등을 통해 팀의 다른 구성원에게 전달될 수 있다. 다음 회의가 소집될 때까지 이루어지는 의사소통은 구성원이 동의한 활동이 진행되고 있음을 알게 해 줌으로써 팀의 신뢰를 높여 준다. 또한 중요한 것은 이 같은 연락이 바쁜 사람들이 다른 목적을 위해서 회의 시간을 사용할 수 있게 해 준다는 것이다.

일정 외에도 팀 구성원들은 팀이 어떻게 일할 것인지를 구조화하기 위한 기본적인 회의 양식을 결정해야 한다. 기본적인 회의 양식은 팀의 효율성과 효과를 강화한다. 촉진자는 팀의 모든 구성원들이 참여하고 회의 양식을 따르고 있는지를 확인하는 책임을 진다. [그림 4-6]은 회의 양식의 예를 보여 주고 있다.

2) 진단 및 계획

진단 및 계획 단계는 긍정적 행동지원 팀워크의 핵심적인 과정이다. 학생 중심 성과와 관련해서 팀은 긍정적 행동지원 절차의 2단계부터 4단계까지 초점을 맞추게 된다. 이 단계들은 기능진단을 수행하고, 문제행동에 대한 가설을 세우고, 상황적 적합성을 지닌 종합적인 행동지원 계획을 고안하는 것을 모두 포함한다. 이것은 어려운 과제다. 그러나 이 단계에서는 긍정적 행동지원 가치, 협력 그리고 협력하기 기술을 촉진하는 팀 중심의 과정도 동등하게 중요하다. 여기에서는 진단 및 계획에 필요한 세 가지 필수적인 팀 중심의 활동에 대하여 알아보고자 한다.

(1) 이해 능력 강화하기

진단 및 계획 단계에서 긍정적 행동지원 전문가는 기술적인 전문성을 발휘해야 한다. 그러나 이것은 긍정적 행동지원 전문가가 팀에게 무엇을 하라고 말해 주는 단순한 문제가 아니다. 팀의 성공은 팀 전체의 참여와 긍정적 행동지원 과정 및 가치에 대한 이해에 달려 있다(Hieneman & Dunlap, 2000, 2001; Ruef, Turnbull, Turnbull, & Poston, 1999). 불행하게도 구성원들 중에는 긍정적 행동지원을 경험한 적이 없거나 어려운 학생과 상호작용했던 부정적인 경험 때문에 문제행동에 대한 합리적인 이유를 보지 못하게 만드는 편견을 가지고 있는 사람도 있다. 이들은 환경적인 요소에 대하여 전혀 고려하지 않고 학생을 비난하거나 자신들이 원하는 이론을 적용시킴으로써 문제행동을 설명하려고 노력할 것이다(예: "이 학생은 고의로 이렇게 행동하는 겁니다." "이 학생은 관심을 끌려고 그러는 겁니다." "이 학생은 나를 화나게 만들려고 저러는 겁니다."). 이들은 중재를 해야 할 때에도 진단 정보나 팀의 가설에 대해서는 고려하지 않고 자신들의 선호도나 경험에 근거해서 중재방법을 선택하려고 할 것이다(예: "저런 상식 없는 행동은 더 이상 참을 수가 없어요. 쉬는 시간 동안 과제를 모두 완성하게 만들어야 합니다.").

팀의 이와 같은 구성원들이 긍정적 행동지원의 핵심 이론을 이해하도록 도와주는 것은 협력하기 과정의 필수적이면서도 진행적인 부분이다. 기능진단 수행이나 긍정적 행동지원 계획 세우기에 대한 전통적인 재교육 연수는 팀 구성원들에게 새로운 견해를 갖도록 도와줄 수 있다. 그러나 이러한 연수만으로는 충분하지 않다. 새로운 구성원들은 긍정적 행동지원 이론을 특정 상황에 적용시키기 위한 지속적인 안내와 반영 없이는 문제에 직면하게 될 때 기존의 사고방식으로 되돌아가기 쉽다. 사람들을 잘 따라오게 만드는 가장 좋은 방법 중 하나는 팀 회의 중에 긍정적 행동지원 가정을 명백하게 함으로써 구성원들이 스스로 잘 이해하게 하는 것이다.

개인 중심의 계획(person-centered planning: PCP; 11장 참조)은 사용 가능한 명백한 과정 중 한 예가 될 수 있다. 개인 중심의 계획에서는 학생을 가장 잘 아는 구성원들이 함께 모여 학생의 바람직한 미래나 삶을 성취하기 위한 실행 계획을 세우게 된다. 개인 중심의 계획이 학생 중심의 과제(실행 계획 세우기)임은 분명한 사실이지만, 팀 구성원들로 하여금 학생의 내력, 개인적인 강점과 긍정적인 특성, 개인적인 문제(특정 장애 포함), 개인적인 선호도와 관심에 대하여 논의하게 하는 개인 중심의 계획 과정은 그들이 학생과 학생의 상황에 대하여 공감하도록 도와주는 방법이 될 수 있다(Bambara et al., 2001). 관련 이론(Kando, 1977)에 의하면, 사람들은 공감을 할 때 문제행동에 대하여 학생을 비난하기보다는 외부적인 설명을 찾으려 노력한다. 다시 말해서, 개인 중심의 계획 과정은 팀 구성원들이 대안적이고 이전에는 관심을 갖지 않았던 견해에 대하여 열린 마음을 갖게 함으로써 편견을 없애도록 도와준다. 개인 중심의 계획의 한 가지 목표는 모든 구성원들이 학생을 문제행동을 일으키는 사람으로가 아니라 강점과 관심을 가지고 있는 한 명의 사람으로 먼저 볼 수 있게 만드는 것이다.

설명도표(illustrative wall charts) 역시 가설 개발에 적용될 수 있으며, 팀 구성원들로 하여금 문제행동의 특정 환경적인 영향력을 이해하도록 도와준다. 초기 질문들(Lohrmann-O'Rourke, Knoster, & Llewellyn, 1999)은 초기 가설을 세우기 위한 그룹 과정의 한 예라고 할 수 있다. '완만한 유인제(slow triggers)' (배경사건, 삶의 양식), '급격한 유인제(fast triggers)' (선행사건), 문제행동, 알려진 기능 등으로 분류된 도표를 이용함으로써 팀 촉진자는 구성원들이 자신들의 관찰과 자료 수집에 근거한 잠재적인 변인들에 대하여 토론하도록 안내할 수 있다. 잠재적인 변인들에 대한 토론을 통하여 팀 구성원들은 대상 문제행동을 위한 단일 가설에 동의하게 된다. 개인 중심의 계획과 마찬가지로 초기 질문들도 학생 중심(가설 세우기) 및 팀 중심의 속성을 지닌다. 팀 중심의 과제는 가설 개발 과정을 분명하게 함으로써 팀의 모든 구성원들이 학생의 문제행동에 영향을 미치는 특정 요소에 대하여 공통적으로 이해하게 하는 것이다.

경험에 의하면 팀의 관찰과 자료 수집에 대한 분명한 토론은 초기 가설을 세우는 데 도움이 될 뿐만 아니라 협력하기 과정 전반에 걸쳐 팀 구성원들이 환경적인 설명으로부터 벗어날 때마다 유용하게 사용될 수 있다. 문제행동의 발생 빈도가 높아지는 어려운 시기에 팀 구성원들이 자신의 편견에 따라 학생을 비난하거나 중재에 대한 유일한 해답으로 약물치료를 고려하게 되는 것은 그다지 드문 현상이 아니다. 이러한 현상이 나타나기 시작하면 팀 전체는 무슨 일이 일어나고 있으며 왜 일어나고 있는지에 대한 결정을 하기 위해서 자료 수집 및 진단을 근거로 잘 생각하는 것이 중요하다. 마찬가지로 학생의 진보 자료에 대한 그룹절차에서 긍정적 행동지원을 믿지 않던 사람들이('제대로 될 리가 없어.') 중재를 통해 향상이 일어나는 것을 보게 되면('와, 정말 효과가 있네.') 행동지원을 신뢰하게 된다. 자료에 대한 팀의 진행적인 토론과 협력하기는 구성원들로 하여금 대안적인 견해와 새로운 사고방식을 갖게 함으로써 편향된 생각을 재구성하는 데 도움이 된다.

(2) 협력적인 문제해결 전략 사용하기

가장 적절한 진단을 선택하고 문제행동에 대한 가설을 세우고 지원 계획을 고안하는 것은 팀의 공동 의사결정을 필요로 하는 일련의 문제해결 활동으로 개념화될 수 있다. 문제의 유형과는 상관없이 효과적인 팀의 구성원들은 잠재적인 해결책에 대해서 주의 깊게 생각하고 분석할 수 있도록 도와주는 과정을 사용함으로써 낙관적이고('이것을 알아내기 위해서 우리가 무엇을 할 수 있을까?') 체계적으로 문제에 접근한다(LaFasto & Larson, 2001). 팀 구성원들은 수많은 문제해결 전략들 중에서 자신들을 도와줄 전략을 선택하게 된다. 다행히도 연구에 의하면 팀이 사용하는 특정 전략이 무엇인지는 중요하지 않으며, 문제에 대해서 체계적으로 접근하고 있는가(LaFasto & Larson, 2001)와 공동의 지혜를 활용하고 있는가가 중요하다고 한다. 다음은 Snell과 Janney(2000)가 설명한 의사결정에 요구되는 다양한 팀 활동에서 활용할 수 있는 기본적인 5단계 문제해결 전략이다.

- 1단계: 문제를 식별한다. 첫 번째 단계에서 구성원들은 팀이 지금 당장 해결해야 하는 가장 중요한 이슈 또는 문제가 무엇인지를 결정해야 한다. 당황하지 않기 위해서는 한 번에 하나씩 초점을 맞추는 것이 중요하다. 문제 식별은 (1) 진단 및 중재 계획하기(예: 기능진단을 어떻게 수행할 것인지 결정하기, 진단 기반의 중재 선택하기), (2) 예상하지 못했던 문제에 대한 해결책 찾기(예: 계획이 효과가 없을 때 다음 단계에 무엇을 할지 결정하기) 등을 중심으로 이루어진다. 문제 정의는 질문형이나 서술형으로 표현되는데, 항상 성과로서의 해결책 찾기에 초점을 맞추어야 한다. 다음은 몇 가지 예를 보여 주고 있다.

"명호를 위한 기능진단을 어떻게 수행할 것인가?"
"나영이는 과제가 어려울 때 소리를 지른다는 사실을 알게 되었다. 이제 교실에서 소리 지르기를 막으려면 어떻게 해야 할까?"
"종호를 위한 지원 계획이 효과가 없는데, 다음 단계로는 무엇을 해야 하는가?"
"우리의 목표는 학생의 진도를 점검할 수 있는 실제적인 방법을 개발하는 것이다."

- 2단계: 문제의 잠재적인 해결책에 대한 의견을 모은다. 이 단계에서 팀은 비판이나 평가 없이 문제와 관련된 가능한 한 많은 잠재적인 해결책들을 모아야 한다. 목표는 많은 구성원들로부터 듣고 다양한 의견을 모으는 것이다.
- 3단계: 해결책을 평가한다. 이 단계에서 구성원들은 가장 효과가 클 것이라고 여기는 잠재적인 해결책을 찾기 위해 모인 의견을 분석하고 좁혀 나가야 한다. 해결책들을 평가하기 위해서 구성원들은 각 의견을 기술적 적절성(예: 이 의견은 긍정적 행동지원 가정과 일치하는가?)과 상황적 적합성(예: 이 의견은 팀의 가치, 기술, 자원과 일치하는가?)에 의한 수용 가능성을 판단하는 데 사용되는 일련의 평가 기준에 따라 비교하게 된다. 이때 팀은 의견을 평가하기 위한 그들의 특정 기준을 만드는 것이 좋다. 〈표 4-2〉는 긍정적 행동지원 가치 및 가정과 일치하는 '적합한(good-fit)' 해결책을 평가하기 위한 예를 보여 주고 있다.

〈표 4-2〉 적합한 해결책 평가 기준

- 실행 가능한가?
- 시간적 효율성이 있는가?
- 환경에 적합한가?
- 문제행동에 대한 가설을 반영하는가?
- 자료를 기초로 하는가?
- 팀 구성원들의 우선순위 및 관심을 반영하는가?
- 계획 실행자(교사, 가족)들에게 수용적인가?
- 학생에게 수용적인가?
- 긍정적 행동지원 가치 및 절차와 일치하는가?
- 최상의 방법인가?
- 팀이 함께 고안한 것인가?
- 연령에 적합하며 학생을 존중하는 방법인가?
- 학생과 가족의 문화적 배경을 고려하였는가?

출처: Snell & Janney (2000)에서 수정 인용[원출처: Giangreco, M. F., Cloninger, C. J., Dennis, R. E., & Edelman, S. W. (1994). Problem-solving methods to facilitate inclusive education. In J. S. Thousand, R. A. Villa, & A. I. Nevin (Eds.), *Creativity and collaborative learning: A practical guide to empowering students and teachers* (pp. 321-346). Baltimore: Paul H. Brookes Publishing Co.]

- **4단계: 해결책을 선택한다.** 해결책을 평가한 후에 팀은 가장 좋은 방법을 선택한다. 긍정적 행동지원의 문제 해결에서 팀 구성원들은 하나 이상의 수용 가능한 해결책을 찾아낼 수 있으며, 하나씩 시도하거나 몇 가지를 복합적으로 시도할 수 있다. 예를 들어, 위의 예 중 나영이의 경우 소리 지르기를 예방하는 몇 가지 전략을 선택할 수 있으며, 그것을 하나의 지원 계획하에 복합적으로 사용할 수 있다. 팀이 하나의 해결책을 선택하든 그 이상의 해결책을 선택하든 간에 중요한 것은 모든 해결책이 그 효과가 입증될 때까지 임시 해결책으로 간주되어야 한다는 사실이다.
- **5단계: 실행 계획을 수립한다.** 마지막 단계는 해결책을 수행할 실행 계획을 작성하는 것이다. 만일 실행 계획을 작성하지 않는다면 가장 좋은 계획도 결코 실현될 수 없다. 실행 계획은 다음과 같은 주요 요소들을 포함한다.

요약: "결정된 주요 사항은 무엇인가?"
실행: "이 사항을 다루기 위해서 우리가 결정한 다음 실행 단계는 무엇인가?"
책임자: "누가 실행 단계를 수행할 것인가?"
시기: "언제 실행 단계를 수행할 것인가?"

팀 구성원들은 계획을 하거나 문제를 해결하기 위해서 문제해결 전략을 사용할 때 서로 간의 동의를 통하여 기여해야 한다. 팀이 동의한다는 것은 팀의 모든 구성원들이 모든 의견이나 해결책에 모두 동의해야 함을 의미하는 것은 아니며, 팀의 결정사항이 잘 이루어지도록 기꺼이 지원하고 따르는 것을 의미한다.

(3) 개방적이고 솔직한 분위기 조성하기

"훌륭한 팀의 특징은 다른 사람을 탓하거나 자기 자신을 비하하지 않고 자신의 생각이나 느낌을 말할 수 있는 팀 구성원의 능력이다." (Willcocks & Morris, 1997, p. 18) 팀이 효과적이기 위해서는 다른 사람이 방어적으로 느끼게 하지 않으면서 자신의 생각을 자유롭게 표현할 수 있는 개방적인 의사소통 분위기를 만들어야 한다. 지금까지 설명한 대부분의 협력하기 전략들은 개방적인 분위기와는 거리가 멀다. 예를 들어, 팀 목표에 동의하고 협력을 위한 기본적인 규칙을 세우고 팀의 문제 해결에 참여하기 위한 기본적인 과정은 팀 구성원들에게 그들의 방법이 늘 채택되는 것은 아니더라도 스스로 자신이 가치 있으며 자신의 말이 잘 수용되고 있다고 느끼게 하는 것이다(Willcocks & Morris, 1997). 그러나 팀은 사람들로 구성되며, 사람들은 항상 다른 사람을 존중하는 것은 아니다. 특히 스트레스를 받거나 걱정이 있거나 다른 사람의 의견에 동의하지 않을 때에는 더욱 그렇다. 개인적인 공격, 적의에 찬 표현, 손가락질, 다른 사람의 의견을 경멸하는 것과 같은 팀의 문제행동은 구성원들을 화나게 하고 반격하게 하며 위축되게 만들 수 있다. 이러한 경우 누가 팀의 토론에 참여하기를 원하겠는가? 불행하게도 팀의 구성원들이 서로 간의 의사소통과 협력을 중단하게 되면 팀에 의존하는 학생이 가장 큰 고통을 받게 된다. 팀 구성원들이 서로 상처받고 화를 낸다면 학생을 위한 아무런 성취도 할 수 없게 된다.

개방적이면서도 솔직한 의사소통을 유지하기 위해서는 팀 촉진자가 팀의 갈등을 관리하고 해결하는 중요한 역할을 수행해야 한다. 팀 촉진자가 개방적인 의사소통을 유지하기 위해서 사용할 수 있는 몇 가지 전략의 예는 다음과 같다(LaFasto & Larson, 2001; Harrington-Mackin, 1994; Willcocks & Morris, 1997).

- 팀 토론의 선두에서 공정한 역할을 하기 위한 기본적인 규칙을 지키고 다른 구성원들도 지키도록 격려한다(예: "김 선생님, 잠시 기다리세요. 아직 최 선생님의 말씀이 다 끝나지 않았습니다.").
- 팀 구성원들이 다른 사람이 하는 말을 실제로 잘 듣도록 유도한다. 다른 사람의 견해를 이해하고 다른 사람의 입장이 되어 보도록 격려한다. 긍정적 행동지원(PBS)은 팀 구성원들을 위한 것이기도 하다(예: "강 선생님, 이 부분에 대해서 매우 강하게 주장하시네요. 이 주제가 왜 그렇게 중요한지 우리가 이해할 수 있도록 도와주세요.").
- 다른 사람의 발언이 나와 다를 때에도 가치 있는 것임을 알 수 있도록 돕는

다(예: "무척 흥미롭네요. 그렇게는 생각해 본 적이 없는데, 참 좋은 생각인 것 같아요.").

- 갈등이 발생했을 때 구성원들이 이슈를 발견하고 사실을 다룰 수 있도록 돕는다. 실패에 대해서 다른 사람을 비난하기보다는 문제 해결을 위한 전략을 사용한다(예: "우리가 아마도 인호를 위해서 계획한 기능진단을 다 완수하지 않은 듯합니다. 문제를 일으키는 원인이 무엇일까요? 문제를 다루기 위해서 우리가 할 수 있는 일은 무엇일까요?").
- 효과적인 의사소통 기술을 시범 보이고 사용하도록 격려한다. 좋은 의사소통은 다른 사람들의 인격을 박탈하거나 사람들을 방어적으로 만들지 않는다(예: "그 의견은 정말 어리석은 방법이었어요." 대신 "그 방법이 효과가 없었던 것은 아마도…."라고 말한다.).

결론적으로 개방적이고 솔직한 분위기 조성은 팀 구성원들의 적절한 예의와 의사소통 기술을 필요로 한다. 팀의 모든 구성원들은 자신과 다른 견해에 대해서 개방적이어야 하며, 다른 사람들의 노력을 좌절시키지 않는 방법으로 의사소통을 해야 하는 책임을 지닌다. 팀 촉진자는 구성원들이 서로 간의 의사소통에 대한 노력을 존중하도록 확인할 책임을 지닌다. 〈표 4-3〉은 네 가지 장면에서의 효과적인 의사소통과 비효과적인 의사소통의 예를 보여 주고 있다. 두 번째 칸에서 볼 수 있듯이, '듣기 곤란한' 표현은 다른 구성원을 비난하거나 방어적으로 만들어서 협력을 어렵게 하기 때문에 비효과적인 의사소통의 예가 될 수 있다. 세 번째 칸은 팀 촉진자나 기타 구성원이 반응하거나 듣기 곤란한 말을 완화시키는 예를 보여 주고 있는데, 팀 회의에서는 이러한 반응이 주어져야 한다. 마지막 칸은 다른 사람을 과소평가하거나 공격하지 않으면서 개방적이고 상대방을 존중하는 대안적이거나 효과적인 의사소통 방법(듣기 편안한 표현)을 보여 주고 있다.

〈표 4-3〉 효과적인 의사소통과 비효과적인 의사소통의 예

장 면	비효과적인 발언 (듣기 곤란한 표현)	비효과적인 발언에 대해서 반응하는 방법	효과적인 발언 (듣기 편안한 표현)
비상 회의가 소집되었다. 정호의 문제행동이 지난 2주간 심각하게 증가하였다. 구성원들은 이러한 증가의 원인에 대하여 논쟁하였다. 정호의 교사는 문제행동의 증가를 개인적으로 받아들이는 것 같았다.	정호 교사의 말: "내가 싫어하는 것을 알기 때문에 일부러 하는 것 같아요." "모든 노력을 다 해 보았고, 이렇게 될 이유가 없어요. 정호는 정신병이에요. 약을 바꿔야 해요."	팀 구성원들의 반응: "선생님이 많이 힘드신 것 같아요. 무슨 일이 벌어지고 있는지 알아보게 자료를 자세히 살펴보도록 하지요."	정호의 교사가 할 수 있는 말: "정호가 최근 들어서 왜 이렇게 행동하는지 이해하기가 너무 힘들어요."
팀 구성원들은 문제를 해결하기 위한 대안적인 방법을 찾으려고 의견을 모으고 있다. 좌절한 특수교사는 자신이 모든 해답을 가지고 있다고 생각한다.	특수교사의 말: "그 방법은 효과가 없을 거예요. 어떻게 해야 하는가 하면…" "내가 다 해 보았어요. 전부 효과가 없었어요. 아무것도 효과가 없어요."	팀 구성원들의 반응: "선생님이 많이 힘드셨겠네요. 하지만 우리가 지금 의견을 모으고 있으니까 의견에 대해서 비판하지 말고 가능한 한 많은 방법을 모아 보도록 해요." "우리 다시 한 번 노력해 보기로 해요. 그래서 오늘 이렇게 모였잖아요. 새 아이디어를 모아보고 서로를 지지하려고요."	교사가 할 수 있는 말: "이 의견들은 모두 다 좋은 의견이고 우리가 과거에 제안했던 것들이네요. 제가 생각하기에는 아마도 이 방법을 써 볼 수 있지 않았을까…."
회의 중에 한 구성원이 지난 회의에서 이미 논의하고 결정한 주제를 다시 제시했다. 회의를 빨리 진행하고 싶은 바쁜 관리자는 화가 났다.	관리자의 말: "그 주제는 이미 논의를 했고 해결한 것입니다. 앞으로 의논해야 할 사항들이 많이 있어요." "지난 회의에 참석했더라면 이미 그 문제를 의논하고 다 해결한 것을 알았을 텐데요."	팀 구성원들의 반응: "네, 지난 회의에서 이 문제를 의논했지요. 이해를 위해서 결정된 바를 간략하게 요약해서 말씀드릴게요." "나중에 시간을 조금 낼 수 있으면 우리 중 한 명이 설명해 드리면 어떨까요?"	관리자가 할 수 있는 말: "이 문제는 지난 회의에서 이미 의논을 했습니다. 오늘 논의해야 하는 안건이 몇 가지 있으니 이 문제에 대해서는 나중에 제가 따로 만나 설명해 드리도록 하지요." "지난 회의에 참석할 수 없었다는 것을 이해합니다. 따로 시간을 정해서 그 문제에 대해서 얘기하도록 하지요."
좌절한 어머니는 아들의 문제행동을 다루기 위해서 마치 아무런 조처도 취해지지 않고 있는 것처럼 느낀다고 말한다.	동일하게 좌절한 행동지원 전문가의 말: "아니요. 그렇지 않아요. 그런 식으로 생각할 필요는 없어요." "물론 상황을 다루기 위해서 많은 조치를 취했습니다."	팀 구성원들의 반응: "어머님이 염려하시는 부분에 대해서 우리도 걱정이 되네요. 잠시 동안 이 문제에 대해서 의논해 볼까요?"	행동지원 전문가가 할 수 있는 말: "왜 아무 조치도 취해지지 않았다고 느끼시는지 우리가 이해할 수 있도록 도와줄 수 있나요?"

3) 실행, 평가 및 수정

협력의 마지막 단계에서 팀 구성원들은 행동지원 계획이 원래의 계획대로 수행되고 있는지, 효과가 있는지, (필요하다면) 학생과 가족의 성과를 증진시키기 위한 수정이 필요한지를 확인하기 위해서 정기적으로 만나게 된다(긍정적 행동지원의 5단계). 이 시점에서 구성원들은 협력적으로 일하는 것에 익숙해져 있을 것이다. 그러나 팀 중심의 활동은 팀워크를 유지하고 학생 중심의 성과를 실현시키기 위해서 아직 중요하다. 여기에서는 마지막 단계에서 특별히 중요한 네 가지 팀 활동을 살펴보고자 한다.

(1) 팀 구성원들을 위한 지원 제공하기

행동지원 계획은 학생들이 어려운 문제 상황을 피하거나 대응하도록 도와주는 특정 전략을 포함하는 동시에, 팀 구성원들이 학생을 지원할 때 자신감을 가지고 확신할 수 있도록 도와주기 위해 팀을 지원하는 전략도 포함한다. 팀 구성원들이 긍정적 행동지원 전략을 사용하도록 의사소통을 유지하게 도와주는 일은 이들이 불안해하고 좌절하고 확신을 갖지 못할 때 매우 어려워질 수 있다. 예를 들어, 어떤 구성원들은 특정 중재를 실행하는 기술이 부족할 수 있으며 이로 인해서 좌절하고 쉽게 포기할 수도 있다. 또 어떤 구성원들은 새로운 상황에 전략을 적용할 때 제대로 잘 하고 있는지를 지나치게 걱정하여 결과적으로 문제에 적절하게 반응하지 못할 수도 있다. 빈도나 강도가 높은 문제행동이 발생할 때, 특히 공공장소나 위험한 상황(예: 박물관의 기념품 상점에서 도자기를 깨뜨리려고 함)에서 지나치게 스트레스를 많이 받는 구성원들은 학생과의 긍정적인 상호작용을 유지하기 어려울 수도 있다. 또한 학생의 문제행동에 대해서 자신이 비난을 받지 않을까 두려워하여 위기가 발생할 때 뒤로 물러설 수도 있다. 이와 같은 문제들은 여러 사람이 함께 신중하게 계획한 긍정적 행동지원을 손상시킬 수 있다. 결과적으로 팀이 구성원들을 지원하는 것에 실패함으로써 중재의 실패를 초래할 수 있다.

팀의 지원을 계획하는 것은 학생을 위한 지원 계획을 고안하는 것과 유사하다.

팀 구성원들은 "○○를 위한 지원 계획을 수행하기 위해서 우리에게 필요한 것은 무엇입니까?"라고 질문할 수 있다. 또는 "지원 계획을 수행하는 것과 관련해서 우리가 두려워하거나 걱정하는 것은 무엇입니까? 그러한 걱정을 다루기 위해서 우리는 무엇을 해야 할까요?"라고 질문할 수 있다. 개별 학생을 위한 지원과 마찬가지로, 팀 구성원들을 위한 지원은 개별 구성원들의 필요에 따라 다양한 형태를 취할 수 있다. 한 가지 매우 간단하면서도 유용한 전략은 구성원들에게 회의 중에 자신의 경험을 나눌 수 있는 기회를 제공하는 것이다. 이 방법을 통해서 구성원들은 자신이 전략을 올바로 잘 사용하고 있으며 다른 구성원들이 어려운 상황 중에 문제를 해결하도록 돕기 위해서 주위에 있다는 사실을 알게 됨으로써 편안해질 수 있다. 팀 구성원들을 위한 지원은 팀 회의 안팎에서 제공될 수 있다. 다음은 팀 구성원들을 지원하기 위한 몇 가지 방법들이다.

- 새로운 접근을 시도하거나 두려움을 극복하기 위한 구성원들의 노력에 지속적인 격려와 칭찬을 제공한다.
- 특정 중재를 배울 때 팀 구성원들이 짝을 구성하거나 서로 관찰하게 한다.
- 팀의 관심 영역을 반영하는 분야의 훈련을 제공한다(예: 특정 중재방법, 위기관리 방법).
- 교사 및 기타 계획 실행자들이 위기나 고도의 스트레스 경험을 한 후에 짧은 휴식을 취할 수 있도록 기회를 제공한다.
- 회의와 회의 사이에 즉각적인 문제 해결을 위해서 팀 구성원들이 낮 시간 동안 서로 확인하고 전화하거나 이메일을 하도록 비공식적인 지원망을 형성한다.

(2) 수정을 위한 문제해결 전략 적용하기

행동지원 계획이 실행된 후, 팀 구성원들은 수정이 필요한지를 결정하기 위해서 학생의 진도에 대한 자료를 정기적으로 검토하게 된다. 다음에 무엇을 해야 할지를 결정하기 위해서는 이 장의 '진단 및 계획' 부분에서 설명한 동일한 문제해결 전략을 사용한다. 팀의 모든 구성원들로부터 지속적으로 의견을 청취하는 것은 적절한 의사결정과 공동 책임감을 유지하기 위해서 반드시 필요하다. 이와 같은 협력적 팀워크의 마지막 단계에서는 책임감('우리는 우리가 해야 한다고 말한 것들을 실제로 하고 있는가?'), 실행 가능성('우리의 계획은 장기적으로 실행하기에 현실적인가?'), 효과('계획이 학생에게 변화를 일으키고 있는가?')의 세 가지 주제에 대해서 문제 해결이 적용된다. 평가 및 수정의 단계에서는 팀 전체가 팀의 성패에 대한 책임을 진다는 사실을 상기시키는 것이 중요하다. 개인적으로 몇 사람만의 노력을 칭찬하거나 진보가 없는 것에 대해 몇 사람에게만 책임을 묻는 것은 팀워크를 쉽게 훼손시킨다. 팀 구성원들이 자신들의 책임을 존중하기 위해서 노력하는 한, 그 노력의 크기와는 상관없이 구성원들 모두가 팀에 대한 동등한 기여를 인정받아야 한다. 마찬가지로 문제가 발생하게 되는 경우 그 사실을 발견하고 해결하는 것은 팀 전체의 책임이다. 행동지원 계획이 효과가 없다면 팀은 함께 책임을 져야 하며 특정 구성원에게 책임을 물어서는 안 된다.

(3) 자축하기

"팀의 성취를 인정하고 자축하는 것은 문제를 해결하기 위하여 함께 일하는 것으로부터 얻을 수 있는 긍정적인 감정을 강화하는 데 도움이 된다." (Team Memory Jogger, 1995, p. 132) 자축하기는 길고 어려운 작업 중에 팀의 사기를 증진시키고 자부심과 성취감을 고취한다. 협력적인 팀워크의 마지막 단계에서 소개하고 있기는 하지만, 팀은 작업하는 내내 팀의 기여와 성공을 기념하기 위한 방법을 찾아야 한다. 만일 자축하기를 마지막 단계에서의 최종 성공까지 미룬다면 팀 구성원들은 자신들이 진보를 보이고 있다는 사실을 쉽게 놓칠 수 있다. 그렇게 되면 동기를 상실하게 된다. (이것은 교수법에서와 유사하게 적용된다. 교사는 학생이 새로운 기술을 학습할 때까지 칭찬을 하지 않고 기다리지는 않는다. 오히려 배우는 과정 중에 계속 칭찬을 한다.) 팀은 목표에 서로 동의했을 때, 기능진단을 마쳤을 때, 지원 계획을 세웠을 때, 문제행동이 감소했을 때, 어렵다고 생각한 문제에 대한 해결책을 찾았을 때 등 다양한 경우에 자축할 수 있다. 팀의 자축은 간단하게 이루어질 수 있다. 환호하거나, 목록에서 성취한 것들을 표시하거나, 커피와 도넛을 먹거나, 구성원들에게 감사의 쪽지를 보내는 등의 방법을 사용할 수 있다. 정기적으로 팀의 공로를 인정하는 것은 팀의 동기를 오랫동안 유지하고 팀으로 하여금 문제 해결을 위해서 함께 일하도록 하는 데 유용하다.

우리는 팀으로 역할을 하고 있는가

지침: 팀의 전반적인 성취와 관련해서 각 영역을 평가한다. 개선이 필요하다고 생각되는 영역에 ✓ 표시를 한다. 개선이 필요한 영역에 대해서 효과적인 협력하기를 방해하는 요소들을 식별한다. 마지막으로 식별된 방해요소를 제거하기 위한 하나 이상의 해결책을 기록한다. 팀과 함께 해결책에 대하여 논의한다.

팀의 평가	평가 영역	효과적 협력을 방해하는 요소	개선을 위한 해결책
✓	회의가 시작되기 전에 우리는 의제, 시간, 장소, 역할을 정한다.	회의에 도착해서야 회의 주제를 알기 때문에 미리 계획하기가 어렵다.	회의가 개최되기 하루 이틀 전에 이메일로 의제를 보낸다.
	회의가 시작되기 전에 각 구성원들은 팀에 대한 책임과 자신이 무엇을 준비해야 하는지를 알고 있다.		
	회의가 진행되는 동안 각 구성원들은 자신의 의견을 자유롭고 편안하게 개진할 기회를 갖는다.		
✓	회의가 진행되는 동안 우리는 우리의 성취를 강조할 수 있는 기회를 갖는다.	힘든 시기에는 성취를 확인하는 과정을 생략하고 바로 문제해결에 들어간다.	힘든 때일수록 자축하기를 잊지 않기로 약속한다.
	회의가 진행되는 동안 우리는 팀 구성원들이 모두 동의하는 문제 상황을 다루는 계획을 개발할 수 있다.		
	회의가 진행되는 동안 구성원들 간에 서로를 존중하는 의사소통이 이루어진다.		

[그림 4-7] 팀 평가 점검표의 예

(4) 협력 과정 검토하기

학생의 자료와 팀의 성과를 검토함으로써 팀 구성원들은 학생 중심의 성과를 성취하고 있는지에 대한 자신들의 진보를 정기적으로 평가하게 된다. 이와 동등하게 중요한 평가는 협력하기 과정에 대해서 정기적으로 검토하는 것이다. 이를 위해서 팀 구성원들은 '우리는 진정한 팀인가?' 라는 질문을 하게 된다(Willcocks & Morris, 1997). 이 장의 전반에 걸쳐서 팀 구성원들 간의 협력과 좋은 관계를 형성하는 데 필수적인 여러 팀 구성 활동에 대하여 설명하였다. 마지막 검토로서, 주요 쟁점을 요약하기 위한 방법으로 팀 구성원들이 팀의 건강한 기능을 평가하는 데 사용할 수 있는 점검표를 제시하고자 한다([그림 4-7] 참조). 모든 평가에서와 마찬가지로, 팀은 긍정적 행동지원 과정을 진행하는 동안 그와 같은 질문을 해 보아야 할 것이다.

5. 요 약

협력적 팀은 개별 학생을 위한 지원 계획을 고안하고 실행하는 데 필수적인 요소다. 팀 구성원들은 변화를 위한 도구다. 따라서 다른 사람들과 의사소통하고 효과적으로 함께 일하기 위한 그들의 학습, 지원, 능력은 학생의 긍정적인 성과를 만들어 내기 위한 선행 조건이다. 팀은 학생을 다루기 위해서뿐만 아니라 구성원들이 자신들의 일을 실행하는 능력을 강화하기 위해서 만들어진다. 협력하기가 왜 중요한지를 설명하는 것 외에도 이 장에서는 긍정적 행동지원 체계 내에서의 협력을 강화하기 위해서 고안된 몇 가지 중요한 팀 구성 전략을 강조하였다. 이 전략들은 팀 구성원들이 팀워크의 가치와 복잡함을 이해하도록 도와준다. 그러나 이 장에서는 빙산의 일각만을 다루었을 뿐이다. 협력적인 팀을 구성하고 유지하기 위한 좀 더 상세한 내용을 원하는 독자는 이 장의 참고문헌에서 제시한 목록 중 협력하기 관련 문헌들을 읽기 바란다.

일반적인 질문

Q 행동지원 계획은 항상 팀이 함께 고안해야 하나요? 혼자 할 수는 없나요?

오랜 경험이 있는 교직원들과 부모들에게는 지원 계획을 고안하기 위한 5단계 과정(3장 참조)이 직관적으로 쉽게 이해될 수도 있습니다. 제한된 상황에서는 긍정적 행동지원 경험이 있는 사람이 혼자서 중재를 계획하고 실행하는 것이 가능할 수도 있을 것입니다. 특히 문제행동이 한 장소에서만(예: 한 교실 또는 가정에서만) 발생한다면 더욱 가능하겠지요. 그러나 지금까지의 경험에 비추어 본다면 지속적이고 어려운 문제행동은 다양한 환경과 사람을 대상으로 발생하기 때문에 중재를 위한 종합적인 접근을 필요로 합니다. 진단과 중재가 종합적일수록 개인의 문제행동에 의해서 가장 큰 영향을 받는 사람들과 그들의 삶에 관련된 사람들을 포함시키는 것이 더욱 효과적일 것입니다. 다른 사람의 참여가 없이도 긍정적 행동지원 계획을 고안할 수는 있지만 그러한 경우 장기적인 성과는 불분명해질 수밖에 없습니다.

Q 바쁜 전문가들과 부모가 함께 만나서 회의를 할 수 있는 시간을 과연 만들 수 있을까요?

대부분의 학교들은 일반적으로 협력을 위한 구조를 갖추고 있지 않기 때문에 교직원과 학부모가 함께 정기적인 회의를 위한 시간을 정하는 일은 어려운 일임에 틀림없습니다. 핵심 팀 구성원들의 회의 시간을 만들기 위한 노력 외에도 없는 시간을 만들어 내기 위한 행정적인 지원이 필요하기도 합니다. 이러한 지원은 학교 전체가 실제로 일이 진행되기 위해서는 협력하기가 중요하다는 사실을 인식할 때에만 가능합니다. 시간을 내는 일이 때로는 어렵기도 하지만 전문가들에게서 가장 큰 실수는 협력하기 위한 시간 만들기가 불필요하다고 생각하는 것입니다. 이 장 전반에 걸쳐서 강조하였듯이, 협력하기는 많은 중요한 기능들을 하게 됩니다. 만일 협력하지 않는다면 장기적인 성공은 위협을 받게 됩니다.

Q 팀의 일부 구성원들이 자신의 방법을 바꾸지 않으려고 하면 어떻게 해야 하나요?

이 질문에 대답하기 위해서는 긍정적 행동지원의 원리를 팀 구성원의 행동을 이해하는 데까지 확장해야 합니다. 무엇을 할 것인지를 질문하기 전에 특정 구성원이 왜 변화를 거부하는지를 먼저 질문해야 합니다. 다양한 이유는 다양한 해결책을 제시해 줄 것입니다. 예를 들어, 절차를 시행할 줄 모르기 때문에 또는 실수를 할까 봐 두려워하기 때문에 변화를 거부하지는 않나요? 그렇다면 해답은 훈련이나 지원을 제공하는 것입니다. 혹시 중재 전략이 실행하기 너무 어려워서 거부하는 것은 아닌가요? 그렇다면 해답은 중재를 수정해서 상황에 맞도록 해 주는 것입니다. 중재가 효과적이지 않을 것이라고 믿기 때문에 거부하는 것은 아닌가요? 그렇다면 회의를 통해서 학생의 진보를 검토하고 팀의 성공 경험을 함께 나누는 것이 해답이 될 수 있습니다. 팀 구성원들이 새로운 방법을 사용하는 것에 대한 초기의 주저함이나 거부를 극복하도록 도와주는 것은 협력하기 과정의 일부분입니다. 구성원들이 성장하고 학습하도록 인내심을 가지고 기다리십시오.

Q 팀의 갈등을 어떻게 해소해야 하나요?

모든 협력하는 과정에서는 갈등이 발생합니다. 서로 동의하지 않지만 상대방을 존중하고 모든 구성원들이 문제에 대한 해결책을 찾기 위해서 노력하는 것으로 특징지어지는 건전한 갈등은 팀을 성장하게 만듭니다. 반면에 완고하고 무례한 논쟁으로 특징지어지는 불건전한 갈등은 팀을 무능력하게 만듭니다. 팀의 갈등이 불건전하게 될 때 첫 번째로 해야 할 일은 팀의 모든 구성원들에게 기본적인 규칙과 의사소통의 방법을 상기시키는 것입니다. 경우에 따라서는 팀 촉진자가 특정 구성원과 개인적이고 사적으로 그 행동에 대해서와 팀의 관심사에 대해서 이야기해야 할 필요도 있습니다. 드문 경우이기는 하지만 이와 같은 노력에도 불구하고 팀 구성원이 다른 사람의 의견을 수용하기를 거부할 수도 있습니다. 이러한 경우에는 나머지 구성원들이 그 사람을 팀에서 제외할 것인지 함께 일할 것인지에 대해서 결정해야 합니다.

사례

명호의 팀

명호의 행동지원 과정을 시작하기 위해서 긍정적 행동지원의 모든 활동을 실행하게 될 핵심 팀이 구성되었다. 핵심 팀 구성원으로는 명호의 주 양육자인 할아버지와 할머니, 담임인 이 교사, 보조교사, 학교장이 포함되었다. 긍정적 행동지원 계획을 개발했던 경험이 있는 학교의 행동지원 전문가인 노 교사도 핵심 팀의 구성원으로 포함되어 팀 촉진자의 역할을 맡게 되었다. 확장 팀도 구성되었다. 명호의 사촌형과 누나는 명호의 삶에서 적극적인 역할을 하기 때문에 핵심 팀에 들어가기를 원했지만 학교에 다녀야 하는 일정이 너무 바빠서 회의에 가끔씩만 참석할 수 있었다. 명호의 조부모는 회의에서 결정된 새로운 내용을 사촌형과 누나에게 알리고 또 그들의 제언이나 관심에 대해서 회의 중에 알려 주기로 동의했다. 명호의 조부모는 또한 명호의 어머니가 앞으로 명호의 삶에 더 많이 관여하게 될 것이므로 팀에 참여하도록 초청할 것을 제안했다. 명호 어머니가 얼마나 참여할지는 그녀 자신에게 달려 있다. 마지막으로 명호는 현재 어떤 약물치료도 하고 있지 않지만 가족들은 자신들의 가정의가 확장 팀에 참여할 것을 원하였다. 가족들은 이 의사가 명호가 태어날 때부터 명호를 진료했으며 명호의 약물을 처방하고 조절해 왔기 때문에 함께 참여하는 것이 중요하다고 생각하였다. 그러나 의사의 바쁜 일정 때문에 정기적으로 팀 회의에 참석하기는 어려웠다. 그 대신 자신이 원할 때나 다른 팀 구성원이 원할 때, 또는 팀이 의사의 의견을 필요로 할 때 전화 등을 통해서 참여하기로 하였다.

일단 핵심 팀이 구성된 후 정기적인 모임을 위한 회의는 격주 수요일 오후 2시 30분에 갖기로 결정하였다. 수요일은 교사들의 수업 계획이나 부모와의 회의를 위해서 학교가 오후 일찍 끝나기 때문에 이 시간은 교사들에게는 매우 적절한 시간이었다. 학교장은 수요일 오후에 방과후 프로그램을 만들어 부모나 기타 가족들이 교사와 회의를 해야 할 때 자녀들을 맡길 수 있게 하였다. 명호의 할머니는 파트타임으로 일하기 때문에 대부분의 회의에 참석할 수 있었다. 참석하지 못하는 경우에는 팀이 명호의 조부모에게 이메일이나 전화로 회의의 내용을 알려 주고 그들이 참석할 수 있을 때까지는 중요한 결정을 보류하기로 약속했다. 명호의 할아버지는 회의에 참석하기 위해서 직장에서 시간을 내야 했다. 할아버지는 회의에서 할머니가 자신의 입장을 잘 반영해 준다고 믿었기 때문에 1년에 몇 번만 회의에 참석하는 것에 대해서 편안하게 생각하였다.

모든 팀의 가장 중요한 첫 번째 활동은 팀의 목표를 정하는 것이다. 모든 팀 구성원들은 명호의 문제행동을 다루기 위해서 긍정적 행동지원 전략을 사용할 것을 이해하는 것에서 시작하였다. 첫 번째 회의에서 노 교사는 긍정적 행동지원 과정과 철학에 대해서 간단하게 설명하여 모든 구성원들이 명호를 위한 지원 계획을 세우는 절차를 이해하게 도와주었다. 팀의 목표를 정하기 위해서 노 교사는 명호의 할머니에게 팀이 무엇을 하기를 원하는지 질문했다. 할머니는 명호의 문제가 해가 갈수록 더 나빠지고 있는 것에 대해서 많은 걱정과 우려를 나타냈으며, 한숨 섞인 말로 "내가 명호에게 원하는 것은 명호가 학교에서 행복해하고 즐기는 것입니다."라고 말했다. 토론 끝에 팀은 팀의 시작 활동을 위한 목표를 다음의 두 가지로 정했다.

- 명호가 학교에서 왜 문제를 보이는지 알아낸다(학교에서 왜 문제행동을 보이는가?).
- 명호의 문제행동을 줄이고 학교 활동에 더 많이 참여하고 행복하게 만들기 위한 지원 계획을 개발한다.

명호의 할머니는 명호가 동네에 있는 학교로 돌아와 친구들과 사촌들과 함께 다니기를 원한다고 말하였으나, 현재로서는 학교 실패가 예상되는 퇴보기를 끝내기 위한 좀 더 즉각적인 목표를 세우는 것이 좋다고 동의하였다.

보미의 팀

명호와 마찬가지로 보미를 위해서도 핵심 팀이 구성되었다. 보미의 팀에는 어머니, 일반학급 교사, 특수교사, 체육교사, 학교 심리사, 학교장이 포함되었다. 보미의 어머니는 보미도 핵심 팀에 참여해야 한다고 강하게 생각하였다. 어머니는 이에 대해 보미와 의논하였으며, 보미는 처음에는 거절하였으나 주로 지원 계획의 검토 시에 참여하겠다고 동의하였다. 어머니는 또한 옆집 아주머니가 확장 팀에 포함되기를 원하였다. 왜냐하면 그 아주머니는 어머니를 늘 지원하였으며 보미와도 매우 가까웠기 때문이다. 보미의 아버지는 정기적으로 회의에 참석할 수 없었기 때문에 확장 팀에 참여하기로 하였다. 보미의 어머니는 결정된 사안을 정기적으로 아버지에게 알리고 학교는 회의 중에 작성된 문서를 보내 주기로 했다.

보미 어머니는 직장 일정 때문에 정기적으로 회의에 참석하기가 쉽지 않았다. 그러나 어머니는 계획하는 과정에 밀접하게 관여하기를 원했다. 따라서 학교 중심의 팀 구성원들은 지원 계획 과정 중에 정기적으로 만나고 이메일이나 전화로 어머니와 의사소통을 하기로 했다. 적절한 정보가 모였을 때, 보미의 어머니는 지원 계획을 세우기 위한 회의 참석을 위해 직장에서 시간을 냈다. 그 후에는 필요에 따라서 회의의 일정이 진행되었다.

보미의 어머니가 회의에 정기적으로 참석하기 어려웠기에 전화를 통해서 목표를 결정하고 문제행동을 식별하였다. 명호의 경우와 마찬가지로, 팀은 보미가 왜 문제행동을 보이는지를 결정하고 지원 계획을 개발하였다. 팀 구성원들은 보미가 일반학급에 남아서 또래들과의 사회적인 상호작용을 향상시키는 데 필요한 지원을 알아내는 것을 현 상황에서의 주요 목표로 정하였다. 어머니의 제안으로 팀은 보미의 삶의 전반적인 질을 향상시키는 것이 중요하다고 생각하게 되었다. 이것은 학교 밖에서의 추가적인 구조화를 제공하고, 보미가 즐겁게 참여할 수 있는 활동을 알아내고, 우정을 형성할 수 있도록 기회를 주어야 하는 것을 의미하였다.

참고문헌 ……

Albin, R. W., Lucyshyn, J. M., Horner, R. H., & Flannery, K. B. (1996). Contextual fit for behavioral support plans: A model for "goodness of fit." In L. K. Koegel, R. L. Koegel, & G. Dunlap (Eds.), *Positive behavioral support: Including people with difficult behavior in the community* (pp. 81-89). Baltimore: Paul H. Brookes.

Bambara, L. M., Gomez, O., Koger, F., Lohrmann-O' Rourke, S., & Xin, Y. P. (2001). More than techniques: Team members' perspectives on implementing positive supports for adults with severe challenging behaviors. *Journal of The Association for Persons with Severe Handicaps, 26*, 213-228.

DeBoer, A., & Fister, S. (1994). *Strategies and tools for collaborative teaching.* Longmont, CO: Sopris West.

Dunlap, G., Newton, J.S., Fox, L., Benito, N., & Vaughn, B. (2001). Family involvement in functional assessment and positive behavior support. *Focus on Autism and Other Developmental Disabilities, 16*, 215-221.

Fleming, J., & Monda-Amaya, L. E. (2001). Process variables critical for team effectiveness. *Remedial and Special Education, 22*, 158-171.

Friend, M., & Cock, L. (2000). *Interactions: Collaboration skills for school professionals* (3rd ed.). White Plains, NY: Longman.

Harrington-Mackin, D. (1994). *The team building tool kit: Tips, tactics, and rules for effective workplace teams.* New York: American Management Association.

Hieneman, M., & Dunlap, G. (2000). Factors affecting the outcomes of community-based behavioral support: I. Identification and description of factor categories. *Journal of Positive Behavior Interventions, 2*, 161-169, 178.

Hieneman, M., & Dunlap, G. (2001). Factors affecting the outcomes of community-based behavioral support: II. Factor category importance. *Journal of Positive Behavior Interventions, 3,* 67-74.

Kando, T. M. (1977). *Social interaction.* St. Louis, MO: Mosby.

LaFasto, F., & Larson, C. (2001). *When teams work best: 6000 team members and leaders tell what it takes to succeed.* Thousand Oaks, CA: Sage.

Lohrmann-O' Rourke, S., knoster, T., & Llewellyn, G. (1999). Screening for understanding: An initial line of inquiry for school-based settings. *Journal of Positive Behavior Interventions, 1,* 35-42.

Robbins, H., & Finley, M. (2000). *The new why teams don't work: What goes wrong and how to make it right.* San Francisco: Berrett-Koehler.

Ruef, M. B., Turnbull, A., Turnbull, H. R., & Poston, D. (1999). Perspectives of five stakeholder groups: Challenging behavior of individuals with mental retardation and/or autism. *Journal of Positive Behavior Interventions, 1*, 43-58.

Schwartz, I. S., Boulware, G., McBride, B. J., & Sandall, S. R. (2001). Functional assessment strategies for young children with autism. *Focus on Autism and Other Developmental Disabilities, 16,* 222-227, 231.

Schwarz, R. M. (1994). *The skilled facilitator: Practical wisdom for developing effective groups.* San Francisco: Jossey-Bass.

Snell, M. E., & Janney, R. (2000). *Collaborative teaming.* Baltimore: Paul H. Brookes.

Straka, E., & Bricker, D. (1996). Building a collaborative team. In D. Bricker & A. Winderstrom (Eds.), *Preparing personnel to work with infants and young children and their families: A team approach* (pp. 321-345). Baltimore: Paul H. Brookes.

Team memory jogger. (1995). Salem, NH: GOAL/QPC.

Thousand, J. S., & Villa, R. A. (2000). Collaborative taming: A powerful tool in school restructuring. In R. A. Villa & J. S. Thousand (Eds.), *Restructuring for caring and effective education* (pp. 254-291). Baltimore: Paul H. Brookes.

Weigle, K. L. (1997). Positive behavior support as a model for prompting educational inclusion. *Journal of The Association for Persons with Severe Handicaps, 22*, 36-38.

Willcocks, G., & Morris, S. (1997). *Successful team building.* Hauppauge, NY: Barron's Educational Series.

05

행동 변화 측정 방법

RAYMOND G. MILTENBERGER

1. 직접 관찰
2. 그래프 제작 및 분석
3. 관찰자 훈련
4. 간접 진단
5. 요 약

긍정적 행동지원(PBS) 계획이 실행됨에 따라 학생이 진보하고 있는지를 평가하기 위해서는 목표행동을 측정할 수 있어야 한다. 이때 목표행동은 감소되어야 할 문제행동일 수도 있고, 문제행동을 대체할 바람직한 행동이나 기술일 수도 있다. 지원 계획이 실행되기 전부터 목표행동에 대한 측정, 즉 행동진단을 시작하여 그 행동의 기초선을 정해야 하며, 지원 계획 실행 중에도 측정을 계속함으로써 지원 계획이 목표행동을 바람직한 방향으로 변화시키고 있는지를 알아보아야 한다(Miltenberger, 2004). 또한 이러한 행동의 변화가 시간이 흘러도 유지되는지를 확인하기 위해서는 지원 계획이 실행되고 나서 얼마간의 시간이 지나서도 목표행동을 계속 측정해야 한다.

지원 계획을 실행하기 전에 목표행동을 측정하는 것은 다음과 같은 여러 가지 이유에서 매우 중요하다. 첫째, 문제행동의 심각성을 결정하는 데 도움이 된다. 중재 전에 실시하는 행동진단은 문제행동의 빈도, 지속 시간 또는 강도가 매우 심각한 데 반해 바람직한 행동의 발생은 거의 없다는 것을 보여 줌으로써 중재의 필요성을 입증하는 역할을 한다. 때로는 중재 전에 실시하는 행동진단을 통해 바람직한 행동이 충분히 자주 발생하고 있다거나 문제행동의 빈도, 지속 시간, 강도가 그리 심각하지 않음을 알게 되어 당장 지원 계획이 필요한 것은 아니라는 결론에 도달할 수도 있다. 둘째, 행동진단은 문제행동 또는 바람직한 행동의 중재 전 상태, 즉 기초선을 확립하게 해 줌으로써 지원 계획의 효과를 평가하는 데 도움을 준다. 셋째, 행동진단을 실시하기 위해서는 교사, 부모, 기타 전문가들이 진단 과정에 활발하게 참여해야 하는데, 그들은 결국 행동 중재를 실시하게 될 당사자들이므로 이러한 개인들이 중재 전부터 활발하게 참여하고 협력한다면 긍정적 행동지원의 성공 가능성이 높아진다.

행동진단에는 크게 직접 진단과 간접 진단의 두 범주가 있다(Iwata, Vollmer, Zarcone, & Rodgers, 1993; O' Neill et al., 1997). 직접 진단은 자연스러운 상황에서 목표행동이 발생하는 즉시 관찰하고 기록하는 것이다. 간접 진단은 이전에 일어난 행동에 대해 회고하는 형식으로 정보를 수집하거나(예: 면담, 질문지, 평정척도), 결과물(예: 학교 숙제, 사건 기록)을 이용하여 수행을 진단하는 방법이다. 행동진단은 교사, 부모, 교직원, 학생과의 면담을 통해 목표행동을 정하고 행동 발생의 정도에 대한 기초 정보를 얻는 것으로 시작되지만, 목표행동의 기초선을 정하고 행동지원 계획이 실시된 후의 행동 변화를 측정하기 위해서는 직접 진단을 통한 정보도 수집되어야 한다. 지원 계획의 수립과 실행에서 직접 진단이 지니는 중요성을 고려하여 이 장에서는 직접 관찰에 관련된 절차에 초점을 둔다. 또한 이 장에서는 긍정적 행동지원 프로그램의 실행에 따른 진보를 평가하기 위해 영구적 결과물을 활용하거나 사회적 타당도를 측정하는 방법도 간단하게 논의한다.

비록 이 장은 긍정적 행동지원 계획의 성공 여부를 평가하기 위해 특정 목표행동을 측정하는 방법에 초점을 두고 있지만, 긍정적 행동지원 계획은 단순한 행동의 변화뿐만 아니라 의미 있는 삶의 양식 변화로 이어져야 함을 우리 모두 주목해야 한다. 긍정적 행동지원의 실행에 따른 광범위하고 장기적인 성과(즉, 삶의 양식 변화)를 어떻게 평가할지에 대해서는 11장에서 다룰 것이다.

1. 직접 관찰

행동지원 계획과 관련하여 목표행동을 성공적으로 기록하기 위해 팀 구성원들은 다음의 5단계를 고려해야 한다. (1) 목표행동 정의하기, (2) 관찰 시간과 장소 정하기, (3) 관찰자 정하기, (4) 가장 적절한 기록방법 선택하기, (5) 가장 적절한 기록도구 선택하기(Miltenberger, 2004). 이 5단계에 대한 자세한 내용은 다음과 같다.

1) 목표행동 정의하기

행동을 관찰하고 기록하는 계획을 세울 때의 첫 단계는 목표행동을 객관적으로 정의하는 것이다. 이것은 3장에서 소개한 긍정적 행동지원 과정의 첫 단계이기도 하다. 팀 구성원들은 목표행동을 정의하기 위해 문제행동이나 바람직한 행동을 구성하는 학생의 언어와 행동을 정확히 파악해야 한다.

1 행동을 정의할 때는 학생의 행동을 관찰가능하게 묘사하는 능동사를 포함하도록 한다.

2 특정 행동에 대한 표찰이 그 행동의 정의라고 할 수는 없다. 예를 들어, '한나가 공격행동을 보인다.' 고 하는 것은 행동에 대한 표찰에 불과하다. 반면 '한나가 다른 학생의 머리를 손으로 때린다.' 고 한다면 '공격적' 이라고 표찰된 특정 행동을 정의한 것이라 할 수 있다.

3 행동 정의는 명료해야 하며, 내적 상태를 언급하거나 동기를 암시하지 않아야 한다. 예를 들어, '한나는 좌절을 느끼면 다른 학생의 머리를 손으로 때린다.' 라는 표현에는 내적 상태에 대한 언급이 포함되어 있으며, '한나는 놀잇감을 갖고 싶어서 다른 학생의 머리를 손으로 때린다.' 라는 표현에는 동기에 대한 암시가 포함되어 있다. 이 두 경우는 적절한 행동 정의에 내적 상태나 동기에 대한 내용을 불필요하게 덧붙인 예라고 할 수 있다. 행동을 유발하는 동기나 내적 상태에 대한 정보 수집에 대해서는 문제행동에 영향을 미치는 요소를 알아내기 위한 기능적 행동진단 과정을 다룬 6장에서 살펴보게 될 것이다(예: Carr, McConnachie, Carlson, Kemp, & Smith, 1994; Chandler & Dahlquist, 2002; O' Neill et al., 1997).

4 행동 정의는 면밀해야 한다. 즉, 그 행동의 다양한 발생 형태를 모두 포함해야 한다. 만약 그 행동을 구성하는 어떤 요소가 빠지게 되면 행동에 대한 관찰자가 행동 발생을 기록하는 데 어려움을 겪게 될 것이다.

5 행동 정의가 제대로 되었는지 알아보는 좋은 방법은 행동 정의를 숙지한 두 명의 관찰자가 동시에 그 행동을 관찰하면서 기록한 목표행동의 발생 또는 비발생 여부가 일치되는지를 보는 것이다.

〈표 5-1〉은 한나의 문제행동과 바람직한 대체행동의 정의를 나열한 것이다. 이 정의들에서 보듯이, 개인마다 행동을 나타내는 방식이 상이하므로 문제행동이나 바람직한 행동의 정의는 행동지원 대상자의 특성에 맞추어 하는 것이지 특정 행동에 대한 표준 정의가 따로 정해져 있는 것은 아니다.

〈표 5-1〉 한나의 문제행동과 대체행동의 정의

방해행동
• 다른 아동에게 욕하기(예: "이 멍청아.") 또는 소리 지르기(예: "닥쳐!")
• 다른 아동의 장난감이나 교구를 빼앗아 도망가기, 다른 아동이 장난감이나 교구에 접근하지 못하게 가로막기
• 소리 내어 울거나 흐느껴 울기
• 손이나 발로 책상을 쳐서 큰 소리 내기
공격행동
• 주먹을 꽉 쥐고 다른 아동을 때리려는 태세로 위협하기
• 꼬집기, 밀기, 차기(또는 꼬집거나 밀고 차려는 시도)
과제 이탈 행동
• (교사가 학급 전체를 대상으로 수업을 진행하는 동안) 교실을 둘러보거나 창문 밖을 내다보기, 책상에 엎드려 있거나 손으로 얼굴을 가리기, 자리 이탈하기, 장난감 가지고 놀기
• (개별 과제가 주어졌을 때) 주어진 과제가 아닌 다른 활동에 몰두하기
• (모둠 활동이 주어졌을 때) 주어진 모둠 과제가 아닌 다른 활동에 몰두하기
놀잇감 나눠 쓰기
• 놀잇감이나 교구를 다른 아동에게 권하기, 다른 아동이 놀잇감이나 교구를 요구할 때 양보하기, 다른 아동이 가지고 있는 놀잇감이나 교구를 원할 때 상냥하게 요청하기
협동놀이
• 다른 아동과의 상호작용을 요하는 놀이 활동에 참여하기

2) 관찰 시간과 장소 정하기

일단 목표행동을 정의하고 나면 행동지원 팀은 관찰 및 기록을 언제 어디서 해야 할 것인지를 결정해야 한다. 전형적인 목표행동의 사례를 얻기 위해서는 문제행동이 일어날 가능성이 높은 시간(즉, 바람직한 행동이 필요한 시간)에 관찰이 이루어져야 한다. 만약 문제행동이 하루에도 여러 차례 여러 상황에서 나타난다면 관찰 역시 여러 환경에서 하루 종일 이루어져야 할 것이다. 문제행동이 특정 시간에 나타나는 것이라면 주로 그 시간에 또는 그 장소에서 관찰을 실시하겠지만, 가끔씩 다른 시간에 또는 다른 장소에서 관찰을 실시하여 문제행동이 다른 환경에서도 일반화되었는지를 살펴보도록 한다. 행동지원 팀은 목표행동이 일어나는 모든 경우를 관찰하여 기록하고 싶겠지만, 수업 시간 외의 문제행동에 대한 자료 수집을 위해 교사나 보조원에게 부담을 주어서는 곤란하다. 효과적인 행동 관찰 계획은 실용적이어야 할 뿐만 아니라 최소한의 시간과 노력으로 관찰과 기록을 실행할 수 있게 하는 효율성을 갖추어야 한다. 관찰 계획이 실용적이고 효율적일수록 관찰자가 목표행동에 대한 관찰과 기록을 성공적으로 할 가능성은 높아진다.

3) 관찰자 정하기

대부분의 경우 행동지원 계획의 개발과 실행에는 행동지원 전문가, 교사, 보조원, 부모, 학교 직원, 행정가 등의 여러 구성원으로 이루어진 팀이 관여하게 된다. 여러 사람들이 과정에 참여하게 되므로 어떤 시간에 누가 자료를 수집할 것인지(또 누가 중재를 실시할 것인지)를 정해 두는 것은 매우 중요하다. 시간별로 관찰 담당자가 명확히 정해져 있지 않으면 팀원들마다 누군가 다른 사람이 행동을 관찰하고 있을 것이라고 잘못 믿어 버리는 불상사가 일어나게 된다. 예를 들어, 교사는 보조원이 수업 시간 중 발생한 문제행동을 관찰하고 있으리라고 생각하고, 보조원은 교사가 관찰을 하고 있으리라고 생각하는 일이 발생할 수 있다. 그 결과 누구도 수업 중 관찰을 하지 않게 되어 행동에 대한 귀중한 정보가 소실될 수 있다. 관찰자는 (1) 관찰을 담당하는 시간 내내 그 학생을 직접 관찰할 수 있는 여건을 갖추고 있고, (2) 자신이 맡은 관찰 시간 동안 관찰과 기록을 할 시간이 있어야 하며, (3) 관찰과 기록 절차를 실행하는 데 필요한 훈련을 받은 사람이어야 한다.

4) 기록방법 선택하기

관찰과 기록을 언제, 어디서, 누가 할 것인지를 정한 다음에는 기록방법을 선택하게 된다. 기록방법은 관찰자와 관찰 환경에 대한 현실적 고려와 관찰할 행동의 특성을 바탕으로 선택한다. 기록방법에는 사건기록법(event recording)과 표집법(sampling method)의 두 가지가 있다. 사건기록법이란 관찰 기간 동안 목표행동이 일어날 때마다 기록하는 방식을 말하고, 표집법이란 미리 정해 둔 구간에서 목표행동이 발생했는지의 여부를 기록하는 방식을 말한다.

(1) 사건기록법

사건기록법을 사용하면 행동의 다양한 차원을 기록할 수 있다. 따라서 관찰할 행동의 양상을 가장 잘 포착할 수 있는 기록법을 선택하는 것이 중요하다. 측정 대상이 될 수 있는 행동의 차원으로는 빈도(frequency), 지속시간(duration), 강도(intensity), 반응지연시간(latency) 등이 있다.

목표행동이 발생하는 횟수가 그 행동의 가장 중요한 측면일 때는 빈도기록법을 사용한다. 예를 들어, 어떤 학생이 관찰 기간 동안 다른 학생을 밀친 횟수를 기록할 경우는 빈도기록법을 사용할 수 있다. 행동지원의 목표 중 하나가 그 학생이 다른 학생을 미는 횟수를 감소시키는 것이라면, 빈도기록법은 목표 성취 여부를 판단하는 데 최상의 정보를 줄 수 있는 기록방법일 것이다.

목표행동이 얼마나 오래 지속되는지가 그 행동의 가장 중요한 측면일 때는 지속시간 기록법을 사용한다. 만약 지원 목표 중 하나가 학생이 바람직한 행동을 보이는 시간을 증가시키는 것이라면, 지속시간 기록법은 이러한 목표를 향한 진보의 정도를 평가하기에 적절한 방법일 것이다. 예를 들어, 아동의 협동놀이 참여를 증가시키는 것이 지원 목표일 때, 측정해야 할 행동의 차원은 아동이 협동놀이에 참여한 시간일 것이다. 지속시간 기록법의 경우 행동이 발생할 때마다 행동이 시작된 시간과 멈춘 시간을 기록하게 되므로 그 행동의 발생 빈도에 대한 정보도 함께 얻을 수 있다.

목표행동의 세기나 정도가 그 행동의 가장 중요한 측면일 때는 강도를 측정한다. 강도는 평정척도(rating scale)나 특별한 도구를 사용하여 측정할 수 있다. 예를 들어, 어떤 학생이 탠트럼 중에 내는 소리의 크기를 줄이는 것이 행동지원의 목표라면, 관찰자는 평정척도를 사용하여 탠트럼 동안의 소리 크기를 기록해 둘

수 있다. 강도평정(intensity rating)은 정서적 반응(emotional responding)이나 기분(mood)의 측정에 사용되기도 하는데, 이 경우 특정 감정이나 기분을 나타내는 지표로 명백하게 드러나는 행동을 평정하게 된다. 평정척도를 사용할 때는 척도상의 각 점이 뜻하는 바를 분명하게 기술해야 기록의 신뢰도를 높일 수 있다. 예를 들어, Carr McLaughlin, Giacobbe-Grieco 및 Smith(2003)는 개인의 기분과 그에 따른 문제행동 간의 관계를 연구하였는데, 이때 평정척도를 사용하여 기분의 강도를 측정하였다. 그들(Carr et al., 2003, p. 55)은 0~5점 척도를 사용하였으며, 다음은 척도의 각 점수에 대한 설명이다.

- 소리 지르기, 토라지기, 과민하고 화가 나 있거나 불만이 많은 듯이 보임. 별로 즐거워 보이지 않음(행복해 보이지 않는 정도에 따라 0점 또는 1점으로 평정)
- 특별히 행복하지도 불행하지도 않아 보임. 가끔씩 미소 짓거나 찡그리기도 하지만 전반적으로 늘 무덤덤함(행복해 보이는 정도에 따라 2점 또는 3점으로 평정)
- 적절한 미소와 웃음. 즐거워 보임(즐거워하는 정도에 따라 4점 또는 5점으로 평정)

어떤 사건이나 자극이 주어진 후 학생이 목표행동을 시작하기까지 소요되는 시간이 그 행동의 가장 중요한 측면일 때는 반응지연시간을 측정한다. 예를 들어, 학생이 지시어를 듣는 즉시 과제를 시작하게 하는 것이 행동지원 목표라면, 관찰자는 지시어가 주어진 순간부터 학생이 과제를 시작한 순간까지 몇 초가 소요되는지를 기록할 수 있을 것이다.

행동지원의 목표가 행동의 여러 측면을 변화시키려는 것일 때는 이상에서 설명한 행동의 차원들 중 둘 이상을 기록해야 할 수도 있다. 예를 들어, 행동지원 팀은 적절한 사회적 상호작용의 빈도와 지속시간을 모두 증가시키고자 할 수도 있고, 탠트럼의 빈도와 강도를 모두 감소시키려 할 수도 있다. 이와 같은 경우에는 둘 이상의 행동 차원이 기록되어야 할 것이다.

사건기록법으로 수집된 자료는 정반응률 또는 전체 기회에 대한 시도 횟수의 비율 등과 같은 백분율로 환산할 수 있는데, 이렇게 함으로써 관찰자는 학습 시도나 반응 기회 등에 따른 행동의 발생 여부를 기록할 수 있다. '학생이 관찰 기간 동안 교사의 지시에 따른 횟수는 11회다.' '학생이 받아쓰기에서 바르게 쓴 단어 수는 13개다.' 와 같은 관찰 결과는 반응 기회에 대한 언급이 없기 때문에 적절한 정보라고 할 수 없다. 행동의 발생 횟수를 주어진 반응 기회의 수로 나누어 표현한다면 더욱 유용한 정보가 된다. 만약 학생이 총 12회의 교사 지시 중 11회의 지시를 적절하게 따랐다면 지시 따르기의 비율은 11/12 또는 92%다. 그러나 이 학생이 25회의 교사 지시 중 11회의 지시를 따른 것이라면 그 비율이 44%에 불과하므로 지시 따르기를 적절히 한다고 볼 수 없을 것이다.

(2) 표집법

행동 측정을 위해서 표집법을 사용할 때는 관찰자가 행동이 일어나는 모든 순간을 기록하는 것이 아니라 관찰 기간을 여러 구간으로 나눈 후 각 구간에서 목표행동이 발생했는지의 여부만을 기록한다. 표집법은 높은 비율로 일어나는 행동을 측정할 때나 관찰자가 관찰과 함께 병행해야 할 다른 업무가 있어서 사건기록법을 사용하기 어려울 때 유용하다. 표집법에는 등간기록법(interval recording)과 시간표집법(time sample recording)의 두 가지 유형이 있다.

등간기록법은 각 구간에서 행동의 발생 여부를 기록하는 것이다. 예를 들어, 수업 시간을 10분 단위의 구간으로 나누었다면 관찰자는 학생의 문제행동 또는 적절한 행동이 10분 동안 발생했는지의 여부를 기록할 것이다. 관찰자는 한 구간 내에서 행동이 발생할 때마다 기록하는 것이 아니라 그 구간 중 행동이 한 번이라도 발생했는지의 여부만을 기록한다. 따라서 한 구간에서 목표행동이 한 번 발생했든 여러 번 발생했든 그 구간에는 한 번만 표시한다.

시간표집법은 등간기록법과 달리 비연속적으로 행동의 발생 여부를 기록하는 것이다. 한 번의 관찰 및 기록이 끝나면 다음번 관찰 및 기록 시점에 이를 때까지는 관찰을 하지 않는다. 예를 들어, 관찰자가 학생의 방해행동이나 과제수행 행동을 1분마다 10초간 관찰한다면(1분마다 10초를 표집하여 관찰한다면) 그 10초 동안에만 관찰 및 기록을 하고 나머지 50초 동안에는 관찰을 하지 않는 것이다.

두 방법 모두 표시된 구간의 비율로 관찰 결과를 보고하게 되는데, 이 비율은 목표행동이 발생한 것으로 표시된 구간의 수를 전체 구간 수로 나누어 산출한다.

5) 기록 도구 선택하기

행동 측정 계획을 수립할 때의 마지막 절차는 기록 도구를 선택하는 것이다. 대부분의 경우 종이와 연필을 사용하여 행동을 기록하게 된다. 사건기록법을 사용할 경우는 행동이 발생할 때마다 기록할 수 있는 기록지가, 그리고 표집법을 사용할 경우는 행동이 발생한 구간을 표시할 기록지가 관찰자에게 주어진다. 기록지는 일반적으로 관찰자가 행동을 기록하기에 편리하도록 제작된다.

[그림 5-1]은 목표행동의 빈도를 기록하는 데 사용할 수 있는 기록지의 예다.

빈도 기록지

이름 ______________________

목표행동의 정의 ______________________

____

____

빈 도

관찰자	날짜/시간	1	2	3	4	5	6	7	8	9	10	합계

[그림 5-1] 빈도 기록지

* 행동이 발생할 때마다 관찰자가 '×' 또는 '√'를 그날의 해당 칸에 기입한다.

이 기록지를 살펴보면, 관찰을 실시한 날짜와 행동 발생을 표시할 칸이 마련되어 있음을 볼 수 있다. 또한 학생의 이름과 목표행동의 정의를 기록할 칸을 두어 관찰 대상자와 관찰할 행동을 명확히 알 수 있게 하고 있다. 관찰자는 행동이 발생할 때마다 기록지의 해당 칸에 '×' 또는 '✓'를 기입한다. 행동 발생의 빈도와 함께 각 행동이 발생한 시간에 대한 정보까지 기록하고 싶다면 행동이 발생할 때마다 발생 시간을 해당 칸에 기입할 수도 있다. 둘 이상의 행동을 관찰해야 할 때는 각 행동에 대한 부호(code)를 정한 후, 해당 칸에 발생한 행동의 부호를 적어 넣는다. 예를 들어, 한 학생의 공격행동(aggressive behavior)과 불순응행동(noncompliance)을 관찰한다면 공격행동을 'A'로 불순응행동을 'N'으로 표시할 수 있을 것이다.

[그림 5-2]는 목표행동의 지속시간을 기록하는 데 사용할 수 있는 기록지의 예다. 이 기록지에는 목표행동이 시작된 시간과 멈춘 시간을 기록하는 칸이 있다.

지속시간 기록지

이름 ____________________

목표행동의 정의 ____________________

____

____

지속시간

관찰자	날짜/시간	시작	멈춤	시작	멈춤	시작	멈춤	시작	멈춤	시작	멈춤	합계

[그림 5-2] 지속시간 기록지

* 행동이 발생할 때마다 시작 시간과 멈춘 시간을 기입한다.

목표행동이 시작된 시간과 멈춘 시간을 기록함으로써 행동지원 팀은 날짜별로 목표행동이 일어난 총 시간이 얼마나 되는지와 목표행동이 한 번 일어났을 때의 평균 지속시간(지속시간의 총합을 행동 발생의 빈도수로 나누어 산출)을 알 수 있다. 또한 그 행동이 하루에 몇 번 일어나는지도 알 수 있을 것이다.

[그림 5-3]은 등간기록법이나 시간표집법에 사용할 수 있는 기록지다. 이 기록지는 하루 중 여러 수업 시간에 사용할 수 있도록 10분 단위의 관찰 구간으로 구성되어 있다. 만약 관찰 구간을 좀 더 짧게 하고 싶다면 15분의 관찰 시간을 10초 간격의 구간으로 나눌 수 있을 것이다. 관찰 구간을 늘이고 싶다면 하루 전체를 30분 간격의 구간 또는 적절한 다른 간격의 구간으로 나눌 수 있다. 등간 기록지를 사용할 때는 목표행동이 해당 구간 중 한 번이라도 발생하면 그 구간의 해당 칸에 '×' 또는 '∨'를 기입한다. 목표행동이 그 구간에서 발생하지 않았다면

등간 기록지

이름 ____________________

목표행동의 정의 ____________________

____

____

10분 구간

관찰자	날짜/시간	1	2	3	4	5	6

[그림 5-3] 구간 기록지

* 관찰 기간 60분을 10분 단위의 6구간으로 나누고 각 구간의 10분 동안 목표행동이 발생했는지의 여부를 기입한다.

그 구간의 해당 칸은 비워 둔다. 관찰자가 행동 발생 여부를 기입할 해당 칸을 잘 찾을 수 있도록 하기 위해서는 각 구간의 시작과 끝을 알게 할 방법이 필요하다. 한 구간이 10초라면 10초 간격으로 소리를 녹음한 테이프를 들으며 관찰을 실시한다. 좀 더 구간이 긴 경우(예: 10분 또는 15분 간격)는 손목시계나 타이머를 사용한다.

이상에서 설명한 기록지 외에 다른 도구들도 사용할 수 있다. 예를 들어, 관찰자는 휴대용 계수기나 골프 타수기와 같이 손목에 착용하는 계수기를 사용하여 목표행동의 빈도를 기록할 수 있다. 교사가 관찰하게 되었다면 행동이 발생할 때마다 칠판의 한 구석에 표시를 할 수도 있을 것이다(단, 다른 학생들이 관찰 대상 학생의 행동이 기록되고 있음을 눈치 채지 않게 해야 함). 목표행동의 지속시간을 측정하기 위해서는 스톱워치 기능을 가진 손목시계를 사용할 수도 있다. 개인 휴대용 정보 단말기(personal digital assistant: PDA) 또는 소형 휴대용 컴퓨터도 행동의 빈도나 지속시간을 기록하는 프로그램을 설치하여 사용할 수 있다(Kahng & Iwata, 1998). 그 외에도 다양한 창의적인 기록 도구들을 고안해 볼 수 있다. 어떤 도구를 사용하든지 반드시 기억해야 할 것은 목표행동이 발생하는 즉시 기록해야 한다는 것이다. 또한 관찰자는 관찰 회기가 끝나는 즉시 관찰 결과를 자료 요약지(data summary sheet)에 적어 두거나 그래프에 자료점(data point)을 찍어서 관찰 결과가 연속성 있게 축적되도록 해야 한다. PDA나 컴퓨터를 사용할 경우, 자료가 소실되지 않도록 관찰 회기가 끝나는 즉시 관찰 결과를 저장해야 한다.

2. 그래프 제작 및 분석

지원 계획을 실행하는 팀 구성원들은 지원 계획이 실행됨에 따라 행동이 바람직한 방향으로 변화하고 있는지 알아보기 위해 목표행동을 관찰하고 기록한다. 그래프는 중재에 따른 행동 변화를 평가하는 데 아주 유용한 도구로, 시간의 흐름에 따른(날짜 또는 관찰 회기에 따른) 목표행동의 수준을 보여 준다. 그래프의 각 자료점은 행동지원 팀에게 목표행동에 대한 두 가지 유형의 정보를 제공한다. 하나는 목표행동의 수준이고(자료점이 Y축과 만나는 지점), 다른 하나는 목표행동을 관찰한 날짜 또는 회기(자료점이 X축과 만나는 지점)다.

1) 행동을 그래프로 나타내기

그래프를 구성하는 과정은 6단계로 설명할 수 있다(Miltenberger, 2004). 첫째, 세로선(세로축)과 가로선(가로축)이 왼쪽 아랫부분에서 교차하도록 그래프 용지에 그린다.

둘째, 세로축과 가로축에 이름을 붙인다. 즉, 세로축에는 관찰한 행동을, 가로축에는 관찰 회기를 적어 넣는다. 예를 들어, 학생의 자해행동을 매일 관찰하는 경우 세로축에는 '자신의 머리를 때린 횟수' 를, 가로축에는 '관찰일' 을 기입한다.

셋째, 세로축과 가로축의 눈금에 적절한 수를 써넣는다. 세로축의 눈금은 목표행동의 예상 수준에 부합하게, 가로축의 눈금은 관찰 회기에 부합하게 설정한다. 예를 들어, 학생이 자신의 머리를 하루에 20회 정도 때린다면 Y축의 눈금은 0에서 20까지 매겨질 것이다. 또한 이 행동에 대한 관찰을 두 달에 걸쳐 학교에서 실시한다면 X축의 눈금은 1에서 40~45까지 매겨질 것이다.

넷째, 한 번의 관찰 회기가 끝날 때마다(만약 그것이 어렵다면 최대한 빠른 시간 내에) 그래프에 자료점을 찍도록 한다. 즉, 관찰이 끝나면 그 행동의 수준에 해당하는 Y축의 눈금을 찾고 그 관찰 회기에 해당하는 X축의 눈금을 찾아 두 점이 만나는 지점에 자료점을 찍는다.

다섯째, 기초선에서 중재 단계로 넘어간 시기를 표시하기 위해 조건선(phase line)을 그린다. 조건선이란 서로 다른 두 단계를 구별해 주는 세로선으로 조건별로 목표행동의 수준이 어떻게 다른지를 판단하게 해 주는 역할을 한다.

여섯째, 자료점이 기초선 기간의 것인지, 중재 기간의 것인지를 알 수 있도록 각 조건의 이름을 적어 넣는다. '기초선' 은 기초선 단계의 자료점들이 찍힌 부분의 맨 위쪽에 기입하고, 중재 기간의 자료점들이 찍힌 부분의 위쪽에는 중재 내용을 간략히 요약하여 기입한다(예: '학습 과제 선택권 부여').

2) 수준과 경향을 분석하기

일단 기초선과 중재 단계의 자료점들이 그래프에 그려지면, 행동지원 팀은 지원 계획의 결과로 나타난 행동 변화를 평가하기 위해 그래프를 검토한다(Parsonson & Baer, 1986). 행동지원 팀은 각 단계의 행동 수준과 자료의 경향이라는 두 측면을 검토함으로써 중재의 효과를 판단하게 된다.

(1) 수준

행동의 수준(level)이란 기초선 또는 중재 단계의 관찰 회기 동안 목표행동이 얼마나 많이 발생했는지를 지칭하는 용어로 빈도, 지속시간, 강도, 발생 구간의 비율 등을 통해 결정된다. 만약 행동지원 계획의 목표가 문제행동을 감소시키는 것이라면 기초선 단계에 비해 중재 단계의 행동 수준이 낮게 나타나는 그래프가 될 것이다. 반면 바람직한 행동을 증가시키는 것이 목표라면 기초선 단계에 비해 중재 단계의 행동 수준이 높게 나타나는 그래프가 될 것이다. 만약 특정 행동 수준에 이르는 것을 목표로 잡았다면 그래프를 통해 중재 대상자의 행동이 그 수준까지 감소되었는지 또는 증가되었는지를 판단할 수 있을 것이다. 기초선과 중재 기간 간에 행동 수준이 어떻게 변화되었는지는 그래프에 나타난 자료점을 보면 쉽게 알 수 있다.

(2) 경향

자료의 경향(trend)이란 행동의 수준이 기초선 기간 또는 중재 기간 중에 증가하거나 감소하는 추세를 의미한다. 많은 경우 행동지원 계획의 효과는 어느 정도 시간이 흘러야 나타나기 시작한다. 그러므로 기초선 단계부터 중재 초기 단계까지는 행동의 수준에 갑작스러운 변화가 일어나지 않을 수도 있다. 그러나 중재 기간 중의 경향이 기대했던 방향으로 나타나고 있다면 지원 계획이 바람직한 변화

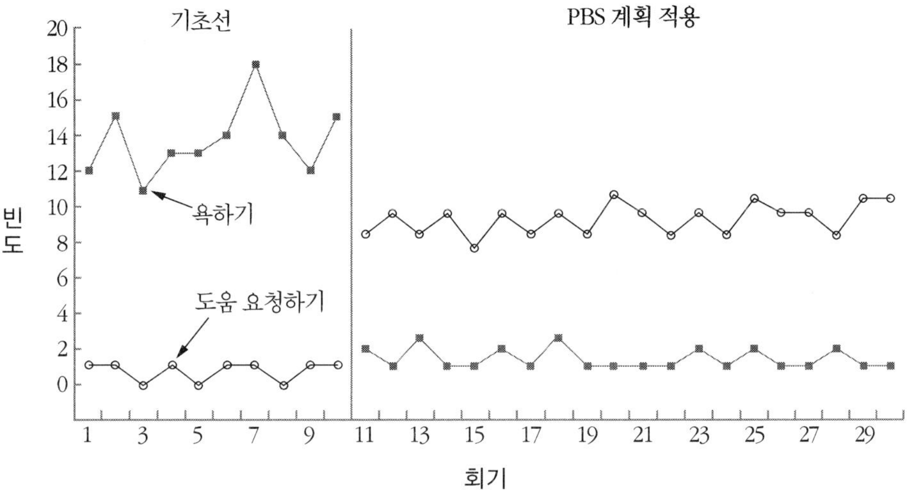

[그림 5-4] 행동의 변화가 즉각적으로 나타난 예

* 이 그래프는 기초선과 중재 기간 중 하루 동안 학생이 욕을 한 빈도와 도움을 요청한 빈도를 보여 주고 있다. 욕하기와 도움 요청하기 모두 PBS 계획이 실시된 직후부터 그 수준이 변화되었다.

를 일으키고 있다는 의미가 될 것이다. 만일 중재 기간 중에 어떤 경향이 생기기 시작하면 행동의 최종 수준을 파악하기 위해서 관찰을 계속해야 한다. [그림 5-4]는 문제행동(욕하기)과 바람직한 대체행동(도움 요청하기)의 수준이 지원 계획을 실행하자마자 변화하기 시작하는 경우를 보여 주고 있다(두 행동 모두 자료의 경향이 없음에 주목할 것). 그리고 [그림 5-5]는 행동의 변화가 보다 점진적으로 나타난 예를 보여 주고 있다(문제행동은 감소 경향을, 바람직한 행동은 증가 경향을 나타냄).

만약 행동이 기초선 기간 중에 이미 바람직한 방향으로 변하는 경향을 보이고 있다면, 행동이 안정될 때까지(즉, 경향이 없어지고 일정 기간 같은 수준을 유지할 때까지) 지원 계획 도입을 잠시 보류하는 것이 현명하다. 행동지원 팀은 기초선 단계에서 이미 바람직한 방향의 경향을 나타낸 목표행동을 위해 추가적인 지원 계획이 필요한지의 여부를 결정해야 할 것이다. 때로는 지원 계획이 실행되기도 전에 누군가가 지원 대상자의 행동을 관찰하고 기록한다는 이유만으로 목표행동이 바람직한 방향으로 변하기도 하고, 특정 사건이 행동에 영향을 미치게 되어 지원 실행 전에 목표행동이 바람직하게 변화하기도 한다. 이 경우 그러한 행동의 변화

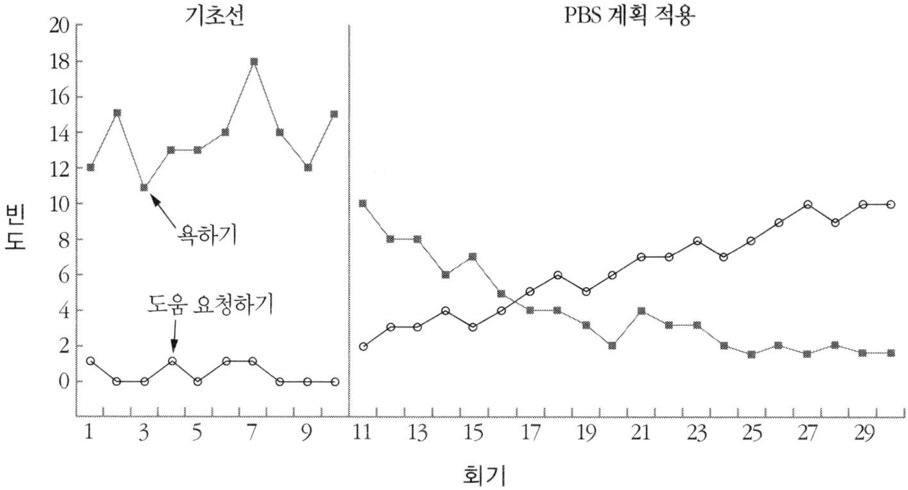

[그림 5-5] 행동의 변화가 점진적으로 나타난 예

* 이 그래프는 기초선과 중재 기간 중 하루 동안 학생이 욕을 한 빈도와 도움을 요청한 빈도를 보여 주고 있다. 욕하기 행동은 감소 경향을, 도움 요청하기 행동은 증가 경향을 보이고 있는데, 이는 중재가 행동을 점진적으로 변화시키고 있음을 의미한다.

가 계속 유지되는지를 확인하고 후속적인 행동지원이 필요할지의 여부를 결정하기 위해 계속하여 행동을 관찰하고 그래프를 그려 두는 것이 중요하다.

3. 관찰자 훈련

행동 관찰 계획을 수립한 후에는 목표행동을 관찰하고 기록하기 전에 관찰자 훈련이 실시되어야 한다. 관찰자 훈련에는 목표행동의 정의 검토, 누가 언제 어디서 관찰할지에 대한 토의, 행동 발생 기록지 사용방법에 대한 교육의 세 가지가 반드시 포함되어야 한다. 행동 관찰의 경험이 있는 관찰자들에게는 이 정도의 훈련만으로도 충분하겠지만, 어떤 관찰자들은 신뢰성 있게 절차를 수행하기 위해서 좀 더 많은 훈련을 필요로 한다. 이들에게는 행동지원 전문가 또는 행동 관찰 경험이 있는 다른 이들이 좀 더 많은 연습을 할 수 있게 몇 번의 연습 회기를 마련해 주도록 한다.

첫 번째 연습 회기에서는 이러한 초보 관찰자(교사, 보조원, 지원 인력 등)가 행동지원 전문가와 같은 장소에서 눈에 띄지 않게 학생을 관찰하되, 단순히 목표행동이 발생했는지의 여부만을 서로에게 알린다. 관찰이 끝난 후 두 사람은 발생 여부가 일치하지 않았던 경우에 대해 토의하면서 목표행동의 발생을 확인하는 자신의 능력을 향상시키게 된다. 일단 두 사람 간의 일치도가 적정 수준에 이르면 각자 기록지를 사용하여 관찰을 시작한다. 짧은 기간 동안 두 사람이 독립적으로 행동을 관찰하고 기록한 후, 행동지원 전문가는 두 기록지를 검토하여 편차가 발생한 부분에 대해 초보 관찰자와 토의한다. 여러 회기에 걸친 두 사람의 관찰 결과가 거의 일치하게 된다면, 이제 초보 관찰자가 스스로 관찰을 실시해도 좋다는 뜻이다. 훈련을 마친 관찰자(교사든, 보조원이든, 기타 팀 구성원이든)는 다른 초보 관찰자들의 훈련에 주도적인 역할을 담당할 수도 있다.

4. 간접 진단

목표행동에 대한 직접 관찰이 행동지원 계획의 필수적인 요소이기는 하지만, 간접 진단(indirect assessment)을 실시하여 직접 관찰을 통해 수집된 자료를 보충할 수 있다. 면담이나 간단한 질문지를 통해 기억으로부터 정보를 얻는 것도 간접 진단의 한 형태다. 더불어 영구적 결과물을 이용하는 것도 간접 진단의 한 유형이다. 중재 투입에 따른 목표행동 변화에 대한 관련인들의 인식이나 주관적 평가를 수집하는 것도 간접 진단의 한 형태라고 할 수 있는데, 이를 '사회적 타당도(social validation)' 라고도 한다. 다음은 영구적 결과물을 활용한 간접 진단과 사회적 타당도 평가에 대하여 간단하게 설명한 것이다.

1) 영구적 결과물을 활용한 진단

결과물을 활용한 진단은 목표행동이 측정 가능한 영구적 결과나 변화를 물리적 환경에 초래한 경우에 유용하다. 이 방법은 특히 관찰자가 목표행동을 관찰하기 위해 계속 특정 장소에 머물기 어려운 경우에 유익하게 사용될 수 있다. 예를 들어, 학급 전체를 대상으로 수업을 진행하는 교사는 수업 시간에 특정 학생만 관찰하고 있을 수는 없기 때문에 학생이 남긴 영구적 결과물을 활용하여(예: 정확히 푼 덧셈 문제의 수, 숙제로 낸 문제 중 정답 개수) 학생의 수행을 평가할 수 있다. 학업 과제는 학업행동과 높은 상관관계가 있으므로 매우 유용한 영구적 결과물이라 할 수 있다.

그러나 모든 목표행동이 영구적 산물을 남기는 것은 아니므로 이 방법의 사용은 제한적일 수밖에 없다. 많은 문제행동들은 물리적 환경에 아무런 흔적을 남기지 않으므로 영구적 결과물을 활용한 진단을 사용할 수 없다. 문제행동이 물리적인 결과를 초래한 경우에도 행동과 결과 간에 일대일 관계가 성립하지 않을 수 있다. 예를 들어, 자해행동으로 인한 긁힌 자국, 멍, 베인 상처 등은 문제행동의 물리적 결과지만, 그러한 결과를 초래한 개인의 행동이 어떠했을까를 그 상처들만 보고 알아내기는 어렵다. 유사한 예로 머리카락을 뽑는 행동은 두피에 그 흔적을 남기지만, 머리카락이 뽑힌 부위의 크기나 그 부분에 남아 있는 머리숱의 양을 살펴본다고 해서 머리카락 뽑는 행동의 빈도나 지속 시간을 알 수는 없다. 그럼에도 불구하고 상해를 측정하는 평정척도나 기타 상해된 신체 부위 목록을 활용하면 자해행동에 대한 직접 관찰의 결과를 보충하는 데 상당히 유익하다(Iwata, Pace, Kissel, Nau, & Farber, 1990; Rapp, Miltenberger, Long, Elliott, & Lumley, 1998).

학업 관련 환경에서 사용할 수 있는 결과물 진단의 다른 형태는 바람직한 학업행동이나 학업을 방해하는 문제행동을 짐작하게 해 주는 학교 기록이다. 여기에는 출결 기록, 상해 보고서, 사고 보고서, 성적 등이 포함된다. 이러한 학교 기록들은 문제행동과의 일대일 관계를 전제하는 영구적 결과물과는 그 쓰임새가 다르지만 행동 관찰 절차에 유용한 보충 자료로 활용될 수 있다. 즉, 직접 관찰 또는 다른 영구적 결과물 평가에서 행동의 변화가 감지되었다면 학교 기록과 같은 넓은 의미의 결과물에도 그 변화가 나타나게 될 것이다. 따라서 이러한 광의의 결과물을 활용한 측정은 행동지원 계획의 결과를 확인하는 데 사용될 수 있다.

2) 사회적 타당도

중재의 결과를 확인하는 또 다른 방법은 소위 '사회적 타당도' 라고 불리는 것으로 목표행동의 개선이나 학생의 전반적인 삶의 질 향상을 주관적으로 평가하는 것이다(Kazdin, 1977; Wolf, 1978). 목표행동의 개선을 보여 주는 객관적인 자료 수집 결과도 중요하지만, 그 학생의 삶에 중요한 개인들(부모, 지원 제공자, 교사 등)이 그러한 행동의 변화를 체감할 수 있어야 그 중재가 의미 있다고 할 수 있다. 지원 계획의 실행 결과에 대한 사회적 타당도의 측정은 학생의 삶에 중요한 개인들이 그 학생의 행동이 정말 개선되었다고 판단하는지와 그러한 행동의 변화에 만족하는지를 알 수 있게 해 준다. 또한 그 중재가 학생에게 가져다준 여러 가지 주요 성과도 알게 해 준다(예: 또래와 더 많은 활동을 함께하는가? 새로운 우정관계가 형성되었는가? 이전보다 더 독립적으로 공부하는가?).

중재 결과에 대한 사회적 타당도는 학생의 주요 주변인들에게 몇몇 질문으로 이루어진 간단한 질문지를 배부하여 평정척도 형식으로 답하게 함으로써 측정할 수 있다. 이러한 평정은 지원 계획이 일정 기간 실행된 후나 지원 계획을 종료한 후에 실시하게 된다. 어떤 경우에는 그들에게 중재 전과 후의 학생 행동을 비디오로 보여 주고 중재로 인한 향상 정도를 평가하게 하기도 한다. [그림 5-6]은 사회적 타당도 질문지에 포함될 수 있는 문항의 예를 보여 준다.

보람이의 행동 변화에 얼마나 만족하십니까?

1	2	3	4	5
매우 불만족	약간 불만족	그저 그렇다	약간 만족	매우 만족

중재 적용 후 보람이의 과제집중 행동이 어떻게 변했다고 판단하십니까?

1	2	3	4	5
매우 나빠짐	약간 나빠짐	변화 없음	약간 향상됨	매우 향상됨

보람이와 또래 친구들 간의 상호작용은 어떠합니까?

1	2	3	4	5
매우 나쁨	조금 나쁨	그저 그렇다	약간 좋음	매우 좋음

보람이의 학급 친구들과 비교했을 때 보람이의 행동은 얼마나 적절합니까?

1	2	3	4	5
매우 부적절함	부적절함	중간	적절함	매우 적절함

지원 계획 실행의 결과로 나타난 보람이의 행동 변화가 만족스러우신가요?

1	2	3	4	5
매우 불만족	약간 불만족	그저 그렇다	약간 만족	매우 만족

지원 계획의 실행 결과 보람이의 전반적인 삶의 질이 어떻게 변했나요?

1	2	3	4	5
매우 나빠짐	약간 나빠짐	변화 없음	약간 향상됨	매우 향상됨

[그림 5-6] 사회적 타당도 질문의 예

5. 요 약

행동진단은 긍정적 행동지원 계획의 실행 과정에서 필수적인 단계다. 행동지원팀은 계획 실행의 전과 후에 목표행동을 직접 관찰하여 기록하고 그래프로 나타냄으로써 행동의 변화를 비롯한 학생의 진보를 평가할 수 있다. 이 장에서는 먼저 행동을 관찰하고 기록하기 위한 계획 수립의 단계를 논하였다. 즉, (1) 목표행동 정의하기, (2) 관찰 시간과 장소 정하기, (3) 관찰자 정하기, (4) 기록방법 정하기, (5) 기록 도구 정하기의 단계를 제시하였다. 다음으로 관찰 결과를 그래프로 나타내는 절차와 그래프를 보고 행동 변화를 평가하는 방법을 설명하였다. 마지막으로 이 장에서는 영구적 결과물을 활용한 진단과 사회적 타당도라는 두 가지의 간접 진단 방법을 설명하였다. 이러한 방법들은 행동지원 계획의 효과를 확인하기 위한 직접 진단 결과를 보충할 수 있는 방법들이다.

사례

행동의 정의 및 측정: 명호의 예

명호의 행동지원 팀은 기능진단 절차를 수행하고 자신들이 수립할 지원 계획이 효과적인지 알아보기 위해서는 명호의 문제행동을 측정할 방법이 필요함을 알게 되었다. 첫 번째 단계는 감소시키려는 행동의 우선순위를 정하고 그 행동을 정의하는 것이었다. 팀은 두 가지 행동을 우선적인 목표행동으로 결정하고 이 행동들을 정의하였다. 그중 하나는 공격행동으로, 팀은 이를 '명호가 타인을 밀거나 때리거나 무는 행동, 물건을 던지거나 부수는 행동' 으로 정의했다. 나머지 하나는 거부행동으로, '명호가 신체적으로 혹은 언어적으로 거부를 표현하거나 지시를 따르지 않는 행동 그리고 바닥에 드러눕는 행동' 으로 정의했다.

두 번째 단계는 관찰자를 정하는 것이다. 명호의 팀은 하루 종일 자료를 수집해 보기로 했다. 팀은 사용하기 쉬운 간단한 자료 수집 양식을 만들었는데, 이 양식으로 자료를 수집하는 것은 한 사람만의 힘으로는 어려울 것이라 생각되었다. 행동지원 전문가인 노 교사와 명호의 학급담임인 이 교사 그리고 보조원이 자료 수집에 참여하기로 하였다. 이 교사와 보조원은 교실에서, 노 교사는 식사 시간처럼 교사들이 자리를 비우게 되는 시간에 자료를 수집하기로 하였다.

세 번째 단계는 관찰방법을 정하는 것이다. 빈도기록법을 사용하기로 결정하고 세 사람의 관찰자는 공격행동과 거부행동이 발생할 때마다 기록지에 표시를 하였다. 특정 과제나 활동과 관련된 문제행동의 시작점부터 끝점까지를 1회의 행동 발생으로 간주하였다. 예를 들어, 명호가 미술 활동에서 읽기 활동으로의 전이를 거부했다면 명호가 "싫어!"라고 외친 횟수에 관계없이 한 번의 발생으로 계수했다. 그리고 명호가 읽기 활동에서 그다음 활동으로의 전이를 거부했다면 또 한 번의 발생으로 기록된다. 두 목표행동 중 어느 것도 계수가 불가능할 만큼 자주 일어나지는 않았으므로 담임교사와 보조원은 큰 어려움 없이 정확하게 기록할 자신이 있었다.

마지막 단계는 기록 도구를 정하는 것이다. 지원팀은 종이와 연필을 사용하여 두 목표행동을 기록하기로 했다. 동시에 휴식 요구하기와 같은 적절한 대체행동의 발생도 기록해 두기로 하였다. 행동지원 전문가인 노 교사는 부적절한 행동과 적절한 행동의 빈도를 발생한 시간(수업 시간과 쉬는 시간)별로 기입할 수 있는 기록지를 제작하였다. 명호의 지원팀은 문제행동에 대한 명확한 정의와 관찰방법을 마련하였으므로 기능진단 절차를 언제라도 시작할 수 있게 되었다.

행동의 정의 및 측정: 보미의 예

보미의 행동지원 팀도 첫 단계로 기능진단에서 주력할 행동을 정의하였다. 팀 구성원들은 두 가지 행동이 가장 우선적인 문제라는 데 동의하였는데, 그중 하나는 수업 중에 주어진 과제를 하지 않는 것이었다. 팀은 이를 과제 이탈 행동으로 명명하고 '주어진 과제를 하지 않거나 교사의 지시를 따르지 않는 행동'이라고 정의하였다. 보미의 담임교사는 과제 이탈 행동이 교실 돌아다니기, 책상에 엎드리기(때로는 엎드려 자기), 친구들에게 말 걸기 등의 형태로 나타난다고 하였다.

두 번째 문제행동은 또래를 향한 부적절한 언어 사용인데, 주로 교실 바깥에서 관찰되는 행동으로 '또래를 향해 부적절하고 경멸하는 투의 말을 하는 것'으로 정의하였다.

지원팀은 문제행동을 정의한 후 누가 자료를 수집할 것인지를 의논하였다. 팀 구성원들은 기능진단 기간 동안 문제행동 발생을 최대한 많이 기록하는 것이 중요하다고 생각하였다. 그래서 보미의 담임교사는 직접 수업을 진행하지 않아도 되는 시간이나 자원봉사자가 교실에 머무는 시간에 관찰을 하고, 보미의 특수교사와 학교 심리사도 관찰의 일부를 담당하기로 했다. 또한 학교 심리사는 교실 바깥에서 보미의 행동을 관찰하는 역할도 맡기로 했다.

팀 구성원들은 지원 계획을 개발한 후 그 효과를 확인하기 위해 시간과 노력을 들여 직접 관찰을 실행하는 것은 그럴 만한 충분한 가치가 있다고 생각했다. 그러나 그들은 그런 집중적인 수고가 지속적으로 가능한 것은 아님을 알고 있었다. 보미의 일반학급 교사는 전체 수업을 방해하지 않을 수 있는 더 간편한 전략을 필요로 했다. 그녀는 예전에 배웠던 시간표집법이라 불리는 관찰방법을 기억해 냈다. 그녀는 이 방법에 따라 타이머를 주기적으로 소리가 나게 설정해 두고, 소리가 날 때마다 보미를 쳐다보면서 과제를 수행하고 있는지의 여부를 기록하기로 했다. 그녀는 지원팀이 행동지원 계획의 효과를 어느 정도 알게 될 때까지 이러한 관찰 및 기록을 10분마다 할 수 있다고 했다. 학교는 그녀를 위해 다른 학생을 방해하지 않으면서 10분 간격으로 신호를 해 줄 진동 타이머를 구입해 주었다. 특수교사는 예전에 사용했던 전공서적에서 적절한 기록지를 찾아 복사해 주었다. 팀은 선택된 관찰방법이 일반학급 교사에게 지나친 부담이 되지 않으면서도 보미의 행동을 파악하는 데 충분한 자료를 제공해 줄 것이라고 느꼈다.

다음으로는 누가 어디서 어떤 도구를 사용하여 교실 밖의 상호작용을 관찰하고 기록할지를 결정해야 했다. 식당은 많은 자원봉사 인력들이 배치된 장소이므로 팀은 이들에게 협조를 요청하였다. 자원봉사자 중 한 명이 보미의 상호작용을 관찰하기로 하였다. 그녀는 점심시간 동안 다른 학생들을 살펴야 할 본래의 임무를 수행하는 동시에, 5분 간격의 자료 수집을 두 번 하는 것은 가능하다고 하였다. 팀은 또래와의 상호작용을 측정할 가장 좋은 방법은 빈도기록법이라고 결정하고, 보미가 또래에게 부적절한 말이나 경멸하는 투의 말을 할 때마다 표시하기로 했다. 관찰을 맡게 된 자원봉사자는 남편의 골프 타수기를 빌려 학생이 보지 못하게 자신의 주머니에 넣고 관찰을 하면 될 것 같다고 제안하였다. 행동을 정의하고 관찰방법을 정하는 일이 완료되었으므로 보미의 팀은 6장 마지막에 서술된 기능진단 절차를 시작할 만반의 준비를 갖춘 셈이다. 게다가 이 팀은 기초선 및 지원 계획 실행 후의 자료 수집방법도 마련해 두었다.

참고문헌 ......

Bailey, J. S., & Burch, M. R. (2002). *Research methods in applied behavior analysis.* Thousand Oaks, CA: Sage.

Carr, E. G., McConnachie, G., Carlson, J. I., Kemp, D. C., & Smith, C. E. (1994). *Communication-based interventions for problem behavior: A user's guide for producing positive change.* Baltimore: Brookes.

Carr, E. G., McLaughlin, D. M., Giacobbe-Grieco, T., & Smith, C. E. (2003). Using mood ratings and mood induction in assessment and intervention for severe problem behavior. *American Journal on Mental Retardation, 108,* 32-55.

Chandler, L. K., & Dahlquist, C. M. (2002). *Functional assessment: Strategies to prevent and remediate challenging behavior in school settings.* Upper Saddle River, NJ: Merrill/Prentice Hall.

Iwata, B. A., Pace, G. M., Kissel, R. C., Nau, P. A., & Farber, J. M. (1990). The Self-Injury Trauma (SIT) Scale: A method for quantifying surface tissue damage caused by self-injurious behavior. *Journal of Applied Behavior Analysis, 23,* 99-110.

Iwata, B. A., Vollmer, T. R., Zarcone, J. R., & Rodgers, T. A. (1993). Treatment classification and selection based on behavioral function. In R. Van Houten & S. Axelrod (Eds.), *Behavior analysis and treatment* (pp. 101-125). New York: Plenum Press.

Kahng, S., & Iwata, B. A. (1998). Computerized systems for collecting real-time observation data. *Journal of Applied Behavior Analysis, 31,* 253-261.

Kazdin, A. E. (1977). Assessing the clinical and applied significance of behavior change through social validation. *Behavior Modification, 1,* 427-452.

Miltenberger, R. G. (2004). *Behavior modification: Principles and procedures* (3rd ed.). Pacific Grove, CA: Wadsworth.

O'Neill, R. E., Horner, R. H., Albin, R. W., Sprague, J., Storey, K., & Newton, J. S. (1997). *Functional assessment and program development for problem behavior: A practical handbook* (2nd ed.). Pacific Grove, CA: Brooks/Cole.

Parsonson, B. S., & Baer, D. M. (1986). The graphic analysis of data. In A. Poling &

R. W. Fuqua (Eds.), *Research methods in applied behavior analysis* (pp. 157-186). New York: Plenum Press.

Rapp, J. T., Miltenberger, R. G., Long, E. S., Elliott, A. J., & Lumley, V. A. (1998). Simplified habit reversal treatment for chronic hair pulling in three adolescents: A clinical replication with direct observation. *Journal of Applied Behavior Analysis, 31*, 299-302.

Wolf, M. M. (1978). Social validity: The case for subjective measurement, or how applied behavior analysis is finding its heart. *Journal of Applied Behavior Analysis, 11*, 203-214.

06

기능진단을 위한 정보 수집

LEE KERN
ROBERT E. O'NEILL
KRISTIN STAROSTA

모든 긍정적 행동지원(PBS) 계획의 기초는 기능진단(또는 기능적 행동진단)이다. 기능진단은 개인과 그가 속한 환경에 관한 정보 수집 과정을 명확하게 규정한다. 기능진단의 결과는 2장에서 4단계 행동발생 모형을 소개할 때 설명된 바 있는 문제행동과 관련된 사건들(배경사건, 선행사건, 문제행동을 유지시키는 결과들)에 대한 기록물이라고 할 수 있다. 또한 기능진단은 개인의 삶을 전반적으로 향상시키기 위해 개선되어야 할 광범위한 삶의 양식에 관련된 쟁점을 알게 해 준다. 이러한 정보들은 바람직하지 않은 행동을 감소시키고 바람직한 행동을 증가시키며 삶의 질을 확보하기 위한 효과적이고 효율적인 방법을 찾는 데 필수적이다.

효과적이고 지속적인 행동지원 계획이 되기 위해서는 중다요소를 포함해야 하고 개인의 모든 삶의 영역을 다루어야 하기 때문에 기능진단 정보는 최대한 포괄적이어야 한다. 특히 과거와 현재 사건을 모두 문서화하고 문제행동과 직접적으로 관련된 쟁점과 간접적으로 관련된 쟁점 모두를 알려 주어야 한다. 또한 다양한 방법(예: 면담, 기록 검토, 직접 관찰)으로 다수의 정보 제공자(예: 가족 성원들, 교사들, 정신건강 전문가들)로부터 정보를 수집하여 개인에 대한 풍부하고 다면적인 이해를 할 수 있게 해 주어야 한다.

행동지원 팀은 기능진단 절차를 시작할 때, 앞으로 수집될 정보가 행동 개선을 위한 지원 계획 개발에 유용한 것이어야 한다는 점을 명심할 필요가 있다. 아동과 성인에게, 특히 장애를 가진 아동과 성인에게 일상적으로 실시되지만 지원 계획 수립에 필요한 정보를 제공하지는 못하는 많은 검사들이 있기 때문이다. 예를 들어, 지능검사는 개인이 가지고 있는 기술을 상세하게 알려 주지 않을 뿐만 아니라 바람직하거나 바람직하지 못한 행동과 관련된 환경적 사건을 알려 주지도 않는다. 지원 계획 개발에 적합한 정보는 문제행동에 관련된 쟁점이나 변인에 대한 이해와 문제행동을 제거할 전략에 초점을 둔다. 궁극적으로 이러한 과정을 통해 수집되는 정보는 지원팀이 왜 문제행동이 일어나는지와 장차 이러한 행동의 발생을 막기 위해 무엇이 변화되어야 하는지에 대한 요약문(summary statements) 또는 가설(hypotheses)을 작성할 수 있게 해 주어야 한다(이에 대해서는 7장에 자세히 소개되어 있다).

3장에서 논의했듯이, 긍정적 행동지원 계획을 설계하는 첫 단계는 문제행동의 우선순위를 정하고 문제행동을 정의하는 것이다. 3장과 5장에서 이 첫 단계에 대한 자세한 절차와 주의점을 살펴보았다. 이 장에서는 긍정적 행동지원 절차의 두 번째 단계라 할 수 있는 기능진단 실시에 대해 설명하고자 한다.

1. 관련 정보 모으기

기능진단은 필연적으로 정보 수집을 수반한다. 지원 계획 수립에 도움이 되는 정보는 여러 형태로 수집될 수 있겠지만, 이러한 정보들은 크게 두 가지 범주로 구분된다. 첫 번째 범주는 개괄적 정보로서 문제행동과 관련된 개인사나 삶의 질에 관련된 변인 등을 포함한다. 이러한 정보는 개인의 삶에 대한 큰 그림을 보여 준다. 즉, 개인의 전반적인 삶의 형태와 그가 경험한 이전의 사건들이 현재와 미래의 행동과 학습에 미칠 수 있는 영향에 대한 이해를 제공하는 것이다. 이러한 것들을 알고 나면 문제행동이 어떻게 왜 시작되었는지를 이해할 수 있고, 간접적으로 문제행동 발생을 야기할 수 있는 삶의 양식 및 전반적인 복지의 문제를 찾아내는 데도 도움이 된다. 또한 개괄적 정보는 오랜 시간을 두고 의미 있는 성과를 거두게 할 장기적 지원을 결정하는 데도 도움을 준다(장기적 지원에 대해서는 11장에서 다루게 된다).

지원 계획 수립에 필수적이라고 할 수 있는 두 번째 범주는 구체적 정보로서 문제행동에 직접적으로 관련된 사건들에 대한 것이다. 다시 말해서, 이 범주의 정보는 문제행동을 촉발하는 선행사건, 선행사건과 연합하여 문제행동을 야기하는 배경사건, 문제행동이 지속되게 하거나 문제행동을 강화하는 후속결과에 대해 자세히 알려 준다. 배경사건, 선행사건, 후속결과와 문제행동으로 구성되는 '4단계 행동발생 모형'에 대해서는 2장에서 소개한 바 있다. 문제행동을 유발하는 선행사건과 배경사건에 대한 정보는 그러한 사건들을 수정 또는 제거하게 해 주고, 바람직한 행동과 관련된 선행사건에 대한 정보는 그러한 사건을 촉진하고 증가시킬 수 있게 해 준다. 마찬가지로 문제행동을 강화하는 후속결과는 제거하고 문제행동 발생을 억제하는 후속결과는 장려할 수 있게 해 준다. 다음에서는 지원 계획 수립에 필요한 개괄적 정보와 구체적 정보의 다양한 유형에 대해 좀 더 살펴보고자 한다.

2. 개괄적 정보

다양한 형태의 개괄적 정보가 전반적 행동지원 과정에 사용된다(〈표 6-1〉 참조). 개괄적 정보의 첫 번째 유형은 삶의 주요 사건들(major life events)이다. 삶의 주요 사건들은 왜 문제행동이 시작되었고 계속되고 있는지를 간파하게 해 주고, 지원 계획에 포함되어야 할 중재요소에 대한 단서를 제공한다. 삶의 주요 사건에는 가까운 이의 죽음, 부모의 이혼, 잦은 이사나 심각한 질병 등과 같이 깊은 상처를 남길 수 있는 경험들이 포함된다. 삶의 주요 사건들에 대한 정보가 학생의 문

〈표 6-1〉 개괄적 정보의 유형과 주요 질문 및 예

개괄적 정보 유형	주요 질문 및 예
삶의 주요 사건들	잊기 어려운 힘든 사건을 경험했는가? • 죽음 • 심각한 질병 삶에 큰 변화가 있었는가? • 이사 • 부모의 이혼 • 전학
건강 관련 요소	정신건강 문제가 있는가? • 우울 • 불안 건강에 문제가 있는가? • 알레르기 • 수면 문제 • 영양 문제 • 염증이나 질병

문제행동의 역사	문제행동이 언제 시작되었는가? • 특정 사건과의 관련 여부 문제행동에 대한 다른 사람들의 반응은 어떠했는가? • 강화 혹은 벌
이전의 중재 노력	성공적이었던 중재는? • 문제행동의 감소 • 대체행동의 증가 • 전반적 행복감의 증가 효과적이지 못했던 중재는? • 바람직하지 못한 행동의 증가 • 바람직하지 못한 행동의 유지 • 학생이 좋아하지 않았던 중재 • 실행이 어려웠던 중재
학업기술 및 과제 수행력	이 학생에게 필수적인 기술/과제는? • 의사소통 • 학업(읽기, 수학, 쓰기) • 관리(organization) 기술 • 일상생활 • 사회적 상호작용
강점과 약점	최대한 활용해야 할 강점은? • 사회성 기술 • 운동기술 도움이 필요한 약점은? • 인지적 어려움 • 의사소통의 어려움 • 신체적 한계
선호도	이 학생이 좋아하는 것은? • 선호하는 학습법 • 함께 있고 싶어 하는 사람 • 즐기는 여가 활동
전반적 삶의 질	자신에게 의미 있는 것들을 늘 가까이 하고 있는가? • 좋아하는 활동들 • 친구들 • 역할 모델들 • 통합환경

제행동을 이해하는 데 도움이 되었던 지혜의 사례를 살펴보자. 지혜가 중학교에 입학한 직후, 몇몇 교사들은 심하게 위축되어 있고 우울해 보이는 지혜를 상담교사에게 의뢰했다. 교사들은 지혜가 수업에 참여하지 않고 숙제도 해 오지 않으며 친구들과의 교류도 거의 없다고 했다. 지원팀이 지혜의 개인사를 알아본 결과, 중학교에 입학하기 바로 전 해에 지혜의 어머니와 하나뿐인 언니가 교통사고로 사망했고, 지혜 아버지는 그 상실감을 견디지 못해 다른 지역으로 이사하여 새로운 삶을 시작해 보려 했음을 알게 되었다. 이사와 중학교 진학이 동시에 이루어졌기 때문에 교사는 지혜가 다른 지역에서 이제 막 옮겨 온 것을 알지 못했다. 이러한 개인사 정보는 교사들이 지혜의 상실감 극복과 새로운 학교와 이웃에의 적응을 돕고 또래 지원망 형성을 지원할 수 있게 해 주었다.

지원 계획 개발을 촉진하는 개괄적 정보의 두 번째 유형은 건강 관련 요소들이다. 건강 관련 요소들은 문제행동의 발생과 지원 계획의 효과 모두에 영향을 미친다. 우울이나 불안장애 같은 정신건강 문제는 학생의 전반적 기능에 상당한 영향을 미치며, 그 학생이 어떻게든 회피하려는 상황들을 잘 설명해 준다. 봄철 알레르기로 인해 신체적으로 힘든 학생의 경우 문제행동 발생률이 높아질 수 있다. 귀에 염증이 생겼거나 잇몸이 곪았을 때 구어 능력이 부족한 학생들의 경우 자신의 고통을 표현하기 위해 자해행동을 할 수도 있다. 보행에 어려움이 있는 사람에게 걷기나 서기가 요구되는 활동을 하게 했을 때에도 문제행동이 발생할 수 있다. 잠을 잘 자지 못한 사람에게 노력을 요하는 어려운 과제가 주어질 경우에도 문제행동 발생 가능성은 높아질 것이다.

건강 관련 요소와 문제행동 간의 관계를 잘 보여 주는 다연이의 예를 살펴보자. 고등학생인 다연이는 취업 준비의 일환으로 수업 시간의 일부를 할애하여 구세군에서의 훈련 프로그램에 참여하고 있는데 훈련 중에 자주 자해행동을 보였다. 다연이의 자해행동 패턴을 주의 깊게 검토해 본 결과, 무거운 옷을 높은 곳에 있는 선반에 거는 것과 같은 육체적으로 힘든 일을 할 때 자해행동이 발생한다는 사실을 알게 되었다. 지원팀은 다연이가 이런 일을 할 때 땀을 매우 많이 흘리고 숨차 한다는 것도 발견했다. 다연이의 주치의는 다연이가 비만이기 때문에 힘이 많이 드는 활동을 할 수 있는 신체적 지구력이 없을 것이라고 말했다. 그래서 다연이의 훈련 과제에서 힘이 많이 드는 활동을 빼 주었더니 자해행동이 감소하였다.

주변인들이 문제행동에 어떻게 반응해 왔는지를 포함한 문제행동의 역사에 대한 이해도 개괄적 정보의 유형 중 하나다. 문제행동의 특징에 대한 역사적 정보는 문제행동이 어떻게 시작되었고 왜 계속되고 있는지와 이를 감소시키고 새로운 행동을 가르치는 데 필요한 지원이 어느 정도인지를 짐작하게 해 준다. 어린 시절 심한 학대와 방임을 경험한 연수의 예를 살펴보자. 연수는 우정을 맺고 유지하지 못함은 물론이고 다른 사람들을 전혀 믿지 않았다. 연수는 정기적으로 한바탕의 심한 파괴행동을 하여 컴퓨터나 텔레비전 같은 값비싼 교실 내 물건들을 부수었다. 이러한 기물 파손으로 인해 연수는 갈수록 제한적인 학급과 학교 프로그램으로 배치되었다. 결국 연수는 특수학급에 입급되었는데, 이 학급을 맡고 있는 최 교사는 연수와 신뢰관계를 맺기 위해 노력하는 한편 효과적인 지원을 찾아보기로 결심했다. 힘들었던 어느 하루가 끝나갈 무렵, 연수는 최 교사의 노트북과 몇 개의 가구를 부수는 심각한 파괴행동을 보였다. 이 사건 직후 최 교사는 이런 일이 다시 일어나지 않도록 연수를 지원할 계획을 세우는 데 필요한 정보를 모으기 위해 연수와 마주 앉았다. 최 교사의 침착한 반응에 놀란 연수가 말했다. "저를 다른 교실로 보내셔야죠, 그러실 거죠?" 연수의 기록을 검토해 본 최 교사는 연수가 파괴행동을 할 때마다 다른 학급으로 보내졌던 패턴을 발견했다. 이 과정을 통해 연수는 새 학급으로 가면 문제가 해결된다고 믿게 되었고, 현재의 환경에 대처할 수 없다고 느껴질 때면 파괴행동을 보인 것이었다. 최 교사는 심각한 문제행동의 형성 과정을 이해하게 됨으로써 스트레스를 유발하는 상황에 적절히 대처하고 신뢰와 우정을 형성하는 데 필요한 기술을 가르치는 데 중점을 둔 지원 계획을 수립할 수 있었다.

문제행동의 역사를 이해하는 것뿐 아니라 이전의 중재 노력에 대해서 아는 것도 중요하다. 과거에 사용했던 중재는 현재에도 어느 정도 효과가 있으며, 과거에 성공적이지 못했던 중재가 어떤 것인지 알면 시간 낭비를 상당히 줄일 수 있다. 주의집중에 어려움을 보이는 6학년 남학생에 대한 연구(Kern, Childs, Dunlap, Clarke, & Falk, 1994)에서, 그를 가르쳤던 교사는 과제를 마쳐야 할 시간을 알려 주기 위해 요리할 때 쓰는 타이머를 사용하곤 했는데 이 방법이 상당히 효과가 있었다고 말했다. 연구자들은 이 정보를 활용하여 5분 간격으로 설정된 타이머에 맞추어 자기관리 절차(self-management procedure)를 실시하도록 지도하는 지원 계획을 세웠다. 이 학생은 타이머에서 소리가 나면 자신이 과제를 하고 있는지 아닌지를 점검하였다. 이러한 단서 제공과 점검 절차는 학생이 주어진 시간 안에 과제를 완성하는 데 많은 도움이 되었다.

학업기술 및 과제 수행력은 개괄적 정보의 또 다른 중요한 영역이다. 학생이 과제를 얼마나 쉽게 수행하는지와 문제행동의 발생 간에 직접적인 관련성이 있다는 데는 의심의 여지가 없다. 초등학교 4학년인 영주의 예를 살펴보자. 영주는 수학 시간이면 늘 자기 옆에 앉은 아이를 못살게 군다. 그 결과로 교사는 종종 영주를 교실 밖에 나가 있게 했는데, 언젠가부터 교사는 영주가 옆 친구에게 심한 말을 하는 사건이 항상 숙제를 검사하기 몇 분 전에 일어난다는 것을 알게 되었다. 교사는 영주가 숙제를 이해하지 못해서 숙제를 해 올 수 없다는 것을 발견했다. 이와 같이 학생의 학업 기능이나 기술 수행 상태에 대한 철저한 이해는 학교환경에서의 중재에 매우 중요하다. 학생의 기술 수준에 대한 이해에 더하여 그 학생이 실패한 경험이 있는 활동이나 과제를 알아 두는 것도 중요하다. 오랜 실패 경험을 가진 많은 학생들은 무능감이나 학습된 무기력을 극복하기 위해 장기간에 걸친 강력한 중재를 필요로 한다.

개괄적 정보의 또 다른 주요 범주는 개인의 강점과 약점이다. 좋은 행동지원 계획은 학생의 강점을 극대화하고 약점에 도전하게 된다. 나희의 어머니는 나희의 의사소통 문제로 걱정이 많다. 나희는 거의 1년 가까이 벨크로가 부착된 가로세로가 1인치씩인 그림들이 붙어 있는 의사소통판에서 자신이 원하는 것을 뜻하는 그림 하나를 떼어 상대방에게 전해 주는 의사소통 체계 사용을 배워 왔다. 나희는 다른 사람들과 의사소통하기를 원해서 종종 이야기를 나누고 있는 다른 여학생들에게 다가가 그들 사이에 끼어 보려고 했다. 그러나 소근육 기술에 어려움이 있는 나희는 의사소통판에서 그림 하나를 떼기 위해 몇 분 동안이나 의사소통판을 만지작거렸고 그림을 떼내어 친구에게 전해 주려다가 그림을 바닥에 떨어뜨리곤 했다. 또래들과 소통하려는 강한 동기를 북돋아 주기 위해 나희의 어머니와 교사는 음성이 나오는 의사소통 장치를 사용하는 방법을 지도하기로 했다. 이 장치는 의사소통을 원할 때 커다란 네모 칸에 손가락을 가볍게 갖다 대기만 하면 되는 것이다. 이 장치는 나희가 바라던 대로 친구들과 대화할 수 있게 해 줌과 동시에 부족한 소근육 운동 기술을 보정해 주었다.

학생의 선호도를 아는 것도 중요하다. 지원 계획 수립에서 선호도는 반드시 고려되어야 한다. 그래야만 중재가 의미와 가치를 지니게 되고 지원 계획이 성공할 가능성도 높아진다. 효과적인 지원 계획을 세우는 데 선호도를 고려한 선태의 예를 살펴보자. 검사 결과에서 선태는 영재로 판별되었지만 교실에서 잦은 방해행동을 보이고 있다. 기능진단을 거쳐 얻은 정보에 따르면, 선태는 수업이 지루해서 이러한 문제행동을 보이는 것이었다. 선태의 담임교사는 선태의 선호도를 조사하여 이를 과제에 포함시키기로 했다. 읽기 시간의 경우, 우주를 비롯한 자신의 관심 주제에 관한 책을 선택하게 하였다. 수학 학습지를 수정하여 선태가 꼭 풀어야 하는 문제 사이사이에 행성 간의 거리를 계산하는 문제를 선태가 직접 만들어서 풀 수 있는 기회를 삽입하였다. 쓰기 시간에는 교사가 지정한 주제로 작문을 하는 대신 선태가 직접 주제를 골라 작문을 하도록 허용했다.

개괄적 정보의 마지막 범주는 전반적 삶의 질이다. 적절한 삶의 질을 누리지 못하는 개인은 문제행동을 보일 가능성이 높다. 삶의 질 향상을 방해하는 요소를 찾아내는 것은 중요하다. 삶의 질 문제를 고려하기 위해서는 학생에게 스트레스, 불행감, 의존성을 유발하는 것들과 학생의 삶을 의미 있고 즐겁게 하며 성공적인 미래를 준비하는 데 도움이 되는 것들을 살펴보아야 한다. 장애를 가진 개인에게 보장되어야 할 삶의 방식 관련 변인으로는 좋아하는 여가 활동에 참여하는 것, 친구들과 시간을 보내는 것, 관심과 도움을 쉽게 구하는 것, 통합환경에 참여하는 것, 역할 모델이나 조언자(mentors)를 갖는 것 등이 있다. 구어로 의사소통하기 어려운 장애인들에게는 필요한 것, 좋아하는 것, 바라는 것을 표현할 수 있는 대체 수단을 마련해 주는 것이 중요하다.

개인의 삶의 질을 방해하는 많은 장벽들은 문제행동의 원인이 될 수 있다. 이러한 장벽들은 체제에 관련된 것(예: 장애 학생이 학교 식당과 같은 통합환경에 즐겁게 참여하는 데 필요한 지원을 제공할 자원의 부족)부터 개인에 관련된 것(예: 부모의 우울이 너무 심하여 학생에게 적절한 관심을 기울이지 못함)에 이르기까지 다양하다. 기능진단 과정에서는 이러한 장벽들을 알아내려는 시도를 하는 것이 매우 중요한데, 이는 이런 장벽들을 극복할 전략을 지원 계획의 일부로 포함시킬 수 있기 때문이다. 삶의 방식과 관련된 쟁점은 11장에서 좀 더 자세히 다루게 된다. 11장에서는 개괄적 정보 수집을 포함하여 한 학생에 대한 이해를 촉진하는 과정인 개인 중심의 계획에 대해 설명할 것이다. 다음에서는 구체적 정보에 대해 살펴보고자 한다.

3. 구체적 정보

구체적 정보란 선행사건(문제행동 직전에 바로 그 환경에서 발생한 사건), 배경사건(문제행동과 관계된 선행사건과 후속결과에 간접적으로 영향을 미치는 사건), 후속결과(문제행동 직후에 바로 그 환경에서 발생한 사건으로 문제행동이 계속 발생할지의 여부에 영향을 미치는 사건)를 포함한다. 문제행동뿐만 아니라 바람직한 행동을 유발한 선행사건, 후속결과, 배경사건을 찾아내는 것도 중요하다.

문제행동의 원인을 내면적이거나 생리적 상태 또는 개인의 양육과정에서 찾고자 하는 유혹이 자주 생기는 것이 사실이지만, 선행사건과 후속결과에 대한 구체적 정보를 통해 관찰 가능하고 개선 가능한 환경적 사건을 판별해 내는 것은 매우 중요하다. 교사들은 종종 학생들이 주의력결핍 과잉행동장애(ADHD)나 생리적 불균형 또는 불행한 가정 상황 때문에 문제행동을 보인다고 말한다. 문제행동에 대한 이런 식의 귀인은 단순히 행동을 나열하기만 하거나 입증 불가능하고 근거 없는 억측, 추측성 설명을 늘어 놓기만 하는 것이므로 순환론에 불과하다. 이런 식의 설명은 부정확할 뿐만 아니라 지원 계획 개발에 포함될 개선 사안에 대한 구체적 정보를 제공하지도 못한다. ADHD(또는 다른 장애) 진단에 대한 정보가 전혀 쓸모없다는 것은 아니지만, 그것이 행동 문제 감소를 위해 어떻게 개입해야 할지에 대한 구체적인 방법을 알려 주지 못하는 것은 사실이다. 문제행동 중재를 위해 직접 관찰이 가능하고 개선이 가능한 변인이나 환경적 특징들을 구체적으로 보여 줄 수 있어야 유용한 정보라고 할 수 있다. [그림 6-1]은 문제행동의 선행사건, 배

구체적 정보의 유형	주요 질문들		
선행사건	문제행동은…	예	아니요
	특정 시기에 발생하는가?		
	'ᅠ예' 라면 언제?________	☐	☐
	하루 중 특정 시간에 더 자주 발생하는가?		
	'예' 라면 언제? ________	☐	☐
	특정 활동 중에 발생하는가?		
	'예' 라면 어떤 활동? ________	☐	☐
	특정인과 함께 있을 때 발생하는가?		
	'예' 라면 누구? ________	☐	☐
	특정 환경에서 발생하는가?		
	'예' 라면 어떤 환경? ________	☐	☐
배경사건	문제행동이 일관성 없이 발생했다면…	예	아니요
	평소와 다른 사건이 있었는가?		
	'예' 라면 무엇? ________	☐	☐
	선행사건에 영향을 줄 만한 사건이 있었는가?		
	'예' 라면 무엇? ________	☐	☐
	후속결과에 영향을 줄 만한 사건이 있었는가?		
	'예' 라면 무엇? ________	☐	☐
후속결과 (문제행동을 유지시키는 결과)	문제행동이 발생했을 때…	예	아니요
	특정 유형의 반응이 문제행동에 뒤따랐는가?		
	'예' 라면 무엇? ________	☐	☐
	특정 반응이 문제행동에 간헐적으로 뒤따랐는가?		
	'예' 라면 무엇? ________	☐	☐
	뒤따른 반응 때문에 학생이 바라던 바를 얻었는가?		
	'예' 라면 무엇? ________	☐	☐
	과거의 반응들이 지금도 문제행동을 지속시키는가?		
	'예' 라면 어떤 반응들? ________	☐	☐

[그림 6-1] 구체적 정보의 유형과 주요 질문

경사건, 후속결과의 진단에 사용될 주요 질문들이다. 다음에서는 이 각각의 영역에 대해 살펴보고자 한다.

1) 선행사건 관련 정보

문제행동에 앞서서 많은 다른 사건들이 일어난다. 문제행동을 촉발하는 특정 선행사건들의 범위를 좁혀 갈 때는 몇 가지 핵심 정보에 초점을 두는 것이 도움이 된다. 첫째, 문제행동이 하루 중 어떤 시간에 주로 일어나는지를 알아본다. 이 정보는 두 가지 이유에서 유용한데, 우선 추가로 직접 관찰을 실시해야 할 시간대를 알려 줌으로써 진단 절차를 효율적으로 만들어 주기 때문이다. 다시 말해서, 문제행동이 하루 중 언제 주로 발생하는지에 대한 정보는 문제행동으로부터 특정 선행사건을 분리해 내기 위해 더욱 자세한 정보를 수집해야 할 시간을 결정하는 데 출발점을 제공한다. 교실에서 방해행동을 보이고 있는 나리의 지원팀을 예로 들어 보자. 나리의 선생님들은 문제행동이 언제 발생했는지를 기록하기 시작했다. 일주일간의 관찰과 기록을 통해 나리의 문제행동은 오전 8시 30분에서 9시 15분 사이에 발생했다는 것을 알게 되었는데, 공교롭게도 이 시간은 읽기 시간과 일치했다. 이 정보는 나리의 지원팀이 문제행동의 원인이 될 수 있는 읽기나 읽기 수업에 관련된 측면을 조사하는 데 총력을 기울일 수 있게 해 주었다.

한편 문제행동이 하루 종일 발생하는 경우에도 문제행동의 빈도가 높은 시간과 낮은 시간에 대한 패턴을 찾을 수 있다. 따라서 문제가 되는 시간과 그렇지 않은 시간을 구분하는 어떤 요인을 찾는 것이 가능할 수 있다. 예를 들어, 종운이의 방해행동이 발생하는 시간대를 잘 조사해 보면, 모둠 활동을 자주 요하는 수업(예: 과학, 사회)에서는 문제행동이 높은 빈도로 나타나는 반면에 혼자 하는 활동이 많은 수업(예: 수학, 철자)에서는 문제행동이 낮은 빈도로 나타난다는 것을 알 수 있다.

구체적 정보의 두 번째 형태는 문제행동이 발생했을 때 그 학생이 하고 있던 활동이다. 그 활동을 기록할 때는 최대한 정확하게 하도록 한다. 수인이의 과제 이탈 행동에 대한 선행사건을 알아내기 위해 문제행동이 발생한 수업 시간뿐 아니라 그 수업 시간에 주어진 구체적 과제에 대해 기록한 윤 교사의 예를 살펴보자. 이러한 기록을 통해 윤 교사는 10개 이상의 문제가 담긴 학습지가 주어졌을 때 수인이의 과제 이탈 행동이 시작되며, 결국 수인이는 그 과제를 끝내지 못한다는 것을 알게 되었다. 한편 전이 시간마다 문제행동을 보이는 형진이의 행동에 대한 선행사건을 구체적으로 살펴본 결과, 같은 전이 시간이라도 선호하는 활동에서 선호하지 않는 활동으로의 전이 시간에만 문제행동이 발생함을 알게 되었다.

학생의 주변인들과 그 학생이 그들과 나누고 있는 상호작용의 유형(상호작용의 부재도 포함함)도 기록해 두어야 한다. 많은 경우에서 문제행동은 어떤 이유로 발생했든 간에 특정인과 함께 있을 때 더 자주 발생하곤 한다. 지시나 요구를 하는 특정 방식이 문제행동을 야기하기도 한다. 예를 들어, 신 교사는 하림이의 자해행동과 관련하여 하림이와 세 명의 보조원 간의 상호작용에 대한 정보를 수집하였다. 그 결과, 하림이의 자해행동은 그중 한 명의 보조원과 있을 때만 발생함을 알게 되었다. 뿐만 아니라 그 보조원은 거친 목소리로 단호한 지시를 내리곤 했으며, 하림이가 실수할 때마다 깔보는 투로 야단을 치고 칭찬이나 격려는 거의 하지 않는 것이었다. 그 보조원이 하림이를 대하는 상호작용 스타일을 바꾸었더니 문제행동이 즉각 감소했다.

마지막으로 환경상의 특징도 많은 정보를 제공한다. 예를 들어, 눈부신 조명이나 시끄러운 환경은 문제행동을 증가시키는 것으로 알려져 있다. 또한 어떤 학생들에게는 모둠 활동이, 어떤 학생들에게는 혼자 하는 과제가 문제를 유발할 수 있다.

지원팀은 이상에서 설명한 영역에서 문제행동의 발생과 관련된 구체적 정보뿐만 아니라 문제행동의 비발생에 관련된 정보도 수집해야 한다. 이러한 정보는 두 가지 면에서 유용하다. 첫 번째로 이러한 정보는 지원팀이 문제행동에 관련된 변인을 이해할 수 있게 해 준다. 예를 들어, 혜진이가 직업 훈련 시간에는 문제행동을 보인 적이 없다고 하자. 팀은 추가 관찰을 통해 직업 훈련 시간에는 대근육 기술만이 요구됨을 알게 되었다. 또한 주어진 과제가 간단하고 활동이 자주 바뀌었다. 이러한 특징은 혜진이가 문제행동을 자주 보이는 다른 수업 시간의 과제나 구성과는 대조적인 것이다. 지원팀은 이 정보를 바탕으로 하나의 큰 과제를 간단한 몇 개의 과제로 나누어 제시하고 소근육 기술을 요하는 활동을 줄이는 방향으로 혜진이의 모든 수업을 수정하게 되었다.

적절한 행동에 대한 정보 수집이 유용한 두 번째 이유는 바람직한 행동이 자주 발생하는 상황을 알아낼 수 있기 때문이다. 학생들은 일반적으로 좋아하는 활동을 하거나 좋아하는 상황에 처했을 때 적절한 행동을 한다. 바람직한 행동과 관련된 활동, 사람들, 교실 구조 등을 알 수 있다면 그것들을 교육과정에 포함시킬 수 있다.

2) 배경사건 관련 정보

때로는 선행사건과 문제행동 간의 관계에 일관성이 없어 보이는 경우가 있다. 이는 배경사건이 그 학생에게 영향력을 행사하고 있기 때문이다. 문제행동이 특정 선행사건과 관계가 있는 것이 분명한데도 선행사건의 발생이 문제행동으로 이어지지 않을 때, 지원팀은 배경사건이 있었던 것은 아닌지 알아보아야 한다. 지원팀이 배경사건을 파악하고자 할 때는 일상에서 벗어난 사건이 있었는지 살펴보아야 한다. 예를 들어, 중학생인 상일이의 학급에서 아침 시간에 항상 일어나는 일은 반장이 출석을 부른 후 그날의 급식비를 걷는 것이다. 상일이의 담임교사는 항상 그러는 것은 아니지만 상일이가 가끔은 출석을 불러도 답을 하지 않고 급식비를 걷는 학생에게 무례한 말을 하는 것을 발견했다. 상일이의 이러한 행동은 어떤 규칙성을 가진 것이 아니었으므로 지원팀은 배경사건이 있으리라고 짐작했다. 면담을 통해 알아본 결과, 한 무리의 학생들이 통학버스 안에서 상일이를 놀리곤 했음을 알게 되었다. 상일이로서는 놀림을 받아 화가 난 아침에 또래들과 상호작용하는 것이 너무 힘들었던 것이다. 즉, 버스에서 놀림을 받은 직후 또래와 상호작용을 해야 했을 때 더 이상 원치 않는 또래와의 상호작용을 피하기 위해 문제행동을 하게 된 것이다.

배경사건은 신체적 상태에 따라서도 달라진다. 예를 들어, 인희의 하루 일정을 짤 때 매우 좋아하는 과제들 사이사이에 덜 좋아하는 과제들을 배치했다고 하자.

이 일정은 좋아하는 과제를 하기 위해 덜 좋아하는 과제를 빨리 마치도록 인희에게 동기를 제공했기 때문에 평소에는 효과가 있었다. 인희는 학교에 도착하자마자 덜 좋아하는 과제에 해당하는 위생 관련 일과(예: 화장실 가기, 얼굴과 손 씻기, 머리 빗기)부터 하게 된다. 그러고 나면 매우 좋아하는 활동인 아침식사를 할 수 있다. 평소에는 인희가 이러한 일정을 별 문제없이 해내지만, 가끔씩 아침 일과 동안 심각한 문제행동을 보일 때가 있다. 지원팀은 추가 정보를 수집하여 문제의 진원지를 발견할 수 있었다. 인희의 어머니는 교대 근무를 하는데, 낮 근무를 한 다음 날 아침에는 일찍 일어나 인희의 아침식사를 챙겨 주었던 것이다. 인희의 어머니는 인희가 집에서 아침을 먹고 등교한 날을 학교-가정 연락장에 기록하기 시작했다. 이 날들은 인희가 아침 일과 중 문제행동을 보인 날들과 정확하게 일치했다. 인희의 경우, 배가 고픈 상태에서는 학교에서의 아침식사가 강화제로 작용하여 빨리 아침을 먹기 위해 아침 일과를 기꺼이 완수했던 것이다. 그러나 배가 고프지 않은 상태에서는 음식이 더 이상 강화제로 기능할 수 없었다. 따라서 아침식사를 잘 하고 등교한 날에는 위생 활동을 하라는 요구가 문제행동으로 이어진 것이다.

배경사건은 선행사건이나 후속결과보다 분리해 내기가 어렵지만, 선행연구들은 수면 부족, 긴 통학시간, 또래와의 문제, 가정에서의 다툼, 알레르기, 질병 등의 많은 배경사건들을 소개하고 있다.

3) 문제행동을 유지시키는 결과 관련 정보

지원팀이 기능진단 정보를 수집할 때에는 어떤 사건, 환경 변화, 상호작용 형태가 문제행동에 뒤따라 일어나는지 알아보는 것도 중요하다. 특히 문제행동이 발생한 후에는 특정 유형의 성인이나 또래 상호작용이 뒤따르기 마련이다. 그것은 교사의 꾸중이나 달래는 말, 또래의 비웃음에 이르기까지 다양하다. 이러한 상호작용은 누군가가 과제를 함께 해 주기, 좀 더 쉬운 과제 제시하기, 좌석 바꾸기, 점수 잃기, 타임아웃, 교무실 불려 가기, 또래의 놀잇감이나 활동 포기하기 등과 같은 다른 후속결과들과 함께 일어날 가능성이 높다.

결과 관련 정보는 문제행동을 강화하는 사건을 알려 준다는 점에서 중요하다. 예를 들어, 보민이의 직업교사는 보민이가 소리를 지르는 빈도와 강도가 지난 6개월간 계속 증가했음을 감지했는데, 이러한 소리 지르기 행동은 직업 훈련에 매우 방해가 되는 것이어서 여러 가지로 걱정이 많았다. 직업교사는 최근 보민이의 작업량이 늘어남에 따라 자신이 보민이의 임무 완수를 위해 가능한 한 많은 도움을 주고자 했음을 깨달았다. 그 과정을 자세히 검토해 본 결과, 자신은 주로 보민이가 소리를 지른 직후에 도움을 주었던 것이었다. 비록 직업교사의 의도는 좋은 것이었지만, 본의 아니게 보민이의 소리 지르기를 강화해 온 셈이다. 보민이는 도움이 필요할 때 소리를 지르면 도움이 주어진다는 것을 학습한 것이다.

영하의 사례를 살펴보자. 영하는 문제행동을 보인 후에는 문제 해결 절차를 마쳐야만 다시 수업에 참여할 수 있다. 이러한 문제 해결 절차는 영하가 스스로 적절한 대체행동을 찾도록 돕기 위해 시작된 것이었으나 문제행동은 감소되지 않았다. 영하의 지원팀은 문제 해결 절차가 처음 의도했던 바대로 간결하게 되지 못하고 영하가 감당하기에는 너무 긴 절차가 되었음을 알게 되었다. 결국 영하는 문제 해결 절차가 진행되는 긴 시간 동안 자신에게 주어지는 개별적 관심을 즐기게 되었고, 교사의 관심을 받기가 쉽지 않을 때는 일부러 문제행동을 한다는 것이 밝혀졌다. 이 사례는 문제행동에 뒤따라 일어나는 상호작용의 구체적 유형을 기록하는 일이 문제행동의 후속결과가 뜻하지 않게 그 행동을 강화하고 있는 것은 아닌지 알아내는 데 얼마나 중요한지를 보여 준다.

후속결과를 고려할 때는 문제행동을 지속시키는 그 결과가 문제행동이 일어날 때마다 항상 뒤따라 발생하는 것은 아님을 명심해야 한다. 그리 자주 일어나지 않는 간헐적인 강화도 문제행동을 지속시킬 수 있다. 아주 간단한 예로 슬롯머신을 생각해 보라. 돈을 딸 수 있는 것은 가끔인데도 도박꾼들은 중독이 될 정도로 몰두한다. 지원팀이 문제행동을 유지시킬 만한 후속결과를 알아보려 할 때는 간헐적이거나 자주 일어나지 않는 반응도 함께 고려해야 한다. 또한 문제행동은 더 이상 원하는 결과가 주어지지 않는데도 오랜 기간 계속될 수 있다. 오랫동안 강화를 받아 온 행동일 경우에는 더욱 그렇다. 문제행동에 대한 후속결과를 쉽게 찾기 어려울 때는 이러한 가능성에 대해서도 고려해 보아야 한다.

마지막 요점은 후속결과가 반드시 문제행동 직후에 일어나는 것은 아니라는 점이다. 문제행동 발생 후 한참이 지나서 발생한 사건도 문제행동을 지속시킬 수 있다. 자신이 문제를 일으켜야 반사회적 또래 집단에서 자신의 위상이 높아질 거라고 믿는 고등학생의 경우 또래 집단 내 위상 격상이 문제행동에 바로 뒤따르는 결과는 아니지만, 이 학생의 문제행동이 여러 번 반복되면 실제로 바라던 결과로 이어질 수 있다.

4. 정보 수집 방법

개괄적 정보와 구체적 정보를 수집하는 데 사용되는 주요한 두 가지 방법이 있다. 간접적 방법은 이미 존재하는 기록이나 많은 정보를 가지고 있는 사람들의 말에 의존하는 접근이다. 이 접근은 목표행동이 실제 발생한 시간이 아닌 다른 시간에 정보를 수집하기 때문에 '간접적' 이라고 부른다. 반면에 직접적 방법은 문제행동이 발생한 바로 그 시간에 정보를 수집하는 데 사용된다. 이 접근에서는 문제행동을 직접 관찰하는 사람이 문제행동 발생 직후에 정보를 기록하게 된다.

1) 간접적 방법

기능진단을 위한 간접적 방법에는 몇 가지 유형이 있는데, 그중 하나는 기록 검토다. 일반적으로 학생의 학교 기록은 학생의 과거와 현재의 의료적 상태, 이전의 학업 성적, 현재의 수행 수준, 징계 의뢰, 이전의 지원 계획 등과 같은 많은 관련 정보를 담고 있다. 지원팀은 이러한 기록을 검토할 때 지원 계획 개발에 직접적으로 도움이 될 수 있는 형태로 요약을 하는 것이 좋다. 즉, 과거에 학생에게 적용한 중재에 관해 많은 정보를 질서 없이 늘어놓기보다는 특별히 효과적이었던 전략과 그렇지 않았던 전략에 초점을 두는 것이 현명하다. 학교 기록 조사(School Archival Record Search: SARS)는 학생에게 제공된 다양한 서비스들이나 징계 관련 면담에 대한 정보 또는 기타 관련 정보를 수집할 수 있는 체제를 제공한다(Walker, Block-Pedego, Todis, & Severson, 1991).

면담은 또 다른 형태의 간접적 정보 수집 방법이다. 면담은 주로 그 학생을 잘 아는 사람을 대상으로 행해지는 것이 보통이다. 대부분의 경우 가족과 교사는 항상 면담 대상에 포함되며, 그 외에 그 학생과 가까이 지낸 지원 인력도 면담 대상이 된다. 면담의 주목적은 학생과 문제행동에 대한 정보를 최대한 많이 알아내는 것이다. 대부분의 면담은 문제행동의 형태나 범위, 문제행동의 역사, 문제행동을 유발할 수 있는 대략적 요인들(예: 약, 건강 문제, 삶의 주요 사건들), 문제행동의 구체적 선행사건들, 문제행동에 뒤따르는 특정 후속사건들, 학생의 선호도와 강약점 등에 관한 정보를 얻게 해 준다. 몇몇 면담지는 구매가 가능하다. 예를 들어, 기능진단 면담(Functional Assessment Interview: FAI; O'Neill et al., 1997)은 문제행동의 형태, 문제행동에 영향을 미치는 개괄적이거나 구체적인 정보들, 추정되는 문제행동의 기능 등에 관한 정보를 구하는 다면적 면담이다. 기능진단 면담을 실시하기 위해서는 상당히 긴 시간이 요구되지만(45~90분), 면담의 결과로 얻게 되는 자세한 정보를 고려한다면 그러한 노력은 투자할 만한 가치가 있다. Dunlap, Kern, Clarke 및 Robbins(1991), Fad, Patton 및 Polloway(2000), Nelson, Roberts 및 Smith(1998)도 이와 비슷한 면담 형식을 제시하였다. 이러한 면담의 최종 결과물은 수집된 정보를 간략하게 종합하여 문제행동, 배경사건, 구체적 선행사건과 후속결과, 문제행동을 지속시키는 것으로 추정되는 문제행동의 기능이나 동기 등을 묘사한 요약문 또는 가설을 제시해 준다(7장 참조).

면담은 학생에게 직접 실시할 수도 있다. 학생 당사자에게서 정보를 얻는 것은 몇 가지 장점이 있다. 자신에게 어려움을 야기하는 상황에 대해 당사자가 직접 이야기해 준 정보는 다른 사람이 제공한 정보보다 훨씬 더 정확하고 통찰력 있는 정보일 가능성이 높다. 또 어떤 행동은 다른 사람은 관찰할 수 없는 것일 수도 있다. 예를 들어, 절도, 약물 복용, 불안감 등은 다른 사람이 알아채기 어려운 경우가 많다. 문제행동의 발생과 관련된 생태학적 변인을 이해하는 데는 학생과의 면담이 유일한 방법일 수도 있다. 학생과의 면담에서도 성인을 면담할 때와 비슷한 정보를 수집하지만, 특히 학생을 면담할 때는 과제가 얼마나 어려운지, 주변의 관심을 충분히 받고 있는지, 바람직한 행동에 대한 적절한 보상을 받고 있는지 등과 같은 문제행동 관련 변인에 대해 질문을 하게 된다. 또한 문제행동을 감소시키거나 예방하기 위해 어떤 점이 변했으면 좋겠는지 학생의 의견을 묻기도 한다. 그 외에도 학교 활동에 삽입하거나 강화제로 사용하기 위해 학생이 좋아하는 활동이나 물건을 알아볼 수도 있다.

한 예로 학생참여 기능진단 면담(Student-Assisted Functional Assessment Interview; Kern, Dunlap, Clarke, & Childs, 1994)이 있다. 이 면담은 네 영역으로 구성되어 있다. 첫 번째 영역은 선행사건과 문제행동의 기능을 알아보는 데 도움이 될 12개의 질문으로 이루어져 있다(예: '공부(또는 일)가 대체로 어렵다고 느끼나요?' '어떤 일을 잘 해냈을 때 사람들이 그것을 알아준다고 생각하나요?'). 학생들은 '항상 그렇다' '때때로 그렇다' '전혀 그렇지 않다' 중 하나로 답하게 된다. 7개의 개방형 질문으로 이루어진 두 번째 영역은 문제행동 및 고려해 볼 만한 중재방법에 대한 직접적인 정보를 구한다(예: '그 문제행동으로 인해 가장 힘든 때가 언제인가요?' '그런 문제를 줄이기 위해 어떤 것이 바뀌어야 할까요?'). 세 번째 영역에서는 학생이 학교에서 배우는 각 과목을 얼마나 좋아하는지를 '전혀 좋아하지 않는다'(1점)에서 '매우 좋아한다'(5점)까지의 5점 척도로 평정하게 한다. 네 번째 영역은 학생이 각 과목의 어떤 점을 좋아하고 어떤 점을 좋아하지 않는지를 묻는 개방형 질문으로 이루어져 있다. 면담은 대략 30분 정도 소요된다. 어떤 학생들은 서면으로 답하는 것을 선호하고 어떤 학생들은 구두로 답하고 면담자가 받아 적는 형식을 선호한다. O'Neill 등(1997)은 학생이 각 과목에서 느끼는 어려움의 정도를 평정하는 데 중점을 둔 학생용 기능진단 면담(Student-Completed Functional Assessment Interview)이라는 대안적 학생 면담 도구를 제작하기도 했다. 이를 활용한 면담에서도 학생들은 자신의 지원 전략 개발에 참여하게 된다.

간접적 방법은 체크리스트 형식으로 실시할 수도 있다. 예를 들어, 동기진단척도(Motivation Assesment Scale: MAS; Durand & Crimmins, 1988)는 문제행동의 기능(회피, 주의 끌기, 구체적 사물 얻기, 감각 조절)을 알아보기 위한 16개의 문항으로 이루어진 질문지다. 응답자는 문항에 기술된 조건에서 문제행동이 발생한다는 것에 얼마나 동의하는지를 리커트식(Likert-type) 척도를 사용하여 평정한다. 문항의 예로는 '그 행동은 어려운 과제를 수행하라는 요구에 뒤따라 발생하나요?' '그 행동은 이 학생에게 관심 보이기를 멈출 때마다 발생하나요?' 등이 있다. 모든 질문에 대한 응답의 처리 결과는 회피, 주의 끌기, 구체적 사물 얻기, 감각 조절의 네 가지 기능별 점수로 산출된다. 최종적으로 네 기능을 점수 순으로 나열하여 가장 높은 점수를 얻은 기능을 문제행동의 주요 기능으로 추정하게 된다. 동기진단척도는 간단하고 시간이 적게 걸리는 장점이 있지만, 결과의 정확성과 신뢰도를 확보하기 위해 다른 검사들과 함께 사용하는 것이 좋다.

간접적 방법은 장단점이 있다. 기록 검토, 면담, 체크리스트는 학생의 생활을 잘 알고 있는 사람들로부터 더 자세한 진단을 하는 데 사용될 정보를 신속하게 수집할 수 있다. 또한 학생을 직접 면담하는 것은 학생의 관점을 알아낼 수 있는 유일한 방법이기도 하다. 이와 같이 간접적 방법을 통해 가치 있는 정보를 수집할 수 있지만, 이 정보만으로 중재를 개발하기는 어렵다. 또한 사람들의 기억이 항상 정확한 것은 아니기 때문에 간접적 방법은 편견이 작용되기 쉽다. 그러므로 포괄적인 정보를 수집하기 위해서는 간접적 방법과 직접적 방법이 병행되어야 한다.

2) 직접적 방법

정보 수집을 위한 직접적 방법은 문제행동이 발생하는 바로 그 시간에 기록을 하는 것이다. 직접 관찰에는 매우 비공식적인 것부터 상당히 구조적인 것까지 다양한 방법이 있다. 비공식적 방법의 한 예는 일화기록(anecdotal note)이다. 여기서 교사 또는 다른 전문가들은 문제행동을 자주 보이는 학생에 대한 정보를 기록하게 된다. 예를 들어, 교직원은 행동 일지, 사고 일지 또는 다른 형태의 학교 단위나 교육청 단위의 서식을 이용하여 심각한 문제행동을 기록해 둘 법적 의무가 있다. 이러한 기록이 선행사건과 후속결과에 대한 정보를 포함하고 있을 때, 기능적 행동진단 과정에 매우 유용하다. [그림 6-2]는 일화기록의 유용한 예를 보여주고 있다. 이 예에서 학교 규칙을 위반한 행동은 그 행동이 발생한 당시에 기록되었다. 이 일지에는 행동에 대한 기록뿐 아니라 각 행동이 발생한 시간과 장소 그리고 그 사건이 어떻게 해결되었는지도 기록되어 있다. 이 정보는 아주 자세하지는 않지만 선행사건과 후속결과에 대한 중요한 정보를 제공하고 있다. 이러한 일화기록 정보를 검토하면 문제행동의 패턴(예: 하루 중 문제행동이 가장 자주 일어나는 시간, 문제행동 발생과 관련이 있는 활동)을 알아낼 수 있다. 그런데 일화기록이 문제행동에 대한 광범위한 정보를 제공하는 것은 사실이지만, 어떤 이들은 시간이 많이 소요되고 장황하다고 말한다. 특히 자주 일어나는 문제행동의 경우, 기록에 소요되는 시간 때문에 일화기록을 사용하기가 어렵다. 또한 [그림 6-2]의 예와는 달리 많은 일화기록 서식들은 구조화되어 있지 않으며 부주의로 인해 선행사건과 후속결과에 대한 중요한 정보가 누락될 수도 있다.

직접 관찰 정보를 수집하는 또 다른 형식은 ABC(antecedent-behavior-conse-

미래 고등학교 행동 의뢰 및 사고 일지

학생이름: 이동준　　　　기　간: 2004년 10월 22일~11월 27일
학　년: 1　　　　사례 관리자: 김철현

날짜	시간/교시	행 동	해 결
10/22	오전 9:50/ 체육	농구 경기 중 또래와 싸움	교사와 문제 해결 시간을 가진 후 수업 복귀
11/6	오전 10:35/ 읽기	허락 없이 수업 시간에 나간 후 학교 무단 이탈	하교 때까지 교내 정학: 부모에게 전화 연락
11/12	오전 8:52/ 컴퓨터	또래에게 욕설; 허락 없이 수업 시간에 나감	교사와 문제 해결 시간을 가진 후 수업 복귀
11/27	오후 12:44/ 정독실	해당되는 점수를 받은 후 점수표를 찢어 버림	또래와 문제 해결 시간을 가진 후 수업 복귀

[그림 6-2] 일화기록의 예

quence) 분석이다. ABC 자료 수집 양식은 세 칸으로 나누어져 있다. 첫 번째 칸에는 선행사건을, 두 번째 칸에는 문제행동을, 그리고 마지막 칸에는 그 행동에 뒤따르는 후속결과를 기록한다. 종종 ABC 양식의 세 칸에 소제목을 넣어 관찰자가 문제행동이 일어난 시간, 문제행동이 일어났을 때 진행되었던 활동, 문제행동의 특징 등과 같은 구체적 정보를 적게 한다. [그림 6-3]은 ABC 양식의 한 예다. 일화기록과 마찬가지로 ABC 양식은 많은 정보를 제공하지만, 작성하는 데 많은 시간이 소요된다. 한편 ABC 양식은 지원 계획 개발에 필요한 선행사건과 후속결과에 대한 단서를 제공한다는 장점이 있다.

희망 중학교 ABC 관찰 기록지

학생: 박단비　　　　관찰자: 강성준

날짜	A(선행사건) 누구(교사, 또래)와 상호작용하던 중? 어떤 수업 시간? 어떤 활동을 하던 중?	B(행동) 관찰 가능한 용어로 구체적 행동을 서술할 것 (말과 행동 모두를 기록)	C(후속결과) 교사 또는 친구들이 어떻게 했는가? 징계 조치가 있었는가?
2/4	다른 학생(애진)이 과학 시간이 끝나고 나가면서 단비를 가볍게 치고 지나감	소리 지르기, 욕하기, 교실에서 나가기를 거부	교사가 단비와 애진을 말로 꾸짖음: 애진이 단비를 놀림: 교사가 단비와 애진의 오후 시간 특권을 뺏음
2/13	애진이와 단비가 수학 시간 전에 서로를 놀림: 단비는 수학 쪽지시험을 거부해서 애진이를 포함한 다른 아이들이 쪽지시험이 끝난 후 주어진 자유시간에 즐겁게 노는 것에 참여할 수 없게 됨	책을 교실 저편으로 던지고 책상을 넘어뜨림	교사는 단비를 꾸짖은 후 학생지도실로 보냈고, 학생지도실에서는 하교 때까지 단비에게 교내정학 처분을 내림: 애진이가 단비를 놀림
2/27	단비가 수학 문제를 풀기 위해 칠판으로 나가면서 애진이를 차고 지나감	수학 문제를 푸는 동안 벽을 발로 참: 자리에 앉기를 거부	교사가 단비를 꾸짖음: 애진이가 단비를 놀림
3/3	읽기 시간과 수학 시간 사이에 단비가 애진이가 자꾸 자기를 민다고 외침	교실을 돌아다님: 친구들(주로는 애진)을 향해 무례한 말을 계속함	교사가 단비를 꾸짖음: 애진이도 단비를 향해 무례한 말을 함

[그림 6-3] ABC 관찰 양식의 예

체크리스트도 직접 관찰에 활용될 수 있다. 이 형식은 바람직한 행동이나 문제행동을 유발할 것으로 추정되는 선행사건들과 일반적인 후속결과들의 목록으로 이루어져 있다. 관찰자는 목표행동을 목격했을 때마다 해당 칸에 표시하기만 하면 된다. 체크리스트에 표시될 선행사건, 문제행동, 후속결과들은 각 학생에 맞게 작성하고 다시 수정할 수도 있다. [그림 6-4]는 시은이의 자극-행동-반응 체크리스트를 보여 준다. 이 체크리스트에는 시은이의 지원팀이 문제행동과 바람직한 행동을 유발하는 자극이라고 생각하고 있는 사건들, 과거에 관찰된 적이 있는 시은이의 모든 문제행동과 바람직한 행동, 교사가 제공할 가능성이 있는 후속결과들이 나열되어 있다. 이 체크리스트는 바쁜 교사와 다른 관찰자들에게 매우 간편한 양식이긴 하지만, 아주 자세한 정보를 제공하지는 못한다. 또한 매번 행동이 발생할 때마다 한 장의 체크리스트를 작성해야 하므로 발생 빈도가 높은 행동에는 실용적이지 않다.

산점도(scatterplot)는 문제행동이 자주 일어나는 시간과 그렇지 않은 시간을 시각적으로 볼 수 있도록 구성된 직접 관찰 전략이다. 자료는 각 발생과 빈도에 따라 기록된다. 예를 들어, [그림 6-5]는 높은 빈도로 발생하고 있는 주연이의 자해행동을 기록한 것이다. 날짜별로 표시된 자료를 대략만 훑어보아도 자해행동이 자주 일어나는 활동 시간과 그렇지 않은 활동 시간을 알 수 있다. 산점도는 체크리스트와 마찬가지로 문제행동이 발생할 때 주변에 있었던 사람, 특정 활동, 구체적 교수 형태나 후속결과 등에 대한 자세한 정보를 제공하지는 않는다. 하지만 작성이 쉬울 뿐만 아니라 더 자세한 진단을 실시해야 할 시간대를 결정하는 시발점이 된다.

기능진단관찰(Functional Assessment Observation: FAO; O'Neill et al., 1997)은 모든 환경에서 포괄적인 관찰 자료를 수집하기 위한 양식을 제공한다. 이 양식은 발생한 행동, 선행사건 또는 문제행동을 예견하게 하는 요소들, 문제행동을 한 학생에게 주어지는 실제 결과(예: 재지도), 추정되는 문제행동의 기능(관심 끌기, 과제나 활동의 회피 등과 같이 관찰자가 학생이 보이는 문제행동의 원인으로 추정한 것) 등을 알려 줄 자세한 정보 수집을 촉진한다. 그러나 기록이 체크 표시(✓)나 숫자로만

자극-행동-반응 체크리스트

이름: 최시온
작성법: 매 사건 발생 시, 해당되는 모든 선행사건, 행동, 결과에 체크하세요.

문제행동

장소: 교실 날짜: 2004. 3. 30 시간: 10:00

자극: 행동 직전에 일어난 일

- ☐ 무언가를 하라고 요구받음
- ☐ 무료함: 교재나 활동이 없음
- ☐ 원하는 것을 얻지 못함
- ☐ 좋아하는 활동을 제지받음
- ☐ 시끄러운 환경
- ☐ 타인이 아동을 화나게 함
- ☐ 한 활동에서 다른 활동으로 전환해야 함
- ☑ 다른 아동이 관심을 받음
- ☐ 불명확함
- ☐ 기타: ________

행동

- ☐ 안절부절못함
- ☐ 불순종
- ☐ 과제 이탈
- ☐ 신체적 공격
- ☐ 언어적 공격
- ☐ 기물 파괴
- ☐ 다른 사람을 놀리거나 화나게 함
- ☐ 달아나기
- ☐ 소리 지르기
- ☑ 탠트럼
- ☐ 기타: ________

반응: 행동 직후에 일어난 일

- ☐ 문제행동에 대해 토의
- ☐ 무반응/무시
- ☐ 행동에 대한 제지
- ☑ 활동에 임하도록 말로 재지도
- ☐ 활동에 임하도록 신체적으로 재지도
- ☐ 신체적 제지
- ☐ 교실에서 나가게 함
- ☐ 하던 활동을 계속하게 함
- ☐ 타임아웃(지속 시간:____)
- ☐ 기타: ________

바람직한 행동

장소: 운동장 날짜: 2004. 3. 30 시간: 11:30

자극: 행동 직전에 일어난 일

- ☐ 무언가를 하라고 요구받음
- ☑ 교사/또래의 관심을 받음
- ☐ 혼자 있음
- ☐ 좋아하는 장난감/활동
- ☐ 다른 아동이 놀기를 청함
- ☐ 다른 아동과의 놀이
- ☐ 전이 시간을 미리 알려 줌 (예: "5분만 더 보고 TV 끄자.")
- ☐ 기타: ________

행동

- ☐ 지시 이행
- ☐ 조용히 앉아 있기
- ☐ 과제 수행
- ☑ 차례 기다리기
- ☐ 정리하기
- ☐ 나눠 쓰기
- ☐ 기다리기
- ☐ 다른 사람에게 친절
- ☐ 순조로운 전이
- ☐ 다른 아동과 사이좋게 놀기
- ☐ 기타: ________

반응: 행동 직후에 일어난 일

- ☐ 강화
- ☑ 타인의 관심
- ☐ 무시
- ☐ 놀이가 계속됨
- ☐ 기타: ________

[그림 6-4] 체크리스트의 예

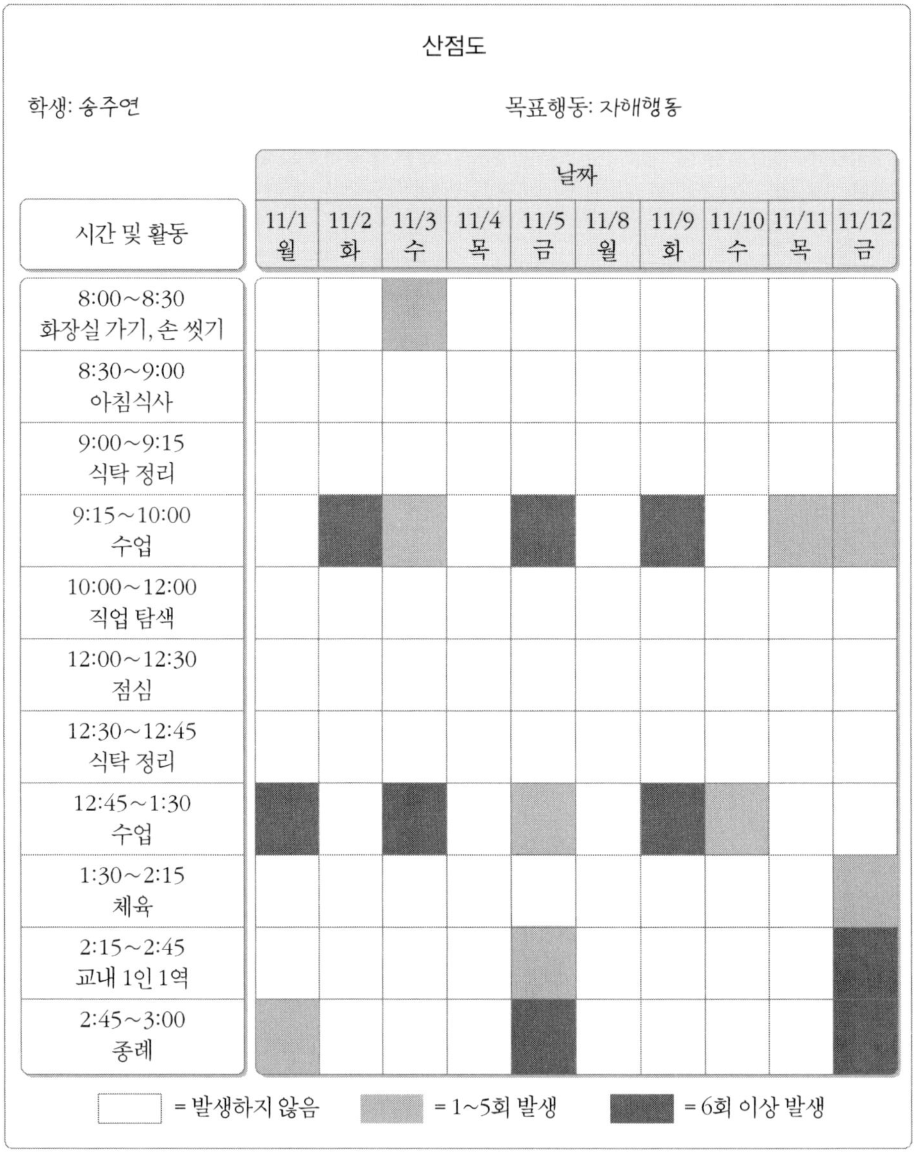

[그림 6-5] 산점도의 예

이루어지기 때문에 ABC 양식보다 간편한 자료 수집 절차라 할 수 있다. 연구자들은 기능진단관찰이 타당도와 신뢰도를 갖춘 관찰자료 수집 방법임을 입증해 왔다(Cunningham & O' Neill, 2000; Murdock, O'Neill, & Cunningham, in press).

〈표 6-2〉는 직접 및 간접 진단방법과 그 활용에 대한 주의사항을 요약한 것이다. 직접적 방법이 자세하고 구체적인 정보를 제공하는 것은 사실이지만, 이 방법들은 관찰자의 시간과 주의를 많이 요한다. 그러나 시간 소모를 최소화할 수 있는 방법이 없지는 않다. 그중 하나는 학생과 함께 지내는 사람들이 간소화된 자료 수집을 하고, 외부의 관찰자가 좀 더 자세한 직접 관찰을 실시하여 보충을 하는 것이다. 지원팀 구성원들이 자료 수집 업무를 분담하는 것도 한 방법이다. 〈표 6-3〉은 직접적 방법과 간접적 방법의 장단점을 정리해서 보여 주고 있다.

〈표 6-2〉 기능진단을 위한 정보 수집 전략

방법	요구되는 노력의 정도	고려할 점	예
간접적 방법			
기록 검토	많음	역사적(또는 기타) 정보의 근거를 찾을 때 권장할 만함	• SARS(Walker et al., 1991) • FAI(O' Neill et al., 1997)
성인 면담	보통	항상 권장할 만함 형식은 다양함	• Dunlap et al., 1991 • Fad et al., 2000 • Nelson et al., 1998
학생 면담	보통	고기능 학생인 경우 매우 권장할 만함	• 학생참여 기능진단 면담 (Kern, Dunlap et al., 1994) • 학생용 기능진단 면담 (O' Neill et al, 1997)
체크리스트	적음	다른 방법들과 병행하기를 권장함	• MAS(Durand & Crimmins, 1988)
회의	많음	다른 방법들과 병행하기를 권장함	• 초기 질문들(Initial line of inquiry; Lohrmann-O' Rourke, Knoster, & Llewellyn, 1999)
직접적 방법			
직접 관찰	형태에 따라 다양함	항상 권장할 만함	• 일화기록 • ABC 양식 • 체크리스트 • FAO(O' Neill et al., 1997)

〈표 6-3〉 간접적 방법과 직접적 방법의 장단점

	장 점	단 점	권장사항
간접적 방법	• 개괄적 정보를 알려 준다. • 좀 더 자세한 진단을 해야 할 것에 대한 기초 정보를 신속히 수집하게 해 준다. • 다양한 시간대, 주변인들과 환경에 대한 정보를 수집하게 해 준다. • 학생 자신의 관점을 알게 해 준다.	• 정보 제공자가 그 학생을 얼마나 잘 알고 있는지에 따라 정확도가 달라진다. • 중재 개발로 직결될 만큼 구체적이지 못할 수 있다. • 상업적으로 제작된 도구들이 모든 상황에 사용 가능한 것은 아니다.	• 상업적으로 제작된 도구들은 초기 정보 수집에 사용하고, 그 학생 고유의 필요를 조사할 때는 도구를 수정하여 사용한다. • 직접적 방법과 병행한다.
직접적 방법	• 행동이 발생했을 때 직접 정보를 수집한다. • 자연스러운 환경에서 실시된다. • 환경, 행동, 선행사건, 후속결과에 대한 많은 세부사항을 제공한다.	• 시간이 많이 소요된다. • 문제행동의 발생을 그 자리에서 기록하는 것이 매일의 일과에 방해가 될 수 있다. • 문제행동 발생을 놓칠 수 있다. • 고빈도 행동은 부호화하기가 어렵다. • 발생 빈도가 낮은 행동의 경우 수집된 정보가 충분치 않을 가능성이 있다.	• 상업적으로 제작된 도구들은 초기 정보 수집에 사용하고, 그 학생 고유의 필요를 조사할 때는 도구를 수정하여 사용한다. • 일과 중 자료 수집은 최대한 간소화한다.

5. 기능진단을 위한 정보 수집 시 고려할 점

진단 정보를 수집하기 위한 방법과 형식은 매우 다양하다. 이 과정의 진행을 위한 노력을 종합하여 지원팀이 기능진단과 관련된 결정을 내릴 때 고려할 몇 가지 사항은 다음과 같다. 첫째, 일반적으로 여러 사람들로부터 정보를 수집하는 것이 가장 바람직하다. 이는 특히 문제행동이 여러 상황에서 오랜 기간에 걸쳐 발생해 왔고 좀처럼 개선의 기미가 보이지 않을 때 더욱 중요하다. 서로 다른 맥락에서 서로 다른 방법으로 그 학생과 알고 지내 온 사람들은 각기 다른 정보를 제공할 수 있다. 다양한 사람들이 가진 관점은 문제행동을 보이는 학생과의 이전 경험뿐 아니라 개인의 신념체계와 가치관에 따라서도 다른데, 이러한 다양한 관점 덕분에 풍부한 정보를 모을 수 있고 학생에 대해 더 잘 이해할 수 있게 된다. 마지막으로 다양한 사람들로부터 정보를 수집하면 공동의 관심사를 반영한 종합적인 지원 계획 수립이 용이하며, 이러한 지원 계획은 효과적이면서도 장기적으로 유용할 가능성이 높다.

둘째, 두 가지 이상의 진단방법을 사용하되, 직접적 방법을 최소한 하나 이상 포함한다. 다양한 방법을 사용하면 정보들이 어떻게 수렴되는지 파악할 수 있다. 예를 들어, 면담에서 얻은 정보와 직접 관찰에서 얻은 정보가 일치할 때, 문제행동 관련 변인은 더욱 강력하게 입증될 수 있다. 직접적 방법 중 하나는 꼭 포함되어야 하는데, 이는 직접적 방법을 통해 얻게 되는 정보가 이전에 일어난 사건에 대한 정보나 기억해 내야 하는 정보보다 좀 더 신뢰할 만하기 때문이다.

셋째, 용이성과 선호도를 고려해야 한다. 많은 학생을 동시에 가르치거나 돌보아야 하는 관찰자의 경우 체크리스트와 같이 작성하기 쉬운 형식을 찾을 것이다. 그러나 관찰자의 선호도 역시 중요하다. 어떤 사람들은 자세하게 메모하기를 더 좋아할 수도 있다. 선택된 진단방법 자체보다는 그 방법이 문제행동이나 바람직한 행동을 둘러싼 선행사건과 후속결과에 관한 핵심 정보를 수집하게 해 주는 것인지가 더욱 중요하다.

6. 기능진단 과정을 위한 협력

기능진단 정보를 수집하기 전에 지원팀 구성원 간에 계획과 조정의 시간을 가질 필요가 있다. 조정이 잘 된 진단 과정은 매우 유용한 정보를 효율적으로 산출할 것이다. 사용할 진단방법과 역할 분담에 관한 결정이 내려져야 하는데, 모든 팀 구성원이 공평하게 일을 분담할 수도 있고, 특정 팀원이 좀 더 많은 역할을 맡아야 하는 상황이 될 수도 있다. 각 팀원의 구체적 역할을 정해 두면 수고의 중복을 피할 수 있다. 마지막으로 기능진단을 완료한 후 수집된 정보를 재검토할 일정을 정해 두어야 한다. 팀원들이 학생과 그의 문제행동을 이미 잘 알고 있다면, 정보 재검토를 위한 모임을 좀 더 빨리 소집하여 긍정적 행동지원 절차의 3단계(가설 개발)를 시작할지의 여부를 결정할 수도 있다. 반면 복잡하거나 발생 빈도가 낮은 문제행동을 보이는 학생의 지원팀은 재검토 모임을 갖기 전에 오랜 기간에 걸쳐 광범위한 정보를 수집하기로 결정할 수도 있다. 또는 지원팀 중 일부 구성원만(예: 교사와 학교 심리학자 등) 진단 결과를 재검토하기 위해 자주 모이고, 문제행동의 패턴이 명백해진 후 전체 팀원 앞에서 보고할 수도 있을 것이다. 적절하게 시간을 배정하고 팀원 모두가 기꺼이 수락한 역할을 부여하는 등의 계획과 조정 과정은 팀원들의 노력이 원활하게 진행되게 해 주고, 그 생산성과 효율성을 높여 줄 것이다.

7. 최종 결과물

진단 절차는 다소 간단할 수도 있고 매우 복잡할 수도 있다. 어떤 경우에는 적절한 행동과 문제행동에 관계된 환경적 사건을 비교적 쉽게 찾을 수 있을 것이다. 또 어떤 경우에는 많은 노력과 시간을 들였지만 그 절차가 상당히 모호해 보일 수도 있다. 기능진단 절차가 잘 진행된 경우, 문제행동과 바람직한 행동에 빈번하게 결합된 특정 선행사건과 후속결과를 알려 줄 수 있는 패턴이 진단에서 수집된 정보로부터 드러날 것이다. 만약 수집된 정보로부터 환경에 따른 행동의 차이를 알아낼 수 없다면 추가적인 정보 수집이 필요하다. 결국 적절한 진단이란 환경과 행동 간의 관계에 대한 분명하고 집중적인 정보를 제공하는 것이어야 한다.

8. 요 약

포괄적인 긍정적 행동지원 계획을 개발하려면 개괄적 정보와 구체적 정보가 모두 고려되어야 한다. 이 정보는 다양한 방법으로 다양한 사람들에게서 수집된다. 진단 정보는 과거에 문제행동에 영향을 주었거나 지금도 영향을 주고 있는 광범위한 변인과 삶의 질에 관련된 쟁점을 지원팀에게 알려 준다. 또한 잘 실시된 기능진단은 바람직한 행동과 문제행동에 관련된 구체적이고 좀 더 직접적인 변인을 파악하게 해 준다. 이러한 정보들은 종합적이고 중다요소를 포함한 지원 계획 수립에 매우 중요하다. 진단의 계획과 조정이 잘 이루어질 때, 그 진단에서 얻은 자료는 의미 있고 장기적인 영향력을 미칠 지원 계획으로 이어지게 된다.

일반적인 질문

Q 진단 절차는 얼마나 걸리나요?

진단 절차에 소요되는 시간은 팀 구성원의 숙련도와 학생에 대한 지식과 경험, 문제행동의 빈도와 강도 등의 많은 요인에 따라 다릅니다. 문제행동이 이제 막 시작되었고 팀이 그 학생을 잘 알고 있을 때는 진단 절차가 몇 시간 만에 끝날 수도 있습니다. 그러나 대개는 몇 주 또는 몇 달이 걸리곤 합니다. 이는 문제행동이 상당히 심해질 때까지는 제대로 그것을 다루지 않는 경우가 많기 때문입니다. 문제행동이 오랜 기간 계속되어 왔고 다양한 환경, 주변인, 활동에 걸쳐 발생하는 경우에 진단 절차는 더욱 길어집니다.

Q 기능진단 정보가 없어도 중재를 실행할 수 있는데 왜 여기에 시간을 투자해야 하나요?

진단 없이 실행된 중재는 몇 가지 측면에서 한계가 있습니다. 첫째, 선행사건에 대한 이해가 없을 때는 문제가 발생한 후에만 조치를 취하는 반응적인(reactive) 중재 절차에만 의존하게 됩니다. 즉, 문제행동을 예방할 중재를 실행하는 데 필요한 정보가 없는 셈이지요. 반응적 전략은 문제행동을 경험하고 나서야 중재를 실시하게 되므로, 당사자와 주변인에게 불쾌한 경험이 될 수 있고 심지어 위험하기까지 합니다. 게다가 반응적 전략은 교육이나 지원 중심이라기보다는 처벌 위주일 가능성이 큽니다.

둘째, 효과적인 중재란 대안적 반응을 지도하고 개인의 기술을 확장시켜 주는 것입니다. 그러기 위해서는 개인의 약점과 한계에 대한 정보가 필요하지요. 많은 경우 대안적 기술의 지도를 포함한 중재는 장기적인 성과를 가져옵니다.

셋째, 효과가 없는 중재의 실시로 교사의 시간이 낭비될 수 있습니다. 중재 개발에 진단 정보가 사용되지 않을 때 이런 일이 발생할 수 있지요. 진단 정보가 없을 때 시행착오를 통한 중재를 할 수밖에 없고, 이는 매우 시간이 소모되는 과정이 됩니다.

Q 수집한 정보가 아무것도 알려 주지 못하면 어떻게 하나요?

진단 정보에서 문제행동의 패턴을 쉽게 찾을 수 없는 경우가 생길 수 있습니다. 이 경우 추가 정보를 수집하는 것이 최선입니다. 추가 정보를 수집하는 동안, 그때까지 수집된 정보들을 바탕으로 가설을 검증하고 가능한 중재들을 시험해 볼 수도 있을 것입니다(7장 참조).

Q 학생의 문제행동이 심각하긴 하지만 자주 일어나지는 않는다면 어떻게 도울 수 있을까요?

빈도가 낮은 행동은 정기적으로 진행되는 관찰 중에 잘 감지되지 않기 때문에 진단하기가 어렵습니다. 이 경우 문제행동이 발생할 때마다 자세한 정보를 수집하여 패턴을 찾는 것이 중요합니다. 때로는 다소 덜 심각한 문제행동에 대한 정보를 수집하여 심각한 행동에 대한 정보를 얻을 수도 있습니다. 덜 심각한 행동은 좀 더 심각한 행동의 예고일 때가 많고 좀 더 자주 발생하기도 합니다. 덜 심각한 문제행동을 위한 중재 계획은 종종 더 심각한 문제행동을 없애는 데도 효과적입니다.

Q 진단 절차가 여러 달 걸릴 때는 어떻게 하나요? 진단이 진행되는 동안에는 학생을 돕기 위해 어떤 일도 해서는 안 되나요?

아닙니다. 종합적인 지원 계획 수립을 위한 충분한 정보를 수집하는 데 몇 달이 걸릴 수도 있지만, 그 과정이 진행되는 중에도 중재를 위한 유용한 지식을 꽤 많이 얻을 수 있습니다. 지원팀은 이미 알고 있는 정보를 바탕으로 중재를 개발할 수 있으며, 새로운 정보가 파악됨에 따라 그 지원 계획을 수정하거나 확장하면 됩니다.

사례

명호의 기능진단

명호의 지원팀은 명호의 문제행동에 관련된 변인을 알아내기 위해서는 기능진단이 꼭 필요하다는 데 동의했다. 지원팀은 실시할 진단 활동, 각 활동을 책임질 사람, 각 활동의 기한을 결정했다. 긍정적 행동지원 경험이 많은 노 교사(행동 전문가)가 자료 수집에 대한 보조원 훈련, 팀 구성원들에 대한 자문, 각 구성원이 정해진 시간 계획에 맞게 역할을 수행하고 있는지에 대한 점검, 진단 활동이 완료된 후의 회의 준비 등을 포함한 진단 조정사 역할을 하겠다고 자원했다. [그림 6-6]은 이 팀의 진단 계획서다.

팀 구성원들은 정해진 시간 안에 진단 활동을 완료했다. 노 교사, 이 교사, 보조원으로 구성된 팀 내 소그룹이 모여 이 진단 자료를 요약하였다. 이 요약 자료는 팀의 핵심 그룹에게 전달되었고, 핵심 그룹은 이를 바탕으로 토의하고 가설을 개발하였다. 다음은 기능진단을 통해 얻게 된 주요 정보를 요약한 것이다.

기능진단 계획서

이름: 최명호　　　　날짜: 11월 2일

진단 활동	책임자	기 한
기록 검토	노 교사	11/9
면담: 특수교사, 보조원, 작년 담임	노 교사	11/16
면담: 조부모, 부모	이 교사	11/16
산점도(날짜별)	이 교사, 보조원	11/3~10
직접 관찰(산점도에 근거하여 문제행동이 자주 발생하는 시간과 그렇지 않은 시간에 실시)	노 교사	11/10~17

[그림 6 6] 명호의 지원팀이 세운 진단 계획

기록 검토 결과 요약

- 몇 가지 중재가 시도된 적이 있었음; 그중 어느 것도 명호의 문제행동을 감소시키는 데 영향을 미치지 못한 것으로 생각됨
- 지난 3년간 명호의 개별화교육 계획에 명시된 장단기 목표(기초 학업기술, 구어기술 개선, 문제행동 감소 위주)가 동일했음
- 명호가 어려운 과제를 끝까지 하도록 촉진하는 데 중점을 둔 행동지원 계획은 효과가 없었던 것으로 생각됨; 오히려 문제행동의 강도와 빈도가 증가 추세에 있음

면담 요약

조부모와 사촌형 및 누나와의 면담

- 집에서는 문제행동을 보이지 않음
- 명호는 집안일(특히 요리와 청소) 돕는 것을 좋아함
- 명호는 자신의 필요와 원하는 바를 스스로 잘 해결함(예: 화장실을 혼자 잘 다녀옴, 배고프면 스스로 음식을 찾아 먹음, 집 안이나 집 밖에서 여가 활동을 알아서 잘함)
- 명호는 의사소통을 할 때 말을 최대한 덜 하고 싶어 함. 가족들은 명호를 잘 알기 때문에 명호가 원하는 것을 예상할 수 있으며 명호의 행동이 의미하는 것을 쉽게 알아챔(예: 가족들은 명호의 기분이 별로일 때나 어떤 것을 좋아하지 않는다는 것을 쉽게 알 수 있음)
- 명호는 구조화된 가정 내 일정(즉, 매일 같은 시간에 이루어지는 일과인 노는 시간, 저녁식사 시간, 정해진 청소 시간과 잠자리에 들 시간)을 잘 따름
- 명호는 아침에 학교 가기를 종종 싫어하곤 하는데, 최근 그 횟수가 증가하고 있음. 명호의 할머니는 명호가 일찍 일어나 학교에 가는 것을 좋아하게 하려고, 학교에 가기 전에 맥도널드에 들러 아침을 사 주고 있음

특수교사, 보조원 및 작년 담임과의 면담

- 명호는 급식 도우미를 하거나 교실 청소하기를 좋아함

- 명호는 한두 마디로 의사소통은 하지만, 좀 더 자세하게 말해 보라고 시키면 말을 하지 않음(예: 문장으로 말하거나 구체적 정보를 이야기하게 할 때). 이 교사가 그림을 사용하게 해 보았는데, 명호가 그림을 의사소통 도구로 사용하는 것은 잘 수용하는 듯했음
- 명호는 하루 내내 문제행동을 보이는데, 특히 수업 시간에 가장 자주 보임

기능진단 결과 요약

면담을 통해 명호의 문제행동은 학교에서만 일어난다는 것을 발견했다. 따라서 직접 관찰은 학교환경을 중심으로 실시되었다. 명호의 교사들은 문제행동이 하루 종일 일어나지만, 특히 수업 시간에 가장 자주 일어난다고 하였다. 문제행동이 가

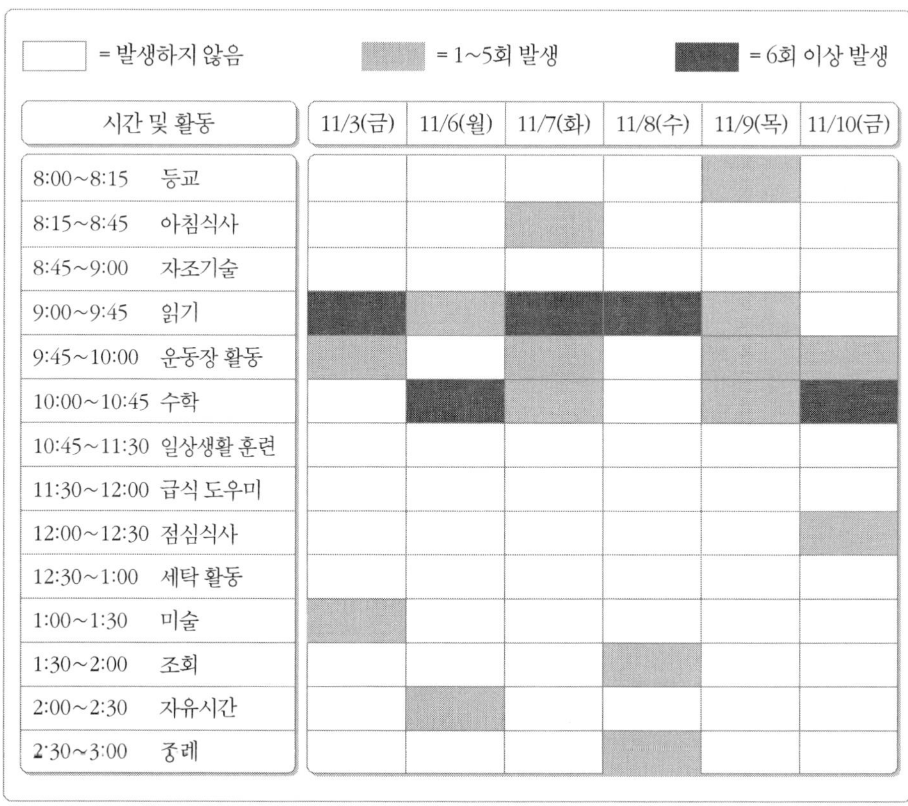

[그림 6-7] 명호의 산점도 결과

장 자주 일어나는 시간과 거의 일어나지 않는 시간을 좀 더 자세히 알아보기 위해 산점도를 작성하였다([그림 6-7] 참조). 완성된 산점도는 문제행동이 읽기, 운동장 활동, 수학 시간에 가장 많이 발생하고 있음을 보여 주었다. 문제행동은 자조기술과 일상생활 훈련 시간, 급식 도우미, 세탁 활동(명호네 반은 11월의 가사 수업으로 학교 식당에서 쓰는 수건을 세탁하는 활동을 했음)을 할 때는 전혀 발생하지 않았다.

노 교사는 특정 활동이 문제행동과 관련되어 있는 이유를 구체적으로 알아보기 위해 읽기, 운동장 활동, 수학 시간에 좀 더 자세한 직접 관찰을 실시하기로 했다. 추가로 문제행동이 발생하지 않았던 자조기술과 일상생활 훈련 시간, 급식 도우미 활동 시간을 관찰하여 문제가 발생하는 활동 시간과 다른 점을 찾아보기로 했다. 직접 관찰 결과, 읽기, 운동장 활동, 수학 시간이라 해도 문제행동이 항상 나타나는 것은 아님을 알게 되었다([그림 6-8] 참조). 문자와 숫자 등을 짝짓기 하는 활동에서는 문제가 덜 발생했지만, 문자와 숫자를 변별하는 활동에서는 문제행동이 많이 발생하였다. 읽기와 수학 시간에 문제행동이 발생하면 교사들은 다른 학생들에게 방해가 되지 않도록 명호를 교실 밖으로 내보내곤 했다([그림 6-9] 참조). 때로는 명호에게 문제행동의 결과로 지저분해진 교실을 치우게 하기도 했다.

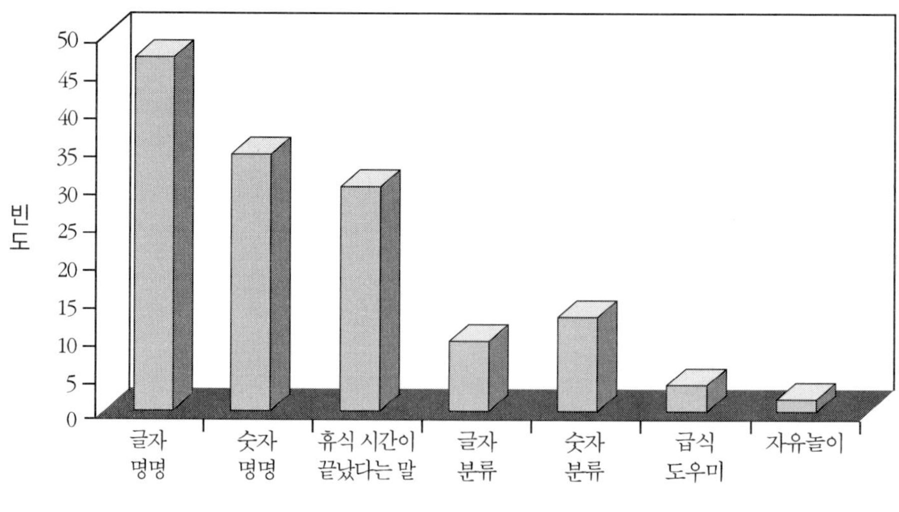

[그림 6-8] 직접 관찰 결과: 명호의 문제행동에 대한 선행사건 관찰(빈도)

활동	활동 계속	활동을 못 하게 하거나 교실 밖으로 내보냄	문제행동으로 지저분해진 곳을 치우게 함	꾸중
	문제행동에 대한 교사의 반응			
글자 명명(48)	1	22	18	7
숫자 명명(36)	3	25	7	1
좋아하는 활동이 끝났다는 말(33)	23	8	0	13
의사소통(말을 사용하도록 요구받음)(10)	0	10	0	9

[그림 6-9] 직접 관찰 결과: 명호의 문제행동에 대한 교사의 반응 요약(빈도)

이 모든 정보를 종합해 볼 때, 수업 과제가 명호에게 너무 어려운 것으로 추정된다. 지난 3년간 학업 영역의 단기 목표에 진보가 거의 없었다는 사실도 이러한 추측을 뒷받침한다. 그리고 비학업적인 활동을 할 때는 명호가 적절한 행동을 보이는 것으로 보아 이러한 활동들은 좋아하는 것으로 생각된다. 운동장 활동에 대한 직접 관찰을 통해 발견한 것은 이제 교실로 돌아갈 시간이라는 말을 듣기 전까지는 명호의 행동이 매우 적절하다는 것이다. 교실로 돌아가야 한다는 말에 명호가 문제행동을 보이기 시작하면, 교사는 일반적으로 조금 꾸짖기는 하지만 많은 학생들 앞에서 명호의 문제행동이 더 심해지는 것을 원하지 않기 때문에 당장 교실로 가도록 강하게 요구하지는 않는다. 그래서 명호는 교실로 돌아가기 전에 조금 더 놀 수 있었다. 교사들은 명호가 선호하는 다른 활동들은 전이(예: 미술 시간에서 조회 시간으로의 전이, 자유 시간에서 종례 시간으로의 전이)가 이 정도로 힘들지는 않다는 것을 발견했다. 이러한 정보는 좋아하는 활동에서 좋아하지 않는 활동(수학)으로의 전이도 문제행동의 원인이 될 수 있음을 시사한다. 직접 관찰을 통해 알게 된 또 다른 사실은 좋아하는 활동을 할 때는 문제행동의 빈도가 많이 줄지만, 혹 좋아하는 활동 중에도 문제행동이 일어났다면 그것은 명호의 의사소통에 관련되어 발생한다는 것이다. 즉, 교사가 명호에게 말로 의사소통을 하도록 요구하면 명호는 이를 거부하면서 교사를 때리거나 물려고 했다. 이런 상황이 발생하면 교사는 자신의 요구를 철회하였다.

명호의 기능진단 결과, 문제행동이 발생하거나 발생하지 않는 시간, 장소, 조건에 관한 몇 가지 분명한 패턴이 발견되었고 문제행동의 기능을 추정해 볼 수 있었다. 7장의 마지막에 제시할 사례는 명호의 지원팀이 기능진단에서 찾아낸 패턴을 행동지원 계획에 사용될 가설 문장으로 바꾸는 과정을 보여 준다.

보미의 기능진단

보미의 팀 역시 보미의 문제행동이 왜 일어나는지 보다 잘 알기 위해 기능진단을 실시하는 것이 좋겠다고 결정하였다. 보미의 특수교사가 진단 과정을 지휘하기로 했다. 특수교사는 먼저 보미의 기록을 검토하고 주요 인물들을 면담하였다. 다음으로는 직접 관찰을 실시하였다. 다음에 제시된 기능진단 요약서는 보미의 지원 계획 개발에 필요한 주요 정보를 제공하였다.

기록 검토 결과 요약

- 전국학력평가 결과에서 보미는 학년 수준에 크게 뒤떨어지지 않는 학업 성취를 보임
- 보미의 성적은 해마다 떨어지고 있음
- 보미의 문제행동은 증가하고 있음

면담 요약

보미 어머니와의 면담

- 보미는 실외 활동을 좋아함
- 보미는 독서를 즐기지만 숙제하기는 거부함
- 아침에 보미를 깨워서 등교시키는 것이 매우 어려울 때가 있는데, 특히 따로 살고 있는 아버지와 주말을 보낸 후 또는 외식을 한 다음 날 그러함
- 보미는 오후에 집에 혼자 있을 때가 많은데, 그럴 때면 동네 언니, 오빠들과 어울림

보미의 옆집 아주머니와의 면담

- 보미는 오후에 옆집에 찾아가는 일이 잦음; 옆집 아주머니는 보미가 외로운 것 같다고 생각하고 있음
- 보미는 아주머니의 3세 된 딸을 봐주거나 함께 노는 것을 매우 좋아함

보미가 통합된 일반학급 담임과의 면담

- 보미는 간단한 숙제나 숙제 중 일부를 할 때는 있지만 숙제를 모두 다 하는 것은 매우 어려워함
- 보미는 자신의 문제행동 때문에 쉬는 시간이나 자유 시간을 뺏기는 경우가 많은데, 이로 인해 다른 여학생들과 우정을 형성할 시간이 거의 없음
- 보미는 자주 피곤을 호소함

보미와의 면담

- 보미는 학교 숙제 때문에 많은 압박감을 느끼며 이러한 느낌이 싫어서 숙제 자체를 피하게 된다고 말함
- 보미는 작문을 많이 해야 하는 수업이 싫다고 함
- 보미가 가장 좋아하는 것은 독서와 운동이라고 함
- 보미는 친구랑 노는 것이 무척 좋으며 친구랑 놀 수 있는 시간이 좀 더 많았으면 좋겠다고 함

직접 관찰 결과 요약

보미를 직접 관찰한 결과([그림 6-10] 참조), 다음의 과제들은 적절한 행동과 관련이 있는 것으로 나타났다.

- 소리 내지 않고 읽기
- 실제로 조작해 보는 활동 중심의 그룹 프로젝트
- 과제를 시작하기 전에 명확한 지시나 요구 사항이 전달된 경우

다음의 과제/활동은 부적절한 행동과 관련이 있었다.

- 작문 과제

ABC 관찰 기록지

학생: 이보미

날짜와 교시	선행사건	행동	결과
2/8 국어	교과서 일부를 읽으라는 교사의 지시	해당 부분을 아무 문제 없이 읽음	특별한 상호작용 없음
	이야기의 결말을 예상하여써 보라는 과제	종이에 이름을 쓴 후 더 이상 과제를 하지 않음	과제를 하도록 촉진하는 말을 3회 연속 들음
2/8 과학	급우와 함께 실험을 진행함	전체 과정에 잘 참여함	없음
	실험 결과를 일지에 기록하라는 지시	교실을 돌아다니며 다른 학생을 방해함	교무실로 보내짐
2/8 사회	학급 전체를 대상으로 세계의 풍습에 관한 프로젝트가 제시됨	프로젝트를 시작하지 않고 읽기 책을 꺼냄	수업 중에는 무시/수업이 끝날 즈음 방과 후 남으라는 처분을 받음
2/9 점심	식당에서 잘 알지 못하는 다른 반 남학생들과 함께 앉게 됨	남학생들끼리 각자 좋아하는 여학생에 대해 이야기를 함	보미가 남학생들에게 "이 멍청한 바보들."이라고 외침

[그림 6-10] 보미의 직접 관찰 결과(일부)

- 과제의 양이 많거나 프로젝트가 광범위한 경우
- 친하지 않은 사람들과 함께 앉아 있어야 하는 점심시간

기능진단 결과 요약

보미의 기록을 검토한 결과, 표준화된 시험에서 학년 수준에 크게 뒤처지지는 않지만 점수는 그리 좋지 않다는 것을 알게 되었다. 면담과 직접 관찰을 실시한 결과, 분량이 많은 작문 과제나 숙제가 문제행동과 관련이 있는 것으로 나타났다. 또한 지속적인 노력을 요하는 프로젝트의 경우 완성하는 일이 거의 없었다. 적절한 행동을 보이며 잘 참여하는 활동은 읽기, 조작 중심의 그룹 프로젝트, 분명한 지시가 제공되는 간단한 과제 등이었다.

사회성 기술은 또 하나의 문제 영역이다. 보미는 친한 학교 친구가 있고 친구들과의 상호작용도 잘하는 편이지만, 잘 모르는 또래들과 함께 비구조화된 상황에 처하게 되면 부적절한 행동을 보이기도 한다. 이는 관심을 끌기 위한 것으로 추정된다.

보미의 교사는 피로가 자주 문제가 된다고 말했다. 보미는 피로를 호소하며 수업 시간에 잠들어 버리기도 한다. 교사가 기억하기로는 특히 월요일에 이런 일이 자주 발생했다고 한다.

보미의 삶의 양식과 관련해서는 이번 진단을 통해 보미가 실외 활동을 매우 좋아한다는 것을 확인할 수 있었다. 또한 옆집에 사는 아주머니는 보미가 어린 아기들을 좋아하는 한편, 하교 후 심심해하고 외로워하는 것 같다고 말했다. 보미 스스로도 친구와 좀 더 놀고 싶다고 말했다.

참고문헌 ……

Cunningham, E., & O'Neill, R. E. (2000). A comparison of results of functional assessment and analysis procedures with young children with autism. *Education and Training in Mental Retardation and Developmental Disabilities, 35,* 406-414.

Dunlap, G., Kern, L., Clarke, S., & Robbins, F. R. (1991). Functional assessment, curricular revision, and severe behavior problems. *Journal of Applied Behavior Analysis, 24,* 387-397.

Durand, V. M., & Crimmins, D. B. (1988). Identifying the variables maintaining self-injurious behavior. *Journal of Autism and Developmental Disabilities, 18,* 99-117.

Fad, K. M., Patton, J. R., & Polloway, E. A. (2000). *Behavioral intervention planning: Completing a functional behavioral assessment and developing a behavioral intervention plan.* Austin, TX: PRO-ED.

Kern, L., Childs, K., Dunlap, G., Clarke, S., & Falk, G. (1994). Using assessment-based curricular intervention to improve the classroom behavior of a student with emotional and behavioral challenges. *Journal of Applied Behavior Analysis,*

27, 7-19.

Kern, L., Dunlap, G., Clarke, S., & Childs, K. E. (1994). Student-Assisted Functional Assessment Interview. *Diagnostique, 19*, 7-20.

Lohrmann-O'Rourke, S., Knoster, T., & Llewellyn, G. (1999). Screening for understanding: An initial line of inquiry for school-based settings. *Journal of Positive Behavior Interventions, 1*, 35-42.

Murdock, S. G., O'Neill, R. E., & Cunningham, E. (in press). A comparison of results and acceptability of functional behavioral assessment procedures with a group of middle school students with emotional/behavioral disorders (E/BD). *Journal of Behavioral Education.*

Nelson, J. R., Roberts, M. L., & Smith, D. J. (1998). *Conducting functional behavioral assessments: A practical guide.* Longmont, CO: Sopris West.

O'Neill, R. E., Horner, R. H., Albin, R. W., Sprague, J. R., Storey, K., & Newton, J. S. (1997). *Functional assessment and program development for problem behavior: A practical handbook* (2nd ed.). Pacific Grove, CA: Brooks/Cole.

Walker, H. M., Block-Pedego, A., Todis, B., & Severson, H. (1991). *School Archival Record Search (SARS).* Longmont, CO: Sopris West.

07

가설 개발

LEE KERN

1. 가설의 중요성
2. 가설 문장의 형식
3. 가설 개발을 위한 지침
4. 진단 정보의 체계화 및 분석
5. 진단 정보의 요약
6. 가설 검증
7. 개괄적 정보 고려하기
8. 요 약

기능진단을 다룬 6장에서 설명한 바와 같이 개별화된 지원 계획 개발에 사용될 정보는 다양한 출처로부터 다양한 형태로 수집된다. 따라서 긍정적 행동지원 절차 중 2단계에 해당하는 기능진단을 통해 방대한 분량의 정보가 산출된다. 다음 절차는 어떻게 이 많은 정보를 지원 계획에 도움이 되는 방향으로 사용할지를 결정하는 것이다. 안타깝게도 기능진단을 통해 수집된 정보와 지원 계획 간에는 연관성이 적고, 그러다 보니 지원 계획이 학생의 요구에 부응하지 못하는 경우가 자주 발생한다. 기능진단과 지원 계획 간의 불일치를 방지하기 위해서 긍정적 행동지원의 3단계, 즉 가설 개발이 매우 중요하다. 이 단계는 수집된 정보와 최종 결과물인 지원 계획을 연결해 주는 역할을 한다. 이 장에서는 가설 개발을 위한 전략을 제시하고자 한다. 또한 가설의 정확성을 평가(즉, 가설 검증)하는 절차도 소개한다.

1. 가설의 중요성

가설은 기능진단 또는 정보 수집 과정의 최종 결과물이다. 가설은 이전 단계에서 수집된 정보에 대한 간결한 요약을 제공한다. 가설은 환경적 사건과 개인의 행동 간 관계를 서술함으로써 진단 정보와 행동지원 계획 간의 연계성을 확보하는 중요한 역할을 한다. 즉, 가설 문장은 문제행동을 유발할 가능성이 가장 큰 선행사건과 배경사건을 묘사하고, 관찰된 후속결과와 논리적 추론에 근거하여 문제행동의 기능을 추정한다. 가설 문장은 문제행동과 관련된 사건을 명확하게 기술함으로써 행동 감소에 효과가 있을 만한 중재들을 시사해 준다. 즉, 환경적 사건과 행동의 기능에 대한 정보가 학생의 요구에 맞고 문제행동을 감소시킬 수 있는 일련의 중재 접근들을 제시해 주는 것이다. 정확하게 작성된 가설 문장은 행동지원 계획 개발을 위한 긍정적 행동지원 팀의 노력에 큰 도움이 된다. 학생의 진보를 더디게 할 뿐 아니라 시간을 낭비하게 하는 시행착오적 중재 접근은 더 이상 필요치 않게 된다. 대신 확신을 가지고 지원 계획을 세울 수 있게 되는데, 이는 이 계획이 자료, 광범위한 정보, 학생에 대한 깊이 있는 지식을 바탕으로 세워졌기 때문이다. 다음 부분에서는 이러한 중요한 단계를 실행하는 전략을 자세히 소개하고자 한다.

2. 가설 문장의 형식

가설 문장은 여러 다양한 형식으로 작성된다. 어떤 형식을 사용했는가와 관계없이, 가설 문장은 세 가지 종류의 정보를 반드시 포함해야 한다. 첫째, 가설 문장에서는 문제행동 전에 일어난 사건을 서술해야 하는데, 이는 행동 직전의 선행사건뿐 아니라 관련된 배경사건을 포함해야 한다. 둘째, 문제행동을 기술한다. 셋째, 추정되는 문제행동의 기능을 밝힌다. 2장에서 설명한 바와 같이 극단적으로 단순화시켜 말하자면, 행동의 기능은 다음 둘 중 어느 하나다. 첫 번째 기능은 원하는 무엇을 얻기 위함이다. 관심, 활동, 구체적 사물, 자기자극 등은 학생이 얻고자 하는 일반적인 사물이나 사건이다. 행동의 두 번째 기능은 원치 않는 것으로부터의 회피다. 특히 학교환경에서 주어지는 과제나 요구 등은 학생들이 문제행동을 함으로써 피하고자 하는 것들이다. 사회적 상호작용이나 과다한 감각 자극을 회피하고 싶어 하는 학생들도 간간이 있다. 행동의 선행사건, 배경사건, 후속결과에 관해 수집된 진단 정보에 근거하여 논리적이고 간결한 결론이 특정 문제행동의 기능에 관한 가설 문장의 형태로 도출된다.

어려운 과제가 주어지면, 새미는 이 과제를 피하기 위해 방해행동을 보인다.
(선행사건) (기능) (행동)

좋아하는 장난감을 친구가 가지고 놀고 있으면, 영민이는 그 장난감을 얻기 위해 친구를 공격한다.
(선행사건) (기능) (행동)

잠을 제대로 자지 못하고 등교한 날 혼자 있는 시간이 생기면, 아영이는 관심을 끌기 위해 자해행동을 한다.
(배경사건) (선행사건) (기능) (행동)

[그림 7-1] 가설 문장의 구조: 예시 문장들

가설 문장의 가장 보편적인 형식은 위의 세 정보를 다음과 같이 순서대로 나열하는 것이다. '[배경사건, 선행사건]이 발생했을 때 [학생이름]은/는 [추정되는 기능]을 위해 [문제행동]을 보인다.' [그림 7-1]은 가설 문장의 구조에 대한 몇 가지 예를 보여 준다.

3. 가설 개발을 위한 지침

지원팀이 가설을 개발할 때 고려해야 할 몇 가지 주의사항이 있다. 첫째, 가설은 중재를 통해 변화시킬 수 있는 환경적 사건을 포함해야 한다. 때로는 문제행동을 학생의 특성 탓으로 돌리고 싶을 때가 있다. 가장 보편적인 예가 진단명이다. 많은 교육적 표찰이나 정신과적 진단(예: ADHD, 불안장애)이 여러 특징적 행동과 관련되어 있기 때문에 우리는 종종 표찰이나 진단명이 행동의 유일한 원인요소라고 생각한다. 다음과 같은 가설이 그 대표적인 예라고 할 수 있다. '태훈이는 ADHD를 가지고 있기 때문에 과제 이탈 행동을 자주 보인다.' 이것은 지원 계획을 개발하기 위한 유용한 가설이 아니다. 문제행동에 관련된 환경적 변인을 구체적으로 제시하지 않았고, 문제를 감소시키기 위해 변화되어야 할 것을 제안하지도 않았기 때문이다. '15분 이상이 소요되는 긴 과제가 주어졌을 때, 태훈이는 계속되는 과제를 회피하기 위해 과제 이탈 행동을 보인다.' 라는 가설이 좀 더 적절하다. 목표행동에 관련된 환경적 사건을 구체적으로 밝히고 있으며, 이 환경적 사건이 중재로 손쉽게 이어질 수 있기 때문이다.

둘째, 가설 문장은 자료에 근거를 두어야 한다. 팀 구성원들의 경험, 개인의 철학과 가치관 등은 각 구성원의 인식에 영향을 미친다. 구성원들 간의 의견 차이는 그 자체로 대단한 가치가 있다. 이것이 바로 팀 절차를 지원 계획 개발을 위한 최상의 접근으로 보는 이유이기도 하다. 그러나 과거 경험이나 신념이 수집된 정보를 객관적으로 평가하는 각 팀원의 능력을 흐리게 할 수도 있다. 따라서 각 팀원의 의견을 동등하게 취급하고 심사숙고하되, 최종적으로는 작성된 가설이 수집된 정보에서 끌어낼 수 있는 가장 논리적이고 합리적인 것이라는 데 대한 모두의 동의가 있어야 한다. 준기의 자해행동 사례를 살펴보자. 준기의 특수교사인 박 교사는 4년 전에 준기처럼 자해행동을 자주 보였던 우성이라는 학생을 가르친 적이 있다. 사실 박 교사는 준기의 자해행동 특성이 손바닥으로 자신의 뺨과 머리, 목을 때렸던 우성이와 거의 동일하다는 것을 발견했다. 박 교사는 우성이의 자해행동이 생물학적 이유에서 비롯되었던 것과 약을 복용하기 시작하면서 자해행동이 감소되었던 것을 기억해 냈다. 행동 특성의 유사성 때문에 박 교사는 준기의 자해행동도 생물학적 기능일 것으로 확신했다. 그러나 준기의 경우 기능진단 결과를 통해 자해행동에 앞서 항상 발생하는 몇 가지 분명한 선행사건이 있으며, 자해행동이 거의 발생하지 않는 몇 가지 활동이 있다는 것을 알게 되었다. 이러한 자료에 기초하여 박 교사는 자신이 원래 가졌던 가설이 아닌 다른 대안 가설이 더 정확하다는 데 팀과 의견을 같이하게 되었다.

셋째, 가설은 팀이 합의한 것이어야 한다. 즉, 모든 팀원이 합리적이라고 생각하는 가설이어야 한다. 이것은 각 구성원들이 모든 가설들의 가치를 동일하게 평가해야 한다는 의미가 아니라 팀원들이 각 가설을 주어진 정보에서 나올 수 있는 가장 논리적인 것으로 간주해야 한다는 의미다. 팀 구성원들이 가설을 논리적이라고 생각하지 않는다면 좀 더 심도 있는 대화가 필요하다. 팀 구성원들의 합의가 있을 때 모두가 공동의 목표를 위해 적극적으로 헌신하고 일하게 된다. 〈표 7-1〉은 가설 개발 절차의 지침이 되는 주요 질문들을 보여 주고 있다.

〈표 7-1〉 가설을 개발할 때 고려할 질문

- 가설이 중재를 통해 변화될 수 있는 환경적 사건을 구체적으로 제시하고 있는가?
- 가설이 수집된 자료에 바탕을 두고 있는가?
- 가설이 합리적이라는 데 팀원이 모두 동의하는가?

4. 진단 정보의 체계화 및 분석

지원팀이 가설을 개발할 때 매우 중요하면서도 어려운 일은 진단 정보에서 의미를 끌어내는 것이다. 즉, '팀 구성원들이 가설 문장 작성을 위해 진단 정보를 어떻게 체계화하는가?' 가 핵심 문제인 것이다. 궁극적으로 특정 사건이나 변인이 문제행동과 관련이 있다는 행동 패턴이 도출되어야 한다. 지원팀은 이러한 사건이나 변인을 찾아내기 위해 선행사건, 배경사건, 추정되는 기능이 자료에서 반복적으로 드러날 때까지 수집된 정보를 면밀히 검토해야 한다. 이러한 반복적 패턴은 관찰을 실시한 여러 날들에 걸쳐 나타날 수도 있고, 여러 출처에서 나타날 수도 있다. 다음에서는 진단 정보를 체계화하고 분석하는 방법을 살펴보고자 한다.

1) 문제행동의 선행사건 판별

진단 정보를 면밀히 검토하는 동안 지원팀이 답해야 할 첫 번째 질문은 '문제행동에 앞서 발생하는 일관된 선행사건이 있는가?' 이다. 이 질문에 답하기 위한 논리적인 출발점은 문제행동의 발생 빈도가 특히 높거나 낮은 하루 중의 시간대가 있는지를 알아보는 것이다. 문제의 시간들이 판별된 후에는 활동, 사람, 환경적 특징을 좀 더 자세하게 살펴보면서 왜 그 시간이 문제가 되는지를 알아보아야 한다. 〈표 7-2〉는 팀 구성원들이 문제행동과 관련된 선행사건을 판별하기 위해 알아보아야 할 주요 질문과 변인들을 요약한 것이다. 다음에 제시된 사례들은 문제행동과 관련된 특정 선행사건을 판별하기 위해서 이러한 과정이 어떻게 진행되었는지를 보여 주고 있다.

상진이는 정서 · 행동장애를 지닌 고등학생이다. 상진이는 학교에서 문제행동을 자주 보이는데 주로 다른 사람들에게 부적절한 말을 하는 형태로 나타난다. [그림 7-2]에서 보는 것처럼 5일 동안 상진이의 학교생활을 시간별로 분석해 보았다. 분석에 따르면 자율학습 시간에 문제행동이 가장 빈번하게 발생하는 것으

〈표 7-2〉 문제행동과 관련된 변인을 판별하기 위한 질문

주요 질문	관련 질문
■ 문제행동에 앞서 일어나는 선행사건은 무엇인가?	• 그 행동이 언제 일어나는가? –어떤 활동이 진행되는 중이었는가? –어떤 사람들이 같이 있었는가? –환경은 어떻게 조성되어 있었는가?
■ 바람직한 행동과 관련된 선행사건은 무엇인가?	• 그 행동이 언제 일어나는가? –어떤 활동이 진행되는 중이었는가? –어떤 사람들이 같이 있었는가? –환경은 어떻게 조성되어 있었는가?
■ 문제행동에 앞서 일어나는 배경사건이 있는가?	• 문제행동의 발생 가능성을 높이는 예전의 사건은? –학생이 겪고 있는 생리적 증상이 있는가? –이 행동이 주기적인가? –가정환경에 변화가 있었는가? –학생이 대인관계와 관련된 갈등을 겪고 있는가?
■ 문제행동에 대한 사람들의 반응은 문제행동을 촉진할 가능성이 높은가?	• 문제행동 발생 후 어떤 일이 일어나는가? –학생이 특정 과제나 활동을 회피하게 되는가? –학생이 특정 활동이나 사물을 얻게 되는가? –학생이 감각 자극을 얻는 것으로 보이는가?

교 시	날짜: 12/2	날짜: 12/3	날짜: 12/4	날짜: 12/5	날짜: 12/6
재량	//	///	//		//
수학	/				
읽기		/			
체육					
과학	//	///	/		//
점심					
사회					
자습	///	//	///		//
직업					

[그림 7-2] 상진의 일정 분석

로 나타났다. 그래서 그다음 3일간의 자습 시간에 상세한 선행사건–행동–결과(ABC) 자료를 수집하였다([그림 7–3] 참조). ABC 분석 결과, 거의 모든 문제행동

ABC 자료수집 양식

선행사건(날짜와 시간 포함)	행 동	결 과
12/9 오후 1:05 상진이가 세 명의 친구들(성은, 미희, 정환)과 함께 앉아 있음. 상진이는 과제를 해야 하는 상황이었음	교실에 들어온 보조원을 향해 상진이가 휘파람을 붊	다른 학생들이 모두 웃음. 상진이에게 방과후 남으라고 말함
12/9 오후 1:12 상진이가 나에게 수학 문제를 도와달라고 요청함	내가 수학 문제를 읽는 동안 상진이는 계속 빨리 풀어 달라고 재촉함. 그러고 나서는 "미희한테 도와달라고 할까요?"라고 말함. 내가 안 된다고 했더니 "바보같이! 어떻게 푸는지도 모르잖아요."라고 말함	상진이를 교실 뒤쪽의 학급 문고 영역으로 보냄
12/9 오후 1:20 교실 뒤쪽의 학급 문고 영역에서 수업을 받던 상진이가 연필을 깎겠다고 함	연필 깎기 쪽으로 걸어가는 상진이가 미희의 책상에 쪽지를 놓고 감. 쪽지를 읽어 보니 '우리 예쁜 아기' 라고 써 있었음	미희는 계속 킥킥거림. 나는 상진이에게 징계처분을 하고, 미희의 자리를 내 책상 옆으로 옮김
12/10 오후 1:15 상진이가 과학 모둠 활동을 하는 중이었음(은선, 미희, 현민, 정수)	상진이가 의자에서 굴러 떨어짐. 상진이는 미희가 밀었다고 말함. 미희는 상진이가 의자를 자기 쪽으로 계속 끌고 왔다고 주장함	상진이와 미희 자리를 옮기고 각자 따로 활동을 하게 함
12/11 오후 1:15 상진이가 혼자 과제를 해야 하는 상황이었음	상진이가 허락 없이 교실을 나간 후 계속해서 머리를 교실 문에 부딪침	상진이에게 징계처분을 내림

[그림 7-3] 상진의 ABC 자료

에 공통적으로 관련된 변인은 같은 학교 학생인 미희의 존재였다. 좀 더 자세한 분석에서 자습 시간 외에 상진이가 문제행동을 자주 보이는 재량 시간과 과학 시간에도 미희가 가까이 있었던 것을 알게 되었다. 그 외에는 상진이와 미희가 함께 수업을 받는 경우가 없었다. 상진이의 지원팀은 또한 미희가 결석했던 12월 5일에는 상진이의 문제행동이 전혀 일어나지 않았다는 것도 발견했다. 학생참여 기능진단 면담([그림 7-4] 참조)을 통해 수집된 추가 정보는 상진이가 미희의 주의를 끌기 위한 시도로 문제행동을 한다는 가설을 뒷받침해 주었다. 이 정보의 패턴으로부터 '미희가 가까이 있을 때, 상진이는 미희의 주의를 끌기 위해 문제행동을 한다.'는 가설이 수립되었다.

예나의 자료 또한 문제행동의 일관된 패턴을 보여 주고 있다. 예나는 3세 때 자폐로 진단받았다. 예나의 부모는 사회성 기술을 개선시켜야 한다는 일념하에 예나를 통합 유치원에 보냈다. 유치원을 다닌 지 한 달 정도 되었을 때, 예나는 탠트럼을 보이기 시작했다. 탠트럼은 상당히 오래 지속되었고(3시간 가까이) 교실 활동을 방해할 정도로 소리를 지르기까지 했다. 예나의 행동에 관한 무수한 알림장이 학교와 집 사이를 오간 후, 예나의 부모는 기능적 행동진단을 실시해 달라고 요청했다. 면담과 직접 관찰 자료는 예나의 탠트럼이 항상 정오를 전후하여 발생한다는 사실을 알게 해 주었다. 진단 자료를 좀 더 자세히 검토한 결과, 탠트럼은 점심

미래 고등학교 행동 의뢰 및 사고 일지

이 름: 오상진

날 짜: 10월 28일

면담자: (학생 본인이 작성)

제 1 부

자습 시간에 누군가와 함께 공부하면 더 잘 할 수 있나요?	(항상 그렇다)	가끔 그렇다	전혀 아니다
주의를 분산시키는 것들이 교실에 있나요?	항상 있다	(가끔 있다)	전혀 없다

제 2 부

재량 활동 시간의 어떤 점이 좋나요? 내 친구들이 모두 모일 수 있어서 좋다.

과학 시간의 어떤 점이 좋나요? 재미있다. 과학 시간에 내가 좋아하는 친구들과 그룹으로 공부하는 것이 좋다.

자습실은 왜 좋나요? 여자 친구랑 함께 있을 수 있다.

[그림 7-4] 상진과의 면담 정보 중 일부

을 먹기 위해 식당으로 이동하는 중에 발생함을 발견하였다. 예나의 교사 중 한 명은 예나의 탠트럼이 시작된 시기가 건물 북쪽에 새로운 공사가 시작된 때와 같다는 것을 알아차렸다. 부모와의 면담 자료는 예나가 전이 시간이나 변화를 싫어

ABC 자료수집 양식

학생: 안주영

선행사건 (날짜, 시간, 활동, 함께 있던 사람들을 기록)	행동 (행동의 형태를 구체적으로 기록)	결과 (행동에 대한 반응으로 나타난 모든 사건을 기록)
9/11 오전 8:05 식당. 자원봉사자의 감독하에 아침 식사를 받기 위해 줄을 서 있음	자신의 머리를 주먹으로 여러 번 때림: 5분간 지속됨	식당에서 데리고 나감: 아침식사를 교실로 가져다줌
9/11 오전 10:30 교실. 보조원이 수업 준비를 하고 있던 중	소리를 지르며 빠른 속도로 5회 연속 자신을 때림	보조원은 그 행동을 무시하고 수업을 시작함
9/12 오후 1:00 체육 수업을 위해 체육관으로 가기 위해 줄을 서는 중	자신의 머리를 2회 때림	교실로 돌아가 자기 자리에 앉게 함: 체육관에 가기 전까지 끝내야 하는 과제(선호하지 않는 활동)를 줌
9/12 오후 3:00 상황 불명확. 학생들이 집으로 가기 위해 외투와 가방을 챙기는 중	소리를 지르며 머리를 때리기 시작함	교사가 머리를 때리지 못하게 막음: 주영이가 진정된 후 교사가 버스까지 데려다 줌
9/13 오전 8:13 식판을 식당 바닥에 떨어뜨림: 줄의 맨 끝으로 가서 다시 식판을 받게 함	소리를 지르며 바닥에 드러눕고, 머리를 바닥에 찧기 시작함	교실로 돌아가 혼자 아침을 먹게 함
9/13 오전 9:00 소방훈련 시간. 교실 안으로 돌아가라는 신호를 기다리는 중	소리를 한 번 지르고 머리를 때림	보조원이 축구 경기장 쪽으로 데려가 산책을 시킴

[그림 7-5] 주영의 ABC 자료

한다는 것을 알게 해 주었다. 교사들은 새로 시작된 공사 때문에 식당으로 가는 경로가 바뀌었던 점을 기억해 냈다. 예나의 지원팀은 이러한 정보를 종합하여 '익숙하지 않은 경로로 이동하도록 요구받으면 예나는 예측하지 못했던 상황을 회피하기 위해 탠트럼을 한다.' 라는 가설을 세웠다.

주영이의 경우 진단 자료가 다소 복잡했는데, 이는 주영이의 자해행동이 하루 내내 일어났기 때문이다. [그림 7-5]에 제시된 자료만으로 보면, 주영이의 스스로를 때리는 행동은 주영이가 좋아하는 활동 시간에 일어나고 있는 셈이므로 팀에게는 다소 당황스러운 일이었다. 주영이는 아침과 점심을 학교 친구들과 함께 식당에서 먹는 것을 매우 좋아했다. 그러나 자기를 때리는 활동 역시 바로 이 상황에서 발생했다. 지원팀은 주영이 어머니와의 면담 정보([그림 7-6] 참조)와 함께 ABC 자료를 검토하고 나서야 비로소 주영이의 자해행동에 관련된 공통된 선행사건이 '기다리기' 였음을 알 수 있었다.

상진, 예나, 주영의 예를 통해 문제행동과 관련된 학교에서의 특정 사건을 판별하는 과정을 살펴보았다. 특정인 역시 문제행동과 관련이 있을 수 있는데, 이 경우 여러 이유가 있을 수 있다. 먼저 그 특정인이 유쾌하지 못한 방법으로 학생과 상호작용을 해 온 경우를 들 수 있다. 예를 들어, 은주의 진단 정보를 통해 은주의

기능진단 면담

이　　름: 안주영
면담 대상: 주영이 어머니
면 담 자: 학교 심리사
면 담 일: 2003년 11월 20일

문제행동이 항상 발생하는 어떤 상황이 있나요?

주영이는 하루 종일 자기를 때리는데, 저도 이유는 잘 모릅니다. 그 아이 키우는 것이 정말 힘들어요. 주영이가 원하는 것이 있을 때 내가 빨리 그것을 구해 주지 않으면 자기를 때리기 시작해요. 때로는 주영이가 뭔가를 원하는 것 같기는 한데 그것이 무엇인지 알 수 없을 때도 있어요.

[그림 7-6] 주영에 관한 면담 정보 중 일부

소리 지르기 행동은 강 교사와 공부할 때 가장 빈번하게 발생한다는 것을 알게 되었다고 하자. 좀 더 자세한 분석을 해 본 결과, 강 교사가 특정 교수를 할 때만 은주가 소리를 지른다는 것을 알게 되었다. 문제의 교수 상황에 대한 관찰을 해 보니 매우 엄격한 분위기에서 노력을 많이 요하는 형태로 수업이 진행되고 있었다. 문제행동은 또한 학생이 참아낼 수 있는 대인 간 물리적 거리의 한계선을 넘어 너무 가까이 다가오는 사람이 있을 때도 발생한다. 혹은 과거에 자신을 놀렸던 어떤 또래와 함께 있게 되는 상황을 회피하기 위해 문제행동이 발생할 수도 있다. 대조적으로 상호작용을 충분히 주고받지 못했던 교사의 존재가 문제행동을 유발할 수도 있다. 예를 들면, 교사가 교탁 근처에 주로 머물면서 학생들과는 거의 상호작용을 하지 않을 때, 교사의 관심을 얻기 위한 문제행동이 일상적으로 발생할 수 있다.

마지막으로 특정 환경 배치가 문제행동을 유발하는 선행사건이 될 수도 있다. 특정 시간대에 발생한 문제를 좀 더 자세히 살펴보면 너무 과밀한 학급, 심한 소음, 눈부시게 하는 형광등 불빛 등의 교실환경 변인 등으로 선행사건의 범위를 좁힐 수 있다.

2) 바람직한 행동의 선행사건 판별

지원팀이 가설을 세울 때는 '바람직한 행동과 관련된 선행사건이 있는가?' 라는 질문을 고려해 보는 것도 도움이 된다. 바람직한 행동이 언제 가장 잘 일어나는지를 판별하는 과정은 이와 대조되는 문제 사건을 분리해 내는 데 도움이 될 뿐 아니라 학생이 선호하는 환경을 알 수 있게 해 준다. 이 경우 문제행동과 관련된 사건을 판별하는 절차가 바람직한 행동과 관련된 사건을 판별하는 데 동일하게 사용된다. 예를 들어, 진단 자료를 통해 재우의 떠드는 행동과 교실에서의 방해행동이 사회 시간을 제외한 모든 시간에 발생하고 있음을 발견했다고 하자. 재우의 심한 방해행동에 대한 다른 교사들의 설명과는 대조적으로 사회과 교사는 수업 시간에 단 한 번의 문제도 본 적이 없다. 심층 관찰 결과, 사회 수업은 협동학습과 같은 소그룹 활동이 일상적으로 일어나는 유일한 수업이었고, 다른 수업들은 모두 교사의 강의와 개별 학습 위주로 진행되었다. 지원팀은 이와 같은 자료 분석을 바탕으로 재우가 좋아하는 협동학습 형태의 소그룹 활동을 일상적으로 사용하는 수업들을 찾아내어 재우가 그 수업들을 수강할 수 있도록 했다.

3) 문제행동과 관련된 배경사건 판별

자료로부터 도출되는 패턴을 통해 특정 사건이 매번 문제행동에 앞서 발생한다는 것을 발견할 수도 있다. 하지만 때로는 특정 사건이 일어났는데도 문제행동이 발생하지 않을 수가 있다. 이런 자료 패턴은 배경사건이 행동에 간접적으로 영향을 미치고 있을 때 발생한다. 선행사건이 문제행동과 불규칙하게 연관되어 있을 때, 지원팀은 '문제행동에 선행하는 배경사건이 있는가?' 라는 질문을 고려해 볼 수 있다.

지원팀이 배경사건을 알아내고자 할 때는 즉시 관찰 가능한 선행사건을 넘어서는 다른 형태의 문제가 학생에게 어려움을 야기하고 있는 것은 아닌지를 확인해야 한다. 배경사건은 생리적 문제(예: 질병, 수면 부족, 알레르기), 주기적 사건(예: 월경), 가정환경의 변화(예: 부모의 관계 문제, 동생의 탄생, 이사로 인한 혼란, 여가 특권 박탈), 대인 간 갈등(예: 통학 버스에서의 또래와의 다툼, 등교 전의 형제 간 다툼) 등과 같은 다양한 형태를 보인다. 다음의 사례는 배경사건을 판별하는 과정을 보여준다.

보은이는 상당히 심한 학습장애를 지닌 6학년 학생이다. 보은이는 특히 읽기 영역에서 어려움을 보인다. 또한 평균 이상의 지능을 가지고 있으며 청각적으로 제시된 정보를 학습하고 기억하는 데는 탁월한 능력을 가지고 있다. 보은이는 매우 성실하게 노력하는 타입이어서 하루 한 시간씩 제공되는 학습지원 교사의 과제 보조와 약간의 조정을 받는 것 외에는 일반학급에 다닐 수 있었다. 그러나 보은이의 일반학급 담임은 보은이가 종종 수업 과제를 마치지 못한다는 사실을 알게 되었다. 교사는 또한 보은이가 자주 화장실에 가겠다고 요청하였으며, 자리에서 일어나 연필을 깎으러 가거나 컴퓨터를 만지고 다른 아이들이 하는 활동을 구경하기도 하며, 책상 안에 넣어 둔 작은 반지를 만지작거리곤 한다는 것을 알아챘다. 지원 계획 개발에 참여해 보았던 예전 경험을 살려, 보은이의 담임교사는 ABC 자료를 수집하기 시작했다. 그러나 3주간의 주의 깊은 자료 수집 후에도 특별한 패턴이 발견되지 않았다. 문제행동이 수업 시간에만 나타나는 것은 분명했지만, 보은이가 잘해 내는 날도 있고 그렇지 않은 날도 있는 것 같았다. 어떤 날은 수업에 집중을 잘하고 과제도 모두 완성했고, 다른 날에는 과제를 거의 하지 않고 다른 행동(즉, 화장실 가기, 자리 이탈 행동, 책상 속 물건 만지기)도 빈번하게 발생했다. 보은이의 담임교사는 보은이의 이러한 상황에 대한 의문을 해결하기 위해 팀 회의를 소집했다. 지원팀은 자료로부터 뭔가를 알아내거나 타당한 가설을 세울 수가 없었다. 그래서 2주간 추가의 자료 수집을 한 후 다시 모이기로 했다. 그 2주 동안 보은이의 어머니는 자야 할 때가 훨씬 지난 시간인데 보은이의 방에 불이 켜져 있음을 발견했다. 보은이는 어머니에게 잠이 잘 안 온다고 말했다. 매일 아침, 어머니는 보은이에게 지난밤 잘 잤는지를 물어보고 보은이의 대답을 주의 깊게 기록해 두었다. 팀이 다시 모이게 되었을 때 보은이의 어머니는 보은이의 수면 문제에 대한 기록을 가지고 왔다. 과제 이탈 행동을 보이거나 과제를 완성하지 못한 날은 보은이가 잠을 제대로 자지 못한 다음 날임이 분명하게 드러났다. 따라서 지원팀은 '전날 제대로 잠을 자지 못한 상태에서 학업 과제가 주어지면 보은이는 과제를 회피하기 위해 과제 이탈 행동을 보인다.' 라는 가설을 세울 수 있었다. 이 가설을 세우기 위해 상당히 긴 과정을 거쳐야 했지만, 보은이의 교사는 이제 보은이가 잠을 제대로 자지 못하고 등교한 날에는 추가 조정을 할 수 있게 되었다. 더 중요한 것은 이 과정을 통해 보은이 어머니가 딸의 수면장애를 알게 되어 전문가의 도움을 구하게 되었다는 것이다.

4) 문제행동을 유지시키는 결과 판별

가설을 개발할 때 고려해야 할 마지막이면서 동일하게 중요한 사항은 문제행동 다음에 일어난 사건이 문제행동을 강화하고 있는지의 여부다. 이 문제를 다루기 위해 지원팀은 '사람들이 학생의 행동을 조장하는 방향으로 학생의 행동에 반응하고 있는가?' 라는 질문을 해야 한다. 6장에서 설명한 것처럼 진단 자료에는 문제행동 다음에 어떤 일이 일어나는지에 대한 고찰이 포함되어 있는데, 이러한 진단 자료의 검토를 통해 문제행동에 대한 습관적인 반응이 있는지를 알아보아야 한다. 문제행동에 대해 보편적으로 타당하다고 간주되는 결과를 적용했는데도 문제행동이 계속된다면 후속결과가 문제행동을 유발하는 데 기여하고 있음을 의미한다. 즉, 학생이 과제나 활동을 회피하게 해 주거나, 다른 사람의 관심을 얻게 해 주거나, 사물 또는 활동을 획득하게 해 주거나, 감각 자극을 얻게 해 주고 있는 것이다. 지원팀은 자료 분석을 통해 문제행동에 따른 반응의 패턴을 알아봄으로써 문제행동에 뒤따라 일어난 사건이 행동을 강화하는지를 확인할 수 있고, 이를 바탕으로 문제행동의 기능을 파악할 수 있다.

미란이의 지원팀은 문제행동에 대한 반응을 중심으로 미란이의 진단 자료를 분석한 결과 명확한 가설을 세울 수 있었다. 자료 검토를 통해 미란이의 '지시 거부' 행동은 거의 예외 없이 오전 10시 40분(체육 시간)을 전후하여 발생함을 알게 되었다. 그러나 지시 거부 행동에 앞서 일어나는 체육 활동들은 날마다 달랐기 때문에 정확한 선행사건을 찾을 수 없었다. 지시를 거부할 때마다 미란이는 학생지도실에 가서 체육 시간이 끝날 때까지 그곳에 머물러 있어야 했다. 이에 지원팀은 문제행동이 발생할 때마다 학생지도실로 가게 되는 일상적 패턴을 발견하고, 혹 미란이가 학생지도실에 있는 것을 수업 받는 것보다 더 좋아하는 것은 아닌지, 즉 지시 거부 행동이 체육 수업을 회피하기 위한 기능을 가진 것은 아닌지 의문을 갖기 시작했다. 미란이의 체육교사는 수업 방식을 다소 바꾸어 학생들이 수업 중 언제라도 5분의 휴식 시간을 2회에 한해 요청할 수 있게 해 주었다. 체육교사는 미란이가 지구력을 요하는 활동을 할 때 휴식 시간을 요청한다는 것을 알게 되었다. 이 방식을 도입한 후 미란이의 지시 거부 행동은 사라졌다. 이를 통해 지원팀은 몸이 약한 미란이가 지구력을 요하는 활동을 피하기 위해 지시를 거부했음을 알 수 있었다.

5) 혼동을 일으키는 자료에 도전하기

때로는 진단 정보가 혼란스러울 때가 있다. 패턴이 분명치 않거나 겉으로 보기에 이치에 맞지 않는 것이다. 이런 경우 부가적인 고려와 분석이 필요하다. 〈표 7-3〉은 문제가 될 만한 상황과 그러한 모호성을 해결할 수 있는 전략을 요약한 것이다. 다음에서는 이러한 상황이 발생할 수 있는 예를 살펴보도록 하자.

수집된 자료가 혼란을 일으키는 상황 중 하나는 문제행동에 반응하는 타인이 있고 없음을 포함한 환경의 변화에 관계없이 비교적 일정한 비율로 문제행동이 나타나는 경우다. 다시 말해서, 문제행동과 관련된 특별한 사건이나 반응이 없는 경우다. 이러한 패턴에 대해서는 두 가지 정도의 설명이 가능하다. 첫째, 역학적 자료(epidemiological data)에서는 흔한 경우는 아니지만(예: Iwata et al., 1994) 생물학적 원인에 의해 행동이 발생할 수 있다고 한다(Mace & Mauk, 1995). 즉, 문제행동을 함으로써 엔도르핀(endorphin) 분비와 같은 특정 생물학적 사건이 발생하고, 이것이 그 행동을 하는 개인에게 만족을 주는 것이다. 이러한 설명은 외부를

〈표 7-3〉 자료가 불분명할 때 고려할 사항

문 제	해결 전략
■ 혼자 있을 때를 포함한 모든 상황에서 학생의 문제행동이 고정적인 비율로 발생하는가? ■ 문제행동이 학생에게 신체적인 강화가 되거나 만족감을 주는 것으로 보이는가? 학생이 무료할 때 문제행동이 더 자주 일어나는가?	• 행동이 생물학적 기능을 가진 것은 아닌지 고려해 본다. • 학생이 행동을 통해 만족감을 주는 감각 자극을 얻는지 확인하기 위해 학생을 관찰한다. • 행동이 자극 제공의 기능을 가진 것인지 알아보기 위해 자극이 풍부한 환경과 자극이 거의 없는 환경에서 나타나는 학생의 행동을 비교해 본다.
■ 문제행동에 영향을 미치는 특별한 변인이 있는가?	• 특별한 변인을 찾아내기 위해 자료를 재검토한다. • 팀이 모여 특별한 변인이 있는지 고찰해 본다.
■ 문제행동이 매우 낮은 빈도로 일어나는가?	• 문제행동에 앞서 일어나는 사건 중 좀 더 높은 빈도로 일어나는 사건이 있는지 살펴본다. • 저빈도 행동의 선행사건이나 강화요인에 관한 부가 정보를 찾기 위해 자료 검토를 실시한다.
■ 관찰하기가 매우 어려운 문제행동인가?	• 자기 보고 자료를 수집한다.

향한 행동(예: 공격행동)보다는 스스로를 향한 행동(예: 자해행동)에 더 잘 적용된다. 그러나 생물학적인 설명이 적용되는 경우는 매우 드물기 때문에 그에 앞서 환경적 원인을 철저히 살펴보아야 한다.

둘째, 행동이 자기자극(self-stimulatory)의 기능을 하는 경우가 있을 수 있다. 외부 환경에서 강화를 받는 대신 자기자극 행동은 스스로를 강화함으로써 계속 유지될 수 있다. 일반적으로 자기자극은 내적인 자극을 제공한다. 예를 들어, 장호가 눈을 찌르는 행동은 외부 사물들의 모습을 일그러뜨림으로써 재미있는 시각적 자극을 제공한다. 자극은 시각적 형태뿐 아니라 청각, 촉각, 전정, 후각적인 형태로 주어질 수도 있다. 자기자극행동은 내적 또는 외적 자극에 대한 회피의 기능으로 발생할 수도 있다. 예를 들어, 소음이 매우 심한 환경에 있을 때 눈을 감고 몸을 앞뒤로 흔드는 화영이의 행동은 시끄러운 감각 자극을 감소시키는 기능을 할 수도 있다.

머리카락을 꼬거나 다리를 흔드는 등의 자기자극행동은 누구나가 하는 것이다. 그러나 그런 행동이 학습이나 사회적 상호작용을 방해한다든지 사회적으로 부적절할 정도로 나타나거나 개인에게 낙인이 될 정도로 심하다면 중재가 필요하다. 자기자극행동은 예상 가능한 환경적 사건과 관련이 없을 수도 있지만, 주어지는 자극의 양이 적은 환경(예: 학생이 재미있어 할 만한 활동이 전혀 없는 상황)에서 더 자주 발생하는 경향이 있다. 그러므로 행동이 자기자극의 기능인 것으로 추정될 때는 자료를 검토하면서 자극이 풍부한 환경에서 문제행동이 덜 일어나는지의 여부를 알아보아야 한다.

일반적으로 어떤 행동이 생물학적 또는 자기자극의 기능인지를 확인하기 위한 검증 절차를 실행하기는 상당히 어려운데, 특히 일상적인 환경에서는 더욱 그러하다. 다른 환경적 사건에 대한 가설을 더 이상 찾을 수 없을 때 최종적으로 고려해 보게 되는 것이 자기자극에 대한 가설이다. 팀이 감각 관련 가설을 고려할 때 주의할 점은 자기자극으로 보이는 행동들이 때로는 자기자극이 아니라는 것이다. 예를 들어, 과도한 혼잣말의 경우 형태상으로는 자기자극처럼 보이지만 실제로는 다른 사람과의 사회적 상호작용을 회피하는 기능(예: 은아는 또래들이 이해할 수 없는 이상한 혼잣말을 하는데, 또래들은 그것 때문에 은아를 피해 다닌다)일 수도 있고 관심을 끌기 위한 기능(예: 수형이의 혼잣말이 수업을 방해할까 봐 걱정이 되는 교사가 혼잣말을 멈추게 하려고 수형이에게 다가가게 된다)일 수도 있다.

행동이 감각적 기능인 것을 확인한 후에는 그에 맞는 중재를 계획하기 위해 어떤 감각 자극이 행동을 통해 주어지는지를 알아내는 것이 중요하다. 이 또한 쉬운 작업은 아니다. 고전적인 예로, Rincover(1978)는 물건을 돌리는 행동의 감각적 기능을 알아내는 과정을 기술했다. 물건의 표면을 천으로 둘러쌌더니 물건 돌리기 행동이 더 이상 발생하지 않았는데, 이러한 사실을 바탕으로 물건 돌리기가 청각적 자극을 제공했음을 알게 되었다. 이러한 검증은 적용하기 어려울 때가 더 많으며(예: 눈을 찌르는 행동), 주의 깊은 관찰과 논리적 사고를 필요로 한다.

불명확한 자료를 야기하는 두 번째 상황은 학생의 문제행동이 매우 특별한 사건에 영향을 받는 경우다. 이런 경우에는 행동과 관련된 환경적 사건을 알아내기가 아주 어렵다. 심한 자해행동을 보이는 16세의 발달장애 학생 태수의 예를 살펴보자. 진단 정보에 의하면 자해행동은 양 교사와 함께 있을 때만 발생하는 것으로 나타났다. 그러나 태수의 지원팀은 왜 자해행동이 양 교사와 함께 있을 때만 발생하는지를 알아낼 수 없었다. 태수는 자신이 가장 좋아하는 활동을 할 때라도 양 교사가 다가오면 자해행동을 보였다. 이는 학교의 모든 교직원들에게 상당히 의외의 일이었다. 왜냐하면 양 교사는 그 지역의 최우수 교사 중 한 명이었을 뿐만 아니라 여러 차례 교사상을 받은 분이었기 때문이다. 양 교사의 교실은 재미있는 활동으로 가득 찬 흥미진진한 환경이었다. 양 교사는 매우 조직적으로 일하는 타입이며, 매일의 프로그램은 학생들의 선호도와 기능 수준에 잘 맞게 고안되어 있었다. 양 교사는 또한 학생들과의 유대관계도 매우 좋은 편이었다. 그녀는 긍정적이고 격려를 잘하며 따뜻한 성격을 가지고 있었다. 학생들도 양 교사를 매우 좋아했다. 양 교사는 교실을 관리하는 데 탁월했으며 그간 맡았던 학생 중 누구와도 문제를 가진 적이 없었다. 그래서 양 교사는 다른 사람들에게 도움을 청했다. 팀 회의가 소집되었고, 최근 태수를 맡아 기르게 된 위탁모도 회의에 참석했다. 태수의 위탁모는 양 교사를 보자마자 아동학대로 양육권을 뺏긴 태수의 생모와 양 교사가 매우 닮았다고 말했다. 이 말은 태수가 자해행동을 하는 이유를 명확하게 해 주었고, 양 교사는 자신과 함께 있을 때 나타나는 태수의 문제행동 감소를 위해 점진적으로 태수와의 신뢰관계를 형성해 갈 계획을 세울 수 있었다.

가설을 세우기 쉽지 않은 세 번째 상황은 발생 빈도는 낮지만 행동의 강도가 높은 경우다. 문제행동이 자주 일어나지 않기 때문에 선행사건과 후속결과를 판별할 진단 정보가 부족할 수밖에 없다. 이런 경우 한 가지 방법은 심각하지만 낮은 빈도로 일어나는 그 문제행동보다는 좀 더 자주 일어나는 전조(precursor)가 있는지를 알아보는 것이다. 예를 들어, 학교에서의 싸움은 말다툼이나 기타 부적절한 또래 상호작용에서 시작되는 것이 보통인데, 이런 일들은 심한 싸움보다는 자주 일어나는 사건들이다. 전조가 되는 사건을 감소시키거나 없애는 중재는 그 이후에 일어나는 심각한 행동을 감소시키거나 없앨 것이 분명하다. 따라서 전조가 되는 사건들이 진단, 가설 수립, 중재의 초점이 되어야 한다.

낮은 빈도로 발생하는 행동에 대한 또 다른 전략은 진단 정보를 수집할 때 개인사를 충분히 알아보는 것이다. 준형이의 예가 바로 그런 경우였다. 준형이가 다니는 초등학교에서 쉬는 시간의 학생지도를 맡은 직원은 준형이가 싸우고 있는 현장을 목격했는데, 싸움이 어떻게 시작된 것인지는 모르겠지만 매우 격렬한 싸움이 벌어지고 있었다고 보고했다. 준형이의 담임인 박 교사는 이번이 올해 들어 두 번째 싸움이었기 때문에 여러모로 걱정이 되었다. 이 경우 행동의 빈도가 낮기 때문에 지원팀이 선행사건과 문제행동의 기능에 대한 직접 관찰 자료를 수집하기 위해 문제행동이 발생할 때까지 기다리기는 어려웠다. 그래서 박 교사는 준형이의 학생기록부에 있는 징계 기록들을 검토해 보았고, 준형이가 지난 3년간 서너 차례의 큰 싸움에 연루되어 있음을 알게 되었다. 교직원들도 준형이가 관여한 대부분의 싸움을 목격했다. 기록에 의하면 준형이는 매번 또래의 놀림이나 집적거림에 대한 반응으로 싸움을 시작했다. 이 정보에 근거하여 박 교사는 준형이에게 놀림이나 집적거림에 반응하는 대안적인 방법을 지도하고, 모든 학생들이 서로 돕고 협동하는 상호작용을 주고받도록 격려함으로써 준형이의 싸우는 행동을 감소시킬 수 있었다.

가설 수립이 어려운 마지막 상황은 문제행동이 은밀하게 발생하는 경우다. 많은 행동, 특히 자신을 향하는 내면화된 행동들은 관찰하기가 쉽지 않다. 이러한 행동의 예로는 사회적 위축, 자해, 약물 사용, 무기 소지 등이 있다. 이러한 행동들이 긍정적 행동지원 절차를 통해 성공적으로 감소된 예에 관한 문헌은 아직 부족한 실정이다. 그러나 우리는 행동과 관련된 환경적 사건을 찾는 것과 삶의 양식을 증진시키는 등의 기본적 접근이 중재 절차의 핵심이 되어야 한다는 것에 대해서는 확신한다. 여기서 문제는 행동이 보이지 않게 일어나기 때문에 행동과 관련된 변인을 찾기가 힘들다는 것이다. 이럴 때는 진단 절차의 초점을 자기 보고에 두게 되기가 쉬운데, 현재로서는 자기 보고의 정확성이나 내면화된 행동을 다룰 때 자기 보고에서 얻은 정보를 어떻게 사용할지에 대한 방향이 제대로 연구되지 못한 상태다. 그 절차와 성과를 자세히 알아보기 위해 심도 있는 후속연구가 필요하다.

6) 선행사건이나 기능이 모호할 때

때로는 문제행동의 기능이 문헌을 통해 알려진 범주(즉, 관심, 회피, 구체적 사물, 감각)에 잘 맞지 않는 경우가 있다. 또한 문제행동의 선행사건이 명백하지 않을 때도 있다. 우리가 최근에 만난 12세 소년 종호가 이런 경우였다. 종호는 유분증(encopresis)을 가지고 있었는데, 자료에 의하면 대변 실수가 모든 상황(학교, 방과 후 프로그램, 가정)에서 발생하고 있었다. 의학적 검사에서는 이 문제의 원인이 될 만한 아무런 신체적 이상이 없는 것으로 나타났다. 여러 주에 걸쳐 직접 관찰을 했는데도 종호의 문제에 대한 일관된 선행사건을 찾지 못한 우리는 이에 대한 정보를 얻을 최후의 수단으로 종호를 면담해 보기로 했다. 종호는 면담에서 대변 실수가 자신을 놀리거나 화나게 하는 친구나 부모에 대한 보복이라고 말했다. 다시 말해서, 종호의 생각에는 대변 실수가 타인의 불공평한 대우에 대한 복수였던 것이다. 놀림이나 상호작용 문제가 일어나고 나서 한참 지난 후에 대변 실수가 발생해 왔기 때문에 이 행동이 상호작용을 회피하기 위한 것이었음을 알려 줄 수 있는 선행사건을 찾기가 어려웠던 것이다. 게다가 종호의 아버지 같은 경우는 종호가 대변 실수를 하면 꾸짖기까지 했다.

이 사례는 문제행동의 기능이 일반적으로 알려진 범주에 잘 맞아떨어지지 않는 경우도 있다는 중요한 사실을 보여 주고 있다. 긍정적 행동지원 절차가 갈수록 다양한 어려움(예: 정신과적 문제)과 문제행동에 적용됨에 따라 문제행동의 기능도 더욱 광범위하게 고려되어야 할 필요가 있다. 선행사건이나 기능이 명확하지 않을 때, 지원팀은 아직 완성된 가설 문장은 아니지만 팀이 다룰 수 있는 최소한의 환경적 변인을 알려 주는 수정된 가설 문장(modified hypothesis statement)을 작성해 볼 수 있다. 종호의 경우 다음과 같은 가설이 작성되었다. '친구나 부모의 놀림을 받거나 화가 날 때 종호는 대변 실수를 할 가능성이 높다.' 문제행동의 기능은 명시되지 않았지만, 이 가설은 중재를 어디서부터 시작해야 되는지를 알려 준다. 우리는 종호에게 화를 다스리고 또래나 부모의 놀림에 대처할 수 있는 대체행동을 가르치는 데 초점을 두었다. 일단 행동지원 계획이 실행되기 시작하면, 선행사건에 대해 더 많은 것을 알게 되고 행동의 기능에 대한 가설을 세울 수 있을 만큼의 충분한 정보를 수집하게 될 수도 있다. 물론 행동의 기능을 완벽하게 파악하는 것이 끝까지 불가능할 수도 있다. 그러나 먼저 발견한 환경적 요소에 대한 중재 노력이 성공적이라면 그 기능을 반드시 알아내야 할 필요는 없다.

7) 둘 이상의 기능, 행동, 환경적 사건 고려하기

앞에서 제시한 대부분의 사례들은 설명의 단순화를 위해 진단 정보에서 하나의 가설만 수립한 경우였다. 그러나 학생의 문제행동이 한 가지 이유만으로 설명될 수 없는 경우가 종종 발생한다. 예를 들면, 학생의 방해행동은 학생이 좋아하지 않는 과제를 회피하게 해 줄 수도 있지만, 똑같은 행동을 통해 학생이 또래의 관심을 얻게 될 수도 있다. '어려운 과제 요구'가 문제행동에 관련된 사건이라고 팀이 확신하게 되었을 때, 아무런 과제가 주어지지 않았는데도 문제행동이 발생했다면 매우 당황스러울 것이다. 진단 과정에서 행동에 뒤따라 일어나는 모든 가능한 강화의 유형을 검토하는 것은 매우 중요하다. 하나의 행동이 여러 기능을 가질 때는 가설도 여러 개를 개발해야 한다.

마찬가지로 여러 문제행동들이 하나의 기능을 가질 수도 있다. 친구에게 말을 무섭게 하거나 공격적인 태도를 보이거나 징징거리며 우는 등의 행동을 하면 친구가 가지고 노는 놀잇감을 빼앗을 수 있다는 사실을 학습한 민주의 예를 살펴보자. 민주는 자신이 이 세 가지 행동 중 어느 행동을 하느냐에 따라 또래들이 다르게 반응한다는 것을 알게 되었다. 이 세 행동은 겉으로 보기에는 매우 다른 행동들이지만 놀잇감을 얻고자 하는 동일한 기능을 가지고 있는 것이다. 진단 자료를 살펴보니 다양한 행동들이 유사한 선행사건 및 후속반응과 연계되어 있음을 알 수 있었다. 따라서 모든 문제행동에 적용해야 할 중재는 '놀잇감을 사이좋게 가지고 놀기' 를 지도하는 것이었다.

명심해야 할 또 다른 요점은 여러 가지 문제행동이 다양한 기능을 가질 수 있다는 점이다. 경희를 대상으로 했던 한 연구에서 경희의 자해행동과 공격행동이 매우 다른 상황에서 발생한다는 것을 발견했다(Kern, Carberry, & Haidera, 1997). 진단 정보에 의하면 자신의 관자놀이와 뺨을 주먹으로 때리는 경희의 자해행동은 식당에서 발생했고 음식을 얻으려는 기능을 가진 것으로 추정되었으며, 교직원의 옷을 갑자기 잡아당기는 형태의 공격행동은 좋아하지 않는 활동을 회피하는 기능을 가진 것으로 보였다. 다른 사람의 옷을 잡아당기는 경희의 행동이 실제로는 경희에게 빨리 식판을 가져다주려는 교직원의 행동을 방해하고 있음을 고려할 때, 경희가 보이는 문제행동의 형태와 그 기능 간에는 쉽게 수긍이 가는 연관성이 있었다. 교직원들은 경희의 자해행동이 더 심해지는 것을 피하기 위해 경희가 자해행동을 시작하자마자 빨리 음식을 가져다주려고 했다. 그러나 교직원의 옷을 잡고 놓지 않으려는 행동 때문에 교직원들은 빨리 음식을 가져다줄 수가 없게 되었다. 따라서 지원팀이 가설을 개발할 때는 문제행동 각각의 유형과 형태를 개별적으로 살펴보면서 이 행동들이 동일한 기능을 가졌는지 서로 다른 기능을 가졌는지를 알아보는 것과 하나의 행동이 여러 기능을 가진 것인지의 여부를 알아보는 것이 중요하다. 진단 자료를 검토한 결과 다양한 선행사건과 후속반응이 각기 다른 행동과 연관된 것으로 판명되었다면 여러 가설을 작성해야 한다.

마지막 요점은 둘 이상의 선행사건이 하나의 문제행동을 유발할 수 있다는 것이다. 예를 들어, 어려운 과제와 어렵지는 않지만 시간이 많이 걸리는 과제는 모두 회피 기능의 문제행동을 야기할 수 있다. 이 경우 문제행동의 발생과 관련된 모든 선행사건을 가설 문장에 명시해야 한다.

요약하자면, 진단 정보에서 매우 명백하고 일관된 행동 패턴을 찾을 수 있고 그에 따라 가설도 쉽게 만들 수 있는 때가 있는 반면에 문제행동의 원인을 알아내기 위해 많은 노력을 기울여야 할 때도 있다. 배경사건이 있을 때, 문제행동이 여러 형태로 나타날 때, 문제행동의 기능이 여러 가지일 때, 문제행동 발생 전에 여러 선행사건이 발생할 때, 가설 개발에 어려움이 있을 수 있다. 지원팀은 가설 문장을 개발할 때 이 모든 가능성을 고려하여 앞으로 개발할 지원 계획에 대상 학생의 요구가 빠짐없이 포함될 수 있게 해야 한다. 여러 사람들로부터 다양한 방법(예: 면담, 직접 관찰)으로 정보를 수집한다면 대상 학생의 삶에서 중요한 모든 쟁점을 고려할 수 있는 가능성이 높아질 것이다. 게다가 서로 다른 자료들이 같은 결과를 보여 줄 경우, 문제가 있다고 판단된 환경 변인들에 대해 좀 더 확신할 수 있게 될 것이다.

5. 진단 정보의 요약

진단 정보를 쉽게 해석하고 가설을 수립하기 위해서는 이를 그래프나 표 형식으로 요약하는 것이 도움이 된다. 간단한 그래프나 표는 원자료에 비해 부담이 적은 시각적 묘사나 단순한 요약을 제공하므로 팀 구성원들의 자료 검토를 용이하게 해 준다. 진단 정보를 요약하기 위해 그래프나 표를 사용할 때는 관련 결과들이 잘 표현되게 자료를 배열하는 것이 중요하다. 즉, 도표는 목표행동의 발생과 관련된 사건들, 환경, 시간, 주변인, 기능 등을 제시해 줄 수 있어야 한다.

[그림 7-7]은 미애의 자료를 그래프로 만든 예다. 미애는 수업을 방해하는 행동

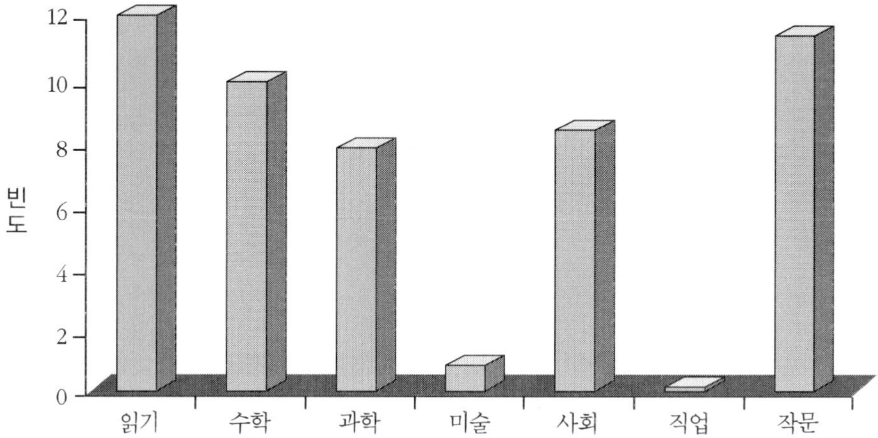

[그림 7-7] 미애의 수업 중 방해행동에 관한 그래프

으로 잦은 징계 의뢰를 받아 온 중학생이다. 미애를 가르치는 7명의 교사들은 1주일 동안 미애의 방해행동이 발생하는 시간과 빈도에 관한 자료를 수집하기로 했다. [그림 7-7]은 문제가 발생하는 수업과 그렇지 않은 수업을 명확하게 보여 준다. 미애는 관찰이 실시된 주의 읽기, 수학, 과학, 사회, 작문 시간에 방해행동을 많이 보였다. 반면 미술, 직업 시간에는 거의 문제가 일어나지 않았다. 미애의 교사들과 면담을 실시한 결과, 미애가 수업 초반에는 별 문제 없이 잘해 내지만 수업이 진행됨에 따라 더 심한 문제행동을 보인다는 것을 알게 되었다. 미애의 지원팀은 이 정보에 근거하여 문제가 많이 발생한 수업 시간을 15분 단위로 나눈 후 재검토하였다. [그림 7-8]에서 보듯이, 15분 단위의 분석을 통해 수업 초기보다 수업 후반부에 문제행동이 훨씬 더 많이 일어난다는 것을 확인할 수 있었다. 이 자료를 바탕으로 미애의 지원팀은 '미애는 직접 수행하는 활동(hands-on activity)을 포함하지 않는 긴 과제가 주어졌을 때, 그 과제를 회피하기 위해 방해행동을 보인다.' 라는 가설을 설정하였다. 이에 따라 지원팀은 미애의 수업 시간에 학생들이 직접 수행하는 활동을 더 많이 포함시키고, 미애가 수업 중에 한두 번의 짧은 휴식을 요청할 수 있게 하는 등의 중재 계획을 개발할 수 있었다.

성근이의 진단 자료는 [그림 7-9]에 요약되어 있다. 이러한 도표 형식은 문제가

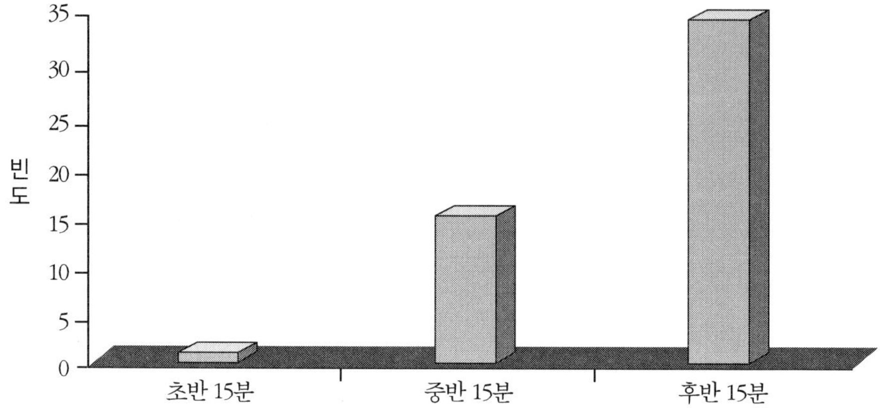

[그림 7-8] 수업 진행에 따른 미애의 방해행동에 관한 그래프

관찰을 실시한 활동	관찰 횟수	자해행동 발생 횟수	비 고
이 닦기	10	8	치약 뚜껑을 잘 열지 못함(3회): 손이 떨려서 치약을 칫솔에 짜지 못함(2회)
세수	10	0	성근이는 이 활동을 즐기는 듯함
옷 입기	5	3	모든 자해행동은 신발 끈을 묶을 때 발생함
외투 걸기	4	1	많은 사람들이 외투 거는 곳에 모여 있어서 외투를 거는 일이 지체되자 자해행동을 보임
급식 준비	9	0	식당에 가서 친구들과 선생님과 함께 식사를 할 수 있게 되므로 급식 준비를 매우 하고 싶어 함
설거지	9	0	따뜻한 물을 좋아함
바닥 청소	3	3	자루걸레를 잘 사용하지 못함(1회): 바닥의 얼룩을 없애지 못해서 화가 난 듯함(2회)
세탁	5	0	세탁기에 물이 채워지는 것을 보고 좋아함
화폐 관리 기술	6	4	성근이에게 어려운 활동: 계속 실수를 함
지역사회 활동	4	0	매우 만족스러워 보였으며 사람들과 반갑게 인사함

[그림 7-9] 성근의 진단 정보 요약

되는 활동을 알아보기 쉽게 해 주고 일화기록과 면담에서 수집한 정보를 간략하게 요약해 줌으로써 각 활동이 자해행동을 유발하는 이유를 제시해 준다. 이 요약

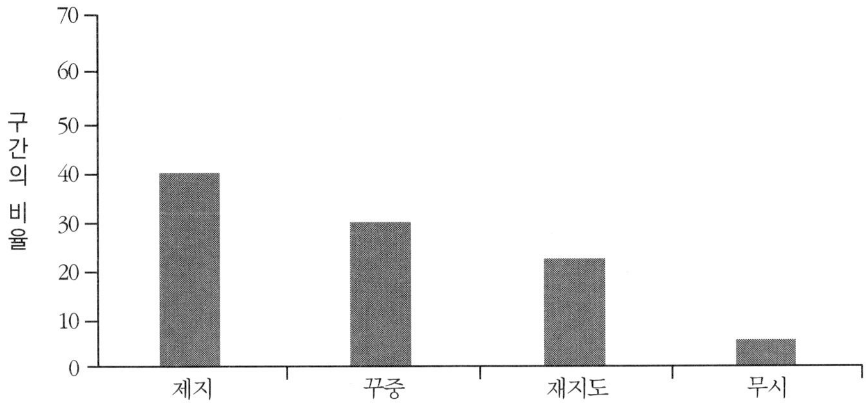

[그림 7-10] 민우의 자해행동에 뒤따르는 사건 요약

을 대충만 훑어봐도 성근이의 자해행동은 어려운 과제를 하고 있는 동안이나 쉽게 완성할 수 없는 과제를 하는 동안에 자주 발생한다는 것을 확인할 수 있다. 또한 성근이는 물과 관련된 활동을 좋아한다는 것과 사람들과 어울리는 것을 좋아한다는 것도 알 수 있다.

[그림 7-10]은 민우의 자료를 그래프로 나타낸 것이다. 자해행동에 뒤따라 일어나는 사건들이 그래프에 나타나 있다. 앞쪽의 세 막대가 보여 주듯이, 민우의 자해행동에 대한 교직원들의 주된 반응은 제지, 꾸중, 재지도였다. 이러한 반응들은 민우에게 어느 정도의 관심을 제공하게 되므로 민우의 자해행동이 관심을 얻기 위한 것이라는 추정을 해 볼 수 있다. 물론 행동의 기능에 대한 자세한 근거를 찾기 위해서는 이러한 자료뿐 아니라 선행사건을 함께 검토해야 할 것이다.

6. 가설 검증

1) 가설 검증이란

가설은 진단 정보에서 나온다. 그러나 진단 정보는 자연스럽게 발생하는 상황에서 수집된 것이므로 문제행동에 관련된 사건들 간의 상관관계 자료만을 제시한다. 다시 말해서, 직접 관찰은 특정 사건이 문제행동과 함께 발생하는지의 여부를 알려 줄 뿐이다. 하지만 교실 상황에서는 많은 사건들이 동시에 발생한다는 점을 생각할 때, 이것만으로 특정 사건이 문제행동을 야기하거나 유지시킨다고 확언하기는 어렵다. 가설 검증은 이러한 상관관계를 입증하여 가설의 정확성을 확인하거나 가설을 반증하는 데 사용된다.

2) 가설 검증 방법

가설은 진단 단계에서 문제행동과 관련이 있을 것 같다고 추정된 변인이 존재할 때와 존재하지 않을 때의 문제행동 빈도를 조사함으로써 검증할 수 있다. 그러한 변인은 문제행동의 선행사건(예: 수학 학습지 제시)일 수도 있고 문제행동의 후속 반응(예: 타임아웃)일 수도 있다. 즉, 일상적인 교실 상황에서와 문제행동에 영향을 줄 것으로 예상되는 변인을 없애거나 조정한 상황에서의 문제행동 발생을 비교하는 것이다.

지원팀이 가설을 검증할 때는 한 번에 한 변인만을 교대시키는 것이 좋다. 예를 들어, 진단 정보를 통해 교사가 가까이 다가오는 것, 어려운 과제, 또래의 관심이 모두 문제행동과 관련된 변인으로 판별되었더라도 검증은 각각 따로 해야 한다. 그래야 문제행동에 미치는 각 변인의 독립적인 영향력을 정확히 파악할 수 있다.

일반적으로 가설 검증을 할 때는 조건들을 시간에 따라 교대로 제시하면서 비교하게 된다. 실험적 관점에서 이 과정은 반전(reversal) 설계 또는 단기 반전(brief reversal) 설계라고 불리는 방법을 사용한다. 문제행동이 환경 조건의 변화에 따라 규칙성을 가지고 변화한다면(예: 과제 난이도가 감소됨에 따라 문제행동이 감소함), 이는 가설이 정확하다는 증거가 된다.

예를 들어, 부영이의 지원팀이 그의 방해행동은 개별 학습 시간에 주로 일어나며 또래인 예리의 관심을 얻기 위해 발생한다는 가설을 세웠다고 하자. 부영이는 예리와 친해지고 싶어 하지만, 부영이는 그럴 만한 사회성 기술을 습득하지 못한 상태다. 부영이의 지원팀은 '부영이는 개별 학습 시간에 예리의 주의를 끌기 위해 방해행동을 한다.' 라는 가설을 세웠다. 수학 수업은 마지막 20분간 개별 학습을 하게 되어 있으므로 이 수업을 가설 검증 시간으로 정했다. 가설 검증은 4일간 실시되었다. 월요일에는 평소에 하던 대로 개별 학습 시간을 가졌다. 화요일에는 부영이의 수학 교사가 매 5분마다 부영이가 자신의 답을 예리와 비교하여 점검해 보도록 일과를 조정했다. 이러한 일과 조정을 통해 지원팀은 부영이가 적절한 방법으로 예리의 관심을 얻을 수 있게 되면 방해행동을 덜 하게 되는지의 여부를 검토할 수 있었다. 그러한 결과가 나온다면, 그것은 또래의 관심을 얻기 위해 방해행동이 발생한다는 가설을 지지하는 결과일 뿐만 아니라 조정된 환경을 중재의 한 요소로 사용할 수 있음을 제안하는 것이기도 하다. 수요일에는 다시 평소와 같은 절차로 돌아갔다. 목요일에는 또래와 답을 점검해 보는 절차를 다시 실시하고 문제행동 발생을 평가했다. 나흘에 걸친 가설 검증 결과는 [그림 7-11]과 같이 그래프 형식으로 제시되었다. 이 자료가 보여 주듯이, 평소와 같은 절차를 적용한 날('또래 점검 없음' 으로 표시된 날)에는 또래 점검을 적용한 날에 비해 훨씬 높은 빈도로 방해행동이 발생했다.

부영이의 가설은 며칠간 계속해서 검증되었지만, 어떤 경우에는 가설 검증이 좀 더 짧은 기간에 끝날 수도 있다. 혜린이의 경우는 가설 검증이 하루의 오전 시

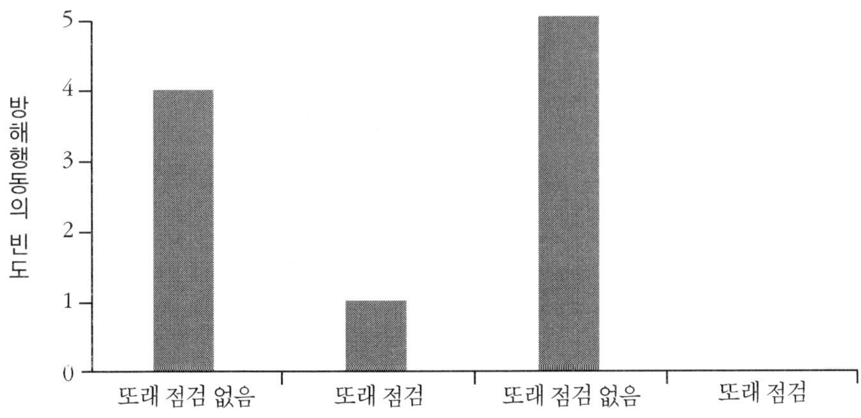

[그림 7-11] 부영의 가설 검증 결과: 개별 학습 시간에 발생한 방해행동의 빈도

간 중에 모두 끝났다. 혜린이의 지원팀은 '혜린이는 엄격하고 단호한 방식으로 과제를 하라는 지시를 받으면 거부행동(소리 지르며 발 구르기)을 한다.' 라는 가설을 세웠다. 이 가설은 혜린이가 거부하는 과제들과 잘 수행하는 과제들 간에 특별한 일관성이 없는 데 반해 특정 보조원과 있을 때 문제행동이 가장 자주 일어난다는 관찰 결과에 근거한 것이었다. 이 보조원은 혜린이가 과제를 완성하도록 도와줄 때 매우 지시적인 어투로 상호작용을 하는 사람이었다. '혜린이는 과제를 하라는 요구가 지시적 어투로 주어지면 그 요구를 회피하기 위해 거부행동을 한다.' 라는 가설을 검증하기 위해 혜린이가 평소에 잘해 내던 과제 중 6개를 선택했다. 첫 번째 과제를 하라는 요구는 바로 그 보조원이 평소와 같은 지시적 어투로 전달했다. 그 보조원은 "혜린아, 외투 제자리에 정리해!" 라고 크고 날카로운 목소리로 말했다. 그다음 과제에 대한 요구는 조용하고 침착한 어투로 전달되었다. 보조원은 혜린이에게 다가가 먼저 인사를 한 후 평온한 어조로 두 번째 과제("혜린아, 안녕? 윤

이 름: 오혜린　　　　가설 검증 담당자: 임선자
날 짜: 1월 15일

검증할 가설: 혜린이는 과제를 하라는 요구가 지시적 어투로 주어지면 그 요구를 회피하기 위해 거부행동을 한다.

과 제	조 건	과제 완수 여부 (예/아니요)	문제행동 발생 횟수	비 고
외투 걸기	엄격한 지시	아니요	1	3분 내내 소리를 질러 내가 혜린이를 대신해서 외투를 걸어 줌
급식비 내기	조용한 지시	예	0	매우 순종적이고 기분이 좋아 보임
자리에 앉기	엄격한 지시	아니요	3	전혀 앉으려고 하지 않음: 내가 억지로 데려가서 앉게 해야 했음
일과표 만들기	조용한 지시	예	0	적절한 행동
급식 준비	엄격한 지시	예	2	몇 분 동안 소리를 지르며 발을 구르다가 급식 준비를 시작함
식탁 치우기	조용한 지시	예	0	지시를 하자마자 바로 따름

[그림 7-12] 혜린의 가설 검증 결과

선생님께 급식비를 가져다 드리렴.")를 전달했다. 이러한 방법으로 두 가지 교수적 지시 방식이 6개의 과제에 걸쳐 교대로 제시되었다. [그림 7-12]에서 보듯이, 엄격한 지시는 거부행동 및 과제 불이행과 관련되어 있었고, 조용한 지시는 거부행동의 부재 및 과제 완성과 관련되어 있었다.

3) 가설 검증을 해야 할 때와 아닐 때

가설의 정확성은 가설 검증을 통해 확인되거나 반증된다. 가설 검증을 하는 것이 바람직할 때가 있는가 하면, 가설 검증을 권할 수 없는 상황도 있다. 가설 검증은 지원팀이 가설의 정확성을 아직 확신할 수 없을 때 도움이 될 수 있다. 문제행동이 비교적 복잡하고 만성적인 것이라면 지원 계획을 세우기 전에 가설을 검증하는 것이 유익하다. 그러나 가설 검증을 하기로 결정하기 전에 문제행동의 잠재적 위험성을 먼저 고려해 보아야 한다. 학생이 자신 또는 타인에게 해를 끼칠 수 있는 상황을 조성하는 것은 결코 바람직하지 않다. 그런 일이 일어날 것 같다고 생각되면 이미 수집한 정보에 근거하여 지원 계획을 세우고 실행해 본 후에 적절하지 않으면 계획을 수정하는 편이 낫다. 모든 경우에서 가설 검증을 통해 얻어지는 유익과 가설 검증이 유발할 수 있는 손해의 경중을 따져 보아야 한다. 지원팀은 가설이 정확한지를 확인하여 효과적인 지원 계획으로 이어지게 하기 위해 약간의 문제행동을 감수할 가치가 있는지를 결정해야 한다. 이러한 결정은 문제행동의 심각도, 가설 검증의 용이성과 실행 가능성, 자료에 근거한 가설 및 지원 계획이 갖는 장기적인 유익 등을 고려하여 팀 구성원들에 의해 내려져야 한다.

지원팀이 가설 검증을 실행할지를 결정할 때 또 하나 고려할 점은 그 행동이 쉽게 반전되는 것인지의 여부다. 가설 검증은 환경 조건이 달라지면 행동도 변할 것을 요구한다. 가설이 새로운 기술 교수와 관련이 있을 때(예: 어려운 문장제 수학 문제를 잘 풀 수 있는 전략 지도), 그 중재가 효과적이었는지의 여부를 검증하는 것은 가능하지 않을 수도 있다. 일단 전략이 학습되고 나면 그 전략을 학생에게서 제거할 수가 없기 때문이다. 유사한 예로 부적절한 소음을 내거나 표정을 짓는 등의 문제행동이 또래의 관심을 얻기 위해 발생한 경우를 살펴보자. 또래들에게 그러한 행동을 무시하고 하던 일을 계속하도록 지도하는 것이 중재의 한 요소가 될 수 있다. 그러나 또래들에게 무시하도록 지도한 후 다시 문제행동에 반응을 보이도록 요청하는 것은 가능하지도 않을 뿐만 아니라 이치에 맞지도 않다.

4) 유사 기능분석

지금까지 설명한 문제행동의 기능을 알아보기 위한 절차에 대한 대안이 Iwata, Dorsey, Slifer, Bauman 및 Richman(1982)에 의해 개발되었고, 선행 연구를 통해 여러 차례 입증과 반복 실험이 행해졌다. 유사 기능분석(analogue functional analysis)이라 알려진 이 절차는 빈 교실이나 치료실 등의 유사 상황 또는 인위적 상황에서 문제행동의 강화제로 추정되는 것들에 대해서 검증하는 것이다. 일반적으로 5~15분 정도의 회기 동안 네 가지의 다른 조건을 검증하게 된다. 관심(attention) 조건에서는 교사가 대상 학생에게 관심을 보이지 않다가 문제행동이 발생하면 아주 짧은 동안만(예: 30초) 관심을 보인다. 이론적으로 이 조건에서 문제행동의 발생률이 높다는 것은 그 행동이 관심을 얻기 위해 발생하며, 관심 제공에 의해 지속되거나 유지된다는 것을 의미한다. 이와 비슷하게 회피(escape) 조건에서는 대상 학생에게 과제를 하도록 요구하다가 문제행동이 발생하면 요구를 잠시 철회한다. 이 조건에서 문제행동 발생률이 높다는 것은 그 행동이 회피 기능을 가졌음을 의미한다. 구체물(tangible) 조건에서는 대상 학생이 좋아하는 물건이나 활동을 제공하지 않다가 문제행동이 발생하면 일시적으로 그 물건이나 활동에 접근할 수 있게 한다. 이 조건에서 문제행동이 관찰된다면 이 행동이 구체적 사물이나 활동을 얻기 위한 기능을 가졌음을 의미한다. 마지막으로 위의 세 조건을 놀이(play) 또는 통제 조건(control condition)과 비교하게 되는데, 이 조건에서는 선호하는 활동과 관심이 대상 학생에게 주어지고 과제에 대한 요구는 주어지지 않는다. 환경적인 이유로 발생했던 문제행동이라면 놀이 회기에서는 발생하지 않아야 할 것이다.

지원팀이 유사 기능분석을 실행하고자 할 때는 중다요소 실험설계(multielement experimental design)를 이용하여 조건 내에서와 조건 간에 패턴이 나타날 때까지 각 회기가 무작위 순서로 반복되어야 한다. 예를 들어, 자해행동이 발생함에 따라 과제에 대한 요구를 철회한 회피 조건 동안에만 자해행동이 일관성 있게 높은 비율로 발생했다면, 이는 그 문제행동이 요구에 대한 회피 기능에 의해 유지된다는 것을 의미한다.

유사 기능분석은 몇 가지 장점을 갖는다. 우선 비교적 단기간에 실시가 가능하다. 회기는 보통 10~15분 정도 소요되므로 회기 간의 짧은 휴식 시간을 포함하더라도 몇 시간이면 분석이 끝난다. 여러 날, 심지어 여러 주에 걸쳐 자료를 수집해야 할 수도 있는 상황과 비교한다면 유사 기능분석은 상당히 매력적이다. 이 절차는 신속하고 편리할 뿐만 아니라 표준화되어 있고 모호하지 않다는 장점도 있다. 이는 학교 상황에서 기능진단을 하기 위해 사용되어 오면서 혼란과 부담을 주기도 했던 무수한 서식, 방법론, 절차 등과는 상당히 대조적이다. 마지막으로 많은 경우 이 분석은 방대한 자료 분석과 해석 없이도 명백한 기능을 쉽게 찾아낼 수 있다는 장점이 있다. 문제행동을 다룰 때 명확한 답이 나온다면 지원팀이 일하기가 상당히 수월하다.

이러한 강점에도 불구하고 이 분석은 제한점도 가지고 있다. 가장 염려스러운 점은 자연스러운 상황에서 행한 절차가 아니므로 누구도 이 실험환경에 존재하는 변인들이 실제 환경에 존재하는 변인들과 동일하리라고 확신할 수 없다는 것이다. 간단한 예를 들자면, 일대일 중심으로 실시된 유사 기능분석은 또래들이 문제행동의 강화요인으로 작용할 수 있다는 가능성을 배제시키게 될 것이다. 또래들이 급우의 행동에 상당한 영향을 미친다는 것은 주지의 사실이기 때문에 또래는 무시할 수 없는 변인이라고 할 수 있다. 교실의 크기, 실내 장식, 조명, 소음, 교직원, 교재, 과제 등도 실험환경과 실제 환경 간에 차이가 날 수 있는 변인들이다. 실험환경을 실제 환경과 똑같이 만드는 것은 현실적으로 불가능하기 때문에 문제행동의 선행사건을 정확하게 파악하는 것이 어려울 수도 있다. 특히 선행사건이 여러 변인들의 조합일 경우는 더욱 그러하다(예: 시끄럽고 산만한 환경에서 제시된 길고 어려운 과제). 이러한 경우 유사 기능분석의 결과를 바탕으로 개발한 중재가 그 학생이 대부분의 시간을 보내는 환경에서 제대로 효과를 나타내지 못하여 지원팀을 좌절시킬 가능성이 크다.

유사 기능분석이 갖는 두 번째 문제점은 문제행동을 강화해야 한다는 점이다. 이론상으로 문제행동은 이전에 그 행동이 계속 강화를 받아 왔기 때문에 계속된다고 보는데, 유사 기능분석에서는 짧은 기간 동안 조밀한 강화 일정(즉, 문제행동이 발생할 때마다 강화)을 제공하여 신속하게 이를 검증한다. 그러나 분석 기간 동안 문제행동을 하고 강화를 제공받은 학생은 문제행동을 하면 좋아하는 상황에 접근할 수 있다거나 싫어하는 상황을 피할 수 있음을 학습하게 된다. 즉, 검증 과정에서 문제행동이 발생하게 된 것이므로 그 학생이 실제 환경에서 문제행동을 하는 이유를 알아내지는 못하게 되는 것이다. 이는 특히 특정 문제행동을 하면 주어진 과제를 회피할 수 있음을 쉽게 인식할 정도로 지적 기능이 좋은 학생의 경우에 매우 고민이 되는 문제다. 또한 많은 교사와 전문가들은 아무리 실험 상황이라 해도 문제행동을 강화하기를 꺼린다. 예를 들어, 교사가 자신을 심하게 때린 학생에게 과제를 면해 주면서 쉬어도 좋다고 말해야 한다면 이에 대한 이의를 제기할 가능성이 크다. 문제행동에 강화를 제공하려 할 때 팀이 반드시 고려해야 할 또 다른 주의사항은 그 행동이 심각한 상해나 손상을 야기하는지의 여부다. 그렇다면 팀 구성원들은 이 절차를 실행하지 않기로 결정할 수도 있다. 궁극적으로 지원팀은 기능분석이 제공할 정보의 잠재적 가치와 분석에 내재된 위험을 비교 검토해야 한다.

유사 기능분석은 즉각적인 환경 변인에만 초점을 둔다는 점에서도 한계를 갖는다. 유사 기능분석에서는 문제행동 직전에 일어나는 선행사건과 문제행동 직후에 일어나는 강화제를 분리해 내고자 한다. 그러나 이 책 전반에 걸쳐 논의하였듯이, 삶의 방식이나 선행사건은 문제행동의 발생에 지대한 역할을 하므로 팀이 장애인의 일생에 걸친 요구, 권리, 복지 등을 다룬 포괄적 지원 계획을 개발할 때는 이를 반드시 고려해야 한다.

이 분석의 네 번째 제한점은 이 절차가 학교환경에서 구하기 어려운 자원을 필요로 한다는 점이다. 이 절차는 교실환경이 아닌 일대일 장면에서 실시되므로 아무것도 없는 빈 방과 이 절차를 실시할 전문가 그리고 자료를 기록할 다른 인력이 필요하다. 대부분의 학교에서는 하루에 단 몇 시간조차도 이러한 자원을 확보하기가 매우 어렵다.

유사 기능분석의 마지막 제한점은 이 절차가 문제행동의 일반적 상황(예: 주어진 과제)과 기능(예: 회피)을 판별해 주기는 하지만, 특정 선행사건(예: 시간이 오래 걸리는 과제)이나 효과적일 만한 중재를 정확하게 알아내는 데는 그다지 유용하지 않다는 점이다. 이 절차에서는 문제행동에만 초점을 두기 때문에 문제행동이 일어나지 않는 상황이나 학생이 즐거워하고 잘해 내는 상황에 대한 생각을 발전시킬 기회가 없다. 또한 문제행동과 관련된 환경적 사건을 상세하게 알려 주지도 못한다(예: 특정 과제가 문제행동을 유발하는 이유). 이러한 상세한 정보는 좀 더 광범위한 기능진단을 통해 수집해야 하는데, 이는 포괄적인 지원 계획 수립을 위해 꼭 필요하다.

최근의 몇몇 연구에서는 유사 기능분석이 학교 상황에서 거의 사용되지 않고 있는 것으로 나타났다(예: Derochers, Hile, & Williams-Mosley, 1997; Ellingson, Miltenberger, & Long, 1999; Scott, Meers, & Nelson, 2000). 또한 우리는 앞서 말한 바와 같이 자연스러운 환경에서 가설을 검증하는 것이 더 포괄적이고 실제적인 접근이라고 믿는다. 이러한 이유로 이 책에서는 유사 기능분석 절차를 자세히 설명하지 않았다. 그러나 상당한 실증적 지지를 받아 온 이 방법은 특정 상황에서는 매우 유용하게 사용될 수 있다. 이 절차가 유용하리라고 생각하는 독자들은 이 절차를 처음으로 설명한 논문(Iwata et al., 1982)을 읽어 보기 바란다.

7. 개괄적 정보 고려하기

지원팀이 문제행동에 영향을 미치는 선행사건, 배경사건, 후속결과의 역할에 대한 가설을 개발할 때 삶의 양식에 관한 쟁점을 고려하는 것도 마찬가지로 중요하다. 친한 친구의 부재, 좋아하는 여가 활동을 할 기회의 제한, 건강 문제 등과 같이 개인의 삶에 광범위하고 부정적인 영향을 미치는 변인들은 당면한 문제에 대한 개인의 인내와 반응에 큰 영향을 줄 수 있다. 따라서 구체적인 정보뿐만 아니라 개괄적인 정보를 함께 요약하여, 삶의 양식에 관련된 쟁점이 문제행동에 영향을 미칠 가능성에 대해서도 가설을 세우는 것이 중요하다. 이 책의 11장에서는 개괄적 정보와 삶의 양식 문제를 어떻게 연결시킬지와 이것이 지원 계획 개발에서 갖는 위치를 자세히 설명한다. 이 장에서 설명한 가설 개발 절차는 장애 학생의 안녕을 저해하는 삶의 양식 문제를 판별하는 데도 비슷하게 적용될 수 있다. 자세한 설명을 원하는 독자는 11장을 참고하기 바란다.

8. 요 약

가설 수립은 지원 계획의 개발 과정에서 필수적인 단계다. 가설 문장은 진단 정보를 요약하고 수집된 진단 정보와 지원 계획 간의 관련성을 확인해 주는 역할을 한다. 개괄적 정보는 문제행동과 삶의 양식 쟁점을 다루며, 가설 문장은 문제행동과 관련된 직접적인 환경적 사건을 밝힌다. 지원팀은 상황에 따라 특정 가설의 정확성을 검증하기로 결정할 수 있다. 검증은 문제행동과 관련된 것으로 추정되는 변인들을 조작함으로써 이루어진다. 정확하게 작성된 가설은 행동을 개선시킬 수 있는 중재를 제안해 줄 뿐만 아니라 지원 계획 개발을 매우 용이하게 해 준다.

일반적인 질문

Q 한 학생에 대해 몇 개 정도의 가설을 세우게 되나요?

문제행동을 없애기 위해서는 문제행동과 관련된 모든 변인을 어떤 방식으로든 다루어야 할 필요가 있습니다. 문제행동이 가진 원인과 기능별로 하나의 가설이 세워지게 됩니다. 이는 한 학생에 대해 여러 개의 가설을 세워야 할 때가 자주 있음을 의미합니다. 물론 가설의 수는 학생마다 달라지게 됩니다. 시간이 많이 소요될 수도 있겠지만, 포괄적이고 오래 지속되는 행동 개선을 위해서는 이 절차가 필수적입니다.

Q 진단 정보에 근거하여 가설을 개발할 수 없을 때는 어떻게 해야 하나요?

진단 정보는 가설로 직접 연결될 수 있는 일관되고 관찰 가능한 행동 패턴을 제시할 수 있어야 합니다. 만약 수집된 정보로부터 쉽게 가설을 세울 수 없을 때는 패턴이 명확해질 때까지 추가로 정보 수집을 하는 것이 좋습니다.

Q 진단 정보의 일부는 가설과 일관되지만 진단 정보 모두와 가설이 일관되는 것은 아닐 때 어떻게 해야 하나요?

학생이 여러 이유로 문제행동을 하는 경우, 진단 정보의 일부에는 명확한 패턴이 있지만 다른 정보에는 패턴이 발견되지 않을 수 있습니다. 이 경우 발견된 패턴에 따라 가설을 개발하는 것이 현명합니다. 그렇게 하면 일부 환경에서나마 문제행동을 감소시킬 수 있는 중재요소를 개발할 수 있게 됩니다. 동시에 문제행동과 관련된 추가 변인을 분명하게 밝히기 위해 정보를 더 수집할 수도 있을 것입니다.

Q 가설이 작성되고 검증된 후에도 바뀔 수 있나요?

장애 학생의 성숙이나 삶의 변화(예: 전학)에 따라 문제행동의 원인도 바뀔 수 있습니다. 그런 경우 지원팀이 효과적인 중재를 개발하는 데 사용했던 가설은 더 이상 타당하지 않게 됩니다. 문제행동이 재발할 때, 특히 현재의 지원 계획이 의도한 대로 잘 실행되고 있는데도 문제행동이 발생할 때 지원팀은 다른 새로운 가설을 고려해 보아야 합니다.

사례

명호의 가설

가설 개발

명호의 핵심 지원팀은 기능진단을 요약한 정보를 논의하기 위해 모임을 가졌다. 팀의 목적은 명호의 문제행동에 대해 자료에 근거한 해석을 제시할 수 있는 합의된 가설 문장을 작성하는 것이었다. 명호의 지원팀은 지원 계획을 안내할 3개의 가설을 세웠다. 세 가설 모두 '회피'를 문제행동의 기능으로 보고 있지만, 각각의 선행사건은 모두 다르다.

- **가설 1: '명호는 어려운 과제를 하도록 재촉받으면(예: 글자나 숫자 명명, 구어 의사소통) 이를 회피하기 위해 거부/공격행동을 보인다.'** 명호가 힘들어하는 학교 과제에는 여러 가지가 있지만, 현재 명호가 가장 어려워하는 과제는 (기능진단 자료에 나타난 바에 따르면) (1) 글자나 숫자 인식, (2) 의사소통(특히 몸짓 대신 말을 사용하도록 촉진받을 때와 한 단어 대신 두세 단어를 연결하여 말하도록 촉진받을 때)의 두 가지다. 흥미롭게도 이 두 활동은 기억력을 요구하는데, 팀은 이 점이 명호에게 어려움을 주는 것이 아닌가 하고 추측해 보았다.
- **가설 2: '명호는 비기능적인 활동을 하도록 요구받으면 이를 회피하기 위해 거부/공격행동을 보인다.'** 이 가설은 몇몇 정보에 기초를 둔 것이다. 첫째, 글자나 숫자 분류 활동에서는 좀 덜 일어나긴 했지만, 대부분의 학업 활동 중에는 문제행동이 발생하고 있었다(그러나 팀의 관찰 기간 중 명호가 '수학 빙고' 등의 학습 게임에 참여하기를 거부한 적은 없었다). 둘째, 운동장 놀이, 교실 청소, 기타 도우미 역할을 할 수 있는 활동(예: 급식 도우미, 학급 당번 등)에서는 문제행동이 발생하지 않았다. 지원팀은 명호가 교실의 허드렛일을 하거나 도우미로 일하기를 좋아하는 것은 이런 활동이 명호가 집에서 하는 일과 비슷하기 때문이라는 추론을 했다. 명호 할머니는 명호가 능동적인 활동을 좋아하고, 남을 도움으로써 자신이 특별한 사람이라고 느끼기를 원하며, 활동(예: 집안일 돕기)이 완성되었을 때의 성취감을 자랑스러워한다고 말했다. 반면 지원팀은 학업 과제, 특히 의미 있는 활동은 주어지지 않으면서 하나씩 분리된 채 제시되는 학업 과제에서 명호가 과연 그 가치나 의미를 찾을 수 있을지 의심스러웠다. 명호가 '수학 빙고'를 좋아하는 것은 그 게임이 '점수 따기'라는 목적을 가지고 있으므로 이치에 맞는다. 하지만 글자 분류와 같은 다른 활동은 어떨까? 명호가 그런 활동에서 의미를 찾을 수 있을까? 그 활동의 목적을 이해했을까? 지원팀은 '비기능적 활동'을 '명호에게 명확하고 의미 있는 성과나 가치를 갖지 못한 활동'으로 정의했다.
- **가설 3: '명호는 좋아하는 활동에서 좋아하지 않는 활동으로의 전이를 요구받을 때 좋아하는 활동을 계속하고 좋아하지 않는 활동을 회피하기 위해 거부/공격행동을 보인다.'**

이 가설은 문제행동이 전이 시간, 특히 명호가 좋아하는 활동을 멈추도록 요구받았을 때 발생했던 점을 근거로 수립되었다.

이러한 세 가설 모두 팀이 명호의 지원 계획을 구성할 효과적인 중재 방안들을 선택하는 데 도움이 될 것이다. 명호를 위해 특별히 고안된 선행사건 중재 전략, 대체기술 훈련, 문제행동에 대한 반응 전략, 장기 지원 방안은 8, 9, 10, 11장의 마지막 부분에 제시되어 있다.

보미의 가설

가설 개발

보미의 특수교사는 수집된 진단 정보를 요약한 후에 보미의 핵심 지원팀 구성원들과 그 결과를 토의하기 위해 화상 회의를 소집했다. 이 회의 결과 4개의 가설이 개발되었다.

- 가설 1: '보미는 쓰기 과제가 주어지면 이를 회피하기 위해 과제 이탈 행동을 보인다.' 팀 구성원 모두는 쓰기 과제가 보미에게 어렵다는 데 동의했다. 면담에서 보미는 쓰기를 싫어한다고 말했다. 보미 어머니는 보미의 숙제가 대부분 쓰기 과제이므로 보미가 숙제를 제대로 하지 못하는 것은 이와 관련이 있을 것 같다고 말했다. 직접 관찰에서도 쓰기 과제가 문제인 것으로 나타났다. 쓰기가 포함된 과제를 할 때는 그렇지 않은 과제를 할 때보다 훨씬 높은 비율로 문제행동이 발생했다. 마지막으로 보미의 기록을 검토한 결과 소근육 기술에 문제가 있음이 발견되었는데, 이 점도 쓰기 문제와 다소 관련이 있을 것으로 생각된다.
- 가설 2: '보미는 시간이 많이 걸리는 과제가 주어지면 이를 회피하기 위해 과제 이탈 행동을 보인다.' 직접 관찰 기록에 의하면 보미는 과제를 시작하기는 하지만 완성하지 못하는 경우가 많았다. 또한 보미는 면담에서도 학교 과제가 너무 힘들게 느껴진다고 말했다.

- 가설 3: '주말을 아버지 집에서 보낸 후 등교한 보미는 과제를 회피하기 위해(피곤 때문에) 과제 이탈 행동을 보인다.' 보미 담임은 보미가 자주 피곤을 호소하는데, 특히 월요일에 그런 적이 많았던 것으로 기억된다고 말했다. 팀은 보미가 아버지 집에서 주말을 보낸 후 일요일 밤 늦게 집으로 돌아오기 때문에 월요일에는 매우 피곤할 것이라고 생각했다.
- 가설 4: '보미는 구조화되지 않은 상황에서(예: 점심시간, 자유 시간) 친숙하지 않은 또래와 함께 있으면 그들의 관심을 얻기 위해 부적절한 상호작용을 한다.' 보미는 가끔 또래와의 문제를 보이는 것으로 관찰되었다. 보미 어머니는 보미가 새로운 상황과 사람들에게 익숙해지는 데 시간이 좀 걸리기 때문에 그럴 것이라고 말했다. 교직원들 역시 보미가 잘 모르는 또래들이 곁에 있을 때 문제행동이 주로 발생한다고 말했다.

가설 검증

보미의 지원팀은 지원 계획을 개발하기 전에 가설을 검증하기로 했다. 여러 유형의 진단 정보가 가설을 지지하고 있기는 했지만, 보미의 행동 문제가 오랜 기간 계속되어 왔고 가설들이 비교적 검증하기 쉬운 것들이며 팀 구성원들이 가설의 정확성을 확인하여 보미가 일반교육 프로그램에 머물 수 있게 해 줄 효과적인 중재를 개발하고 싶어 했기에 가설 검증을 하기로 한 것이다.

가설 검증은 보미의 학급에서 자연스럽게 발생하는 상황 중에 실시되었으며, 일반학급 교사와 특수교사가 함께 계획하고 실행하였다. 팀은 검증을 최대한 단기간에 끝내기로 하고 패턴이 분명하게 나타날 때까지만 검증을 하기로 했다.

가설 1의 검증은 작문 과제가 그 외의 과제보다 문제행동에 더 많이 관련되어 있는지를 확인하기 위해 실시되었다. 이 가설은 직접 관찰 동안 문제행동이 많이 발생했던 활동인 15분간의 일지 작성 시간에 검증되었는데, 작문 과제와 작문 외 과제를 4일에 걸쳐 교대시키며 가설을 검증하였다. 작문 과제 시간에는 보미에게 연필이나 펜으로 일지를 작성하게 하고, 작문 외 과제 시간에는 일지 내용을 녹음하는 방식으로 일지를 작성하게 했다. [그림 7-13]은 이러한 가설 검증 결과를 보

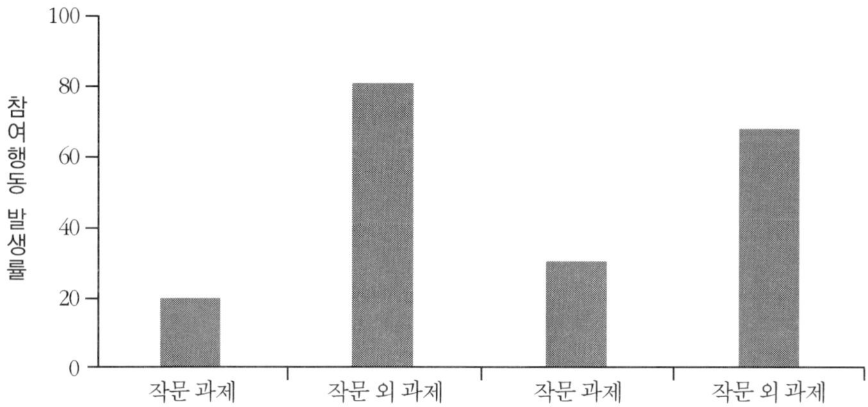

[그림 7-13] 가설 1: 작문 과제와 작문 외 과제에서 보미의 참여행동

여 준다.

가설 2는 짧은 과제와 긴 과제가 주어질 때 보미의 참여행동을 비교함으로써 검증되었다. 이 가설은 보미의 철자 수업 중에 검증되었다. 일반적으로 이 수업 시간에는 요일별 과제가 하나씩 주어지게 된다. 학생들은 요일에 따라 주어진 단어를 10회 쓰고, 그 단어로 문장을 만들고, 그 단어를 검색하고, 그 단어로 단어 게임을 하며, 컴퓨터 프로그램을 이용하여 '철자 조합하여 단어 만들기' 를 하게 된다. 가설 2의 검증에서는 교사가 보미에게 각 요일의 과제를 해당 요일에 다 하게 하는 대신 과제를 나누어 제시하였다. 즉, 월요일에는 주어진 단어 모두를 10회씩 쓰는 대신에 주어진 단어의 1/4만 쓰게 한 후 철자 게임을 한 번 하고, 주어진 단어의 1/4에 해당하는 단어로 문장을 만들고, 그 단어들에 대한 컴퓨터 과제를 하게 했다. 그리하여 보미는 한 가지 활동을 40분 내내 하는 대신 네 가지 활동을 10분씩 한 셈이다. [그림 7-14]는 가설 2의 검증 결과를 보여 주고 있다.

가설 3은 아버지 방문에 따른 보미의 피로와 과제 이탈 행동에 관한 것이다. 팀은 보미가 아버지의 집을 방문하는 일정을 임의로 조정하는 대신, 보미가 일상적으로 아버지를 방문하거나 그렇지 않을 때에 맞추어 자료를 수집하였다. 매주 월요일에 보미 어머니는 보미가 지난 주말에 아버지에게 다녀왔는지의 여부를 기록하여 담임교사에게 보냈다. 아버지에게 다녀온 주말 다음의 월요일과 다녀오지

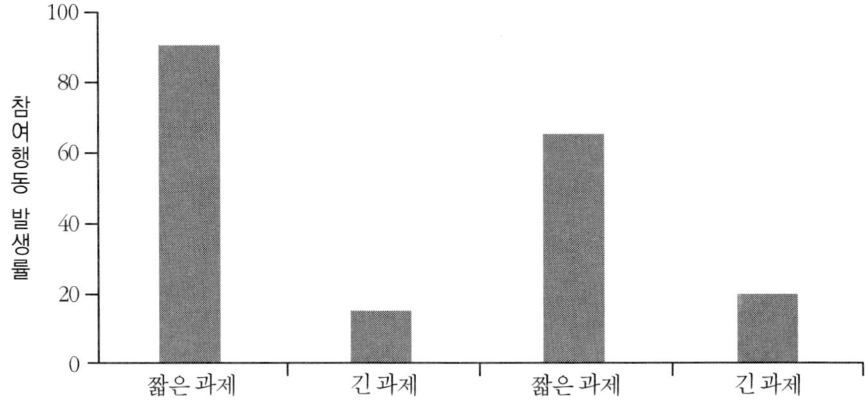

[그림 7-14] 가설 2: 짧은 과제와 긴 과제에서 보미의 참여행동

않은 주말 다음의 월요일에 보미의 참여행동이 어떻게 다른지에 대해 5주에 걸쳐 월요일 아침마다 자료를 수집하였다. [그림 7-15]는 자연스럽게 발생한 아버지 방문에 따른 결과를 보여 주고 있다.

가설 4는 보미가 친한 또래 또는 친하지 않은 또래와 함께 있을 때의 상호작용에 대한 것이다. 보미의 교사는 보미가 수업에서 주어진 과제를 마치느라 점심 먹으러 가는 것이 자주 늦어진다고 말했다. 학생들은 식당에 도착한 순서대로 자리를 잡게 되므로, 늦게 도착한 보미는 다른 반 아이들과 앉게 되는 경우가 많았다.

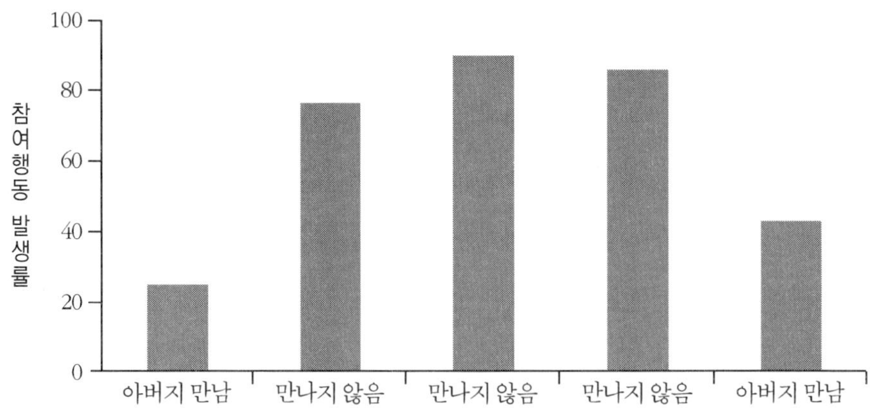

[그림 7-15] 가설 3: 아버지 방문 여부에 따른 주말 후 월요일에 나타난 보미의 참여행동

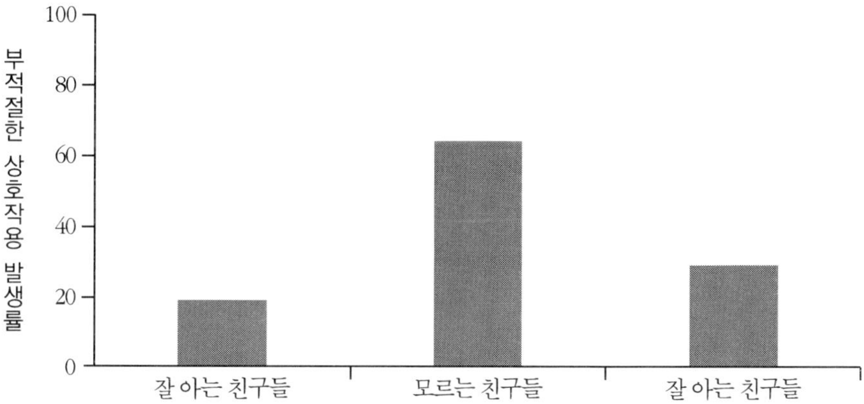

[그림 7-16] 가설 4: 잘 아는 친구 또는 모르는 친구와 있을 때 나타나는 보미의 부적절한 상호작용

이에 학교 심리사는 보미가 식당에서 같은 반 친구들과 앉았을 때와 그렇지 않을 때의 상호작용에 대한 자료를 수집하기로 했다. [그림 7-16]은 3일에 걸친 관찰 결과를 보여 주고 있다.

요약하자면, 가설 검증을 통해 모든 가설이 확인되었다. 이제 보미의 지원팀은 기능진단 단계에서 문제행동과 관련된 것으로 판별했던 변인들을 입증할 직접적 자료를 확보하게 된 것이다. 또한 지원팀은 그들이 보미의 행동을 개선시킬 중재를 개발할 수 있으리라는 것을 다시 한 번 확신하였다. 게다가 팀은 이번 가설 검증을 통해서 하나의 긴 과제 대신 여러 개의 짧은 학습 과제 제시하기 등과 같이 어떻게 교실을 바꾸어 갈지에 대한 아이디어도 얻게 되었다.

참고문헌 ……

Derochers, M. N., Hile, M. G., & Williams-Mosley, T. L. (1997). Survey of functional assessment procedures used with individuals who display mental retardation and severe problem behaviors. *American Journal of Mental Retardation, 101*, 535-546.

Ellingson, S. A., Miltenberger, R. G., & Long, E. S. (1999). A survey of the use of functional assessment procedures in agencies serving individuals with developmental disabilities. *Behavioral Interventions, 14,* 187-198.

Iwata, B. A., Dorsey, M. F., Slifer, K. J., Bauman, K. E., & Richman, G. S. (1982). Toward a functional analysis of self-injury. *Journal of Applied Behavior Analysis, 27,* 197-209.

Iwata, B. A., Pace, G. M., Dorsey, M. F., Zarcone, J. R., Vollmer, T. R., Smith, R. G., et al. (1994). The functions of self-injurious behavior: An experimental-epidemiological analysis. *Journal of Applied Behavior Analysis, 27,* 215-240.

Kern, L., Carberry, N., & Haidera, C. (1997). Analysis and intervention with two topographies of challenging behavior exhibited by a young woman with autism. *Research in Developmental Disabilities, 18,* 275-287.

Mace, F. C., & Mauk, J. E. (1995). Bio-behavioral diagnosis and treatment of self-injury. *Mental Retardation and Developmental Disabilities Research Review, 1,* 104-110.

Rincover, A. (1978). Sensory extinction: A procedure for eliminating self-stimulatory behavior in psychotic children. *Journal of Abnormal Child Psychology, 6,* 299-310.

Scott, T. M., Meers, D. T., & Nelson, C. M. (2000). Toward a consensus of functional behavioral assessment for students with disabilities in school contexts: A national survey. *Education and Treatment of Children, 23,* 265-285.

08

선행사건 및 배경사건 중재

LEE KERN
SHELLEY CLARKE

이 장에서는 긍정적 행동지원 계획의 첫 번째 요소인 선행사건과 배경사건 중재에 대하여 알아보고자 한다. 이 책 전반에 걸쳐서 논의했던 바와 같이, 지금까지 문제행동을 위한 중재는 문제행동이 발생한 후에 벌을 주는 것과 같은 반응적 전략을 주로 사용해 왔다. 선행사건과 배경사건 중재의 중요성은 비교적 최근에 인식되기 시작했다. 이 접근의 장점은 문제행동의 발생을 예방한다는 것이다. 이 접근의 결과는 학생 자신(자신을 해롭게 하거나 고립, 낙인 등을 유발할 수 있음)은 물론 다른 사람들(파괴행동과 공격행동으로 인하여 소란하고 방해적인 환경을 경험하거나 상해를 입을 수 있음)에게도 도움을 줄 수 있다. 또한 문제행동이 감소될 경우, 문제행동을 하는 동안에는 불가능했던 새로운 기술과 대체기술을 가르칠 수 있는 기회를 제공하게 된다. 이 장에서는 먼저 선행사건과 배경사건 중재의 정의와 개요를 살펴볼 것이다. 더불어 여러 연구들을 통하여 문제행동을 잘 감소시킨 것으로 밝혀진 다양한 형태의 선행사건 중재방법들을 살펴볼 것이다. 개인의 필요에 맞는 선행사건 중재 선정을 위한 전략도 포함되어 있다. 그다음 배경사건 중재에 대하여 간략히 살펴볼 것이다. 마지막으로 선행사건이나 배경사건 중재가 소거되어야 할 상황들을 살펴보고 성공적인 소거 전략을 소개하고자 한다.

1. 선행사건 및 배경사건 중재의 개요

1) 전반적 개요

2장에서 이미 4단계 행동 발생의 개념을 설명하였다. 즉, 배경사건은 선행사건이나 즉각적인 환경적 사건이 문제행동의 촉발요인으로 작용할 가능성에 영향을 미치고, 문제행동에 대한 반응은 그 행동을 유지시키거나 증가 또는 감소시키게 된다. 선행사건과 배경사건 중재는 4단계 행동 발생 중 처음 두 단계에 관련된 것이다. 이러한 중재는 반응적 중재와는 전혀 다르다. 반응적 중재는 문제행동이 발생한 후에 후속결과를 제시하고 이 후속결과에 의하여 문제행동이 감소될 것으로 기대하는 4단계 행동 발생의 마지막 단계에 해당하는 중재다. 선행사건과 배경사건 중재는 문제행동이 발생한 후에 후속결과를 조절하여 문제행동을 감소시키기보다 처음부터 문제행동의 발생을 예방할 수 있게끔 환경을 재구성하도록 구성된 것이다.

문제행동의 예방은 문제행동이 발생하기 전에 일어난 배경사건이나 선행사건을 수정하거나 제거함으로써 가능하다. 즉, 문제행동의 촉발요인들이 완전히 제거되거나 변화되어서 더 이상 문제행동을 일으키는 요인으로 작용하지 않도록 하는 것이다.

선행/배경사건 중재에서는 문제행동을 일으키는 요인으로 알려진 특정한 사건들을 없애거나 수정하는 것은 물론 바람직한 행동과 관련된 사건들을 수정하거나 증가시키거나 도입하기도 한다. 즉, 싫어하는 활동들 사이에 좋아하고 보상받을 수 있고 의미 있는 일들을 끼워 넣어서 더 선호하고 덜 혐오적인 활동이 될 수 있도록 해야 한다. 이러한 전략들은 문제가 되는 배경 사건이나 선행사건을 수정하는 등의 방법으로 문제행동을 감소시킨다. 문제행동을 일으키는 특정 요소들을 감추거나 즐거운 사건과 함께 제공할 때 덜 불쾌한 활동이 될 수 있다.

2) 선행사건 및 배경사건 중재의 장점

선행사건과 배경사건 중재는 다른 중재에서는 볼 수 없는 다양한 장점들을 포함한다(〈표 8-1〉 참조). 가장 대표적인 장점은 예방적(preventive)이라는 것이다. 즉, 중재가 문제행동 전에 발생하는 촉발요인들을 변화시키거나 제거함으로써 문제행동의 발생을 예방하는 것을 목적으로 한다는 것이다. 문제행동의 예방은 학생과 학생 주변에 있는 다른 사람들에게 안전한 환경을 만들어 준다. 이와 같은 목적은 자신과 다른 사람에게 해로운 행동을 하는 심각한 문제행동이 나타나는 상황이나 문제행동으로 인하여 학생의 교육적 배치가 위협받는 상황에서는 더욱 중요하다.

선행사건 및 배경사건 중재는 문제행동을 예방할 뿐만 아니라 매우 신속하게

〈표 8-1〉 선행사건과 배경사건 중재의 장점

목 적	중요성
• 문제행동의 예방	• 위해 또는 위험 가능성의 감소
• 신속한 접근	• 적절한 교육과정의 확보
• 잘못된 환경의 수정	• 쾌적한 환경 조성
• 교수적 환경의 강화	• 학생의 동기 증진

작용하는 경향이 있다. 선행사건이나 배경사건이 제거되거나 수정될 때, 일반적으로 문제행동은 빠르게 감소된다. 예방적 측면에서와 마찬가지로 문제행동의 빠른 감소는 심한 방해행동이나 위험한 상황에서 더욱 커다란 장점이 될 수 있다.

선행사건 중재나 배경사건 중재의 또 다른 장점은 환경 문제를 교정할 수 있다는 것이다. 많은 문제행동들은 환경의 외적 요인들이 개인의 요구에 적절하지 않거나 비합리적이기 때문에 발생한다. 예를 들어, 학생의 능력과 제시된 과제의 난이도가 일치하지 않을 경우 문제행동이 야기될 수 있다. 또한 장시간 버스를 타는 일도 문제행동을 유발하는 배경사건으로 작용할 수 있다. 여러 사례들에서 살펴본 바와 같이, 선행사건이나 배경사건 중재는 이러한 부적절한 문제들을 해결하고 적절한 교육과정을 개발하고 학생에게 합리적인 기대를 하는 것이다.

마지막으로 선행사건과 배경사건 중재는 학생에게 개선된 환경을 제공할 수 있다는 점에서 긍정적이다. 바람직한 행동과 관련된 선행사건과 배경사건의 증가 그리고 바람직하지 않은 행동과 관련된 선행사건이나 배경사건의 감소는 학생에게 보다 즐겁고 동기 유발적인 환경을 제공하게 된다. 하루 종일 즐겁고 동기 유발적인 환경을 제공해 줌으로써 학생의 전반적인 복지와 행복감을 증진시키고 문제행동의 유발 가능성을 감소시킬 수 있다. 또한 동기 유발적인 환경에서는 학습이 좀 더 용이하게 일어날 수 있다. 이는 대체기술과 일반적인 기술을 가르쳐 문제행동을 대신하게 해야 하므로 더욱 중요하다(9장에서 설명됨). 따라서 선행/배경사건 중재 및 대체기술 교수와 같은 다양한 지원 계획의 요소들은 바람직한 행동을 빠르게 습득하게 하는 상승 작용을 하게 된다.

선행사건 중재는 배경사건 중재에 비해서 관련된 연구들이 많고 또 배경사건이 선행사건에 비해서 파악하고 변화시키기가 어렵기 때문에 이 장의 나머지 부분에서는 주로 선행사건 중재에 초점을 맞추어 설명하고자 한다. 배경사건 중재에 대한 내용은 뒷부분에서 간략히 다루게 될 것이다.

2. 선행사건 중재의 개발

선행사건 중재의 다양한 요소들에 대하여 설명하기에 앞서 우선 일반적인 설명을 하고자 한다. 문제행동을 유발하는 선행사건의 종류가 매우 다양하기 때문에 선행사건 중재의 종류도 다양할 수밖에 없다(Kern, Choutka, & Sokol, 2002 참조). 근본적으로 문제행동과 관련된 것으로 파악된 모든 유형의 선행사건들은 중재를 위해서 어떤 방법으로든 변화될 수 있다. 마찬가지로 중재를 위해서 특정 선행사건이 수정될 수 있는 방법은 매우 다양하다. 간단한 예를 들자면, "쉬는 시간이 끝났으니 줄 서라."라고 말함으로써 문제를 유발할 수 있는 교수행동을 미리 경고하는 방법(예: "5분 후에 쉬는 시간이 끝난다.")으로 수정하거나, 일련의 문제가 되지 않는 교수를 먼저 진행한 후에 문제가 되는 교수를 할 수도 있다("줄 설 때 네 자리는 어디니? 너의 줄번호는 몇 번이니? 너는 누구 뒤에 서야 하니? 줄을 서 봐라."). 또한 친구와 짝이 되어 줄을 빨리 서게 하거나, 쉬는 시간을 마치고 수업에 임해야 하는 어려운 전이 직후에는 선호하는 과제를 하도록 시간표를 계획할 수도 있다. 정확히 어떤 것이 변화되어야 하고 어떻게 변화를 주어야 하는지는 효과에 대한 기대, 팀의 선호도 또는 상황적 적합성, 필요한 자원, 학생의 장기 목표, 중재가 쉽게 소거될 수 있는지 등과 같은 다양한 요인들에 의해서 결정된다. 중재방법 선정 시 고려해야 할 요소들은 3장과 4장에서 자세히 설명하였다. 이 장에서는 비교적 효과적인 것으로 알려진 중재방법의 선정을 위한 일반적인 전략에 대하여 기술하고자 한다. 특정 중재의 최종적인 선정은 중재의 실행과 효과에 영향을 미치는 여러 요소들을 충분히 고려하고 이해한 지원팀에 의해서 이루어진다.

선행사건 중재는 선행사건이 문제행동과 관련 있다는 가정을 따른 것이다. 7장에서는 중재와 진단 정보 간 연계, 즉 가설 개발을 통하여 촉진되는 과정의 중요성에 대하여 서술하였다. 이제는 진단 정보를 통하여 문제행동과 관련된 가설을 세우기 위한 패턴을 알아낼 수 있어야 한다. 가설을 세움으로써 바람직하지 않은 행동의 발생이나 발생 빈도를 감소시키고 적절한 행동을 증가시킬 수 있는 선행사건 중재를 개발할 수 있다.

특정 가설에 적합한 선행사건 중재를 개발하고 선정할 때, 팀 구성원들은 가장 먼저 행동의 기능을 고려해야 한다. 이는 팀 구성원들이 고려해야 하는 여러 중재 방법들에 대한 접근을 좀 더 용이하게 해 준다. 문제행동이 관심을 끌기 위한 것이라면, 선행사건 중재는 적절한 관심이 학생에게 주어지고 있는지와 주의를 끌기 위한 행동을 유발시키는 환경이 수정될 수 있는지를 확인하는 방향으로 진행될 것이다. 회피 기능의 문제행동은 학생에게 주어진 과제나 교수의 양, 기대, 요구 등을 없애 주거나 수정하는 방향으로 중재방법을 결정하는 것이 바람직하다. 특정 물건이나 활동을 얻기 위한 기능의 문제행동인 경우, 선행사건 중재는 학생이 물건의 제거/상실이나 활동의 변화를 준비할 수 있게 하거나 그 상실이나 변화가 덜 혐오적일 수 있는 환경을 마련하는 방향으로 이루어져야 한다. 마지막으로 생물학적 요인이나 자기자극의 기능으로 작용하는 문제행동을 위한 선행사건 중재는 문제행동을 통하여 얻을 수 있는 감각적 자극에 상응할 만한 감각 자극을 제시하거나 좀 더 자극적인 환경을 구성하여 줄 수 있도록 계획되어야 한다.

먼저 행동의 기능을 파악하는 것이 가장 중요하지만, 선행사건 중재의 개발에는 이러한 정보만으로는 부족하다. 회피 기능으로 작용하는 행동의 예를 생각해보자. 그 행동이 회피를 위한 것이라는 사실을 아는 것은 중요하지만 그것만으로는 학생이 왜 회피하고자 하는지를 알 수 없다. 이 정도의 정보만으로 제시될 수 있는 교수 전략은 행동을 무시하거나, 벌을 주거나, 잠시 동안 쉬게 하거나, 쉬는 시간을 요청하도록 가르치는 방법 정도로 제한될 수밖에 없다. 이러한 중재를 실시할 경우 부분적으로는 도움을 받을 수 있지만, 문제행동을 유발하는 문제들은 교정되지 않으며 학생에게 동기 유발적인 환경을 만들어 줄 수도 없다. 또한 문제행동을 예방할 수 있는 접근들도 포함되지 않는다. 교사가 자신에게 무엇인가를 요구할 때 소리를 지르곤 하는 소영이의 경우를 생각해 보자. 이러한 소리치는 행동이 회피 기능으로 작용한 것을 파악한 것은 유용한 정보였다. 그러나 이와 같은 정보만으로는 종합적인 중재 계획을 실행하기 어려웠다. 소리 지르는 행동을 유발하는 정확한 사건에 대한 상세한 정보 없이는 다단계 지시 따르기에 어려움이 있는 소영이의 문제를 교정하기 위한 선행사건 중재를 개발할 수 없었을 것이다. 따라서 행동의 기능이 결정된 후에는 행동을 유발하는 특정 선행사건을 파악해야 한다.

행동의 기능과 행동을 유발하는 선행사건을 파악한 후에는 선행사건 중재의 선정을 위한 적절한 정보를 찾아내야 한다. 가설 문장을 통하여 파악된 선행사건은 이러한 선행사건의 선정 과정에서 연계적인 역할을 한다. 선행사건 중재를 선정할 경우 선행사건과 행동의 기능에 대한 정보들과 가능한 중재들 간의 조화에 대한 평가도 포함되어야 한다. 이와 같은 과정들은 너무 어려운 과제가 촉발제로 작용했을 때 쉬운 과제를 주는 것과 같이 쉽게 이루어질 수도 있다. 그러나 때로는 활동 전반에 걸친 포괄적인 사건들이 모두 포함된 포괄적인 가설로 인하여 무수한 중재들이 모두 적합한 듯 여겨질 정도로 까다로운 작업이 될 수 있다. 예를 들어, 재호는 14세 학생으로 공격행동과 방해행동 및 불순종 행동을 보이는데 이러한 행동들은 회피 기능으로 작용한다. 소영이의 자료와 달리, 재호에 대한 진단 정보에서는 재호의 과제가 내용 면에서 적절하였고 기술 수준에도 적합한 것으로 나타났다. 진단 결과에 의하면 초등학교 시절 동안 재호는 선생님들이 교실에서 그에게 아무런 요구도 하지 않았던 것으로 나타났다. 재호의 문제행동은 과제를 하라는 요구 때문이 아니라 현재 재호의 교실에서 하루 일과 중에 수행해야 하는 많은 과제가 갑자기 제시된 것과 관련되었다고 볼 수 있다. '학교 일과 중에 재호에게 과제를 하도록 요구하는 경우 재호는 이러한 요구를 회피하기 위하여 공격행동과 방해행동을 하게 된다.'는 가정과 관련된 종합적인 진단 정보들을 고려하여, 팀 구성원들은 재호의 요구에 적합할 것으로 여겨지는 몇 가지 선행사건 중재들을 찾아내었다. 제시된 중재방법 중 하나는 하루 동안 제시되는 요구의 수와 빈도를 줄이도록 하는 것이었다. 문제행동을 하지 않고 감소된 요구를 수행하는 경우 빈도는 점진적으로 증가시킬 수 있다. 또한 팀 구성원들은 선택의 기회 제공이 효과적일 것으로 생각하였다. 중재자들은 아주 사소한 요구를 했을 때에도 문제행동이 발생했다는 점에 주의를 기울이면서 '반항적인' 것으로 보이는 재호의 행동들을 직접 다루기로 하였다. 중재자들은 재호의 문제행동은 기대가 바뀐 새로운 환경을 통제하기 위한 노력의 일환일 수 있다고 가정하였다. 팀 구성원들은 재호가 수행할 과제를 선택하는 것이 자신의 환경에 대한 통제감을 가질 수 있게 하기 때문에 더욱 적절할 것으로 생각하였다. 마지막으로 팀 구성원들은 재호가 선호하고 좋아하는 활동을 증가시킴으로써 문제행동이 감소되고 동기가 증가할 수 있을 것이라고 결정하였다. 궁극적으로 팀 구성원들은 이러한 모든 선행사건 중재를 지원 계획에 포함시키고 필요한 경우 언제든지 이 모든 중재들을 사용할 수 있도록 하였다. 이러한 예들은 중재 개발에서 나타날 수 있는 복잡성을 설명하는 것이다. 또한 선행사건 중재를 개발하는 경우 종합적인 정보 수집이 매우 중요하다는 점을 강조하는 것이다.

3. 선행사건 중재의 유형

여기에서는 연구 결과들에 의하여 그 효과가 입증되고 있는 일반적인 선행사건 중재에 대하여 자세히 설명하고자 한다. 긍정적 행동지원 과정에서 각 단계들의 연계에 대한 중요성을 강조하기 위한 방법으로 문제행동과 관련된 진단 및 가설에 대한 정보들을 포함하였다. 중재의 예들은 앞에서 설명한 대로 먼저 중재방법 선택의 범위를 좁히기 위하여 기능에 따라 정리하였다. 이러한 중재의 예들은 가능한 경우 선행사건 중재 범주에 따라 세분화하였다. 〈표 8-2〉에서는 행동의 기능과 관련된 중재 전략과 그 예들을 보여 주고 있다.

중재 예들을 살펴볼 때, 선행사건 중재는 행동지원 계획의 한 요소라는 것을 염두에 두어야 한다. 과제가 너무 어려운 경우와 같이 선행사건 중재만을 적용했을 때 효과적인 경우는 매우 드물다. 이 책의 9장에서 설명한 것과 같이 반드시 대체

〈표 8-2〉 선행사건 중재

기능	중재 전략	예
관심	성인의 관심 시간 계획	• 성인과 함께 작업한다. • 성인이 주기적으로 관심을 제공한다.
	또래의 관심 시간 계획	• 또래와 짝을 지어 준다. • 또래 교수를 한다.
	학생에 대한 근접성 증진	• 좌석 배치를 바꿔 준다. • 주기적으로 교실을 돌아다닌다.
	좋아하는 활동 제공	• 교사가 다른 일을 해야 할 때는 더 좋아하는 과제를 하게 한다.
회피	과제의 난이도 조절	• 쉬운 과제를 제시한다.
	선택의 기회 제공	• 학생에게 선택의 기회를 제공한다. – 수행할 과제 – 수행할 과제의 순서 – 사용할 재료 – 과제 수행 장소 – 과제 수행 시기 – 함께 수행할 사람
	학생의 선호도와 관심사를 활동에 추가	• 학생의 취미나 관심사를 활동에 포함시킨다.
	활동을 통하여 의미 있고 기능적인 성과를 얻게 함	• 가치로운 성과가 이루어질 수 있는 활동을 제시한다.
	과제의 길이 조절	• 짧은 활동을 제공한다. • 쉬는 시간을 자주 제공한다.
	과제 수행 양식의 수정	• 자료/매체를 변경한다. • 필기도구 대신 컴퓨터를 사용하도록 한다 등
	행동 모멘텀과 과제 분산의 사용	• 어려운 과제를 제시하기 전에 쉬운 과제를 제시한다.
	예측 가능성 향상	• 앞으로 할 일이나 활동의 변화에 대한 단서를 제공한다(교수적, 시각적, 청각적).
	교수 전달 방법의 변화	• 즐거운 톤의 목소리를 사용한다.
구체물	미리 알려 줌	• 활동을 마칠 시간이 다 되어 감을 알려 준다.
	전이 활동 계획	• 아주 좋아하는 활동과 좋아하지 않는 활동 사이에 보통으로 좋아하는 활동을 계획한다.
	근접성 증진	• 매우 선호하는 물건을 학생의 손 닿는 범위에 둔다.

감각 자극	대안적 감각 강화 제공	• 청각적 자극을 강화하기 위하여 라디오를 제공하거나 시각적 강화를 제공하기 위하여 시각적 자극을 제공한다.
	풍부한 환경 제공	• 흥미롭고 자극이 많은 활동으로 환경을 구성한다.

행동을 함께 지도해야 한다. 예를 들어, 미래의 어느 시점에서는 학생에게 어려운 과제도 요구하게 될 것이다. 따라서 학생들은 적절하게 도움을 구하는 방법들도 배워야 한다. 이 교재의 전반에 걸쳐서 설명한 바와 같이 종합적인 지원에는 중다요소 계획이 포함된다. 그러나 명확한 이해를 위하여 여기에서는 선행사건 중재만을 다룬 자료들을 선정하여 설명하고자 한다. 거의 대부분의 사례에서 개별 학생을 위한 지원 계획은 많은 다른 요소들을 포함한다.

1) 관심 끌기 기능과 관련된 중재

다른 사람의 관심을 끌기 위한 기능으로 작용하는 문제행동은 다음과 같은 상황에서 주로 발생한다. (1) 오랜 기간 동안 관심을 받지 못하는 경험을 하게 된 경우, (2) 특정인이 없는 상황에서 그 사람의 관심을 받고 싶어 하는 경우, (3) 다른 사람들은 관심을 받고 있거나 서로 상호작용을 하는데 자신은 그렇지 않은 경우다. 학령기 아동들은 성인의 관심뿐만 아니라 또래의 관심도 받고 싶어 한다는 점을 염두에 두어야 한다. 다음의 선행사건 중재들은 관심을 끌기 위하여 나타난 문제행동을 위한 것이다.

(1) 계획에 따른 관심 제공

관심을 끌기 위한 문제행동에 관여하는 조건을 변화시킬 수 있는 선행사건 중재방법 중 하나는 성인이나 또래의 관심을 일정한 계획에 따라 사용하는 것이다. 이를 계획에 따른 관심 제공(scheduled attention)이라고 한다. 이와 같은 중재의 효과는 문제행동이 발생하기 전에 관심이 제공되는지에 달려 있다. 다시 말해서,

이 중재는 관심을 받기 위해서 문제행동을 할 필요를 없애는 것이다.

이러한 중재 개발을 위해서는 주의 깊은 계획이 요구된다. 어떤 경우는 문제행동 감소가 너무도 시급하여 급하게 중재를 실행하기도 하는데, 결과적으로 소중한 시간과 자원들을 불필요하게 남용하게 된다. 예를 들어, 너무 자주 관심을 기울여야 하는 경우 교직원들에게도 부담이 되고, 학생들은 계속적으로 미리 제공되는 관심에 의하여 타성에 젖을 수 있다. 이러한 중재는 교실 내의 다른 학생들이 고르게 관심을 받아야 하는 일반적인 상황에 대한 적응을 어렵게 할 수 있다. 불필요할 정도로 자주 제공되는 관심은 장기적으로는 학생에게 부정적인 영향을 주게 된다. 좀 더 바람직한 접근방법은 학생이 관심(적절한 관심 또는 부적절한 관심)을 끌고자 하는 상황과 다른 사람들의 관심을 받지 않고 지낼 수 있는 시간의 길이 등을 더 정확하게 파악하는 것이다. 이러한 정보에 근거하여 문제행동을 변화시킬 수 있는 일정을 개발한다. 예를 들어, 교사의 진단 결과에 따르면 종호는 정기적으로 식당에서 자해행동을 하였다. 교직원과 학생의 비율이 1:5 정도인 교실과 달리, 한 학년 학생들이 점심 식사를 위하여 모두 모이는 식당에서는 한 교사가 30명 정도의 학생들을 돌봐야 했다. 또한 진단 자료에 제시된 바에 의하면 종호는 자해행동을 하기 전 10분 동안에는 적절한 행동을 하는 것으로 나타났다. 따라서 점심식사 관리요원이 종호에게 10분 이내에 관심을 제공하고 이후에 나머지 점심시간도 동일한 시간 간격에 따라 관심을 제공하도록 계획하였다. 이와 같은 간단한 상호작용을 통하여 종호의 자해행동은 제거되었다.

또래들의 관심도 부적절한 관심 끌기 행동을 감소시키기 위하여 계획될 수 있다. 또래 관심을 잘 계획하여 적용하는 경우 또래 간 상호작용이 증가되고 그와 더불어 담임교사의 부담을 줄일 수 있다. 재호의 사례는 계획에 따른 또래 관심 중재의 한 예라고 할 수 있다. 진단 정보에 의하면 재호는 수업 내용과 상관없이 교사가 수업을 하는 동안 큰 소리로 떠들거나 이상한 소리를 내는 것으로 나타났다. 이와 같은 진단 자료들을 토대로 좀 더 세밀한 검사를 실시해 보니 재호의 방해행동은 특별한 친구 두 명의 관심을 얻기 위한 것이었다. 이 친구들이 교실에 없을 경우 재호의 방해행동은 상당히 감소하였다. 중재 팀은 '민우와 선희가 가까이 있을 때 재호는 이 친구들의 관심을 끌기 위하여 크게 떠들거나 시끄러운 소리를 낸다.' 라는 가설을 설정하였다. 교사는 재호가 관심받기를 원하는 두 친구 중 한 명이 수업 시간 동안 15분마다 한 번씩 재호의 노트를 검사하게 하였다. 이 중재는 재호에게 적절한 방법으로 적절한 관심을 제공하였고 또 재호가 수업 시간에 더욱 잘 참여하게 되었다는 점에서도 도움이 되었다. 이 사례에서 설명하고자 하는 것은 선행사건 중재가 관심 끌기의 기능과 연관되었고, 이러한 선행사건 중재는 재호가 문제행동을 통하여 얻고자 하는 특정 형태의 관심과 연결되었다는 것이다.

일과를 이용하거나 학급 내에서 이루어지는 또래 간 활동을 이용하여 또래들의 관심을 계획한 사례는 매우 많다. 협동학습과 또래 교수는 이러한 예에 포함될 수 있다. 지원팀은 이러한 전략을 독창적으로 사용하여 많은 학생들이 다양한 사회적 상호작용을 경험할 수 있도록 해야 한다.

계획에 따른 관심 제공하기 중재에서 주의해야 할 점은 자료에 근거한 것일지라도 학생에 의하여 일정이 계획되지 않아야 한다는 것이다. 제공되는 관심의 빈도와 상관없이 이 일정은 학생이 관심을 요구하는 특정 시간과 일치하지 않아야 한다. 따라서 9장에서 설명하고 있는 관심을 끌기 위한 적절한 방법을 반드시 가르쳐야 한다.

(2) 교사의 근접성

교사의 근접성(staff proximity)도 학생의 행동에 영향을 미친다는 사실이 밝혀졌다. 관심 끌기 행동은 학생을 교사 가까이에 앉게 하여 감소시킬 수 있다. 이와 같이 하는 것은 관심이 주어질 가능성이 크다는 신호가 될 수 있다. 경우에 따라서 어떤 학생들은 누군가가 가까이 있는 것을 좋아하기 때문에 효과적일 수 있다. 예를 들어, 11세 학생인 인호는 자신의 책상(교실 맨 뒷부분에 위치해 있음)에 혼자 앉아서 과제를 수행해야 하는 읽기 시간에 문제행동을 보이곤 하였다. 인호는 과제 이탈 행동, 울기, 흐느끼기, 자해행동 등과 같은 문제행동을 보였다. 인호는 다른 사람들 가까이에 있는 것을 좋아하였기 때문에 중재 팀원들은 교사들이 인호와 물리적으로 가까이 있을 경우 문제행동이 감소할 수 있을 것이라고 생각하였다. 따라서 그의 책상을 교실 앞쪽으로 옮겨서 교사 가까이에 앉게 하였다. 이와 같이 책상을 옮기자 인호의 읽기 학습지 수행 활동이 증가하였고 방해행동은 감소하였다.

(3) 선호하는 활동의 제공

때로는 학생이 선호하는 활동이 학생이 관심을 끌고자 하는 행동과 서로 맞서게 되기도 한다. 선호하는 활동 중재가 흥미로운 교육과정 구성에 초점을 맞춘 중재를 대신해서는 안 된다. 그러나 몇몇 학생들에게는 독립적인 과제 참여가 매우 어려울 수 있다. 선호도가 높은 활동을 주의 깊게 계획할 경우 문제행동을 피하면서 필요한 교실 활동을 하게 할 수 있다. 예를 들어, 찬우는 질적인 교실 수업 운영이 불가능할 정도로 교사의 관심을 많이 요구하였다. 그러나 컴퓨터 게임과 조작 중심의 활동을 할 때에는 문제행동을 하지 않고 오랜 시간 동안 활동에 참여할 수 있었다. 따라서 같은 반의 다른 학생들을 가르쳐야 하는 시간 동안에는 찬우가 컴퓨터를 이용한 활동을 할 수 있도록 그의 일과를 계획하였다.

2) 회피 기능과 관련된 중재

교육환경은 새로운 기술 형성에 초점을 맞추기 때문에 학생들의 하루 일과는 많은 교수적 요구들로 구성된다. 학생들에게 새로운 과제나 어려운 과제 습득이 요구되는 시간들은 그들에게 많은 부담을 줄 수 있다. 또한 장애 학생들은 과제나 숙제를 잘 수행하지 못한 경험을 가지고 있기 때문에 그들에게 요구를 따르거나 과제를 완수하게 만드는 것 자체가 회피의 대상일 수 있다. 더욱이 많은 학생들의 경우 끊임없이 요구가 제시되는 상황에서 성인들의 잦은 촉진과 지시를 통하여 학습이 이루어진다. 이러한 상황들은 학교에서 과제 수행을 지체하거나 회피하는 기능으로 작용하는 문제행동의 발생 가능성을 증가시킨다. 이를 위해서 회피 기능으로 작용하는 많은 선행사건 중재들이 고려될 수 있다.

(1) 과제의 난이도 조정

회피 기능의 행동에 대한 중재를 계획할 때, 먼저 과제나 활동의 난이도가 적절한지의 여부를 명확히 판단해야 한다. 학생에게 지나치게 어려운 과제는 문제행동의 원인이 된다는 것이 여러 연구들을 통하여 밝혀졌다(Gutner & Denny, 1996). 이는 발달장애, 학습장애, 정서 및 행동장애를 지닌 학생들에게서 나타나 왔다.

학생들에게 과제 수행 시의 높은 성공률은 매우 중요하다. 이는 성공적인 과제 수행을 통하여 다른 사람들로부터 강화를 받거나 자기 만족감을 얻기 위한 것일 뿐 아니라 실패가 학습을 방해하기 때문이다. 혼자서 수행하는 과제는 정확하게 수행되어야 한다. 그에 반하여 교수 활동 시간에는 과제 수행의 정확도가 약간 떨어지더라도 수용될 수 있다. 그러나 학생의 실패에 대한 인내 수준을 파악하기 위하여 과거의 실패 경험들을 살펴보는 것도 매우 중요하다. 난이도를 낮추기 위하여 교수 활동을 수정할 때 정확도의 수준도 개별적으로 고려되어야 한다.

(2) 선택의 기회 제공

선택의 기회를 제공하는 것은 회피와 관련된 조건을 변화시키는 데 적용할 수 있는 일반적인 선행사건 중재다. 선택의 기회 제공이 중요한 이유는 다음과 같다. 첫째, 선택하기는 문제행동을 감소시킬 수 있다는 점이 연구 결과들을 통하여 입증되었다(Kern et al., 1998 참조). 둘째, 선택하기는 장애 유무와 관계없이 모든 인간에게 주어진 권리다. 그러나 오랜 기간 동안 장애인들을 위한 선택의 기회는 간과되거나 거부되었다. 중도 장애를 지녔거나 특정 장애가 있는 사람들은 선택을 할 수 있는 능력이 없는 것으로 간주되었다. 또한 구조화의 정도가 높은 특수교육 프로그램과 실제(practices)들은 아주 단순한 결정을 요하는 선택의 기회조차 허락하지 않았다. 그러나 선택의 기회를 제공하는 것은 개인의 선호도를 반영한 환경을 구성할 수 있게 하기에 매우 중요하다. 즉, 선택은 사람들이 자신이 선호하는 활동에 참여하고 즐길 수 있도록 하며 다양한 환경에서 즐겁게 지낼 수 있게 해준다. 마지막으로 많은 연구 결과들에 의하면 선택은 무엇을 선택하였는가와 상관없이 그 자체만으로도 강화를 줄 수 있다. 따라서 선택의 기회 제공은 (1) 개인이 더 즐거운 활동을 선택할 수 있게 하고, (2) 선택이라는 행위를 통하여 통제감을 얻게 한다.

현재 진행 중인 활동과 일과 속에서 회피 기능과 관련된 문제행동을 감소시킬 수 있는 선택의 방법들은 매우 많다. Dunlap 등(1994)은 학업 과제 선택의 예를 설명하였다. 정서 및 행동장애 진단을 받은 4학년 현태는 지시를 거절하거나 제시된 과제를 망가뜨리는 것과 같은 불순종 행동을 하였다. 지원팀은 현태에게 과제를 수행할 능력은 있지만 지시를 따르는 데 문제가 있다고 생각하였다. 현태에게 과제를 수행하도록 지시하는 경우, 그는 "나에게 뭘 하라고 말하지 마세요." "나는 내가 하고 싶은 것을 할래요."라는 말을 자주 하곤 했다. 현태의 지원팀은 다음과 같은 가설을 개발하였다. "현태에게 과제를 수행하도록 지시할 때 그는 과제 수행을 회피하기 위하여 불순종 행동이나 파괴적 행동을 보인다." 지시를 수용하는 데 어려움이 있었기 때문에 지원팀은 선택하기가 효과적인 지원방법이 될 수 있을 것이라고 결정하였다. 따라서 매 교시가 시작될 때 그 과목 내에서 특정 학업 과제를 선택할 수 있게 하였다. 예를 들어, 쓰기 시간에는 대부분 현태에게 20개의 단어를 알파벳 순서대로 3회씩 쓰고 각 단어들의 낱말 뜻을 쓰게 하였다. 이 과제는 선생님이 선택한 것이었고 과제를 바꾸는 것은 허락되지 않았다. 중재를 시작하면서 현태에게 다섯 가지 쓰기 과제들(이전에 주었던 쓰기 과제와 거의 동등한 수준의 과제)이 적힌 일람표를 보여 주고 선택할 수 있게 하였다. 현태는 선택한 과제를 매일 수행하였다. 또한 쓰기 과제를 하는 동안 과제를 바꿀 수도 있도록 허락하였다. 이러한 작은 변화를 통하여 현태는 제시된 과제를 수행하였고 문제행동은 감소되었다.

과제 수행 순서의 선택도 회피 기능으로 작용하는 문제행동을 감소시킬 수 있다. 이와 같은 선택방법은 활동이나 과제를 학생이 반드시 수행해야만 하는 경우에 바람직한 것으로 제시되고 있다. 한 연구(Kern, Manrtegna, Vorndran, Bailin, & Hilt, 2001)에서는 이 방법이 발달장애와 ADHD 등과 같은 장애를 지닌 학생들에게 효과적인 것으로 보고하였다. 학생들을 위하여 세 과제를 선정하였고 이 세 과제를 모두 수행하게 하였다. 이때 과제의 종류는 발달장애 학생을 위한 일상생활 활동부터 ADHD 학생을 위한 학습 과제까지 다양하였다. 이러한 세 가지 과제의 수행 순서는 학생이 선택할 수도 있고 교사가 선택할 수도 있었다. 학생이 과제의 순서를 선택한 경우 문제행동은 줄어들었으며 과제 참여도는 높게 나타났다.

학생이 활동을 하는 동안 사용되는 자료의 유형을 선택하게 하는 것도 유쾌하지 않은 일을 좀 더 바람직하게 할 수 있게 하는 선택 과정의 한 유형이다. 반응성 애착장애 진단을 받은 6세 아동 현우는 1학년 학급에 통합되었다. 그는 자신의 학년에 비하여 약간 낮은 학업 성취도를 보였다. 따라서 현우의 중재 팀은 현우가 같은 학년의 친구들을 잘 따라가기 위하여 방과 후에 공부를 더 해야 한다고 결정하였다. 매일 저녁 현우는 그의 이모와 함께 식탁에서 소리와 글자 연결하기 등과 같은 2페이지짜리 기초 읽기 과제를 수행해야 했다. 이모가 숙제를 하도록 요구할 때 현우는 앉기를 거부하고 이모에게 매달리거나 허공을 노려보곤 하였다. 그리고 이모가 숙제를 하라고 다시 지시하면 울기 시작하다가 탠트럼까지 보였다. 현우가 좀 더 즐겁게 숙제를 할 수 있도록 중재 팀은 현우에게 선택의 기회를 제공하기로 하였다. 현우에게 연필로만 과제를 수행하는 대신 컬러펜이나 크레용 등의 필기 도구를 선택하게 하고 색깔도 자신이 원하는 대로 고를 수 있게 하였다. 또한 숙제를 하는 동안 아무 때나 필기구를 바꿀 수도 있게 하였다. 이와 같은 선택하기 중재는 활동을 더욱 좋아하게 만들었고, 이에 현우는 이모가 숙제를 하라고 지시할 때 빨리 시작하고 잘 마칠 수 있게 되었다.

선택의 기회는 이 외에도 다양한 방법으로 제시될 수 있다. 예를 들어, 같이 공부할 친구 선택하기, 과제를 수행할 장소 선택하기, 과제 수행방법 선택하기 등과 같이 다양한 방법들로 제시될 수 있다. 〈표 8-2〉는 여러 가지 예들을 보여 주고 있다.

(3) 학생의 선호도/흥미 활용

학생의 선호도나 흥미를 반영한 교육과정 내용의 수정은 회피 기능으로 작용하는 문제행동을 효과적으로 감소시켜 왔던 선행사건 중재의 또 다른 예다. 이러한 중재를 통하여 얻을 수 있는 부수적인 성과는 활동 참여나 수행물의 증가 등과 같이 적절한 행동이 증가될 수 있다는 점이다. 이 접근은 학생을 위한 결과가 선호하는 일이라는 점에서 선택하기 중재와 유사하다. 그러나 학생에게 선택할 기회가 주어지지 않는다는 점에서는 다르다. 따라서 학생이 좋아하고 흥미로워하는 활동은 과제가 재미없고 지루해서 잘 하지 않던 학생들에게 제공될 때 효과적이다. 반대로 선택하는 활동 자체가 학생을 강화하는 일이라면 선호하는 과제를 제시하는 것보다는 과제를 선택하게 하는 중재가 더 효과적일 수 있다는 것을 의미한다. 선호도와 흥미를 반영한 교육과정을 계획할 때 고려해야 할 사항은 학생의 흥미와 선호도에 대한 지식이 있어야 한다는 것이다. 이러한 정보는 기능진단이나 선호도 진단을 통하여 알 수 있다. 만일 선호도에 대하여 명확한 정보가 수집되지 않는다면 선택하기 중재가 더 바람직할 수 있다. 마지막으로 주의할 점은 학생의 선호도는 시간에 따라 변한다는 것이다. 지속적인 진단을 통하여 선호도의 변화를 알 수 있을 것이며, 더불어 시간의 변화에 따른 중재의 효과 여부도 명확히 할 수 있다.

선호도/흥미도를 반영한 중재는 비교적 쉽게 개발될 수 있으며 효과도 높다. 그러나 중요한 것은 학생 개인의 선호도나 흥미를 명확히 반영할 수 있도록 개별화된 수정이 이루어져야 한다는 것이다. Dunlap 등(1993)은 발달장애와 행동 문제를 지닌 6세 여아 영혜를 대상으로 수 세기 학습 목표를 위한 연구를 실시하였다. 영혜에게 제시되었던 일반적인 과제는 학습지에 제시된 사물을 세고 각 사물 그림에 색칠을 하는 것이었다. 영혜는 과제를 회피하기 위하여 자리를 떠나거나 떠들기, 소리 지르기 등과 같은 과제 이탈 행동을 하였다. 영혜의 지원팀은 다음과 같은 가설을 설정하였다. '학습지 활동을 제시할 때 영혜는 그러한 과제를 수행하지 못하였던 실패 경험이 있기 때문에 자신이 그 과제를 잘 수행하지 못할 것이라고 생각하고 이와 같은 유형의 과제를 회피하기 위하여 문제행동을 한다.' 지원팀은 영혜가 레고 놀이를 재미있게 하는 것을 관찰한 후 중재 계획을 개발하였다. 수학 과제에 대한 선호도를 적용하기 위하여 학습지 대신 레고를 활용하여 수 세기를 하게 한 것이다. 이러한 수정 절차를 적용하자 영혜는 수 세기 활동에 잘 참여하였고 문제행동을 보이지 않았다. 이러한 단순한 중재를 통하여 담임교사는 영혜의 학업 목표와 매일 수행해야 하는 과제에 대한 요구를 그대로 유지하였고, 영혜는 그 과제를 모두 잘 수행할 수 있었다. 실제로 교육과정을 수정함에 따라 영혜는 수학 활동을 하고 싶어 하게 되었다.

심각한 정서장애로 진단받은 5세 찬호를 위한 선호도/흥미도 중재가 개발되었나. 사습을 하는 동안 찬호는 공격, 불순종, 기물 파괴, 허락 없이 과제 영역 벗어나기 등을 포함한 다양한 과제 이탈 행동과 파괴행동을 보였다. 이러한 행동들은 읽기, 쓰기, 말하기를 강조하는 국어과 활동 시간에 주로 발생하였다. 국어과 활동 중 찬호는 글자 위를 따라서 쓰거나 베껴 쓰기와 같은 과제가 포함된 2페이지짜리 과제를 해야 했다. 그러고는 학습지에 있는 그림에 색칠을 하게 된다. 진단 결과에서 찬호는 자동차와 오토바이를 좋아하는 것으로 나타났다. 따라서 이러한 선호도를 찬호의 국어 과제에 적용하였다. 수정된 과제는 그림을 색칠하고 그림 위나 아래에 있는 글자를 쓰는 것이었다. 새롭게 수정된 학습지에는 자동차와 오토바이 그림과 글자가 제시되었다. 학습지 수행을 마치면 찬호는 표지에 자동차와 오토바이 그림이 있는 폴더에 이 학습지를 끼워 넣을 수 있었다. 찬호가 해야 하는 과제는 동일하였지만 수정된 활동을 제시하자 방해행동이 감소되었고 참여도가 증가하였다.

이상에서 제시된 예들은 학생의 선호도를 수학과 국어 과제에 삽입시킨 중재에 대한 설명이다. 학생의 선호도와 흥미는 모든 연령의 학생을 위한 교육과정에 적용될 수 있다. 예를 들어, Clarke 등(1995)은 쓰기 책에 있는 글자들을 베껴 쓰도록 하는 대신 좋아하는 비디오 게임 보너스 점수 책을 활용하게 하였다. 또 이동 시간 동안 문제행동을 보였던 12세 중증 장애 학생에게 운동장을 걷는 동안 좋아하는 활동을 할 수 있게 하자(예: 좋아하는 음악을 듣도록 함) 문제행동이 감소되었다(Clarke, Worcester, Dunlap, & Bradley-Klug, 2002).

(4) 기능적이고 의미 있는 활동 제공

선행사건 중재 개발 시 학생의 흥미를 고려하는 방법 외에도 과제 자체를 기능적이고 의미 있는 결과를 가져오게 조정하는 방법도 있다. 이는 과제를 완성할 경우 학생 자신이나 다른 사람들에게 가치 있는 결과나 성과들이 제시될 수 있어야 함을 의미한다. 의미 있는 결과를 위한 활동을 할 경우, 의미도 없고 좋아하지도 않는 과제 수행을 피하고자 하는 마음을 감소시킬 수 있을 것이다. 예를 들어, 한 연구(Dunlap, Kern-Dunlap, Clarke, & Robbins, 1991)에서 복합장애와 심각한 행동 문제가 있는 13세 희주의 사례가 제시되었다. 희주는 대부분의 학업 활동에서 어려움을 보였으며 특히 쓰기 과제에서 더 많은 어려움을 보였다. 과제를 수행하는 동안 희주는 이상한 말하기, 부적절한 사회적 상호작용, 소리 지르기, 공격행동, 불순종, 허락 없이 교실 밖으로 나가기, 교실 안에서 뛰어다니기 등과 같은 방해행동과 과제 이탈 행동을 보였다. 희주가 쓴 글씨는 거의 알아보기 힘들었다. 따라서 희주를 위한 교수 목표는 쓰기에서 글자 형식과 자간을 교정하는 것으로 결정되었다. 이러한 목표 수행을 위하여 희주에게 받아쓰기 책에 있는 글자들을 줄이 쳐 있는 빈 종이에 베껴 쓰게 하였다(1시간에 35개 정도).

지원팀 구성원들은 이러한 과제가 희주에게 의미 있는 성과를 제시하지 못하기 때문에 그녀가 이 과제를 지루해한다고 가정하였다. 따라서 받아쓰기 활동이 더욱 기능적인 결과와 연계될 수 있도록 수정하였다. 이때 교수 목표는 본래 계획했던 바와 같았다. 받아쓰기 연습 시간에 그 주 초에 찍은 사진을 보며 각 사진에 제목을 붙인 후 그 제목을 쓰게 하였다. 제목을 모두 만든 후 희주는 자신이 만든 사진 앨범에 이 제목들을 붙였다. 희주의 작업은 다른 사람들과 함께 볼 수 있는 사진 앨범이라는 성과물로 나타났다. 앨범은 다른 사람들과 함께 볼 수 있는 영구적인 성과물이기 때문에 희주는 글씨를 잘 쓰려고 무척 애를 썼다. 결과적으로 희주는 문제행동을 하지 않고 받아쓰기를 잘하게 되었으며 그와 더불어 받아쓰기 능력도 향상되었다. 또한 친구들에게 자기가 만든 앨범을 보여 주고 그에 대하여 이야기하는 동안 적절한 사회적 상호작용의 빈도가 향상되었다.

교육과정 운영 중에도 이와 유사한 중재를 적용하였다. 예를 들어, 수학에서도 기능적이고 구체적인 성과를 반영할 수 있게 하였다. 지금까지 희주는 수학 시간에 3학년 교과서에 있는 문장제 분수 문제 20개를 풀고 그 답을 빈칸에 쓰는 과제를 해야 했다. 이러한 과제를 하는 동안 희주는 잦은 문제행동을 보였다. 중재를 위하여 본래 희주에게 제시하고자 했던 교육과정상의 수학적 개념은 그대로 반영하면서 케이크 만들기(예: 측정 단위, 한 개의 버터를 네 조각으로 나누기, 계량컵을 사용하여 나누기 등), 버스 시간표를 읽고 한 시간 내에 돌아올 수 있는 버스를 알아내어 이용하기 등과 같은 구체적인 결과가 제시될 수 있는 기능적 활동을 사용하였다. 이러한 중재들은 일반적인 과제와 동일한 기술을 시도하는 동시에 의미 있는 결과를 제시할 수 있었기에 방해행동의 감소와 수학 활동에의 참여도 증가에 효과적이었다.

기능적 성과를 위한 활동 수정의 다른 예는 다음과 같다(Dunlap, Foster-Johnson, Clarke, Kern, & Childs, 1995). 정우는 정신지체와 자폐로 진단받은 13세 학생이다. 교사는 정우가 조립 과제를 수행하는 동안 부적절하고 방해가 되는 말을 하거나 과제 이탈 행동을 한다는 점에 주목하였다. 정우의 교수 목표인 다단계 조립은 볼펜의 부속품들을 잘 끼워 맞추는 일이었다. 정우의 지원팀은 정우가 이 과제를 수행하는 동안 다음과 같은 몇 가지 요소들 때문에 문제행동을 하게 되었나고 생각하였다. 첫째, 정우는 학기 중 계속 이 과제를 수행하였지만 그것이 정우에게 의미 있는 성과를 제시하지 못하였다. 더욱이 정우는 매우 사교적이었는데 이 과제를 하는 동안에는 사회적 상호작용을 할 수 없었다. 지원팀은 정우에게 기능적 성과가 없는 과제나 혼자 수행해야 하는 과제를 수행하게 하는 경우 과제 수행을 회피하기 위하여 문제행동을 한다고 가정하였다. 정우에게는 사회적 상호작용을 할 수 있고 기능적인 결과가 제시될 수 있는 다른 조립 과제를 제시할 경우 더 잘 수행할 수 있을 것으로 생각하였다. 따라서 볼펜 조립 과제를 땅콩버터와 젤리 샌드위치 만들기 과제로 대체하였다. 볼펜 조립 과제에서와 마찬가지로 과제의 부분들이 순서대로 제시되고, 샌드위치 만들기의 단계를 따라 작업이 진행되었다. 그러나 정우는 공장에 배달하기 위해서 조립된 물건들을 포장하는 대신, 친구들에게 완성된 샌드위치를 나누어 줄 수 있었다. 이 수정된 과제는 정우가 친구들과 함께 나눌 수 있는 기능적인 결과를 제공해 주었으며, 더욱이 사회적 교류를 위한 기회까지도 갖게 해 주었다. 결과적으로 정우의 방해행동은 거의 사라지게 되었다.

이와 같은 예들은 기능적이고 의미 있는 성과가 제시될 수 있는 활동들이 여러 교육과정과 다양한 수준의 학생들에게 어떻게 적용될 수 있는가를 보여 주고 있다. 이러한 중재는 교수 목표를 포기하거나 약화시키지 않는다. 문제행동을 감소시키는 것과 더불어 부수적으로 수행 향상과 같은(희주의 받아쓰기에서 제시된 바와 같이) 바람직한 효과도 나타날 수 있다.

(5) 과제의 길이 수정

대부분의 학생들이 주어진 과제를 완수할 수는 있지만, 참을 수 없을 정도로 길어 보이는 과제의 제시는 결과적으로 과제 회피의 수단으로 문제행동을 초래하게 된다. 이러한 상황에서 과제의 길이를 수정하거나 과제의 양을 적게 나누어 제시하는 것은 문제행동을 감소시킬 수 있는 매우 간단한 선행사건의 변화 중 하나다. 이 방법을 ADHD를 지닌 고등학교 학생인 동호에게 적용하였다. 동호는 다른 사람에게 욕을 하거나 협박하는 등의 문제행동을 보였다. 혼자 하는 자습 과제를 제시할 경우, 동호는 얼굴이 흥분되어 붉어지고 긴장하는 듯하였다. 동호는 과제의 모든 점에 대하여 험담을 하고 다른 사람을 협박하기 시작하였다("네가 계속 노려보면 나는 네 코를 납작하게 만들어 놓고 말겠어."). 교사는 여러 날이 걸리는 프로젝트나 활동 등을 수행하게 하는 경우에 이러한 문제행동이 발생한다는 점에 주의를 기울였다. 관찰 결과에 따라 다음과 같은 가설을 설정하였다. '긴 과제가 제시될 때, 동호는 과제 수행을 회피하기 위하여 부적절한 언어를 사용하고 부적절한 상호작용을 한다.' 중재는 긴 과제를 동호에게 의미 있을 정도의 작은 양으로 나누어 제시하는 것으로 시작되었다. 각각의 새로운 과제들은 이전 과제들을 모두 완성한 후에 제시하여 수행하게 하였다. 예를 들어, 세계 문화 수업에서는 학생들에게 각 나라의 언어와 경제, 정치 구조, 풍습들에 대하여 최소 세 가지 이상의 자료를 근거로 조사하게 하였다. 학생들은 과제를 수행하기 위하여 10페이지 정도의 보고서를 작성하였다. 이와 같은 긴 과제를 동호에게는 작은 양으로 나누어 제시하였다. 즉, 한 번에 한 주제(예: 언어)에 대하여 한 가지 자료를 근거로 조사하게 하였으며, 조사된 자료는 짧은 글로 기록하게 하였다. 이 과제를 다 수행한 후에는 다음 과제를 하게 하였으며, 다음 과제에서도 이와 유사한 단계로 진행하였다. 그리고 모든 단계를 마치고 이 정보들을 모두 모을 경우 같은 반의 다른 친구들과 동일한 완성물이 이루어질 수 있게 하였다. 동호의 모든 수업에 이와 같은 수정 전략을 적용하였고, 그 결과 문제행동이 현저히 감소되었다.

이러한 중재 형태는 매우 다양하게 적용될 수 있다. 예를 들어, 각 페이지에 제시되는 문제의 수를 줄여 줌으로써 과제의 길이가 줄어들게 할 수도 있다(예: Dunlap et al., 1991). 주의집중에 문제가 있는 학생에게는 30분 동안 수행해야 할 읽기 과제를 15분 간격으로 나누어 오전에 한 번, 오후에 한 번 수행하게 할 수 있다. 일일 시간표를 계획할 때에도 쉬는 시간과 과제 시간을 모두 길게 구성하기보다는 짧은 휴식 후 짧은 과제 수행을 하게 하는 것으로 구성하는 것이 더욱 적절하다.

(6) 과제 수행 양식의 수정

과제 수행에 사용되는 매체나 자료의 변화를 통한 수정이 이루어질 수 있다. 예를 들어, 지필 과제는 소근육 운동기술을 필요로 하며 시간이 지나면 힘들어질 수 있다. 따라서 일반적인 필기도구 대신 컴퓨터나 녹음기 등이 사용될 수 있다(예: Ervin et al., 1998). 유사한 방법으로 연필 대신 색연필이나 크레용을 사용하게 할 수도 있다(예: Moes, 1998). 이러한 중재들은 여러 이유로 발생하는 회피 기능의 문제행동 감소에 효과적이다. 과제에 대한 흥미가 증가하는 경우, 소근육 운동기술의 부족과 같은 기술적인 결함들을 피해 갈 수도 있고 과제 집중의 문제도 감소될 수 있다.

한 연구(Kern, Childs, Dunlap, Clarke, & Falk, 1994)에서는 평균 이상의 수준으로 기능을 하지만 과제 집중에 어려움을 보이는 6학년 남학생 종수에게 이 방법을 적용하였다(6장에서 이미 설명한 바 있음). 이 중재방법은 작문 시간에 적용되었다. 새로운 중재를 적용하기 전에는 수업 시작 후 15분 동안 작문책에 있는 쓰기 과제를 수행하게 하였다. 종수는 과제를 시작하는 데 많은 어려움이 있었으며 주어진 15분 동안 과제를 완성하지 못할 경우 울거나 탠트럼을 시작하였고 자해행동까지 보이곤 하였다. 종수의 발달력을 검토한 결과 소근육에 많은 어려움이 있다는 것을 알게 되었다. 이러한 검토 결과에 근거하여 다음과 같은 가설을 설정하였다. '종수에게 소근육 기술을 사용해야 하는 과제가 제시될 때 종수는 과제를 회피하기 위하여 문제행동을 한다.' 이에 따라 종수의 쓰기 과제는 소근육 사용을 피할 수 있는 방법으로 대체되었다. 즉, 종수는 문장을 쓰는 대신 녹음하거나 컴퓨터로 작업을 하게 되었다. 이와 같이 과제 수행 양식을 수정함으로써 종수는 과제를 완성할 수 있게 되었고, 결과적으로 문제행동이 감소하였다. 과제 수행 양식을 수정하는 전략의 경우에도 다른 여러 선행사건 중재에서와 같이 교수 목표를 변화시킬 필요는 없다.

(7) 행동 모멘텀과 과제 분산 방법의 적용

행동 모멘텀(behavioral momentum)과 과제 분산(task interspersal)은 그 목표가 좋아하지 않거나 어려워하는 과제를 완수하고자 하는 의지의 '순간'을 만드는 것이라는 점에서 유사한 전략이다. 행동 모멘텀은 학생에게 어려운 과제를 수행하도록 요구하기 전에 과거에 이미 수행했던 단순하고 간단한 과제들을 제시함으로써 이루어질 수 있다. 과제 분산은 교수 순서를 배열함으로써 변화를 주는 방법으로 일반적으로 쉬운 과제를 어려운 과제 사이에 분산시킨다. 그러나 때로는 분산된 과제의 난이도와 상관없이 변화 자체만으로도 과제에 내재된 문제들을 감소시킬 수 있다. 두 전략 모두 학생이 좋아하지 않는 과제나 어려운 과제를 수행할 가능성을 높여 준다. 따라서 이러한 전략들도 회피 기능으로 사용되는 문제행동과 연결하여 사용될 수 있다. 이러한 중재를 사용하고자 할 때, 학생에게 제시하고자 하는 과제가 학생의 행동 목록에 있어야 한다는 점을 반드시 염두에 두어야 한다. 학생이 과제 수행 방법을 아직 학습하지 못한 경우에는 교수적 중재를 제공해야 한다.

Horner, Day, Sprague, O' Brien 및 Heathfield(1991)는 인지적 결함이 있는 장애인들의 비학업적 과제 수행에 행동 모멘텀과 과제 분산 절차를 모두 적용하였다. 중도 정신지체를 지닌 세 명의 청소년들은 어려워 보이는 과제를 제시할 경우 잦은 자해행동을 보였다. 분산 중재를 위하여 혼자서 쉽게 정확히 잘 수행할 수 있는 '쉬운' 과제를 어려운 과제 사이에 끼워 넣었다. 쉬운 과제들의 예는 주전자에 있는 물을 다른 그릇에 붓기, 티셔츠 입기, 간단한 지시 따르기(예: "식탁 위에 컵을 놓아라.") 등과 같은 것이었다. 어려운 과제의 예는 은그릇을 종류별로 정리하기, 속옷 입기, 두 단계 지시 따르기 등이었다. 활동은 3개에서 5개의 쉬운 과제로 시작하였다. 교수 활동을 진행하는 동안 어려운 과제가 3개 제시되거나 혹은 학생으로부터 울거나 낑낑거리는 등의 거부 신호가 나타날 때 이와 유사한 쉬운 과제들을 제시하였다. 활동 중에 적용된 행동 모멘텀과 과제 분산은 자해행동을 감소시킴과 동시에 과제를 완수하고자 하는 시도도 증가시켰다.

Logan과 Skinner(1998)의 연구에서는 수학과에서 낮은 성취를 보이는 6학년 학생을 위하여 과제 분산방법을 적용하였다. 학생들의 네 자릿수 곱하기 한 자릿수의 과제 성취율은 25% 정도로 매우 낮았다. 과제 분산 절차를 사용하여 곱하기 문제를 3개 제시할 때마다 한 자릿수 더하기 문제를 제시하였다. 분산 절차를 적용하자 학생들은 현저하게 더 많은 문제를 풀었다. 또한 학생들은 분산 절차를 적용한 과제가 덜 힘들다고 평가했다. 학생들에게 직접 과제를 선택하게 하였을 때 훨씬 더 많은 학생들이 분산된 문제가 포함된 과제를 선택하였다.

(8) 예측 가능성의 증진

어떤 학생들은 예측하지 못한 일과나 활동, 사건들을 피하려고 문제행동을 한다. 특별히 문제행동은 활동이 언제 시작하고 마치는지를 알 수 없을 때, 어떤 활동이 다음에 이루어질지를 알지 못할 때, 예상했던 일과가 변화되거나 어떤 다른 형태로 방해를 받을 때 일어나는 경우가 많다. 이와 관련된 중재는 진행될 활동과 일반적인 일과가 변화해야 할 때에 대한 예측 가능성을 증진시키는 것이다.

자폐 범주성 장애와 시각장애 및 운동기술의 결함을 비롯한 여러 다른 장애를 지닌 6학년 여학생 민지에게 예측 가능성이 증가된 중재를 성공적으로 적용한 사례가 보고되었다(Clarke et al., 2002). 민지는 학교에 있는 동안 여러 장소로 이동하여 다양한 일과들을 수행해야 했는데 그때마다 심각한 어려움을 보였다. 민지에게 다음 일과를 하게 하면 대부분 바닥에 뒹굴고 자기를 때리는 등의 심각한 문제행동을 보였다. 민지의 지원팀은 민지가 이동해야 하는 경우 예측하지 못한 전이 상황을 피하기 위하여 문제행동을 한다고 가정하였다. 중재는 이동을 하기 전에 민지에게 수정된 교수를 제시하도록 구성하였다. 교사는 이동 시간에 민지에게 "체육실로 가자." 등과 같은 간단한 지시를 하였다. 교수 절차는 다음과 같은 방법으로 수정되었다. 이동을 하기 전 최소 5분 전에는 교실에 있는 방해요소들을 최소화한다(예: 시청각 기기, 컴퓨터, TV 등을 모두 끈다). 이동이 시작되기 몇 분 전에 미리 이동을 해야 한다는 사실을 알려 준다(예: "5분 내로 체육실로 가야 한다."). 이동해야 하는 시간이 되면 교사는 이동에 필요한 단계에 따라 정확하게 지시를 한다(예: "일어나서 문으로 걸어가 친구들을 기다려라. 그런 다음에 라커룸으로 걸어가라."). 이때 단계별로 수행해야 할 행동을 명확히 제시한 설명과 사진이 포함된 그림 일과표를 제시할 수도 있다. 민지의 운동기술 결함과 시각장애를 위한 부수적인 수정도 이루어졌다. 민지에게는 재촉하거나 신체적으로 안내하기보다는 민지의 이동 수준에 적합하게 이동을 위한 시간을 좀 더 주었다. 이러한 교수적 수정은 민지의 기술 수준과 속도를 고려했을 뿐만 아니라 민지에게 예측 가능성을 제공해 주었다. 또한 민지가 성공적이고 독립적으로 이동할 수 있게 되었다.

Flannery와 Horner(1994)는 앞으로의 일들을 예측하게 하는 것이 발달장애와 자폐를 지닌 청소년들의 문제행동 증감에 얼마나 많은 영향을 미치는지를 설명하였다. 중재는 앞으로 해야 하는 일들의 내용, 지속 시간, 시작 시간, 순서 등에 해당하는 정보를 제시하는 것으로 구성되었다. 이와 같이 예측 가능성을 증진시키자 학교 일과 중 학생의 행동이 향상되었다.

(9) 교수방법의 수정

때때로 문제행동은 교수나 과제에 대한 요구에 의하여 발생하기보다는 교수가 제공되는 방식에 의해 발생하기도 한다. 강압적이고 다그치는 듯한 목소리로 과제 수행을 요구하는 경우 문제행동이 유발될 수 있다. 대부분의 경우, 즐거운 방식으로 전달된 요구에 대해서는 학생들이 이의를 제기할 가능성이 낮다.

3) 구체물 얻기 기능과 관련된 중재

좋아하는 물건을 빼앗기거나 즐거워하는 활동을 못하게 할 때 문제행동이 발생할 수 있다. 이때 발생하는 문제행동은 그 활동이나 물건을 되돌려 달라는 의미를 담고 있다. 문제행동이 원하는 물건이나 활동을 제공하지 않거나 뺏은 후에 발생하는 경우 그 행동은 원하는 것을 얻기 위한 기능으로 작용한다고 볼 수 있다. 이와 같은 경우에는 다음에 제시된 선행사건 중재들을 통하여 바람직하지 않은 행동을 감소시킬 수 있다.

(1) 예고하기

현재 수행하고 있는 활동을 마칠 때가 되었거나 물건을 반납해야 할 시간이 되어 간다는 것을 미리 알게 해 줌으로써 문제행동을 피할 수 있다. 다양한 예고방법을 적용하는 것이 한 가지 방법만 적용하는 것보다 효과적일 수 있다(Mace, Shapiro, & Mace, 1998). 예를 들어, 컴퓨터 사용 시간이 5분 후에 끝난다는 것을 먼저 알리고 난 후 자리로 돌아와 앉으라고 말하기 전에 2분 남았다, 1분 남았다 등의 예고를 할 수 있다. 이러한 예고는 말로만 할 수도 있지만 초시계, 에그 타이머 등과 같은 시각적 단서나 청각적 단서를 함께 사용할 수도 있다.

(2) 전이 활동 계획하기

좋아하는 활동에서 싫어하는 활동으로 이동하는 것은 매우 어려운 일이다. 이러한 경우 선호도가 중간 정도인 전이 활동을 계획함으로써 문제행동을 감소시킬 수 있다. 예를 들어, 배 교사는 영호가 체육 수업 후 읽기 수업을 위하여 교실로 돌아와야 할 때 이동을 거부한다는 것을 알게 되었다. 영호는 읽기 수업을 하러 가자고 하면 바닥에 누워서 소리를 지르곤 하였다. 영호가 좋아하는 체육실에서 싫어하는 읽기 교실로의 이동을 용이하게 하기 위해서 교사는 읽기 수업 전에 간단한 게임을 하도록 계획하였다. 영호는 빙고 게임을 하기 위하여 체육실을 떠나는 것을 더 이상 싫어하지 않게 되었다. 게임 후, 영호는 좋아하지 않는 읽기 활동을 시작하였다.

(3) 물건에 대한 접근 가능성 증가시키기

때로는 의사소통 능력이 부족한 아동들이 손에 닿지 않는 곳에 있는 물건을 얻기 위하여 문제행동을 할 수도 있다. 예를 들어, 아동이 원하는 레고가 자신의 손에 닿지 않는 높은 곳에 놓여 있을 수도 있다. 이때 환경을 재구성하여 원하는 물건을 아동의 손이 닿는 곳에 배치한다면 문제행동이 사라질 수 있을 것이다.

4) 감각적 기능과 관련된 중재

(1) 대체 자극원 제공

자기 자극 행동이나 자해행동 등과 같은 문제행동들은 감각적 강화에 대한 요구와 관련 있을 수도 있다. 이러한 행동의 예로는 손가락 빨기, 물건 빨기, 머리 돌리기, 머리 흔들기 등이 있다. 이러한 행동들은 행동 그 자체로 얻을 수 있는 자극이 있기 때문에 그 감소가 매우 어렵다. 7장에서 설명했던 바와 같이 감각 자극이 행동을 유발하는 요인이라면, 선행사건 중재는 학생이 바람직하지 않은 행동을 통하여 얻게 되는 감각 자극과 동일한 자극을 제공하는 특정 대체 강화를 제공하는 것이다. 예를 들어, 눈을 찌르는 행동이 시각적 자극을 얻기 위한 것이라면 교실환경은 시각적인 컴퓨터 게임이나 밝은 색의 놀잇감 등 시각적 자극을 주는 풍부한 대안적인 방법을 제공하는 활동을 포함해야 한다. 어떤 학생들은 몸을 앞뒤로 흔들거나 팔을 흔드는 것과 같이 신체 움직임을 통한 감각을 얻기 위하여 자기자극행동을 할 수도 있다. 한 연구의 결과에 의하면(Kern, Koegel, Dyer, Blew, & Fenton, 1982) 자폐 아동에게 일과 중에 조깅과 같은 활발한 운동을 하게 하는 경우 손가락 흔들기와 몸 흔들기 등의 자기자극행동이 감소한 것으로 나타났다. Luiselli(1994)는 물건을 움켜잡고 빠는 행동을 자주 보이는 10세 여자 아동에게 구강 감각 강화를 얻을 수 있는 대안적인 방법으로 부드러운 고무로 만든 씹을 수 있는 작은 막대를 제공하였다.

(2) 환경의 풍부화

자기자극행동이 좋아하는 사람이나 물건, 선호하는 활동이 부족하거나 결핍된 환경에서 더 자주 나타난다는 사실은 매우 잘 알려져 있다. 이러한 환경에서 자기자극행동은 지루함을 감소시키는 방법으로 작용할 수 있다. 자극이 풍부하고 좋아하는 활동이나 사람이 많은 환경을 구성해 줌으로써 바람직하지 않은 행동을 감소시키고 참여와 학습을 증진시키며 개인의 전반적인 삶의 질을 증가시킬 수 있다.

4. 다양한 선행사건 중재의 병합

지금까지 제시된 많은 예들은 이해를 돕기 위한 것으로 한 가지 선행사건 중재의 적용에 관련된 것이었다. 그러나 실제로 지원팀들은 다양한 선행사건 중재를 적용하곤 한다. 행동지원 팀들이 하나 이상의 선행사건 중재를 고려하는 이유는 다음과 같다. 첫째, 여러 사례들에서 복합 중재는 지원 계획의 효과를 증진시킬 수 있는 것으로 나타났다. 예를 들어, 과제의 길이를 줄여 주고 과제 선택의 기회를 제공하는 것은 모두 원하지 않는 행동의 감소에 긍정적으로 작용할 것이다.

복합 중재가 필요한 두 번째 이유는 문제행동의 발생에는 여러 사건들이 영향을 미칠 수 있다는 것이다. 동희의 사례는 문제행동이 다양한 변인과 관련되어 있다는 것을 보여 주는 예라고 할 수 있다. 동희는 발달장애를 지닌 고등학교 학생이다. 동희의 학교 일과 중에는 급식실에서 아침과 점심 준비를 보조하는 것이 포함되어 있다. 지원팀은 이러한 일이 동희의 독립적인 생활을 위하여 필요한 기술을 가르칠 수 있는 좋은 기회라고 생각하였다. 그러나 식당일을 하는 동안 자해행동이 급격히 상승하였으며, 마침내 학교에서 이 일을 할 수 없을 정도가 되었다. 진단 결과 동희의 이러한 자해행동은 급식실에서만 발생하였고 훈련이 시작될 때 훈련을 회피하기 위하여 문제행동을 하는 것으로 나타났다. 진단 결과들을 좀 더 자세히 분석하여 문제가 되는 특정 활동들이 무엇인지를 알아낼 수 있었고, 그러한 활동이 문제가 되는 이유를 구체적으로 설명할 수 있게 되었다. 세 가지 특별한 활동들이 자해행동과 직접 관련된 선행사건으로 작용한다는 것이 밝혀졌다. 그것은 음식 준비를 위하여 캔을 여는 활동, 개인 접시에 음식을 옮겨 담는 활동 그리고 냅킨 통이 비었을 때 냅킨을 채우는 활동이었다. 직접 관찰을 통한 일화기록과 함께 일하는 다른 사람들과의 면담 등을 실시한 결과, 캔을 열거나 냅킨 통에 냅킨을 채울 때 발생하는 자해행동은 소근육 운동기술이 부족하여 과제 자체가 매우 어렵기 때문인 것으로 밝혀졌다. 또한 음식을 담아 줄 때 자해행동이 증가하는 것도 음식을 꺼내기 위하여 커다란 냄비 안으로 깊이 팔을 넣어야 했기 때문인 것으로 나타났다. 즉, 동희는 키가 작았기 때문이 이 일을 하는 것이 매우 어려웠다는 가정을 하게 되었다. 급식실 직원들을 포함한 확장적 지원팀은 복합 선행사건 중재를 포함한 지원 계획을 개발하였다. 첫째, 팀원들은 냅킨 통을 채우는 일이 동희의 미래에 필요한 기술이 아니라는 점에 동의하였다. 식당 직원들은 이 일을 얼마든지 다른 학생들에게 맡길 수 있었다. 따라서 이 일을 동희가 해야 하는 일에서 제외시켰다. 캔 뚜껑을 여는 데 어려움이 있는 동희를 위하여 학교에서는 전자 캔 오프너를 구입하였다. 마지막으로 아침 및 점심시간에 동희는 작업실에서 발디딤대를 빌려와서 사용하였다. 발디딤대를 사용하게 되자 동희는 커다란 냄비에 담긴 음식을 비롯한 여러 물건들에 쉽게 손이 닿을 수 있었다. 이 사례는 행동에 대한 구체적인 선행사건과 기능에 대한 정보들을 통하여 문제가 되는 과제들을 제거하거나 수정할 수 있다는 점을 보여 주고 있다.

복합적인 선행사건 중재를 고려해야 하는 세 번째 이유는 다양한 상황에서 지원 계획을 실행할 때 필요한 일련의 중재들을 제시하기 위해서다. 종수라는 학생이 참여한 한 연구(Kern et al., 1994)에서는 각각 다른 과목을 담당한 세 명의 교사들이 지원팀으로 활동하였다. 중재 계획 과정에서 지원팀은 일련의 중재 전략을 개발하였다. 상황에 맞게 적용하기 위하여 각 교사는 자신의 수업에서 사용할 중재를 선택하였다. 교사들이 선택한 중재는 그들의 선호도, 가르치는 교실 구조 및 기대하는 효과에 따라 다양했다.

5. 배경사건 중재

지금까지 설명한 내용은 선행사건 또는 문제행동과 비교적 근접해 있는 변인들의 변화를 통한 중재에 관한 것이었다. 앞 장에서 논의된 바와 같이, 배경사건이라 일컬어지는 좀 더 거리가 있는 사건들도 문제행동에 영향을 미친다. 일반적으로 배경사건만을 분리하여 그것이 문제행동에 어떤 영향을 미치는지를 알아보는 것은 매우 어려운 일이다. 또한 배경사건을 제거하거나 감소시킬 수 있는 효과적인 중재를 개발하는 것 역시 매우 어려운 일이다. 예를 들어, 수면장애와 같은 생리적 문제들은 변화시키기가 어렵다. 또한 학교 일과 외에 발생하는 사건들은 학교 교사들의 실행 능력 밖에 있는 일이다. 따라서 지속적으로 중재를 실행할 수 있는 다른 사람들이 필요하다. 그럼에도 불구하고 종합적인 지원 계획에서는 문제행동에 영향을 미치고 개인의 안녕에 관여하는 모든 변인들을 명확히 밝혀야 한다. 배경사건을 위한 효과적인 중재는 학생의 생활과 학습의 여러 영역에 관여하는 모든 사람들이 포함되고 행동에 영향을 미치는 변인들을 명확히 밝히며 중재가 지속적으로 실행되고 있는지를 확인하기 위해서 협력적으로 일하는 지원팀이 필요하다.

배경사건이 파악되고 난 후 분명한 다음 단계는 그 배경사건을 없애는 것이다. 때로는 긴 버스 탑승 시간을 줄이는 것과 같이 쉽게 실행할 수 있다(Kennedy & Itkonen, 1993). 그러나 배경사건들은 변화되기 어려운 경우가 더 많다. 예를 들어, 감기는 나을 때까지 계속되며(예: Lohrmann-O'Rourke & Yurman, 2001), 생리통도 저절로 없어질 때까지 계속된다(Carr, Smith, Giacin, Whelan, & Pancari, 2003). 배경사건이 제거될 수 없을 때는 대안적인 방법을 적용하여 배경사건의 영향을 없앨 수 있다. 2장에서 설명한 바와 같이, 배경사건은 직접적인 선행사건과 연계되어 작용한다. 예를 들어, 수면이 부족한 경우 그다지 어렵지 않는 과제가 매우 혐오적으로 느껴질 수 있다. 따라서 수면 부족으로 인하여 지친 학생에게는 짧거나 쉬운 과제를 제공하는 것과 같이 인접한 선행사건들을 목표로 한 중재가 실행되어

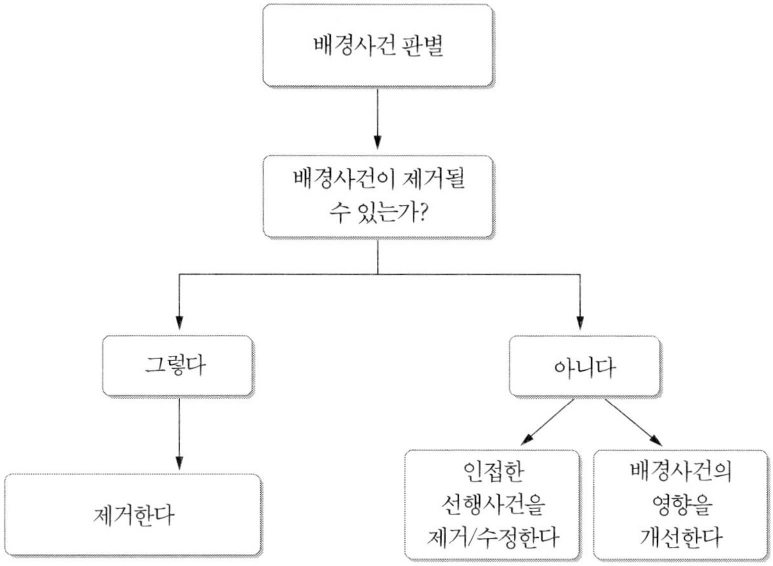

[그림 8-1] 배경사건을 위한 중재

야 한다. 또 다른 방법은 배경사건을 개선하는 방식으로 중재를 하는 것이다. 생리로 인한 복통은 따뜻한 복대를 하거나 진통제를 복용함으로써 완화될 수 있다. 부모가 매일 밤 부부싸움을 하여 흥분해 있는 학생의 경우 교사나 상담가와 이야기할 기회를 제공함으로써 안정을 찾게 할 수 있다. [그림 8-1]은 배경사건이 밝혀졌을 때의 중재 과정을 설명하기 위한 도식이다.

다음의 예는 배경사건 중재를 개발하기 위한 방법을 보여 주고 있다. 도희는 적대적 반항장애가 있는 9세 여아다. 너무 혼란스러운 가정에서 생활하였기 때문에 6세 때 집에서 복지시설로 옮겨졌다. 도희의 아버지는 두 직업을 가지고 있었으며 집에는 거의 들어오지 않았다. 어머니는 심각한 정신건강 문제가 있었기 때문에 양육과 훈육을 할 수 없었다. 도희의 언니들은 이미 집에서 나와 거주시설에 배치되어 있었다. 도희는 삼촌의 집에서 생활하였고 거기서 기본적인 안정을 얻을 수 있었다. 그러나 삼촌 부부는 주말에는 가끔씩 어머니와 살고 있는 도희의 동생을 돌보아 주어야 했다.

한편 학교 교사들은 도희의 행동이 극도로 불안정하다는 사실을 알게 되었다.

도희는 학교 일과 시간 중에는 약간의 문제들을 보이지만 가끔씩은 2시간이나 지속될 정도의 심각한 탠트럼을 보였다. 교사는 지속적인 기록을 통하여 긴 탠트럼이 주말에 지냈던 일들을 이야기하는 월요일 이야기 나누기 활동 중에 나타난다는 사실을 발견하였다. 팀은 이 문제를 해결하기 위하여 회의를 소집하였다. 도희의 숙모는 주말에 발생하는 어려운 상황이 어머니가 동생을 내려놓기만 하고 도희에게는 인사도 없이 가 버리는 것 때문이라고 하였다. 어머니의 이러한 행동은 도희를 화나게 하고 주말 내내 울게 만들었다. 팀은 주말 동안의 이러한 경험이 배경사건으로 작용하고 학생들에게 주말에 있었던 일들을 이야기하게 하는 선행사건은 도희의 탠트럼을 유발하는 직접적인 사건이 된다고 보았다. 팀 구성원들은 먼저 이러한 배경사건의 제거 여부에 대하여 관심을 갖게 되었다. 숙모는 도희 어머니의 행동을 변화시킴으로써 배경사건이 변화될 수 있다고 생각하지 않았다. 숙모는 이전에도 이와 같이 하려고 했는데 실패하였다고 하였다. 따라서 지원팀은 인접한 선행사건을 제거하는 방법을 선택하였다. 이를 위하여 학교와 가정을 오가는 의사소통 일지를 작성하기 시작하였다. 숙모는 주말에 도희의 어머니가 도희에게 인사를 하지 않았을 경우 교사에게 미리 알려 주었다. 이러한 일이 발생한 월요일 아침 시간에 교사는 도희를 대집단 활동에 참여시키지 않고 심부름을 시켰다. 이러한 중재를 통하여 월요일 아침에 보이곤 하던 탠트럼은 더 이상 나타나지 않게 되었다.

6. 선행사건 및 배경사건 중재의 소거

1) 왜 소거해야 하는가

선행사건이나 배경사건 중재는 모두 다 소거할 필요는 없다. 학생의 성취 유지에 반드시 필요하고 장시간에 걸쳐 실행될 합리적인 이유가 있다면 영구적으로 적용될 수도 있다. 그러나 대부분의 중재들은 문제행동 감소를 위하여 일시적으로 적용된다. 학생이 일단 대체기술 또는 대체행동을 습득하였거나 생활양식이 변화된 후에는 이러한 중재들이 소거될 수 있으며 또 소거해야 한다.

선행사건과 배경사건 중재의 소거가 반드시 필요한지의 여부를 결정할 때 고려해야 하는 주요 질문들은 [그림 8-2]에 제시된 바와 같다. 고려되어야 하는 첫 번째 질문은 '중재를 위하여 개인의 미래 생활에 필요한 기술이나 행동을 제거하였는가?' 에 관한 것이다. 예를 들어, 용호의 교사는 용호가 지필 과제를 수행할 때 행동 문제를 자주 보인다는 점을 알게 되었다. 용호의 학생 기록부에는 소근육 운동기술에 문제가 있으며 쓰기 과제를 할 때 피곤해하고 공격행동을 보인다고 기록되어 있었다. 교사는 용호의 문제행동의 감소와 학업적 진보를 위하여 학교 교육과정 내에서 쓰기 과제를 없애야 겠다고 생각하였다. 지필 과제를 수행하게 하

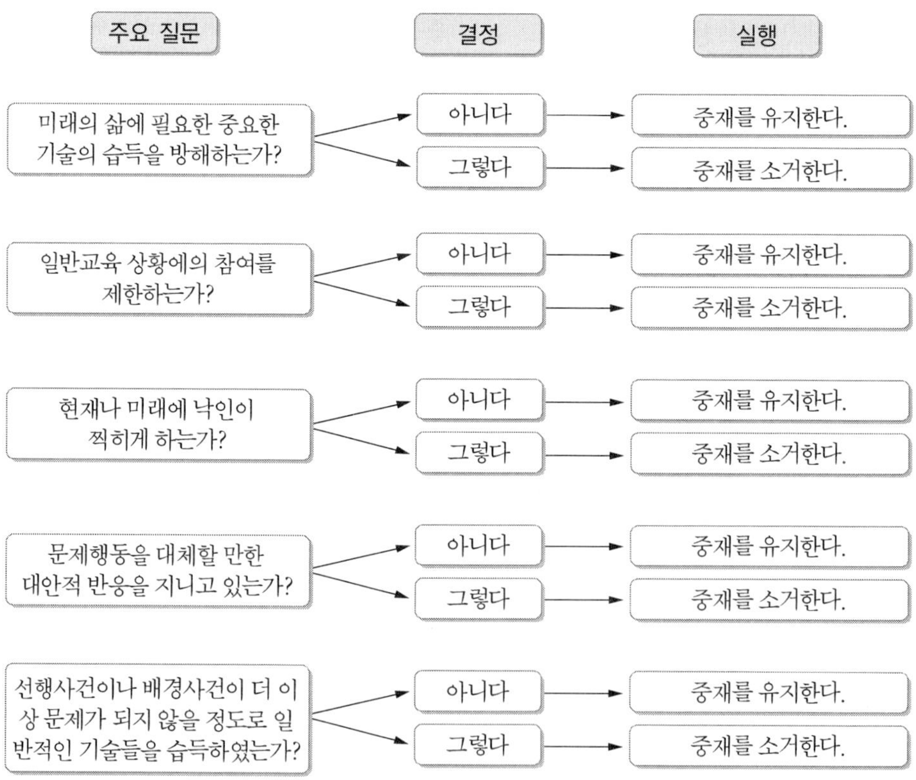

[그림 8-2] 선행사건 및 배경사건의 소거를 위한 주요 질문

는 대신, 용호에게 컴퓨터와 녹음기, 성인이나 또래 대필자 등을 활용할 수 있게 하였다. 이와 같은 수정을 통하여 용호의 행동은 교사가 목표로 했던 만큼 발전하였지만 앞으로의 생활에 쓰기 능력이 필요할 것으로 생각되었다. 따라서 교사는 작업치료사의 도움으로 용호의 소근육 운동기술을 증가시키기 위하여 이전의 방법을 적용함과 동시에 쓰기 과세의 양도 조금씩 증가시키는 전략을 개발하였다.

심한 인지장애를 지닌 다희의 예는 소거가 필요하지 않을 수도 있음을 보여 준다. 다희의 기능적 행동진단 자료에 의하면 그녀는 학교에서 예기치 않게 일과나 시간표가 변경될 때 심한 자해행동을 보인다. 이러한 문제들은 조회 시간이나 경축일 행사, 생일파티, 혹은 교사 연수로 인하여 단축수업을 할 때 주로 발생하였다. 지원팀은 일과의 변화로 인한 문제들은 대부분 예상할 수 있는 일이라고 생각하였다. 그리하여 다희에게 정기적으로 일과의 변화를 알려 주고 부모에게도 다희의 그림 일과표를 보내서 전날 미리 검토할 수 있게 하자 다희의 자해행동이 감소되었다. 다희가 일정의 변화를 알 수 있는 다른 방법이 없었던 점을 고려할 때 이 선행사건 중재는 장기적 지원에 포함시킬 수 있는 적절한 조정이었다.

두 번째 중요한 질문은 '이 중재는 일상적인 환경에 대한 참여를 제한하는가?'에 관한 것이다. 만일 학생에게 실시하는 수정이 통합된 상황이나 일반적인 교육 상황에의 온전한 참여를 제한한다면 소거 절차가 필요하다. 재우는 선행사건 중재로 인하여 분리를 경험하였던 예다. 재우는 자기 학년 수준에 가까운 학업 성취도를 보였지만 제시된 과제에 대한 주의집중 시간이 몇 분을 넘기지 못할 정도로 매우 짧았다. 이에 따라 특수교사는 재우가 5분 정도 과제를 수행하고 나면 1분간 짧은 휴식을 할 수 있게 해 주었다. 이러한 중재를 통하여 재우는 과제에 참여할 수 있었고, 8명의 학생이 각각 개별화된 과제를 수행하는 특수학급에서의 과제 수행에도 별 어려움이 없었다. 그러나 교사는 이와 같은 잦은 휴식이 일반학급에서는 방해가 되고 중요한 내용을 놓치는 결과를 초래한다는 사실을 알게 되었다. 따라서 재우가 휴식 시간을 갖기 전에 수행해야 할 과제 시간을 점진적으로 증가시키는 계획을 세웠다.

세 번째로 고려되어야 하는 질문은 '어느 정도의 중재가 대상 학생에게 낙인이 되는가?' 에 관한 것이다. 준호의 지원팀은 준호의 중재가 낙인을 찍는다고 생각하여 일시적으로만 적용하고 바로 소거할 계획을 세웠다. 준호의 중재는 일과에 대한 예측 가능성을 증가시키기 위한 것이었다. 준호는 아직 그림 일과표를 잘 사용하지 못하기 때문에 다음에 어떤 활동이 이루어지는지를 알려 주기 위해 실물을 사용하였다. 일일 활동을 알려 주기 위한 물건들을 부착한 커다란 도표를 사용하였는데, 도표에는 양치 시간을 위한 칫솔, 청소 시간을 위한 스폰지, 지역사회 탐방을 위한 놀잇감 자동차 등을 부착하였다. 그런데 도표의 크기와 부피 때문에 이동에 어려움이 있었고, 가지고 다닐 때 낙인이 찍히는 결과를 초래하였다. 따라서 준호가 일과에 잘 적응한 후에는 실물 도표 사용을 없애기로 결정하였다. 지원팀은 실물 도표를 대신하여 휴대가 간편한 사진 일과표를 인식할 수 있도록 가르치기 시작하였다.

2) 언제 소거해야 하는가

중재를 언제 소거할 것인지에 대한 결정은 매우 중요하다. 중재를 너무 빨리 소거하는 경우 문제행동이 다시 나타날 가능성은 높아진다. 중재를 소거하기 전에 [그림 8-2]에 제시된 질문들을 고려해야 한다. 소거 시기 결정을 위한 질문은 '문제가 될 만한 선행사건이나 배경사건이 나타날 때 문제행동을 대체할 수 있는 적절한 대안적인 반응을 할 수 있는가?' 이다. 문제행동과 동일한 기능으로 작용하는 적절한 대체행동의 중요성은 9장에서 논의될 것이다. 만일 대체행동이 잘 형성되어 있다면 중재의 소거는 성공할 가능성이 높아진다.

일반적인 기술의 교수를 위한 중재는 선행사건이나 배경사건 중재가 필요하지 않을 수도 있다. 예를 들어, 학생이 수학 문제를 잘 풀게 되었다면 이전에 어려웠던 과제가 이제는 어렵지 않을 것이다. 따라서 '일반적인 기술이 잘 습득되어 선행사건이나 배경사건이 더 이상 문제가 되지 않는가?' 라는 질문에 '그렇다' 고 답할 수 있다면 소거를 고려해야 한다.

3) 어떻게 소거하는가

문제행동의 재발을 예방할 수 있는 환경사건이나 배경사건 중재의 소거를 위해서는 점진적이고 체계적인 소거가 이루어져야 한다. 점진적인 소거를 위해서는 갑작스러운 변화보다는 느린 변화가 필요하다. 체계적인 소거는 소거 과정을 안내할 수 있는 기준을 설정함으로써 더 잘 이루어질 수 있다. 예를 들어, 발달장애가 있는 18세 소녀 가희가 가정에서 옷을 세탁하는 일상생활 기술 활동을 하는 동안 중재를 실시하였다. 중재를 실행하기 전에 가희는 이러한 활동을 회피하기 위하여 자해행동(손목 물기)을 하였다. 중재를 위하여 활동의 각 단계를 나누어 설명하는 시각적인 사진 일과표(옷 분류하기, 세탁기에 옷 넣기, 세제 넣기 등)를 사용하였다. 또한 성취 수준도 가희의 능력에 적합하게 수정하여 제시하였다. 전환 담당교사는 매일 활동의 첫 단계를 수행하도록 가희를 지도하였다. 자해행동을 하지 않고 3일 동안 단계 1을 수행하는 경우 다음 단계의 과제를 제시하였다. 다음 단계에서는 전체 6단계의 과제 중 단계 2를 수행하게 하였다. 단계 2에서도 자해행동을 하지 않고 3일 동안 과제를 실시하면 그다음 단계로 넘어가게 하였다. 이와 같은 방법으로 전체 6단계의 활동을 모두 진행하였다. 문제행동을 하지 않고 3일 동안 6단계의 과제를 모두 잘 수행함에 따라 지시의 수와 시각적 일과표를 모두 소거하였다. 각 단계에서 가희에게 적용되었던 지시의 수는 세탁하라는 지시 하나만 제시할 수 있을 때까지 점진적으로 감소시켰다. 더불어 세탁기 사진 한 장으로 6단계의 모든 활동을 나타낼 수 있을 때까지 세부적인 시각적 일과표도 점진적으로 소거시켰다.

7. 요 약

선행사건 및 배경사건 중재는 문제행동의 감소에 효과적이고 즉각적으로 적용될 수 있는 방법이다. 이러한 중재는 문제행동을 예방할 수 있기 때문에 행동지원계획에서 매우 중요하게 다루어진다. 선행사건과 배경사건 중재 전략은 과제 수행도, 생산성, 참여의 증가 등을 포함한 바람직한 행동과 학생의 행복에 긍정적인 영향을 미치는 것으로 나타났다. 다양한 유형의 선행사건 중재들이 많은 문헌들을 통하여 제시되고 있으며, 실험연구 결과를 통해서도 강력한 효과들이 입증되고 있다. 이와 같은 중요하고 영향력 있는 행동지원의 요소들은 문제행동의 감소뿐만 아니라 반응적 중재 사용의 필요성을 감소시켜 준다. 이 장에서 제시된 사례들은 선행사건 중재와 배경사건 중재가 다양한 문제행동을 보이거나 인지장애, 정서장애, 행동장애, 지적 장애 등의 다양한 학생들 모두에게 효과적임을 보여 주고 있다.

일반적인 질문

Q 선행사건 중재 시 낮은 수준의 교육과정을 운영해야 하나요?

대부분의 선행사건 중재들에서는 교수 목표가 그대로 유지될 수 있게 합니다. 그러나 때때로 중재로 인하여 제시되는 과제의 난이도나 과제의 수가 감소될 수 있습니다. 기억해야 할 중요한 점은 학생의 학습을 방해하는 문제행동의 감소가 우리의 목표라는 것입니다. 문제행동이 감소되고 나면 소거를 위한 계획이 고려되어야 합니다.

Q 문제행동을 하는 학생에 대한 기대 수준 변경은 학급 내의 다른 학생들에게 공평한가요?

심각한 문제행동을 하는 학생들에게는 개별화된 행동지원 전략을 적용해야 합니다. 학교 차원의 행동체계와 같은 보편적 접근들은 충분한 지원을 제공할 수 없습니다. 더욱이 개별화된 중재는 장애인교육법(IDEA)에 명시된 지원입니다.

Q 효과적인 것으로 밝혀진 선행사건 중재는 모든 상황에서 효과적입니까?

어떤 한 상황에서 효과적인 중재가 다른 모든 상황에서도 효과적인 것은 아닙니다. 각 환경은 기대, 사람들, 활동 등에서 서로 다를 수 있습니다. 만일 한 상황에서 효과적인 중재가 다른 상황에서는 그렇지 않다면 그 다른 상황에 영향을 미치는 다른 변인이 무엇인지 알아보기 위하여 부가적인 진단 자료를 수집해야 합니다.

Q 선행사건 중재 또는 배경사건 중재를 소거한 후 문제행동이 다시 나타나면 어떻게 해야 하나요?

소거를 적용하는 동안 문제행동이 다시 나타났다는 것은 소거가 너무 빨리 시작되었거나 너무 빨리 진행되었다는 것을 의미합니다. 그러므로 처음 계획했던 중재를 다시 적용하거나 소거를 더 느리게 진행해야 합니다.

사례

명호를 위한 선행사건 중재

명호를 위한 행동지원 계획을 구성할 때 팀은 선행사건 중재에 초점을 맞추었다. 팀의 궁극적인 목적은 명호에게 문제가 되는 상황을 제거하고 좋아하는 활동들을 구성하여 학교생활에 즐겁게 참여할 수 있게 하는 것이었다. 팀이 선택한 선행사건 중재요소들은 명호의 행동지원 계획에 요약되어 있다([그림 8-3] 참조). 행동지원 계획은 다양한 양식으로 제시될 수 있다. [그림 8-3]은 네 가지 지원요소들 각각을 요약한 틀의 한 예일 뿐이다. 이와 같은 틀이 보미를 위한 중재인 [그림 8-4]에도 제시되고, 다음 장에서는 각 요소가 서로 어떻게 구성되었는지를 제시하게 될 것이다.

명호를 위한 선행사건 중재를 계획할 때 팀 구성원들은 다음과 같은 질문들을 유념하였다.

- 문제행동의 유발요인들을 어떻게 제거하거나 변화시킬 것인가?
- 어떤 전략이 가장 빠른 결과를 가져올 것인가? 교실에서 쉽게 적용될 수 있는 것인가?
- 명호의 요구는 물론 흥미와 선호도를 고려했는가?

[그림 8-3]에 제시된 바와 같이 팀 구성원들은 여섯 가지 선행사건 전략을 구상하였다. 처음 세 가지 중재는 문제행동을 유발하는 비기능적이고 어려운 활동들에 관한 것이다. 명호의 전반적인 교육과정을 고려한 후 팀은 글자 이름과 숫자 이름 활동을 모두 없애기로 하였다. 이 활동들은 지난 3년 동안 명호의 IEP에 있었던 것이다. 이것은 명호에게 어렵기도 했지만 반복적으로 제시되어 그를 매우 지루하게 하였다. 수년간 일반적인 교수를 하였음에도 불구하고 거의 진전이 없었기에, 명호의 팀은 글자 이름을 아는 데 필요한 선수기술들이 포함된 기능적 학

명호의 행동지원 계획

가설: 1. 명호에게 어려운 과제를 하게 하면 그 활동을 피하기 위하여 거부 및 공격행동을 할 수 있다.

2. 명호에게 비기능적인 활동을 하도록 요청하면 그 활동을 피하기 위하여 거부 및 공격행동을 할 수 있다.

3. 명호에게 선호하는 활동을 하다가 덜 선호하는 활동으로 이동하게 하면 선호하지 않는 활동을 피하고 선호하는 활동을 계속하기 위하여 거부 및 공격행동을 할 것이다.

선행사건/배경사건 중재	대체기술	문제행동에 대한 반응	장기 지원 계획
교육과정에서 글자와 숫자 명명 과제를 없앤다; 학업 활동에서 회상 과제를 피한다. 기능적 활동에 학업 과제를 삽입한다; 의미 있는 결과를 얻을 수 있게 해 준다. 구어적 표현에 어려움을 느끼면 대안적 형태의 의사소통(그림, 몸짓)을 할 수 있도록 촉진한다. 교실 활동을 알 수 있도록 그림 일과표를 사용한다. 선호하는 활동을 마치기 전에 미리 알려 준다. 선호하는 활동을 하다가 선호하지 않는 활동으로 이동해야 하는 경우 잠시 선호하는 활동(예: 수학 게임)을 하게 해 준 후 비선호 활동을 시작한다.			

[그림 8-3] 명호의 선행사건 중재

업기술을 강조하는 대체기술을 위한 교육과정을 고려할 필요가 있다는 결론을 내리게 되었다. 예를 들어, 글자 이름을 학습하기보다는 학교와 가정, 지역사회에서 생활하는 동안 자주 접하는 단어들을 학습하는 것이 바람직하다는 것이다. 명호의 팀은 학업적 교수가 명호에게 기능적으로 가치 있는 성과를 가져올 수 있는 의미 있는 활동 상황에서 이루어져야 한다는 점에 동의하였다. 예를 들어, 글자 분류하기를 가르치기 위하여 명호에게 학교에서 교사들의 우편함에 각 교사의 우편물을 분류하여 넣게 할 수 있다.

마찬가지로 의사소통 측면에서 명호가 자신만의 의사소통 형태로 단어를 사용할 때에는 촉진하지 않기로 하였다. 대신 명호가 명확한 의사소통을 할 수 없을 경우 몸짓이나 그림 등과 같은 대안적인 틀을 사용할 수 있게 하였다.

나머지 세 가지 선행사건 중재는 전이와 관련된 것들이었다. 명호의 이동 문제는 대부분 좋아하는 활동을 떠나는 데서 발생하는 것이긴 하지만, 팀은 명호가 다음에 어떤 활동을 할 것인지, 그날 어떤 활동들을 하게 될지에 대하여 예측할 수 있도록 매일 아침과 활동들 간에 사진 일과표를 보여 주기로 하였다. 가정에서의 명호의 일과는 좋아하는 활동들과 예측 가능한 일정으로 구성되었다. 그러나 학교에서는 특별한 행사나 폭설로 인한 일과의 변화를 예측하기가 어려웠다. 팀은 명호가 좋아하지 않는 활동으로 전이하는 데 어려움이 있다는 점을 고려해서 처음 세 가지 선행사건의 변화로도 대부분의 문제들이 사라질 것으로 생각하였다. 그러나 성공적인 전이를 좀 더 명확히 하기 위하여 그들은 다음과 같은 두 가지 전략을 추가하였다. (1) 활동을 마치기 3분 전에 전이를 예고한다(예: "명호야, 몇 분이 지나면 수학을 하러 갈 시간이다."), (2) 덜 좋아하는 활동을 시작하기 전에 재미있는 활동을 한다(예: "이 게임을 하면서 시작하자.").

보미의 선행사건/배경사건 중재

보미의 팀은 다섯 가지 중재 전략을 개발하였다([그림 8-4] 참조). 첫째, 보미의 쓰기 문제를 유발하는 소근육 운동기술의 문제를 수정하기 위하여 가능한 경우 언제나 대안적 전략(예: 녹음하기)을 제공하거나 보미가 수행해야 할 쓰기 과제의 양을 적게 주기로 하였다. 또한 보미에게 과제를 적게 제시하고 학습 활동인 경우 긴 과제를 모두 제시하기보다는 작게 나누어 단계별로 제시하였다. 마지막으로 보미의 교사들은 과제 완성과 관련된 지시를 명확하고 분명하게 제시하였다.

보미는 식당에서 나타나는 부적절한 상호작용을 줄일 수 있도록 점심시간에 자신의 반 친구들과 함께 앉을 수 있게 해 달라고 요청하였다. 팀 구성원들은 이러

보미의 행동지원 계획

가설: 1. 보미에게 쓰기 과제를 제시하면 회피하기 위하여 과제 이탈 행동을 한다.
2. 보미에게 긴 과제를 제시하면 회피하기 위하여 과제 이탈 행동을 한다.
3. 보미가 주말 동안 아버지에게 다녀온 후에는 피곤하기 때문에 과제를 회피하기 위하여 과제 이탈 행동을 한다.
4. 낯선 또래들과 같이 있는 비구조화된 상황에서 보미는 또래들의 관심을 끌기 위하여 부적절한 상호작용을 한다.

선행사건/배경사건 중재	대체기술	문제행동에 대한 반응	장기 지원 계획
쓰기 과제의 양을 줄여 준다; 과제 수행을 위한 대체 전략을 제공한다(예: 녹음기). 과제를 작게 나누어 제공한다. 교수를 명확하고 분명하게 실시한다. 식당에서 친구 옆에 앉게 한다; 점차 새로운 친구들을 옆에 앉히고 적절한 상호작용을 할 수 있도록 촉진한다. 아버지를 방문하는 일요일 저녁에 집에 일찍 돌아오게 한다.			

[그림 8-4] 보미의 선행사건/배경사건 중재

한 제안에 동의하였고 이 방법이 친구를 사귀는 데 도움을 줄 수 있으리라고 생각하였다. 또한 팀 구성원들은 보미가 친하지 않은 사람들의 관심을 얻는 적절한 방법을 개발할 필요가 있다고 생각하였다. 따라서 보미의 식탁에 새로운 친구들도 앉게 하고 이러한 새로운 친구들과의 상호작용을 촉진하였다.

마지막으로 배경사건 중재를 적용하였다. 보미의 아버지는 보미가 일요일에 9시 이전에 잠자리에 들도록 보미를 일찍 집에 데려다 주는 것에 동의하였다. 이를 위하여 보미 아버지와 같이 살고 있는 조부모들은 두 시간 일찍 저녁식사를 하는 데 동의하였다.

참고문헌 ……

Carr, E. G., Smith, C. E., Giacin, T. A., Whelan, B. M., & Pancari, J. (2003). Menstrual discomfort as a biological setting event for severe problem behavior: Assessment and intervention. *American Journal on Mental Retardation, 108,* 117-133.

Clarke, S., Dunlap, G., Foster-Johnson, L., Childs, K., Wilson, D., White, R., et al. (1995). Improving the conduct of students with behavioral disorders by incorporating student interests into curricular activities. *Behavioral Disorders, 20,* 221-227.

Clarke, S., Worcester, W., Dunlap, G., Murray, M., & Bradley-Klung, K. (2000). Using multiple measures to evaluate positive behavioral support: A case example. *Journal of Positive Behavior Interventions, 3,* 131-145.

Dunlap, G., dePerczel, M., Clarke, S., Wilson, D., Wright, S., White, R., et al. (1994). Choice making to promote adaptive behavior for students with emotional and behavioral challenges. *Journal of Applied Behavior Analysis, 27,* 505-518.

Dunlap, G., Foster-Johnson, L., Clarke, S., Kern, L., & Childs, K. E. (1995). Modifying activities to produce functional outcomes: Effects of the problem behaviors of students with severe disabilities. *Journal of The Association for Persons with Severe Handicaps, 20,* 248-258.

Dunlap, G., Kern, L., dePerczel, M., Clarke, S., Wilson, D., Childs, K., et al. (1993). Functional analysis of classroom variables for students with emotional and behavioral disorders. *Behavioral Disorders, 18,* 275-291.

Dunlap, G., Kern-Dunlap, L., Clarke, S., & Robbins, F. R. (1991). Functional assessment, curricular revision, and severe behavior problems. *Journal of Applied Behavior Analysis, 24,* 387-397.

Ervin, R. A., Kern, L., Clarke, S., DuPaul, G. J., Dunlap, G., & Friman, P. C. (2000). Evaluating assessment-based intervention strategies for students with ADHD and comorbid disorders within the natural classroom context. *Behavioral Disorders, 25,* 344-358.

Flannery, K. B., & Horner, R. H. (1994). The relationship between predictability and problem behavior for students with severe disabilities. *Journal of Behavioral Education, 4,* 157-176.

Gunter, P. L., & Denny, R. K. (1996). Research issues and needs regarding teacher use of classroom management strategies. *Behavioral Disorders, 22,* 15-20.

Horner, R. H., Day, H. M., Sprague, J. R., O'Brien, M., & Heathfield, L. T. (1991). Interspersed requests: A nonaversive procedure for reducing aggression and self-injury instruction. *Journal of Applied Behavior Analysis, 24,* 265-278.

Kennedy, C. H., & Itkonen, T. (1993). Effects of setting events on the problem behavior of students with severe disabilities. *Journal of Applied Behavior Analysis, 26,* 321-327.

Kern, L., Childs, K., Dunlap, G., Clarke, S., & Falk, G. (1994). Using an assessment-based curricular intervention to improve the classroom behavior of a student with emotional and behavioral challenges. *Journal of Applied Behavior Analysis, 27,* 7-19.

Kern, L., Choutka, C. M., & Sokol, N. G. (2002). Assessment-based antecedent interventions used in natural settings to reduce challenging behavior: A review of the literature. *Education and Treatment of Children, 25,* 113-130.

Kern, L., Koegel, R. L., Dyer, K., Blew, P. A., & Fenton, L. R. (1982). The effects of physical exercise on self-stimulation and appropriate responding in autistic children. *Journal of Autism and Developmental Disorders, 12,* 399-419.

Kern, L., Mantegna, M. E., Vorndran, C. M., Bailin, D., & Hilt, A. (2001). Choice of task sequence to increase engagement and reduce problem behaviors. *Journal of Positive Behavior Interventions, 3,* 3-10.

Logan, P., & Skinner, C. (1988). Improving students' perceptions of a mathematics assignment by increasing problem completion rates: Is problem completion a reinforcing event? *School Psychology Quarterly, 13,* 322-331.

Lohrmann-O'Rourke, S., & Yurman, B. (2001). Naturalistic assessment of and intervention for mouthing behaviors influenced by establishing operations. *Journal of Positive Behavior Interventions, 3,* 19-27.

Luiselli, J. K. (1994). Effects of noncontingent sensory reinforcement on stereotypic behaviors in a child with post-traumatic neurological impairment. *Journal of Behavior Therapy and Experimental Psychiatry, 25,* 325-330.

Mace, A. B., Shapiro, E. S., & Mace, F. C. (1998). Effects of warning stimuli for reinforcer withdrawal and task onset on self-injury. *Journal of Applied Behavior Analysis, 31,* 679-682.

Moes, D. R. (1998). Integrating choice-making opportunities within teacher-assigned academic tasks to facilitate the performance of children with autism. *Journal of The Association for Persons with Severe Handicaps, 23,* 319-328.

09

대체기술 교수

JAMES HALLE
LINDA M. BAMBARA
JOE REICHLE

1. 대체기술 교수를 위한 개념틀
2. 교체기술 교수
3. 대처하기 및 인내하기 기술의 교수
4. 일반적인 적응기술 교수
5. 세 가지 대체기술의 접목
6. 요 약

이 장에서는 긍정적 행동지원의 두 번째 요소인 대체기술 교수에 대하여 살펴보고자 한다. 앞 장에서 밝힌 바와 같이, 대부분의 학생들은 그들이 생활하는 환경 내에서 다른 사람들에게 자신이 의도한 바를 적절하게 알리는 방법을 알지 못하거나 문제행동이 다른 방법에 비해 더 효과적으로 작용하기에 문제행동을 하게 된다. 긍정적 행동지원의 가장 중요한 목표는 기능 분석을 통하여 문제행동의 목적을 밝히고 가장 효과적이고 사회적으로 적절한 대안적 행동을 교수함으로써 문제행동의 목적을 성취할 수 있게 하는 것이다. 대체기술 교수는 학생들이 원하는 바를 얻을 수 있게 하고, 문제행동을 유발하는 상황을 변화시키고, 문제행동이 발생하는 어려운 상황에 대처할 수 있게 한다. 이러한 기술을 습득하게 되면 학생들은 일상생활에서 더욱 독립적으로 적응할 수 있게 되며, 문제가 되는 상황에서 주변 사람들의 도움을 덜 받게 된다. 대체기술 교수의 가장 커다란 장점은 대체기술의 교수에서 목표로 하는 행동들이 모든 학생들에게 가르치기를 원하는 기술과 같은 것이라는 점이다. 예를 들어, 의사소통 기술, 사회적 기술, 독립기술, 문제해결 방법, 대처하고 인내하기 등과 같은 행동들이 이에 속한다.

1. 대체기술 교수를 위한 개념틀

대체기술에는 각각 목표가 다른 세 가지 유형의 기술이 있다. 즉, (1) 교체기술(replacement skills), (2) 대처 및 인내 기술(coping and tolerance skills), (3) 일반적인 적응기술(general adaptive skills)이다(Bambara & Knoster, 1998). 교체기술은 문제행동과 동일한 기능을 지닌 대안적인 행동이다. 교체기술을 가르칠 때의 교수 목표는 문제행동과 동일한 성과를 가져올 수 있으면서 사회적으로 바람직한 기술을 파악하는 것이다. 예를 들어, 동수는 수학 시간에 두 자릿수 계산 문제가 어렵기 때문에 소리를 지른다. 그때 교사는 동수에게 소리 지르기를 대신할 수 있도록 도움을 요청하는 방법을 가르칠 수 있다. 또한 동수가 친구들이 가지고 있는 놀잇감을 빼앗는다면 그 행동 대신 예의 바르게 친구에게 놀잇감을 요구하는 방법을 가르칠 수 있다. 그러나 교체기술을 가르치기 전에 이러한 기술의 교수가 적절한지 아닌지를 먼저 결정해야 한다.

대처 및 인내 기술은 두 번째 유형의 대체기술이다. 이 기술은 학생들이 어려운 상황에 대처하고 문제행동을 하지 않고 인내할 수 있게 하기 위한 것이다. 교체행동의 교수가 어렵거나 할 수 없는 상황에서 이러한 대처기술이나 인내방법을 가르치는 것은 효과적이다. 예를 들어, 병원을 피할 수 있는 교체행동은 가르칠 수 없다. 이러한 상황에 대한 교체행동의 교수가 병원치료를 못 받게 할 가능성이 있기 때문이다. 또한 교체기술이 즉각적으로 사용될 수 없는 경우에도 이와 같은 대처기술이나 인내방법을 가르치기게 된다. 만일 동수의 예의 바른 요구가 일관성 있게 원하는 성과를 가져다주지 않는다면(예: 친구가 "나도 금방 놀기 시작했어. 너는 나중에 가지고 놀아." 하고 말하는 경우), 문제행동을 대신하여 할 수 있는 다른 적절한 행동이 무엇인지를 고려하고 교수해야 한다. 이러한 경우에는 동수에게 요청하는 방법과 놀잇감을 가지고 노는 순서를 기다리는 방법을 가르쳐야 한다.

세 번째 유형의 대체기술은 일반적인 적응기술이다. 일반적인 적응기술이 습득되면 문제행동과 관련된 상황이나 조건들을 변화시킬 수 있는 방법들을 알게 되기 때문에 문제행동을 할 필요가 없어진다. 예를 들어, 동수가 두 자릿수 계산법을 습득한 후에는 더 이상 교사의 도움을 받기 위한 문제행동을 할 필요가 없다. 일반적인 적응기술의 교수는 문제행동에 영향을 미치는 요인이나 부족한 기술 등을 파악하고 보완하는 것을 말한다. 이와 같은 교수는 일반적인 의사소통 기술 및 학업 능력의 강화, 과제를 효율적으로 수행하고 완수하기 위한 관리기술 및 시간관리 전략의 교수, 또래 및 성인과의 보상적인 사회적 관계 촉진을 위한 사회적 기술 확장 등을 포함한다.

긍정적 행동지원을 계획할 때, 팀은 앞서 제시한 세 가지 유형의 대체기술들을 모두 고려해야 한다. 〈표 9-1〉에 제시된 바와 같이 이러한 세 가지 기술들은 명백한 목적과 그에 따른 제한점을 가지고 있다. 이런 제한점들은 하나의 지원 계획에 2개 혹은 그 이상의 대체기술을 연계하여 적용함으로써 보완될 수 있다. 〈표 9-1〉에는 대체기술의 유형을 선정하기 위하여 고려할 수 있는 기본적인 질문들

〈표 9-1〉 세 가지 유형의 대체기술

유형	고려할 질문	목적과 제한점
교체기술	문제행동과 동일한 기능으로 작용할 수 있는 기술은 무엇인가?	목적: • 문제행동과 동일한 결과를 가져올 수 있는 효과적인 방법을 학생에게 제공한다. 제한점: • 문제행동의 기능을 언제나 존중해 줄 수 있는 것은 아니다. • 하나의 대체기술만으로는 문제 상황(예: 과제가 너무 어려운 경우)을 예방하거나 변경시키기가 매우 어렵다.
대처 및 인내 기술	어떤 기술을 가르치는 것이 어렵고 즐겁지 않은 상황에 적응하거나 대처할 수 있도록 학생을 도울 수 있을 것인가?	목적: • 변경이 어렵거나 변화될 수 없는 상황에서 사회적으로 수용 가능한 대처방법을 교수한다. 제한점: • 대개는 이것 하나만으로는 효과적이지 않다. 원하는 성과를 얻을 수 있는 대체방법을 습득하거나 문제 상황을 변화시킬 수 있을 때(예: 어려운 일을 할 수 있는 기술을 지니고 있는 경우) 더 잘 적용될 수 있다. • 주의사항: 대체기술이나 일반적인 적응기술을 가르치지 않거나 선행사건/배경사건을 변화시키지 않고 학생에게 불편한 상황을 견디도록 하는 것은 비윤리적이다.
일반적인 적응기술	문제행동의 발생 가능성을 예방할 수 있는 관련 기술은 무엇인가? 학생에게 의미 있는 생활을 향상시킬 수 있는 기술은 무엇인가?	목적: • 문제 상황을 예방하고 학생이 자신의 선호도와 흥미를 추구할 수 있도록 사회적, 의사소통적, 학업적 능력을 향상시킨다. 제한점: • 대체기술을 가르치는 것보다 많은 노력을 필요로 하는 교수다. • 즉각적인 필요에 의하여 먼저 대체기술의 학습이 필요할 수도 있다.

이 제시되어 있다.

이 장에서는 세 가지 유형의 대체기술의 교수를 위한 주요 제언과 실제적인 예들이 제시될 것이다. 교체기술은 (1) 회피, (2) 원하는 활동이나 사물을 얻기, (3) 감각 자극 또는 자기자극의 기능에 따라 구성된다. 대처 및 인내를 교수하기 위해서는 기능에 따른 분류방법과 몇 가지 자기관리 전략들에 대하여 논의하게 될 것이다. 다음으로는 일반적인 적응행동 기술의 교수에 대한 전반적인 이론과 배경들을 제시할 것이다. 마지막으로 하나의 행동지원 계획에 세 가지 대체기술들이 서로 어떻게 결합될 수 있는지를 비교한 두 가지 사례를 제시할 것이다.

2. 교체기술 교수

1) 가르칠 때 고려할 사항

문제행동의 기능이 명확히 밝혀지면 동일한 기능을 지닌 교체기술을 가르쳐야 한다. 예를 들어, 태희의 IEP 목표 중 하나는 글자 재인이다. 그러나 기능평가 결과에서 태희는 과제가 어려울 때 문제행동(소리 지르기나 주먹으로 책상 두드리기 등)을 보였고 그때마다 교사가 도움을 주곤 하였다는 사실이 밝혀졌다. 교사는 태희에게 도움을 요청할 때 손을 들도록(교체기술) 가르쳤다. 태희가 이러한 새로운 기술을 사용할 때 교사는 즉각적으로 도움을 제공하였다.

교체기술을 가르치기 전에 팀 구성원들은 그들의 계획에 대하여 몇 가지 질문을 하였다. 첫째, '어떤 기술/행동을 교체기술로 가르칠 것인가?' 둘째, '교체기술은 어떻게 가르쳐야 하는가?' 셋째, '교체기술이 문제행동과 동등한 기능을 지녔다고 생각할 수 있는 근거가 있는가?' 넷째, '교체기술을 습득한 후 어떻게 그 기술을 지속적으로 사용하게 할 것인가?'

(1) 어떤 기술을 가르쳐야 하는가

대체기술은 문제행동과 동일한 기능(의사소통)을 지녀야 한다. 가설 문장을 통하여 파악된 행동의 기능은 성취해야 하는 새로운 기술이 무엇인지를 제시해 준다. 교체기술을 파악할 때는 문제행동을 교체하기 위한 기술로 선정되었거나 선정될 수 있는 행동을 학생이 수행할 수 있는지를 결정하기 위하여 학생의 현행 기술 목록을 고려해야 한다. 학생에게 전혀 새로운 기술을 가르치기보다는 현재 할 수 있는 행동을 하게 하는 것이 더 용이하다.

어떤 기술을 가르쳐야 하는가를 결정하는 데 도움이 될 수 있는 결정적인 개념들을 살펴보기 위하여 잠시 주제에서 벗어난 이야기를 하고자 한다. 일련의 반응들이 같은 결과를 가져올 때(즉, 같은 기능을 지님), 그러한 반응 그룹을 반응군(response class)으로 명명하고 같은 그룹 안에 있는 각각의 반응들을 반응군의 구성요소라고 한다면 이 구성요소들은 기능적으로 동일하다고 할 수 있다. 예를 들어, "안녕?" "잘 지내니?" 손 흔들기, 미소 짓기와 같은 네 가지 행동은 다른 친구의 인사에 대한 반응이거나 다른 친구를 반기는 동일한 기능을 지닌다([그림 9-1]

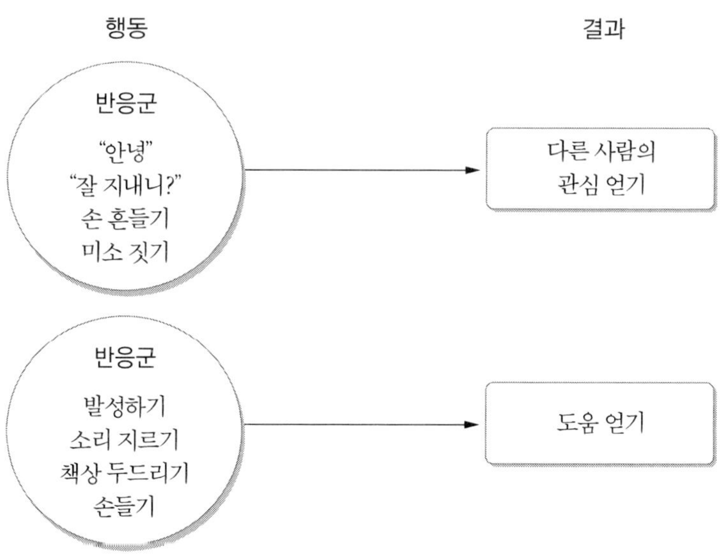

[그림 9-1] 반응군의 예: 다른 사람 반기기 및 도움 청하기

* 각 군에서 서로 다른 형태의 행동은 환경에 대해 동일한 영향을 미친다(같은 성과를 가져온다).

참조). [그림 9-1]에는 두 번째 반응군의 예가 있다. 소리를 지르거나 책상을 두드려서 교사의 도움을 요청하였던 태희의 예를 다시 생각해 보자. 교사는 태희가 도움을 요청할 때 손을 들고 말하도록 가르쳤다. 이와 같은 중재는 태희가 도움을 요청하기 위하여 이미 발성하기를 사용하고 있었기 때문에 교사가 이 반응을 손들기와 연결하도록 지도했을 뿐이었다. 이러한 반응들은 이미 태희의 행동 목록에 있었지만 도움을 요청할 때 사용하지 않았던 것이다. 교사는 새로운 도움 청하기 방법("도와달라고 말하고 손도 함께 들어라.")을 시범 보인 후 즉각적으로 도움을 주어 그 행동을 강화하였다. 따라서 손들기는 태희의 도움 요청을 위한 반응군의 구성요소가 된 것이다.

어떤 기술을 가르쳐야 하는가에 대한 질문에 답하기 위해서는 학생의 행동 목록을 진단하고 관련된 반응군의 구성요소로 포함된 행동들(즉, 같은 기능을 지닌)을 반드시 파악해야 한다. 만일 행동 목록에 있는 행동들이 문제행동을 대신하기에 적합하지 않다면 새로운 기술을 가르쳐야 할 필요가 있다. 여기서 '적합하다'는 것은 동일한 목적을 제공하고, 다양한 상황에 적용될 수 있으며, 다양한 사회적 상호작용의 대상자들(친숙한 사람과 친숙하지 않은 사람)이 이해할 수 있어야 함을 의미한다.

(2) 교체기술은 어떻게 가르쳐야 하는가

가르치기 위하여 고려해야 할 사항들은 수없이 많지만 여기서는 몇 가지만 제시하고자 한다.

- 문제행동을 일으키는 상황과 동일한 상황에서 가르쳐라. 그 이유는 문제행동을 일으킬 만한 요인이 그 상황에 있으며, 따라서 그 상황에서 대체행동이 필요하기 때문이다. 문제행동을 유발하는 선행요인들(때로는 배경사건들)은 언제 어디에서 가르쳐야 하는지에 대한 정보를 제공할 수 있다. 태희의 경우, 글자 재인 학습지가 제시되어 혼자 학습해야 하는 시간에 교수 활동이 이루어졌다. 그러나 때로는 실제로 문제행동이 유발되는 상황에서 훈련을 하기 전에

연습하게 하는 것이 도움이 될 수도 있다. 이러한 방법들은 새로운 행동의 습득에 오랜 시간이 소요되거나 실제 훈련 상황의 융통성이 부족할 때 적절하게 활용될 수 있다. 예를 들어, 태희의 교사는 혼자 학습하는 동안에 손들기를 가르치기에 앞서 태희와 좀 더 오랫동안 함께할 수 있는 일대일 교수 시간에 손들기를 가르칠 수 있다.

- **선행사건 중재와 연계해서 가르쳐라.** 대체기술은 다른 지원요소와 함께 적용될 때 더욱 향상될 수 있다. 특히 선행사건 중재는 학생이 교수 활동에 좀 더 즐겁게 참여할 수 있게 해 주고 교사들에게도 교수의 기회를 잘 통제할 수 있게 해 준다. 선행사건 전략에서와 마찬가지로, 태희의 교사는 태희가 혼자서 과제를 수행하는 동안 어려운 글자 재인 과제를 줄이기로 하였다. 교사는 태희가 잘할 수 있는 다른 읽기 과제(그림을 순서대로 맞추기) 사이에 몇 개의 글자 재인 과제(글자를 단어 그림에 연결하기)를 분산해서 삽입하였다. 이와 같은 선행사건 중재는 태희의 좌절감을 감소시키고 도움을 요청하는 빈도도 감소시켰다. 만일 태희가 1분마다 한 번씩 손을 들고 도움을 요청한다면 교사는 모두 반응할 수 없었을 것이다.
- **문제행동이 발생하기 전에 대체기술을 가르치거나 촉진하라.** 문제행동이 발생할 것 같은 상황에서는 문제행동을 한 후에 반응하기보다 문제행동이 발생하기 전에 대체기술을 사용하도록 촉진하는 것이 가장 바람직하다. 태희의 교사는 태희가 혼자 공부하는 자습 시간에 문제행동을 일으키는 자극(글자 읽기 과제)에 대한 그녀의 반응을 주의 깊게 살펴보았다. 교사는 태희가 소리 지를 기회가 생기기 전에 "태희야, 도움이 필요하면 손을 들어."라고 말하였다. 태희가 손을 들면 교사는 즉각적으로 도움을 주었다. 이러한 방법은 태희가 소리를 지른 후에 손을 들게 촉진하는 것보다 훨씬 더 좋은 방법이다. 즉, 소리를 지른 후에 도움을 제공하는 것은 이러한 행동들 간의 관계를 부적절하게 연결시킬 수 있기 때문이다. 다시 말해서, 태희에게 '내가 소리를 지르고 나서(문제행동을 한 후) 선생님께 도와달라고 손을 들어야 해.' 라고 생각하게 만들 수 있다.

(3) 교체기술이 문제행동을 성공적으로 대체한다고 확신할 수 있는가

문제행동과 교체기술이 같은 반응군에 속한다면, 학생들이 원하는 결과를 얻기 위해 문제행동을 하는 대신 대체기술을 선택하게 하는 것이 중요하다. 지난 15년간 몇몇 새로운 연구들(예: Horner & Day, 1991; Neef, Mace, & Shade, 1993)을 통하여 이와 같은 문제에 대한 해답이 제시되었다. 연구자들은 문제행동과 교체기술 간의 선택에 영향을 미치는 기준을 다음의 다섯 가지로 제시하였다. 이러한 기준들은 반응 효율성(efficiency of response)으로 통칭할 수 있는 것으로 대체기술을 가르칠 때 고려해야 하는 부분이다.

첫 번째 기준인 노력(effort)은 육체적 움직임(Horner와 Day[1991]는 소모되는 에너지의 양이라고 하였다)이나 반응에 필요한 인지적 노력으로 설명될 수 있다. 모든 다른 요인들이 같다면 학생들은 가장 노력이 적게 드는, 즉 가장 효율적인 반응을 선택하게 될 것이다. 교체행동의 선택 기준은 문제행동보다 힘이 적게 들어야 한다. 예를 들어, 성호가 책을 책상 아래로 떨어뜨리는 행동은 소리를 내서 교사의 관심을 끌 수 있는 반면에 의사소통 책에서 '도와주세요'와 '수학'을 각 페이지에서 찾아 가리키는 것보다 노력이 적게 든다. 성호가 책을 떨어뜨리지 않고 도와달라고 하기를 원한다면 문제행동에 비하여 노력이 적게 드는 교체행동의 지도를 고려해야 한다.

반응 효율성의 두 번째 기준인 결과의 질(quality) 또는 강도(magnitude)는 행동의 결과로 제시되는 사건이나 물건에 대한 선호도 또는 강화 정도를 의미한다. 교수는 교체행동의 결과나 강화자가 문제행동을 통하여 얻을 수 있는 결과에 비하여 질적으로 동일하거나 더 낫다는 것을 명확히 해야 한다. 그렇지 않으면 학생들은 대체기술을 사용하지 않을 것이다. 한 예로 구어를 습득하지 못한 성주는 다른 학생들과 상호작용하기를 좋아하며 친구의 관심을 끌기 위해서 소리 지르기, 손뼉 치기, 침 뱉기, 팔로 다른 사람 건드리기 등의 다양한 방법을 사용한다. 소리 지르기, 침 뱉기, 손뼉 치기 등은 다른 사람들이 성주를 쳐다보게 하며 성주가 무엇을 하는지 보게 만든다. 그러나 다른 사람의 팔을 건드리는 행동은 "뭐 도와줄까?"라는 질문이나 다른 형태의 사회적 반응을 일으킴으로써 잠깐 쳐다보는 것보다는 더 긴 상호작용을 하게 만든다. 친구들의 팔을 살짝 건드릴 때 또래들의 반응의 질과 강도가 더 크기 때문에 또래들의 관심 끌기 반응군 중에서 이러한 행동이 가장 사용 가능성이 높을 것으로 추측할 수 있다.

반응 효율성의 세 번째 기준인 결과의 즉각성(immediacy) 또한 반응의 효율성을 결정하는 데 영향을 미치는 요인이다. 논리적으로 특정 반응이 다른 반응에 비하여 더 빨리 원하는 결과를 가져온다면 학생들이 이러한 반응을 더 자주 사용하게 되는 것은 당연하다. 따라서 교수하게 될 교체기술은 문제행동에 비하여 더 신속하게 원하는 결과를 가져올 수 있어야 한다. 예를 들어, 창호는 학급 회의에 참여하기 위하여 다음과 같은 두 가지 방법을 사용한다. (1) 손을 들고 다른 사람들이 알아차릴 때까지 기다린다. (2) 다른 사람이 알아보는 것과 상관없이 큰 소리로 말한다. 이 두 가지 행동은 창호의 입장을 나타낸다는 점에서 같은 결과를 가져올 수 있다. 그러나 손을 들 경우 교사가 알아차릴 때까지 기다려야 하지만 그냥 이야기하는 경우는 기다리지 않아도 된다. 따라서 창호는 그냥 이야기하는 것이 더 빠른 결과를 가져오기 때문에 손들지 않고 큰 소리로 말하는 행동을 더 자주 하게 될 것이다. 교사는 창호가 손을 들고 말하기를 원한다면 손드는 행동에 대하여 즉각적으로 반응할 수 있는 방법을 고려하거나 그냥 말했을 때 주어지는 결과를 변화시켜야 한다(예를 들어, 그냥 말하는 것을 방해하거나 무시하거나 또는 학급 토론에 참여하지 못하게 한다).

반응 효율성의 네 번째 기준인 결과의 일관성(consistency)은 후속결과를 얻는 데 필요한 학생의 반응 횟수를 의미한다. 교수는 학생이 교체기술을 사용할 때마다, 즉 첫 번째 사용부터 매번 반응해 주어야 한다. 이것은 교수의 초기 단계에서 매우 중요하다. 특히 교체기술이 원하는 결과를 얻는 데 더욱 효과적인 방법이라는 것을 알게 하는 단계에서는 매우 중요하다. 만일 교체기술에 대하여 일관된 반응을 하지 않는다면 학생은 원하는 것을 얻기 위하여 문제행동을 하게 될 것이다. 사회적으로 적절한 행동에 대하여 일관되지 않거나 일치되지 않은 반응을 하고 문제행동에 대하여는 지속적인 관심을 보이는 사례들은 매우 좋지 않은 예다. 이 장의 저자들 중 한 명인 James Halle은 그의 자녀가 어렸을 때 아주 바람직한 방법인 "아빠, 나와 같이 놀래요?"라고 놀아 달라는 요청을 자주 하였던 때가 있었다는 것을 기억한다. 그런 경우 때로는 하던 일을 멈추고 아이와 놀아 주었지만, 대부분은 "아빠 지금 바빠. 나중에 놀아 줄게."라고 말했다. 그 결과 자녀들은 놀아 달라고 착하게 말할 때는 네댓 번 중 한 번 정도 놀아 주지만 소리를 지르거나 울면 아빠가 하던 일을 멈추고 그들과 항상 상호작용해 준다는 것도 알게 되었다. 즉, 바람직한 방법으로 요청하는 방법과 강압적인 방법은 모두 기능적으로 동일한 결과(아빠와의 상호작용)를 가져오는 반응군에 속한 것이다. 이러한 경우 아이들은 울고 소리 지르는 것이 지속성이나 강화율에서 더욱 효과적이었기 때문에 그 방법을 더 자주 사용하게 될 것이라는 추측이 가능하다.

마지막 기준인 처벌 개연성(probability of punishment)은 반응에 뒤따라서 혐오적이거나 불쾌한 후속결과가 나타날 가능성을 의미한다. 반응 후에 항상 불쾌한 사건이 뒤따른다는 사실을 학습하게 되면 반응의 빈도가 감소된다는 것은 잘 알려진 학습 원리다. 따라서 교체행동 후에 불쾌한 사건이 뒤따르지 않도록 확인하는 것이 교수의 기본적인 원칙이다. 다시 말해서, 교체행동이 판별된 문제행동 다음에 불쾌한 사건이 뒤따르거나 문제행동의 결과로 아무것도 변화되지 않는지(10장에서 설명한 소거)를 확인해야 한다. 처벌 개연성에 대해서는 다음과 같은 두 가지 이유로 인하여 반응 효율성과 관련해서 거의 논의되지 않는다. 즉, (1) 벌은 반응 효율성의 요소로 밝혀진 바가 거의 없으며, (2) 몇몇 연구자들은 벌이 반응에 영향을 미치기는 하지만 효율성의 한 부분으로 고려하지는 않는다. 처벌 개연성을 효율성 기준에 포함시키는 이유는 다음과 같다. 첫째, 처벌 개연성은 학생이 선택하는 반응에 전반적인 영향을 미치기 때문에 처벌적인 후속결과가 교체기술의 교수와 관련되지 않도록 하는 것의 중요성을 강조할 필요가 있다. 둘째, 처벌 개연성은 다른 무엇으로도 설명할 수 없는 결과를 설명할 수 있다. 예를 들어, 신희는 사회적으로 매우 민감하고 '어울리기'를 중요하게 생각하며 친구들로부터 수용되고 있다. 교실에서 모둠 활동에 참여할 때 신희는 자신의 친구 영희와 함께 활동하는 것을 좋아하였다. 신희는 교사에게 영희와 같은 모둠에 들어갈 수 있도록 요청할 수도 있으며, 조장에게 영희와 자기가 함께 할 활동을 선택하게 해 달라고 요청할 수도 있고, 또는 탠트럼을 보일 수도 있다는 사실을 학습하였다. 이러한 세 가지 반응들은 원하는 결과, 즉 영희와 같은 모둠에 들어가게 하는 데 효과적이었다. 탠트럼은 더 많은 노력을 요하지만 말로 요청하는 것보다 즉각적인 효과를 가져다주기 때문에 사용될 가능성이 높다. 비록 탠트럼을 하는 것이 더 즉각적인 결과를 가져오는 것처럼 보였지만, 신희는 탠트럼보다는 영희와 같은 팀이 되게 해 달라는 요청을 더 자주 하였다. 왜냐하면 신희가 탠트럼을 하는 경우 교사는 그 활동이 끝날 때까지 교실의 한 구석에서 다른 친구들과 따로 떨어져 앉아 있게 하였기 때문이다. 신희는 이러한 고립이 힘들다는 것을 알았고, 따라서 고립은 벌로 기능하였다(Alberto & Troutman, 2003). 비록 탠트럼이 강화 기준의 측면에서는 더 효과적이었지만(즉각적이고 빠르게), 후에 제시된 반응이 벌이었기 때문에 요청하기 행동보다 덜 사용되었고 덜 효과적이었다.

요약하자면, 효율성으로 정의되는 이상의 다섯 가지 기준은 학생과 같은 환경에 있는 다른 사람들(예: 교사, 친구, 교직원, 부모)에 의해서 전달되는 후속결과에 주로 의존한다. 따라서 교체기술을 교수하는 것과 사회적 환경이 교체기술에 대해서는 반응적이지만 기능적으로 동일한 문제행동에 대해서는 덜 반응적임을 명확히 하는 것 간에 상호작용 또는 상호관계를 필요로 한다. 이러한 개념은 매우 중요하며, 특히 문제행동을 대신하는 교체기술의 유지와 관련된 앞의 네 번째 질문과는 매우 밀접하게 연관된다. 문제행동과 관련된 교체기술 사용의 유지는 대체로 또래와 성인들이 제시하는 반응에 의해서 결정된다. 사회적 대상자가 즉각적으로 반응하였는가? 일관되게 반응하였는가? 사회적 대상자가 문제행동보다는 교체기술이 원하는 것을 얻는 데 더 효과적이라는 것을 명확히 해 준다면 교체기술의 유지가 잘 이루어질 것이다. [그림 9-2]는 효율성을 점검하기 위한 점검표다.

- □ 교체기술은 문제행동보다 노력을 덜 해도 되는가? 학생의 입장에서 볼 때 교체기술은 사용하기 쉬운가?
- □ 교체기술은 문제행동과 동일한 질 또는 강도의 결과를 가져올 수 있는가?
- □ 다른 사람들은 학생이 교체기술을 사용할 때 즉각적으로 반응하는가, 특히 초기 교수과정에서 즉각적으로 반응하는가?
- □ 학생이 교체기술을 사용할 때 다른 사람들은 일관된 반응을 하는가?
- □ 교체기술의 사용을 격려하고 교체기술의 사용이 의도하지 않은 벌을 받지 않도록 적절한 교수절차가 적용되고 있는가?

[그림 9-2] 반응 효율성 점검표

2) 교체기술 중재

교체기술을 가르치기 위해서는 다양한 전략들이 사용될 수 있다. 여기에서는 행동의 기능에 따라 구분될 수 있는 일반적인 중재방법들을 살펴보고자 한다. 대부분의 교체기술 중재는 기능적 의사소통 훈련(functional communication training) 또는 FCT로 일컬어지는 방법을 통해서 잘 알려져 있다(Carr et al., 1994; Carr & Durand, 1990; Wacker et al., 1990). 이 책의 2장에서 이미 문제행동이 때로는 의사소통의 형태로 고려될 수 있다는 점을 설명하였다. 왜냐하면 자신의 환경 내에 있는 사람들에게 자신이 원하는 방식으로 영향을 미칠 수 있는데 이를 일반적으로 의사소통이라 할 수 있기 때문이다. FCT는 일반적으로 세 가지 단계로 적용된다. 첫째, 팀 구성원들은 문제행동의 기능을 밝히기 위하여 기능진단을 한다(예: 학생은 어떤 말을 하고자 하는가?). 기능이 밝혀진 후 두 번째 단계에서는 문제행동과 같은 목적으로 사용될 수 있으면서 사회적으로 수용 가능한 의사소통 교체 수단을 찾아야 한다. 마지막으로 이러한 의사소통 교체기술을 반드시 가르쳐야 하고 새롭게 습득된 행동이 문제행동보다 효과적이라는 것을 확실히 해야 한다. 다른 교체기술 중재와 마찬가지로 FCT도 문제행동을 일으키는 다양한 환경적 상황과 맥락에 적용될 수 있도록 계획되어야 한다. 여기에서는 가장 일반적인 맥락들을 파악하고 각 맥락에 적합하게 개별적으로 사용될 수 있는 교체기술에 대하여 설명하고자 한다.

(1) 활동이나 사회적 상호작용 회피와 관련된 중재

회피와 관련된 문제행동은 학생에게 불쾌하고 어려운 상황에서 발생한다. 학생들은 문제행동을 함으로써 이러한 상황을 피하거나 미루거나 모면할 수 있다고 생각한다. 선행사건이나 배경사건을 통하여 즐거운 상황이 될 수 있도록 수정하는 것과 더불어, 이와 같은 불쾌한 상황을 피하거나 모면할 수 있는 대안적이고도 사회적으로 수용 가능한 방법을 가르쳐야 한다. 기능적으로 동일한 의사소통적 역할을 하는 문제행동을 교체하기 위해 교수할 수 있는 여러 환경적 맥락에 따라 달라지는 다양한 교체기술들이 제시되고 있다. 가장 적절한 대안의 선택은 개별 문제행동에 대한 가설에서 확인된 특정 사건들에 의해서 결정된다.

거절하기를 통한 회피(escape by rejecting)는 거절하는 활동이나 물건 또는 관심이 중요한 교육적 또는 사회적 목표의 성취를 위해서 반드시 필요한 것이 아닐 때 사용될 수 있다. 교체행동으로는 "아니요, 괜찮아요."라고 말하기, 고개 흔들기, 수화로 "아니요."라고 말하기, 또는 학생의 노력은 최소화하고 원하는 결과의 발생률을 최대화하는 특정 유형의 모든 행동이 선정될 수 있다. 후자는 교체기술이 다양한 사회적 대상자들에게 이해될 수 있을 때 사용할 수 있다. 수희는 음악시간에 솔로로 노래하는 것을 매우 싫어하여 수희에게 혼자 노래하라고 지시하면 교사에게 욕을 하곤 하였다. 수희가 욕을 하면 수업에서 제외되었다(그리고 혼자 솔로로 노래하지도 않았다). 교사는 수희에게 솔로로 노래하라고 요구할 때 대체행동의 사용을 촉진하기 위하여 선행 단서를 사용하였다. 교사가 "노래하기 싫으면 '선생님, 저는 싫어요.' 라고 말해라."라고 단서를 제시하였고, 수희는 그대로 따라서 말을 하고 노래하지 않게 되었다. 선행 단서가 소거된 후 이 중재방법이 교사와 수희에게 모두 효과적이었음을 알게 되었다. 왜냐하면 이 교사는 수희가 솔로로 노래하는지의 여부에 관심을 기울이지 않게 되었고 수희는 노래를 안해도 되었기 때문이다.

때로는 학생이 수용하기에 너무 길게 지속되거나 너무 많이 반복되는 활동이나 상호작용은 즐겁지 않을 수도 있다. 이러한 경우에는 쉬는 시간 요청을 통한 회피(escape by requesting a break)로 활동이나 상호작용을 피하게 하는 것이 적절하다. Halle, Ostrosky 및 Silliman(1995)의 연구에서 준호라는 아동은 잠시 동안 과제를 수행하는 것은 잘 견딜 수 있지만 여러 번 반복하여 수행하게 하면 소리를 지르거나 교사를 꼬집곤 하였다. 준호는 언어를 사용할 수 없었고 매우 제한된 방법으로 다른 사람들과 의사소통하였기 때문에 연구 팀은 가운데에 × 표시가 된 빨간 원과 같은 상징을 사용하였다. 준호에게 과제를 수행하기 싫을 때 상징을 만지도록 교수하였으며, 그렇게 하면 즉시 의자를 치우고 놀이 영역으로 갈 수 있게 해 주었다. 초기에는 신체적 촉진도 같이 사용하였다. 시간이 흐르면서 준호는 점차 도움 없이도 상징을 만질 수 있게 되었고, 연구자들이 자리를 옮기도록 허락할 때까지 기다릴 수 있게 되었다. 즉시 과제로 돌아오는 것은 기대하기 어려운 일이었지만, 이 접근의 두 가지 특성은 과제로 즉시 돌아올 가능성을 높여 주었다. 첫째, 학생들은 자신이 원할 때 과제를 떠날 수 있다는 것을 알게 되었는데(자신의 통제하에 있다는 것을 알게 됨), 이로 인하여 과제로 다시 돌아올 가능성이 높아졌다는 것이 밝혀졌다. 둘째, 학생들은 과제 자체가 즐거움을 줄 수 있을 때(예: 수학 과제를 하기 위하여 자동차 세기) 과제로 돌아올 수 있었다.

세 번째 상황은 난이도가 높은 과제가 학생을 괴롭게 하고 결과적으로 문제행동을 야기한다는 것이다. 예를 들어, 문제지에 어려운 문제가 포함된 경우 학생은 즉시 그 과제를 싫어하게 된다. 이러한 경우에는 도움이나 보조 요청을 통한 회피(escape by requesting assistance or asking for help)를 교체기술로 가르치는 것이 바람직하다. 배호의 유치원 교사는 배호가 퍼즐을 적절한 자리에 놓지 못할 때 울고 징징거리는 대신 "선생님, 도와주세요."라는 간단한 말을 하도록 지도하였다. 우는 행동과 "도와주세요."라고 말하는 행동을 했을 때 모두 도와주었지만, "도와주세요."라고 말하는 경우에 좀 더 즉각적이고 지속적인 도움을 주었고 우는 행동에 대하여는 그렇게 하지 않았다.

네 번째 회피 상황은 활동을 마치고 싶거나 현재 진행하고 있는 활동/과제를 더 이상 하고 싶지 않다는 의사소통적 의도가 있는 경우다. 회피를 동기로 하는 문제행동은 학생이 "나는 이미 충분히 했어요."라고 말할 수 있는 의사소통 수단이 부족하거나 활동을 마치기 위하여 문제행동을 하는 것이 유일한 수단이라고 인식한 경우와 같은 상황에서 주로 발생한다(후자의 경우는 학생들의 종료 요청이 불분명하여 무시될 때 주로 발생한다). 이러한 상황들은 학생들에게 활동 종료를 통한 회피(escape by terminating an activity)를 가르치는 것이 가장 이상적인 상황이다. 만일 학생이 말을 할 수 있다면 "이미 충분히 했어요." 혹은 "아니에요, 더 이상 하고 싶지 않아요."라고 말하도록 가르칠 수 있다. 말로 의사소통을 할 수 없는 학생이라면 "그만 할래요." 또는 "다 했어요."라는 의미의 수화를 가르치거나 다 했다는 뜻으로 가볍게 과제를 미는 행동을 교수할 수도 있다.

마지막인 다섯 번째 회피 상황은 앞에서 제시한 것들보다 더 미묘하다. 한 학생이 활동에 잘 참여할 수 있다고 생각해 보자. 그러나 훨씬 더 즐거운 경쟁 활동을 할 수 있게 된다면 덜 좋아하는 활동을 종료하거나 피하려는 이유를 만들어 낼 수 있을 것이다. 문제행동은 덜 좋아하는 활동을 중단하고 더 좋아하는 활동을 할 수 있는 수단이 될 수 있다. 예를 들어, 5학년 학생들이 자서전을 쓰고 있다고 가정해 보자. 형주는 이 활동에 재미있게 참여했지만 과제를 완성하는 데는 다른 학생들에 비해서 많이 뒤처졌다. 이와 같은 상황에서 형주를 제외한 다른 모든 학생들이 쉬는 시간을 갖게 되었고, 형주는 학교에서 가장 좋아하는 쉬는 시간을 갖기 어렵게 되었다. 이때 형주는 문제행동을 보일 가능성이 높은데, 이는 잠시 동안은 참을 만했지만 더 좋아하는 활동이 생겼기에 불쾌한 시간으로 변해 버린 활동을 피할 수 있기 때문이다. 형주에게 언제 과제를 끝낼 것인지에 대하여 교사와 의논한 후(예: 집에 가서 오늘 밤에 완성해서 내일 아침 등교하자마자 제출하는 방법) 쉬는 시간을 가질 수 있도록 가르치는 것은 형주가 좋아하지 않는 활동을 잠시 멈추고 좋아하는 활동을 할 수 있게 해 주는 교체기술 교수의 한 예라고 할 수 있다.

(2) 원하는 활동이나 물건 얻기와 관련된 중재

원하는 물건을 얻거나 가까이 하기 위하여 발생하는 문제행동은 다른 사람의 허락이나 도움이 있어야 원하는 것을 얻을 수 있는 상황에서 주로 발생한다. 이 경우 회피를 위한 문제행동의 예와 같이 사회적으로 적절하면서 서로 다른 환경적 맥락에 잘 맞을 수 있는 다양한 교체기술을 가르쳐서 원하는 활동이나 물건을 얻을 수 있게 할 수 있다. 각 환경과 상황에 가장 적합한 교체기술은 정확한 기능 진단 결과를 근거로 선정되어야 한다.

물건이나 활동에 접근하기 위한 교체기술 교수는 세 가지 일반적인 방법으로 개념화될 수 있다. 첫째, 학생들에게 원하는 물건이나 활동을 요구하도록 가르칠 수 있다. 이 전략은 원하는 물건이나 활동을 얻기 위하여 문제행동을 하는 상황에서 의사소통적 교체기술(예: FCT와 함께 제시)을 사용하도록 촉진하는 것을 포함한다. 예를 들어, 지호는 식사가 끝나면 후식을 먹을 수 있으리라는 기대를 하였고, 식사를 마친 후 바로 후식을 주지 않으면 울기 시작하면서 탠트럼을 보였다. 의사소통적 대체를 위하여 지호의 부모는 신체적 촉진을 하였다. 즉, 지호가 탠트럼을 시작하기 전에 후식이 그려진 상징을 만지도록 지호의 손을 잡고 도와준 것이다. 이렇게 반응을 촉진한 직후에 지호에게 후식을 주었다. 연속해서 교수를 실시한 후 점진적이고 체계적으로 신체적 촉진의 양을 줄여 나갔다. 다시 말해서, 처음에는 신체적 안내를 많이 사용하다가 점차 가볍게 손을 살짝 건드리는 정도로 줄여 나갔다. 지호의 손을 가볍게 건드리는 정도의 촉진을 사용하게 되었을 때 지호가 스스로 반응을 시작할 수 있는지의 여부를 살펴보기 위하여 3초 정도 촉진을 지연시켰다. 촉진 지연을 실행한 후 두 번째 시간이 되자 지호는 먼저 요구를 하였다. 이러한 방법을 통하여 지호는 상징을 만질 때 원하는 후식을 먹을 수 있다는 것을 알게 되었다. 즉, 상징을 만지는 것이 탠트럼을 하는 것보다 효과적이라는 것을 알게 된 것이다.

두 번째 전략 역시 원하는 물건이나 활동을 얻기 위하여 다른 사람들에게 도움을 요청하도록 가르치는 유사한 방법을 사용한다. 앞서 회피에서 논의되었던 바와 같이, 도움 요청은 과제나 활동의 난이도를 감소시킬 수 있다. 도움 요청하기는 다른 사람의 도움이 필요한 물건이나 서비스를 얻기 위하여 문제행동을 하는 학생들에게 매우 적절한 중재 전략이다. 사탕 껍질 까기, 밖으로 나가기 전에 코트 지퍼 올리기, 좋아하는 영화를 보기 위해서 비디오테이프나 DVD를 넣기 등은 다른 사람의 도움이 필요한 일들의 예다.

흥미롭게도 연구 결과에서는 한 가지 기능(예: 회피)을 위하여 도움을 요청하도록 가르칠 경우, 같은 형태의 도움 요구(예: "도와주세요.")가 다른 사회적 기능(예: 얻기/접근하기)과 관련된 문제행동을 대체할 수 있을지의 여부를 확실히 보증할 수 없다고 하였다(Reichle, Drager, & Davis, 2002). 따라서 중재자들은 학생들에게 다양한 의도(기능)와 그것이 사용되는 상황에 따라 적절한 도움을 요청하도록 지도할 수 있어야 한다.

원하는 물건이나 활동을 위한 문제행동을 대체할 수 있는 세 번째 일반적인 전략은 학생이 도움을 요청하거나 허락을 구하지 않고 직접 원하는 활동을 하거나 원하는 물건을 갖도록 가르치는 것이다. 장애 학생들은 자신이 원하는 물건을 얻거나 활동을 하기 어려운 상황이라고 생각할 때 문제행동을 하는 경향이 있다. 도움을 요청하는 방법을 배우기보다는 다른 사람의 도움이나 허락 없이 스스로 원하는 활동을 하거나 원하는 물건을 갖도록 배울 수도 있다. 고2 자폐 학생인 정호는 체육관 샤워실에서 다른 친구들이 샤워하고 있을 때 라커룸에서 마구 화를 내곤 하였다. 이러한 정호의 행동은 교사가 정호에게 다른 친구들과 샤워를 해도 좋다고 허락하기 전까지 계속되었다. 정호의 입장에서 볼 때, 샤워하라는 말을 들은 적이 없기 때문에 누구나 체육 수업을 마친 후 샤워할 수 있다는 것을 알지 못했다. 체육교사는 정호에게 샤워하고 싶다고 요구할 수 있도록 가르쳐야 한다고 생각했다. 그러나 교사에게 허락받지 않고 샤워하는 것이 연령에 적합하고 그 연령의 또래들이 하는 행동이었다. 교사는 체육 수업을 마친 후 정호가 교체행동을 할 수 있도록 촉진하였다(예: "정호야, 하고 싶으면 가서 샤워를 하렴."). 몇 번 촉진을 하자 정호는 선생님의 허락을 받지 않고도 샤워할 수 있다는 것을 알게 되었다.

(3) 관심 끌기 및 사회적 상호작용을 위한 중재

다른 사람의 관심을 끌고 그 관심을 유지하기 위한 순간들은 하루에도 수없이 많이 발생한다. 모든 사람들은 다른 사람의 관심(예: 말하기, 놀기, 생각 나누기 등)을 받기 원한다. 다른 사람의 관심을 끌거나 다른 사람들과 사회적 상호작용을 하기 위하여 사용하는 전략은 긍정적인 대인관계 형성에 필수적인 요소다. 장애 학생들 중에는 간혹 복잡한 상호작용 방법을 습득하지 못해서 또래나 성인들의 관심을 얻으려고 부적절한 방법을 사용하는 경우가 있다. 이상한 얼굴 표정, 이상한 소리내기, 다른 사람 놀리기, 허풍떨기, 위험한 놀이하기 등은 타인과의 상호작용을 위한 부적절한 시도라고 할 수 있다.

관심 끌기 기능으로 사용되는 문제행동에 대해 대안적인 교체기술을 선정하고 가르치는 것은 매우 복잡한 일이며, 다른 기능을 위한 교체기술을 가르치는 것보다 더 복잡할 수 있다. 다른 교체기술의 중재에서와 마찬가지로, 중재자들은 적절한 교수 시기를 파악하기 위해 학생의 관심 끌기 행동을 유발하는 구체적인 상황과 환경들을 알아내야 하며, 그러한 상황에 효과가 있을 만한 적절한 교체기술을 선정해야 한다. 또한 학생이 원하는 사회적 상호작용이나 관심의 유형에 대해서도 합리적으로 추측할 수 있어야 한다. 학생이 관심을 끌기 위해서 행동하고 있다는 사실을 아는 것만으로는 충분하지 않다. 가장 적절한 교체기술을 선정하기 위해서는 사회적 관심의 유형을 이해해야 한다. 예를 들어, 다른 사람의 인정이나 칭찬을 받기 위하여 관심을 끌려고 하는가(예: "이것 보세요." "내가 뭐하는지 보세요." 등), 놀이나 대화를 시작하기 위한 것인가("우리 같이 놀래?" "야, 무슨 일이야?"), 위로나 공감을 위한 것인가("나 기분 나빠."), 경험이나 생각, 느낌을 나누기 위한 것인가(예: "지난 주말에 내가 뭐했는지 알아?"), 즐기기 위한 것인가(예: "나 네 숙제 잃어버렸는데, 미안, 농담.") 등이다. 이러한 예들은 모든 관심 끌기 행동이 똑같지 않음을 보여 준다. 따라서 중재자들은 관심 끌기 행동의 특별한 목적에 주의를 기울여야 한다. 교수에 사용되는 교체기술은 학생이 원하는 특정 형태의 관심과 기능적으로 동일해야 하며 그래야 효과적이다(Carr & Durand, 1985; Carr et al., 1994). 관심 끌기의 유형이 무엇인지를 확실히 하기 위하여 면담이나 관찰 등과 같은 다양한 방법을 사용한 체계적인 진단을 실시해야 한다.

몇몇 예들을 통하여 사회적으로 적합한 교체기술의 파악을 위한 진단이 얼마나 복잡한지를 잘 이해할 수 있다. 경수는 다른 사람의 관심을 끌고자 할 때 소리를 지르거나 다른 사람 옆에 바짝 붙어서 또래나 어른들이 자신을 바라보게 하며, 때로는 자신의 손을 다른 사람의 턱에 대거나 억지로 다른 사람의 머리를 잡아 자신을 향해 돌리게 하였다. 이러한 행동은 또래나 성인들 모두에게 적절하지 않은 행동이었다. 이에 경수는 (1) 큰 소리로 떠들기보다는 상대편이 알아들을 수 있을 정도의 크기로 말하기와 (2) 억지로 머리를 잡아당기는 대신 상대편의 팔이나 어깨를 살짝 건드리기의 두 가지 교체기술을 학습하였다. 그러나 이러한 반응들이 문제행동을 대신하려면 앞서 언급한 효율성 기준을 충족시킬 수 있어야 한다. 비록 경수가 문제행동을 더 이상 하지 않더라도 경수의 상호작용 대상자들은 그가 정확하게 무엇을 원하는지를 이해하는 데 많은 어려움을 겪을 수도 있다. 따라서 경수에게 관심을 기울이게 되었다 하더라도 경수의 의도가 무엇인지를 명확히 알아내야 한다. 이러한 과정들은 마치 스무고개를 하는 것처럼 복잡하고 어려운 과정일 수 있다.

새로운 문제들에 대처하기 위해서는 다소 복잡한 교체기술 중재가 필요하다. 따라서 경수에게 두 부분으로 구성된 요구하기 기술을 가르쳤다. 첫째는 관심을 얻기 위한 것이며(앞서 설명한 바와 같이), 둘째는 자신이 원하는 관심의 유형을 명확히 하는 것이다. 이를 위해서는 두 가지 반응이 연결되어야 한다. 경수는 교사의 관심을 원하였고, 교실의 다른 곳에서 조금 전에 완성한 블록 작품을 봐 주기를 원했다고 가정해 보자. 교사의 관심을 원할 때 교사의 팔을 살짝 건드리는 방법을 경수가 이미 습득하였으므로 지원팀은 교사가 경수의 요구를 이해하기 쉽게 하려고 경수에게 의사소통판에서 블록 지적하기를 가르쳤다. 교사는 여전히 경수가 무슨 말을 하고자 하는지 명확하게 이해하지 못할 수도 있다. 즉, 교사는 경수가 블록을 달라는 뜻이라고 생각할 수도 있다. 그래서 중재자들은 앞서 제시한 두 가지 반응과 연계될 수 있는 세 번째 반응을 가르치기로 하였다. 경수에게 교사의 팔을 살짝 건드리고, '보세요' 라고 설명된 그림을 가리키고, 다시 블록 그림을 가리키도록 가르쳤다. 이러한 세 가지 반응 연쇄는 경수의 관심 끌기 요구를 더욱 명확히 알 수 있게 해 주었다.

학생이 심한 발달장애를 지니고 있다면 의사소통적 상호작용 유지의 주요 책임은 사회적 상호작용 대상자에게 있다. 이러한 학생들의 상호작용 유지 능력을 향상시킬 수 있는 한 가지 방법은 사회적 상호 교환을 위한 여러 가지 대화 주제들을 생각하는 방법을 알려 주는 것이다. 예를 들어, 진호는 매주 토요일마다 할머니 댁을 방문하였다. 그동안 의사소통을 위하여 상징을 사용했으나, 이제는 전자 의사소통 기구를 사용하게 되었다. 할머니 댁을 방문하기 전에 어머니는 진호가 좋아하는 주제들이 그려진 그림 상징들을 의사소통 기구의 한 페이지에 넣어 주었다. 그 페이지에는 클리블랜드 브라운스의 로고 사진, 진호가 좋아하는 레슬링 선수, 영화관, 진호의 강아지 사진이 들어 있었다. 어머니는 진호가 할머니와 함께 이야기할 수 있도록 이러한 그림과 관련된 정보를 노트북에 저장해 주었다. 또한 어머니는 진호와 함께 농담책을 보고 그중 4~5개의 농담을 선택해서 전자 의사소통 기구에 입력하였다. 할머니는 노크-노크 농담을 매우 좋아하였다. 비록 진호가 이러한 주제들에 대하여 깊이 있는 대화를 할 수는 없었지만 상호작용을 유지할 수는 있었다. 결과적으로 상호 교환을 위한 전반적인 책임이 상호작용 대상자에게 달려 있는 것만은 아니었다.

(4) 감각 자극과 관련된 중재

감각 또는 자기자극행동을 위한 직접적인 교체기술의 교수 원리는 다른 기능(예: 회피, 원하는 물건 얻기 등)을 위한 것과 동일하지만, 그 결과가 다른 사람들에 의하여 제공되는 것이 아니므로 진단 과정이 약간 다른 듯 여겨질 수도 있다. 행동이 자기자극적인 것으로 생각될 때는 그 기능을 파악하기 위하여 두 단계 과정이 필요하다. 첫째, 그 행동이 실제로 자기자극적이고 자동적으로 학생을 강화하는지를 파악해야 한다. 그렇다면 어떠한 유형의 자극이 학생을 강화하는지를 알아내야 한다(예: 시각, 청각, 촉각, 전정, 후각 등). 이러한 과정에서 첫 번째 단계의 실행 과정은 7장의 가설 개발 부분에서 자세히 설명하였다. Rincover(1978), Rincover, Cook 및 Packard(1979)의 연구는 이 2단계 절차 중에서 두 번째 단계를 달성하기 위한 진단 과정 모델과 직접적인 교체를 위한 제안을 제시하였다.

'어떤 유형의 감각 자극(예: 시각, 청각, 촉각)이 학생의 행동을 강화하는가?' 라는 질문에 답하기 위하여 팀 구성원들은 친숙한 성인들을 면담하고 가능한 감각 강화자에 대한 가설을 구성하기 위하여 관찰을 할 필요가 있다. 다음으로는 감각 소거(sensory extinction)라는 과정을 실행함으로써 팀 구성원들이 설정한 가설들을 검증해야 한다. 예를 들어, 승주의 팀 구성원들은 승주의 책상 위에서 물건 돌리기 행동이 소리(청각 자극)에 의해서 강화된다고 가정하였다. 이러한 가정을 검증하기 위하여 Rincover 등(1978)이 제안하었던 감각 자극 소거방법을 적용하였다. 교사는 책상을 카펫으로 덮어 소리 자극을 없앴고 이러한 환경의 변화가 물건 돌리기에 영향을 미치는지를 알아보았다. 승주의 물건 돌리기는 카펫을 덮은 책상 위에서는 감소하였다. 그러나 카펫을 걷어 내고 승주의 행동을 관찰하자 물건 돌리기 행동이 다시 증가하였다. 이에 따라 교사는 다시 카펫을 덮고 행동에 미치는 영향을 검증하였다. 승주의 물건 돌리기 행동은 팀 구성원들의 예상과 같이 카펫을 걷어낼 경우 증가하였고 카펫을 다시 덮을 경우에는 감소하였다. 따라서 청각적 자극이 물건 돌리는 행동을 유지시켰다는 가설이 확인되었다.

감각 소거 진단에서 주의할 점은 자기자극적 행동에 의하여 발생하는 감각 자극의 유형을 명확하게 파악하기가 어렵고 가설 검증을 통해서만 확인될 수 있다는 점이다. 예를 들어, 감각 소거 진단을 하기 전에 승주의 물건 돌리는 행동은 시각적 자극을 위한 것으로 여겨지기도 했다. 만일 승주가 돌아가는 물건 보기를 좋아하는 듯했다면, 감각 소거 진단을 하지 않고는 시각적 자극이나 청각적 자극 중 어떤 자극이 기능적 결과인지를 결정하기가 어려웠을 것이다(왜냐하면 돌아가는 물건은 시각적 피드백과 청각적 피드백을 모두 주기 때문이다). 이론적으로는 감각 자극의 유형을 한 번에 하나씩 검증하여 명확하게 파악할 수 있을 것 같지만, 실제로는 얻어진 자극의 유형을 정확하게 결정하는 것이 불가능할 수도 있다. 따라서 팀 구성원들은 여러 형태의 진단(예: 면담, 관찰, 가설 검증 등)을 함께 사용해서 어떠한 유형의 자극이 학생의 행동을 강화하는지, 한 가지 유형의 자극인지 혹은 여러 가지 유형의 자극인지 등을 추론해야 한다.

문제행동을 통하여 얻을 수 있는 자극의 유형에 대한 합리적인 가설이 수립되면 교체기술을 선정해야 한다. 자기자극적 행동을 위한 교체기술의 중재를 서술하기 전에, 이러한 제안들은 임상적인 것이 아닌 개념적인 것이라는 점에 주의해야 한다. 왜냐하면 자기자극적 기능의 문제행동에 대한 연구가 회피나 접근 기능과 관련된 연구에 비하여 적기 때문이다. 또한 감각 자극의 회피에 관한 연구가 거의 없었기 때문에 저자들은 감각 자극의 회피(escaping)가 아닌 감각 자극에 접근하기(accessing)에 관해서만 제언을 하였다. 따라서 직접 교체를 위한 두 가지 중재방법을 설명하고자 한다. 첫 번째 중재방법은 문제행동과 같은 유형의 감각 자극을 사회적으로 수용될 수 있으면서 학생 스스로 접근할 수 있는 방법으로 얻을 수 있도록 교수하는 것이다. 승주와 같은 사례에서는 물건 돌리기와 유사한 청각적 피드백을 줄 수 있는 도구를 찾는 것이 논리적이다(자기자극행동에 의하여 유발되는 자극과 같거나 비슷한 청각적 자극이 필요한지의 여부는 명확히 밝혀지지 않았다. 다른 청각적 자극들도 대체 자극으로 효과적일 수 있다). 이러한 도구들에는 어린 아동들을 위한 단어 말하기나 동물소리 놀잇감, 나이가 좀 더 많은 학생들을 위한 환경음을 내는 뮤직박스 등이 있다. 교체기술로서 학생들은 이러한 도구를 스스로 조작하는 방법들을 배우고, 이에 따라 학생 스스로 감각 자극을 얻을 수 있을 것이다. 이와 같은 도구의 사용은 사용자의 연령에만 적합하다면 여가 활동의 한 유형이자 감각 자극을 얻을 수 있는 적절한 방법이 될 수 있다. 대부분의 일반 아동들과 성인들이 음악을 들으며 재미를 느끼고 휴식을 취하는 것을 주변에서 쉽게 볼 수 있으며, 어떤 사람들은 새, 바다, 폭풍과 같은 자연음을 즐기기 위하여 값비싼 오디오 시스템을 구입하기도 한다.

자기자극행동을 대신할 수 있는 두 번째 대안은 같은 유형의 감각 자극을 얻기 위한 대안적 수단으로 학생에게 요구하기를 가르치는 것이다. 학생의 현재 표현 언어 수준에 맞추어 '음악 소리 들려주세요' 또는 '소리 좀 들려주세요' 라고 요구하도록 가르치거나 좋아하는 소리가 들어 있는 녹음 테이프나 CD를 듣기 위하여 몸짓을 이용하여 그림 상징을 만지도록 가르치는 것이다. 이러한 경우 이전에는 물건 돌리기라는 적절하지 않은 방법으로 청각 자극을 얻었지만, 이제 사회적으로 적절한 방법을 통하여 유사한 강화를 얻을 수 있다는 것을 알게 하는 것이다. 이러한 직접적인 교체를 위한 대안들을 적용할 때는 효율성(이 장의 앞부분에서 설명하였음)을 반드시 고려해야 한다. 즉, 원하는 감각 자극을 얻기 위하여 습득한 새로운 방법은 자기자극행동을 하는 것보다 효율적이어야 한다는 것이다. 이는 자기자극을 위한 감각 소거를 같이 적용하여 실행할 수도 있다. 즉, 물건을 돌려서 얻을 수 있었던 소리를 없애기 위해 옷으로 책상을 덮고, 학생이 여가 활동을 하거나(대안 1) 감각 기구를 요청할 때(대안 2) 즉각적이고 지속적으로 감각적 강화를 얻을 수 있게 해 준다.

3. 대처하기 및 인내하기 기술의 교수

선행/배경사건의 수정이나 교체기술의 교수는 행동지원 계획에서 반드시 필요한 요소들이다. 그러나 상황에 따라 이러한 요소들만으로는 충분하지 않거나 적절하지 않을 수도 있다. 때로 학생들은 유익하지만 어렵고 하기 싫은 상황들을 견디는 법도 배워야 한다. 이 장의 앞부분에서 이러한 상황의 한 예로 의료 서비스에 대하여 언급한 바가 있다. 그러나 교육 프로그램이 학생들에게 기능적이고 적절하다면, 교사들은 학생들이 싫어하고 어려워하더라도 학생들에게 중요한 기술들을 가르쳐야만 하는 무수한 상황들을 매일 접하게 될 것이다. 이렇게 중요한 기술의 예로는 이 닦기, 머리 빗기 등과 같은 자조기술, 읽기, 셈하기와 같은 학업기술, 상호작용의 시작 및 유지와 같은 사회적 기술, 직업에 필요한 과제 습득과 같은 고용기술 등 여러 가지가 있으며 주변에서 쉽게 찾아볼 수 있다.

여기에서는 학생의 생활에 반드시 필요하거나 실제 생활에서 피할 수 없기 때문에 변화될 수 없거나 변화되어서는 안 되는 상황에 적응하거나 견디도록 하는 몇 가지 중재들을 설명하고자 한다(예: 교정 피드백을 받는 것은 몇몇 학생들에게는 불편하겠지만 이러한 피드백을 잘 받아들이도록 학습하는 것은 학교와 가정, 지역사회 생활에서 매우 중요하다). 인내하기(tolerance)는 특정 상황을 회피하거나 물건 또는 관심 얻기를 원하지만 즉각적으로 제시되지 못하고 제시될 수 없을 때 '기다리거나' 강화 지연을 견딜 수 있도록 가르치는 방법이다(Carr et al., 1994). 대처하기(coping)는 불편하거나 어려운 상황에 접했을 때, 자기관리나 자기통제 전략을 사용하는 방법을 가르치는 것이다.

1) 강화 지연을 이용한 인내하기 교수

불편하거나 어려운 상황을 참고 기다리는 것은 학생들에게 가르쳐야 할 중요한 생활기술 중 하나다. 어느 누구도 자신이 원하는 것을 매번 얻을 수는 없으며, 또 비록 싫어하는 활동이더라도 중요하다면 그것을 계속해야 한다. 많은 장애 학생들에게 인내하기는 직접적이고도 체계적인 방법으로 반드시 가르쳐야 하는 기술이다. 일반적으로 인내하기는 학생들이 요구하는 것에 대하여 점진적인 강화 지연 방법을 적용하고 중요한 기술의 양을 점진적으로 증가시킴으로써 그 활동을 지속할 수 있도록 지도하는 것이다. 인내하기는 학생이 부담을 느끼지 않도록 작은 단계들로 나누어 제시하고, 동시에 교체기술을 가르침으로써 학생들이 자신의 요구 표현을 통제할 수 있도록 지도한다. 아래에서는 학생이 학업 과제를 회피하고자 할 때 인내하기를 가르치는 방법의 예와 선호하는 활동이나 물건을 기다리는 방법을 가르치기 위한 단계들을 제시한다.

수 세기 과제를 잠시 동안 수행한 후 곧바로 소리를 지르고 교사를 꼬집었던 준호의 사례를 다시 생각해 보자(Halle et al., 1995). 준호는 몸짓이나 말을 이용하여 다른 사람들과 상호작용하지 못하기 때문에 수행하던 과제를 하기 싫을 경우 '쉬고 싶어요' 라고 적힌 상징판을 건드리도록 가르쳤다. 상징판을 건드리자마자 수 세기 과제를 바로 치워 주었고 준호는 책상을 떠나 놀이 공간으로 이동할 수 있게 되었다.

시간이 지나자 준호는 더 이상 소리를 지르기나 꼬집지 않았고 스스로 상징을 만질 수 있게 되었다. 그러나 준호는 수 세기 과제에 거의 참여하지 않게 되었다. 쉬는 시간을 마치고 책상에 앉자마자 다시 쉬는 시간을 달라고 상징판을 건드리곤 하였다. 중요한 대체기술을 습득했지만 새로운 문제가 나타난 것이다. 준호는 수 세기 과제에 거의 참여하지 않았고, 따라서 준호의 수 세기 기술은 거의 발전하지 않았다. 수 세기 과제는 준호에게 중요한 학습기술이었으므로, 팀 구성원들은 그가 쉬는 시간을 달라고 하기 전에 '인내'를 하여 수 세기 과제를 더 많이 할 수 있도록 훈련하였다.

준호는 쉬는 시간을 달라고 하기 전에 2회의 수 세기 과제를 수행하곤 하였으므로 책상 위에 세어야 하는 두 세트의 과제를 놓아 주는 것부터 시작하였다. 준호가 도착할 때, 다음과 같은 세 가지 장면 중 하나가 발생하였다. 첫째, 즉시 쉬는 시간 상징판을 건드리면 상징 만지기를 지연시킨다("[과제를 만지면서] 이것을 두 번 하고 난 후에 쉴 수 있도록 해 줄게."). 둘째, 한 번 한 후에 상징을 만지면 "한 번 더 하면 쉴 수 있도록 해 줄게."라고 말한다. 셋째, 두 번 다 한 후에 상징을 만지면 "이제 가서 쉬어도 된단다."라고 즐겁게 말해 준다.

준호가 성공하게 되었을 때 그의 책상 위에 한 세트의 과제를 더 하도록 놓아 주었다. 책상 위에 놓인 과제는 준호가 쉬는 시간 전에 얼마나 과제를 해야 하는지를 예측하도록 하는 선행 단서로 기능하였다. 수행해야 할 과제를 하루에 한 세트씩 점진적으로 증가시켜서 문제행동이 없어지게 하였다. 결과적으로 준호는 본래 계획하였던 12세트까지 도달할 수 있게 되었다. 이 과정은 문제행동이 계속 일어났다는 점에서 완벽하지는 않았고, 따라서 준호가 교체기술을 더 잘 사용하도록 노력을 기울여야 했다. 또한 수를 적게 세도록 하거나 다음 날에도 같은 양의 과제를 수행하기도 하였다. 준호의 행동에 따라 과제의 증가폭이 결정되었다.

이러한 유형의 중재에서 반드시 고려해야 하는 중요한 부분은 쉬는 시간과 공부 시간의 양을 조절하는 것이다. 교수 실행 초기에는 쉬는 시간이 공부하는 시간보다 훨씬 많았다. 그러나 회기가 계속되고 서로 간의 신뢰가 쌓이면서 쉬는 시간이 감소하고 숫자를 공부하는 시간이 점차 증가하였다. 쉬는 시간이 끝나갈 즈음에 쉬는 시간이 거의 끝나간다는 신호를 해 주었는데 그것은 매우 좋은 방법이었다. 준호에게 인내하기 교수가 성공적일 수 있었던 것은 다음과 같은 요소가 포함되었기 때문이다. 첫째, 쉬는 시간 전에 제시된 과제의 양이 매우 적었고(쉽게 실행할 수 있는 양이었음) 과제의 양을 예측할 수 있었다(수행해야 하는 과제를 책상 위에 올려놓음). 둘째, 시간이 지나면서 과제의 양이 증가되었으나 증가된 과제의 양은 준호가 참고 수행할 수 있는 범위 내에 있었다. 셋째, 쉬는 시간을 마치고 다시 과제로 돌아올 때는 염려스러운 상황이었지만 중재 초기에 많이 쉴 수 있도록 하고 과제를 적게 제시하여 문제가 덜 발생하였다.

준호를 대상으로 한 중재에서는 다음과 같은 사실을 주의 깊게 살펴볼 필요가 있다. 준호가 문제행동을 보이지 않고 12회의 수 세기 과제를 성공적으로 수행한 후에 휴식을 요구하면 교사는 더 이상의 과제를 주지 않고 즉각적으로 휴식 요구를 들어주었다. 이러한 사실은 준호가 다시 책상으로 돌아왔을 때 상징 건드리기 행동을 할 가능성을 보여 주는 것이지만, 실제로 이러한 일은 발생하지 않았다. 이것은 학생이 인내하고 통제하는 것을 학습하였기 때문이다. 준호는 자신에게 주어진 과제를 대부분 잘 수행하였다. 무엇보다 반가운 것은 이러한 행동이 준호가 사용한 유일한 전략이 아니었다는 것이다. 준호는 때때로 과제를 마치기 전에 상징을 만지기도 하였고, 때로는 과제를 모두 마친 후에도 상징을 전혀 만지지 않기도 하였다. 상징을 만지지 않을 때에는 준호가 휴식을 요구할 때까지 한 번에 하나씩 과제의 수를 더하였는데 준호는 추가로 제시된 과제도 잘 수행하였다. 그러다가 준호가 쉬고 싶다는 표현을 할 경우에는 즉각적으로 쉴 수 있게 해 주었다. 이러한 부분은 매우 중요한 요소였다. 왜냐하면 교사의 과제 요구에 대한 통제가 준호 자신에게로 넘어갔기 때문이다. 준호는 대부분의 경우 자신에게 주어진 과제(책상 위에 놓인 수 세기 과제)를 잘 수행하였고, 과제가 하기 싫을 경우 좀 더 일찍 쉬고 싶다고 요청하였다. 그리고 가끔씩은 과제에 잘 참여하여 본래 계획했던 것보다 더 많은 과제를 수행하기도 하였다. 이러한 수행 형태는 자기통제의 필수적인 요소다. 준호는 자신이 인내할 수 있는 범위 내에서 잘 인내하고 조절하였다. 또한 새롭게 습득한 교체기술을 이용하여 문제행동을 하기보다는 적절한 방법으로 의사소통을 하였다.

불편한 상황 회피하기를 지연시키기 위한 인내하기 교수에 사용되는 동일한 전략은 즉각적으로 들어줄 수 없는 물건, 활동, 다른 사람의 관심에 대한 요구에도 적용될 수 있다. 예를 들어, 교사의 관심을 받기 위하여 소리 지르기라는 방법을 사용하는 학생에게도 준호에게 적용된 것과 같은 방법과 절차들이 적용될 수 있다. 첫째, 교사의 관심을 요구할 때 교체기술을 사용하도록 촉진한다. 둘째, 학생이 스스로 교체기술을 사용하면 교사나 다른 성인들이 학생에게 "잠시 기다려." 라는 말을 하거나 기다리라는 신호를 보낸다(초기에 기다리는 시간은 학생이 문제행동을 하기 전까지 기다릴 수 있었던 시간의 양에 근거하여 결정될 수 있다). 셋째, 기다린 후 교사는 학생에게 바로 다가가서 학생이 원하는 관심을 보여 준다. 시간이 지나면서 새로운 교체기술 사용을 위한 촉진을 소거시키고 교사가 관심을 기울이기까지 지연되는 시간의 양을 점진적으로 증가시킨다.

원하는 물건이나 활동을 기다리도록 가르칠 때, 때로는 기다리면서 할 수 있는 활동이나 과제를 제시하여 기다리는 시간을 잘 활용하게 할 수도 있다(Carr et al., 1994 참조). 일반적으로 기다리면서 수행할 수 있는 활동들은 학생들에게 쉽고 즐겁게 할 수 있는 것으로 하여 기다리는 지루한 시간을 즐겁게 견딜 수 있게 해야 한다.

비록 인내 전략이 연구와 실제에서 반복적으로 제시되어 온 것이 사실이지만 (Carr et al., 1994), 학생들이 힘들어하거나 하기 싫어하는 과제에 직면했을 때 교수할 수 있는 유일한 교체기술은 아니라는 점에 주의를 기울여야 한다. 다양한 유형의 장애를 지닌 다양한 연령층의 아동들이 자기관리 전략을 통하여 그러한 상황에 대처하는 사례들이 많은 문헌을 통하여 다양하게 제시되고 있다.

2) 자기관리 전략을 이용한 대처하기 교수

인내 교수는 교사의 수정 전략(예: 준호에게 적용했던 바와 같은 선행사건과 후속결과를 재구성하는 것)에 전적으로 달려 있지만, 대처 전략은 스트레스나 어려움이 있는 상황에서 자신의 행동을 조절하고 통제할 수 있는 전략이나 새로운 기술의 교수에 달려있다. 이러한 기술들은 일단 습득되고 나면 교사의 지원을 더 이상 필요로 하지 않을 뿐만 아니라 학생들은 이러한 전략을 스스로 적용하기 때문에 자기관리(self-management) 기술이라 일컫는다. 실제로 학생이 어려운 상황을 인식하는 것 자체가 문제행동에 건설적으로 대처하기 위하여 대안적인 자기관리 전략을 사용해야 한다는 단서가 된다.

자기관리를 교수하는 여러 방법들이 제시되고 있으며, 이러한 방법들은 다양한 방법으로 서로 연계해서 사용될 수 있다. 〈표 9-2〉에서 제시된 바와 같이 분노 조절 훈련(anger control training), 긴장 완화 훈련(relaxation training), 사회적 문제 해결(social problem solving) 등이 자기관리 전략에 포함될 수 있다. 자기 발전을 위하여 특정한 행동 목표를 설정하고 적절한 행동과 문제행동의 진보 여부를 관찰하기 위한 기록방법 등을 가르칠 수 있는 목표 설정(goal-setting)과 자기점검 기법(self-monitoring technique) 등도 자기관리 전략으로 적용될 수 있다.

자기관리 교수가 대처하기에 어떻게 적용될 수 있는지를 설명하기 위하여 두 자릿수 셈하기 문제 풀이를 잘 못하고 수학 자습 시간에 도움을 받고자 소리를 지르곤 하였던 윤희의 예를 다시 생각해 보기로 하자. 교사가 소리 지르기를 대신할 수 있도록 도움 요청하기를 가르쳤다고 가정해 보자. 그러나 윤희가 요청할 때마다 선생님이 즉각적으로 반응해 줄 수는 없으므로 다른 유형의 대처 전략이 필요하다. 교사는 윤희가 도움을 얻기 위해서 소리를 지르기 전에 공손히 도움을 요청하다가 교사나 다른 사람들이 즉시 반응하지 않으면 몹시 화를 낸다는 사실을 알게 되었다(예: 자기 자리에 앉아서 심하게 소리를 지르곤 하였다). 이러한 격앙된 행동은 그와 같은 상황에서 이완하도록 가르치는 것이 윤희가 교사의 도움을 기다려야만 하는 상황에 대처할 수 있는 이상적인 방법임을 보여 주고 있다.

긴장 완화를 가르치기 위한 많은 전략들 중 가장 잘 알려진 두 가지는 횡경막 호흡(diaphragmatic breathing; Davis, Eshelman, & McKay, 1988)과 점진적 근육 이완법(progressive muscle relaxation: PMR; Bernstein & Borkovec, 1973)이다. 대부분의 자기관리 기술과 같이 이러한 전략들은 긴장 완화 반응들이 잘 습득될 때까지 자극적인 상황(예: 수학 시간)이 아닌 상황에서 연습과 훈련을 해야 한다. 그런 다음에 분노를 유발하는 실제 상황에서 이러한 새로운 반응들을 훈련하게 된다. 횡경막 호흡이나 심호흡 하기는 횡경막을 이용하여 허파까지 공기를 깊고 부드럽게 들이마시도록 가르치는 것이다. 이 호흡의 효과는 횡경막까지 호흡을 하는가의 여부에 달려 있다. 왜냐하면 이와 같은 깊은 호흡은 불안한 형태의 호흡인 얕고 빠른 호흡과 동시에 할 수 있는 것이 아니기 때문이다. 학생들에게 심호흡을

〈표 9-2〉 대처와 일반적인 적응기술 교수를 위한 대안적 기술 중재

■ 분노 조절 훈련

화가 난 상황에서 화를 조절할 수 있도록 가르친다. 일반적으로 학생들에게 다음과 같은 방법을 가르친다. (1) 화를 유발하는 요인들을 파악한다('철수는 내가 좋아하는 컴퓨터를 건드렸다.'), (2) 신체적 단서를 알아낸다('내 얼굴이 화끈거리는 것 같다.'), (3) 혼잣말을 한다("조용히 있자. 필요하면 걸을 수도 있어.'), (4) 화를 감소시킬 수 있는 방법들을 사용한다(걷기, 쉬는 시간 요청하기, 10까지 세기). (5) 자기평가를 한다('나는 너무 화가 났지만 가만히 있었어.').

■ 긴장 완화 훈련

깊은 호흡을 하거나 근육의 긴장을 이완시킴으로써 흥분되거나 고조되었을 때 '스트레스를 완화시킬 수 있도록' 가르친다. 학생들이 단서에 반응하도록 가르칠 수 있고(예: "너 화를 내고 있구나. 침착해지도록 깊은 숨을 쉬렴. 내가 숫자를 세어 줄 테니 따라서 숨을 쉬렴. 하나…[호흡], 둘…[호흡], 셋…"), 또는 무엇 때문에 화가 났는지 파악하고 스스로 침착해질 수 있는 방법을 습득하도록 할 수 있다(예: '이 시끄러운 교실은 나를 화나게 해. 나는 복도로 나가서 잠시 심호흡을 하고 오겠어.').

■ 사회적 문제 해결

학생이 문제 상황이나 문제를 유발하는 요인들을 파악할 수 있도록 가르치고, 문제에 대한 대안적 해결 방안들을 찾고 평가한 후 대안적 방법으로 반응하게 한다. 일반적인 교수방법은 (1) 문제가 무엇인지 말한다("철수가 나를 놀렸어."). (2) 대안들을 적어 본다('나는 걸어다닐 수 있어. 나는 철수에게 말할 수 있어. 나는 철수를 때릴 수 있어.'). (3) 결과를 확인한다(예: '만일 내가 철수를 때린다면 내가 곤란해질 수 있어'). (4) 가장 적절한 대안을 선택한다('철수에게 말하는 것이 가장 좋은 방법이야.').

■ 목표 설정, 자기점검, 자기평가 훈련

학생들에게 목표를 설정하고 자신의 행동을 점검하고 스스로 강화하고 평가할 수 있는 특별한 방법들을 가르친다. 이러한 방법들은 한 가지만 사용하거나 여러 가지를 같이 사용할 수도 있다. (1) 목표 설정('나는 공부하다가 좌절하게 되면 손을 들어서 도와달라고 하거나 잠시 쉬게 해 달라고 하겠다.'), (2) 자기점검(점검표를 사용하여 학생 스스로 도움을 요청하였거나 쉬는 시간을 요청한 횟수를 기록한다), (3) 자기평가('나는 불평하지 않고 매번 손을 들겠다. 나는 잘 할 것이다.'). 목표 설정, 자기점검, 자기평가의 방법은 문제행동과 교체기술, 일반적인 적응기술 등과 같은 자기관리 기술의 교수에 적용될 수 있다.

■ 자기 단서

학생에게 그림 점검표, 청각적 단서(예: 호출기), 자기진술(예: '먼저 숙제를 마치고 컴퓨터를 해야지.') 등과 같은 외적 촉진을 사용하도록 가르친다. 이러한 전략들은 교사의 촉진 사용을 줄이고 학생들이 스스로 지도할 수 있게 해 준다. 이러한 기법들은 모든 기술에 적용될 수 있다.

할 수 있도록 훈련을 한 후 어려운 상황에서 혼잣말(예: "나는 화가 나려고 해. 숨 쉬기를 해야 해.")을 하면서 심호흡을 하게 한다.

점진적 근육 이완법은 자기 몸의 주요 근육들을 긴장시키고 이완시킬 수 있게 연습하는 것이다. 이 방법의 핵심은 학생이 긴장하거나 이완하였을 때 관련된 근육들에 어떤 느낌이 드는지를 이해하게 하는 것이다. 이와 같은 변별기술은 이 방법을 잘 사용하기 위해서 기본적으로 습득되어야 한다. 학생이 점진적 근육 이완법을 이용하여 긴장을 완화하는 방법을 습득할 때는 편안한 의자 또는 침대 및 은은한 불빛과 같은 조용한 장소를 찾아야 한다. 지속적이고 잦은 연습은 스트레스가 있고 긴장된 실제 상황에서 쉽게 긴장을 완화할 수 있는 방법을 배우기 위한 필수적 요소다.

교사는 윤희에게 도움 기다리기에 대처할 수 있는 대안적인 문제 해결을 위한 교수방법도 살펴보았다. 이러한 경우 교사는 윤희에게 먼저 두 자릿수 수학 문제 계산과 같이 도움이 필요한 상황을 파악할 수 있도록 가르쳐야 한다. 그런 다음에 윤희와 함께 문제 해결 방법을 계획하고 평가하게 된다. 이와 같은 순서들을 함께 연습한 후, 윤희가 스스로 문제 해결 방안을 계획하고 실행할 수 있도록 점차 도움의 양을 줄여 갈 수 있다. 윤희를 위하여 선택할 수 있는 방법들은 (1) 최근에 새롭게 습득한 긴장 완화기술을 사용하기, (2) 수학을 잘하는 친구에게 도움을 요청하기, (3) 혼자 할 수 있는 수학 문제를 먼저 풀고 수업 시간이 끝나갈 때 도움을 요청하기다.

4. 일반적인 적응기술 교수

일반적인 적응기술은 앞에서 설명한 두 가지 유형의 대안적 기술(교체기술과 대처/인내기술)보다 광범위하고 복잡한 기술들을 포함한다. 일반적인 적응기술을 가르칠 때, 교수목표는 일반적인 사회적 능력과 의사소통 및 학업 능력부터 문제 발생 가능성을 예방하거나 의미 있고 좋아하는 활동을 수행하는 등에 이르기까지 확대될 수 있다. 즉, 긍정적 행동지원에 적응기술을 포함하는 경우 지원팀은 예방과 생활 습관의 변화를 위한 성인의 통제를 학생에게로 이전하려는 시도를 하게 된다. 문제행동을 예방하기 위하여 성인들이 선행/배경사건이나 여러 다양한 환경을 변화시키기보다는 학생 스스로 환경적 문제들에 대처할 수 있는 기술을 가르칠 수도 있다. 또한 일반적인 능력은 긍정적 행동지원의 궁극적인 목표인 장기적인 생활양식의 변화를 가져올 수 있도록 강화되어야 한다.

일반적인 적응기술을 교수목표로 할 때는 두 가지 질문을 숙고해야 한다. 첫 번째 질문은 '문제행동을 예방하기 위하여 학생에게 어떤 기술을 가르쳐야 하는가?' 이다. 이러한 질문에 답하기 위해서 중재자들은 학생의 문제행동과 관련된 특정 상황을 이해하기 위하여 설정하였던 가설들을 재고해야 한다. 예를 들어, 문자 인식 과제가 어렵다고 책상을 치고 소리를 질렀던 태희의 사례를 다시 생각해 보자. 팀은 어떤 과제가 어려웠는지, 그리고 과제를 쉽게 수행하게 하기 위하여 태희에게 어떠한 기술을 가르쳐야 하는지를 고려했다. 문제지의 변화가 혼란스러워서 글자 재인 과제 수행에 어려움을 느끼는 것인가? 그렇다면 태희가 지문 읽는 방법을 배우도록 하는 것이 더 나은가, 아니면 어려운 유형의 문제에 답하는 방법을 가르치는 것이 더 나은가? 특정 단어들을 계속 혼동해서 문자 재인 과제에 어려움을 느끼는가? 그렇다면 글자를 알 수 있도록 재교육하는 것이 효과적인가? 아무 일도 하지 않을 때 감각 자극을 위하여 물건 돌리기를 하였던 승주를 생각해 보자. 승주의 팀 구성원들은 적절한 여가기술을 가르치기로 하였다. 가령 TV, DVD, CD 등을 작동시킬 수 있는가? 한 가지를 마친 후 다른 활동을 시작할 수 있는가 아니면 어른들이 어떤 것을 줄 때까지 무료하게 기다리고만 있는가? 놀이를 하기 위하여 또래의 놀이 제안을 기다리기보다는 스스로 시작행동을 할 수 있는가?

두 번째 질문은 '학생에게 의미 있는 방향으로 생활양식이 향상되게 하기 위해서 가르쳐야 하는 일반적인 기술은 무엇인가?' 이다. 여기서의 목표는 학생의 선호도와 흥미를 따르면서 학생에게 필요한 기술을 가르치는 것이다. 학생이 즐기는 것은 무엇인가? 학생에게 중요한 목표는 무엇인가? 학생이 즐기는 활동에 더 잘 참여하도록 하기 위해서 필요한 기술은 무엇인가? 학생이 자신에게 의미 있는 활동을 추구하고 접근할 수 있는 기술을 가지고 있을 때, 그들의 전반적인 삶의 질을 향상시킬 수 있는 생활양식의 변화를 이루어 낼 수 있을 것이다. 이 책 전반에 걸쳐서 강조했던 바와 같이, 생활양식의 향상을 위한 목표들은 문제행동을 유발하는 환경적 조건들을 변경하거나 제거함으로써 문제행동을 예방할 수 있다.

이러한 두 가지 질문은 〈표 9-2〉에 제시된 바와 같은 여러 가능성 있는 교육적 중재들을 고려하게 한다. 얼핏 보기에는 가능한 대안들의 수가 매우 많고 대부분의 기술들은 교수 목표가 될 수 있을 것처럼 보인다. 의사소통과 사회적 상호작용, 자조기술과 생활기술, 학업 성취 등을 위한 기술 교수는 모두 중재를 위한 기술 영역의 예가 될 수 있다. 그러나 모든 학생들에게 모든 기술들을 다 가르칠 필요가 있는 것은 아니다. 무엇인가를 가르치고자 했을 때, 팀 구성원들은 학생이 자신을 위하여 배울 필요가 있다고 생각하는지와 팀이 학생을 변화시키기 위하여 가장 필요하다고 생각하는 선행사건이나 생활방식의 변화들 간의 우선순위에 균형을 맞추어야 한다(예: 11장의 '장기적 지원' 참조).

5. 세 가지 대체기술의 접목

종합적인 지원 계획에서는 교체기술 교수, 인내 및 대처 기술 교수, 일반적인 적응기술 교수를 하나의 교수 계획으로 연계할 수 있다. 〈표 9-1〉에 제시된 바와 같이 세 가지 유형의 대안적 기술들은 각기 다른 목표를 가지므로, 이 세 대안적 기술들은 하나에 초점을 맞추어 가르칠 때 일어날 수 있는 제한점들을 보완할 수 있을 것이다. 세 가지 중재들이 하나의 지원 계획에 함께 적용될 수 있는 방법을 설명하기에 가장 좋은 방법은 실제 사례를 제시하는 것이다. [그림 9-3]은 재호를 위하여 개발된 교수 프로그램으로 재호를 위한 전반적 행동지원 계획의 일부로 세 가지 대안적 기술 중재가 포함되었다([그림 9-5]는 진수라는 학생의 중재를 위하여 세 가지 중재방법을 혼합하여 사용한 예다).

교수 목표와 전략

이름: 김재호

가설
재호는 혼자 있거나 쉬는 시간에 또래들과 어울리지 못할 때 또래들의 관심을 받거나 사회적 상호작용을 하기 위하여 이상한 행동(예: 이상한 소리 내기, 이상한 얼굴 표정 하기, 트림하기, 엉덩이 흔들기)을 한다.

대체기술:
재호는 또래와 같이 공부하기 위하여 허락을 요청하게 될 것이다.
- 자습시간이 시작될 때 재호에게 친구와 함께 공부할 수 있다는 것을 알려 준다.
- 필요한 경우 시범을 보여 준다(예: "태희 옆에 앉아도 돼요?").
- 알려 주기를 지연시킨다. 스스로 요청하는 행동을 하면 칭찬한다.

재호는 점심시간과 쉬는 시간에 또래들과 적절하게 이야기하거나 놀기를 시작할 것이다.
- 점심시간과 쉬는 시간이 시작될 때, 재호에게 선택할 수 있는 옵션을 알려 준다(예: "친구에게 네가 가져온 책을 함께 보자고 할 수도 있고, 게임을 할 수도 있어.").
- 필요한 경우, 적절한 상황이 되면 시범을 보인다(예: "재호야, 형진이에게 '나랑 카드 놀이할래?' 하고 말해 봐.").
- 촉진과 알려 주기를 지연시킨다. 스스로 위의 행동을 하면 칭찬한다.

대처기술과 인내기술
재호는 20분 동안 조용히 혼자서 공부할 것이다.
- 재호는 조용히 공부하는 행동을 스스로 점검한다.
- 조용히 작업하는 시간을 조금씩 늘려 간다.
- 칭찬과 특별한 스티커 등을 이용하여 조용히 과제 완수하기를 강화한다. 완성한 학습지를 '명예의 전당' 에 게시한다(또래들이 축하하고 격려하게 한다).

일반적인 적응기술
재호는 또래들과 대화를 시작하고 유지하기 위하여 '작은책(brag book)' 을 사용할 것이다.
- 교실에서 카드책을 이용하여 대화를 시작하고 질문하고 또래들의 질문에 반응하는 것을 연습한다.
- 점심시간과 쉬는 시간에 카드책을 사용하도록 격려한다.

재호는 또래들이 재미있어 할 만한 연령에 적합한 여러 게임을 배우게 될 것이다.
- 또래들에게 재호가 책상에서 할 수 있는 게임이나 유식 시간에 할 수 있는 놀이를 가르치게 한다(예: 우노 게임, 아이 스파이 게임, 트러블 게임, 짐기놀이, 각볼 등).

[그림 9-3] 재호를 위한 대체기술 교수 계획

7세인 재호는 다운증후군을 지닌 아동으로 통합학급의 1학년 학생이다. 재호는 친구들과 상호작용하는 것을 좋아하지만, 재호의 우스꽝스러운 표정 짓기와 시끄러운 소리 내기는 학교에서 방해가 되었다(집에서 형제들과는 적절한 방법으로 놀고 농담을 하였다). 재호의 행동에 대한 가설을 수립할 때 지원팀은 재호가 혼자 공부할 수 있는 능력을 지니고 있지만 또래들과 수다를 떨거나 우스꽝스러운 행동을 하는 것을 좋아한다는 결론을 내렸다. 또한 재호는 약간의 사회적 상호작용 능력이 있기는 하지만 매우 제한된 것으로 추측되었다. 실제로 재호는 또래들과 상호작용을 시작할 때마다 항상 우스꽝스러운 행동을 하였으며, 같은 반 친구들은 재호의 이러한 행동이 방해가 된다고 생각하기 시작하였다. 재호가 또래와의 상호작용을 좋아하고 이러한 상호작용 기술은 1학년 학생들에게 반드시 필요한 기술임을 고려하여, 재호의 지원 계획은 조용히 공부하는 방법을 가르치고 동시에 교실과 학교 식당에서 사회적으로 적절한 상호작용 방법을 사용할 수 있도록 가르치는 것으로 수립되었다. 재호의 팀은 재호의 일반적인 사회적 기술이 증가하고 또래와의 상호작용을 위한 대안적인 방법들을 배우면서 자습 시간에 친구들의 관심을 사려고 보였던 부적절한 관심 끌기 행동이 없어질 것이라고 가정하였다.

교실에서 공부하는 동안 또래의 관심을 끌기 위하여 사용하였던 우스꽝스러운 행동을 대체하기 위하여, 재호는 혼자서 과제를 수행해야 하는 시간에 또래와 함께 공부할 수 있는 허락을 받도록 요청하게 하였다(일반적으로 재호는 또래가 옆에 있는 경우 우스꽝스러운 행동을 하지 않고 과제를 마칠 수 있었다). 교사는 학생들이 서로 협력할 수 있는 기회를 많이 제공하려고는 하였으나, 친구와 함께 공부하고 싶다는 재호의 요청을 항상 들어줄 수는 없었다. 그래서 재호는 혼자서 조용히 공부하는 방법도 배워야 했다. 이를 위하여 교사는 재호에게 혼자서 공부해야 하는 시간에 '조용히 공부하기' 를 스스로 점검하도록 가르쳤다. 손목시계가 울릴 때마다 조용히 공부하였는지를 스스로 체크하게 하였다. 재호가 조용히 공부를 한 경우 [그림 9-4]와 같은 표에 웃는 얼굴 그림을 표시하게 하였다. 매주 교사는 조용히 공부하는 시간을 조금씩 늘려 나갔다. 조용히 공부하는 시간을 잘 지키면 재호의 과제에 특별한 스티커를 붙여 주었고, 그 과제를 '명예의 전당' 이라는 공간에 게

나는 조용히 공부합니다.		
1	☺ 네	☹ 아니요
2	☺ 네	☹ 아니요
3	☺ 네	☹ 아니요
4	☺ 네	☹ 아니요
5	☺ 네	☹ 아니요

[그림 9-4] 조용한 학습을 위한 자기 점검 기록지

* 숫자 1~5는 1분 간격을 나타낸다. 신호음에 따라 조용히 공부했는지의 여부를 기록지에 '네' 또는 '아니요' 로 표시한다.

시하여 친구들의 축하와 칭찬을 받게 하였다.

학교 식당에서의 재호에 대한 지원 계획은 친구들을 불러 상호작용을 시작하게 하는 것과 이미 시작된 상호작용과 놀이를 유지할 수 있게 하는 대안적 방법을 가르치는 것에 초점을 맞추었다. 팀은 재호가 시작한 놀이를 친구들과 재미있게 계속할 수 있는 대안적인 방법을 사용하지 않는다면 사회적 시작행동만으로는 궁극적으로 우스꽝스러운 행동을 대체할 수 없다고 생각하였다. 교사는 재호의 놀이 기술을 확장시키기 위해 식당과 쉬는 시간, 자유 시간 등에 적합한 다양한 게임을 할 수 있도록 계획하였다. 이렇게 해서 재호는 시작행동을 할 때 자기도 할 줄 알고 친구들도 좋아하는 게임을 하기 위하여 친구들에게 제안을 할 수 있게 되었다(예: "우리 우노 게임 할까?"). 재호는 어머니의 도움을 받아 또래들과 대화를 시작하고 유지하기 위한 '작은 책(brag book)' 을 사용하는 방법을 배웠다. 작은 책에는 재호가 좋아하는 방과 후 활동이나 주말 활동에 대한 그림이나 글(예: 영화티켓, 재미있는 놀이 공원 이용권, 교회학교에서 만들어진 그림 등)이 들어 있었다. 어머니는 이러한 내용들을 매주 새롭게 바꿔 주었다. 재호의 언어 능력은 간단한 문장을 사용하는 정도에 불과했지만 작은 책을 통하여 새로운 대화 주제(예: "나 스파이더맨 봤다.")와 또래 간 대화를 촉진하는 대화 형식(예: 친구가 "멋지지, 나도 봤어."라고 말하면서 두 소년이 함께 손목에서 거미줄을 뿜는 흉내를 냄)을 사용할 수 있게 되었다. 작은 책에는 재호가 시작한 대화 내용을 또래들이 쉽게 이해할 수 있는 상징들을 제시함으로써 또래들을 지원하였다.

또 다른 사례는 중학교 1학년 학생인 진수와 관련된 것이다. 진수는 정서 및 행동장애 학생을 위한 특수학급에서 3년을 지낸 후 중학교 일반학급에 통합되었다. 새로운 학교에서 잘 지내고 싶었던 강렬한 마음에도 불구하고 진수는 분노 폭발로 심각한 파괴행위를 하였고, 그에 따라 몇몇 교사는 진수가 특수학급에 있는 것이 더 적절할지도 모른다는 염려를 하게 되었다. 진수의 분노 폭발은 친구들 앞에서 자신의 과제에 대한 교정이나 피드백을 받을 때 나타나는 듯했다. 일반교사와 특수교사들로 구성된 지원팀은 진수의 분노 폭발에는 더 이상의 피드백을 피하고자 하는 목적과 '체면 세우기'(난폭한 척함으로써 난처한 상황을 회피함)의 두 가지 목적이 작용한다는 결론을 내렸다.

진수의 지원 계획은 세 가지 유형의 대체기술을 가르치는 것에 초점을 맞추었다([그림 9-5] 참조). 첫째, 소리 지르기를 사회적으로 적절하게 대체할 수 있도록 '시간 주세요'(즉, 교실 뒤에서 쉴 시간을 주세요)를 요구하도록 가르쳤고 이렇게 하는 즉시 쉴 수 있게 하였다. 그러나 이것은 순간적인 해결책에 불과하였다. 교정을 받는 것은 학교생활에서 피할 수 없는 일이었다. 피드백을 받을 때 진수는 하던 일을 계속하면서 조용히 있는 방법을 배워야 했다. 따라서 두 번째 대체기술의 교수가 이루어졌다. 즉, 화를 통제하는 방법이 교수되었다. 특수학급 교사는 7회기 동안 매일 진수를 만났다. 교사의 교정을 받는 동안 조용히 10까지 세면서 긴장을 완화할 수 있도록 특수학급 교사와 역할놀이를 하였고 이러한 분노 조절방법을 일반학급에서도 사용할 수 있도록 훈련하였다. 수업 시간마다 진수는 화가 난 횟수와 화를 조절한 횟수, 교실에 머문 횟수를 기록하였다. 특수학급 교사는 7회기 토론을 하는 동안 진수의 진보를 검토하고 칭찬하였다. 교사는 진수에게 강화해 주는 것은 물론 매주 집으로 진도 평가서를 보냈고 좋은 성적을 받았을 경우 보너스로 용돈을 더 받게 하기도 하였다.

분노 조절 훈련이 진수에게 매우 유용하였지만 이러한 두 가지 유형의 대체기술만으로는 진수가 교사의 지적을 받게 된 근본적인 문제를 해결할 수 없었다. 진수는 지각을 자주 하였고 준비물(교과서, 과제, 연필 등)을 잊고 가져오지 않았으며

교수목표와 전략

이름: 허진수

가설

친구들이 있는 상황에서 진수의 사회적 행동에 대하여 정정하거나 피드백을 줄 때, 또래들 앞에서 무안을 당하거나 더 많은 정정을 받지 않기 위하여 선생님과 학교를 싫어한다고 소리를 지르곤 한다.

교체기술

진수는 자신이 소리 지르거나 고함칠 것 같은 느낌이 들 때 교실 뒤에 있는 시간을 달라고 요청할 것이다.

- 수업 시작 시간이나 화가 날 듯한 징후가 있을 때 '시간을 주세요.' 라고 요청하고 교실 뒤로 가서 머리를 식히도록 말해 준다.
- 진수는 소리 지르거나 고함치지 않고 보내는 시간 동안 자기 점검을 할 것이다.
- 적절한 선택을 했을 때 칭찬한다(예: 소리 지르기보다는 쉬는 시간을 가짐). 가정으로 진도 평가서를 보낸다.

대처기술과 인내기술

진수는 분노를 조절하게 될 것이고 교실의 자기 자리에 앉아 있을 것이다.

- 역할놀이를 이용하여 화를 유발하는 요인들을 파악하고 개별 수업 시간에 10까지 세면서 긴장을 완화하도록 가르친다.
- 진수는 자기 점검을 하고 자기 자리에 조용히 앉아 있을 것이다.
- 매일 일과를 마칠 때 진수와 함께 자기 점검 기록지를 검토한다. 진도 평가서를 가정으로 보낸다.

일반적인 적응기술

진수는 준비물을 잘 챙기고 지각하지 않도록 정리하고 시간을 관리하는 기술을 사용할 것이다.
진수는 목표 설정, 자기 점검, 수행평가를 위한 방법들을 학습할 것이다.

- 개별 지도 시간에 교사의 지적을 받는 상황이 발생했을 때 문제 해결 절차를 사용하게 한다. (예: 수업에 지각함, 과제를 하지 않음, 과제를 잊음, 책이나 펜을 잃어버림)
- 자기 점검 기록지를 사용하여 목표를 설정하고 자신의 수행을 점검할 수 있도록 격려한다(예: '나는 시간에 맞춰 수업에 왔다.' '필요한 준비물을 가져왔다.'). 시간을 지키고 조용히 있는 것을 스스로 점검하게 한다.
- 일과를 마치는 시간에 목표와 목표에 대한 성취를 검토한다. 진수가 새로운 문제를 해결할 수 있도록 도와준다.
- 수업 준비를 잘하고 시간을 지켜 등교하였을 때 수업 준비 점수와 보너스 점수를 주어 숙제 안 하기 카드와 교환할 수 있게 해 준다.

[그림 9-5] 진수를 위한 대체기술 교수

정해진 시간에 과제를 제출하지 않았기 때문에 교사의 지적을 받곤 하였다. 이에 따라 세 번째 대체기술 교수는 진수의 전반적인 학습 준비와 관리 기술을 증가시킬 수 있는 자기관리 기술의 향상에 중점을 두었다. 토론에서는 진수에게 (1) 교사의 지적이나 교정의 원인을 알게 하였고(예: '나는 지각을 했어.'), (2) 문제 상황에서 필요한 학습 목표를 설정하게 하였다(예: '복잡한 자료들 틈에서 책을 찾느라 시간을 낭비하지 않기 위해 나는 사물함을 잘 정리하겠다.'). 일단 이와 같은 목표를 설정한 후 목표를 점검하고 평가할 수 있는 방법을 알아보게 하였다(예: '나는 매 시간 이 일을 할 것이다. 나는 잘할 것이다.'). 시간 맞춰 등교하고 준비물을 잘 챙길 경우 진수에게는 학급에서 일반적으로 줄 수 있는 상을 주고(이 상은 진수 학년의 모든 학생들이 받을 수 있음), 더불어 보너스 점수를 주었다(이 점수가 모이면 숙제를 면제받는 권리와 교환할 수 있음).

6. 요 약

대체기술의 교수는 긍정적 행동지원 계획에서 매우 중요한 요소다. 대체기술은 학생들이 자신이 원하는 것과 필요한 것을 사회적으로 적절한 방법으로 대체하게 함으로써 문제행동을 감소시킨다. 또한 대체기술은 어려운 상황에 적절하게 대처하고 의미 있는 활동과 사회적 상호작용을 수행하게 하며 문제행동의 발생을 예방할 수 있도록 학생의 일반적인 능력을 강화한다. 중재 전략은 (1) 교체기술, (2) 대처기술과 인내기술, (3) 일반적인 적응기술의 세 가지 주요 기술 형태로 설명될 수 있다.

잘 알려져 있듯이, 이 장에서 설명한 전략들을 함께 연계하여 적용하는 것은 매우 어려운 일이다. 대체기술의 교수는 주의 깊은 계획과 실행을 필요로 하며, 지원팀은 학생을 잘 알아야 하고, 학생에게 이러한 기술을 가르치는 것을 최우선시하여야 한다. 많은 노력을 기울여야 하는 것이 사실이지만, 또한 그 보람도 상당히 크다. 학생들은 일생 동안 사용하게 될 일반적인 적응기술과 자기조절 기술, 사회적 기술 및 의사소통 기술 등을 배우게 된다.

일반적인 질문

Q 한 가지 유형의 대체기술을 가르치는 것이 그 이외의 방법과 비교할 때 갖는 장점은 무엇인가요?

이미 강조했던 비와 같이, 대체기술의 각 유형(예: 교체기술, 대처/인내기술, 일반적 적응기술)은 특별한 목적이 있습니다. 따라서 어떤 것이 가장 적절할 지는 학습자에게 어떤 것이 가장 중요한지에 따라 결정되어야 합니다. 일반적으로 행동지원 계획의 교수 요소들을 고안할 때 비록 이 세 유형의 대체기술이 모두 필요하지는 않더라도 이러한 대체기술을 모두 고려하는 것이 적절한 것으로 알려져 있습니다.

Q 대체기술은 특정 순서에 따라 가르쳐야 하나요?

대체기술은 대부분 다른 기술들과 연계하여 가르치는 경우가 많습니다. 따라서 대체기술들은 특정 순서에 따라 가르치지는 않습니다. 학생이 문제행동을 통하여 원하는 것을 얻는 것 외에 사회적으로 적절한 다른 방법을 알지 못할 때, 지원팀은 가장 우선적이라고 생각하는 대체기술부터 가르치기 시작합니다. 학생에게 복잡한 일반적인 기술을 가르치거나 참는 것을 먼저 가르치기보다는 문제행동 상황을 예방할 수 있도록 즉각적인 요구를 충족시키거나 의사소통을 할 수 있게 하는 것이 우선되어야 합니다. 만일 교체기술을 가르치는 것이 학생에게 가장 먼저 필요하다면 중재자들은 이러한 교체기술 또는 다른 기술들과 연계한 교체기술의 교수를 먼저 실시해야 합니다(재호와 진수의 교수 계획에서 제시된 바와 같이).

Q 만일 학생의 문제행동의 기능을 명확히 알지 못한다면 어떻게 해야 하나요? 그런 경우에도 대체기술을 가르칠 수 있나요?

이론적으로 말씀드리자면 그러한 경우에 대한 답은 아니요입니다. 대체기술의 교수를 위해서는 행동의 기능을 명확히 알아야 합니다. 그러나 때로는 행동의 기능을 명확히 알 수 없는 경우도 있습니다. 이 경우 상황에 적합하고 여러 기능으로 적용될 수 있는 '일반적인' 대체기술을 가르치는 것은 가능합니다. 예를 들어, 명호의 사례에서는 왜 과제를 구겨 버리는지를 알 수 없었습니다. 관심을 끌기 위한 것인지 혹은 회피를 위한 것인지 파악할 수 없었습니다. 그럼에도 불구하고 교사는 명호가 과제를 구겨 버리고 싶은 마음이 들 때마다 손을 들도록 가르쳤습니다. 명호가 손을 들면 교사는 특정 교육과정에 근거해서 그때 명호가 무엇을 필요로 하는지를 생각하고 격려나 칭찬(관심 끌기) 또는 도움 제공하기(회피) 등 상황에 적절한 반응을 해 주었습니다.

> **Q 대처기술과 인내기술은 학생들이 학습하기 어려운 것 같습니다. 이와 관련해서 조언해 주실 수 있나요?**
>
> 대처기술과 인내기술은 불쾌하거나 원하지 않는 상황에서 잘 지낼 것을 요구하기 때문에 학생들이 학습하기 어려운 기술입니다. 학생들은 이러한 기술을 배우고 싶어 하지도 않고 거부할 수도 있기 때문에 팀 구성원들은 다음과 같은 질문들을 잘 고려해야 합니다. (1) 특정 상황에서 대처기술과 인내기술을 반드시 배워야 하는가? 다른 방법은 없는가? (2) 필요한 상황(예: 혼자서 공부하는 법을 배우기 등)이라면 학생을 즐겁게 해 줄 방법은 없을까? 이 책에서 제시하였던 선행사건 수정의 방법이나 부가적인 동기 부여, 보상, 강력한 격려 등을 사용하도록 고려해 볼 수도 있습니다(예: "선생님은 이 과제가 얼마나 어려운지 잘 알고 있어. 그런데 너는 정말 잘하고 있구나!"). (3) 학생은 이러한 상황에서 힘을 덜 들일 수 있고 덜 어렵게 할 수 있는 기술을 지니고 있는가? 그렇지 않다면 이 장에서 설명하였던 몇몇 일반적인 적응기술의 교수를 고려해 볼 수 있습니다.

사례

명호를 위한 대체기술 중재

명호의 팀은 지원 계획을 개발할 때 세 가지 형태의 대체기술을 모두 고려하였다([그림 9-6] 참조). 비록 선행사건 중재를 통하여 명호의 교육과정에서 어려운 과제들을 제거하였지만, 학교에는 다른 많은 어려운 과제들(의미 있는 것들을 포함하여)로 가득하기 때문에 물건 던지기, 밀기, 치기 등의 문제행동을 하지 않고 활동을 그만하거나 끝낼 수 있는 적절한 방법을 가르쳐야 했다. 팀 구성원들은 모두 이 생각에 동의하였다. '쉬는 시간' 카드를 지적하거나 '쉬게 해 주세요.' 라고 요청하는 대체기술의 교수가 명호의 지원 계획에 추가되었다. 쉬는 시간을 요청하도록 가르치기 위하여 교사는 며칠 동안 약간 어려운 과제를 주고 명호가 쉬는 시간을 요청하면 즉각적으로 쉬게 해 주는 계획을 세웠다. 명호가 동요하기 시작하면 교사는 '쉬는 시간' 카드를 지적하면서 "쉬는 시간 달라고 말해."라고 명호를 촉진하였다. 명호가 "쉬고 싶어요."라고 말하거나 카드를 지적하면 과제를 치우고 몇 분 후에 다시 과제를 제시하였다. 교사는 이러한 새로운 기술을 배울 수 있도록 매일 연습할 수 있는 기회를 제공하였다.

며칠이 지나자 명호에게 쉬는 시간을 요청하게 하기 위하여 어려운 과제를 더 이상 제시할 필요가 없다는 것을 알게 되었다. 일단 명호가 쉬는 시간 요청방법을 알게 된 후에는 정규 시간표에 따라 교수를 진행하고 그 안에서 어려운 과제를 하면서 자연스러운 학습이 일어날 수 있게 되었다. 담임교사와 보조교사는 명호에게 '쉬는 시간' 카드를 모든 활동에서 다 사용할 수 있다고 알려 주었고 힘들어하는 징조가 보이면 바로 쉬는 시간을 요청하게 하였다.

물론 쉬는 시간 요청이 언제나 가능한 것은 아니었다. 팀 구성원들은 명호의 교육적 요구를 위하여 어려운 과제를 해야 할 때도 있다는 것을 알게 되었다. 이에 따라 두 번째 대체기술인 어려운 과제에 대한 인내하기를 중재 계획에 포함시켰다. 이 기술을 가르치기 위하여 담임교사와 보조교사는 명호가 쉬는 시간을 요청하기 전에 조금 더 오래, 조금 더 많이 과제를 수행하게 하였다. 그러나 인내기술을 가르치기 전에 팀 구성원들은 다음 두 가지가 먼저 충족되어야 한다고 생각하였다. 첫째, 명호는 일상적인 교실 상황에서 쉬는 시간 요청하기를 잘할 수 있어야 한다. 둘째, 명호의 교육과정이 기능적이고 유의미해야 한다. 인내기술의 교수는 명호가 교육과정을 지속할 수 있을 정도로 충분히 동기화될 수 있을 때라야 가능하다. 만일 쉬는 시간을 지나치게 자주 요청한다면 팀 구성원들은 교육과정이 실제로 유의미하게 구성되었는지의 여부를 재평가해야 한다.

일반적인 적응기술의 교수를 고려할 때는 즉각적인 의사소통을 목표로 해야 한다. 의사소통 기술은 기본적인 요구사항의 표현을 위해서만이 아니라 다른 사람들과 우정을 쌓거나 의미 있는 관계를 형성하기 위해서 반드시 필요하다. 명호는 구어로 의사소통을 해야 하는 상황에서 문제행동을 하였기 때문에, 중재자들은 문제행동의 대체 수단이자 구어를 보완하기 위한 보완체계가 필요하다고 생각하였다. 이에 따라 세 번째 대체기술의 목표는 그림이나 몸짓을 사용함으로써 의사소통적 어휘를 확장하는 것이었다. 교수는 학교 일과 중에 자연스럽게 일어날 수 있게 하였다. 교사는 새로운 그림 어휘 카드나 자연스러운 몸짓을 가르쳤고, 활동

명호의 행동지원 계획

가설: 1. 명호에게 어려운 과제를 하게 하면 그 활동을 피하기 위하여 거부 및 공격행동을 할 수 있다.
2. 명호에게 비기능적인 활동을 하도록 요청하면 그 활동을 피하기 위하여 거부 및 공격행동을 할 수 있다.
3. 명호에게 선호하는 활동을 하다가 덜 선호하는 활동으로 이동하게 하면 선호하지 않는 활동을 피하고 선호하는 활동을 계속하기 위하여 거부 및 공격행동을 할 것이다.

선행사건/배경사건 중재	대체기술	문제행동에 대한 반응	장기 지원 계획
교육과정에서 글자와 숫자 명명 과제를 없앤다; 학업 활동에서 회상 과제를 피한다. 기능적 활동에 학업 과제를 삽입한다; 의미 있는 결과를 얻을 수 있게 해 준다. 구어적 표현에 어려움을 느끼면 대안적 형태의 의사소통(그림, 몸짓)을 할 수 있도록 촉진한다. 교실 활동을 알 수 있도록 그림 일과표를 사용한다. 선호하는 활동을 마치기 전에 미리 알려 준다. 선호하는 활동을 하다가 선호하지 않는 활동으로 이동해야 하는 경우 잠시 선호하는 활동(예: 수학 게임)을 하게 해 준 후 비선호 활동을 시작한다.	교체기술: 쉬는 시간을 요청하도록 가르친다. 명호에게 쉬는 시간 카드를 사용하도록 촉진한다. 인내 기술: 어려운 과제를 수행하도록 가르친다; 쉬는 시간을 갖기 위해서는 조금 더 많이 혹은 조금 더 오랫동안 과제를 수행하도록 점진적으로 지도한다. 일반적인 적응기술: 몸짓과 그림 어휘를 확장한다. 학교 일과 중에 자연스럽게 가르친다. 표현을 늘리기 위하여 몸짓과 그림을 사용하도록 촉진한다.		

[그림 9-6] 명호의 대체기술

이나 물건을 요구할 때와 활동에 대하여 이야기하거나 또래들과 사회적 상호작용을 할 때 사용하게 하였다. 이와 같은 방법으로 요구하기나 상호작용을 시작할 때(예: "놀자."라고 말하기) 교사는 "나에게 더 말해 봐. 누구와 놀래? 네 카드를 가리켜 봐."라고 말하며 촉진하였다. 단어, 몸짓, 그림 등은 모두 명호에게 다양한 대안적 의사소통 수단이 되었다.

보미를 위한 대체기술의 중재

보미를 위한 대체기술을 고려할 때([그림 9-7] 참조), 팀 구성원들은 보미가 교사의 지시에 따라 주어진 활동을 하는 것, 즉 학습에 잘 참여하고 제시된 모든 과제를 완성해야 한다는 점에 동의하였다. 선행사건 중재(예: 쓰기 과제 줄여 주기, 과제 짧게 제시하기)를 통하여 이러한 교수 목표가 잘 수행될 것으로 기대하였다. 그러나 보미에게는 과제 자체가 부담이었기에 대체기술이 필요하였다. 팀 구성원들은 보미가 공부를 하는 동안 다른 어떤 것이 필요한 경우 손을 들어서 도움을 요청하거나 도와달라고 요구할 수 있게 해야 한다고 생각하였다. 이것은 보미가 사용할 수 있는 기술 목록에 포함된 것이지만 잘 사용하지 않는 기술이었다. 보미는 신호를 주는 것이 자신에게 도움이 될 것이라고 제안하였다. 팀 구성원들은 모든 공부 시작 시간과 보미가 활동을 그만두려 하는 시간마다 신호를 해 주기로 하였다. 교사는 간단한 빈도 측정기를 이용하여 보미의 도움 요청을 살펴볼 수 있게 되었다.

일반적인 적응기술의 측면에서 팀 구성원들은 보미가 또래들과 적절한 상호작용을 해야 한다는 점에 동의하였다. 적절한 상호작용이란 적절한 주제로 사려 깊게 대화에 참여하는 것이라고 정의하였다. 보미의 사회적 상호작용에서의 문제를 해결하기 위하여 사회적 기술 교수 프로그램을 시작하였다. 보미의 담임교사는 같은 학급의 다른 학생들 몇몇도 보미를 위한 사회적 기술 교수를 통하여 도움을 받을 수 있으리라고 생각하였다. 따라서 교사는 전체 학생들을 대상으로 6학년 학생들에게 적합한 사회적 관심을 주제로 집단 토의를 시작함으로써 사회적 기술 교수를 시작하였다. 또한 식당에서는 보미의 식탁에 자원봉사자를 배치하였고, 모든 학생들이 서로서로 다른 사람들을 배려하도록 지도하였다. 자원봉사자는 학생이 적절한 상호작용을 할 때 주기적으로 칭찬을 하였다. 자원봉사자는 보미가 친숙하지 않은 학생과 잘 참으면서 적절히 상호작용하게 도우면서 새로운 학생을 의도적으로 보미 옆에 앉히고 이러한 상황들을 잘 살펴보면서 칭찬과 촉진을 제공하였다. 또한 보미의 적절한 상호작용을 측정하기 위하여 기능진단 동안 자료 수집에 참여하였던 점심시간 식당 자원봉사자는 2개의 골프 타수기를 오른쪽 주

보미의 행동지원 계획

가설: 1. 보미에게 쓰기 과제를 제시하는 경우 회피하기 위하여 과제 이탈 행동을 한다.
2. 보미에게 긴 과제를 제시하는 경우 회피하기 위하여 과제 이탈 행동을 한다.
3. 보미가 주말 동안 아버지에게 다녀온 후에는 피곤하기 때문에 과제를 회피하기 위하여 과제 이탈 행동을 한다.
4. 낯선 또래들과 같이 있는 비구조화된 상황에서 보미는 또래들의 관심을 끌기 위하여 부적절한 상호작용을 한다.

선행사건/배경사건 중재	대체기술	문제행동에 대한 반응	장기 지원 계획
쓰기 과제의 양을 줄여 준다; 과제 수행을 위한 대체 전략을 제공한다(예: 녹음기). 과제를 작게 나누어 제공한다. 교수를 명확하고 분명하게 실시한다. 식당에서 친구 옆에 앉게 한다; 점차 새로운 친구들을 옆에 앉히고 적절한 상호작용을 할 수 있도록 촉진한다. 아버지를 방문하는 일요일 저녁에 집에 일찍 돌아오게 한다.	대체기술: 혼자서 해야 하는 과제를 제시하는 경우 과제가 너무 많아서 힘들다고 느끼거나 무엇을 해야 하는지 이해하지 못할 때 도움을 요청할 수 있음을 상기시킨다. 일반적인 적응기술: 사회적 기술을 가르치고 적절한 상호작용을 할 수 있도록 촉진한다. 인내기술: 점차 새로운 사람들을 소개한다.		

[그림 9-7] 보미의 대체기술

머니와 왼쪽 주머니에 각각 하나씩 넣고 다니며 사용하였다. 하나의 골프 타수기로는 적절한 상호작용을 기록하고 다른 하나의 골프 타수기로는 부적절한 상호작용을 기록하였다.

참고문헌 ……

Alberto, P. A., & Troutman, A. C. (2003). *Applied behavior analysis for teachers* (6th ed.). Upper Saddle River, NJ: Merrill/Prentice Hall.

Bambara, L. M., & Knoster, T. (1998). *Designing positive behavior support plans* (Innovations, No. 13). Washington, DC: American Association on Mental Retardation.

Bernstein, D. A., & Borkovec, T. D. (1973). *Progressive relaxation training: A manual for helping professionals.* Champaign, IL: Research Press.

Carr, E. G., & Durand. V. M. (1985). Reducing behavior problems through functional communication training. *Journal of Applied Behavior Analysis, 18,* 111-126.

Carr, E. G., Levin, McConnachie, G., Carlson, J. I., Kemp, D. C., & Smith, C. E. (1994). *Communication-based intervention for problem behavior: A user's guide for producing positive change.* Baltimore: Paul H. Brookes.

Davis, M., Eshelman, E. R., & McKay, M. (1988). *The relaxation and stress reduction workbook.* Oakland, CA: New Harbinger.

Durand, V. M. (1990). *Severe behavior problems: A functional communication training approach.* New York: Guilford Press.

Halle, J. W., Ostrosky, M. M., & Silliman, A. (1995). *Functional communication training: Transferring control from the teacher to the student.* Unpublished manuscript, Department of Special Education, University of Illinois.

Horner, R. H., & Day, H. M. (1991). The effects of response efficiency on functionally equivalent competing behaviors. *Journal of Applied Behavior Analysis, 24,* 719-732.

Neef, N. A., Mace, F. C., & Shade, D. (1993). Impulsivity in students with severe emotional disturbance: The interactive effects of reinforcer rate, delay, and quality. *Journal of Applied Behavior Analysis, 26,* 37-52.

Reichle, J., Drager, K., & Davis, C. (2002). Using request for assistance to obtain desired items and to gain release from nonpreferred activities: Implications for assessment and intervention. *Education and Treatment of Children, 25,* 47-66.

Rincover, A. (1978). Sensory extinction: A procedure for eliminating self-stimulatory behavior in psychotic children. *Journal of Abnormal Child Psychology, 6*, 299-310.

Rincover, A., Cook, R., Peoples, A., & Packard, D. (1979). Sensory extinction and sensory reinforcement principles for programming multiple adaptive behavior change. *Journal of Applied Behavior Analysis, 12*, 221-233.

Wacker, D. P., Steege, M. W., Northup, J., Sasso, G., Berg, W., Reimers, T., Cooper, L., Cigrand, K., & Donn, L. (1990). A component analysis of functional communication training across three topographies of severe behavior problems. *Journal of Applied Behavior Analysis, 23*, 417-429.

10

문제행동에 대한 반응

LEE KERN

1. 반응이 문제행동에 미치는 영향
2. 윤리적 이슈
3. 반응 중재의 목표
4. 문제행동에 대한 반응 시 고려사항
5. 문제행동에 대한 반응의 유형
6. 위기 관리
7. 문제행동의 주기
8. 요 약

8장과 9장에서 선행/배경사건에 대한 중재와 대체기술 교수에 대하여 살펴보았다. 앞에서 살펴본 이러한 요소들은 문제행동의 발생을 예방하고 더 적절한 행동을 가르칠 수 있다는 점에서 종합적인 긍정적 행동지원 계획에 매우 중요한 부분이다. 잘 설계된 선행/배경사건과 대체기술 중재는 문제행동 발생률을 낮출 수 있다. 그러나 모든 행동지원 팀들이 바라는 것과는 달리 아무리 잘 설계된 긍정적 행동지원 계획일지라도 문제행동을 모두 제거하지는 못할 수도 있다. 여러 날, 여러 주, 심지어 여러 달 동안 지원을 했음에도 불구하고 여전히 문제행동이 발생한다는 사실을 알게 될 수도 있다. 그러나 문제행동이 지원팀의 걱정거리가 되고 종합적인 지원 계획을 세워야 할 정도로 심각할 때는 좀 더 오랜 기간 동안 중재 계획들을 실행해 보아도 결국은 개별화 계획을 세워야 할 필요가 있다는 사실만을 알게 될 뿐이다. 이러한 점들을 고려해 보면 문제행동이 바로 없어질 것이라고 기대하는 것은 무리라는 것을 알게 된다. 이와 같이 종합적인 지원 계획이 문제행동에 대한 반응 전략을 세심하게 고려하지 않는다면 그다지 효력이 없을 것이다.

이 장에서는 긍정적 행동지원 계획의 세 번째 요소인 문제행동에 대한 반응(responses to problem behavior), 즉 반응 중재(response interventions)에 대하여 살펴보고자 한다. 특정 중재방법을 선정할 때 고려해야 할 사항들과 함께 여러 반응적 접근들에 대하여 설명한다. 또한 효과적인 가장 적절한 접근이면서 긍정적 행동지원의 가치와 일치하는 중재를 계획할 때 팀 구성원들이 고려해야 하는 중요한 배경 정보들을 제시한다. 이 장에서는 주로 문제행동에 대한 반응이나 후속결과에 대해서만 설명하려고 한다. 대체행동에 대하여 어떻게 반응할 것인지를 계획하고 실행하는 것은 매우 중요하다. 왜냐하면 이러한 방법을 통하여 대체행동이 강화되고 증가할 수 있기 때문이다. 구체적인 방법에 대해서는 9장을 참고하기 바란다. 이 장에서는 원하지 않는 행동을 감소시키는 방법에 대해서만 살펴보고자 한다.

1. 반응이 문제행동에 미치는 영향

이 책 전반에 걸쳐 논의된 바와 같이 환경적 사건들은 행동에 많은 영향을 미친다. 9장에서는 대안적인 적절한 행동에 대한 반응이 그와 같은 행동들을 가르치거나 강화하기 위하여 어떻게 사용될 수 있는지 설명하였다. 구체적으로 설명해서, 행동 직후에 원하는 무엇인가를 얻을 수 있다면 그 행동의 미래 발생 가능성은 증가할 것이다. 마찬가지로 행동 직후에 원하지 않는 무엇인가가 뒤따른다면 이후에는 그 행동의 발생 가능성이 감소할 것이다. 즉, 원하지 않는 행동을 감소시키기 위하여 행동 직후에 즐겁거나 원하는 것들이 제시되지 않아야 한다는 것은 매우 중요한 요소다. 9장에서 이미 설명한 바와 같이, 대체기술은 원하는 결과를 보다 효과적이고 효율적으로 얻을 수 있어야 한다. 마찬가지로 문제행동은 원하는 결과를 얻는 데 비효과적이고 비효율적이어야 한다.

교직원들은 학교체계가 문제행동에 반응하는 방법들을 계획하기 위하여 많은 시간과 노력을 기울인다. 그들은 모든 학생들이 좋아하지 않는 일반적인 사건이 있으며 그 사건들이 문제행동을 멈추게 할 수 있으리라고 추측한다. 13장에서는 학교의 모든 학생들에게 적용될 수 있는 반응들을 포함한 일련의 규칙 설정을 위한 학교 차원의 체계에 대하여 설명할 것이다. 마찬가지로 학급 담임교사들은 자신의 학급 내에서 기대되는 행동을 위한 규칙과 규칙을 어겼을 때 뒤따르는 후속결과들을 계획한다. 이러한 방법들은 해당 학교의 모든 학생들에게 적용될 수 있는 효과적인 방법이다. 그러나 여러 이유로 몇몇 학생들은 이러한 보편적인 중재에 반응을 보이지 않을 수 있다. 보편적인 중재를 하고 있는데도 문제행동을 계속하는 경우, 문제행동에 반응하기 위한 전략들을 주의 깊게 잘 구성해야 한다.

문제행동에 효과적으로 반응하는 것은 매우 중요하다. 왜냐하면 문제행동에 대한 교직원들의 잘못된 반응은 학생의 문제행동을 증가시키는 결과를 초래할 수 있기 때문이다. 예를 들어, 학업 성취에 어려움이 있는 중학교 1학년 학생 병호의 경우를 생각해 보자. 병호의 파괴적 행동은 중학생이 되면서 급속도로 증가하였다. 모든 학생이 공부할 수 있는 환경을 만들기 위하여 병호가 교실에서 파괴적인 행동을 하는 경우 즉각 교무실로 불려가고 방과 후에 남아서 다 수행하지 못한 과제를 수행하게 하는 학교 차원의 행동지원 체계를 적용하였다. 이러한 중재는 합리적인 접근으로 여겨질 수 있다. 그러나 병호의 경우 파괴적인 행동은 제시된 과제를 수행하지 못한 것에 내한 곤혹스러움으로 인한 것이었다. 따라서 병호는 교무실로 불려 가는 것을 매우 좋아하였다. 교무실로 불려 갈 경우 또래 친구들이 자신을 '바보'로 볼 것이라고 생각되는 어려운 상황에서 벗어날 수 있기 때문이다. 더욱이 방과 후에 과제를 수행하는 경우 교사의 개별적인 보조를 받을 수 있었고, 이러한 도움은 병호가 과제를 수행하기 위하여 매우 절실하게 필요로 하는 부분이었다. 병호에게 이와 같은 표준적인 후속결과를 지속적으로 적용하는 것은 결과적으로 병호가 힘든 상황을 피하게 하고 어려운 과제 수행 시 도움을 받을 수 있게 함으로써 그의 파괴적인 행동을 강화시킨 결과를 초래하였다.

병호의 예는 행동지원 계획 시 문제행동에 대해서 적절하게 잘 반응해야 한다는 점을 강조한다. 특정 반응이 교내 대부분의 학생들에게 효과적이라는 사실만으로 그 반응이 고질적인 문제행동을 보이는 소수의 학생들에게도 효과적일 것이라고 추측할 수는 없다. 문제행동에 대한 일반적인 반응은 의도하지 않은 결과를 가져올 수도 있다. 예를 들어, 학업적 과제 수행에 어려움을 경험했던 학생은 정학을 긍정적으로 받아들일 수도 있다. 정학은 학생이 일과 중에 그에게 부과되었던 어려운 학습 과제를 피할 수 있게 하기 때문이다. 그러므로 문제행동을 실질적으로 악화시킬 수 있다. 반응을 잘 선정하는 것은 매우 중요한 일이다. 즉, 문제행동에 따르는 반응으로 학생이 원하는 결과를 얻어서는 안 된다. 다행스럽게도 문제행동에 대한 반응 방법은 매우 많다. 문제행동에 대한 적절하고 효과적인 반응을 선정할 때 고려할 점들은 이 장의 마지막 부분에서 다루고자 한다.

효과적인 반응 선정과 더불어, 팀의 주요 구성원들은 가치와의 부합성, 반응들의 장기적인 효과, 반응으로 인하여 유발될 수 있는 부작용의 가능성 등과 같은 부분들도 고려해야 한다. 이 주제는 이후 다른 장에서 거론될 것이다.

반응 전략에만 의존하는 중재는 지속적인 행동 문제를 지닌 학생들에게는 장기적인 측면에서 효과적이지 않다는 점에 주의를 기울여야 한다. 지금까지 수많은 경험을 통하여 후속결과의 제한점들이 잘 드러나고 있다. 행동 변화를 위하여 반응 전략에만 의존할 경우 학생의 장기적이고 일반적인 요구를 간과할 수 있고, 따라서 일시적인 효과만을 가져오게 될 수도 있다. 그러므로 문제행동에 대한 반응을 주의 깊게 선정하고 적용하여 지원팀의 전반적인 노력을 보완할 수 있도록 해야 할 것이다.

2. 윤리적 이슈

적절하고 윤리적이면서도 효과적인 반응 전략이라는 쟁점에 대하여 많은 논란이 제기되어 왔다. 이러한 관심은 1970년대에 제기되었던 장애인들의 문제행동에 대한 심한 처벌과 관련된 논란과 더불어 시작되었다. 이때 제기되었던 많은 이슈들은 가혹한 절차의 사용(혹은 과도하게 빈번한 사용), 극심한 처벌 절차로 이어지기 쉬운 비합리적인 행동, 벌 절차를 실시하는 서비스 제공자들의 훈련 부족 등이었다. 이러한 문제에 대한 염려와 더불어 고통을 유발하고 혐오적이며 다른 사람들로부터 치욕을 당할 수 있는 절차들을 사용하는 것이 윤리적으로 적절한지에 대하여 근본적인 의문이 제기되었다. 실제로 장애인들에게 적용할 수 있는 것으로 여겼던 많은 절차들이 이미 오래 전부터 공인된 사회시설이나 공립학교, 재소자들에게는 사용 금지되었던 것들이었다.

많은 연구를 통하여 제시되었던 가정 중 하나는 적절한 의사소통 방법을 지니지 못한 장애인들이 의사소통의 의도로 심각한 문제행동을 한다는 것이다. 따라서 적절한 방법으로 자신의 요구를 표현할 수 없는 장애인들이 보이는 문제행동의 기능을 이해하지 못하고 처벌하는 것은 비윤리적이라는 점이 제기되었다. 이와 같은 인식을 통하여 장애인들에게 혐오적인 중재를 사용하지 못하도록 하는 운동이 시작되었다. 비혐오적 운동(nonaversive movement)을 지지하는 사람들은 윤리적인 측면뿐만 아니라 효과성의 측면에서도 혐오적 중재의 사용을 반대하였다.

비혐오적 운동은 특정 문제행동이 감소되면 효과가 있는 중재라고 여겼던 기존의 생각과는 완전히 다른 개념을 지닌다. 새로운 움직임을 지지하는 많은 지지자들은 문제행동에 대한 처벌의 효과를 평가할 때 효과성 평가에서 고려되어야 하는 다양한 차원들이 간과되고 있음을 지적하였다(Guess, Helmstetter, Turnbull, & Knowlton, 1987). 더욱이 벌의 사용이 효과적이었다는 많은 연구 결과들은 단기간의 효과 수집 결과들을 제시하였을 뿐이라고 비판하였다. 단기적 결과가 장기적인 해결을 의미하지는 않는다는 것이다.

벌의 사용을 반대하는 사람들은 또한 극단적인 절차에 의하여 원하지 않는 많은 부작용이 나타난다는 사실을 지적하고 있다. 이와 같은 부작용은 절대적 공격행동이나 가해자에 대한 복수하는 행위로 나타난다. 실제로 벌을 많이 사용하는 학교의 학생들은 긍정적이고 지원적인 방법을 사용하는 학교의 학생들에 비하여 기물 파괴 행위나 다른 파괴적 행동들을 더 많이 보였다(Mayer & Butterworth, 1979; Mayer, Butterworth, Nafpaktitis, & Sulzer-Azaroff, 1983).

마지막으로 자주 벌을 받을 가능성이 높은 학생들에 대한 우려가 제기되었다. 심각한 문제행동을 보이는 학생들에게는 적절하고 기능적인 행동을 계획하거나 효과적인 방법으로 기술을 가르칠 수 있는 지식을 갖추지 못했거나 훈련을 받지 못한 보조원 등의 인력이 일대일로 배치되곤 한다. 더욱이 처벌은 교직원들의 훈련이나 경험과는 상관없이 잘못 사용되거나 과도하게 사용될 현실적인 가능성이 높다는 사실이 지적되고 있다(Guess et al., 1987).

혐오적 절차를 사용하는 것에 대한 이상의 염려들 외에도 이 책 전반에 걸쳐 제시하고 있는 긍정적 행동지원의 가치를 염두에 두는 것 또한 동일하게 중요하다. 긍정적 행동지원은 학생들의 문제행동에 대한 이해를 근거로 실행되어야 하며(이러한 문제행동에는 어떤 의사소통적 의도가 있는가 등), 새로운 행동을 가르쳐야 하고, 장기적으로 효과적이어야 하며, 개인의 권리를 존중해야 한다. 이러한 가치들은 벌을 주로 사용하는 방법과는 상당한 거리가 있다. 이 장에서 앞으로 설명하겠지만, 학생 개인에게 해를 입히거나 굴욕감이나 치욕감을 주지 않으면서 문제행동에 반응할 수 있는 많은 방법들이 있다.

3. 반응 중재의 목표

팀 구성원들은 학생의 문제행동에 반응하는 방법을 결정하기 위하여 다음과 같은 네 가지 목표들을 고려해야 한다(〈표 10-1〉 참조). 학생을 지원하는 계획에서 이 네 가지 목표 모두를 동일하게 적용하는 것이 언제나 가능한 것은 아니다. 또한 각 목표의 시급성이나 적절성도 각 학생에 따라 모두 동일하지는 않다. 그럼에도 불구하고 각각의 목표들은 선정된 중재의 유형과 관련될 수 있다.

첫 번째 목표이자 가장 중요한 목표는 문제행동이 가져다주는 긍정적이거나 원하는 결과를 감소시키는 것이다. 문제행동은 어떤 방법으로든 강화를 받게 되는 한 계속될 것이다. 문제행동을 더 이상 강화하지 않는 방법을 결정할 때는 문제행동이 왜 발생했는지 또는 문제행동의 목적, 결과, 기능이 무엇인지를 알아야 한다. 학생에게 문제행동이 원하는 결과를 가져다주지 않는다는 것을 알게 하는 것은 매우 중요한 일이다. 동시에 9장에서 설명했던 바와 같이 바람직하고 적절한 방법으로 대체기술을 사용할 경우 원하는 결과를 얻을 수 있다는 것도 알게 해야 한다. 궁극적으로 문제행동은 원하는 결과를 얻을 수 있는 효과적이거나 효율적인 방법이 아니며, 오히려 대안적인 행동이 필요하다는 사실을 전달해야 한다.

반응 중재의 두 번째 목표는 문제행동이 악화되는 것을 예방함으로써 자신과 다른 사람에게 해를 끼치지 않게 하는 것이다. 많은 반응들이나 후속결과들은 그 반대로 작용한다. 그것은 실제로 행동을 악화시키거나 좀 더 심각한 문제행동을

〈표 10-1〉 반응 중재의 주요 목표

1. 문제행동과 관련된 긍정적인 결과를 감소시킨다.
2. 문제행동의 증가를 예방한다.
3. 자연스럽고 합리적인 후속결과를 제공한다.
4. 대안적인 적절한 행동을 가르친다.

유발한다. 신체적 중재는 이러한 예들 중의 하나다. 일반적으로 학생을 신체적으로 구속하는 것은 회피행동이나 방어행동, 호전적 행동(예: 차기, 물기, 치기 등)을 일으킬 수 있다. 결과적으로 교사나 학생들은 처음 발생한 문제행동에 의해서가 아니라 강요된 후속결과에 의해서 신체적인 해를 입을 수 있다. 마찬가지로 학생에게 소리를 지르거나 심하게 야단치는 것은 창피를 피하기 위해서, 또는 통제력을 상실함으로써 행동을 더 악화되게 만들 수 있다. 일반적으로 조용하고 온화하며 지속적인 반응은 격한 행동을 완화시킬 수 있다. 지속적인 문제행동을 예방할 수 있는 방법으로 대처하려면 학생의 문제행동들을 촉진하는 요소와 완화하는 요소들이 무엇인지를 이해하고 그것을 근거로 개별적으로 접근해야 한다.

반응 중재의 세 번째 목표는 학생에게 자연스럽고 합리적인 후속결과를 제시하는 것이다. 문제행동과 밀접한 관련이 있고 자연스럽게 발생하는 후속결과는 학생이 교내외에서의 규칙들을 이해하게 해 주며, 규칙이나 기대의 위반과 후속결과 간의 관계도 이해하게 해 준다. 예를 들어, 학교 장비들을 파괴하는 행위에 대하여 정학과 같은 극단적인 결과를 부과하기보다는 방과 후나 주말에 일을 해서 파괴한 기물을 배상하게 하는 것이 학생에게는 더 자연스럽고 합리적인 결과가 될 수 있다. 이러한 결과는 학생에게 규칙의 중요성 외에 기물의 가치를 가르치기 때문에 일상생활에서도 중요한 교훈이 될 수 있다.

반응 중재의 마지막 목표는 대안적이고 좀 더 적절한 방법으로 행동하도록 가능할 때마다 격려하는 것이다. 학생이 바람직한 행동을 하도록 단순하게 지시하는 것만으로도 문제행동을 멈추게 하고 학생에게 기대되는 행동을 가르칠 기회를 제공할 수 있다. 그러나 경우에 따라서는 대체행동을 학습하고 좀 더 적절한 행동을 연습할 기회를 갖게 함으로써(예: 역할놀이) 학생들에게 문제 해결 절차나 활동에 참여하게 할 수도 있다.

4. 문제행동에 대한 반응 시 고려사항

문제행동에 대한 반응을 선택할 때에는 팀 구성원들의 가치관과 지속적인 환경상의 요구에 부합하면서도 앞에서 설명한 목표들을 성취할 수 있도록 도와줄 여러 요소들을 고려해야 한다. 첫째, 반응이 문제행동을 감소시킬 수 있는지를 고려해야 한다. 이는 반응이 문제행동의 기능과 연계되어야 한다는 것을 말한다. 앞에서 이미 설명한 바와 같이, 주변 사람들이 문제행동을 통하여 추구하고자 하는 것을 충족시켜 준다면 문제행동은 당연히 지속될 것이다. 따라서 문제행동이 원하는 결과를 얻지 못하게 만드는 반응을 알아내는 것이 매우 중요하다. 이렇게 하기 위해서는 문제행동의 기능을 이해하고 그 기능이 달성되지 않는다는 것을 확실히 해야 한다. 예를 들어, 민호의 학급에서는 교실 내에서 파괴행동을 하는 학생들은 교실 한 구석의 의자에서 '시간을 보내도록' 하였다. 그러나 민호는 의자에 얌전히 앉아 있는 대신에 큰 소리로 떠들거나 서서 돌아다니거나 의자 위로 뛰어다니는 행동을 보여 결국 교사들이 중재를 하게 되었다. 이러한 행동이 증가하는 것을 막기 위하여 민호의 담임교사는 민호가 정해진 시간만큼 보조교사와 함께 교실 밖에서 있도록 반응을 수정하였다. 몇 주 후 담임교사는 민호의 파괴행동이 증가하였다는 사실을 주목하게 되었다. 교사는 민호에게 주어졌던 후속결과가 성인의 관심을 끌기 위한 방법이었음을 알게 되었다. 그래서 관심 끌기 기능과 연결되었던 반응을 수정하여 파괴행동을 완전히 무시하고 적절한 행동에 대하여 충분히 관심을 기울이자 문제행동은 급속도로 감소하였다.

특정형태의 반응은 적절한 행동을 증가시킬 수도 있다. 예를 들어, 적절한 대안적 반응이 문제행동의 발생 직후에 촉진될 수 있다. 이때 가르치는 반응의 이점은 자연스럽게 발생하는 상황에서 사용된다는 것이며, 따라서 학생에게 언제 대안적인 행동을 해야 하는지를 정확하게 알려 줌으로써 일반화 가능성을 증가시킨다.

반응에 따라 부작용이 뒤따를 수도 있다는 사실은 또 다른 고려사항이다. 수치

심과 굴욕감은 혐오적 중재의 가장 커다란 부작용으로 자존감을 낮출 수 있다. 아직까지 명확하게 밝혀지지는 않았지만 주의를 기울여야 하는 부작용이 많이 존재한다. 엄한 처벌은 학생들로 하여금 벌을 주는 사람이나 벌을 받았던 상황을 두려워하거나 피하게 만든다. 이러한 결과로 인하여 학생이 학교에 출석하고 활동에 참여하고자 하는 마음이 사라지게 되면 그 영향은 매우 심각하다. 또한 학생들이 학교와 학교 구성원들을 향한 공격적이고 파괴적이며 비생산적인 행동을 증가시킴으로써 과도하게 처벌적인 학교환경에 반응하곤 한다는 사실도 고려해야 한다. 이것은 이미 많은 폭력행위가 이루어지고 있는 시스템을 악화시키게 된다. 마지막으로 교실에서 나가게 하거나 정학시키는 것과 같은 반응은 학생의 학업적 진보를 방해할 수 있다. 학업부진과 문제행동이 밀접한 관련이 있다는 사실을 고려한다면, 장기적인 관점에서 볼 때 이러한 반응들은 오히려 문제행동에 기여하게 될 것이다.

상황에 따른 반응의 적용 가능성 및 수용 가능성도 고려되어야 한다. 타임아웃과 같은 어떤 반응들은 백화점과 같이 많은 자극으로 가득한 상황에서 적용할 수 없다. 이와 같이 상황에 따라 적용될 수 없는 반응들이 존재한다. 또한 어떤 반응들은 팀 구성원이나 다른 사람들에게 받아들여지지 않을 수도 있다. 수용 가능성은 이러한 반응들이 여러 다양한 사람들, 예를 들어 부모, 교사, 또래 혹은 학생 자신에게 어떻게 보이는가 하는 것이다. 다른 사람들로부터 낙인찍히도록 하는 반응은 수용 가능한 반응이 아니다. 낙인은 장애가 없는 또래에게 사용할 때 적절하게 여겨지지 않는 반응인 경우 발생할 수 있다. 또한 반응들은 대상자의 연령에 적합해야 한다. 13세 학생을 교실 한 구석에 세워 두는 것은 연령에 적합하지 않다.

다음으로 고려해야 할 사항은 반응의 상황적 적합성(contextual fit)이다. 이는 학생에게 제시되는 반응이 지원팀 구성원들의 가치에 민감해야 한다는 것을 의미한다. 만일 학생에게 제시하고자 하는 반응이 그것을 실시해야 하는 교사가 사용하기에 불편하고 부모가 반대하는 것이라면 상황적 적합성을 지니지 않았다는 것이다. 교사의 수가 많지 않은 상황에서 학생을 교실에서 제외시키는 것은 적절한 반응이 아니다. 교직원의 수, 노력, 시간 등과 같은 자원들이 반드시 고려되어야 한다.

마지막으로 학생이 반응으로부터 무엇을 얻을 수 있고 결과적으로 무엇을 이해할 수 있는지를 고려해야 한다. 교실의 유리창을 깬 학생에게 배상을 요구하는 것은 학생이 돈의 가치를 알고 있을 때 의미가 있다. 개인의 발달사와 학습 경험, 인지적 이해 능력에 대한 파악은 제시된 반응이 학생에게 의미 있는지의 여부를 결정하는 데 도움이 될 수 있다.

〈표 10-2〉는 문제행동에 대한 반응을 선정하기 위한 주요 질문들과 고려해야 할 사항을 보여 주고 있다.

〈표 10-2〉 반응 선정을 위한 주요 질문 및 고려사항

질 문	고려사항
문제행동을 감소시킬 수 있는 반응인가?	• 행동의 기능과 관련되었는가? • 문제행동 감소를 촉진할 수 있는가?
적절한 행동을 가르칠 수 있는 반응인가?	• 대체행동을 촉진할 수 있는 방법이 있는가? • 적절한 행동의 모델이 될 수 있는 반응인가? • 일반적인 사회적 규칙과 기대를 가르칠 수 있는 반응인가?
의도하지 않았던 부작용이 없는 반응인가?	• 문제행동을 급상승시킬 수 있는 반응인가? • 장기적으로 원하지 않는 문제를 야기하는 반응인가? • 또래들의 부정적 반응을 야기하는 반응인가?
여러 상황에 고르게 적용될 수 있는 반응인가?	• 여러 환경에 쉽게 적용할 수 있는 반응인가? • 자연적인 상황에서 낙인이 될 수 있는가?
연령에 적합하고 정중한 반응인가?	• 장애가 없는 또래들에게도 적절한 반응인가? • 낙인이나 모욕감을 주지 않을 수 있는 반응인가?
상황적으로 적합한 반응인가?	• 지원팀 구성원들의 가치를 반영한 반응인가? • 현재 진행 중인 일과 내에서 쉽게 적용될 수 있는 반응인가?
학생의 인지 이해 수준에 적합한 반응인가?	• 그 학생에게 의미 있는 결과를 가져올 수 있는 반응인가?

5. 문제행동에 대한 반응의 유형

문제행동에 대한 반응은 수용 가능성 및 개입의 정도 측면에서 다양한 범위를 보이는 연속체의 개념이다. 여러 반응들은 이미 몇몇 주와 시설들(예: 학교) 및 기타 서비스를 제공하는 기관들에서 위법한 것으로 판결됨으로써 사회적으로 적절하지 못하고 강제적인 것으로 여겨져 왔다. 예를 들어, 미국의 많은 주들은 문제행동에 대하여 전기 충격을 사용하지 못하도록 하였다. 미국의 여러 주들 중 절반 정도는 체벌을 금지하고 있다. 음식이나 물, 수면 등과 같이 인간의 기본권을 제공하지 않는 벌도 금지되었다.

유해한 물질(예: 암모니아)에 대한 노출, 얼굴에 물 뿌리기, 불쾌한 소음 들려주기(예: 백색 소음) 등과 같은 여러 방법들도 법으로 금지되지는 않았지만 고통스럽고 굴욕을 주며 치욕감을 주는 것으로 알려져 있다. 이와 같이 벌의 강도가 높은 것들은 수용 가능한 반응이 아니다. 또한 이와 같은 방법들은 문제행동을 위한 지원 계획이나 다른 지원 계획의 요소(예: 선행/배경사건 중재, 대체기술 교수, 장기 지원)로도 사용될 수 없다. 다음에서는 종합적인 행동지원 계획의 전반적인 효과에 영향을 미칠 수 있으면서 덜 혐오적이고 수용 가능한 범주에 속하는 방법들에 대하여 설명한다. 가장 중요한 것은 중재의 수용 가능성이 매우 개별적이며 개인적인 결정이라는 것이다. 어떤 사람에게는 매우 가벼운 벌이 될 수도 있지만 다른 사람에게는 매우 불쾌한 벌이 될 수도 있다. 따라서 팀의 모든 구성원들은 특정 반응을 사용하기 위한 결정에 동의해야 한다.

다음에서는 반응 중재의 다섯 가지 범주인 교수적 접근, 소거, 차별 강화, 부적 처벌, 정적 처벌에 대하여 설명하고자 한다. 각 범주들은 모두 장점과 단점이 있다. 혐오적인 중재를 고려하기 전에 덜 혐오적인 중재를 생각하는 것은 매우 중요한 부분이다. 또한 행동이 기능하는 상황과 팀의 선호도 등을 충분히 고려한 후 반응을 선택해야 한다. 〈표 10-3〉에는 반응 전략에 대한 내용이 간략하게 제시되어 있다.

〈표 10-3〉 반응적 전략

전 략	어떻게 작용하는가	예	주의사항
교수적 절차	• 대체기술을 가르친다.	• 또래 칭찬 • 촉진 • 토론 • 문제 해결 • 복원	• 문제행동에 관심 기울이기 • 대체기술은 학생의 행동 목록 내에 있는 것이어야 함
소거	• 부적절한 행동을 더 이상 강화하지 않는다.	• 계획된 무시	• 행동의 빈도 증가 • 행동의 강도 증가
차별 강화	• 적절한 행동에 대한 강화를 제공한다.	• 일정에 따른 관심 제공	• 학생이 원할 때 강화가 제공되지 못할 수도 있음
부적 처벌	• 선호하는 활동이나 물건을 없앤다.	• 시간 차감(time owed) • 타임아웃 • 특권 또는 선호하는 활동 제거하기 • 타임아웃	• 행동의 강도 상승
정적 처벌	• 싫어하는 것을 제공한다.	• 피드백 • 꾸짖음 • 집으로 전화하기	• 역공격 • 행동의 강도 상승

1) 교수적 접근

여러 반응들은 학생이 대안적인 행동을 하도록 가르치는 것을 목표로 한다. 일반적인 전략은 학급 내 다른 학생의 적절한 행동을 칭찬하거나 언급하는 것이다. 예를 들어, 혜수가 공부 시간에 시끄러운 소음을 낼 때 선생님은 다른 학생에게 "성은아, 조용히 공부하니까 참 좋구나. 교실 규칙을 잘 지켜서 고맙다."라고 말할 수 있다. 이러한 말은 혜수가 조용히 공부해야 한다는 것을 생각해 낼 수 있도록 하기 위한 것이다. 이러한 유형의 반응들은 칭찬을 좋아하는 학생에게 더욱 효과적이다. 즉, 조용히 활동에 참여해서 자기도 성은이와 같이 칭찬을 받을 수 있다고 생각하기 때문이다. 칭찬에는 적절한 행동을 하는 경우 다른 사람의 관심을 받을 수 있다는 의미가 내포되어 있기 때문에 다른 학생을 칭찬하는 것은 문제행동이 다른 사람의 관심을 끌기 위한 기능으로 작용할 때 효과적이다. 또한 부적절한 행동을 하는 학생에게는 관심을 주지 않아야 하고, 이와 같이 함으로써 관심에 의하여 유지되었던 행동을 강화할 가능성을 없애야 한다. 이러한 전략은 관심 끌기 기능의 행동을 위해서만이 아니라 대안적 기능을 지닌 행동을 다루기 위해서 사용될 수 있다. 예를 들어, "태호가 자기 물건을 친구들과 같이 나누어 써서 참 고맙구나."와 같은 말은 원하는 물건을 얻기 위하여 부적절한 행동을 하는 학생에게 적절한 촉진이 될 수 있다. 그에 반하여 "진수야, 손을 들고 도와달라고 말해서 고마워."라고 말하는 것은 다른 학생의 회피행동을 위한 적절한 대안을 제시함으로써 회피 기능과 연계되는 촉진이다. 문제행동에 반응하기 위하여 이와 같은 전략을 사용할 때, 학생의 행동 목록 내에 이러한 행동이 이미 있어야 한다는 것을 반드시 기억해야 한다. 적절한 놀이기술이 부족한 학생에게 "가영아, 친구들과 잘 놀아라."라고 말하는 것은 매우 불합리한 요구다.

촉진이 다른 학생에 대한 지시로 사용되는 것과 동일한 방법으로 문제행동을 하는 학생에게도 사용될 수 있다. 촉진의 내용에는 기대하는 행동을 포함하기 때문에 이러한 접근을 재지시(redirection)라고도 한다. 이와 같은 말들은 학생이 적절한 행동을 할 수 있도록 재지시한다. 예를 들어, 과제를 수행하다가 손을 물어뜯는 학생에게 "진희아, 도와줄까? 그러면 '도와주세요' 라고 써 있는 카드를 들고 와서 도와달라고 하렴."과 같이 말할 수 있다. 이러한 촉진은 선생님이 학생에게 가까이 다가가서 자연스럽고 학생을 존중하는 목소리로 해야 한다. 이때 주의할 점은 촉진을 할 때 학생에게 관심이 주어지기 때문에 관심을 끌기 위하여 나타나는 부적절한 행동을 강화할 가능성이 있다는 것이다. 따라서 촉진을 가능한 한 짧게 해서 그와 같은 문제점을 최소화해야 한다.

경우에 따라서는 대안적 행동의 적절성에 대하여 학생과 오랜 시간의 토론이 필요할 수도 있다. 부모나 학교 상담가와 같은 다른 사람들도 이러한 토론이나 회의에 참여할 수 있다. 이와 같이 함으로써 앞으로 발생하게 될 유사한 문제를 피하기 위한 계획을 개발하고 이를 실행할 때 여러 사람들의 협력을 받을 수 있는 기회를 갖게 된다. 이러한 접근의 장점은 문제행동이 발생하는 장소가 아닌 곳에서 문제행동이 발생하는 않는 시간에 토론이 이루어질 수 있다는 사실이다. 상황의 변화는 격한 상황을 완화시킬 수 있다. 또 다른 장점은 문제행동 상황에 관여되지 않았던 사람이 회의를 실행할 수 있다는 것이다. 문제 상황과 관련이 없는 객관적인 사람들은 문제 상황을 완화시키는 데 도움이 될 수 있지만, 학생을 화나게 했던 교사의 촉진이나 기타 중재들은 문제 상황을 심각하게 만들 수 있다. 이와 같은 반응에서 가장 주의해야 할 점은 학생에게 많은 관심이 주어질 수 있다는 사실이다. 특별히 회의에 참석하는 사람이 학생이 선호하는 사람이라면 이와 같은 우려는 더욱 가중될 것이다. 학생이 그 상황을 떠나서 좋아하는 사람과 대화하고 싶어 하더라도 문제행동을 보인 직후에 고도의 관심이 주어지는 상황이 발생하지 않도록 주의를 기울여야 한다.

문제 해결하기는 토론을 위한 구조화된 양식을 제공하고 문제 상황에서 학생이 좀 더 적절한 반응을 선택할 수 있도록 가르치는 것에 초점을 둔다. 이러한 유형의 문제 해결하기는 문제행동이 발생한 후에 시작된다는 사실을 주목해야 한다. 이는 9장에서 설명한 문제 해결 과정, 즉 문제행동을 하지 않을 때 일반적인 교수를 제공하는 대체기술과는 다르다. 그러나 이 두 과정들의 궁극적인 목표는 모두 대안적인 행동을 가르치는 것이다. 문제 해결 훈련은 이러한 접근을 적용하기 전에 이루어져야 하는데, 갈등 상황 동안 적용될 수 있는 문제 해결 과정을 가르치기 위한 모델링이나 단계적 교수 등이 이에 해당한다. 일반적인 문제 해결 과정은 (1) 문제 상황을 파악하고, (2) 대안적이고 적절한 방법으로 상황에 반응하고, (3) 여러 행동들 중에서 한 가지를 선택하고, (4) 적절한 대안적 행동을 위한 역할극을 하는 것 등으로 구성된다. 이러한 단계적인 훈련을 마친 후에는 문제행동을 하려는 징후가 보일 때 문제 해결 전략을 적용하도록 촉진하고 알려 주어야 한다. 이 책의 전반에 걸쳐서 다양한 문제 해결 과정들을 설명하였다. 이러한 과정들에는 각 단계들을 기억할 수 있도록 앞 글자를 알려 주는 것 등도 포함된다. 문제 해결 과정은 학생의 연령 혹은 필요와 능력에 따라 수정하여 적용될 수 있다.

Amish, Gesten, Smith, Clark 및 Stark(1988)는 초등학교 연령의 학생들에게 적용할 수 있는 6단계 문제 해결 전략을 제시하였다. 첫 번째 단계에서는 문제에 대하여 어떻게 느끼는지, 그리고 무엇이 문제인지를 학생이 스스로 이야기하게 한다. 두 번째 단계에서는 목표를 정한다. 세 번째 단계에서는 행동을 하기 전에 잠시 멈추어 생각하게 한다. 네 번째 단계에서는 가능한 한 많은 해결 방안을 생각하게 한다. 다섯 번째 단계에서는 다음 단계에서 어떤 일이 일어날지를 생각하게 한다. 마지막 단계에서는 가장 바람직한 해결방법을 선택하고 실천하게 한다. 교사가 이러한 순서로 학생을 지도하고자 한다면 초기에는 촉진 과정과 직접적인 질문(예: "무엇이 문제지?" "네가 할 수 있는 일이 무엇이지?")을 사용할 수 있다. 그러나 이와 같은 과정이 문제가 발생하였을 때 유용하게 사용되려면 궁극적으로 학생 스스로 이 절차들을 적용할 수 있어야 한다.

문제 해결 과정은 대개는 성인들이 가르치지만 또래들이 가르칠 수도 있다. 촉진이나 일대일 적용을 필요로 하는 많은 접근들에서와 마찬가지로 관심은 문제행동을 강화할 수도 있다. 따라서 다른 사람의 관심을 끌기 위하여 나타나는 문제행동에 이러한 접근을 사용하는 경우 매우 주의 깊게 사용되어야 하며 그 효과 여부를 계속 관찰해야 한다.

행동의 일반화에 대해서도 고려해야 한다. 대체행동은 자연스러운 환경이 아닌 곳에서 가르치거나 훈련하기 때문에 학생이 실제로 필요한 상황에서 이러한 행동들을 실행할 수 있는지 살펴보아야 한다. 많은 학생들은 정확한 모델링에도 불구하고 실제 상황에서 대체행동을 수행하지 못한다. 따라서 문제가 실제로 발생할 때 문제 해결 과정을 사용할 수 있도록 학생을 촉진해야 한다. 마지막으로 문제 해결하기는 인지적으로 제한된 학생들에게는 덜 효과적이라는 점을 고려해야 한다.

교수적 중재의 대안적 형태는 복원(reinstitution)이다. 복원의 목적은 문제행동으로 인하여 발생된 손실을 보완하는 방법을 습득하도록 지원하는 것이다. 이 방법은 처벌의 방법으로 이루어져서는 안 되며, 오히려 학생의 잘못된 행동은 반드시 교정되어야 한다는 사실을 가르치는 것이다. 예를 들어, 학생이 파괴적인 행동을 해서 책을 파손한 경우 방과 후에 일을 하여 책값을 변상할 돈을 마련하게 하는 것이다. 친구에게 욕을 한 학생에게 적용할 수 있는 복원은 사과 편지를 쓰게 하는 것이다. 복원을 선택하는 경우에도 언제나 행동의 기능을 고려해야 한다. 다른 사람의 관심을 끌기 위하여 적절하지 않은 말들을 한 경우에는 일대일로 마주 보고 사과하게 하기보다는 편지를 쓰게 하는 것이 더 적절한 방법이다. 왜냐하면 일대일로 마주 보고 사과를 할 경우 또 다른 형태의 관심이 제공될 수 있기 때문이다. 복원은 학교 밖에서 경험하게 되는 것들과 유사한 자연스러운 후속결과들을 가르칠 수 있다는 장점이 있다.

2) 소거

소거(extinction)는 부적절한 행동에 대한 강화를 제거하는 방법이다. 이 방법은 행동이 어떤 형태로든 강화를 받을 경우 지속된다는 개념에 근거한 것이다. 일반적으로 문제행동은 원하는 것을 얻을 수 있었던 반응의 결과다. 따라서 소거의 목적은 강화를 제거하는 것이다. 계획적으로 무시하는 행동은 소거 적용의 한 예가 될 수 있다. 영주의 경우 자조 활동을 하도록 요구하면 시끄럽고 야단스럽게 큰 소리를 지르곤 하였다. 이러한 소리는 매우 성가시고 교실 내의 모든 학생들을 방해하였기 때문에 선생님은 영주가 소리를 지르기 시작하면 영주의 과제를 도와주곤 하였다. 이 방법이 영주의 소리 지르는 행동을 잠시 멈추게는 하였지만, 영주가 이와 같이 소리 지르는 것이 도움을 받기에 손쉬운 방법이라는 것을 알게 되어 소리 지르는 행동은 강화되었다. 이와 같은 강화를 더 이상 받지 못하게 하기 위하여 선생님은 소리 지르는 행동을 완전히 무시하였고 스스로 자조 활동을 하게 만들었다. 여기서 영주에게 가르치고자 하는 것은 소리 지르는 행동은 도움을 요청하는 데 더 이상 적절한 방법이 아니라는 사실이다. 이와 같은 소거방법의 적용에서 주의해야 할 점은 학생이 주어진 과제를 스스로 수행할 수 있는 능력을 지니고 있어야 한다는 점이다. 예를 들어, 학생의 반항하는 행동과 탠트럼을 무시하고 쉬는 시간이 되기 전에 수학 문제를 모두 풀도록 요구하는 것은 수학 문제를 해결할 수 없는 학생에게는 적절한 방법이 아니라는 것이다.

관심이 철회될 수 있기 때문에 소거는 관심을 끌기 위한 기능의 문제행동에도 잘 적용될 수 있다. 그러나 소거는 문제행동에만 적용되어야 한다. 즉, 학생 개인이 무시되어서는 안 된다는 것이다. 공부를 하는 것과 같은 적절한 행동은 강화되어야 하며 문제행동만을 무시하여야 한다. 문제행동을 하는 학생 자신이나 다른 사람들에게 해를 입힐 가능성이 있을 경우에는 소거가 사용될 수 없다. 소거를 적용할 때 가장 힘든 부분은 문제행동이 감소하기 전에 잠시 동안 문제행동의 빈도나 형태가 증가한다는 것이다. 이것을 소거 폭발(extinction burst)이라고 한다. 이러한 소거 폭발은 이전에 받던 강화를 얻기 위하여 행동의 강도와 빈도가 심각해지는 것이다. 물론 다른 결과 중심의 접근들도 마찬가지이지만, 소거를 사용할 경우 대체기술의 교수 등과 같은 다른 중재방법들과 함께 사용해야 한다. 학생은 원하는 결과를 얻기 위하여 다른 방법을 사용해야만 한다. 소거는 장기적인 측면에서 효과적인 방법은 아니기 때문이다.

3) 차별강화

차별강화 전략은 원하지 않는 행동을 감소시키기 위해서 강화를 사용하는 일련의 절차를 말한다. 차별강화의 한 예는 타행동 차별강화(differential reinforcement of other behavior: DRO)다. 타행동 차별강화는 적절하지 않은 행동이 일정 시간 동안 발생하지 않을 때 문제행동에 내포되었던 목적(예: 관심 끌기)을 제공하는 강화 방식이다. 예를 들어, 선생님의 관심을 끌기 위하여 자해행동을 하는 준희가 5분 동안 자해행동을 하지 않을 때 교사는 5분마다 준희에게 다가가서 상호작용을 할 수 있다. 차별강화의 또 다른 형태는 저빈도 행동 차별강화(differential reinforcement of low-rate behavior: DRL)다. 이 방법은 특정 목표행동을 제거하기보다는 감소시키려고 할 때 사용된다. 저빈도 행동 차별강화가 효과적이었던 신희의 예를 살펴보자. 교사는 필요한 학생들이 아침 국어 시간에 화장실에 갈 수 있도록 허락하였다. 그런데 신희는 5분에 한 번씩 화장실에 드나들곤 하였다. 교사는 신희가 국어 시간을 좋아하지 않기 때문에 과제를 피해서 쉬고 싶어 한다는 것을 알게 되었다. 따라서 교사는 신희에게 화장실에 가는 횟수가 3회 이하이면 수업 시간을 마칠 때쯤 자유 시간을 줄 것이라고 이야기하였다. 신희는 자유 시간을 얻기 위하여 화장실에 가는 횟수를 점차로 줄여 나가게 되었고, 마침내 교실의 다른 학생들과 같이 아침 시간에만 한 번 다녀오게 되었다. 차별강화의 또 다른 형태는 상반행동 차별강화(differential reinforcement of incompatible behavior: DRI)다. 상반행동 차별강화는 문제행동과 양립할 수 없는 행동, 즉 손을 빠는 대신 놀잇감을 가지고 노는 것과 같은 행동을 강화하는 것이다. 또한 대체행동 차별강화(differential reinforcement of alternative behavior: DRA)는 문제행동과 상반되지는 않지만 문제행동과는 다른 행동을 강화하는 것이다. 예를 들어, 교사의 관심을 끌기 위하여 떠드는 행동 대신 손을 드는 행동을 강화하는 것이다. 기타 행동 감소 절차와 같이 차별강화는 새로운 기술을 가르치는 것이 아니다. 따라서 차별강화만을 따로 적용할 수는 없다.

4) 부적 처벌

문제행동 후에 좋아하는 물건이나 권리, 활동 등을 제거하는 것은 부적 처벌(negative punishment)의 범주에 해당한다. 부적 처벌은 직접 대체행동을 가르치지 않기 때문에 교수적 절차와는 다르다. 그러나 잘 계획한다면 부적 처벌도 교수적 절차로 적용될 수 있다. 특히 부적 처벌 절차를 적용할 때에는 사회적으로 적절하지 않은 행동에 대한 합리적이고 자연스러운 결과를 가르칠 수 있도록 계획해야 한다. 즉, 적절하지 않은 행동을 하는 경우 자신이 좋아하는 어떤 것들을 잃을 수 있다는 것을 알게 하는 것이다. 예를 들어, 학생이 좋아하는 시간을 빼앗는 것은 과제를 완수하지 못한 부분에 대한 자연스럽고 당연한 결과다. 이때 교사는 학생에게 "쉬는 시간 전까지 이 과제를 마쳐야 한다."라는 규칙을 명확히 알려 주어서 학생이 제 시간에 과제를 완수할 수 있게 해야 한다. 과제에 집중하지 않아서 과제를 완수하지 못한 학생들은 쉬는 시간을 잃게 된다는 것을 알게 하는 것이다. 이때 활동이나 물건을 잃는 것이 문제행동과 직접적으로 연계되어야 하며, 이에 따라 그러한 결과가 어떤 일들과 연계되었는지를 잘 알 수 있게 해야 한다. 좋아하지 않는 활동을 하면서 시간을 보내게 되면 궁극적으로는 좋아하는 활동을 할 수 있는 시간이 줄어들게 된다. 이와 같이 자신의 일을 완수하지 못한 사람에게 경비 지급을 보류하거나 적절한 방법으로 놀잇감을 사용하게 하기 위하여 놀잇감 사용을 금하는 것 등은 합리적이고 적절한 결과다. 팀 구성원들은 문제행동과 그에 해당하는 결과를 연계할 때 문제행동의 기능을 고려해야 한다. 만일 과제 이탈 행위나 과제를 완수하지 못하는 행동의 기능이 관심을 끌기 위한 것이라면 좋아하는 시간을 줄이는 방법은 적절하지 않다. 이러한 접근을 하기 위하여 주의해야 할 점은 선호하는 것을 없애는 것이 학생을 화나게 하고 문제행동을 증가시킬 수 있다는 것이다. 이러한 문제점을 줄이기 위해서 학생에게 좋아하는 시간을 줄이는 것이 잘못된 행동의 결과라는 것을 미리 알려 주어야 한다.

타임아웃은 학교에서 자주 사용하는 부적 처벌의 한 예다. 타임아웃은 강화물이 학생으로부터 얼마나 차단될 수 있는가에 따라 그 효과가 결정되곤 한다. 따라서 타임아웃을 적용할 경우 강화물을 잘 제거할 수 있어야 한다. 그러나 경우에 따라서는 학생들이 선호하지 않는 활동에서 벗어나게 만들 수도 있다. 이러한 경우 문제행동은 학생에게 회피 기능으로 작용하게 되어 부적으로 강화된다. 이처럼 타임아웃은 회피 기능으로 적용되는 문제행동과 연계되어서는 안 된다. 이는 관심을 끌기 위한 문제행동에 대한 성공적인 중재가 될 수 있다. 타임아웃은 학생에게서 학습이나 사회적인 참여의 기회를 빼앗을 수 있기에 주의 깊게 사용해야 된다.

5) 정적 처벌

정적 처벌(positive punishment)은 부적 처벌의 반대 개념이다. 정적 처벌은 원하는 것을 제거하기 보다는 원하지 않는 것을 더하여 주는 것이다. 즉, 원하지 않는 것을 더하기 때문에 정적이라는 용어가 사용되는 것이다. 일반적으로 손쉽게 사용하는 정적 처벌의 대표적인 예는 행동에 대해 언급하거나 가볍게 꾸중하는 정도의 피드백이다. "그렇게 하는 것은 옳지 않아." 또는 "교실에서는 떠들지 마라." 등과 같은 간단한 말은 바람직하지 않은 행동을 멈추게 하는 적절한 방법이 될 수 있다. 이와 같이 아주 간단한 언급이나 꾸지람은 관심을 끌기 위하여 문제행동을 할 때 부가적인 관심을 제공할 가능성이 있다. 정적 처벌의 또 다른 형태는 집으로 전화하여 행동을 알리는 것이다. 그러나 부적 처벌과 마찬가지로 정적 처벌은 문제행동을 증가시킬 가능성이 있으므로 주의 깊게 선택해야 한다.

6. 위기 관리

학생의 행동은 때로 자신과 다른 사람에게 심각하게 해를 입히거나 귀한 재산에 손해를 입힐 수 있는 위험한 상황을 초래할 수 있다. 이러한 상황에서는 여러 가지 위험이 있기 때문에 앞서 제시된 반응적 중재와는 다른 방법을 적용해야 한다. 이러한 경우에는 위기 관리 계획을 세워야 한다. 이때 위기 관리의 주요 목적은 사람들과 중요한 재산을 보호하는 것이라는 점을 염두에 두어야 한다. 따라서 위기 관리는 행동지원 계획의 중요한 요소다. 반응적 중재와는 달리, 위기 관리 계획은 문제행동의 미래 발생률의 감소를 예상하지 않는다. 이에 따라 위기 관리 반응들은 바람직하지 않은 행동이 강화되는지에 대하여 관심을 기울이기보다는 학생과 다른 사람의 보호 가능성에 더욱 관심을 기울인다.

위기 관리 계획이 필요한지의 여부를 결정할 때는 많은 요소들이 고려되어야 한다(〈표 10-4〉 참조). 첫째, 실제로 심각한 상해나 손상이 일어날 가능성을 점검해야 한다. 팀 구성원들은 학생의 행동을 위기로 정의할 수 있는 수준이고 보호 절차가 필요하다는 점에 대하여 합의해야 한다. 많은 학생들은 다른 사람들을 해하겠다고 협박하거나 폭력적인 자세를 취하기도 하지만 실제로 이러한 위협을 실행하는 경우는 많지 않다. 이와 같은 문제에 대하여 많은 연구들이 이루어진 것은 아니지만, 한 기초 연구에서는 위기 관리 절차가 과도하게 사용되거나 불필요하게 적용되는 경우가 종종 있는 것으로 보고되었다(George, 2000). 위기 관리 절차에 대하여 관심을 기울이는 이유는 다음과 같다. (1) 위기 중재는 일반적으로 많은 노력을 필요로 한다. (2) 신체적 중재를 실시하게 되는 경우 교직원에게 광범

〈표 10-4〉 위기 관리 계획의 수립을 위한 질문

개발 전

- 사람들에게 상해를 입히거나 기물 파괴를 유발할 가능성이 있는 행동인가?
  - 만일 그렇다면 관리가 필요하다.

개발 중

- 안전을 지키기 위하여 필요한 절차는 무엇인가?
  - 학생의 행동을 완화시킬 수 있는 절차인가?
  - 파괴를 유발하는 절차인가?
- 언제 계획을 실행해야 하는가?
  - 계획의 실행 여부를 알려 줄 수 있는 신호는 무엇인가?
  - 교사들은 도움을 주어야 하는지의 여부를 어떻게 판단할 수 있는가?
- 계획 실행에 몇 명이 필요한가?
  - 도움을 어떻게 요청할 것인가?
- 위기가 끝난다는 것을 알도록 해 주는 사인은 무엇인가?
  - 위험한 행동이 끝났다는 것을 어떻게 확신할 수 있는가?

실행 후

- 학생을 일과로 어떻게 다시 돌아가게 할 것인가?
  - 빠른 회복을 위하여 필요한 지원은 무엇인가?
- 위기 절차 사용은 어떻게 문서화하는가?
- 계획을 검토하기 위하여 팀이 모여야 하는가?

위하고 필수적인 교육을 실시했더라도 교사와 학생 모두에게 상해를 입힐 가능성이 있다. 즉, 구속(restraint)과 같은 신체적 중재를 사용할 경우 학생은 자신을 보호하고 억압을 피하기 위하여 방어적인 행동을 할 수 있기 때문이다. 학생이 교사를 구타하거나 교사와 학생이 싸우게 됨으로써 교사가 다치게 될 수도 있을 뿐만 아니라 학생의 도전적인 행동으로 인하여 교사가 보다 격한 중재를 사용하게 되어 학생이 다치게 될 수도 있다. 심한 경우 질식으로 사망한 사례들도 보고된 바 있다. 팀 구성원들은 위기 관리 절차의 필요성을 결정하기 전에 심각한 상해가 발생할 실실석인 가능성을 반드시 고려해야 한다.

두 번째 고려사항은 안전한 환경을 유지하는 데 필요한 절차 선정에 관한 것이다. 중재 절차는 학생의 행동을 증가시키는 것이 아니라 감소시킬 수 있도록 선정하는 것이 중요하다. 앞에서 살펴본 바와 같이, 구속과 같은 신체적 중재는 학생의 문제행동을 증가시킬 가능성도 있다. 이러한 경우 다른 방법들을 찾아보아야 한다. 많은 중재 절차들은 학생의 문제행동을 감소시키면서 학생 자신과 다른 사람들을 상해로부터 보호할 수 있다. 학생이 혼자서 시간을 갖게 하기, 함께 산책하기, 자해행동을 하는 학생의 머리와 단단한 벽 사이에 쿠션을 놓아 주기, 방에 있는 물건들 치우기 등이 대안적인 방법이 될 수 있다.

중재를 적용할 때 고려해야 할 또 다른 사항은 이 절차로 인하여 발생하게 될 방해의 정도에 관한 것이다. 비록 교실 청소를 하게 하는 것이 신체적 중재의 필요성을 없앨 수는 있지만 이로 인하여 교실 전체를 방해할 수도 있다. 또한 이동능력이 없는 학생을 이동시키기 위하여 인력이 더 필요하게 될 수도 있다. 이때 교직원이 부족하고 교실에 남아 있는 다른 학생들이 위험에 처할 수도 있다. 어떤 학생들은 교실 밖으로 데리고 나가서 조용한 공간으로 가게 하는 것을 더 좋아할 수도 있다.

학생에게 어떤 절차를 사용할 것인지를 결정한 후에는 언제 중재 계획을 실행할 것인지를 결정해야 한다. 심한 문제행동의 전조에 대해서는 반응적 중재를 실행함으로써 많은 위기들을 피할 수 있다. 언제 중재를 시작할 것인지를 결정하기 위해서는 학생의 문제행동의 유형을 이해해야만 한다(다음에서 설명하는 바와 같이).

문제행동의 중재를 위해서는 먼저 얼마나 많은 사람들이 중재에 참여해야 하는지를 결정해야 한다. 예를 들어, 순호의 위기 관리 과정에서는 순호를 계단 아래 조용한 공간으로 데려갈 사람이 필요했다. 한 사람씩 양쪽에서 잡고 데려가야 소란을 최소화할 수 있기 때문에 두 사람이 필요했다. 순호의 교실에는 성인이 두 명뿐이었으므로 옆 반 선생님에게 지원을 요청했다. 순호가 심한 문제행동을 하려는 징조가 나타나면 책임감이 있는 학생에게 옆반에 가서 지금 도움이 필요하다고 말하도록 훈련하였다. 이러한 중재 계획이 실제로 실행되건 그렇지 않건 중재에 필요한 사람들을 미리 확보하기 위하여 그와 같이 하였다.

마지막으로 결정해야 할 사항은 위기가 언제 끝나는지를 명확히 하는 것이다.

일반적으로 위기는 많은 팀원들을 필요로 하고 교실에서 진행 중인 활동을 방해하는 경우가 많기 때문에 가능한 한 빨리 일상적인 활동이 실행될 수 있게 해야 한다. 즉, 학생을 일상으로 다시 돌아올 수 있도록 하는 부분까지 계획해야 한다. 어떤 학생들은 오랜 기간 동안 아무런 문제의 가능성을 보이지 않다가 갑작스럽게

위기 관리 계획

성명: 김세희 생년월일: 2003. 7. 14.

의뢰 사유: 또래와 선생님들에게 공격행동을 하는 상황에서 세희의 문제행동의 상승을 피하기 위함

공격행동 주기: 세희는 과제를 하도록 요구하면 거부할 것이다. 그러고는 연필을 부러뜨리거나 종이를 구기는 것과 같이 사소한 물건들을 망가뜨린다. 이와 같이 가볍게 시작된 행동들은 점차 책상을 넘어뜨리거나 가구를 던지고 친구와 교사들을 공격하는 것으로 이어진다.

중재 계획 실행자: 담임교사, 보조원, 학교 심리사.

중재 절차

1. 세희가 과제를 하지 않으려고 할 때, 쉬는 시간이나 도움을 달라고 요청할 수 있도록 촉진한다. "세희야, 선생님께 도와달라고 하거나 쉬는 시간을 달라고 할 수 있어." 이와 같은 촉진을 1분에 한 번씩 한다. 만일 세희가 쉬는 시간이나 도움을 달라고 하면 즉시 들어준다.
2. 작은 물건들을 파괴하기 시작하면 선생님은 세희 가까이에 있거나 세희와 학생들 사이에 앉는다. 세희 주변에서 던질 만한 물건들(예: 책, 책상 등)을 모두 치운다. 직원들에게 학교 심리사인 김 선생님을 불러오도록 한다. 김 교사가 도착하면 세희를 교실 밖으로 나가게 촉진한다. "세희야, 너는 흥분이 가라앉을 때까지 상담실에 있다 와야 한다." 1분마다 한 번씩 이와 같은 방법으로 촉진을 계속한다.
3. 세희가 이동한 후에는 반드시 교사가 옆에 있어야 한다. 공격을 위한 어떤 시도도 차단해야 한다. 상담실에 도착한 후에는 문제 해결 절차를 따를 준비가 되었을 때 교사에게 말하라고 요청한다. 그런 다음 문제 해결을 위한 규칙을 따른다.
4. 문제 해결 절차가 완수되면 다시 과제를 하게 한다. 세희에게 과제를 하라고 지시한다.
5. 세희가 불평이나 험담을 하지 않고 5분 동안 과제를 수행하면 교실로 돌아갈 수 있다. 세희를 교실까지 데리고 간다. 교실에서는 교사가 세희 가까이에 있어야 한다. 처음 30분 동안은 5분마다 원하면 쉬는 시간이나 도움을 요청하라고 촉진한다.

[그림 10-1] 세희의 위기 관리 계획

위험한 행동을 하기도 하고, 어떤 학생들은 심각하게 위험한 행동을 하지는 않지만 계속 화를 내거나 흥분해 있는 상태가 지속되기도 한다. 또한 어떤 학생들은 일상으로 빨리 돌아올 수 있는 반면, 다른 학생들은 점진적인 회복(요구가 전혀 없는 시간이 한동안 지속된 후에 교사의 도움이나 격려와 함께 점진적으로 요구를 증가시키는 것과 같은)을 필요로 하기도 한다.

위기 관리 계획이 시작되는 경우, 위기 관리 절차의 사용을 잘 기록해야 할 뿐만 아니라 위기가 발생하게 된 환경적 사건들도 잘 기록해야 한다. 이와 같은 기록은 이후에 발생할 위기들을 예방하는 데 많은 도움이 될 것이다. 예를 들면, 교사들은 관련 기록들을 검토함으로써 위기를 유발하는 선행사건을 파악하고 선행사건의 수정을 통하여 미래의 위기 발생 가능성을 감소시킬 수 있다.

위기 관리 절차의 사용에서 마지막으로 주의해야 할 점은 이 절차는 아주 가끔 사용되어야 한다는 점이다. 중재가 실행되고 있는 상황에서도 위기 관리 절차가 계속 필요하다면 지원 계획이 적절하지 않다는 것을 의미한다. 위기 관리 절차를 자주 사용하게 되는 경우에는 팀 구성원들이 지원 계획을 수정하거나 강화하기 위하여 다시 모여야 한다. [그림 10-1]은 위기 관리 계획의 예를 제시한 것이다.

7. 문제행동의 주기

학생들은 각자 문제행동의 독특한 양상을 보인다. 이와 같은 양상을 잘 아는 것은 적용할 수 있는 반응의 유형과 가장 효과적으로 적용할 수 있는 시기를 결정하는 데 도움이 된다. 행동을 완화시킬 수 있으며 안전하게 적용될 수 있고 방해의 정도가 가장 적은 반응을 적용해야 한다. 문제행동이 증가할 때 그에 대한 반응을 잘 선정하여 위기를 바꿀 수 있다. 따라서 반응은 학생의 행동에 따라 다를 수 있다. 또한 반응 시기 역시 중재 효과에 영향을 미칠 수 있다. 반응 절차에 대한 많은 연구들은 반응이 문제행동이 발생한 직후에 주어져야 한다고 지적한다. 이러한 즉각적인 반응은 대상 아동이 어리거나 인지적 결함이 있는 학생들인 경우에는 더욱 중요하다. 즉, 행동과 후속결과 간의 관계를 명확히 이해할 수 있도록 도와주어야 한다. 그러나 학생이 계속 화가 나 있거나 흥분해 있는 상황일 때는 이와 같은 즉각적인 반응이 비효과적일 수도 있다. Colvin(1993)은 유발 자극에 의하여 시작된 공격행동 주기에 대하여 설명하였다. 이러한 울화행동은 어떤 식으로든 저지하지 않으면 위기 상황까지 악화될 수 있나. 이후에는 회복기가 있는데 이 시기에는 문제행동이 진정되고 평안을 찾게 된다.

[그림 10-2]에는 서로 다른 두 가지 공격행동 주기가 제시되어 있다. 왼쪽 윗부분은 정희의 공격행동 주기의 진행 상황을 보여 주고 있다. 정희의 공격행동은 완만하게 상승하였고 회복은 매우 빠르게 이루어졌다. 오른쪽 그림에서는 문제행동 주기에서 발생되는 특정한 행동이 제시되었다. 정희의 공격행동은 대개 친구들이 정희를 무시하는 듯한 말을 할 때 시작된다. 정희는 어머니가 중재하고 보호해 줄 때까지 울고 탠트럼을 보인다. 교사는 정희에게 다른 친구들의 말에 대처할 수 있는 대안적인 반응을 여러 가지 가르쳤다. 행동 주기 동안 주어지는 교사의 반응은 진한 서체로 구별하였다. 교사는 정희의 부적절한 행동은 더 이상 어른들의 관심을 끌 수 없다는 것을 알게 하기 위하여 그녀의 울음을 무시하였다. 정희가 울다가 탠트럼을 보이게 되면 교실의 다른 장소로 가게 하였다. 이와 같이 소극적인 반응이 가능했던 것은 정희의 행동이 위험하지 않았고 방해의 정도가 적었기 때문이다. 일반적으로 정희는 교사의 재지시를 잘 따랐으며 또래들로부터 잠시 떨어진 직후에는 스스로 평정을 찾기 위하여 노력하곤 하였다. 정희가 안정되었을 때는 문제 상황에 함께 있었던 친구들 및 교사와 함께 문제풀이 과제를 완수하였다. 문제 해결 절차는 적절한 상호작용을 시작하고 연습하는 역할놀이를 포함한다.

[그림 10-2]의 아래 부분에 제시된 주호의 공격행동 주기는 정희의 경우와는 매우 다르다. 주호의 공격행동 발생 주기는 매우 빠르게 상승하여 더욱 심한 행동을 보였고 이후에는 느리게 회복되었다. 오른편에 제시된 주기는 어려운 과제를 하게 했을 때 문제행동이 야기된 경우다. 주호는 잠시 반항하다가 급격한 문제행동을 하였으며 심각한 자해행동까지 보였다. 주호의 자해행동은 곧 완화되었지만

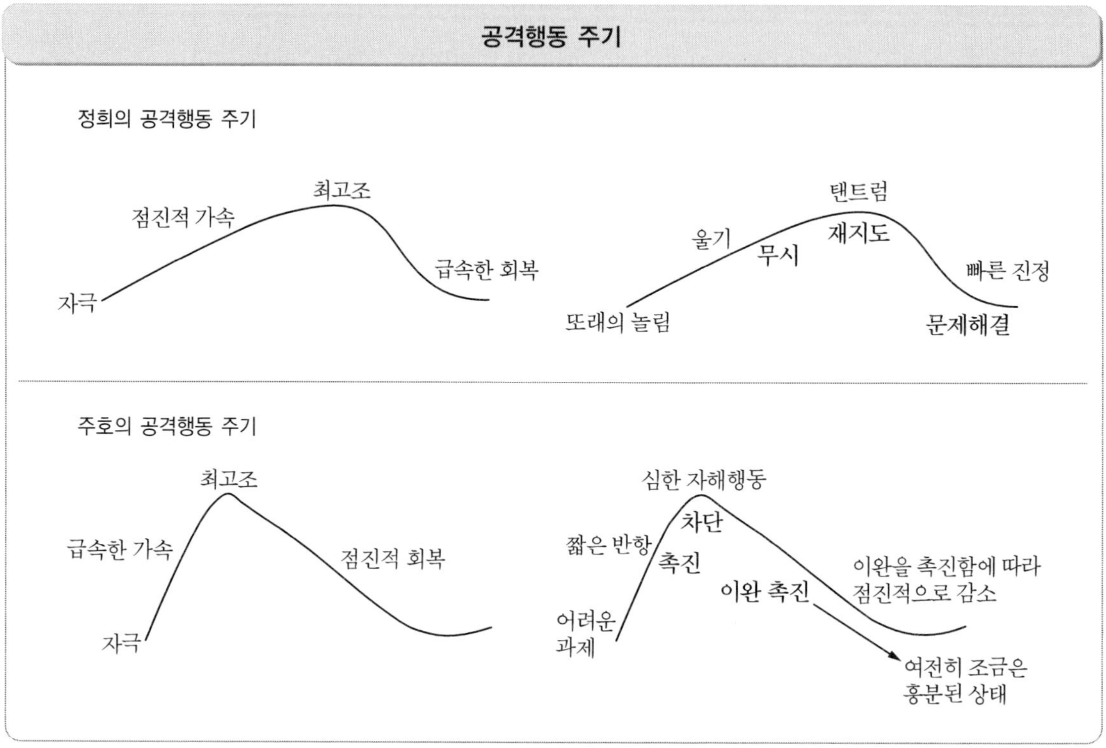

[그림 10-2] 공격행동 주기의 예(진한 서체는 교사의 반응)

흥분 상태는 오랜 기간 지속되었다. 주호의 문제행동 주기의 강도가 정희의 경우와는 매우 다르기 때문에 팀 구성원들의 반응(진한 서체로 표시함) 역시 정희의 경우와는 달라야 한다. 주호의 문제행동은 매우 빠르게 진행되기 때문에 팀 구성원들은 즉각적으로 이완 훈련을 시작하기로 하였다. 이러한 방법은 때때로 자해행동을 피하는 데 효과적이다. 그러나 주호의 경우 효과적일 때보다는 뺨과 관자놀이, 귀 등을 주먹으로 때리는 것과 같은 심각한 자해행동을 보이게 되는 경우가 더 많았다. 상처가 생기지 않게 하기 위하여 교사들은 주호의 머리와 주먹 사이에 쿠션을 놓아서 자해를 막았다. 동시에 주호가 이완 훈련을 시작하도록 촉진하였다. 비록 주호의 회복이 매우 느리게 이루어지고 있지만 이러한 중재방법들이 그나마 주호의 문제행동을 완화시키는 데 가장 빠른 방법이었다. 주호의 흥분이 완전히 가라앉을 때까지 이완 훈련을 하도록 계속 촉진하였다.

이상의 예들에서 살펴본 바와 같이 각 반응 주기에서 그때마다 가장 적절한 것으로 여겨지는 반응을 하나씩 적용해야 한다는 점은 매우 중요하다. 정희의 문제해결 과정은 탠트럼을 하고 있는 중이거나 회복 중일 때는 적절하지 않을 수 있을 것이다. 징희는 완전히 회복된 후에 대안적 행동을 잘하였다. 수호는 반항하려는 사인이 나타나자마자 촉진해야 했다. 촉진이 자해행동을 항상 막을 수 있는 것은 아니지만, 문제행동이 급속하게 악화된다는 특성을 고려하여 즉각적으로 주어져야 효과가 있다. 이완을 위한 촉진은 즉각적으로 이루어져야 하며 문제행동 주기 전반에 모두 적용되어야 문제행동을 하는 시간을 좀 더 감소시킬 수 있을 것이다.

반응의 실행 시기도 중요하지만 지속적으로 반응하는 것 역시 매우 중요하다. 장애 아동들은 상담가, 학교 심리사, 언어치료사, 물리치료사, 보조원, 담임교사 등과 같은 많은 사람들로부터 교육을 받게 된다. 이러한 상황에서 각 전문가들이 학생에게 각각 다른 반응을 보이거나 때로는 문제행동을 강화하는 방식으로 반응하기도 한다면 문제행동은 사라지기 어려울 것이다. 또한 안전을 위해 위기 관리 계획을 일관성 있게 실행하는 것도 매우 중요하다.

8. 요 약

문제행동에 대한 반응 전략은 종합적인 지원 계획에서 매우 중요한 부분이다. 적절한 반응을 선정할 때 법이나 정책은 물론 윤리적인 부분들도 고려해야 한다. 또한 효과적인 반응을 위하여 행동의 기능이나 증가 가능성, 장기적 영향 등과 같은 학생과 관련된 여러 문제들을 고려해야 한다. 선행/배경사건 중재 및 교육에서와 같이, 대체기술들은 매우 주의 깊게 계획되어야 하며 반응적 중재가 이루어질 수 있도록 진단 정보와 연계되어야 한다. 효과적인 반응은 새로운 기술을 가르치거나 강화하며 문제행동을 완화시키고 환경 파괴를 최소화한다.

일반적인 질문

Q 교실에서 학생에게 벌을 주는 경우 대부분은 문제행동을 바로 멈추게 할 수 있습니다. 그런데 왜 다른 방법을 사용해야 하나요?

가벼운 문제행동을 보이는 학생들에게 가벼운 벌을 주는 것이 효과적일 수 있습니다. 그러나 심각하고 지속적인 문제행동을 하는 경우 벌은 그 행동을 잠깐 동안 멈추게 할 뿐입니다. 장기적으로 이러한 행동을 감소시키려면 대체행동을 가르치거나 선행/배경사건을 수정하는 것과 같은 다른 중재요소들이 필요합니다.

Q 심한 반응이 가벼운 반응보다 효과적입니까?

문제행동에 대한 심한 반응은 온화한 형태의 반응에 비하여 효과적이지 않습니다. 먼저 방해를 적게 할 수 있는 접근을 사용하도록 고려해야 합니다. 그렇게 해야 원하지 않는 부작용의 발생을 최소화할 수 있습니다.

Q 심한 후속결과를 적용해서 학생들이 자신의 행동을 책임질 수 있도록 가르쳐야 하지 않을까요?

책임감을 가르치기 위해서 심한 후속결과만을 적용하는 것은 학생이 이미 대체기술을 습득하고 있고 힘든 상황에서도 필요하면 그 기술들을 쉽게 사용할 수 있다는 것을 전제로 합니다. 심한 후속결과는 문제행동을 하고 있는 대부분의 학생들에게는 해당되지 않습니다. 비록 모든 학생들이 자신의 행동에 책임을 지도록 가르치는 것도 중요하지만 9장에서 설명했던 것과 같이 좀 더 적절한 방법으로 행동하는 것을 가르치는 것도 중요합니다. 또한 교사들은 학생을 지원할 수 있는 환경을 구성할 책임이 있습니다(8장 참조).

Q 우리 학교는 문제행동에 대하여 반응할 때 소속 교육청의 훈육 규정을 따르도록 요구하고 있습니다. 어떻게 예외를 만들 수 있는지 알고 싶습니다.

일반교육 환경에서 장애 학생을 지원하기 위한 적합화나 수정은 장애인교육법(IDEA)에 명시되어 있습니다. 장애인교육법에는 행동 문제를 지닌 학생들에게 예외 규칙을 적용할 수 있다는 조항이 포함되어 있습니다. 이 장에서 설명했던 바와 같이 문제행동에 대한 반응을 개별화해야 하는 이유는 여러 가지입니다. 즉, 문제행동을 지원하기 위하여 팀을 구성하고 실행하며 학교의 여러 관련 전문가들이 관여하는 것은 장애 학생의 문제행동 지원을 개별화해야 하기 때문입니다. 무엇을 해야 하는지를 결정하는 동안 팀 구성원들은 학교와 교육청의 규칙에서 요구하는 것이 무엇인지, 그리고 가장 효과적인 것은 무엇인지를 고려해야 합니다. 또한 중재가 일반적인 규칙과 다를 때에는 학교장이나 교육청의 행정가(예: 특수교육 장학사)를 팀에 포함시켜 모든 팀 구성원들이 동의하는 가장 효과적인 해결 방안을 모색해야 합니다.

사례

명호의 문제행동에 대한 반응

명호의 팀은 명호의 교육과정이 운영되는 동안 선행사건을 변화시키고 대안적인 의사소통 형태를 도입하면 문제행동이 거의 일어나지 않을 것으로 기대하였다. 그럼에도 불구하고 실제로 문제행동이 발생하면 그에 대하여 효과적이고 교육적으로 반응할 수 있는 방법은 무엇인지, 명호의 문제행동이 다른 사람들의 안전을 위협하는 경우 이러한 위기 상황에서 어떻게 해야 하는지 고려하였다([그림 10-3] 참조).

명호의 팀은 몇 가지 전략을 구상하였다. 첫째, 명호가 어려운 과제를 거부하고 그것을 던지려고 할 경우 쉬는 시간 카드를 사용할 수 있도록 가르친다. 중재 카드는 과제를 거절하거나 던지고 차는 것과 동일한 결과를 가져올 수 있기 때문에 이 방법이 가장 효과적이라고 생각하였다. 즉, 명호에게 대체행동을 할 수 있도록 가르쳤기 때문에 문제행동이 즉각적으로 멈출 수 있을 것이라는 것이다. 명호는 중요한 교훈을 배웠다. 쉬는 시간을 요청하는 것은 활동을 피할 수 있게 해 주지만 문제행동은 아니라는 것이다.

두 번째 반응 전략은 활동 간 전이를 위한 것이었다. 만일 명호가 이동을 거부한다면 팀 구성원들은 다음과 같은 세 가지 접근 중 하나를 사용하기로 결정하였다. (1) 명호에게 다음 날 그 활동을 다시 할 수 있다는 것을 알려 줄 수 있도록 그림 일과표를 보여 준다. (2) 다음 활동이 무엇인지 알려 준다(예: 빙고 게임). (3) 다른 학생들을 과장되게 칭찬하면서 명호의 거부하는 행동을 무시한다. 팀 구성원들은 명호의 학교 일과 활동 내에 좋아하는 활동을 포함하는 선행사건 중재 전략을 적용할 경우 활동 간 전이(예: 좋아하는 활동에서 싫어하는 활동으로 옮기는 것)를 어렵게 하였던 이유가 사라지게 되어 이와 같은 전략들이 성공적일 수 있으리라고 생각하였다.

명호의 문제행동은 물건을 던지고 파괴하고 선생님과 친구들을 발로 차는 것과

명호의 행동지원 계획

가설: 1. 명호에게 어려운 과제를 하게 하면 그 활동을 피하기 위하여 거부 및 공격행동을 할 수 있다.
2. 명호에게 비기능적인 활동을 하도록 요청하면 그 활동을 피하기 위하여 거부 및 공격행동을 할 수 있다.
3. 명호에게 선호하는 활동을 하다가 덜 선호하는 활동으로 이동하게 하면 선호하지 않는 활동을 피하고 선호하는 활동을 계속하기 위하여 거부 및 공격행동을 할 것이다.

선행사건/배경사건 중재	대체기술	문제행동에 대한 반응	장기 지원 계획
교육과정에서 글자와 숫자 명명 과제를 없앤다; 학업 활동에서 회상 과제를 피한다. 기능적 활동에 학업 과제를 삽입한다; 의미 있는 결과를 얻을 수 있게 해 준다. 구어적 표현에 어려움을 느끼면 대안적 형태의 의사소통(그림, 몸짓)을 할 수 있도록 촉진한다. 교실 활동을 알 수 있도록 그림 일과표를 사용한다. 선호하는 활동을 마치기 전에 미리 알려 준다. 선호하는 활동을 하다가 선호하지 않는 활동으로 이동해야 하는 경우 잠시 선호하는 활동(예: 수학 게임)을 하게 해 준 후 비선호 활동을 시작한다.	교체기술: 쉬는 시간을 요청하도록 가르친다. 명호에게 쉬는 시간 카드를 사용하도록 촉진한다. 인내기술: 어려운 과제를 수행하도록 가르친다; 쉬는 시간을 갖기 위해서는 조금 더 많이 혹은 조금 더 오랫동안 과제를 수행하도록 점진적으로 지도한다. 일반적인 적응기술: 몸짓과 그림 어휘집을 사용하도록 확장한다. 학교 일과 중에 자연스럽게 가르친다. 표현을 늘리기 위하여 몸짓과 그림을 사용하도록 촉진한다.	어려운 과제를 하는 동안 문제행동의 징후가 나타나면 휴식카드를 사용하도록 촉진한다. 이동 중에 다음 중 한 가지를 수행한다. • 사진 일과표를 사용하여 다음 날 이 활동을 다시 할 수 있다는 것을 알려 준다. • 다음 활동이 무엇인지를 이야기해 준다. • 줄을 잘 서있는 다른 학생을 칭찬한다. 위기 관리: • 던질 만한 물건을 치운다. • 주먹질을 막아서 다른 사람을 보호한다. • 조용한 곳으로 데려간다. • 진정되면 즉시 교실로 데려온다.	

[그림 10-3] 명호의 문제행동에 대한 반응

같은 문제로 급상승하기 때문에 위기 중재 계획이 필요하다. 만일 명호의 문제행동이 선생님을 협박하고 교실의 물건들을 파괴하기까지 한다면 선생님과 보조원은 다음과 같은 행동을 따르기로 하였다. 첫째, 명호의 팔이 닿는 곳에 있는 모든 물건(예: 책, 미술 도구, 책상, 의자 등)을 치운다. 둘째, 교사와 보조원은 교사들이나 다른 학생들을 향한 모든 주먹질을 차단한다. 셋째, 교사와 보조원은 명호를 교실 밖으로 데리고 나가서 학교 내의 조용한 공간으로 데려간다. 명호가 조용해지면 일과 활동으로 돌아올 수 있다는 것을 알려 준다.

보미의 문제행동에 대한 반응

학업 활동 중에 문제행동을 하는 보미에 대한 반응은 대체기술의 교수와 관련된다([그림 10-4] 참조). 보미의 경우는 문제행동을 하지 않게 하기보다는 적절한 대체행동을 하도록 가르치고자 하였다. 따라서 첫 번째 과제 이탈 행동을 하려는 사인이 나타난 후 바로 도움을 요청하도록 가르쳤다. 그러나 보미의 지원팀은 보미가 도움을 필요로 하는 이유를 쉽게 결정할 수 있으리라는 것을 확신할 수 없었다. 과제의 양이 너무 많아서 도움이 필요할 수도 있고, 과제를 수행하기 위하여 필요한 소근육 운동기술이 부족하거나 과제 수행을 위한 지시를 이해하지 못하는 것과 같이 다양한 이유가 가능하기 때문이다. 팀 구성원들은 보미와 함께 하는 브레인스토밍이 앞으로 도움이 필요한 이유를 스스로 깨달을 수 있게 하는 데 도움이 될 것이라고 생각하였다. 따라서 보미가 교사의 촉진을 따르는 데 도움이 필요한 이유를 잘 설명하지 못하면 교사는 보미에게 다가가서 보미가 왜 과제를 완성하지 못하고 있는지에 대하여 여러 가지 생각을 할 수 있도록 도와주었다. 보미가 과제를 하다가 지쳤기 때문이라고 한다면 교사들은 그녀가 다른 것들을 선택할 수 있게 하였다. 마찬가지로 소근육 운동기술이 부족한 경우라면 다른 기자재를 사용할 수 있게 하였다. 보미는 이와 같은 노력이 자신을 도울 수 있으리라는 점에 동의하였으며, 자신의 과제 수행의 문제점을 파악하고자 노력하게 되었다.

보미의 과제 이탈 행동의 기능은 관심 끌기가 아니라 회피라는 것이 파악되었기 때문에 이러한 반응을 하면서 보미에게 관심을 주더라도 다른 문제들이 나타나지는 않았다. 또한 이와 같은 방법은 문제를 더 빨리 파악하고 해결하는 방법이었고, 보미는 여러 가지 다른 형태로 학업을 다시 시작할 수 있었다.

또래에게 좋지 않은 말을 하거나 친구들을 모욕하여 감정을 상하게 하는 경우, 보미는 스스로 사과를 하겠다고 하였다. 팀 구성원들은 이 방법은 자연스러운 후속결과가 제시될 수 있고 부적절한 말로 인하여 생긴 상처를 회복할 수 있는 방법이기에 동의하였다.

마지막으로 보미는 교사가 피드백을 주는 경우 창피함을 느낀다고 하였다. 보미의 팀은 정정이나 촉진이 조용하고 신중하게 이루어지도록 제안하였다. 이러한 방법은 보미가 납득할 만한 것이었다. 교사들 역시 이와 같은 방법은 학생을 존중하는 것이며 낙인을 피할 수 있을 것이라고 동의하였다.

보미의 행동지원 계획

가설: 1. 보미에게 쓰기 과제를 제시하는 경우 회피하기 위하여 과제 이탈 행동을 한다.
2. 보미에게 긴 과제를 제시하는 경우 회피하기 위하여 과제 이탈 행동을 한다.
3. 보미가 주말 동안 아버지에게 다녀온 후에는 피곤하기 때문에 과제를 회피하기 위하여 과제 이탈 행동을 한다.
4. 낯선 또래들과 같이 있는 비구조화된 상황에서 보미는 또래들의 관심을 끌기 위하여 부적절한 상호작용을 한다.

선행사건/배경사건 중재	대체기술	문제행동에 대한 반응	장기 지원 계획
쓰기 과제의 양을 줄여 준다; 과제 수행을 위한 대체 전략을 제공한다(예: 녹음기). 과제를 작게 나누어 제공한다. 교수를 명확하고 분명하게 실시한다. 식당에서 친구 옆에 앉게 한다; 점차 새로운 친구들을 옆에 앉히고 적절한 상호작용을 할 수 있도록 촉진한다. 아버지를 방문하는 일요일 저녁에 집에 일찍 돌아오게 한다.	대체기술: 혼자서 해야 하는 과제를 제시하는 경우 과제가 너무 많아서 힘들다고 느끼거나 무엇을 해야 하는지 이해하지 못할 때 도움을 요청할 수 있음을 상기시킨다. 일반적인 적응기술: 사회적 기술을 가르치고 적절한 상호작용을 할 수 있도록 촉진한다. 인내기술: 점차 새로운 사람들을 소개한다.	과제 이탈 행동의 징후가 처음 나타나면 보미가 도움을 요청할 수 있도록 촉진한다; 만일 과제 이탈 행동이 계속되면 과제를 수행하기 싫은 이유를 알아내기 위한 브레인스토밍을 한다. 부적절한 말을 한 것에 대하여 친구에게 사과하게 한다. 모든 피드백은 조용하고 신중하게 한다.	

[그림 10-4] 보미의 문제행동에 대한 반응

참고문헌 ……

Amish, P. L., Gesten, E. L., Smith, J. K., Clarke, H. B., & Stark, C. (1988). Social problem-solving training for severely emotionally and behaviorally disturbed children. *Behavior Disorders, 13*, 175 186.

Colvin, B. (1993). *Managing acting out behavior.* Eugene, OR: Behavior Associates.

George, M. (2000). Establishing and promoting disciplinary practices at the building level that ensure safe, effective, and nurturing school environments. In L. M. Bullock & R. A. Gable (Eds.), *Positive academic and behavioral supports: Creating safe, effective, nurturing schools for all students* (pp. 11-15). Reston, VA: Council for Children with Behavioral Disorders.

Guess, D., Helmstetter, E., Turnbull, R. H., & Knowlton, S. (1987). *Use of aversive procedures with persons who are disabled: An historical review and critical analysis.* Seattle, WA: The Association for Persons with Severe Handicaps.

Mayer, G. R., & Butterworth, T. (1979). A preventive approach to school violence and vandalism: An experimental study. *Personnel and Guidance Journal, 57*, 436-441.

Mayer, G. R., & Butterworth, T, Nafpaktitis, M., & Sulzer-Azaroff, B. (1983). Preventing school vandalism and improving discipline: A three year study. *Journal of Applied Behavior Analysis, 16*, 355-369.

11 장기적 지원 및 지속적 평가

TIM KNOSTER
DON KINCAID

지금까지 제시된 5개 장은 문제행동과 가장 많이 관련된 변수들을 중재하고 지원하는 방법을 알아내고 고안하는 데 중점을 두었다. 특히 진단적 접근을 병행하면서 세 가지 긍정적 행동지원 계획의 구성요소들로 선행/배경사건 중재, 대체기술 교수, 반응적 중재를 설명하였다. 이러한 요소들이 중요함에도 불구하고 일반적으로 이 세 가지 요소들은 의미 있는 성과를 만들어 내고 장기적으로 변화를 유지시키기에는 충분하지 않다. 오랜 기간에 걸쳐 가치 있는 삶의 질과 지속적인 진보를 충분히 보장하기 위해서는 부가적인 지원과 계획이 고려될 필요가 있다. 따라서 장기적 지원은 포괄적인 지원 계획의 네 번째 필수적인 구성요소가 된다.

이 장의 목적은 장기적 지원을 고안하고 실행하기 위한 지침을 제공하는 것이다. 따라서 만족스럽고 가치 있는 삶의 질을 만들어 줄 수 있는 요소들을 살펴보고자 한다. 더불어 지속적인 평가에 관한 주요 쟁점들에 대한 견해를 제공한다. 그리하여 5장에 묘사된 바 있는 측정 방법을 토대로 하되 이를 확장시킨다. 마지막으로 이 장은 장기간에 걸친 진보를 검토하고 필요할 경우 지원을 수정하기 위한 고려점들을 제시한다.

1. 장기적 지원

문제행동을 보이는 학생들을 위해서 의미 있는 교육 프로그램을 제공하는 것은 어려운 과제다. 그러한 학생에게 지속적이고 긍정적인 변화를 실현하기 위해서 팀은 (1) 이미 앞 장에서 기술한 바 있는 선행사건 수정, 대체기술 교수, 적절하게 반응하기와 같은 학생의 즉각적 요구에 맞는 중재와 지원을 고안하고, (2) 문제행동을 장기적으로 예방하기 위해 삶의 질 요인들이 광범위하게 포함된 장기적 지원을 개발해야 한다.

포괄적인 긍정적 행동지원 계획의 네 번째 요소인 장기적 지원은 두 가지 분명한 관련 접근 유형으로 구성되어 있다. 즉, 삶의 방식의 변화와 지원을 유지하기 위한 전략이다. 이 두 접근은 과정에 참여하는 모든 사람들(예: 대상 학생과 가족,

교직원, 그 외 지원팀 구성원들)에게 긍정적이고 의미 있는 성과를 얻고 유지하게 하기 위해서 필수적이다.

1) 삶의 방식의 변화

삶의 방식은 일상생활의 리듬 및 규칙과 관련되어 있다. 학생들이 어디서 살고 있고, 어떤 학교에 다니고, 어떤 것을 즐거워하고, 누구와 상호작용 하고, 학생들의 하루 리듬과 규칙이 개인적인 만족감과 기쁨에 얼마나 영향을 주는가에 이르기까지 삶의 방식에 영향을 주는 많은 요인들이 있다. 간단히 말하면, 이런 요인들은 학생들이 인식하는 삶의 질에 직접적인 영향을 준다. 삶의 방식은 지원팀이 목표를 형성하고 지원적 중재를 선정하기 위한 맥락과 큰 그림을 만들게 해 준다. 특히 문제행동을 오랫동안 보인 아동이나 청소년들에게 삶의 방식의 변화는 그들의 삶을 좀 더 만족스러울 수 있도록 중재하고 지원하기도 한다. 궁극적으로 삶의 방식의 변화는 개인 삶의 질을 향상시키는 결과를 가져옴으로써 문제행동을 장기적으로 예방하는 효과를 가져다준다(Bambara & Knoster, 1995, 1998).

삶의 방식의 변화를 통한 장기적인 예방은 두 가지 중요한 논의점들을 제기하는 것으로 성취될 수 있다. 첫째, 자신의 삶의 질에 불만족스러워하는 학생(예: 고립이나 배척감 경험, 연령에 적합한 선택을 하고 스스로 결정하는 기회 제한, 개인적으로 흥미로워하는 활동에 참여할 수 있는 기회 결여)은 만족스러워하는 학생보다 문제행동을 보일 가능성이 높다. 사실 이러한 불만족감은 팀이 중점을 둘 필요가 있는 가장 중요한 논점이라 할 수 있다. 다른 지원적 요소들이 아무리 잘 고안되고 전달된다 하더라도 삶의 질 요인이 효과적으로 갖추어져 있지 않고 불만족감이 계속된다면, 지속적인 행동 변화는 실현되기 어렵다.

둘째로 일반적으로 학생들은 즐겁고 의미 있다고 생각하는 환경이나 활동에 참여할 때 최선을 다한다. 의미 있는 상황은 학생의 학업기술과 사회적 기술을 습득하게 하고 원활하게 하는 역할을 한다. 불행히도 문제행동을 가진 학생은 재미있고 의미 있는 것을 발견할 수 있는 학교, 가정, 지역사회 환경이나 활동에 접근하는 것 자체가 어려워 경험의 기회가 부족할 수 있다. 또한 문제행동이 오래 지속될수록 의미 있는 환경에 접근하기 어려운 기간도 길어지기 마련이다. 학생의 불만족감은 이러한 순환이 지속됨에 따라 점점 증폭된다. 게다가 문제행동을 통제하는 노력으로 더 많은 개입적인 행동 관리 절차를 실행하는 것이 일반적이다. 결과적으로 문제행동을 지닌 학생들은 교육 프로그램에 관심을 가질 수 있는 매일의 결정 상황에서 선택을 하거나 목소리를 낼 수 있는 기회가 점점 더 줄어드는 것이다. 그들은 또한 좀 더 제한적인 교육적 환경에 배치될 가능성이 높다. 삶의 방식의 변화는 학습을 위한 동기를 유발적인 상황을 만들어주고 개입적이고 제한적인 접근으로 인한 학생의 불만족감이 순환되는 것을 바꿔 주는 데 필수적이다.

다음은 삶의 방식의 변화가 중요하다는 것을 보여 주는 예다. 영호는 오전에는 고등학교에서 교육을 받고 오후에는 다른 장애 학생들과 함께 직업 전 워크숍에서 교육을 받는 17세의 중도 인지장애를 지닌 학생이다. 이 프로그램의 워크숍은 이번 학기에 새롭게 추가된 요소로 전이 계획의 일부로 구성되었다. 영호는 다양한 관심(예를 들어, 집을 수리하는 아버지를 돕기도 하고, 쇼핑몰에 가기도 하고, 동생이나 이웃의 다른 아이들과 함께 비디오가게를 돌아다니기도 하는 등)을 가진 신체 건강한 청소년이다. 영호는 낮 시간 동안 밖에서 할 수 있는 다양한 것들을 찾기 원했다. 그는 또한 무언가를 고치는 일을 해서 돈을 벌 수 있기를 정말 원했다. 그는 동료들에게 말을 하고 대화를 유지할 수 있지만, 때로는 명확하고 간결하게 자신의 생각을 표현하는 데 어려움을 보인다. 영호의 많은 강점과 관심에도 불구하고 학기 중에 문제행동의 정도가 심해짐에 따라 학교 직원들 간에 그에 관한 부정적인 명성은 점점 더 높아졌다(예: 워크숍에서 교직원의 지시에 순응하지 않고 거부하거나 저항하는 말을 함). 교사들은 영호의 워크숍 일과에서 긍정적 행동지원과 유사한 다른 적용을 시도했지만, 결과적으로 행동에서 긍정적인 변화는 거의 없었다. 그들은 영호의 작업 장소를 매일 바꾸고, 장애를 지닌 다른 또래들과 함께 일하도록 그룹을 구성하고, 작업을 잘 마쳤을 때 칭찬을 많이 해 주기 위해서 노력하였다. 이러한 노력에도 불구하고 팀과 영호의 어려움은 팀 모임이 있던 날까지 지속되었다. 교사들은 영호의 행동을 조절하기 위해 해 왔던 일들에 관해 대화하면서 직업을 가지고 유지해 가는 것에 관해 논의했다. 영호의 언급에 관한 기록은 그가 워크숍에 참여하는 것에 관심이 없었다는 것을 명백히 보여 주었다. “우리가 여기서 하는 일은 한심하다.” “우리는 항상 안에 모여 있고, 내 친구들 중 아무도 이런 종류의 일을 하지 않는다.” 처음에 영호의 지원팀은 몹시 놀랐다. 영호가 프로그램에 좀 더 즐겁게 적응하게 하기 위해 팀 구성원들이 노력했음에도 불구하고, 그들은 영호와 일하면서 그가 무엇을 하는 것에 관심이 있고 누구와 일하기를 원하는지 등의 더 중요한 사실을 놓치고 있었던 것이다. 영호는 워크숍 상황에서 행복해 하지 않았기 때문에 문제행동을 다루기 위해 작업 일과를 약간 수정하는 것은 효과적이지 않았다. 따라서 이러한 문제를 해결하고자 영호의 팀 구성원들은 영호에 관한 전환 계획을 다시 검토하여 작업환경을 지역 계약자와 함께 일하는 건축 작업환경으로 변경하였다. 영호의 이웃 친구들은 영호가 일하는 시간대에 동일한 계약자와 함께 일을 하지 않았지만 그들 중 몇몇은 지역사회에서 방과 후 또는 여름방학 때 비슷한 일을 했다. 영호의 행동이 짧은 시간 동안 극적으로 좋아졌다는 것은 그리 놀라운 일이 아니었다. 이와 같이 주된 삶의 방식이 고려되지 않는다면 영호의 행동은 향상되지 않았을 것이다.

(1) 삶의 방식 변화를 선택하기 위한 고려사항

구조적인 변화를 만들어 줄 적절한 삶의 방식 중재/지원을 선정하기 위해서는 팀이 학생의 흥미와 선호도뿐 아니라 현재 삶의 방식에 관해 하나 또는 그 이상의 진단을 실행해야 한다. 부가적으로 팀은 다양한 삶의 방식 중재가 포함된 실행 계획을 개발할 필요가 있다.

삶의 방식의 변화를 촉진하는 가장 효과적인 방법 중 하나는 개인 중심의 계획(person-centered planning)을 사용하는 것이다. 1장에서 이미 설명한 바와 같이 다양한 구조화된 개인 중심의 계획 과정이 있다. 즉, 개인의 미래 계획하기(Personal Futures Planning; Mount, 1987; Mount & Zwernik, 1988), 삶의 방식 계획하기(Lifestyle Planning; O'Brien, Mount, & O'Brien, 1990), 희망으로 대안적인 미래 설계하기(Planning Alternative Tomorrows with Hope; PATH; Pearpoint, O'Brien, &

Forest, 1996), 필수적인 삶의 방식 계획하기(Essential Lifestyle Planning; Smull, 1997), 실행방안 계획하기(Making Action Plans: MAPS; Vandercook, York, & Forest, 1989)가 있다. 이 모든 도구들은 팀이 학생들과 그들의 과거사, 현재의 환경, 장래 희망을 보다 잘 이해하도록 도와준다. 개인 중심의 계획 과정은 개별 학생을 위해서 5단계 긍정적 행동지원 과정을 통해 몇 차례에 걸쳐서 이루어지게 된다. 아마도 개인 중심의 계획이 시작되는 가장 논리적인 단계는 2단계에서일 것이다. 이것은 팀이 기능적인 평가를 실행할 때, 즉 학생 또는 그의 환경에 관한 광범위한 정보가 모아지는 단계인 2단계에서 개인 중심의 계획 과정이 이루어지기 때문이다. 이러한 광범위한 정보는 문제행동과 학생을 좀 더 명확히 이해하기 위한 기초와 맥락을 만들어 준다. 이 과정은 또한 학생의 진보를 중심으로 주기적으로 반복할 필요가 있다(3, 6, 12개월마다). 개인 중심의 계획은 분리된 별도의 활동이 아니다. 지속적인 과정이며 학생들의 진보와 환경적 변화에 따라 지원 계획을 실행할 장소를 재방문하고 수정하여야 한다.

개인 중심의 계획 과정 중 촉진자는 일련의 구조를 통해 정보를 모으는 팀을 돕게 된다. 어떤 구조는 학생의 환경을 진단하는 것이며, 어떤 구조는 학생을 위해 비전을 개발하면서 팀을 돕는 것이며, 어떤 구조는 팀이 미래를 위한 계획을 세우도록 돕는 것이다. 이러한 구조들을 위해 가능한 주제들은 다음과 같다.

진단

- 학생의 삶에서 가장 중요한 사람들을 파악한다.
- 대상 학생이 평범한 일상에서 어디를 가고 무엇을 하는지 파악한다.
- 주요 건강 관심사에 대해 논의한다.
- 개인사로부터 나올 수 있는 긍정적 혹은 부정적 쟁점들을 검토한다.
- 가정, 학교, 지역사회에서 학생이 활용할 만한 선택 유형들을 조사한다.
- 또래나 성인의 존중을 받거나 잃게끔 만드는 학생이 지닌 행동들에 대해 논의한다.
- 학생을 지원하는 데 효과적이거나 비효과적인 전략들을 파악한다.

비전

- 학교, 가정, 지역사회에서의 미래를 향한 장기적인 비전을 개발한다.
- 장래를 위한 긍정적이고도 가능한 목적을 파악한다.
- 팀 구성원의 바람과 두려움을 명확히 알아낸다.

계획

- 팀의 성공에 영향을 줄지도 모르는 장애물과 기회들을 진단한다.
- 미래에 부가되어야 하고 과정에 명시되어야 하는 주요 주제들을 팀이 결정하도록 돕는다.
- 단기 및 장기목표를 성취하기 위한 실행 계획을 개발한다.
- 팀 구성원들이 명시된 목표들을 이루기 위한 첫 번째 단계에서의 책무성을 갖도록 지원한다.

개인 중심의 계획 과정과 추수지도 활동의 결과로 팀은 삶의 방식의 변화와 지원 계획을 지속하기 위한 전략을 모두 포함하여 장기적 지원을 실행하였을 때 얻을 수 있는 학생의 미래를 위한 긍정적인 비전에 대한 합의점을 끌어낼 수 있다. 개인 중심의 계획 접근이 포함되지 않은 학생 중심의 지원팀은 문제행동을 감소시키는 단기적인 성과에만 중점을 두는 것으로 국한될 수 있다(영호의 상황에서처럼). 가정, 학교, 지역사회라는 광범위한 학생의 생활을 이해하는 것은 총체적인 삶의 질에 영향을 줄 수 있는 다양한 삶의 방식 변화에 대하여 자연스럽게 고려하게 만들어 준다. 만약 위에 제시한 구조화된 개인 중심의 계획 과정(PATH, MAPS 등) 중 하나가 사용된다면 팀에게는 상당한 시간과 책무성이 요구될지도 모른다. 만약 구조화된 개인 중심의 계획 과정을 사용하는 것이 불가능하다면, 팀 구성원들은 지원 계획의 효과에 영향을 주는 수많은 삶의 방식의 요소들에 주목해야만 할 것이다. 〈표 11-1〉은 주요 삶의 방식 요소들, 팀의 고려사항들, 긍정적 행동 지원 계획에 포함될 수 있는 삶의 방식 목표의 예들을 정리한 것이다. 삶의 방식 요인들에 대해서는 다음에서 설명한다.

〈표 11-1〉 삶의 방식 요인, 팀 고려사항, 삶의 방식 목표의 예

삶의 방식 요소	팀 고려사항	삶의 방식 목표의 예
선택	얼마나 자주, 언제, 어디서 학생이 선택을 할 수 있는가?	• 모든 일과에 선택하기, 기회를 삽입하기(도구, 장소, 활동의 선택 등)
	하루 일과와 학교 활동에 어느 정도까지 학생의 흥미와 선호도를 반영할 것인가?	• 학생의 흥미를 교육과정 및 학업 활동과 연계하기
	일상의 의사결정 과정에서 학생이 얼마나 많이 말을 하는가? 학교 교육과정에서는?	• 자신의 흥미와 개인적 목표를 표현하게 하기 위해 개별화교육프로그램(IEP) 모임에 대상 학생을 포함시키기
학교와 지역사회 통합	학교 학급과 다른 장면에서 학교 활동에 어느 정도까지 포함시킬 것인가?	• 일반 교육 수업에 참여하는 것을 증진시키기 • 방과 후 클럽 및 활동에 학생을 등록시키기
	학생을 연령에 적합한 지역사회 활동에 어느 정도까지 참여시킬 것인가?	• 학생이 매달 탐색하고자 하는 흥미롭고 새로운 지역사회 활동에 대해 알기
관계 맺기	학생이 다른 학생 및 성인들과 건강하고 만족스러운 관계와 우정을 어느 정도 가지고 있는가?	• 학생이 공통의 관심을 나눌 수 있는 학급 내 또래들을 파악하기
	또래 및 성인과 좀 더 건강한 관계를 발달시키기 위한 기회를 어떻게 촉진시켜 줄 것인가?	• 또래와 성인이 대상 학생의 강점 또는 흥미 영역을 중심으로 상호작용을 할 수 있는 기회를 계획하기 • 학생이 함께 밤을 지내고 영화를 보자고 이웃 친구들을 초대하도록 격려하기
가치 있는 역할	학생이 자신의 가족, 학교, 지역사회에 기여할 수 있는 영역을 가지고 있는가?	• 각 환경에서 학생이 할 수 있는 조력자 활동을 목록화하기 • 학생이 지역사회 활동(축제, 기금 모금 등)에서 자원봉사를 하도록 격려하기
	학생이 학교와 학급에서 맡고 있는 구체적인 책임이 있는가?	• 학생이 각각의 환경에서 자신에게 중요한 가치로운 역할을 선정하도록 돕기
전반적 건강과 안녕	대상 학생에게 부가되어야 할 필요가 있는 단기적 또는 장기적 건강 이슈가 있는가?	• 가능한 건강 문제들을 알아내고 그러한 문제들에 대한 학생의 자기 관리를 돕기
	대상 학생이 학급, 지원, 삶 등에서 행복한가를 어떻게 알 것인가?	• 학생에게서 빈번한 피드백을 받고, 학교, 가정, 지역사회에 대한 만족감에 대한 정보를 모으기
	어떻게 학생에게 위험에 대한 인식을 제공하면서 학생들을 위한 안전한 환경을 촉진시킬 수 있는가?	• 친구들, 팀 구성원들 그리고 다른 사람들에게 도움을 요청하는 방법들을 포함하여 학생에게 필요한 안전기술을 교수하기

(2) 중요한 삶의 방식 요인

선택(choices) 많은 연구들이 학생에게 선택할 기회를 주는 것은 학생의 문제행동에 긍정적인 영향을 미친다는 사실을 보여 주고 있다(Cole & Levinson, 2002; Munk & Repp, 1994; Peterson, Caniglia, & Royster, 2001; Seybert, Dunlap, & Ferro, 1996; Vaughn & Horner, 1997). 그러나 문제행동을 지닌 학생들은 학교환경 안에서든 밖에서든 행동 통제에 중점을 둔 행동 관리가 실행되고 있을 때에는 선택을 할 수 있는 기회가 제한되거나 거의 없었다. 결과적으로 학생들은 무엇을 먹을지, 어떤 활동에 참여할지, 누구와 함께 작업할지와 같은 간단한 일에서조차 선택할 기회를 갖지 못했을지 모른다. 따라서 그들은 이후 자신의 삶에서 중대한 선택, 즉 어디서 살아야 하는지, 무엇을 하며 살기를 원하는지, 누구와 관계를 맺기 원하는지와 같은 선택을 해야 하는 것에 대해 점점 더 준비하지 못하게 된다. 선행사건 전략으로 선택하기를 제공하는 것의 구체적인 예는 8장에서 제시하였다. 〈표 11-1〉은 학생이 선택하고 의사결정을 할 수 있는 광범위한 삶의 기회를 보여 주고 있다.

학교와 지역사회 통합(school and community inclusion) 많은 가족과 학교 체계가 통합교육 환경을 지원하기 위해 함께 일하지만 어떤 가족들은 학교생활 중 그리고 학교생활 이후에 아동들을 위한 통합적 지역사회를 만들어 갈 거대한 과제에 직면해 있다. 심각한 행동 문제는 학교와 지역사회 통합을 방해하고 가족이 전통적인 지역사회 활동에 접근하는 것을 어렵게 만든다. 포괄적인 개인 중심의 계획 과정은 학교환경을 넘어 가족, 학생, 지역사회에 영향을 주는 주제로까지 확장되고 있다. 효과적인 개인 중심의 계획/긍정적 행동지원 과정은 통합적인 학교와 지역사회 장면에서 지원 체계를 만들고 유지시키기 위한 전략을 가족과 교육자에게 제공해야 한다.

관계(relationships) 또래 및 성인들과 긍정적인 대인관계를 가지는 것은 양질의 삶을 유지하는 데 중요하다. 팀의 구성원들은 사회적 관계라고 인식한 가치들에서 차이를 보일지도 모른다. 오늘날 국가 수준의 시험(수능시험, 모의고사 등)에 대한 관심이 높아짐에 따라 학교가 학생의 현재 행동이 그 학생의 학업 진전을 방해하기 때문에 즉각적인 행동 변화의 필요성을 강조하는 것은 당연한 일이 되었다. 부모가 이러한 학교의 관심사에 대해 함께 관심을 기울임에도 불구하고, 그들은 (최소한) 사회적 이슈와 함께 또래관계의 중요성에 대해서도 동등한 강조를 하게 될지도 모른다. 부모는 그들의 아동을 위한 일차적인 목적이 '학교에서 적어도 한 명의 친구를 갖게 하는 것' 이거나 '다른 십대들이 하는 것처럼 누군가 자녀들에게 전화해서 얘기하는 것' 일지도 모른다. 의미 있고 지속적인 관계를 형성하는 것은 단지 통합학교와 지역사회 환경에 함께 있다는 것만으로 충분히 이루어지는 것은 아니다. 마찬가지로 단지 학교 활동에 참여하고 다른 학생들과 규칙적인 일과를 함께한다고 항상 장기적인 관계가 만들어지는 것은 아니다. 이러한 현실에 대응하여 부모들은 자신의 자녀들과 다른 아동들 간에 장기적으로 지속되는 지지적이며 진정한 우정관계를 촉진해 주는 학교 프로그램을 원하곤 한다. 그러나 우정을 발달시켜 준다는 것은 자발적인 과정이라 말할 수 없다. 오히려 문제행동을 가졌던 학생들에게는 창의성과 장기적인 책임감을 갖도록 구조화된 기회를 마련해 주는 것이 필요하다. 관계를 촉진하는 목적과 관련된 활동들의 예는 〈표 11-1〉에서 볼 수 있다.

가치 있는 역할(valued roles) 우리는 모두 우리 자신을 가치 있는 역할로 정의한다. 즉, 교사, 부모, 운동선수, 친구, 배우자 또는 파트너 등으로 정의할 수 있다. 그러나 문제를 지닌 학생들은 부정적인 시각으로 인식되곤 한다(예: "얘는 나의 끔찍한 악몽이야."). 이런 아동들을 위해 학교가 할 수 있는 중요한 성과 중 하나는 긍정적인 역할을 개발할 기회를 주는 것이다. 예를 들어, 도우미, 친구, 또래교사, 댄스클럽 구성원 등의 역할을 부여할 수 있다. 가치 있는 역할은 이 학생들에게 소속감을 만들어 주며, 고립감과 거부감을 조성하던 부정적인 인식을 줄여 줄 수 있다. 아동기에 경험하는 이러한 가치 있는 역할은 성인기의 가치 있는 역할로까지 연결될 수 있다.

전반적 건강과 안녕(general health and well-being) 부모는 아동이 청소년기로 성장해 감에 따라 건강과 안전에 관한 쟁점들에 중점을 두게 된다(Brotherson, 1988; Nehring, 1990). 따라서 부모들은 다음과 같은 질문들을 자주 하게 된다. "내가 죽고 나면 이 아이는 어떻게 될까요?" "누가 내 딸과 함께 있게 될까요?" "누가 이 아이의 친구가 될까요?" "우리 아이가 행복하게 살 수 있을까요?" 앞에서 살펴본 선택, 학교와 지역사회 통합, 관계, 가치 있는 역할의 쟁점에 대해 준비하는 것이 이러한 걱정을 어느 정도는 완화시켜 준다. 그러나 팀은 학생의 건강, 안전, 행복과 같은 좀 더 포괄적이고 장기적인 쟁점에 영향을 미치는 삶의 방식 요소들과 관련된 문제를 해결하는 데 시간을 보낼 필요가 있다.

2) 지원을 유지하기 위한 전략

긍정적 행동지원 계획의 장기적인 효과를 위해서는 앞에서 설명한 삶의 방식의 변화만큼 중요한 것이 지원을 유지하기 위한 전략이다. 지원을 유지하기 위한 전략은 대상 학생과 팀 구성원들을 위해서 지원을 제공하는 것이다. 학교와 지역사회 환경이란 규칙적으로 여러 변화가 생기고 때로는 예기치 않은 일들도 발생한다. 문제행동을 보인 경험이 있는 대부분의 학생들은 다양한 환경과 사람에 대한 지속적인 도움을 필요로 하며, 새롭게 습득한 사회적 기술을 유지하고 일반화(새로운 환경과 사람들에 대한)하기 위해서는 시간이 흘러도 지속되는 도움을 필요로 한다. 같은 맥락에서 팀 구성원들은 대상 학생을 위한 지속적인 지원을 촉진하기 위해서 평행적인 형태의 도움을 필요로 하게 될 것이다.

(1) 학생을 위한 지속적인 지원

장기적으로 학생을 지원하기 위한 계획을 세우기 위해서 팀은 향후 몇 년에 걸쳐 학생의 행동에 영향을 주거나 학생의 삶에 현재 나타나지 않고 있는 도전들에 직면하도록 팀과 학생을 준비시키는 전략을 고려해야 한다. 장기적인 학생 지원을 계획할 때 팀 구성원들은 (1) 학생이 새로운 대체기술들을 유지하고 일반화하도록 교수하고 (2) 다른 사람들이 학생을 지원하도록 준비시키며, (3) 환경적 변화를 다루는 방법을 고려해야만 한다.

기술 유지와 일반화를 위한 교수(ongoing support for the student) 유지(maintenance)는 유사한 환경 내에서 시간이 지나도 학습된 기술을 지속적으로 가지고 있는 학생의 능력을 묘사하기 위해 사용되는 용어다(Ferro & Dunlap, 1993). 일반화(generalization)는 새로운 환경에서 이미 가지고 있는 기술들을 사용하는 것을 의미한다(Dunlap, 1993; Ferro & Dunlap, 1993). 지원팀의 장기적인 계획은 유지와 일반화에 대해서도 다루어야 한다.

새로운 기술들을 유지하도록 촉진하기 위한 가장 효과적인 방법 중 하나는 학생이 자기관리 전략들을 사용하도록 가르치는 것이다. 9장에서는 대처기술과 일반적인 적응기술들을 가르치기 위한 자기관리 전략이 소개되었다. 목표 설정, 자기점검, 자기암시(self-cueing)와 같은 다양한 자기관리 전략들은 학생들로 하여금 새롭게 습득한 기술들을 시간이 지나도 유지할 수 있도록 도울 것이다. 자기관리 전략은 학업 참여(McDougall & Brady, 1998), 스케줄 따르기(Clees, 1994), 과제 간 전이(Newman, 1995), 자조기술 일과에 충실하기(Pierce & Schreibman, 1994), 적절하게 놀이하기(Stahmer & Schreibman, 1992)처럼 광범위한 긍정적 행동들을 유지하는 데 효과적인 것으로 알려졌다. 자기관리 전략은 또한 학생들의 문제행동, 상동적이고 반복적인 행동(McAdam, 1993), 말더듬(Ingham, 1982)과 같은 행동들을 감소된 수준으로 유지시키는 데 사용되어 왔다. 대체기술을 교수하는 초기 과정에서부터 지원팀은 학생들이 교수 후에도 행동 변화를 유지하는 것을 돕기 위해 자기관리 기법의 교수를 고려해야 한다. 예를 들어, 자기관리 기법에는 과제 완성을 스스로 점검하기 위해 점검표를 사용하거나 과제를 잘 수행했을 때 교사의 칭찬을 요청하기 위해 그림 단서를 사용하는 것 등이 있다(그러나 이러한 것만으로 제한되는 것은 아니다).

그러나 기술 유지가 고려되기 전에 학생들은 새로운 상황과 장면에서 새롭게 습득한 기술들을 적용할 수 있어야 한다. 말하자면 이것이 일반화인 것이다. 예를 들어, 어떤 학생은 대화 시작하기가 포함된 중요한 사회적 기술을 가정과 학교에서 처음 배우게 될 수 있다. 그러나 이 학생은 새로운 지역사회와 직업 현장에서 이런 기술들을 표현하도록 부가적인 교수를 필요로 한다. 이 학생은 또한 이러한 환경에서 좀 더 미묘한 사회적 차이, 즉 말을 하기 적절한 때가 언제인지, 친숙치 않은 사람에게 대화를 어떻게 시작해야 하는지, 어떤 사람이 말하려 하지 않는다면 어떻게 해야 하는지, 규칙적으로 만나는 사람과 토론하기 위해 어떻게 화제를 확장하는지 등의 기술을 학습할 필요가 있을지 모른다. 또 다른 예로 어떤 아동은 가정에서 저녁식사 후에 부모와 어떤 게임을 하고 싶은지에 관한 의견을 말로 표현하는 것을 배울 수도 있다. 그러나 이러한 경우 학생은 학교에서 자신이 원하는 것을 표현하기에 적절한 때가 언제이며 학급 내 다른 사람들(교사들, 다른 교직원들, 또래들)의 사회적 단서들을 어떻게 알 수 있는지에 대해서도 배울 필요가 있다.

지원팀이 긍정적인 장기적 성과를 원한다면 새로운 상황에서 대체기술들을 적용하고 수정할 기회를 계획하는 것이 지원팀의 중요한 우선순위가 되어야 한다. 따라서 팀 구성원들이 대체기술을 선택할 때 고려해야 할 중요한 일반화 전략은 그 기술들이 사용될 학교, 가정, 지역사회에 잘 맞는지를 확실시하는 것이다. 적합한 기술은 상황에 적절해야 하며, 사회적 파트너가 이해할 수 있어야 하고, 가정, 학교, 지역사회에서 또래와 성인들이 자연스럽게 강화하고 반응할 수 있는 기술이어야 한다.

대상 학생 지원을 위해 다른 사람들 준비시키기(prepare others to suppport the student) 지원팀은 다른 학생과 교사들에게 대상 학생을 좀 더 효과적으로 지원하는 방법을 알려 주도록 노력해야 한다. 팀 구성원이 적합한 대체기술을 선정하려고 노력했음에도 불구하고 많은 성인과 또래들은 직접적으로 배우지 않으면 행동지원을 실행하는 방법이나 대상 학생과 상호작용을 하기에 가장 좋은 방법을 알지 못할 것이다. 특히 보편적이지 않거나 특이한 지원방법을 사용할 때에는 그 방법에 대해서 가르쳐 주어야 한다. 장기적인 지원을 계획할 때 팀은 다른 사람들이 문제행동을 예방하는 방법, 대체기술을 촉진하는 방법, 문제행동이 일어날 때 보여 주어야 하는 방법을 아는지를 고려해야 한다. 또한 팀은 대상 학생과 의사소통하는 방법과 학교, 지역사회 또는 가정에서 대상 학생을 환영하고 참여시키는 방법을 다른 사람들이 아는지를 고려해야 한다.

지원 과정에 다른 학생들을 포함시키는 것은 다른 사람들을 준비시키는 전략이 될 수 있다. 친구동아리(Circle of Friends)를 구성하는 것은(Frederickson & Turner, 2002) 대상 학생을 포함시키도록 또래를 격려하고 우정을 형성하게 하는 데 효과적이다. 이러한 전략을 사용하면서 또래들은 긍정적이고 섬세한 방법으로 대상 학생과 상호작용하는 방법을 배우게 된다. 학생들은 학년 이동으로 인해 동일한 친구동아리를 유지하지 못할 수도 있다. 따라서 팀은 때때로 새로운 또래들을 동아리에 추가할 필요가 있는지를 결정하기 위해서 또래관계 진단을 해야 한다.

해가 바뀌어도 친구동아리를 일관되게 유지할 가능성은 있지만 다양한 교사들을 경험하게 되는 것은 피할 수 없다. 따라서 지원팀은 장기적인 계획 과정에서 미리 대책을 강구할 때 미래 교사들이 참여하게 하기 위한 전략을 생각해야 한다. 다가오는 학년에 누가 학생의 교사가 될 지를 봄학기 동안 알아내고(가능하다면), 그 교사들을 초청하여 대상 학생 및 팀과 서로를 파악할 수 있는 즐거운 활동을 경험하는 것은 의미가 있다. 이러한 활동을 하는 동안 개인 중심의 계획 과정의 팀이 가진 자료, 기능평가, 행동지원 계획, 다른 관련 정보들을 미래 교사들과 함께 나누고 논의하게 된다. 더욱이 팀은 학생을 지원하는 데 가장 수용적인 또는 학생의 현재 및 장기적인 요구들에 가장 잘 맞는 상호작용 양식과 교수 양식을 가진 교사들을 알아내도록 도울 수 있다.

환경적 변화 다루기(address environmental change) 우리의 모든 삶에서의 변화들은 때로는 우연히, 때로는 계획적으로 일어난다. 성공적인 긍정적 행동지원 팀은 갑작스러운 변화가 발생하면 즉각 문제 해결이 필요하다는 것을 이해할 것이다. 이러한 변화는 팀 구성원들 간에 관계의 변화를 일으키고 행동지원 계획상의 목적에 상당한 변화를 가져올지도 모른다. 예를 들어, 어떤 교사의 예기치 않은 결근은 팀 구성원의 변화를 초래하게 되고, 따라서 새로운 교사의 교수 양식과 선호도의 차이를 감안하여 지원 계획을 조절해야 할 필요가 생기게 된다.

초등학교에서 중학교로의 진학 또는 통합학급으로의 이동과 같은 좀 더 예측 가능한 변화에 대해서는 미리 대책을 강구해야 한다. 이때 중요한 것은 대상 학생이 이동할 때 선행사건 수정과 장기적 수정이 제대로 이루어지는지를 확인하는 것이다. 성공적인 실행을 위해서 팀은 현재의 삶을 살면서도 미래를 위한 비전을 가지는 능력을 지닐 필요가 있다.

학생지원을 유지하는 세 가지 전략을 위해서 팀은 다양한 고려사항들에 기초하여 학생에게 맞는 구체적인 결정을 해야 한다. 그러한 결정에 대한 확실한 목록을

〈표 11-2〉 장기적인 지원을 계획하기 위한 팀 고려사항들의 예시

관 심	팀 고려사항	전략의 예시
학생에게 새롭게 학습한 대체기술들을 유지하고 일반화하도록 교수하기	성근이가 김 교사의 교실에서 어느 시간에든 교사의 관심을 얻기 위해 손을 드는 행동을 하게 하려면 성근이에게 어떻게 반응해야 할까?	성근이가 일관성 있게 손을 드는 행동을 보인 후에 김 교사가 다른 학생들을 가르치느라 바쁠 때에는 교사를 기다리도록 가르친다.
	성근이가 다른 학급에서 다른 교사들과 수업을 할 때 교사의 관심을 얻기 위해 손을 들도록 어떻게 가르칠 것인가?	성근이가 교실에서 일관되게 손을 든다면 다른 장면에서도 그렇게 하도록 가르친다. 다른 장면에서 그 기술을 사용하는 것을 상기시키도록 자기점검 방법을 소개한다.
다른 사람들이 학생을 지원하도록 준비시키기	경동이와 친하지 않은 새로운 교사들과 다른 학생들은 운동장에서 경동이가 "나랑 같이 놀자."라고 말하도록 지원하기 위해 무엇을 알 필요가 있는가?	경동이의 제한된 표현언어와 놀이하고 싶을 때 간단한 말을 사용하는 것에 대해 다른 학생들에게 가르쳐 준다. 또한 운동장 활동을 감독하는 교직원과 이러한 정보를 공유한다.
	경동이가 지역 레크리에이션 센터와 같은 새로운 놀이 장면으로 전이되는 것을 어떻게 준비시킬 것인가?	새로운 장소에서 스태프(그리고 다른 아동들)들에게서 관련된 정보들을 얻고 공유한다.
환경적 변화를 다루기	주희가 성공적으로 일하고 다양한 작업장에서 동료 직원들과 잘 지내기 위해 어떤 장기적인 수정이 요구되는가?	주희는 모든 장소에서 사용 가능한 그림판을 가지고 동료 직원들이 그 그림판을 이해할 수 있도록 한다. 또한 휴식 시간 동안 다른 사람들과의 사회적 상호작용을 위한 기회들을 계획한다.

만드는 것은 각각의 의사결정이 지니는 개별적인 특성으로 인해 불가능하다. 그러나 〈표 11-2〉는 학생의 지원 계획에 쓰이는 일반적인 전략들의 예와 함께 지원팀을 위한 고려사항들을 보여 주고 있다.

(2) 팀 구성원들을 위한 지원

팀 구성원들을 지원하는 방법에 대해서는 4장에서 논의한 바 있다. 학생의 요구를 충족시키기 위해서 팀 구성원들은 마음을 열고 지원에 대해 정직하게 서로 논의하고 구성해 나가야 한다. 팀의 요구를 실행하기 위한 가장 확실한 방법 중 하나는 학생의 행동지원 계획에 직접 팀 지원 내용을 기록하는 것이다. 지원의 유형은 (1) 팀의 긍정적 행동지원 경험, (2) 팀이 학생을 지원하게 되는 맥락이나 장면에 따라 다양하다. 팀 지원의 예는 선행사건 중재를 좀 더 효과적으로 잘 실행하도록 구성원 조직 형태를 변화시키고, 팀 구성원들이 대체기술들을 알아내고 가르치도록 훈련하고, 진보를 검토하고 지원 계획을 수정하기 위한 정기적인 팀 모임 일정을 만드는 것을 포함한다. 팀 구성원들이 요구하는 지원의 유형이 시간에 따라 팀 구성원 내에서 혹은 팀에서 팀으로 다양하게 변화된다 할지라도 그 비용이 엄청나게 비싼 것은 아니다. 예를 들어, 4장에서 설명한 것처럼 팀 구성원이 어려운 경험 후에 좌절감을 발산하도록 지원하는 것은 친밀한 얼굴을 하고 잘 들어주는 것과 같이 비용이 들지 않을 수도 있다. 〈표 11-3〉은 학생의 지원 계획에 포함되어 있는 다양한 팀 지원의 예를 보여 주고 있다.

팀 구성원은 시간이 지남에 따라 다양한 이유로 변화되기 쉽다(예: 자연스럽게 발생하는 학년의 변화나 학교의 변화로 인한 전이, 교직원 조정, 개인적 이유). 지원을 유지시키는 전략은 팀 구성원이 변하더라도 팀으로 하여금 유능한 방식으로 기능할 수 있게 만든다. 교직원의 변화는 팀이 (하나의 단위로서) 긍정적 행동지원의 5단계 과정 각각에 모두 참여해야 하는 이유 중 하나다. 팀이 모든 단계에 지속적으로 참여하는 것은 상황적 적합성을 촉진하도록 도와 줄 것이다(즉, 지원 전략이 상황과 장면에 적합한지 확인한다). 지원팀 내의 변화로 인해 만들어지는 불리한 영향을 최소화하기 위해 팀 구성원들은 중복되게 구성될 것이다(따라서 팀 구성원들은 공유

〈표 11-3〉 팀 지원의 예시

지원 유형	지원의 예
긍정적 행동지원 과정과 기법적인 기술들을 훈련하기	긍정적 행동지원에 관한 교사 재교육에 참여하기; 현장에서 기법 보조를 제공하기
팀 구성원들 간의 의사소통을 확장하고 팀을 위한 긍정적인 강화를 제공하기	진보 노트와 서로에게 지원하는 말을 이메일로 보내 주기
(필요하다면) 휴식을 제공하기	교사에게 학생과 지낸 힘든 시간 후에 휴식 제공하기
공유된 책임감과 함께 팀 구성원들 간에 명확한 기대 설정하기	팀 구성원을 위해 '해야 할 일'에 대한 목록이 있는 실행 계획 만들기
쟁점을 논의하고 차이점을 해결해 가는 명확한 팀 과정을 만들어 가기	팀 모임과 문제 해결을 위한 합의된 프로토콜을 만들고 따르기

된 경험을 갖게 된다).

요약하면, 장기적 지원은 그것이 학생을 대상으로 하건 지원팀 구성원들을 대상으로 하건 지속적인 긍정적 행동지원 접근의 일부가 된다. 팀은 진보가 이루어지고 있는지와 영속성 있는 성과를 확실히 얻게 해 주는 데 필요한 장기적인 지원이 무엇인지를 결정할 수 있도록 모임 일정을 만들 필요가 있다.

지원팀은 합리적인 결정을 하기 위해서 다양한 방법으로 대상 학생의 진보를 점검해야 한다. 다음에서는 긍정적 행동지원 노력을 성공적으로 했는가를 평가하기 위해서 성과 자료를 어떻게 사용할 수 있는지에 대해 설명하고자 한다.

2. 진보 평가 및 점검

행동지원 계획이 실행된다면 팀은 곧 그 효과를 판단해야 하는 과제('진보가 이루어졌습니까?' '우리가 성공했습니까?' 같은 질문이 뒤따르는)에 직면하게 될 것이다. 이러한 질문에 대한 답은 긍정적 행동지원 과정(실행, 평가, 계획 수정하기)의 5단계에서 나왔던 지원계획 수정안으로 연결될 수 있다. 지원 계획은 의미 있는 성과를 만들어야만 효과적이라 할 수 있다. 문제행동은 개인의 삶의 질에 심각하게 영향을 미치기 때문에(예: 관계, 선호하는 활동으로의 접근, 통합), 효과를 평가할 때에는 그 개인에게 의미 있는 결과인지를 판단해야 한다(Bambara & Knoster, 1998; Myer & Janney, 1989). 개인적으로 의미 있는 결과는 학생, 학생의 가족, 다른 팀 구성원들이 지니고 있는 무엇이 중요한가에 관한 인식을 반영한다. 다시 말해서, '충분한 진보가 이루어져서 팀 구성원과 학생을 만족시켜 왔는가?' 에 대한 답이라고 할 수 있다. 이러한 질문에 대한 답을 얻기 위해 지원팀은 다양한 방법으로 진보를 평가하고자 성과 정보(자료)를 모을 필요가 있다. 다음과 같은 세 가지 종류의 의미 있는 성과에 해당되는 정보를 모으고 분석하는 것은 매우 중요하다. 즉, (1) 대체기술의 증가, (2) 문제행동의 감소, (3) 삶의 질 향상에 관한 정보다. 5장은 대체기술과 문제행동에서의 변화를 찾기 위한 자료 수집 전략을 상세히 다루고 있다. 다음에서는 삶의 질을 측정하는 방법을 소개하고 세 가지 성과에 따라 이루어지는 자료 중심의 결정에 대해 논의하고자 한다.

1) 삶의 방식 성과 측정

대체기술의 습득 및 사용의 증가 그리고 문제행동의 감소를 평가하는 것이 중요한 만큼 학생과 그 가족 및 학생의 삶에 관련된 사람들의 삶의 질에서 긍정적 변화가 일어났는가를 평가하는 것도 동등하게 중요하다. 지난 수십 년 동안 건강과 인간 서비스 기관들은 서비스 전달체계라는 지배적인 원리로서 삶의 질이라는 개념을 받아들여 왔다(Schalock, Bonham, & Marchand, 2000). 그런 면에서 삶의 질은 서비스 전달체계의 방향을 제시하고 교육자들과 다른 서비스 제공자들을 도와서 그들로 하여금 학생과 그 가족을 위한 중요한 목표에 중점을 두게 한다. 삶의 질은 또한 긍정적 행동지원의 결과로서 개인적인 삶에서 만들어지는 진보를 측정하는 데 사용되는 결정적인 기준이 되어 왔다(Kincaid, Knoster, Harrower, Shannon, & Bustamante, 2002).

다양한 문헌을 통해 삶의 질을 진단하기 위한 필수적인 차원들이 규명되어 왔다

(Felce & Perry, 1995, 1996; Schalock et al., 2000). 특히 긍정적 행동지원에 관한 3주 협의회(Tri-State Consortium on Positive Behavior Support: 긍정적 행동지원에서 학교를 훈련시키기 위해 자금을 지원받은 프로젝트임)는 삶 전체에 긍정적 행동지원이 주는 영향을 진단하기 위한 방법들을 알려 주고 있으며 삶의 질에서의 변화를 진단하기에 적절한 다섯 가지 영역을 제시하고 있다. 즉, (1) 대인관계, (2) 자기결정, (3) 사회적 통합, (4) 개인 발달, (5) 정서적 안녕이다. 〈표 11-4〉는 이러한 다섯 가지 요소들을 목록화하여 보여 주고 있다.

삶의 질을 진단하는 것은 학교 중심의 지원팀에게는 어려운 과제가 될 수 있다. 최소한 단기적 성과(즉, 문제행동의 감소, 대체기술의 증가)와 장기적 성과(즉, 우정의 발달) 둘 다를 목표로 진보를 진단할 필요가 있다. 그러한 면에서 팀 구성원들은 학교, 가정, 지역사회 일과의 변화로 방해받지 않으면서 유용한 자료를 얻어낼 수 있는 방법으로 목표였던 성과에 관한 정보들을 수집해야 한다(즉, 적절한 상황

〈표 11-4〉 긍정적 행동지원에 관한 3주 협의회에 의해 사용된 삶의 질에서의 다섯 가지 하위검사들

차 원	하위검사의 구성요소들
대인관계	• 가족 구성원 및 또래들과의 관계 • 또래들과 상호작용하며 보내는 시간 • 또래들과 상호작용할 때의 애정
자기결정	• 학교와 지역사회 활동에의 참여 • 선호하는 것을 결정하고 표현하는 능력 • 생활 조건에 대한 만족
사회적 통합	• 지역사회와 학교의 구성원들과의 관계 • 아동이 또래들에게서 받는 반응 • 여가 활동에 참여하는 능력
개인 발달	• 개인적으로 활기찬 활동에의 접근 • 새로운 과제/활동을 시도하려는 의지 • 새로운 기술을 학습하는 능력
정서적 안녕	• 자신감 • 정서적 안정감 • 독립성 및 전반적 행복감 수준에 대한 만족도

을 제공하는 자료 수집 절차를 선정해야 한다). 시간 표집 방법(5장에서 설명한)이 하나의 예가 될 수 있다. 대체기술의 증가와 문제행동의 감소는 양적인 절차를 사용하기에 적합하지만, 지원팀은 삶의 질에 준 영향을 진단하기에 적절한 질적인 절차도 찾아야 할 것이다. 어떤 학생들은 우정과 같은 중요한 차원에서의 만족감에 관한 정보를 줄 수 있다. 어떤 학생들은 확장된 구어 표현이 제한되어 있어서 다른 사람들의 관찰에 의존해야 할 수도 있다. 예를 들어, 부모는 여가 활동에 참여하는 자녀의 열의에 관한 정보를 줄 수 있다.

지원팀이 짧은 시간 내에 과정에 포함된 모두에게서 긍정적 행동 변화의 극적인 성과와 향상된 삶의 질을 볼 수 있다면 가장 이상적일 것이다. 그러나 몇몇 지원팀이 단시간 내에 그러한 성과를 실현한다 할지라도 다른 사람들은 그런 행운이 찾아오지 않을 수 있다. 그런 면에서 팀은 효과적으로 장기간 그리고 단기간 동안의 학생 진보를 계획하고 감독하는 능력을 보여 주어야 할 것이다.

2) 진보 점검 계획의 개발

앞에서 논의된 바처럼 의미 있는 성과는 문제행동의 감소, 사회적으로 허용되는 대체기술 사용의 증가, 삶의 질에 있어서의 일반적인 향상을 포함한다. 이러한 성과를 향한 진보를 점검하기 위해서 지원팀은 평가 계획을 개발할 필요가 있다. 위의 세 가지 성과를 위해 주요한 두 가지 질문을 각각 준비해야 한다. 첫 번째는 '우리는 행동지원 계획을 실행한 결과로 어떤 일이 일어나기를 기대하는가?' 이다. 예를 들어, 문제행동의 어떤 유형이 감소되고 어느 정도까지 허용되는가? 학생은 어떤 대체기술을 어떤 상황에서 사용해야 하는가? 지원 계획의 결과로 기대되는 삶의 질의 변화는 무엇인가? 팀 구성원들이 기대하고 있는 성과에 모두 동의한다면, 두 번째로 '어떻게 그것을 측정할 것인가?' 라는 질문을 해 보아야 할 것이다. 팀은 5장에서 소개된 진보에 대한 직접 평정, 간접 평정, 주관적 평정(만족도)을 포함한 다양한 도구들을 사용하여 성과를 측정할 수 있다. 〈표 11-5〉는 기대되는 성과와 측정의 예들을 보여 주고 있다.

〈표 11-5〉 의미 있는 성과의 예시

의미 있는 성과	어떤 일이 일어나기를 기대하는가?	어떻게 그것을 측정할 것인가?
문제행동의 장기적이고 수용 가능한 감소	학급에서 배호의 소리 지르기 행동은 남은 학교생활 전반에 걸쳐 전혀 발생하지 않을 것이다.	배호의 소리 지르기 행동의 발생 빈도를 매달 검토하기
	운동장에서 놀잇감을 가로채는 재호의 행동은 월 1회 이하로 감소될 것이다.	운동장 감독자가 매주 기록한 사건 발생 빈도를 검토하기
	수희의 자해행동(손 물기)은 주 1회 이하로 감소될 것이다.	3일에 한 번씩 손 물기의 빈도 검토하기; 매일 일과가 끝날 때 상처 점검하기
대체기술의 증가	배호는 소리 지르기 대신 교사의 관심을 얻기 위해 학급에서 손을 들 것이다.	매주 2회씩 손들기 횟수를 기록해 자료를 수집하기
	재호는 운동장에서 다른 사람의 놀잇감을 뺏거나 가져가지 않고 "나랑 놀자."라고 말할 것이다.	운동장 감독자에게 재호가 다른 사람에게 "나랑 놀자."라고 말하는 행동을 관찰하고 기록하게 하기; 매주 자료 검토하기
	수희는 마이크로스위치의 '도와주세요' 버튼을 눌러 도움을 청할 것이다.	매일 학습 시간에 요청 시 '도와주세요'를 사용하는 빈도를 검토하기
삶의 질 향상	배호는 장기적인 학업 진도 목표를 성취하고, 일반학급 과목들에서 모두 합격점을 받을 것이다.	매주 교사의 일화기록 검토하기; 매주 숙제와 시험 점수 검토하기
	운동장에서 또래들이 재호를 게임에 참여시킬 것이다.	매주 다른 학생들이 재호를 게임에 참여시키는지에 관한 교사와 보조원의 일화기록 검토하기
	수희는 작업장에서 새로운 동료들과 함께 작업 요구량을 완성하고, 필요할 때 도움을 청하고, 휴식 시간 동안 동료들과 교제할 것이다.	매주 작업장 관리자에게 전화하여 어떻게 생각하는지 확인하기; 매달 관련된 기록들을 수집하여 검토하기

3) 진보 평가 및 의사결정

기대되는 성과와 측정에 대해서 서로 동의하는 것도 중요하지만, 진보가 이루어지고 있는지 또는 지원 계획을 변경할 필요가 있는지를 결정하기 위해서는 이러한 정보를 사용해서 의사결정을 할 수 있는 방법도 반드시 알아야 한다. 수집된 정보에 기초해서 팀은 계획의 요소들을 재평가할 것을 결정하고, 지지적인 중재들을 강화하거나 추가하고, 새로운 장면이나 상황으로 현재의 계획 범위를 확장하기 위한 결정을 하게 된다. 이러한 결정을 할 때 팀 구성원들은 세 가지 패턴의 자료 중 하나를 만나게 된다.

패턴 1은 성실하게 노력했음에도 불구하고 학생의 문제행동이 거의 또는 전혀 감소하지 않고 사회적으로 허용되는 대체기술의 사용이 최소한으로 나타나는 경우다. 다시 말해서, 팀이 해 왔던 것이 아직 충분히 성공적이지 않다는 것이다. 이와 같은 현상은 다양한 이유들로 인해 발생할 수 있다. 즉, 지원이 효과적이기 위해서 시간이 더 필요할 수도 있다. 지원 계획의 특정 요소만이 효과적일 수도 있으므로 각각의 요소에 대한 추가적인 검토와 평가가 필요할 수도 있다. 기능적 진단 정보와 지원 계획이 서로 잘 맞지 않았을 수도 있다. 이러한 상황은 지원 계획에 대한 수정을 필요로 한다. 진보가 거의 보이지 않는다면 팀은 〈표 11-6〉에 기술된 바와 같은 고려사항들을 논의해야 한다.

패턴 2는 문제행동이 중간 정도의 수준으로 감소하고 사회적으로 허용되는 대체기술도 약간 증가하였지만 이 정도의 진보로는 불충분하다고 생각되는 경우다. 다시 말해서, 진보가 기록되기는 하지만 팀이 기대하는 수준까지 도달되지 않은 경우를 의미한다. 이러한 상황에서는 〈표 11-6〉에 제시된 고려사항들을 지속하는 것이 적절하다. 또한 팀은 학생을 위한 목표 또는 기대를 재평가할 필요가 있다. 왜냐하면 주어진 시간 내에 도달될 수 없거나 현실적이지 않을 수 있기 때문이다. 예를 들어, 욕하기와 불순응의 문제를 가졌다고 기록된 14세 학생을 위한 목표가 '중재를 실시하는 3개월간 내내 악담이나 불순응이 전혀 일어나지 않는 것'을 기대하는 것이라고 하자. 이 학생의 지원팀은 중재를 시작하기에 앞서 학생의 문제행동 전력을 감안할 때 그러한 목표가 성취될 수 있고 합리적인 것인가에 대해서 고려해야 한다. 3개월 후 문제행동의 90%가 감소하였다면 만족스러울 수도 있을 것이다.

패턴 3은 문제행동이 의미 있게 감소하고 사회적으로 허용되는 대체기술이 나타나는 경우다. 삶의 질에서의 진보가 이루어졌다면 팀은 유지와 일반화를 추가

〈표 11-6〉 지원 계획이 수정될 필요가 있는지를 결정하기 위한 고려사항

고려사항	팀이 할 수 있는 결정
지원 계획이 효과를 얻을 수 있을 만큼의 충분한 시간을 가졌는가? • 학생의 성장을 위해 좀 더 시간이 필요한가?	전략들을 검토하고 좀 더 실행한 후에 다시 검토하기 위한 일정을 결정한다.
지원 계획이 계획한 대로 실행되고 있는가? • 팀 구성원들은 모든 요소들을 일관성 있게 실행하여 왔는가?	모든 요소들이 실행되었는지를 알기 위해 관찰한다; 팀 구성원들과 전략을 검토한다; 필요하다면 훈련을 제공한다; 실행을 더 쉽게 할 수 있는 전략을 만든다.
모든 요소들이 필요한가? 효과적인가? • 계획 중 어느 요소들이 실제로 작용했는가? • 어떤 요소가 수정이 필요한가?	지원 계획의 각 요소들을 검토한다; 효과적인 요소들을 유지한다; 효과적이지 않은 요소들을 강화하거나 수정한다.
지원 계획이 문제행동의 가설과 관련되어 있는가? • 가설과 지원이 서로 맞지 않는가?	중재가 배경사건, 선행사건, 문제행동의 기능을 어떻게 다루고 있는지를 검토한다; 필요하면 수정한다.
가설은 여전히 적절한가? • 조건들은 문제행동을 변화시키는 것과 관련되어 왔는가? • 계획을 세우는 데 좀 더 좋은 정보를 주기 위해 새로운 자료가 필요한가?	기능적 진단 과정으로 돌아간다; 부가적인 정보를 수집하고 수정하거나 좀 더 확실한 새로운 가설을 만든다.
학생의 선호도와 삶의 질은 충분히 다루어져 왔는가? • 지원 계획이 상황과 활동에 대한 학생의 만족도라는 큰 그림을 놓쳤는가?	학생 면담을 통해 학생의 만족도를 검토하거나 개인 중심의 계획을 실행한다; 필요하면 삶의 방식의 변화를 강조한다.

적으로 고려해야 한다. 더욱이 팀은 대상 학생이 연령에 적합한 수준으로 의사결정(즉, 자기결정)을 하고 독립성을 가질 수 있도록 촉진하기 위해 특정 지원의 소거도 고려해야 한다. 더불어 중요한 것 중 하나는 팀 구성원들이 자신들의 성취를 축하하기 위한 시간을 가져야만 한다는 것이다!

3. 팀이 직면하는 과제

지원 과정 동안에 지원팀은 학생 진보, 의사결정, 장기적 성과에 결정적으로 영향을 미치는 일련의 어려움에 직면할 수 있다. 대부분 이러한 도전은 (1) 지원체계, (2) 학생, (3) 팀의 세 가지 영역에서 발생한다. 이 장의 앞부분에서는 학생들에게 자연스럽게 일어나는 전이와 지원팀 구성원의 변화라는 중요한 두 가지 쟁점에 대하여 논의한 바 있다. 또한 학생이 지닌 생활환경에서의 어떤 변화가 팀이 제공하는 지원에서 수정을 필요로 할 것인가를 논의해 왔다. 아동과 팀에 영향을 미치는 생활환경에서 일어날 수 있는 변화는 너무나 많기에 모두 다 나열할 수는 없다. 그러나 가족의 이사, 학생의 건강, 가족 구성원의 고용 위치, 가정 내 폭력이 학생 중심의 팀 과정을 성공적으로 유지하는 데 방해가 된다는 사실은 잘 알려져 있다. 팀이 학생을 위해 아무리 잘 숙련된 지원을 한다 하더라도, 어느 순간 그들의 최상의 노력을 방해하거나 완전히 계획을 망칠지도 모르는 학생의 가족, 사회, 학교와 관련된 쟁점들이 있다는 것을 기억해야 한다.

팀의 기능과 관련된 환경은 체계 또는 학생과 관련된 쟁점보다 좀 더 변화시키기가 쉬울 수 있다. 예를 들어, 팀 구성원은 종종 삶의 질에 관한 의견 차이를 보이기도 한다. 그들은 주어진 시간 내에 수행해야 하는 가장 중요한 쟁점이나 목적에 대해 서로 동의하지 않을 수 있다. 또한 지원 과정이 완성되었다고 생각하는 시점에 관해서도 동의하지 않을 수 있다. 어떤 팀 구성원들은 단순히 문제행동의 감소만으로 만족할 수 있으며, 어떤 팀 구성원들은 장기적인 삶의 질 변화가 증명될 때까지 계속 지원하기를 원할 수 있다. 팀 구성원 간의 의견 차이는 지원팀이 긍정적 행동지원 과정에 대한 비전과 원하는 결과에 대한 합의점에 도달하지 않았기 때문에 발생한다. 팀이 잘 기능하려면 기대에 대한 합의점을 유지(또는 성취)하기 위한 팀 과정을 계획하고 비전의 단계, 즉 어디로 갈 것인지, 어떻게 거기에 도달할 것인지를 다시 검토해야 할 것이다.

4. 요 약

이 장에서는 포괄적인 행동지원 계획의 네 번째 구성요소인 장기적 지원에 대하여 설명하였다. 장기적 지원은 삶의 방식 변화 및 지원 유지 전략이라는 두 가지 유형의 전략으로 구성된다. 삶의 방식 변화는 대상 학생이 다양한 삶의 방식 요소들(즉, 선택, 학교와 지역사회 통합, 관계, 가치 있는 역할, 전반적 건강과 안녕)에 대해 만족감을 느끼는지와 관련된다. 예를 들어, 대상 학생이 교육적 경험을 즐거워하고 의미 있다고 생각하는지를 묻는 것이 중요하다. 지원 유지 전략은 대상 학생과 팀 구성원들 모두에게 필요한 장기적 지원에 중점을 두게 된다. 이 장에서는 또한 전체 긍정적 행동지원 과정을 통해 의미 있는 성과를 점검하는 방법에 대해서도 설명하였다. 명확히 말하면, 지원팀은 문제행동의 감소, 사회적으로 허용될 수 있는 대체기술의 증가, 이 과정에 참여한 모든 사람의 삶의 질에 미치는 긍정적 영향을 파악하고 있어야만 한다는 것이다.

일반적인 질문

Q 장기적 지원은 한꺼번에 판별하고 실행하는 것인가요?

아니요, 꼭 그런 것은 아닙니다. 장기적인 성과를 향한 지원 계획을 개발하는 것은 점진적으로 변화하는 과정이라고 할 수 있습니다. 삶의 방식 변화를 포함한 장기적 지원에는 종종 팀에 의한 다른 요소들이 지원 계획으로 추가되곤 합니다. 예를 들어, 팀은 먼저 어떤 상황에서 대체기술들을 가르칠 것이고, 이후 장기적인 계획을 위해 다른 상황에서도 대체기술을 가르칠 필요가 있는지를 고려할 것입니다. 또는 팀이 학급에서 실시한 선행사건 수정이 성공적이면 동일한 수정이 그 외의 다른 학급에서도 이행되도록 여러 가지 방법들을 고려해 볼 수 있습니다. 다시 말해서, 어떤 장기적 지원은 초기 행동지원 계획으로 한꺼번에 실행되는 반면에 어떤 전략들은 지원요소들이 실행되고 학생의 진보가 나타나면서 점진적으로 추가되기도 합니다.

Q 문제행동이 감소되는 것을 보았는데도 삶의 방식의 변화를 굳이 실행해야 하나요?

한마디로 말해서 그렇습니다. 학생 중심의 긍정적 행동지원을 바라보는 시각으로 좀 더 폭넓은 환경을 제공하는 것이 삶의 방식이라는 것을 기억하십시오. 만약 학생이 자신의 삶의 질에 대해 불만족스러워 한다면, 팀이 문제행동을 단기간에 감소시켰다 하더라도 미래에 그 학생은 문제행동을 일으킬 가능성이 큽니다.

Q 문제행동이 감소되는 것 외에 진보도 꼭 측정해야 하나요?

이 질문에 대한 답으로 "중요한 것은 생산적인 것을 얻는 것이다."라는 오래된 속담이 적당하다고 생각됩니다. 긍정적 행동지원은 무엇보다도 먼저 교수적 접근입니다. 또한 긍정적 행동지원의 가장 주요한 강조점은 학생들에게 그들의 요구를 충족시키면서 문제행동을 대체하고 사회적으로 수용적인 방법을 가르치는 것입니다. 이것이 바로 지원팀이 문제행동의 감소뿐 아니라 삶의 질에 영향을 주는 대체기술의 증가도 측정해야 하는 결정적인 이유입니다.

Q 긍정적 행동지원 과정의 어떤 단계에서 지원 팀 구성원들의 요구를 알아내야 하나요?

간단히 말하면, 총체적인 과정을 통해서 그리고 긍정적 행동지원 과정의 각 단계에서 각각 필요로 하는 지원을 제공하는 것이 중요합니다. 지원팀 구성원의 요구를 다루는 것은 구성원들이 함께 일하면서 효과적이고 효율적으로 의사소통할 수 있는 가능성을 증가시킵니다. 마찬가지로 팀이 지지적인 중재를 고안하고 실행할 때, 팀 구성원의 요구를 다루는 것은 지원 계획이 환경에 적합하다는 것을 보여 주고 장기적으로 잘 실행될 가능성을 증가시키므로 중요합니다. 그러므로 팀 구성원의 요구는 지지적인 전략을 가지고 시간의 흐름에 따라 팀 모임의 맥락 내에서 점검되어야 합니다.

Q 만약 팀 구성원이 최소제한환경(예: 현재 배치되어 있는 교육환경)에서 학생의 요구를 충족시키는 것에 대한 거부감을 가지고 있다면 어떻게 해야 하나요?

팀 구성원들에 따라 각기 다른 목표를 가질 수도 있습니다. 예를 들어, 어떤 교사는 장애학생이 일반학급에서 배제되기를 원할지도 모릅니다. 장애인교육법(IDEA)에 의하면 학생의 팀은 학생에게 최소제한환경에서 교육적 서비스를 제공해야 합니다. 따라서 이제 팀은 다음 질문에 대해 준비해야 할 것입니다. '행동지원 계획이 포함된 IEP를 최소제한환경에서 제공하려면 무엇을 알아내야 할 것인가?' 실행에 방해가 되는 요인들을 알아내고 조작적으로 정의하는 것과 적절한 프로그램을 전달하는 데 필요한 지원을 결정하는 것은 중요한 선행 조건이 될 것입니다. 실질적 의미에서 팀 구성원의 요구가 적절하게 다루어지지 않는다면 지원팀은 영속적인 긍정적 성과를 실현하기가 어렵습니다. 따라서 팀은 영속적인 긍정적 성과를 실현하기 위해서 모든 팀 구성원(거부감을 보이는 구성원도 포함)의 요구를 반드시 알아내야 합니다.

Q 학생이 지역사회에서와 학교 일과 내내 적절하게 행동하게 하려면 어떻게 해야 하나요?
팀 구성원들이 현재 진행되는 것에 기초해서 예방 전략을 제공하는 것을 원한다 할지라도(따라서 문제행동의 선행사건과 배경사건 수정을 추가해서 문제행동의 발생 가능성을 최소화함), 현재 학생의 행동 변화로 인한 두 가지 주요 쟁점은 새롭게 습득된 기술의 유지와 일반화입니다. 시간이 흘러도 대체기술의 사용을 유지시키기 위해서는 그것을 지속적으로 강화할 필요가 있습니다. 또한 일반화를 위해서는 팀이 파악한 관련 환경들에서 적절한 행동을 직접 교수하고 그 환경에서 대체기술을 사용하도록 강화하는 것이 중요합니다.

사례

명호의 장기적 지원

명호의 팀 구성원들은 장기적 지원 개발의 필요성을 이해했지만, 자신들이 세운 가설이 옳은지 또는 처음 세 가지 계획요소들이 실제로 성공적인지를 알지 못하면 미래를 위한 계획을 세우기가 어렵다는 사실을 알게 되었다. 게다가 그들은 명호가 학교의 어떤 면을 좋아하는지에 대해서 불확실했기 때문에 삶의 방식의 변화를 고려하는 것도 어렵다고 생각했다. 교사가 명호와 계속 작업하겠다고 명확하게 말했으나, 명호의 조모는 다시 학교에서 내쫓겨서 더 제한된 환경으로 배치될까 봐 걱정하였다. 그래서 팀은 좀 더 당면한 걱정거리에 중점을 두고, 장기적 지원을 고려하기 전에 지원 계획의 처음 세 가지 요소들을 먼저 실행하고 난 후 두 달 동안 명호의 진보를 평가하기로 하였다. 또한 팀은 네 가지 모든 요소들을 동시에 고려하는 것보다는 이 방법이 좀 더 실행 가능하고 다룰 수 있다고 생각하였다.

명호의 지원 계획이 성공적인지를 평가하기 위해서 팀은 문제행동의 감소, 대체기술의 증가, 삶의 질 향상이라는 세 가지 결정적인 영역에서의 성과를 조사했다([그림 11-1] 참조). 팀의 성과가 팀이 원래 목적한 바대로 이루어졌다는 것은 놀라운 일이 아니었다. 이것은 성공에 대한 측정이 실제로 의미 있는 성과를 반영하고 있다는 것을 보여 주는 것이다. 행동지원 전문가인 노 교사는 교수를 맡은 교사가 학급 내에서 문제행동과 대체기술을 쉽게 기록할 수 있는 계획을 세우도록 도와주었다. 매주 마지막에 자료 요약을 도왔으며, 전체 팀은 진보를 평가하기 위한 격주 모임에서 그 요약된 정보를 검토하였다. 흥미롭게도 팀 구성원들은 ABC 기록지(선행사건-행동-결과)에 문제행동의 빈도를 기록하는 것을 선택하였다. 그래서 그들은 지속적으로 문제행동을 일으키는 선행사건과 추정되는 문제행동의 기능을 분석할 수 있었으며, 필요한 경우에는 가설과 지원 계획을 수정할 수 있었다.

두 달 후에 팀은 명호의 계획에 장기적인 지원을 추가할 준비를 하였다([그림 11-2] 참조). 명호는 가정에서 행복해 보였으므로 삶의 방식의 변화는 우선 학교를 중심으로 계획하였다(특히 명호를 위한 교육과정 변화와 이웃 학교로 돌아가는 전이 지원에 중점을 두었다). 명호의 지원 계획은 성공적이었다. 그의 문제행동은 충분히 감소되고 다른 사람들을 위협하지도 않게 되었다. 학교 활동에서 그의 의사소통과 참여는 증가되었고, 가장 중요한 것은 학교를 즐기기 시작하는 것처럼 보였다는 것이다. 삶의 방식의 변화를 고려하면서, 팀은 다음에 무엇을 할 것인지에 대하여 생각하게 되었다. 명호의 교육과정을 수정하는 것이 우선적으로 필요했다. 명호의 교사들과 조모는 현재의 교육과정이 대체로 문제행동을 피하게 하는 데 중점을 두고 구성되어 있어서 명호의 미래를 위해 요구되는 결정적인 기술을 얻도록 준비시키지 못한다는 데에 동의하였다. 그러나 명호의 미래는 무엇이었는가? 그는 무엇을 배워야 했는가? 전통적인 학업이 적절해 보이지는 않았지만, 그렇다면 무엇이 적절했겠는가? 명호의 계획에 추가된 지원은 미래를 위해 희망하는 비전을 기초로 이후 5년 동안에 꼭 이루어야 하는 목표가 명시된 개별화된 교육과정을 개발하는 것이었다. 이를 위해서 팀은 비전이 있는 미래 계획에 참여하고, 명호의 미래에 필요한 결정적인 기술 영역을 진단할 것이다. 명호의 조모는 그를 이웃 학교에 통합시키는 것이 그의 미래여야 한다고 주장하였으며, 학교의 전이 코디네이터가 그 계획에 참여하기를 요구했다. 전이를 위한 계획은 즉각적으로 시작되었다. 삶의 방식의 변화를 위한 마지막 고려사항은 장애가 없는 또래와 상호작용할 수 있는 기회를 가지도록 하는 것이었다. 이것은 명호가 다시 한 번 정규학교로 돌아가게 되었다는 이유와 함께 이런 기회가 삶에 필요하기 때문에 결정적으로 중요한 일이었다. 이러한 쟁점을 다루기 위해 명호의 조모는 보이

의미 있는 성과	어떤 일이 일어나기를 기대하는가?	어떻게 그것을 측정할 것인가?
장기적이고 수용 가능한 문제행동의 감소	• 최소한의 저항으로 또는 전혀 저항 없이 그리고 문제행동 없이 활동에서 활동으로 전이할 것이다. • 어려운 과제에 직면했을 때 문제행동의 신호를 보이지 않을 것이다.	• 매일 긍정적 및 부정적(문제행동 포함) 전이의 발생 빈도를 측정한다. 매주 자료를 검토한다. • 매일 ABC 기록지에 어려운 과제와 관련된 문제행동의 빈도를 측정하여 기록한다. 매주 검토한다.
대체기술의 증가	• 어려운 과제에 직면했을 때 물건을 던지고 다른 사람들을 때리고 무는 행동 대신에 "휴식" 이라고 말하거나 휴식 카드를 사용할 것이다. • 어렵지만 의미 있고 중요한 활동 중에 명호는 점차적으로 점점 더 긴 시간 동안 작업할 것이다. • 의사소통을 하기 위해 구어, 그림, 몸짓을 연합하여 사용할 것이다. 몸짓과 그림 어휘가 증가할 것이다.	• 만족스러운 진보가 이루어질 때까지 매일 규칙적으로 계획된 활동을 하는 동안 명호가 휴식을 요청하는 횟수를 측정한다. 매주 검토한다. • 활동을 하는 동안 완성된 과제 항목의 수를 기록하고 과제 수행 시간을 기록한다. 만족스러운 진보가 이루어질 때까지 매주 진보를 비교한다. • 소개된 새로운 어휘를 계속 기록한다. 3주마다 하루 동안 사용하는 새로운 그림 또는 몸짓 어휘를 기록한다. 매달 검토한다.
삶의 질 향상	• 학교 활동에 더 많이 참여할 것이다. • 학교에서 즐겁게 생활하고 행복해할 것이다. • 명호의 교사와 조부모는 그의 진보를 만족스러워할 것이다.	• 매일 그림 일과표를 사용하여 참여하는 활동의 수를 표시한다. 향상 정도가 만족스러울 때까지 매주 검토한다. • 알림장에 민호가 하루 종일 즐거웠는지, 어떤 활동을 가장 좋아했는지 기록한다. 교육과정을 수정하기 위해서 관찰된 선호도를 사용한다. • 각 팀 모임에서 만족도에 대하여 논의한다.

[그림 11-1] 명호의 평가 계획

명호의 행동지원 계획

가설: 1. 명호에게 어려운 과제를 하게 하면 그 활동을 피하기 위하여 거부 및 공격행동을 할 수 있다.
2. 명호에게 비기능적인 활동을 하도록 요청하면 그 활동을 피하기 위하여 거부 및 공격행동을 할 수 있다.
3. 명호에게 선호하는 활동을 하다가 덜 선호하는 활동으로 이동하게 하면 선호하지 않는 활동을 피하고 선호하는 활동을 계속하기 위하여 거부 및 공격행동을 할 것이다.

선행사건/배경사건 중재	대체기술	문제행동에 대한 반응	장기 지원 계획
교육과정에서 글자와 숫자 명명 과제를 없앤다. 학업 활동에서 회상 과제를 피한다. 기능적 활동에 학업 과제를 삽입한다; 의미 있는 결과를 얻을 수 있게 해 준다. 구어적 표현에 어려움을 느끼면 대안적 형태의 의사소통(그림, 몸짓)을 할 수 있도록 촉진한다. 교실 활동을 알 수 있도록 그림 일과표를 사용한다. 선호하는 활동을 마치기 전에 미리 알려 준다. 선호하는 활동을 하다가 선호하지 않는 활동으로 이동해야 하는 경우 잠시 선호하는 활동(예: 수학 게임)을 하게 해 준 후 비선호 활동을 시작한다.	대체기술: 휴식을 요청하는 방법을 가르친다; 명호가 휴식 카드를 사용할 수 있다는 것을 알게 하고 하루 동안 카드를 사용하도록 촉진한다. 인내기술: 어려운 과제를 수행하도록 가르치고, 점차적으로 조금씩 더 긴 시간 동안 작업할 수 있도록 요구하거나 휴식을 취하기 전에 조금 더 작업하도록 요구한다. 일반적인 적응기술: 몸짓과 그림 어휘를 확장시킨다; 학교 일과 중 우발적으로 가르친다; 표현을 확장시키도록 몸짓 또는/그리고 그림 사용을 촉진한다.	어려운 과제를 하는 동안 문제행동의 첫 단서를 보일 때 휴식 카드를 사용하도록 촉진한다. 전이 시 아래 열거된 것들 중 선택해서 행한다. • 다른 날에 활동을 다시 할 수 있다는 것을 보여 주기 위해서 그림 일과표를 사용한다. • 앞으로 할 활동이 무엇인지 말해 준다. • 줄을 잘 서 있는 다른 학생들을 칭찬한다. 위기 관리: • 던질 수 있는 물건들을 없앤다. • 세게 때리는 것을 막고 다른 학생들을 보호한다. • 명호를 건물 내의 조용한 공간으로 인도한다. • 안정되면 가능한 신속하게 학급으로 다시 데리고 간다.	삶의 방식의 변화: • 명호가 미래에 선호하는 비전에 기초해서 필수적인 목표라고 규명된 개별화된 교육과정을 개발한다. • 초등학교로 돌아가는 전이 계획을 시작한다; 팀 모임으로 전이 코디네이터를 초청한다. • 방과 후 활동에 등록시킨다(예: 보이스카우트). 지원을 유지하기 위한 전략: • 명호의 지원 계획에 대해 미래 교사들에게 알린다; 그들을 계획 모임으로 초청한다. • 이 교사가 학업기술들을 의미 있는 활동에 삽입하는 방법을 좀 더 배울 수 있도록 기회를 제공한다. • 명호가 가정과 지역사회에서 보완 의사소통 체계를 사용하도록 격려한다.

[그림 11-2] 명호의 장기 지원 계획

스카우트와 같은 방과후 활동에 명호를 등록시키는 데 동의했다.

삶의 방식의 변화를 파악한 후에 팀은 시간이 지난 후에도 긍정적인 성과를 유지할 수 있는 전략을 고려했다. 이에 세 가지가 지원 계획에 추가되었다. 첫째, 팀은 모든 미래 교사들이 명호의 행동지원 계획의 결정적인 요소들을 이해할 필요가 있다는 것을 인식했다. 전이 코디네이터는 이러한 활동을 촉진하기로 동의했다. 둘째, 담임인 이 교사는 자신을 위한 지원을 요청하였다. 그녀는 기능적인 활동에 학업을 삽입시키는 가장 좋은 방법을 안다고 확신하지 못하였기 때문에 지원을 요구하였다. 이 교사 학교의 교장은 이 영역에서 숙련된 다른 학교의 교사와 함께 일하면서 개인적으로 재교육을 받을 수 있도록 해 주었다. 셋째, 명호의 의사소통 기술이 계속해서 확장되고 다양한 환경에서 사용될 수 있도록 명호의 조부모는 명호가 가정과 지역사회에서 보완 의사소통 체계를 사용하도록 격려하기로 하였다.

보미의 장기적 지원

보미의 팀에 의해 계획된 장기적 지원은 [그림 11-3]에서 보는 바와 같다. 보미의 어머니는 가능한 한 빨리 학교 밖의 삶의 방식을 변화시키는 것이 중요하다고 느꼈다. 어머니는 변화가 보미를 더 행복하게 만들 것이라고 믿었다. 또한 자신이 늦게까지 일해야만 할 때 보미를 감독하는 것에 대한 걱정을 줄여 줄 것이라고 생각했다. 팀이 했던 첫 번째 일은 보미를 방과 후 운동 프로그램에 등록시키는 것이었다. 보미가 좋아하는 운동은 배구여서 팀은 배구 리그를 찾았다. 팀은 보미가 방과 후에 걸어갈 수 있는 위치인, 학교에서 두 블록쯤 떨어진 곳의 지역 YMCA에서 연습하는 리그를 찾아내었다. 배구 연습은 오후 화요일과 목요일에 진행되었다.

보미의 특수교사는 보미가 큰언니(Big Sister) 프로그램에 참여할 수 있게 해 주었다. 큰언니는 연서라는 대학생이었다. 연서는 주중에는 수업과 공부로 바빴기 때문에 금요일 오후를 보미와 함께 보내기로 하였다. 보미의 어머니는 연서가 대학생이라는 사실을 좋아하였으며 그녀가 보미를 격려하여 학업에 충실하게 해 주기를 바랐다.

보미 혼자 지내야 하는 날은 단지 월요일과 수요일뿐이었다. 이웃집에 사는 부인이 그 이틀 중 방과 후 몇 시간 동안 3세인 아들을 돌보아 줄 것을 제안했다. 부인은 보통 수요일 오후 반나절 동안 집안일을 하고 용무를 볼 수 있도록 보모를 고용했다. 따라서 보미를 고용하게 되면 기꺼이 약간의 봉급도 주겠다고 제안했다. 보미의 어머니는 이러한 제안을 기뻐했으며, 보미가 돈을 벌고 스스로 관리하기를 간절히 원했다.

마지막으로 일반교사는 보미가 저녁에 숙제를 하다가 도움이 필요할 때 전화할 수 있는 '공부친구' 를 찾아주었다. 공부친구 금희는 이 역할을 하는 것에 대해서 매우 진지하고 열성적이었다. 사실 금희는 몇 주 동안 저녁에 보미에게 전화해서 보미가 숙제를 이해했는지를 확인하겠다고 먼저 제안하였다.

삶의 방식의 변화를 알아낸 후에 팀은 시간이 지나도 지원을 유지하는 방법을 결정했다. 팀은 보미가 다음 해에 중학교로 진학하기 때문에 다음 학년이 시작되기 전에 보미의 지원 계획을 설명하기 위해 미래 교사와 만날 것을 계획했다. 게다가 학교 심리사는 보미의 어머니가 지원 그룹에 합류하도록 제안했다. 어머니는 그 지역에서 한 달에 한 번씩 개최되는 청소년 자녀를 둔 부모 지원 그룹을 잘 알고 있었다. 그 그룹은 매우 긍정적이고 적극적이었다. 그룹의 구성원들은 어머니(그리고 보미)가 중학교 진학 준비를 하고, 진학 후에 보미가 할 방과 후 활동을 알아내 주고, 청소년기에 적합한 일반적인 이슈들을 준비할 수 있도록 도와주었다.

보미의 팀은 기능진단 정보를 반영하여 단기적 · 장기적으로 필요한 지원을 보여 주는 지원 계획을 개발했다고 확신했다. 팀 구성원은 보미의 학업 참여와 사회적 기술에서 단기적 성과를 측정하는 방법은 찾았지만, 보미의 장기적인 진보를 측정하기 위한 방법도 필요하다는 사실을 깨달았다([그림 11-4] 참조). 장기적으로 쉽게 실행할 수 있는 방법으로 보미의 참여와 사회적 기술을 지속적으로 측정하는 것도 중요하지만, 그녀의 안녕과 일반적인 만족도를 파악하는 것도 중요했다. 팀 구성원들은 교사가 10분마다 보미의 행동을 점검하면서 학급에서의 보미의 참여에 대한 직접 관찰을 지속하고, 적절한 향상을 보이면 관찰을 줄여 나가기

보미의 행동지원 계획

가설: 1. 보미에게 쓰기 과제가 주어질 때 회피하기 위해 과제 이탈 행동을 보인다.
2. 보미에게 긴 과제가 주어질 때 회피하기 위해 과제 이탈 행동을 보인다.
3. 보미가 주말에 아버지를 방문하고 왔을 때 작업을 회피하기 위한 과제 이탈 행동을 보인다(피로감으로 인해서).
4. 보미가 친숙하지 않은 또래와 비구조화된 상황에 있을 때 관심을 끌려고 부적절한 상호작용을 한다.

선행사건/배경사건 중재	대체기술	문제행동에 대한 반응	장기 지원 계획
쓰기 과제의 양을 최소화한다; 과제 완성을 위한 대체 전략을 제공한다(예: 테이프 레코더). 과제를 작은 양으로 분할한다. 교수가 명확하고 명백하게 이루어지게 한다. 식당에서 학급 동료들 옆에 앉게 한다; 적절한 상호작용을 촉진하는 동안에 점진적으로 새로운 사람들을 소개한다. 일요일에 아버지를 방문한 후 가정으로 일찍 돌아오게 한다.	**대체기술:** 독립적인 과제가 주어질 때 과제로 인한 압박감을 느끼거나 무엇을 하라는 것인지를 이해하지 못하는 경우 도움을 청하도록 교수한다. **일반적인 적응기술:** 사회적 기술을 제공하고 보미가 적절한 상호작용에 참여하도록 촉진한다. **인내기술:** 점진적으로 보미에게 새로운 사람들을 소개한다.	과제 이탈 행동의 첫 징조가 보일 때 보미에게 도움을 요청하도록 촉진한다; 만약 행동이 지속되면 '왜 숙제가 힘이 드는지'를 파악하기 위해 보미와 토의한다. 보미가 친구들에게 부적절한 말을 할 때 사과하게 한다. 모든 피드백은 조용하고 신중하게 제공한다.	**삶의 방식의 변화:** • 방과 후 운동 프로그램에 등록시킨다. • 보미와 함께 시간을 보낼 수 있는 큰언니를 찾아서 역할 모델로 제공한다. • 이웃집 부인의 집에 머무를 수 있게 해 주고 어머니가 집으로 돌아올 때까지 방과 후에 아기를 돌보게 한다. • 전화로 숙제를 도와줄 수 있는 공부친구를 짝지어 준다. **지원을 유지하기 위한 전략:** • 미래 교사들이 학급지원을 반드시 실행하게 한다. • 보미의 어머니를 위한 지원 그룹을 찾아준다.

[그림 11-3] 보미의 장기 지원 계획

의미 있는 성과	어떤 일이 일어나기를 기대하는가?	어떻게 그것을 측정할 것인가?
문제행동의 장기적이고 수용 가능한 감소	• 학업 과제를 하는 동안 과제 이탈 행동이 10% 이하로 감소될 것이다.	• 목표를 달성할 때까지 매일 10분 간격의 순간표집법으로 참여행동을 관찰한다. 매달 관찰 일정을 줄여 나간다.
	• 또래와의 부적절한 상호작용에 참여하지 않을 것이다.	• 목표가 달성될 때까지 매일 점심시간 중 빈도기록법을 사용하여 2회의 5분 관찰을 실시한다. 매달 관찰 일정을 줄여 나간다.
대체기술의 증가	• 학업 활동에 참여하고 필요하면 도움을 요청할 것이다.	• 만족스러운 진보를 보일 때까지 손을 드는 빈도를 매일 기록한다.
	• 모든 숙제를 완성할 것이다.	• 교사는 완성된 숙제와 누락된 숙제의 수를 세고 어머니에게 격주로 보고한다.
	• 또래와 적절한 상호작용을 할 것이다.	• 위와 동일
삶의 질 향상	• 운동이나 기타 좋아하는 활동에 참여할 것이다.	• 학교심리사가 보미의 계획된 모임을 관리하고, 매달 배구 감독 및 어머니와 연락한다.
	• 우정을 발달시킬 것이다.	• 학교심리사가 보미에게 자기 보고를 하도록 요구하고, 매달 어머니 및 큰언니와 연락한다.
	• 자신의 '일'에 대해서 책임을 질 것이다.	• 학교 심리사가 매달 이웃집 부인과 연락한다.

[그림 11-4] 보미의 평가 계획

로 결정했다. 그들이 수집한 자료가 지원 계획이 효과적이었다는 것을 보여 줄 때 자료 수집을 월 단위로 줄여 나갈 계획이었다. 식당에서 자원봉사자가 5분씩 2회 관찰하는 자료 수집은 계속하기로 하였으며, 학급 관찰과 마찬가지 방식으로 관찰 횟수를 줄여 가기로 하였다. 마지막으로 보미의 삶의 질에 대한 만족감을 점검하기 위해서 학교 심리사는 보미가 어떻게 지냈는지를 논의하기 위한 모임을 매주 갖도록 제안하였다. 또한 학교 심리사는 매달 보미의 배구 감독, 큰언니, 이웃집 부인을 만나서 보미의 진보에 대한 의견을 구하는 것에 대해 보미와 엄마의 동의를 얻었다.

참고문헌 ……

Bambara, L. M., & Knoster, T. (1995). *Guidelines on effective behavioral support.* Harrisburg: Pennsylvania Department of Education.

Bambara, L. M., & Knoster, T. P. (1998). *Designing positive behavior support plans* (Innovations, No. 13). Washington, DC: American Association on Mental Retardation.

Brotherson, M. J. (1988). Transition into adulthood: Parental planning for sons and daughters with disabilities. *Education and Training in Mental Retardation, 23,* 165-174.

Clees, T. J. (1994). Self-recording of students' daily schedules of teachers' expectancies: Perspectives on reactivity, stimulus control, and generalization. *Exceptionality, 5,* 113-129.

Cole, C. L., & Levinson, T. R. (2002). Effects of within-activity choices on the challenging behavior of children with severe developmental disabilities. *Journal of Positive Behavior Interventions, 4,* 29-37.

Dunlap, G. (1993). Promoting generalization: Current status and functional considerations. In R. Van Houten & S. Axelrod (Eds.), *Behavior analysis and treatment* (pp. 269-296). New York: Plenum Press.

Felce, D., & Perry, J. (1995). Quality of life: Its definition and measurement. *Research in Developmental Disabilities, 16,* 51-74.

Felce, D., & Perry, J. (1996). Assessment of quality of life. In R. L. Schalock (Ed.), *Quality of life: Vol. 1. Conceptualization and measurement* (pp. 91-104). Washington, DC: American Association on Mental Retardation.

Ferro, J., & Dunlap, G. (1993). Generalization and maintenance. In M. Smith (Ed.), *Behavior modification for exceptional children and youth* (pp. 190-211). Boston: Andover.

Frederickson, N., & Turner, J. (2002). Utilizing the classroom peer group to address children's social needs: An evaluation of the Circle of Friends intervention approach. *Journal of Special Education, 36,* 234-245.

Ingham, R. J. (1982). The effects of self-evaluation training on maintenance and generalization during stuttering treatment. *Journal of Speech and Hearing Disorders, 47,* 271-280.

Kincaid, D., Knoster, T., Harrower, J., Shannon, P., & Bustamante, S. (2002). Measuring the impact of positive behavior support. *Journal of Positive Behavior Interventions, 4,* 109-118.

McAdam, D. B. (1993). Self-monitoring and verbal feedback to reduce stereotypic body rocking in a congenitally blind adult. *Review, 24,* 163-172.

McDougall, D., & Brady, M. P. (1998). Initiating and fading self-management interventions to increase math fluency in general education classes. *Exceptional Children, 64,* 151-166.

Meyer, L., & Janney, R. (1989). User-friendly measures of meaningful outcomes: Evaluating behavioral interventions. *Journal of The Association for Persons with Severe Handicaps, 14,* 263-270.

Mount, B. (1987). Person futures planning: Finding directions for change. *Dissertation Abstracts International, 48(8),* 2158A. (UMI No. AAT 8724642)

Mount, B., & Zwernik, K. (1988). *It's never too early, it's never too late: A booklet about personal futures planning for persons with developmental disabilities, their families and friends, case managers, service providers, and advocates* (Publication No. 42-88-109). St. Paul, MN: Governor's Council on Developmental Disabilities.

Munk, D. D., & Repp, A. C. (1994). The relationship between instructional variables and problem behavior: A review. *Exceptional Children, 60,* 390-401.

Nehring, W. M. (1990). *Transition needs for children with chronic illness into adulthood: Alleviating the concerns of families with information and knowledge.* Lanham, MD: Education Research Information Center. (ERIC Document Reproduction Service No. ED326025)

Newman, B. (1995). Self-management of schedule following in three teenagers with autism. *Behavioral Disorders, 20,* 190-196.

O'Brien, J., Mount, B., & O'Brien, C. (1990). *The personal profile.* Lithonia, GA: Responsive Systems Associates.

Pearpoint, J., O'Brien, J., & Forest, M. (1996). *Planning alternative tomorrows with hope: A workbook for planning possible and positive futures.* Toronto: Inclusion Press.

Peterson, S., Caniglia, C., & Royster, A. J. (2001). Application of choice-making intervention for a student with multiply maintained problem behavior. *Focus on Autism and Other Developmental Disabilities, 16*, 240-246.

Pierce, K. L., & Schreibman, L. (1994). Teaching daily living skills to children with autism in unsupervised settings through pictorial self-management. *Journal of Applied Behavior Analysis, 27,* 471-481.

Schalock, R. L., Bonham, G. S., & Marchand, C. B. (2000). Consumer based quality of life assessment: A path model of perceived satisfaction. *Evaluation and Program Planning, 23*, 77-87.

Seybert, S., Dunlap, G., & Ferro, J. (1996). The effects of choice-making on the problem behaviors of high school students with intellectual disabilities. *Journal of Behavioral Education, 6,* 49-65.

Smull, M. (1997). *A blueprint for essential lifestyle planning.* Napa, CA: Allen, Shea.

Stahmer, A. C., & Schreibman, L. (1992). Teaching children with autism appropriate play in unsupervised environments using a self-management treatment package. *Journal of Applied Behavior Analysis, 25*, 447-459.

Vandercook, T., York, J., & Foster, M. (1989). The McGill Action Planning System (MAPS): A strategy for building the vision. *Journal of The Association for Persons with Severe Handicaps, 14,* 205-215.

Vaughn B. J., & Horner, R. H. (1997). Identifying instructional tasks that occasion problem behaviors and assessing the effects of student versus teacher choice among these tasks. *Journal of Applied Behavior Analysis, 30*, 299-312.

12 가정 및 지역사회에서의 행동지원

LYNN KERN KOEGEL
ROBERT L. KOEGEL
MENDY BOETTCHER
LAUREN BROOKMAN-FRAZEE

1. 사 례
2. 가족지원의 이론적 배경
3. 긍정적 행동지원 프로그램에서 가족과의 협력 촉진
4. 지원 계획 개발 및 실행
5. 현주의 가정 내 행동지원 계획
6. 진모의 가정 및 지역사회 행동지원 계획
7. 요 약

1. 사 례

1) 현주

현주는 자폐로 진단받은 5세의 라틴 아메리카계 소녀다. 현주는 의사소통의 지체, 사회적 고립, 제한된 놀잇감을 사용하는 반복적 놀이 등의 전형적인 증상을 보였다. 현주의 어머니는 부모교육에 참석했으며, 거기서 현주가 원하는 것을 표현할 수 있도록 도와주는 방법을 배웠다. 어머니가 열심히 표현언어를 촉진한 결과, 현주는 파괴행동이 많이 감소되었으며 자신이 원하는 것과 필요한 것을 표현하기 위해 짧은 구절을 사용할 수 있게 되었다. 현주는 꾸준하면서도 지속적인 진보를 보였지만 여동생이 태어나자 모든 것이 변했다. 현주는 하루 종일 여동생에 대해 거의 관심을 보이지 않았다. 하지만 어머니는 식사 때마다 현주의 파괴행동과 공격행동으로 방해를 받는다고 보고했다. 그녀는 몇 달 동안 가족이 함께 하는 식사시간이 너무 힘들었으며 식사를 즐길 수도 없었다고 말했다.

2) 진모

진모는 4세의 유럽계 미국 소년으로 자폐 진단을 받았다. 진모의 아버지는 외근을 하였으며, 어머니는 가정에서 진모와 함께 지냈다. 현주의 어머니처럼 진모의 어머니는 하루 종일 부모교육 프로그램에 참여해서 의사소통을 촉진하는 방법을 배웠다. 그 결과로 진모는 행동 문제가 감소되었으며 원하는 것과 필요한 것을 표현하기 위해 짧은 구절을 규칙적으로 사용했다. 그러나 진모의 동생이 태어났을 때 그의 문제행동은 심각하게 증가했다. 과거에도 탠트럼을 보이긴 했지만, 동생이 태어날 때까지는 공격적이지 않았다. 처음에 진모는 아기의 울음(많은 사람들이 괴롭다고 생각하는 그 소리)을 괴로워하는 것처럼 보였다. 그는 귀를 막고 방을 나갔다. 울음소리에 대한 이와 같은 적응 반응은 대부분의 상황에서 효과가 있는 것으로 보였다.

아기가 자라면서 진모는 계속해서 자신의 적응 전략을 사용했지만, 전략들이 모든 상황에서 효과적이지는 않았다. 예를 들면, 두 아이들이 함께 차를 타고 갈 때 문제가 발생한다. 진모는 아기가 우는 것을 참을 수 없으면서도 차에서 내릴 수는 없었기에 동생을 맹렬히 공격하기 시작했다. 그는 동생을 꼬집고 찼다. 물론 그런 행동이 울음을 멈추게 하지는 않았으며 사태를 더욱 악화시킬 뿐이었다. 진모의 어머니는 그를 위협하고 소리 지르고 꾸짖었지만 아무 효과도 없었다. 진모가 아기를 때린 후에 엄마는 아기를 진정시키기 위해 자동차를 갓길에 세우기까지 해야 했다고 보고하였다. 동생이 기어 다니기 시작했을 때부터는 공격행동이 더욱 심해지고 잦아졌다. 동생은 놀잇감에 이끌려서 때로 진모의 놀잇감 중 하나를 뺏기도 했다. 그러면 진모는 놀잇감을 뺏는 동생을 밀어서 놀잇감에서 그를 멀리 떨어뜨려 놓았으며, 결국 얼마 지나지 않아서는 동생이 놀잇감 근처에 올 때마다 밀치는 행동을 보였다.

이 예시들은 장애 아동의 가족이 경험하는 다양한 도전적 상황들을 보여 준다. 가정과 지역사회에서 이러한 가족과 함께 일하기 위해서는 지원이 확실히 받아들여질 수 있는지, 쉽게 실행될 수 있는지, 그리고 단기적 및 장기적 효과를 볼 수 있는지를 확인하기 위해 다양한 변수들을 고려하는 것이 필요하다. 이 장에서는 가정과 지역사회에서 팀이 장애 아동 가족에게 포괄적인 지원을 할 때 적합성을 극대화시킬 수 있는 다양한 주요 변수들에 관해 논의할 것이다. 장애가 있든 없든 모든 아동들을 위해 가정과 학교 간의 연계는 이상적이면서도 실질적인 것이다. 그러나 가정에서의 행동지원 계획을 위한 요구는 문제행동이 일어나는 장소, 문제행동의 강도, 중재를 실행하는 부모의 기술과 일관성 등과 같은 다양한 변수에 따라 달라진다. 여기서는 가족과 함께 일하기 위한 일반적인 영역 및 가족지원에 관하여 설명한 후에 가정 및 지역사회 환경을 위한 계획 세우기의 구체적인 단계들을 논의하고자 한다. 마지막으로 현주와 진모(가정 중심의 지원 계획을 세워야 하는 두 아동)의 사례를 제시할 것이다.

2. 가족지원의 이론적 배경

1) 가족지원 쟁점의 개관

수년 동안 장애 및 긍정적 행동지원 영역의 문헌들은 가족 구성원이 장애 아동을 위한 지원 계획을 개발하고 실행하는 데 반드시 고려되어야 하는 결정적인 요소라고 제시하고 있다(Dunlap & Robbins, 1991; Dunst & Trivette, 1994; Dunst, Trivette, & Deal, 1994; Lucyshyn, Albin, & Nixon, 1997; Prizant & Wetherby, 1989; Singer & Irvin, 1991; Turnbull, Blue-Banning, Turbiville, & Park, 1999; Vaughn, Clarke, & Dunlap, 1997). 가족자원협회(Family Resource Coalition) 등을 포함하는 많은 가족지원 운동, 미국 보건사회복지부(U.S. Department of Health and Human Services), 1986년으로 거슬러 올라가는 전장애아교육법 개정법률(Education of the Handicapped Act Amendments of 1986, P.L. 99-457) 등에 의해서 가족지원을 위한 권장된 실제들이 제시되어 왔다(Dunst & Trivette, 1994). 자폐 아동을 위한 프로그램과 같이 잘 형성된 대부분의 중재 프로그램은 가족요소를 포함하고 있어서 프로그램 내에 부모교육과 가족지원의 형태를 갖추고 있다. 이러한 요소를 포함한 프로그램과 모델의 예로는 TEACCH 프로그램(Treatment and Education of Autistic and related Communication handicapped CHildren; Schopler, 1989), Prizant와 Wetherby(1989)에 의해 사용된 조기개입 모델, 메이센터 모델(May Center' s Model; Campbell et al., 1998), 중심축 반응 중재(Pivotal Response Intervention; Koegel, Koegel, Harrower, & Carter, 1999), LEAP 프로그램(Learning Experiences: An Alternative Program for Preschoolers and Parents; Strain & Hoyson, 2000)이 있다. 게다가 자폐 분야의 전문가를 대상으로 한 설문조사 결과를 살펴보면, 가족지원 및 가족과 아동의 지역사회 프로그램 참여는 중재와 연구에서 다루어야 할 중요한 영역으로 부각되고 있다(Pfeiffer & Nelson, 1992). 따라서 분명한 것은 환경의 변화와 상관없는 종합적인 프로그램을 만드는 것이 필요

하다는 것이다.

Lucyshyn과 Albin(1993)은 몇몇 가족지원의 주제를 최상의 실제로 제안해 왔다. 또한 이러한 내용은 문헌상에도 곳곳에 기술되어 있다. 가족지원의 최상의 실제는 다음과 같은 내용을 포함한다. 즉, (1) 가족환경 이해의 중요성, (2) 부모와 전문가 간의 협력적인 파트너십의 개발(Dunlap & Robbins, 1991; Turnbull et al., 1999), (3) 가족의 강점 및 아동의 긍정적 기여도 파악, (4) 가족 구성원을 강화시키고 기존의 기술과 자원을 활용하게 하는 기준 및 방법 개발(Dunst, Trivette, & Deal, 1994; Lucyshyn et al., 1997), (5) 가족 스트레스의 원인 파악(Singer & Irvin, 1991)이다. 많은 연구자들은 가족에게 능력을 부여하고(enabling) 역량을 강화(empowering)하는 방법의 중요성을 보고해 왔다(Dunst & Trivette, 1994; Dunst et al., 1994; Robbins, Dunlap, & Plienis, 1991; Ruef, Turnbull, Turnbull, & Poston, 1999; Singer & Irvin, 1991; Turnbull et al., 1999). 특히 가족 역량 강화는 문헌에서 중점을 두는 중요한 영역이다(Dunst et al., 1994). 가족에게 능력을 부여하는 것은 가족 구성원을 지원팀의 구성원으로 그리고 전문가로 바라보는 견해의 중요성을 강조한다. 간단히 말해서, 긍정적 행동지원은 아동뿐만 아니라 가족 전체를 위한 지원에 중점을 두고 있는 것이다. 이것은 결국 가족 구성원들로 하여금 의미 있고 생산적인 방법으로 아동을 지원하도록 도와주는 것이다.

2) 장애에 대한 가족 구성원의 반응 및 적응에 영향을 미치는 변인

가족지원 중재에 관한 문헌들은 장애 아동으로 인하여 발생하는 상황에 대한 가족들의 전반적인 반응은 다양한 변인들의 상호작용으로부터 기인한다고 가정한다(Robbins et al., 1991; Turnbull & Ruef, 1997). 이러한 변인들은 '가족 단위로 보이는 사회적 원동력, 인지적 평가와 대처 전략, 실질적 자원, 가족 외부로부터의 사회적 지원' 을 포함한다(Singer & Irvin, 1991, p. 291). 그러므로 가족의 스트레스를 감소시키고 대처기술을 강화하고 기술 발달을 촉진하고 가족의 역량을 강화하는 데 성공적이려면, 중재는 모든 변인들을 고려해야 하며 가족 중심의 접근(개별 아동 중심에 반대되는)이어야 한다. 문화, 가치, 가족의 우선순위와 관련된 변인들을 고려하는 것은 적합성이 입증된 지원 계획을 세우는 데 필수적이므로, 그만큼 환경문화 이론(Gallimore, Weisner, Kaufman, & Bernheimer, 1989)과 접목시키는 것이 중요하다. 즉, 효과적인 가족지원은 문화적 가치뿐만 아니라 특정 가족의 독특한 환경을 고려해야 한다는 것이다. 그것이 아동 중재의 성공을 강화시킬 것이다.

반드시 고려해야 하는 중요한 영역은 가족 중에 장애 아동이 있다는 것에 대한 가족 구성원의 정서적 반응이다. 가족 구성원은 필연적으로 장애 아동의 특별한 요구에 맞게 일과를 조정하게 된다. 그러나 세부적인 일과를 어떻게 결정하는지에 상관없이 가족들은 아동을 돌보면서 많은 부정적인 정서 반응을 경험하곤 한다. 장애인의 가족 구성원(형제를 포함한)은 가족 스트레스와 우울의 더 높은 평균 발병률을 보인다(Bristol, Gallagher, & Holt, 1993; Singer & Irvin, 1991). 스트레스의 많은 원인은 장애 자녀를 양육하는 것과 관련되어 있으며, 이러한 것들은 모두 장애에 대한 가족 구성원의 적응에 영향을 미칠 수 있다. 장애라는 진단을 받는 초기에 부모는 놀라고 스트레스를 많이 받게 된다. 부모에게 더 스트레스를 주는 것은 그 장애의 원인이 명확하지 않다는 것이다. 뿐만 아니라 아동의 특성도 부모의 스트레스 수준에 영향을 준다. 예를 들어, 심한 중증 장애를 지닌 자녀는 양육하기에 더 많은 노력이 요구되기에 스트레스가 가중된다. 많은 부모들은 아이들을 편안한 마음으로 맡겨 두고 나갈 수 있을 만큼 훈련받은 사람들이 부족하다고 지적하고 있으며, 이 문제는 부모들의 스트레스를 병적인 수준까지 올려놓고 있다(Koegel et al., 2002; Moes, 1995; Moes, Koegel, Schreibman, & Loos, 1992). 양육자들의 장애 아동을 돌보는 책임감이 증가함과 동시에 아직도 미국 사회가 이들을 잘 수용하지 못하고 있다는 것을 생각해 볼 때, 많은 주양육자들이 전형적인 발달을 보이는 아동의 부모들보다 아동의 증상과 관련된 더 높은 스트레스, 증가된 고립감, 피로와 질병 등의 더 많은 건강 문제, 더 많은 우울증을 보고하고 있다는 것은 놀라운 일이 아니다.

장애인에 대한 지역사회의 반응은 가족이 살아가는 환경에 영향을 미친다. 일반적으로 사람들은 종종 장애인에게 어떻게 반응해야 하는지 모르기 때문에 아동의 증상이 심할수록 부모는 지역사회로부터 더 고립된다. Turnbull과 Ruef(1997)는 통합과 관련해서 삶의 양식 및 문제행동을 지닌 아동의 지원에 대한 부모의 인식을 조사했다. 부모 인터뷰 결과 '환경에 따른 아동의 통합' 에 관한 몇 가지 주제가 도출되었다. 예를 들어, 종교 사역자들의 태도와 능력, 서비스의 공식적이고 구조화된 특성, 연령에 적합한 그룹에 들어가기 어려움 등의 이유로 자신들이 선호하는 종교 활동에 참여하기가 거의 불가능하다고 보고하였다. 종교적 참여는 지역사회 지원을 위한 자원이 될 수 있다. 그러나 참여가 어렵다면 그것은 더 심한 사회적 고립을 초래할 수 있다.

또한 가족 구성원들의 아동과의 관계를 좀 더 구체적으로 살펴보면 부모들은 일관되게 형제관계를 언급했다. 부모가 보고한 문제들에는 문제행동을 지닌 아동과 형제들 간에 밀접한 연대감이 부족하다는 것, 형제가 지닌 욕구 좌절 또는 당혹감, 문제행동을 지닌 형제에게 헌신하는 시간의 양과 관심에 대한 분노 등이 포함되었다.

스트레스의 또 다른 원인은 아동이 성인기로 넘어갈 때 전환기와 관련된 여러 문제들을 걱정하는 것에서 비롯된다. 장애 아동의 부모는 자녀의 부모로부터의 독립, 자기 충족감, 결혼에 대해서 걱정하게 된다. 부모가 자녀를 돌보아야 한다는 책임감은 성인기까지 지속된다. 이는 부모가 더 이상 자녀들을 돌볼 수 없게 된 후에 그들에게 어떤 일이 일어날 것인지에 대한 걱정으로 이어진다.

3) 부모 및 가족 역량 강화

부모 및 가족 역량 강화(parent and family empowerment)라는 개념은 지원 프로그램을 위한 중요한 목적이자 성과다(Mahoney et al., 1999; Turnbull & Turnbull, 2000). 역량 강화는 전통적으로 옹호(advocacy)와 관련되어 왔음에도 불구하고, 현재는 부모와 다른 가족 구성원이 아동의 행동지원에 협력적으로 참여하는 것을 의미한다. 역량이 강화된 부모는 그들의 자녀를 가르치는 데 자신감과 효과성을 보여 주고, 성공적으로 일과를 관리하고, 학교 직원 및 다른 서비스 제공자들과 상호작용을 잘하고, 아동을 위한 서비스를 잘 찾는다(Koren, DeChillo, & Friesen, 1992). 반대로 역량이 강화되지 않은 부모는 욕구 좌절, 스트레스, 우울, 무기력 그리고 전반적으로 전문가에게 의존하는 행동과 태도를 보일 것이다. 부모의 역량을 강화시키는 네 목적을 둔 중재는 부모가 문제를 해결하고 자신들의 요구에 맞게 목적을 달성하는 능력을 지니게 한다. 연구자들은 부모의 역량을 강화시킴으로써 아동이 더 큰 성과를 얻게 될 것이라고 가정한다. 실제로 많은 연구들이 부모 참여를 활성화하고 실행 과정에서 부모에게 적극적인 역할을 부여하는 중재가 아동의 더 큰 향상을 가져오고 처치 효과를 더 잘 일반화시킨다는 결과들을 보여 주고 있다(Koegel, Koegel, & Schreibman, 1991).

4) 부모-전문가 파트너십

부모-전문가 파트너십 지원 모델은 부모 역량의 강화를 목표로 하는 접근이다. 여기서 파트너십이란 가족의 선택과 의사결정을 강조할 뿐만 아니라 가족의 일과에 맞춘 지원 계획을 함께 개발하는 것을 의미한다. 즉, 지원 계획을 세울 때 부모(또는 다른 주양육자)가 포함되어야 할 뿐만 아니라 부모는 목표를 세우고 실행을 하는 과정에서 궁극적인 의사결정자가 된다(Allen & Petr, 1996). 이러한 방법으로 개발된 중재는 적절하고 일관되게 실행될 가능성이 높다. Dunst와 Paget(1991)은 부모-전문가 파트너십이란 합의된 역할과 공동의 목적을 가지고 협력적으로 작업하는 가족 구성원과 전문가 간의 관계로 정의하였다. Lucyshyn, Horner, Dunlap, Albin 및 Ben(2002)은 긍정적 행동지원 중재의 맥락에서 가족과의 협력적 파트너십에 대하여 다음과 같은 포괄적인 정의를 제시하였다.

> [파트너십은 다음을 포함한다.] 중재자와 가족 구성원들이 지원 과정에서 중요한 기여를 할 수 있는 서로의 능력을 믿는 진정으로 존중하고 신뢰하고 서로 돌보고 상호적인 관계 형성, 지식과 전문성 공유, 목표 선정 및 행동지원 계획에서의 상호 영향… 전통적

인 이분법적 전문가-내담자 관계는 가족 구성원과 실행자가 서로 전문성을 보완하고 함께 문제를 해결해 가는 동등한 관계로 변화되고 있다… (p. 12).

결과적으로 이와 같은 유형의 파트너십은 전문가가 부모를 위해 직접적으로 문제를 해결하는 것보다는 아동과 관련된 문제를 부모가 해결하도록 지원하는 것을 의미한다. 부모교육자는 부모가 자녀를 도울 수 있는 구체적인 기술과 방법을 가

〈표 12-1〉 부모교육에서 전문가 중심의 상호작용 대 부모-전문가 파트너십의 예

목 표	전문가 중심의 상호작용	부모-전문가 파트너십
부모교육 시간 중 언어가 자연스럽게 발생하는 기회 파악하기	전문가: "진호는 공을 가지고 놀이하는 데 흥미가 있는 것으로 보입니다. 당신이 그에게 공을 던질 때 그가 공이라고 말하게 시도해 봅시다."	전문가: "진호는 공놀이에 흥미가 있는 것 같습니다. 진호의 언어를 위해서 이 활동 중에 어떤 기회에 목표를 두고 싶습니까?" 만일 부모가 좀 더 구체적인 제안을 필요로 하면 임상가는 다음과 같이 덧붙인다. "~와 같은 다양한 선택을 할 수 있습니다. 어떤 것을 시도해 보고 싶습니까?"
가족의 일과 내에서 자연스럽게 발생하는 기회 파악하기	전문가: "가희가 주스에 관심을 보일 때 주스를 주기 전에 주스라고 말을 하게 하면 가정에서도 동일한 방법을 사용할 수 있습니다."	전문가: "하루 중에서 가희가 말하기를 시도할 수 있는 기회를 알아내는 것이 유용할 것입니다. 일과 중에서 적절한 기회를 찾아낼 수 있습니까?"
부모교육의 장소	전문가: "가정은 자녀와 대부분의 시간을 보내는 장소이기에 몇 회기는 가정에서 진행하는 것이 도움이 될 것이라고 생각합니다."	전문가: "어디서 하는 것이 가장 도움이 된다고 생각합니까?" "장소와 관련해서 두 가지 중 선택할 수 있습니다. 어떤 것이 가장 도움이 되겠습니까?"
목표행동의 파악	전문가: "당신의 아이가 가장 하고 싶어 하는 활동이 무엇인지를 먼저 알아내야 한다고 생각합니다."	전문가: "가족들이 생각하기에 아이가 배워야 하는 특별히 중요한 단어가 있습니까?" "당신의 가족과 일과에 가장 적절하고 유용하다고 여겨지는 것들 중에서 ~을 대상으로 먼저 시작해 볼 수 있습니다."
피드백을 주기 위한 내용 선정	전문가: "오늘은 유지 과제에 대해서 생각해 봅시다."	전문가: "오늘은 그동안 매뉴얼에서 배운 내용 중 어떤 것들을 생각해 볼까요?"

지고 있는지를 확인할 책임을 져야 하며, 부모는 그들의 특별한 가족에게 그와 같은 방법들을 어떻게 적용할지를 선택할 책임이 있다(Turnbull et al., 1999; Turnbull & Turnbull, 2000). 부모와 전문가 간 파트너십에서 전문가는 특정 절차에서의 '전문가' 라고 할 수 있으며, 부모는 그들의 자녀에 대한 '전문가' 이면서 가족의 일과 중에 그러한 절차를 어떻게 적용할 것인지를 결정할 책임이 있다. 〈표 12-1〉은 전문가가 일방적으로 지도하기보다는 오히려 진정한 파트너십을 반영하는 전문가와 부모 간의 상호작용을 구성할 수 있는 방법들을 보여 주고 있다.

지금까지 장애 아동의 양육에 대한 일반적인 쟁점들을 살펴보았다. 긍정적 행동지원 과정과 지원 계획의 효과를 증진시키기 위하여 고려해야 할 많은 요소들이 존재한다. 다음에서는 고려해야 할 요소들을 설명하고, 가정 중심의 지원 프로그램을 위한 특별한 제안들도 제시하고자 한다.

3. 긍정적 행동지원 프로그램에서 가족과의 협력 촉진

1) 가족과의 협력관계를 형성했는가

행동지원 계획이 실행되기 전에 가족과의 협력관계를 형성하는 것은 매우 중요하다(Dunlap & Robbins, 1991; Dunst & Trivette, 1994; Lucyshyn & Albin, 1993). 이 과정은 가족과 진행적이고 개방적인 의사소통 및 가족의 피드백을 필요로 한다. 전문가와 가족 구성원이 서로 좋은 상대가 될 수 있는 사람을 찾는 것도 중요한 고려사항이다. 구체적으로 이를 위해 문화적 · 언어적 문제들이 고려되어야 한다. 문화와 언어적 배경이 비슷한 사람들이 관계를 맺는 것이 좀 더 적절한 지원 계획을 만들어 내는 결과를 가져올 것이다. 이것이 가능하지 않을 때, 전문가는 가족의 문화에 관한 교육을 받아야 한다(다음에 기술되는 네 번째 고려사항 참조). 어떤 가족들은 남성 혹은 여성 전문가를 선호한다. 마지막으로 인성을 고려하는 것도 가족에게 중요한 것으로 보고되어 왔다. 어떤 가족 구성원들은 그들의 자녀가 좀 더 활기차고 대근육 활동을 즐기는 외향적인 사람에게 더 잘 반응한다고 하며, 어떤 이들은 자녀들이 조용하고 차분한 사람들에게 더 잘 반응한다고 보고한다. 간단히 말해서, 프로그램이 가족에게 좋은 상대를 제공해서 가족과 협력관계를 형성하게 하는 것은 프로그램의 총체적인 효과를 증진시킬 가능성을 높인다 (Koegel et al., 2002).

2) 팀은 가족의 우선순위를 이해하는가

중재를 위한 목표는 진단 정보와 함께 가족의 우선순위를 근거로 해야 하며, 전문가와 가족 구성원 모두 동의한 것이어야 한다. 상호 동의한 목표는 가족 구성원들에 의해서 가장 잘 추구될 수 있는데, 이것은 이들이 그 목표를 성취하기 위한 동기를 갖고 있기 때문이다. 마찬가지로 장애 아동이나 장애인을 위해 전문가들의 역할이 중요하다고 생각되면 특정 목적을 위해 전문가들이 투입될 것이다.

가족 구성원과 협의하지 않은 목표 또는 가족 구성원이 가치 있다고 생각하지 않는 목표를 지원하는 것은 실행되지 않거나 장기간 유지되지 않는다는 연구 결과가 지속적으로 보고되고 있다(Steibel, 1999). 다양한 환경을 고려하지 않은 지원 계획은 효과적이라 할 수 없다. 예를 들어, Dunlap, Koegel 및 Koegel(1984)은 다양한 환경을 고려하는 체계적인 노력 없이 개별적 장면(예: 학교 또는 가정)에서만 실행된 화장실 훈련은 최소한의 효과만을 가져온다는 것을 보여 주고 있다. 반대로 환경의 변화에 따라 중재를 일관되게 제공하는 프로그램은 신속하고 영속성 있는 성공적 결과를 가져다준다. 또한 이것은 모든 지원 계획 참여자들로부터 얻어진 의견이 반영될 수 있도록 팀이 함께 목표를 수립하는 절차의 중요성을 강조한다.

3) 가족의 일과 중에 지원을 실행할 수 있는가

가족 구성원들에 의해서 실행되는 지원 전략은 가족의 기존 일과 중에 병합될 수 있어야 한다. 장애 아동의 부모들에게 일대일 형태로 자녀와 작업할 시간을 별도로 마련하도록 요구하는 지원은 실행되기 어려울 뿐더러 부모의 스트레스를 증가시키는 것으로 보고되고 있다. 반대로 중재가 일과 속에 삽입되어 실행될 때 가족의 스트레스 수준이 감소되며, 가르치는 행동도 증가되는 것으로 보고되고 있다(Koegel & Koegel, 1995; Moes & Frea, 2000; Steibel, 1999). 그러나 이러한 과정은 가족과의 광범위하고 지속적인 협력과 연대를 필요로 한다. 여기서 말하는 연대는 전문가와 가족 구성원이 가족의 가치와 우선순위를 함께 결정할 수 있고, 가족의 일상 활동에 대해 좋은 느낌으로 스트레스를 가중시키지 않으면서 모든 양육자들과 조화롭게 조정한 계획을 개발할 수 있는 시점에서 형성될 수 있다.

4) 팀은 가족의 문화를 이해하는가

긍정적 행동지원의 중요한 측면 중 하나는 대상 아동을 가족, 지역사회, 문화라는 맥락에서 생각하는 것이다(Koegel, Koegel, & Smith, 1997). 문화적으로 적절한 진단을 실행하기 위해서는 직계가족 외에도 확대가족과 아동의 삶에서 중요한 역할을 하는 다른 사람들(대부 등)을 포함시키는 것이 중요하다. 현존하는 문제를 결정할 때 가족의 입장에서 고려할 필요가 있다. 대상 아동에 대한 가족의 기대는 무엇인가? 또한 팀이 지원 계획을 개발할 때에는 가족의 자원 및 제한점과 관련된 개별 요구를 진단하는 것도 필요하다. 예를 들어, 가족이 사용하는 언어와 관련해서 특별한 도움이 필요한가? 모든 참여자들을 중재 계획에 포함시키기 위해서 통역자가 필요한가? 교통 수단이 필요한가? 지금까지 행동 중재 프로그램에서 가족의 문화적 가치는 무시되어 왔으며, 대부분의 부모교육 프로그램은 우선적으로 유럽계 미국인 가정을 중심으로 개발되고 평가되어 왔다(Forehand & Kotchick, 1996). 다시 한 번 강조하지만, 각 가족의 독특한 문화적 요구가 고려된다면 중재 목표는 더 잘 실행되고 유지될 것이다.

문화적 가치와 관련된 또 다른 중요한 영역은 장애의 존재에 대한 인식이다. 다시 말해서, 많은 문화들이 장애를 극단적으로 부정적인 시각으로 인식하지는 않고 있으며, 따라서 중재 서비스에 대한 필요성 또는 절박함을 느끼지 못할지도 모른다(Santarelli, Koegel, Casas, & Koegel, 2001). 이것은 위에서 설명한 스트레스의 쟁점과는 대조적인 측면이다(앞서 인용된 연구는 주로 유럽계 미국 가족들을 대상으로 한 연구였음을 주목해야 한다). 조기개입이 권장되고 있음에도 불구하고 문제의 정도와 중재에 대한 부모의 동기는 가족의 스트레스 수준에 따라 달라지며, 문화는 가족의 스트레스 정도에 영향을 미치는 역할을 하게 된다.

5) 가족의 강점이 진단되었는가

가족을 위한 특정 목표와 지원 계획을 실행할 때 나타날 수 있는 제약들을 진단하는 것 외에도 지원 계획의 기초가 되는 강점들을 규명하는 것이 유용하다. 예를 들어, 가족이 튼튼한 사회적 지원망을 가지고 있는가? 지역사회 활동에 참여하고 있는가? 다른 중재 서비스 제공자들과 강력한 협력관계를 유지하고 있는가? 개별 가족 구성원이 기여할 수 있는 강점들은 무엇인가? 예를 들어, 사회적 영역에서 많은 요구를 가지고 있었던 한 아동의 예를 생각해 볼 수 있다. 이 아동을 위한 프로그램은 학교환경 밖에서의 관계를 개발하는 데 중점을 두어 개발되었다. 가족은 정기적인 놀이 날짜를 정하고 친구들을 초대했다. 그러나 얼마 지나지 않아 이 아동의 아버지(일차적인 방과 후 양육 제공자)는 놀이 날짜를 취소하기 시작했다. 좀 더 자세히 알아본 결과 아동의 아버지가 학교가 끝난 후에 참여하는 활동을 즐기지 않는다는 사실을 알게 되었다. 그래서 아버지가 잘하고 좋아하는 활동들로 목록(동네 체육관에서 하는 암벽 등반, 하이킹, 공원 가기, 자전거 타기)을 다시 개발하자 아버지는 놀이 날짜를 다시 잡기 시작했다.

4. 지원 계획 개발 및 실행

긍정적 행동지원 틀 내에서의 중재는 종합적이고 장기적이다(1장 참조; Horner

& Carr, 1997 참조). Risley(1996)는 아동이 고립되고 제한된 생활을 계속하게 하는 행동 변화는 무의미한 성취라고 지적한 바 있다. 그래서 종합적이면서도 가족 중심의 지원이 반드시 필요한 것이다. 지원 계획은 다양한 가족과 지역사회 환경에서 개인의 참여를 촉진해야 한다. 지역사회 통합, 가족을 위한 상황 적합성, 가족 역량 강화, 삶의 질 향상은 긍정적 행동지원의 주요 특성들이기에 긍정적 행동지원 모델의 임무를 충실히 수행하기 위해서는 이러한 목적을 지닌 종합적인 접근이 필요하다.

이 책에서 설명한 긍정적 행동지원 과정의 다섯 가지 광범위한 단계 내에는 가족 상황을 특히 강조하는 몇 가지 작은 전략들이 있는데, 지금부터 그 전략들에 대하여 단계별로 나누어 정리하고자 한다. 이러한 하위 단계들은 (1) 행동 및 상황 진단, (2) 중재와 목표의 협력적인 개발 및 평가, (3) 부모-전문가 간 파트너십 진단, (4) 중재의 적합성 평가, (5) 사회적 타당도 및 목표의 장기적 중요성 고려, (6) 추후지도와 진행적인 프로그램 진단/점검, (7) 가족의 일상 내에서 중재의 적합성 진단이다.

1) 1단계: 행동 및 상황 진단

(1) 진단의 중요성

가족과 지역사회 상황에서 진단하는 것은 광범위한 분석 단위를 가지고 여러 환경을 진단하는 것을 의미한다(Carr et al., 1999, 2002; Lucyshyn, Olson, & Horner, 1995). 광범위한 단위로 진단한다는 것은 가족과 지역사회의 복잡한 역할을 이해하는 데 중요하다. Carr 등(2002)은 전통적인 기능진단 방법에 추가해서, 주요 변수들을 진단하기 위한 방법 중 하나로 포커스 그룹 방법(전문가가 사용하는 것은 아닌)의 사용을 제안하였다. 이것은 중재뿐만 아니라 진단을 실행할 때 각 구성원들이 다른 사람들로부터 배울 수 있도록 중재 팀의 구성원들 모두가 참여하여 그들 간의 파트너십을 개발하는 것이 중요하다는 것이다. 전통적인 진단방법('전문가'가 검사를 하거나 관찰을 한 후 그 결과 자료를 관련된 다른 사람들에게 제시하는)과는 반대로, 긍정적 행동지원은 좀 더 쉽게 사용할 수 있고 실용적인 진단 도구의 필요성을 강조하기 때문에 '전문가' 에게 의존하는 경향이 감소되고 관련인들에 의한 진단은 증가할 것이다. 다음에서는 이러한 절차의 몇 가지 예를 소개하고자 한다.

(2) 기능진단 및 기초선 자료 수집

행동지원 계획을 계획할 때에는 먼저 얼마나 자주 그 행동이 발생하는지, 어디서 발생하는지, 어떤 환경에서 일어나는지, 어떤 목적으로 일어나는지를 파악하기 위해 행동에 관한 자료를 수집하는 것이 중요하다(5, 6장에서 기술한 바처럼). 이러한 자료는 다음과 같은 이유에서 중요하다고 할 수 있다. 첫째, 문헌을 살펴보면 성공적인 중재 계획은 항상 기능진단 자료를 기초로 하고 있다는 것을 알 수 있다(Dunlap, Kern-Dunlap, Clarke, & Robbins, 1991; Groden, Groden, & Stevenson, 1997; Horner, 2000; Horner & Carr, 1997; Lucyshyn & Albin, 1993; Lucyshyn et al., 1997). 둘째, 중재와 그 과정을 재평가하는 후반부 단계에서는 중재 자료와 비교할 수 있는 기초선 자료를 확보함으로써 그 진보를 체계적으로 점검할 수 있다.

기초선 자료를 수집하는 방법은 여러 가지가 있다. 빈도 자료(정해진 시간 동안 행동이 몇 번 발생했는가)와 발생률(정해진 시간 간격 중에 행동이 발생한 간격이 얼마나 되는가)은 가장 보편적으로 사용되는 두 가지 방법이다. 어떤 방법을 선택하든지 기능진단 절차가 전체 과정에 병합될 수 있는 방법을 고려하여 가능하다면 기초선 자료를 모으고 행동진단을 완성하는 것을 동시에 진행하는 것이 의미 있을 것이다. 특히 자료 수집은 가족에게 개입적이고 힘이 많이 드는 과정이기 때문에 이와 같은 방법으로 효율성을 극대화시키는 것이 중요하다. 체크리스트(예: Frea, Koegel, & Koegel, 1994)는 빈도와 기능진단 자료를 동시에 얻을 수 있는 방법의 한 예다. 만약 정해진 시간 동안 발생한 행동들이 문제행동의 선행사건 및 후속결과와 함께 체크리스트에 기록된다면, 이 자료들은 진단 자료(행동의 기능을 결정하는)로서 그리고 기초선 자료(중재 비율로 미래와 현재를 비교하여 평가하는)로서 사용될 수 있을 것이다.

기능진단은 환경적 사건에 중점을 두며 그 사건들이 문제행동을 이끌어 내는지, 강화하는지, 유지시키는지를 주의 깊게 고려하게 된다(Horner & Carr, 1997). 따라서 문제가 되는 행동을 개인 내에 있는 무엇인가의 결과로 보지 않으며, 오히려 '문제행동은 문제가 되는 사회적 상황을 해결하기 위해서 표현된 시도'라고 본다(Horner & Carr, 1997, p. 85). 이와 같이 진단 과정에 중심을 두는 것은 개인 및 개인의 행동을 통제/관리하기보다는 환경을 재구성하고 개인에게 기술을 가르치도록 안내해 준다. 또한 이 자료들은 직접적으로 지원 계획에 필요한 정보를 주기 위해 사용될 수 있다. 팀을 이루는 모든 구성원들은 기능진단 및 이와 유사한 절차를 실행하는 데 참여할 수 있고 또 참여해야 한다. 중요한 것은 그러한 절차를 가족 구성원과 같은 '비전문가'들이 쉽게 배울 수 있어야 하고 적절한 때 교수될 수 있어야 한다는 것이다.

(3) 생태문화적 진단

부모-전문가 파트너십에서 진단의 또 다른 중요한 측면은 개인이 기능하는 자연스러운 상황에서 발생하는 생태문화적 변수(ecocultural variables)들을 고려해야 한다는 것이다(Lucyshyn & Albin, 1993; Lucyshyn et al., 1995, 1997). 생태문화적 진단은 아동을 발달적·생태학적 측면에서 이해하게 한다(Fox, Dunlap, & Philbrick, 1997). 특히 중재가 생태문화적 요소들을 고려해야 하는 경우라면 그러한 요소들에 대한 주의 깊은 진단이 고려되어야 한다. 진단에서 중요한 생태문화적 변수들은 사회경제적 위치(SES), 가족의 가치, 양육에 대한 신념, 교육 및 통합에 대한 철학, 가구 내에 함께 사는 가족 구성원의 수, 부모의 시간 제약 등을 포함한다. 이러한 변수들의 진단을 위해 생태문화적 가족 인터뷰(Ecocultural Family Interview: EFI; Weiner, Koots, Bernheimer, & Arzubiaga, 1997)와 같은 공식적인 측정 도구가 개발되었다(Albin, Lucyshyn, Horner, & Flannery, 1996). 중재 계획이 수립된 후 '적합도'를 진단하기 위해 사용하는 측정 도구도 개발되었다(Koegel, Koegel, & Dunlap, 1996). 일과 내에서 중재의 적합성을 평가하는 것에 대해서는 다음에서 설명할 것이다.

2) 2단계: 중재와 목표의 협력적인 개발 및 평가

진단이 완료되면 진단 자료는 지원 계획을 위한 정보로 활용될 수 있다. 지원의 특성은 이 장의 범위를 넘어서는 것이기에 상세한 내용은 이 책의 다른 부분에서 설명될 것이다. 그러나 가정과 지역사회를 위한 전형적인 중재에 대해서는 〈표 12-2〉에 몇 가지 유형으로 요약하여 제시되어 있다.

지원 계획이 수립되고 실행된 후에는 규칙적으로 구체적인 중재와 목표에 대해서 재평가를 계획하고 실시해야 한다. 이것은 지원 계획이 장애인과 가족 모두에

〈표 12-2〉 가정과 지역사회를 위해 관련된 긍정적 행동지원 중재의 구체적 유형

지원의 유형	예 시	인 용
선행사건 조정	• 수정된 일과 • 활동 일정 계획 • 자조기술 전략(예: 취침 활동 일정계획) • 환경 내 물품들의 전략적 배치	Dunlap et al. (1991); Horner & Carr (1997); Koegel, Steibel, & Koegel (1998); Lucyshyn et al. (1995)
기술 구축 또는 대체기술 교수	• 기능적 의사소통 훈련 • 놀이기술 • 사회적 상호작용 기술 • 자조기술 • 운동 능력 • 문제 해결 • 개인적 생리 현상 조절	Carr et al. (1999); Dunlap & Robbins (1991); Fox et al. (1997); Horner & Carr (1997); Lucyshyn & Albin (1993); Lucyshyn et al. (1997); Wetherby & Prizant (1992)
반응 중재	• 적절한 행동의 체계적 강화 • 적절한 행동을 하도록 재지시	Horner & Carr (1997); Lucyshyn & Albin (1993); Lucyshyn et al. (1997)
장기적 가족지원	• 사회적 통합/가족 활동 참여 촉진 • 교육/정보 공유 • 일시적인 위탁 보호 • 행동주의 기법 훈련 • 상담/정서적 지원 • 옹호하기 • 개인적 미래 계획	Fox et al. (1997); Lucyshyn & Albin (1993); Lucyshyn et al. (1997)

게 여전히 적절하고 중요한지를 파악하기 위한 필수적인 과정이다. 실행 가능성을 증진시키기 위해서 계획을 조정할 필요가 생기기도 한다. 즉, 모든 계획은 '실행에서의 문제' 가 발생할 수도 있다는 것이다. 이를 위해서 유용하게 사용할 수 있는 방법 중 하나는 지원팀 내 모든 구성원들이 규칙적으로 만나는 일정을 정하는 것이다(4, 11장 참조). 이러한 만남은 이상적으로는 모든 관련인들, 특히 가족과 조정하여 일정을 잡아야 한다. 아직도 너무나 많은 팀들이 의존하고 있는 '일단 좀 기다려 보자(wait and see)' 는 방식보다는 규칙적으로 모일 수 있는 계획을 미리 세워야 한다. 만약 팀이 중재가 어떻게 진행되는지를 좀 더 지켜본 후 회의를 소집하기로 하면, 팀의 모임은 오직 행동적 위기가 발생할 때에만 이루어지게 된다. 이 시점에서 갖게 되는 모임에서는 많은 중요한 변수들(진보, 적합도, 목표의 지속적인 적절성 등)을 평가하는 것이 아니라 단지 위기 중재에만 중점을 두게 된다. 규칙적인 회의 일정을 계획함으로써 팀 구성원들은 이러한 중요한 변수들을 지속적으로 평가할 수 있으며, 위기가 발생된 후만이 아니라 오히려 문제행동을 보다 적극적으로(예: 문제행동 발생 전에) 다루게 될 것이다. 다음의 네 단계(단계 3~6)들은 지속적으로 일정이 잡힌 팀 모임에서 실행하면 도움이 될 영역들을 보여 주고 있다.

3) 3단계: 부모-전문가 간 파트너십 진단

행동지원 프로그램이 실행되기 시작하면 진행적인 부모-가족 파트너십의 진단에 대하여 지속적인 관심을 기울여야 한다. 다양한 문헌을 통하여 수집된 다음의 질문들은 부모 또는 기타 주양육자와 파트너십을 형성해 왔는지를 평가하는 데 유용하게 사용될 수 있다(Dunlap & Robbins, 1991; Dunst, Trivette, & Deal, 1994; Lucyshyn & Albin, 1993; Singer & Irvin, 1991; Turnbull et al., 1999).

1 부모는 자신의 자녀에 대한 '전문가' 로 인정되고 있습니까?

2 가족 구성원은 중재를 방해하는 사람 또는 중재에 기여하지 않는 사람이기

보다는 아동을 위한 강점을 지닌 자원으로 인식되고 있습니까?

3 가족 구성원들이 원하는 목표들이 시간이 지난 후에도 가족에게 중요한 것입니까? 가족들은 모든 목표에 동의합니까? 아직 다루지 못한 가족의 목표가 있습니까?

4 중재환경이 가족에게 중요합니까? 다루지 않은 환경이 있습니까?

5 가족 구성원들은 중재 목표를 자신의 일과 내에서 '실행할 수 있는' 것으로 보고 있습니까? 이 목표들을 일과 중에 삽입해서 실행하는 것이 가족의 스트레스를 증가 혹은 감소시킵니까?

6 제기되지 않은 가족 스트레스의 영역/원인이 있습니까?(예: 휴식에 대한 요구, 서비스의 특정 유형에 대한 갈망, 부모교육 등)

7 아동이나 가족보다는 오히려 환경을 수정하여 가족의 역량을 강화하는 데에 강조점을 두고 있습니까?

8 문화적 요소 및 사회경제적 요소가 고려되고 있습니까?(예: 언어 장벽, 교통수단에 대한 요구, 만나는 장소, 장애에 대한 가족의 견해 등)

4) 4단계: 중재의 적합성 평가

이 책 전반에 걸쳐 이미 설명된 바와 같이, 상황 적합성은 중재가 성공적으로 실행될 가능성에 영향을 미친다(Horner, 2000; Lucyshyn et al., 1997). Horner (2000)는 가족이나 교직원들이 지원을 다음과 같이 생각한다면 수행될 가능성이 적다고 보고하였다. (1) 잔인하고/비인간적이다. (2) 효과가 없을 것 같다. (3) 실행방법을 모르는 절차가 포함되어 있다. (4) 자신들이 가지고 있지 않은 장비와 시간을 요구한다. (5) 상사가 야단을 치거나 단념할 위험에 놓이게 한다. 게다가 지원은 포함된 모든 사람들에게 '효과가 있어야' 하며, 지원 계획의 목표는 기술적으로 합리적이고 특정 상황에 속한 사람들의 가치, 기술, 자원에 적합한 계획을 고안하는 것이다(Horner, 2000). 팀 구성원들이 중재의 적합성을 평가할 때, 이러한 영역을 모두 또는 부분적으로 고려하는 것은 도움이 될 것이다.

가족의 일과에 어떤 지원을 어느 정도 삽입할 수 있는지를 평가하는 것은 중요하다. 특히 지원을 일과로 포함시키는 것이 가족에게 부담을 줄 것인지를 알아보아야 한다. 만일 가족들이 중재 절차를 부담스럽게 생각한다면 지원은 가족의 일과로 적절하게 삽입되기가 어렵다. 이에 대해서는 7단계에서 더 상세히 설명할 것이다.

5) 5단계: 사회적 타당도 및 목표의 장기적 중요성 고려

긍정적 행동지원 계획과 가정 내 프로그램은 항상 '전체적인 모습'을 고려할 필요가 있다. 삶의 질은 (특정 행동적 변인의 변화가 아니라) 성과 측정으로 고려되어 긍정적 행동지원의 주된 그리고 중요한 초점이 되고 있다(11장 참조; Carr et al., 2002 참조). 전문가들은 부모들이 분명한 교수와 강화 방법을 학습하도록 도와줄 수 있는 것이 사실이지만, 또 전체적인 수준에서 생각할 필요도 있다. Risley (1996)가 중요하다고 제시한 질문들은 다음과 같다.

- 아동과 가족은 전반적으로 그리고 시간이 지나도 잘 지내고 있는가?
- 모든 가족 구성원들은 행복한가, 만족스러운가, 안전한가?
- 안정된 가정을 가지고 있는가? 자신의 삶과 미래에 중심이 되고 삶의 방식에 모델이 되는 가족과 친구가 있는가?
- 아동은 독립적이고 생산적이며 가족 활동에 참여하는가?
- 아동은 참여를 잘하는 가족 구성원인가?
- 새로운 흥미, 친구, 기술들을 지속적으로 개발하는가?

팀 구성원들은 종종 가르치는 내용의 중요한 정도를 고려하기보다는 오히려 자해행동의 감소와 같은 개별적인 목표행동에 중점을 두곤 한다. 장기적인 측면에서 이와 같은 사고의 중요성은 반드시 고려되어야 한다.

6) 6단계: 추후지도와 지속적인 프로그램 진단/점검

2단계에서 이미 설명한 바와 같이, 중재가 실행되기 시작했다면 프로그램을 지속적으로 점검하는 것이 중요하다. 정기적인 팀 모임을 수립하기 위해서 지침을 따르는 것 외에도 몇몇 다른 중요한 단계들도 도움이 될 수 있다. 첫째, 지금까지 언급된 영역(파트너십, 중재의 적합성, 목표의 장기적 중요성/사회적 타당도)에 대한 지속적인 진단은 실행 가능하고 성공적인 중재 프로그램을 유지하는 데 중요하다. 팀은 주기적으로 1단계(진단)로 돌아갈 필요가 있다는 것을 주목하는 것도 중요하다. 개인의 진보가 이루어질 때 새로운 행동들이 나타나기도 하고, 새로운 기술들을 습득하거나 그 기술이 더 이상 관련되지 않게 되기도 하며(예: 아동이 말하는 것을 배운 후에 그림 카드 사용하기), 환경적 변화가 발생하기도 하고(예: 가족의 이사 또는 새로운 형제의 탄생), 많은 다른 변수들이 변화하기도 한다(그래서 이런 변화가 선행사건과 후속결과를 변화시킨다). 이와 같은 모든 변화들로 인하여 지속적인 진단이 필요한 것이다. 이러한 경우에는 좀 더 체계적 진단이 요구될 수 있기 때문에 진보, 목표, 선호도 등을 만나서 논의하는 것만으로는 불충분할 것이다. 긍정적 행동지원의 이와 같은 단계들은 팀 구성원 모두가 참여하여 주기적으로 반복할 필요가 있는 순환적인 단계라는 것을 명심해야 한다.

7) 7단계: 가족의 일상 내에서 중재의 적합성 진단

팀 구성원들이 중재 프로그램을 고안할 때 중재 및 지원이 가족의 일상생활에 적합한가를 진단하는 것은 중요하다. 가족 구성원은 전문가들이 없어도 행동 계획을 실행할 수 있는가? 프로그램에 대한 요구 정도는 가족이 계획을 끝까지 따를 수 있는 가능성에 영향을 미칠 것이다. 이것은 가족이 실질적으로 지원 계획을 실행하고 있는지를 진단함으로써, 그리고 지속적인 상호작용 중의 토론을 통하여 행동적으로 평가될 수 있다. 또한 목표가 가족 구성원의 문화적 가치와 아동에 대한 우선순위를 고려하여 수립되었다면 장기적으로 유지될 가능성은 향상될 것이다(Koegel, Steibel, & Koegel, 1998).

5. 현주의 가정 내 행동지원 계획

가정을 위한 지원 계획이 어떻게 개발되는지를 알아보기 위해서 앞서 제시한 현주의 사례로 돌아가 보자. 현주의 프로그램에서 첫 번째 단계는 지원 계획을 실행하기 전에 상황을 진단하고 문제행동의 비율을 평가하는 것이었다. 현주의 어머니에 의하면 저녁식사 시간이 문제였다. 게다가 가족들은 저녁식사 시간에 집에 누군가와 함께 있는 것이 불편하다고 말했다. 가족들이 저녁 식사시간 동안 사생활 보장을 원한다는 것을 존중하여 식사 시간에 함께 있지 않으면서 자료를 수집하였다. 가족들은 비디오카메라를 설치해서 매번 식사를 시작하기 전에 켜기로 하였으며, 각 비디오테이프로부터 얻은 자료는 다음 날 분석되었다.

비디오테이프 분석은 현주의 공격행동에 수많은 선행사건과 유발자극(triggers)이 있음을 보여 주었다. 첫 번째 유발자는 기다리는 시간(식탁 앞 의자에 앉아서 음식을 기다리는 시간) 중에 일어났다. 현주의 어머니는 마지막 몇 분의 식사 준비를 하고 음식을 식탁에 놓는 동안에 두 아이들을 식탁 앞에 앉혀 두었다. 이 시간이 심한 공격행동과 파괴행동의 발생 가능성을 높이고 있었다. 두 번째로 현주의 아기 여동생은 금속 식판이 달린 아기 의자에 앉아 있었으며 숟가락으로 금속 식판을 두드려서 소리를 냈다. 이 소음은 항상 현주로 하여금 동생에게 공격적인 행동을 하게 만들었다. 세 번째로 아기는 의사소통을 위한 소리를 내기 시작했으며 이 역시 현주의 공격성을 유발하게 되었다. 관찰을 통하여 알게 된 또 하나의 사실은 두 아이들 사이의 거리가 가깝다는 것이었다. 식사 시간 동안 현주의 어머니는 현주를 아기의자 옆에 앉혔다.

결과적으로 식사 시간은 다양한 요소의 중재를 필요로 했다. 첫째로 몇몇 선행사건 중재를 제공했다. 초기 모임에서 계획을 개발하기 위해 논의할 때 가족들은 플라스틱 식판이 달린 아기의자로 바꾸겠다고 제안했다. 가족은 금속 식판을 플라스틱 식판으로 바꿨으며, 따라서 현주를 화나게 했던 소음은 많이 감소되었다. 둘째로 현주의 어머니는 '음식을 기다리는 시간' 이 문제가 된다는 것을 깨달았으며, 저녁식사를 모두 가져다 놓은 후에 아이들을 식탁 앞으로 데려오는 것이 현주가 기다리기에 더 쉽다는 것을 알게 되었다. 이러한 변화가 공격성이 빈번하게 나타나던 시간을 없애 준 셈이 되었다. 현주의 부모는 또한 아기의자를 식탁의 가장자리로 옮겨서 물리적인 거리로 인하여 현주가 아기를 때리지 못하게 하였다.

두 번째 단계는 기술을 가르치는 것이었다. 아기가 의사소통을 하기 위해 만드는 소음을 다루기 위하여 현주에게 아기의 음성에 대해 다르게 반응하는 것을 가르쳤다. 그녀의 부모는 아기가 소리낼 때 때리지 말고 아기가 말하는 것이 무엇인가를 알아내 보라고 격려하였다. 부모는 실제로 많은 재미있는 예들을 보여 주기도 하였다("현주야, 영주가 말하는 것을 생각해 봐. '나는 저녁밥으로 공룡은 싫어!' 라고 말하나 봐."). 지원 계획이 실행된 후에도 비디오테이프는 지속적으로 분석되었으며, 얼마 지나지 않아 공격성은 완전히 없어졌다. 게다가 중재는 가족의 삶의 방식을 변화시키는 결과를 가져왔다. 기초선 기간의 상당 부분에서 아버지가 저녁식사 시간에 집에 없었는데, 공격성이 없어진 후에 아버지가 항상 집에 있었으며 식탁에서 가족과 식사를 하고 있었다. 마찬가지로 가족은 기초선 기간 동안 부정적이고 분명치 않은 애정을 보였는데, 공격성이 없어지고 난 후에는 식사 시간 동안 긍정적 애정을 보여 주었다.

6. 진모의 가정 및 지역사회 행동지원 계획

진모의 어머니는 공격행동이 놀이시간과 차 안에 있는 동안 발생한다는 것을 기록하였다. 놀이시간 동안 엄마가 평가하는 것을 보조하기 위해 누군가 집으로 들어와서 관찰해도 진모를 방해하지는 않을 것이라고 생각했다. 차를 운전하는 동안에는 어머니 스스로 자료를 모을 수 있다고 생각했다. 이러한 자료들은 행동 문제를 유지시키는 것이 무엇인지에 관한 정보를 제공해 주었다.

놀이시간 관찰을 통하여 규칙적인 특정 주기가 발견되었다. 먼저 진모의 어머니는 진모를 위해 바닥에 놀잇감을 늘어놓았다. 둘째로 아기 동생은 놀잇감을 향해 기어갔다. 셋째로 진모가 아기 동생을 세게 밀어 동생은 머리가 바닥에 부딪힐 정도로 심하게 넘어졌다. 넷째로 이러한 사건이 일어나면 엄마는 우는 아기 동생을 놀잇감에서 떨어지게 하고, 진모를 야단치고, 그녀가 아기를 위로해 주는 동안 진모가 혼자서 놀잇감을 가지고 놀게 놔두었다. 간단히 말해서, 진모의 공격성은 그의 동생을 없애 주고 놀잇감을 혼자 독차지하게 해 주는 유용한 기능을 제공해 주고 있는 것이었다.

진모의 어머니가 차 안에서의 행동을 기록한 자료를 분석한 결과 문제행동은 어머니가 진모를 유치원에서 데리고 오는 오후에만 발생한다는 것을 알 수 있었다. 아기는 아기용 의자에 있었고, 뒷자리에 안전벨트로 고정되어 있었다. 아기는 종종 울음을 터뜨리곤 하였는데, 그 시간에 진모는 아기를 공격하고 때리는 행동을 반복했다. 이러한 행동은 아기를 더 많이 울게 만들었다. 아기는 진모에게 맞으면 어머니가 아기를 달래려고 차를 멈출 때까지 혹은 그들이 집에 도착할 때까지 울었다. 진모의 부모가 포함된 팀이 함께 중재 계획을 세우게 되었다. 각각의 상황은 별도의 중재를 필요로 했는데, 진모의 어머니는 아기의 안전에 대해 위협을 느끼는 만큼 프로그램에 적극적으로 참여하고자 하는 의지를 보였다. 우리는 진모의 어머니와 팀으로 만나서 행동지원 계획을 논의했다.

첫 번째 중재는 놀이시간에 이루어졌다. 부모의 목적은 좋은 형제관계를 발전시키면서 진모의 공격성을 줄이는 것이었다. 따라서 이때 계획한 프로그램은 두 부분으로 구성되었다. 프로그램의 한 부분은 놀잇감을 아기가 빼앗지 않도록 진모에게 개인적인 공간을 만들어 주는 것이었다. 이러한 선행사건 변화는 부모가 놀이시간 동안 거실에서 작은 테이블(진모가 놀이하기에는 충분히 낮고 아기가 접근하기에는 너무 높은)을 놓아 두는 것으로 가능했다. 진모의 어머니는 테이블 위에 진모가 좋아하는 놀잇감들을 놓아 두었다. 이렇게 함으로써 진모의 행동 문제는 상당히 감소하였지만, 팀은 형제간의 연대감이 형성되기를 바라는 가족의 바람을 고려해야만 했다. 그래서 가족은 아기 놀잇감들(진모는 흥미를 보이지 않지만 아기는 상당한 관심을 보이는)이 담겨진 작은 바구니를 준비했다. 아기가 진모에게 기어갈 때마다 부모는 진모가 아기에게 그 바구니에 들어 있는 놀잇감을 주도록 촉진하였다. 이것은 아기가 진모의 놀잇감에 보이는 흥미를 줄여 주는 기능을 하였고, 진모와 동생 간의 긍정적인 상호작용을 만들어 주는 초기 방법으로 기능하였다. 마지막으로 진모는 공격성을 대체할 수 있는 행동을 습득해야 했기에 "엄마, 영모 좀 데려가세요."라고 말하도록 촉진되었다. 촉진을 통하여 진모가 표현을 하기 시작한 직후 어머니는 아기를 안아서 그의 놀이 영역 근처에 아기가 있지 않게 해 주었다. 처음에는 아기가 놀이 영역 근처로 가기 전에(즉, 위기 상황이 아닌 경우부터) 기능적으로 동등한 반응을 규칙적으로 촉진했다. 어머니는 진모가 자발적으로 말을 사용하기 시작할 때까지 촉진을 계속했다. 이러한 세 가지 중재요소들은 놀이 시간 중에 발생하는 공격행동이 빠르고 안정적인 감소를 보이는 결과를 가져오게 하였다.

자동차 이동 중에 필요한 중재는 좀 더 간단했다. 중재는 두 가지 사실에 대한 이해를 바탕으로 구성되었다. 현실적으로 두 아이는 매일 같은 시간에 함께 차를 타야만 했다. 그러나 아기의 안전을 증진시키기 위해서 아기용 의자를 진모에게서 충분히 멀리 떨어뜨려 배치하는 것으로 선행사건의 변화를 만들 수는 있었다. 하지만 아기의 우는 행동이 완전히 없어지지 않아서 진모는 아기가 울 때마다 소리 지르고 귀를 막고 차의 뒷자리를 발로 차고 아기를 때리려는 행동을 계속하였다. 진모의 시각에서 우는 것은 매우 짜증나는 일이었으므로, 부모는 진모에게 이어폰을 사용하는 카세트 플레이어와 좋아하는 테이프를 사 주었다. 진모가 아기의 울음으로 화가 나기 시작할 때, 엄마는 그에게 테이프를 들으라고 촉진했다. 진모의 엄마는 종종 진모가 차에 타자마자 테이프를 듣게 해서 파괴적 행동을 미리 피할 수 있었다. 이러한 선행사건 중재는 차에서의 공격행동을 무시해도 좋은 수준까지 감소시켰다.

진모와 현주의 사례에서 개발된 프로그램은 가족과의 파트너십을 통해 만들어졌다는 사실이 중요하다. 가족의 의견, 가치, 강점이 고려되었다. 또한 중재는 현재의 그리고 진행적인 일과에 맞추어 개발되었다. 가족은 중재를 실행하기 위한 추가 시간을 마련하도록 강요되지 않았다. 자료가 수집되었고 아동의 진보는 지속적으로 평가되었다. 지원 계획과 실행의 모든 단계에서 부모와 다른 팀 구성원들은 협력적으로 일했다.

7. 요 약

부모교육과 가정 중심 지원은 긍정적 행동지원의 중요한 요소이며 가르치는 일은 가족의 일과와 일상 중에 삽입되어 실행될 수 있음이 많은 문헌을 통하여 지지되고 있다. 이러한 방법은 부모와 다른 가족 구성원들이 단지 전문가에게 의존하도록 요구하지 않는다. 더불어 문제행동을 다룰 때, '가르칠 수 있는 순간'을 포착할 때, 그렇지 않으면 하루 전반에 걸쳐 아동과 상호작용할 때 스스로를 강화하기 위한 도구를 지니게 된다. 또한 부모교육 프로그램에 부모들이 참여할 때 시설에 수용되는 비율이 좀 더 낮은 것으로 연구 결과 나타났다(Mesibov & Schopler, 1983). 간단히 말하면, 부모는 효과적인 개별화된 프로그램을 제공할 수 있는 능력을 가지고 있다는 것이다. 그러나 팀 구성원들은 지원 프로그램을 개발하고 실행할 때 여러 가지 중요한 사항들을 고려해야 한다. 진단과 중재를 위해 문화 환경적 변수들을 고려하고 부모와 전문가가 하나의 팀으로서 긍정적 행동지원 계획을 개발하면 프로그램이 실행될 가능성이 높아질 뿐만 아니라 시간이 지나도 유지될 수 있는 가능성이 높아진다.

참고문헌 ……

Albin, R. W., Lucyshyn, J. M., Horner, R. H., & Flannery, K. B. (1996). Contextual fit for behavioral support plans: A model for "goodness of fit." In L. K. Koegel, R. L. Koegel, & G. Dunlap (Eds.), *Positive behavioral support: Including people with difficult behavior in the community* (pp. 81-98). Baltimore: Paul H. Brookes.

Allen, R. L., & Petr, C. G. (1996). Toward developing standards and measurements for family-centered practice in family support programs. In G. Singer & L. Powers (Eds.), *Redefining family support: Innovations in public-private partnerships* (pp. 57-86). Baltimore: Paul H. Brookes.

Bristol, M., Gallagher, J., & Holt, K. (1993). Maternal depressive symptoms in autism: Response to psychoeducational intervention. *Rehabilitation Psychology, 38,* 3-10.

Campbell, S., Cannon, B., Ellis, J. T., Lifter, K., Luiselli, J. K., Navalta, C. P., et al. (1998). The May Center for Early Childhood Education: Description of a continuum of services model for children with autism. *International Journal of Disability, Development and Education, 45,* 173-187.

Carr, E. G., Dunlap, G., Horner, R. H., Koegel, R. L., Turnbull, A. P., Sailor, W., et al. (2002). Positive behavioral support: Evolution of an applied science. *Journal of Positive Behavior Interventions, 1,* 4-16.

Carr, E. G., Levin, L., McConnachie, G., Carlson, J. I., Kemp, D. C., Smith, C. E., et al. (1999). Comprehensive multisituational intervention for problem behavior in the community: Long-term maintenance and social validation. *Journal of Positive Behavior Interventions, 1,* 5-25.

Dunlap, G., Kern-Dunlap, L., Clarke, S., & Robbins, F. R. (1991). Functional assessment, curricular revision, and severe behavior problems. *Journal of Applied Behavior Analysis, 24,* 387-397.

Dunlap, G., Koegel, R., & Koegel, L. (1984). *Toilet training for children with severe handicaps: A field manual for coordinating training procedures across multiple community settings.* Santa Barbara: University of California, Santa Barbara.

Dunlap, G., & Robbins, F. R. (1991). Current perspectives in service delivery for young children with autism. *Comprehensive Mental Health Care, 1,* 177-194.

Dunst, C. J., & Paget, K. (1991). Parent-professional partnerships and family empowerment. In M. J. Fine (Ed.), *Collaboration with parents of exceptional children* (pp. 25-44). Brandon, VT: Clinical Psychology.

Dunst, C. J., & Trivette, C. M. (1994). Aims and principles of family support programs. In C. J. Dunst, C. M. Trivette, & A. D. Deal (Eds.), *Supporting and strengthening families: Vol. 1. Methods, strategies and practices* (pp. 30-48). Cambridge, MA: Brookline Books.

Dunst, C. J., Trivette, C. M., & Deal, A. G. (1994). Enabling and empowering families. In C. J. Dunst, C. M. Trivette, & A. G. Deal (Eds.), *Supporting and strengthening families, Vol. 1: Methods, strategies and practices* (pp. 2-11). Cambridge, MA: Brookline Books, Inc.

Forehand, R., & Kotchick, B. A. (1996). Cultural diversity: A wake-up call for parent training. *Behavior Therapy, 27,* 187-206.

Fox, L., Dunlap, G., & Philbrick, L. A. (1997). Providing individualized supports to young children with autism and their families. *Journal of Early Intervention, 21,* 1-14.

Frea, W. D., Koegel, L. K., & Koegel, R. L (1994). *Understanding why problem behaviors occur: A guide for assisting parents in assessing causes of behavior and designing treatment plans.* Santa Barbara: University of California, Santa Barbara.

Gallimore, R., Weisner, T. S., Kaufman, S. Z., & Bernheimer, L. P. (1989). The social construction of ecocultural niches: Family accommodation of developmentally delayed children. *American Journal on Mental Retardation, 94,* 216-230.

Groden, G., Groden, J., & Stevenson, S. (1997). Facilitating comprehensive behavioral assessments. *Focus on Autism and Other Developmental Disabilities, 12,* 49-52.

Horner, R. H. (2000). Positive behavior supports. *Focus on Autism and Other Developmental Disabilities, 15,* 97-105.

Horner, R. H., & Carr, E. G. (1997). Behavioral support for students with severe disabilities: Functional assessment and comprehensive intervention. *Journal of Special Education, 31,* 84-109.

Koegel, L. K., Koegel, R. L., & Dunlap, G. (Eds.), (1996). *Positive behavioral support: Including people with difficult behavior in the community.* Baltimore: Paul H. Brookes.

Koegel, L. K., Koegel, R. L., Harrower, J. K., & Carter, C. M. (1999). Pivotal response intervention: I. Overview of approach. *Journal of The Association for Persons with Severe Handicaps, 24*, 174-185.

Koegel, L. K., Koegel, R. L., Openden, D., McNerney, E., Symon, J. B., & Sze, K. (2003). *A model for increasing in-home services to children with autism.* Santa Barbara: University of California, Santa Barbara.

Koegel, L. K., Koegel, R. L., & Smith, A. (1997). Variables related to differences in standardized test outcomes for children with autism. *Journal of Autism and Developmental Disorders, 27,* 233-244.

Koegel, L. K., Stiebel, D., & Koegel, R. L. (1998). Reducing aggression in children with autism toward infant or toddler siblings. *Journal of The Association for Persons with Severe Handicaps, 23,* 111-118.

Koegel, R. L., Bimbela, A., & Schreibman, L. (1996). Collateral effects of 2 parent training programs on family interactions. *Journal of Autism and Developmental Disorders, 26*, 347-359.

Koegel, R. L., & Koegel, L. K. (Eds.), (1995). *Teaching children with autism: Strategies for initiating positive interactions and improving learning opportunities.* Baltimore: Paul H. Brookes.

Koegel, R. L., Koegel, L. K., & Schreibman, L. (1991). Assessing and training parents in teaching pivotal behaviors. *Advances in Behavioral Assessment of Children and Families, 5,* 65-82.

Koren, P., DeChillo, N., & Friesen, B. (1992). Measuring empowerment in families whose children have emotional disabilities: A brief questionnaire. *Rehabilitation Psychology, 37,* 305-321.

Lucyshyn, J. M., & Albin, R. W. (1993). Comprehensive support to families of children with disabilities and behavior problems: Keeping it "friendly." In G. H. S. Singer & L. E. Powers (Eds.), *Families, disability, and empowerment: Active coping skills and strategies for family interventions* (pp. 365-407). Baltimore:

Paul H. Brookes.

Lucyshyn, J. M., Albin, R. W., & Nixon, C. D. (1997). Embedding comprehensive behavioral support in family ecology: An experimental, single case analysis. *Journal of Consulting and Clinical Psychology, 65,* 241-251.

Lucyshyn, J. M., Olson, D., & Horner, R. H. (1995). Building an ecology of support: A case study of one young woman with severe problem behaviors living in the community. *Journal of The Association for Persons with Severe Handicaps, 20,* 16-30.

Lucyshyn, J. M., Horner, R. H., Dunlap, G., Albin, R. W., & Ben, K. (2002). Positive behavior support with families. In J. M. Lucyshyn, G. Dunlap, & R. W. Abidin (Eds.), *Families and positive behavior support* (pp. 3-44). Baltimore: Paul H. Brookes.

Mahoney, G., Kaiser, A., Girolametto, L., MacDonald, J., Robinson, C., Safford, P., et al. (1999). Parent education in early intervention: A call for a renewed focus. *Topics in Early Childhood Special Education, 19,* 131-140.

Mesibov, G. B., & Schopler, E. (1983). The development of community-based programs for autistic adolescents. *Children' s Health Care, 12,* 20-24.

Moes, D. (1995). Parent education and parenting stress. In R. L. Koegel & L. K. Koegel (Eds.), *Teaching children with autism: Strategies for initiating positive interactions and improving learning opportunities* (pp. 79-93). Baltimore: Paul H. Brookes.

Moes, D. R., & Frea, W. (2000). Using an assessment of family context to inform intervention planning for the treatment of a child with autism. *Journal of Positive Behavior Interventions, 2,* 40-46.

Moes, D. R., Koegel, R. L., Schreibman, L., & Loos, L. M. (1992). Stress profiles for mothers and fathers of children with autism. *Psychological Reports, 71,* 1272-1274.

Pfeiffer, S. I., & Nelson, D. D. (1992). The cutting edge in services for people with autism. *Journal of Autism and Developmental Disorders, 22,* 95-105.

Prizant, B. M., & Wetherby, A. M. (1989). Providing services to children with autism (ages 0 to 2 years) and their families. *Focus on Autistic Behavior, 4,* 16.

Risley, T. (1996). Get a life!: Positive behavioral intervention for challenging behavior through life arrangement and life coaching. In L. K. Koegel, R. L. Koegel, & G. Dunlap (Eds.), *Positive behavioral support: Including people with difficult behavior in the community* (pp. 425-437). Baltimore: Paul H. Brookes.

Robbinson, F. R., Dunlap, G., & Plienis, A. J. (1991). Family characteristics, family training, and the progress of young children with autism. *Journal of Early Intervention, 15,* 173-184.

Ruef, M. B., Turnbull, A. P., Turnbull, H. R., & Poston, D. (1999). Perspectives of five stakeholder groups: Challenging behavior of individuals with mental retardation and/or autism. *Journal of Positive Behavior Interventions, 1,* 43-58.

Santarelli, G., Koegel, R. L., Casas, J. M., & Koegel, L. K. (2001). Culturally diverse families participating in behavior therapy parent education programs for children with developmental disabilities. *Journal of Positive Behavior Interventions, 3,* 120-123.

Schopler, E. (1989). Principles for directing both educational treatment and research. In C. Gillberg (Ed.), *Diagnosis and treatment of autism* (pp. 167-183). New York: Plenum Press.

Singer, G. H., & Irivin, L. K. (1991). Supporting families of persons with severe disabilities: Emerging findings, pratices, and questions. In L. H. Meyer, C. A. Peck, & L. Brown (Eds.), *Critical issues in the lives of people with severe disabilities* (pp. 271-312). Baltimore: Paul H. Brookes.

Strain, P. S., & Hoyson, M. (2000). The need for longitudinal, intensive social skill intervention: LEAP follow-up outcomes for children with autism. *Topics in Early Childhood Special Education, 20,* 116-122.

Stiebel, D. (1999). Using to promoting augmentative communication during daily routines: A parent problem-solving intervention. *Journal of Positive Behavior Interventions, 1,* 159-170.

Turnbull, A. P., Blue-Banning, M., Turbiville, V., & Park, J. (1999). From parent education to partnership education: A call for a transformed focus. *Topics in Early Childhood Special Education, 19,* 164-172.

Turnbull, A. P., & Ruef, M. (1997). Family perspectives on inclusion lifestyle issues for people with problem behavior. *Exceptional Children, 63,* 211-227.

Turnbull, A. P., & Turnbull, H. R. (2000). *Families, professionals, and exceptionality: Collaborating for empowerment* (4th ed.). Columbus, OH: Merrill.

Vaughn, B, J., Clarke, S., & Dunlap, G. (1997). Assessment-based intervention for severe behavior problems in a natural family context. *Journal of Applied Behavior Analysis, 30,* 713-716.

Weiner, T. S., Coots, J. J., Bernheimer, L. P., & Arzubiaga, A. (1997). *The Ecocultural Family Interview.* Los Angeles: Ecocultural Scale Project.

Wetherby, A. M., & Prizant, B. M. (1992). Facilitating language and communication development in autism: Assessment and intervention guidelines. In D. E. Berkell (Ed.), *Autism: Identification, education, and treatment* (pp. 107-134). Hillsdale, NJ: Erlbaum.

13

학교 차원의 긍정적 행동지원

ROBERT H. HORNER
GEORGE SUGAI
ANNE W. TODD
TERI LEWIS-PALMER

1. 학교 훈육에 대한 새로운 접근의 필요성
2. 학교 차원의 긍정적 행동지원의 이론적 배경
3. 학교 차원의 긍정적 행동지원의 특징
4. 1차 예방을 위한 실제와 체계
5. 학교 차원의 긍정적 행동지원의 효과
6. 요 약

일반적으로 학교는 좋은 장소다. 학교는 공공기관 중에서 가장 영향력이 있고 가장 친숙한 곳이다. 평일에는 미국 인구의 25% 정도가 학교에 출석하고, 가르치며, 행정적인 업무를 본다(Tyack, 2001). 그러나 학교의 역사는 변화하는 기대와 끊임없이 변하는 실제를 특징으로 한다. 오늘날 부모와 학교 당국은 학교에 다음과 같은 것들을 기대하고 있다. 즉, (1) 학업 수행을 향상시키고, (2) 사회적 능력을 길러 주고, (3) 안전을 보장해 주는 것이다. 학교는 적은 투자로 더 많이 그리고 가능한 한 빨리 기대한 바를 충족시키기를 요구받고 있다. 또한 학교는 다양한 학생들을 성공적으로 가르쳐야 하는 것으로 기대된다. 오늘날 학교는 점점 더 다양한 문화적, 경제적, 사회적 배경을 지닌 폭넓은 수준의 기술을 지닌 아동들로 구성되고 있다(Fuchs & Fuchs, 1994). 장애 아동과 문제행동을 보이는 아동은 이러한 다양성의 한 부분이라고 할 수 있다.

이 장은 문제행동을 보이는 학생들로 인하여 나타나는 과제들과 학교 차원의 긍정적 행동지원(schoolwide positive behavior support)으로 설명되는 새롭게 등장하는 학교 훈육방법에 대하여 다룬다. 이 장의 논제는 전통적인 '엄한' 훈육방법이 현대 학교의 요구에 맞지 않는다는 것이다(Skiba, 2002). 학교의 기대가 변화됨에 따라, 최근에 학교에서 나타나고 있는 여러 행동 문제들을 다룰 수 있는 좀 더 포괄적이고 혁신적인 접근의 필요성이 제기되었다. 학교 차원의 긍정적 행동지원은 이러한 필요성에 대한 실질적인 해결책이라 할 수 있다. 즉, 학교 차원의 긍정적 행동지원은 문제행동의 예방, 적응기술에 대한 적극적인 교수, 문제행동을 위한 일련의 후속결과, 가장 접근하기 어려운 문제행동을 지닌 아동들을 위한 진단 중심의 중재, 효과적인 행동 실제를 지원하기 위한 조직적인 체계의 활용 그리고 의사결정을 지도하기 위한 정보의 사용을 강조한다. 이 장에서는 (1) 학교 훈육에 대한 새로운 접근의 필요성, (2) 학교 차원의 긍정적 행동지원의 이론적 배경, (3) 학교 차원의 긍정적 행동지원의 특징, (4) 학교 차원의 긍정적 행동지원을 위한 실제적 지원, (5) 앞으로의 연구와 학교 개혁을 위한 시사점에 대한 내용을 다루게 될 것이다.

1. 학교 훈육에 대한 새로운 접근의 필요성

학교에서의 공격성, 약자 괴롭히기, 반항, 파괴, 난폭한 행동, 불순응, 자퇴, 무단결석은 지속적인 주요 관심사가 되고 있다(Dwyer, Osher, & Warger, 1998; Shinn, Stoner, & Walker, 2002). 사실 문제행동은 20년 이상 교육자들의 가장 큰 관심사가 되어 왔다(Horner, Diemer, & Brazeau, 1992; Rose & Gallup, 1998). Skiba와 Peterson(2000)은 반사회적 행동이 점점 증가되고 있을 뿐만 아니라 직접적으로 학업 성취를 방해하고 있다고 보고하였다. 이러한 연구 결과들은 청소년의 범죄가 감소되고 있음에도 불구하고 파괴적이고 도전적인 행동 비율은 높아지고 있다는 미국 공중위생국의 최근 보고서 내용과 일치한다(U. S. Department of Health and Human Services, 2001).

학교에서의 문제행동에 대한 전통적인 반응은 처벌과 배제다(Gottfredson, Gottfredson, & Hybl, 1993; Tolan & Guerra, 1994). 문제행동을 보이는 아동들은 꾸중, 권리 박탈, 교무실에 가기, 방과 후 학교에 남기, 정학, 토요학교 참여하기, 퇴학 등의 징계를 받는다. 이러한 접근은 반사회적 행동이 용인되지 않는다는 것과 꾸중, 방과 후 학교에 남기, 교무실에 가기 등의 방법이 통하지 않는 아동들을 교실 밖으로 내보내는 것을 강조한다. 이와 같은 방법이 전제하는 것은 반응적이고 엄한 대응이 미래의 문제행동 발생을 막아 주고, 학생들이 친사회적 및 적응행동에 참여하도록 가르치고 격려해 주며, 파괴적 행동을 하는 학생을 제외시켜 다른 사람들에게 이득을 줄 수 있다는 것이다. 계속해서 문제행동을 보이는 학생들은 대안교육 프로그램에 의뢰되거나, 특수교육 프로그램에 배치되거나, 혹은 퇴학을 당하게 된다. 그러나 '제로용인(zero-tolerance)' [역주: 엄격히 적용하여 일체의 정상참작이 없음] 정책에 중점을 두는 것은 비효과적이었다(Skiba, 2002). 문제행동이 잠시 감소하였다는 보고가 있었던 것은 사실이지만(McCord, 1995; Patterson, Reid, & Dishion, 1992), Mayer와 동료들은(Mayer, 1995; Mayer & Butterworth, 1979; Mayer, Butterworth, Nafpaktitis, & Sulzer-Azaroff, 1983) 엄한 학교 훈육의 궁극적인 결과는 공공시설 파괴, 무단결석, 지각, 공격성의 증가였다고 설명하였다. 실제로 학교가 혐오적인 훈육방법을 사용할수록 파괴적인 행동은 더욱 증가하였다. 이와 같은 연구 결과는 문제행동에 대한 분명하고 일관된 후속결과 사용을 반대하는 것이 아니라 가장 심한 문제행동을 보이는 학생들에게 반응적인 후속결과를 제공하는 것만으로는 인진하고 규율이 있는 학교가 될 수 없다는 것을 시사한다. 즉, 대안적 접근이 필요하다는 것이다.

2. 학교 차원의 긍정적 행동지원의 이론적 배경

긍정적 행동지원은 삶의 질을 향상시키고 문제행동을 최소화하거나 예방하기 위하여 가치 있는 성과, 행동과학 및 생의학, 경험적으로 타당한 절차, 체계 변화를 통합한 것이다(Carr et al., 2002; Sugai, Horner, et al., 2000). 학교 차원의 긍정적 행동지원을 위한 기초는 이와 같은 요소들을 문제행동의 변화뿐만 아니라 예방을 위한 노력의 일환으로 전반적인 학교 상황에 적용하는 데 있다.

오랜 기간 동안 학교 내 행동지원은 문제행동을 보이는 학생들을 위해서만 제공되어 왔다(Sugai & Horner, 2002). 그러나 학교가 현재의 문제에 직면하려면 반응적이면서 예방적인 부분에 중점을 둔 확장적인 행동지원이 필요하게 될 것이다. Walker와 그의 동료들(Walker et al., 1996; Walker & Shinn, 2002)은 모든 학생들을 위한 예방의 노력과 개별 학생들을 위한 집중적인 행동지원을 통합하는 공중보건의 노력으로부터 채택한 행동지원 예방 모형(prevention model of behavior support)을 제안하였다(Larson, 1994; National Research Council & Institute of Medicine, 1999; Shonkoff & Phillips, 2000). 이 모형의 총체적인 형태는 [그림 13-1]에 제시된 바와 같다. 첫 번째 층은 모든 아이들을 대상으로 모든 성인들이 참여하여 모든 상황과 시간대에 적용하는 1차 예방(primary prevention)에 중점을 두고 있다. 첫 번째 층의 목적은 적절한 행동을 적극적으로 가르치는 것이다. 이러한 예방적 교수를 통해 문제행동에 즉각적으로 반응하면서도 예측 가능하고 강

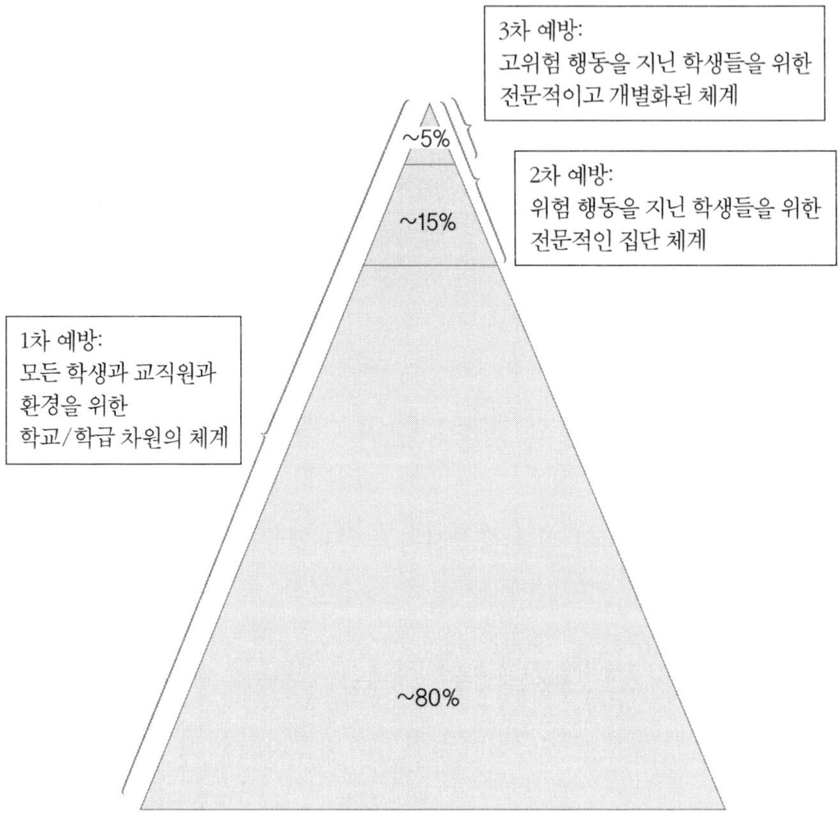

[그림 13-1] 학교 훈육을 위한 3단계 예방 모형

화적인 일관성 있는 사회적 문화를 형성하게 된다. 1차 예방을 위한 노력은 모든 아동들에게 행동지원이 필요하다고 가정한다(Evertson & Emmer, 1982; Sprick, Sprick, & Garrison, 1992; Weissberg, Caplan, & Sivo, 1989). 학교에 입학하는 모든 아동들은 어떤 것이 허용되고 그렇지 않은지를 명확히 배워야 하며, 적절한 행동을 할 때 지속적으로 인정받을 수 있어야 한다.

2차 예방(secondary prevention)은 문제행동을 일으킬 위험을 지니고 있지만 집중적인 개별적인 중재가 필요하지 않은 아동들을 위한 것이다. 2차 예방에서 강조하는 것은 1차 예방보다 행동지원이 더 많이 필요한 학생들을 위해서 행동지원의 강도를 증가시킨다는 점이다. 이러한 학생들은 학업 실패, 가족과 지역사회의 지원 제한, 일탈된 또래집단 가입, 장애, 건강 관련 문제, 빈곤 등과 관련된 문제행동을 보였던 내력을 가지고 있다. 이러한 학생들은 또한 위험한 요인으로부터 자신을 방어하는 데 필요한 보호자원에 접근하는 데 제한을 받아 왔다(Gresham, Sugai, Horner, Quinn, & McInerney, 1998; Walker, Colvin, & Ramsey, 1995; Walker & Shinn, 2002). 고도의 위험요소를 지닌 아동들은 1차 예방에 반응을 보일 가능성이 적고 추가적인 도움을 받지 않는다면 지속적으로 문제행동 패턴을 발전시킬 위험이 있다. 점점 더 많은 2차 수준의 중재들이 학생 행동의 사회적인 면과 학업적인 면 모두에서 변화를 가져오고 있다(Crone, Horner, & Hawken, 2004; Davies & McLaughlin, 1989; Dougherty & Dougherty, 1977; Hawken & Horner, 2003; Leach & Byrne, 1986; Lewis, Colvin, & Sugai, 2000; March & Horner, 2002; Nelson, Martella, & Galand, 1998).

이 모형의 3차 예방(tertiary prevention)은 가장 집중적인 행동지원이 필요한 아동들을 위한 것이다. 이러한 학생들은 이 책에서 기술한 바 있는 개별화되고 종합적인 지원을 받는다. 집중적이고 개별적인 행동지원 설계는 여러 연구들에서 가장 지속적인 관심을 받아 온 분야다(Eber & Nelson, 1997; Scott & Eber, 2003). 연구 결과들은 매우 고무적인 것으로 나타나고 있다. 즉, 개별화된 계획이 기능진단, 종합적인 지원 계획, 적절한 인력과 자원, 의사결정을 위한 자료의 적극적 사용과 잘 조화될 때 아동 행동의 큰 변화를 관찰할 수 있다는 것이다(Carr et al., 1999; Didden, Duker, & Korzilius, 1997; Ingram, 2002; O'Neill et al., 1997; Todd, Horner, Sugai, & Sprague, 1999).

3단계 예방 모형은 Walker와 그의 동료들이 학교 내 행동지원을 계획하고 다양한 행동 중재를 위한 노력(학교 전체에 대한 1차 예방, 소수의 고위험군 아동들에 대한 2차 예방, 선정된 학생들에 대한 집중적이고 개별화된 중재)의 필요성을 강조하기 위해 제안한 것으로 주목받아 왔다. [그림 13-1]에 제시된 바와 같이, 학교 내 학생의 약 80%가 1차적인 예방을 위한 노력에 반응할 것이며 그들의 행동은 사회적 규준에 부합되게 될 것이다. 그다음 15%는 2차적인 예방의 노력에 반응할 것이다. 그리고 마지막 5%는 3차 예방 수준인 집중적이면서도 개별화된 중재를 필요로 할 것이다(Sugai & Horner, 1994).

훈육실 의뢰는 일반적으로 학교에서 쉽게 그 자료를 구할 수 있으며 문제행동의 전반적인 상태를 보여 주기 때문에 3단계 모형 내에서 학교의 훈육 상태를 설명해 주는 유용한 형태의 정보로 알려져 왔다(Irvin, Tobin, Sprague, Sugai, & Vincent, 2004; Sugai, Sprague, Horner, & Walker, 2000; Tobin, Sugai, & Colvin, 2000). 훈육실 의뢰 자료는 맥락화되었을 때 특히 유용하다. 즉, (1) 학교 차원의 체계 내에서 사용되는 방법이 명확하고 조작적으로 정의된다면, (2) 문제행동의 정의들이 서로 독립적이면서 포괄적이라면, (3) 훈육실 의뢰의 구성요인에 대한 동의가 있다면, (4) 자료를 모으고 저장하고 요약하고 보고하기 위한 공식적이고 효과적인 체계가 있다면, (5) 규칙적이고 체계적인 평가와 활동 계획을 위한 명확한 과정이 있다면 유용할 것이다. 최근 Sugai(2002)는 훈육실 의뢰 기록을 기술한 결과가 3단계 모형의 타당성을 입증하였다고 보고하였다. 이 자료는 [그림 13-2]에 나타나 있다. [그림 13-2]는 '학교 차원의 정보 시스템(School-Wide Information System: SWIS)' (May et al., 2000)을 통해 파악된 13개 주 321개 초등학교에서 2002학년도부터 2003학년도까지 서로 다른 비율로 훈육실에 의뢰되었던 학생들

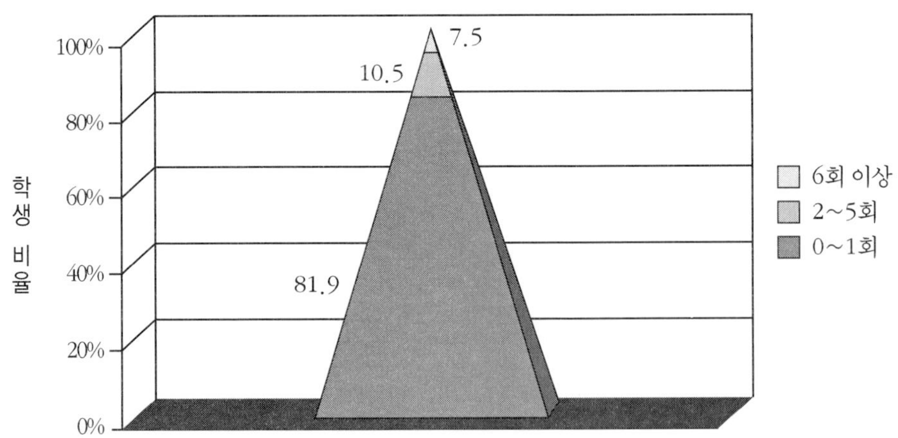

[그림 13-2] 2002~2003학년도에 321개 초등학교에서 다양한 비율로 훈육실에 의뢰된 학생들의 평균 비율

출처: Sugai(2002).

의 평균 비율을 제시하고 있다. 이 정보를 제공한 학교들은 적어도 1년 이상의 자료를 수집하였으며, 훈육실 의뢰 자료를 관리하고 사용하는 데 유용한 정보화된 체계에 대하여 훈련을 받았고, 현장에서 학교 차원의 긍정적 행동지원을 실제로 적용하고 있는 학교들이었다.

총 14만 3,400건의 훈육실 의뢰가 모두 기록되었나. 각 학교는 훈육실에 의뢰된 횟수가 0~1회인 학생들의 비율, 2~5회인 학생들의 비율, 6회 이상인 학생들의 비율을 기록했다. 321개교의 평균을 구한 결과, 0~1회 훈육실에 의뢰된 경우가 평균 87%(SD=10)였으며, 9%(SD=6)는 2~5회, 4%(SD=5)는 6회 이상 의뢰되었다. 이러한 양상은 3단계 모델이 학교에서의 예방 중심 접근이 어떠해야 하는지를 이해하는 데 적용될 수 있다는 사실을 보여 주는 것이다. 학교 훈육 계획을 위한 3단계 예방 모델은 (1) 행동지원에 학교 차원의 요소들이 포함되어야 하는 필요성에 대한 인식, (2) 1차 예방을 위한 투자는 좀 더 집중적인 지원이 필요한 학생의 비율을 줄이고 3차 예방 지원을 받고 있는 학생들의 중재 성공 가능성을 높인다는 점에 대한 이해의 측면에서 작용하였다(Colvin, Kame'enui, & Sugai, 1993; Epstein et al., 1993; Nelson, Colvin, & Smith, 1996; Taylor-Greene et al., 1997).

이상의 내용을 종합하면, 많은 연구 결과들이 대부분의 학교에서 폭력과 파괴 행동에 대응하기 위한 지도가 필요하다는 점을 제시하고 있다. 여기서 가장 중요한 메시지는 처벌과 배제가 예방을 위한 노력과 병행되지 않으면 효과적일 수 없다는 것이다(Gottfredson, Karweit, & Gottfredson, 1989; Mayer, 1995; Tolan & Guerra, 1994). 또 하나의 메시지는 학교 차원의 긍정적 행동지원을 통해서 문제행동의 1차, 2차, 3차 예방을 조합하는 것이 근본적인 차이를 만들 수 있다는 것이다(Chapman & Hofweber, 2000; Colvin & Fernandez, 2000; Lohrman-O'Rourke et al., 2000; Nakasato, 2000; Nelson, Martella, & Marchand-Martella, 2002; Nersesian, Todd, Lehmann, & Watson, 2000; Sadler, 2000; Taylor-Greene et al., 1997; Taylor-Greene & Kartub, 2000).

3. 학교 차원의 긍정적 행동지원의 특징

학교 차원의 긍정적 행동지원은 (1) 성과(outcome), (2) 실제(practice), (3) 체계(system), (4) 자료 사용(data use)의 네 가지 주요 요소들로 구성된다([그림 13-3] 참조; Sugai & Horner, 2002). 학교 차원의 긍정적 행동지원의 첫 번째 특징(그리고 기초)은 학생의 성과에 중점을 두는 것이다. 학교는 우리 사회에서 생활하는 데 필요한 학업기술과 사회적 기술을 배우는 안전한 환경으로 여겨져 왔다. 학교 차원의 긍정적 행동지원 체계의 근본적인 목적은 이러한 성과를 성취하는 데 필요한 행동지원을 제공하는 것이다. 학교는 학업 성취, 사회적 행동, 안전을 측정할 수 있는 기준을 명확히 할 수 있어야 한다. 학교 개혁을 주도해 온 학업 성취 기준은 학교의 행동적 분위기에 관심을 기울이지 않는 한 성취되지 않을 것이다.

학교 차원의 긍정적 행동지원의 두 번째 특징은 연구 결과로 입증된 실제

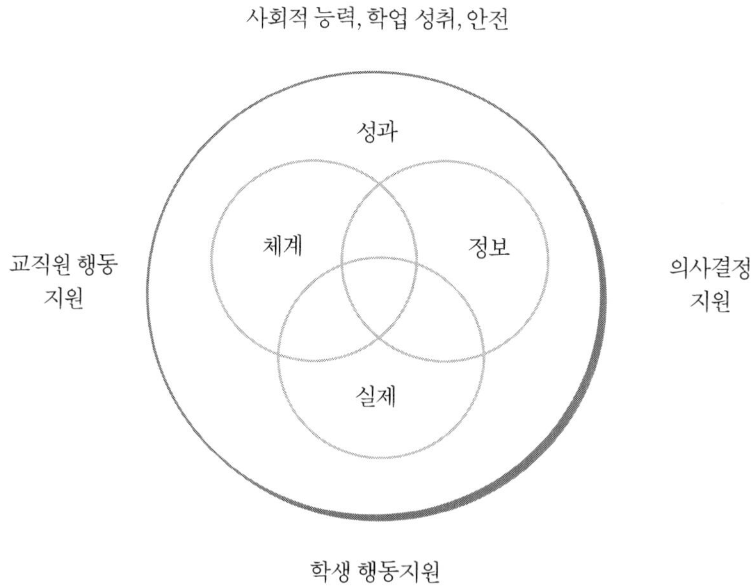

[그림 13-3] 학교 차원의 긍정적 행동지원의 네 가지 주요 요소

(research-validated practice)를 사용하는 것이다. 연구 결과로 입증된 실제에는 학생의 능력을 형성하고 유지시키기 위해 매일 사용되는 교육과정, 학급 관리, 교수적 절차, 보상, 후속결과 등이 포함된다. 다시 말해서, 실제란 교사가 학생의 행동을 형성하고 행동에 영향을 주기 위해 사용해야 하는 것으로, 학급 관리와 행동 관리를 위한 다양한 노력을 의미한다(Alberto & Troutman, 2003; Heward, Heron, Hill, & Trap-Porter, 1984; Jensen, Sloane, & Young, 1988; Kame'enui & Darch, 1995; Kazdin, 1982; Kerr & Nelson, 1983, 2002; Vargas, 1977; Wolery, Bailey, & Sugai, 1988). 학교 차원의 긍정적 행동지원은 학생의 행동에 영향을 주는 것으로 입증된 실제들에 근거한다. 학교는 이와 같은 실제가 (1) 학생에게 의미 있는 성과에서의 변화와 관련이 있는지, (2) 효과가 있고 실행 가능한지, (3) 비용 효과가 있는지, (4) 타당한 교육/행동 이론에 근거하는지 등에 대한 신중한 고려나 실증적인 자료 없이 사용함으로써 종종 비판을 받기도 한다(Carnine, 1997; Peters & Heron, 1993). 학생들에게 가장 중요한 성과들과 관련된 연구 기반의 실제를 적용하는지의 여부는 학교 차원의 긍정적 행동지원을 정의하는 조건 중 하나다.

학교 차원의 긍정적 행동지원의 세 번째 특징은 효과적인 실제를 유지하는 데 필요한 체계를 강조한다는 것이다. 이러한 체계 내에는 정책, 직원 배치 유형, 예산, 팀 조직, 행정가의 지도력, 경영 과정, 직원 훈련, 학교 내 성인들의 행동에 영향을 주는 행동 계획이 포함된다. 효과적인 실제를 지속적으로 사용하기 위해서는 체계가 반드시 필요하다. 교육 개혁은 학교에서 시행이 되는가보다 싶으면 다음 해에 또 다른 '새로운' 것으로 바뀌곤 한다(Latham, 1988). 학교 차원의 긍정적 행동지원은 선행 연구들이 타당하다고 입증한 실제를 실행하고 유지하기 위하여 필요하다고 가정한 체계에 주의를 기울이는 것을 포함한다.

학교 차원의 긍정적 행동지원의 네 번째 특징은 의사결정을 위한 자료들을 적극적으로 수집하고 사용하는 것이다. Gilbert(1978)는 조직에서 변화를 만들기 위해서는 적극적인 자료 수집과 가치 있는 성과에 대한 정보를 기록하는 것보다 더 효과적인 전략은 없다고 주장하였다. 학교 내에서 아동들의 학업 성취, 사회적 능력, 안전에 관한 자료들이 수집되어야 한다. 자료는 지속적으로 수집되어야 하며 교직원, 이사회, 팀, 가족, 학생들에게 규칙적으로 보고되어야 한다. 가장 중요한 것은 정보가 학교를 향상시키는 방법을 결정하는 데 사용되어야 한다는 점이다.

4. 1차 예방을 위한 실제와 체계

이 책의 다른 장에서는 개별화된 긍정적 행동지원을 제공하는 데 사용되는 상세한 절차들(기능적 행동진단, 중재 계획, 실행, 수정)을 다루었다. 이 장에서 강조하는 것은 좀 더 폭넓은 학교 차원의 긍정적 행동지원 접근에 포함되는 (모든 학생들, 교직원, 시간, 장소에 적용될 수 있는) 1차 예방의 요소들이다.

학교가 시작된 이래로 학교 차원의 훈육을 위한 노력이 강조되어 왔고 이에 관한 연구도 지속되어 왔다. 학교 차원의 긍정적 행동지원 내 1차 예방의 노력은 이와 같은 확고한 지식과 조언에서 출발하여 이를 토대로 형성되었다(Colvin, Sugai, & Kame'enui, 1994; Comer, 1985; Gottfredson, 1987; Gottfredson, Gottfredson, & Skroban, 1996; Knoff, 2002; Mayer et al., 1983; Sprick & Nolet, 1991; Sulzer-Azaroff & Mayer, 1994; Weissberg et al., 1989). 이러한 문헌을 기반으로 학교 차원의 긍정적 행동지원의 효과적이고도 지속적인 실행을 위하여 중요하다고 여겨지는 실제의 다섯 가지 요소와 이를 지지하는 여섯 가지 체계 변인들이 제시되었다(〈표 13-1〉 참조).

〈표 13-1〉 학교 차원의 긍정적 행동지원 내 1차 예방의 실제와 체계

실 제	체 계
• 기대하는 바를 정의하기	• 팀 중심의 실행
• 기대하는 바를 가르치기	• 행정적 리더십
• 기대하는 행동을 감독하고 격려하기	• 문서화된 책무성
• 문제행동을 예방하고 막기	• 적절한 인력과 시간
• 의사결정을 위한 자료를 수집하고 사용하기	• 재정적 지원
	• 정보 체계

1) 실제

행동지도에 성공적인 학교의 환경은 예측 가능하고 긍정적이며 일관적이다. 아동들은 학교가 기대하는 행동에 대해 알고 있으며, 바람직한 행동을 하는 방법을 배우고, 배운 것을 적용하려는 노력에 대한 인정과 격려를 받는다. 또한 문제행동은 강력하게 제한된다. 즉, 문제행동에 대해서는 일관된 후속결과를 실행한다. 그러나 부정적인 후속결과를 실행하는 것이 아니라 적극적인 교수와 행동지원이 학생 행동을 변화시키기 위한 주요 전략으로 제공된다. 학교 차원의 긍정적 행동지원 내에서 1차 예방을 성취하기 위해 사용되는 구체적인 실제는 다음과 같다.

(1) 학교 차원의 기대행동 정의하기

첫 번째 실제는 5개 이하의 간단하고 긍정적으로 서술된 기대행동을 정하여 기억하기 쉬운 형태로 학교 전체에 게시하는 것이다. 이러한 기대행동은 학교의 주요 사회적 가치를 담고 있어야 하며, 그 공동체의 언어를 반영해야 한다. 기대행동은 그 학교의 행동 관련 교육과정과 사회적 기준을 좌우하는 큰 개념이다. 동서를 망라한 모든 학교에서 채택하는 기대행동은 존중하기, 책임지기, 친절하기, 최선을 다하기, 지시 따르기와 같은 것이다.

기대행동들은 항상 긍정적 용어로 정의된다. 기대행동의 정의에서 일반적으로 나타나는 실수는 '하지 않아야 할 것' 이라는 표현을 사용하는 것이다(예: 교실에서 모자 쓰지 않기, 복도에서 뛰지 않기, 친구를 괴롭히지 않기). 아이들이 하지 않아야 할 문제행동의 수는 많고 광범위하다. 핵심적인 긍정적 기대행동을 정의할 때 모든 문제행동은 긍정적인 기대를 따르지 않는 예가 된다. 예를 들어, 괴롭히는 행동은 존중하는 행동을 하지 않은 예며, 복도에 쓰레기를 버리는 행동은 책임을 지지 않는 행동의 예다. 바람직한 기대행동을 정의하는 것은 바람직하지 않은 많은 행동들을 억제하기보다는 훈육의 핵심이라 할 수 있는 적절한 행동을 발전시키기 위한 것이다.

그러나 학교 차원의 기대행동을 정의하는 것은 학교 훈육 핸드북에 기재될 목록을 구성하는 것 이상이어야 한다. 학생들은 학교 차원의 기대행동을 알고 실제로 수행해야 한다. 기대되는 행동은 적어도 80% 정도의 교내 공용 장소에 게시되어 일과 내내 관련 내용을 정기적으로 볼 수 있게 해야 한다. 한 초등학교에서는 '존중하기(Be respectful)' '책임지기(Be responsible)' '안전하게 행동하기(Be safe)' 의 세 가지 기대행동을 정하였다. 아동들이 이 기대행동들을 기억하도록 돕기 위해서 교사들은 '3B' 로 행동을 표현하였으며, 게시하고 설명할 때 3B를 연상시키는 'bumblebee' [역주: b가 3개 포함된 '벌' 이라는 단어] 그림을 사용했다. 한 중학교에서는 교사가 5개의 기대행동을 정하고 학생들에게 '하이파이브(High Five)' 로 제시하기도 하였다(Taylor-Greene et al., 1999). 그 목적은 학교 차원의 긍정적인 기대행동을 잘 게시해서 누구든지 학교에 들어온 후 5분 내에 기대행동을 알 수 있게 하는 것이다.

(2) 기대행동 교수

모든 교육적 개념들이 그러하듯이, 3~5개의 학교 차원의 기대행동들은 매우 구체적인 행동들로 구성되고 실질적인 상황에서 적극적으로 교수될 때에만 적절하다고 할 수 있다. 예를 들어, '존중하기' 라는 기대행동의 학습은 그러한 개념이 구체적인 행동과 연계되지 않는 한 학생들의 행동을 변화시키지 않을 것이다. 기대행동의 교수는 지역 또는 연령에 따라서 다르게 실행된다. 예를 들어, 어떤 중학교는 기대행동을 개학 후 첫 1~2일 동안에 가르친다. 학생들은 학급, 식당, 체육관, 복도 또는 버스 안에 있을 때 기대행동을 어떻게 적용해야 하는지를 배우기 위해 교내 장소들을 순환하며 배운다. 초등학교에서는 첫 번째 조회에서 기대행동에 대한 훈련을 실행한 후 학기 초 4~6주 동안 여러 번에 걸쳐 교실에서 또래들과 15~20분 정도의 훈련을 받기도 한다. 또한 기대행동들을 학년 내내 정기적으로 반복하여 지도할 수 있다.

기대행동을 교수하기 위한 효과적인 교육과정은 다음과 같은 주요 특징을 지닌다. 즉, (1) 교내 여러 장소에서 가르칠 수 있는 기회와 일정, (2) 부적절한 행동 예시들과 대비되는 적절한 행동의 제시, (3) 모든 학생들이 적절한 행동을 실행하고 연습할 수 있는 기회 및 올바른 행동 인정받기다.

기대행동을 교수하기 위한 교육과정은 일반적으로 학교 훈육을 맡고 있는 교직원 팀에 의하여 구성되며 전체 교직원에 의하여 실행된다. Horner 등(2001)의 연구에서는 기대행동과 학교의 해당 장소를 기록한 표를 작성하는 효과적인 과정을 제시한 바 있다([그림 13-4] 참조). 팀은 표의 각 칸에 학교의 상황 또는 문화를 대표하면서도 중요한 한두 가지 적절한 행동을 표시하고, 특정 장소에서 기대되는 행동의 가장 좋은 예를 명시하였다. 예를 들어, 팀은 교실에서 '존중하기' 행동의 가장 바람직한 예로 '말하기 전에 손들기'를 선정하였다. 또한 체육관에서 '책임지기' 행동의 좋은 예로 '적절한 신발 신기'를 정하였다. 세 번째로 버스와 관련된 '안전하게 행동하기'의 좋은 예로 '붉은 선 뒤에서 기다리기'를 선정하였다. 특정 장소(예: 식당)에서의 '가장 좋은 예' 들의 목록이 그 장소에서의 기대행동을 교수하기 위한 교육과정이 되었다. 교수는 각 장소에 아이들을 데리고 가서 중요한 기대행동(주요 개념들)을 검토한 후에 (1) '올바른 방법'으로 행동하는 가장 좋은 예시를 보여 주고, (2) 해서는 안 되는 행동의 예를 대조시킴으로써 각 개념들을 가르치는 방법으로 이루어진다. 대조적인 또는 부정적인 예들은 교사로 하여금 존중하기나 책임지기 행동이 아닌 것을 정의하게 해 준다. 부정적인 예시들은

	학급	체육관	복도	운동장	버스 승하차장
안전하게 행동하기	• 지시 따르기	• 지시 따르기	• 걷기 • 문을 천천히 열기	• 사다리로 올라가서 미끄럼틀로 내려오기	• 붉은 선 뒤에서 기다리기
존중하기	• 말하기 전에 손들기 • 손발로 다른 사람 건드리지 않기	• 게임의 규칙 준수하기 • 종이 울리면 비품반납하기	• 손발로 다른 사람 건드리지 않기	• 비품을 함께 사용하기 위한 1분 규칙 • 자기 차례 기다리기	• 손발로 다른 사람 건드리지 않기
책임지기	• 수업 시간에 책과 연필 준비하기 • 숙제하기	• 참여하기 • 체육관에서 할 활동에 적절한 신발 신기	• 책, 소지품, 쓰레기 등을 바닥에 두지 않기	• 휴식 공간에 머무르기	• 책과 소지품 챙기기

[그림 13-4] 학교 차원의 기대행동을 교수하기 위한 교육과정표

학교 차원의 기대행동 교수하기

기입할 내용: (장소 및 학교 차원의 기대행동 3~5개)

1. 학교 차원의 기대행동 검토(행동 명칭과 정의)

2. 그러한 행동을 기대하는 이유

3. 이 장소에서 기대행동이 의미하는 내용
   a. 긍정적 사례(올바른 행동하기—도표에 있는 내용)
      -
      -
      -
      -
   b. 부정적 사례(규칙에 대해 정확한 이해를 제공하기 위한 사례)
      -
      -
      -
      -

4. 적절한 행동을 연습할 수 있는 활동 제공

5. 적절한 행동 보상

[그림 13-5] 교수 계획 양식

항상 올바른 방법으로 행동하는 것과 대조하여 제시된다(부정적인 예시 사용에 대해서는 Becker, Engelmann, & Thomas, 1975; Engelmann & Carnine, 1982 참조). 교수 회기는 학생들이 적절하게 수행할 기회를 주고 정확한 수행을 했을 때 피드백을 주고 인정해 줌으로써 종료된다. 교수 계획 형식의 예는 [그림 13-5]에 제시되어 있다.

복도에서 무작위로 학생들을 멈추게 해서 기대행동이 무엇인지 질문하였을 때, 80% 이상의 학생들이 기대행동을 알고 있고 또 특정 장소에서 그 행동을 수행하는 의미를 알고 있다면 기대행동에 대한 교수는 성공적이었다고 할 수 있다.

(3) 기대행동 수행의 감독 및 격려

"주기적으로 검토하여 보상하지 않을 내용은 결코 가르쳐서는 안 된다."라는 오래된 속담은 문장의 주어를 알아내거나 피타고라스 정리를 적용하는 것에서와 마찬가지로 기대행동에 대해서도 사실로 적용된다. 행동적으로 성공적인 학교에서는 모든 성인이 학생의 적절한 행동을 인정해 주는 지속적인 의무를 실행한다. 이와 같은 인정은 복도와 운동장뿐만 아니라 학급에서, 그리고 교사뿐만 아니라 행정가, 보조교사, 학교미화원, 서무실 직원 등에 의해서 다양한 형태로 제공되어야 한다. 또한 적절한 행동을 인정하는 것은 보상물이나 간단한 칭찬의 형태를 취할 수 있다. 어떤 방법을 사용하든 간에 학생들은 그들의 행동이 가치 있고 높이 평가받고 있다는 메시지를 받아야 한다. 이러한 메시지는 중요하며, 메시지를 확장하는 방법은 학생의 발달 수준과 학교의 문화에 적절해야만 한다.

학생의 적절한 행동을 인정하기 위한 구조화된 전략의 개발은 긍정적인 학교환경을 만드는 데 핵심적이지만, 또 논란의 여지가 많은 주제이기도 하다. 몇몇 교사와 행정가들은 보상이라는 공식적인 체계가 기대행동의 가치를 떨어뜨려서 학생들로 하여금 보상이 약속될 때만 기꺼이 적절한 행동을 하게 할 것이라는 우려를 표하였다. 출판된 책, 워크숍 그리고 신뢰성 있는 연구결과들은 불필요한 보상이 우리 모두가 추구하는 자발적인 동기 형성에 부정적인 영향을 미칠 가능성이 있다는 점을 강조하고 있다. 그러나 Cameron과 그녀의 동료들은(Cameron,

2002; Cameron, Banko, & Pierce, 2001; Cameron & Pierce, 1994, 2002) 이러한 염려와 관련된 이론적 기반을 검토하면서 다른 의견을 제시하고 있다. 그들은 보상의 사용에 대한 염려가 대중매체에는 좋은 기사거리를 제공했지만, 정책과 실행을 위한 기반으로서는 미약하다고 하였다. 실제로 그들의 메타분석에 의하면 (1) 적절한 행동에 대하여 학생을 강화하는 것이 이후의 바람직한 행동의 수행을 방해하기보다는 촉진하며, (2) 성인의 긍정적 피드백의 비율이 낮은 학교환경을 만드는 것이 훨씬 위험하다는 것이다. 근본적으로 학교에서는 과잉 보상보다는 낮은 보상이 더욱 위험하다는 것이다. 적절한 학업 및 사회적 행동에 대하여 합리적인 보상을 자주 제공하도록 학교 및 교실 환경을 구성하는 것은 성공적인 학교의 중요한 특성이라고 할 수 있다.

학생의 적절한 행동을 보상하기 위한 전략의 설계는 학생들의 연령에 적합해야 한다. 더불어 기대하지 않은 보상뿐만 아니라 예측 가능한 보상을, 사회적 보상뿐만 아니라 실물 보상을, 많은 양뿐만 아니라 적은 양도, 그리고 빈번하지 않은 보상뿐만 아니라 빈번한 보상도 제공할 수 있어야 한다. 이러한 설계의 목적은 긍정적 환경을 형성하여 이 모형 내에서 아동이 성인들과 긍정적인 접촉을 자주 하고, 성인은 아동들에게 적절한 행동이 가치 있다는 것을 지속적으로 알려 주기 위한 것이다. 다시 말해서, 학생들에게 (1) 사회적 성공을 위한 명확하고 예측 가능한 로드맵, (2) 그 로드맵을 이행하기 위한 훈련과 지원, (3) 성공적인 경로에서 이탈될 때 즉각적이고 명확한 피드백을 제공하는 것이다.

만일 면담에 참여한 학생의 80% 이상이 최근 10일 내에 적절한 행동에 대하여 어떤 형태로든 인정을 받은 경험이 있다고 말한다면, 그 학교는 기대행동을 알리기 위한 효과적인 체계를 갖추었다고 주장할 수 있다.

(4) 문제행동의 예방 및 방지

문제행동에 대해서는 명확하고 공정하면서도 일관되게 적용될 수 있는 일련의 연속적인 후속결과가 필요하다(Darch & Kame'enui, 2004). 이러한 연속적인 체계는 '사소한' 문제행동과 '주요' 문제행동들에 대하여 분명한 조작적 정의를 내리고 문제행동의 강도 및 심각성에 따른 적절한 후속결과를 제공해야 한다. 대부분의 학교에서는 성인에 의하여 부정적인 후속결과가 제시되는 문제행동들이 존재한다. 가장 효율적인 학교들에서는 교실에서 다루어질 문제행동과 훈육실에 의뢰될 문제행동을 명확히 구분한다. 또한 이러한 학교들은 조작적이면서 서로 분명하게 구분되고 모든 행동을 망라하는 분명한 문제행동의 정의를 가지고 있어서 교직원들이 일관성 있게 행동하도록 도와준다. 마지막으로 이러한 학교에서는 학교 훈육과 관련된 결정을 할 때 문제행동의 패턴에 대한 정보를 활용한다.

여기서 강조하는 내용은 다음과 같다. (1) 명확하고 공정하고 관리하기 쉬운 일련의 연속적인 후속결과를 구성한다. (2) 학년 초에 학생들에게 적절한 행동에 대하여 가르치는 것과 동시에 부적절한 행동에 대한 후속결과도 가르친다. (3) 일관성 있게 후속결과를 적용한다. (4) 문제행동이 증가하는 현상을 무시하지 않는다. (5) 다른 무엇보다도 부정적인 후속결과가 행동 유형을 변화시킬 것이라고 기대하지 않는다. 문제행동을 위한 후속결과의 목적은 (1) 안전을 유지하고, (2) 부적절한 행동이 심해지는 것을 예방하고, (3) 부적절한 행동이 보상받는 것을 예방하고, (4) 부적절한 행동이 수용되지 않는다는 것을 학생에게 명확하게 전달하고, (5) 학교에서의 교수와 일반적인 활동이 문제 없이 진행되게 하는 것이다.

대부분의 학교의 80%의 학생들은 기대되는 행동들을 가르치고, 문제행동에 대해서는 낮은 강도의 후속결과를 사용하는 것만으로도 충분하다. 문제행동을 보일 가능성이 더 높은 5~15%의 학생들에게는 부정적인 후속결과를 제시하는 것이 비효과적이다. 어떤 경우에는 부정적으로 주어지는 후속결과(예: 훈육실로 보내기)가 그 학생에게 보상으로 기능하기도 한다. 또한 어떤 경우에는 문제행동을 유지하고 있는 복잡한 후속결과(가정과 또래로부터 유래하는 것들을 포함)가 학교에서 제공되는 후속결과에는 영향을 받지 않을 수도 있다. 이러한 학생들에게는 기능적인 효과를 거두기 위해 그들의 행동에 대한 공식적인 중재, 적극적인 교수, 좀 더 심층적인 반응을 제공할 필요가 있다(Walker et al., 1995). 여러 측면에서 문제행동에 대한 부정적인 후속결과는 상황의 악화를 막고 학교의 일과가 순조롭게 진행되게 하기 위한 것이다. 진정한 행동 변화는 단순히 부적 후속결과 체계로 인하여 나타나지는 않는다.

(5) 의사결정을 위한 자료 수집 및 활용

학교 차원의 1차 예방을 위한 다섯 번째 실제는 의사결정을 위한 자료를 효과적으로 수집하고 사용하는 것이다(Horner, Sugai, & Todd, 2001). 평가와 지속적인 자기 향상을 위하여 정보를 수집하는 것은 교육 활동 중에서 가장 전문적인 영역이다. 학교는 끊임없이 변화하는 환경이다. 만일 학생의 성과, 효율성, 올바른 문서화 등에 의해 변화를 이끌어 가야 한다면 자료 수집 및 사용을 위한 신뢰할 수 있는 체계가 반드시 필요하다(Carnine, 1992, 1995, 1997).

효과적인 1차 예방을 위해서는 학교 직원, 학교 팀, 개별 교사들, 관리자들 그리고 관련 서비스 인력들이 학생의 행동에 대한 정보를 확보해야 한다. 행동 자료를 요약하기 위한 가장 보편적인 단위는 개별 학생의 자료다. 만일 재호에게 문제가 있다는 것이 판별되면 출석, 성적, 훈육실 의뢰 횟수, 정학 등을 진단하기 위하여 문서를 작성하게 된다. 1차 예방의 노력으로 교직원과 학교 차원의 팀은 정기적으로 학교 전체의 행동 패턴을 검토할 것이다. 적어도 2주마다 학교 차원의 팀은 훈육실 의뢰 빈도를 (1) 매일 및 매월, (2) 문제행동의 유형별, (3) 교내 장소별, (4) 하루의 시간별, (5) 아동별 등과 같이 조직적으로 검토해야 할 것이다. 팀이 검토한 정보는 48시간 이내에 기록되어야 하며, 숫자로 채워진 표보다는 그래프 형태로 정확하게 제시되어야 한다. 최근에 발표된 일련의 평가 보고서들은 학교 차원의 팀이 적절한 시기에 수집된 정확한 자료를 통하여 문제행동의 양상을 초기에 발견하는 것뿐만 아니라 학생의 적절한 행동을 지원하고 문제행동을 감소시키기 위한 실질적이고 효과적인 전략 개발을 향상시킬 수 있음을 제안한다(Ingram, Horner, & Todd, 2002). 훈육실 의뢰 정보를 모으고 요약하고 기록하는 효율적인 체계(May et al., 2000; www.swis.org)는 교육청 차원의 관리체계 수립은 물론 웹 기반 정보 시스템에서도 활용이 가능하다.

여기서 강조하는 주요 내용은 다음과 같다. (1) 효과적인 학교 차원의 행동지원은 전체 학교에 대한 자료를 모으고 사용하는 것을 포함하며, (2) 자료는 정확한 연구 자료가 아니더라도 학교 내에서 일상적으로 수집된 자료를 요약한 것이 될 수 있고, (3) 자료는 팀, 관리자, 직원들에 의해 정기적으로(주 단위, 월 단위) 검토되어야 하며, (4) 가장 중요하게는 자료가 적극적인 의사결정을 위해 사용되어야 한다는 것이다. 새로운 행동지원 프로그램의 선정, 현재 사용되고 있는 프로그램의 지속적인 사용, 행동지원 효과를 변화시키기 위한 교직원들의 시간 할당 등에 관한 결정은 세부적인 정보를 참조로 이루어져야 한다. 긍정적인 사회적 문화를 위한 과제는 지속적으로 발전하는 과정이어야 한다. 의사결정을 위한 정보를 효과적으로 수집하고 사용하는 것은 이 과정을 성공적으로 진행시키기 위한 핵심 요소다.

2) 효과적인 실제의 지원과 유지를 위한 체계

학교 차원의 긍정적 행동지원은 효과적인 실제를 실행하고 지속적으로 사용하도록 지원하는 데 필요한 조직적인 체계를 강조한다. 긍정적 행동지원의 실행에 필요한 체계 수준의 지원 없이 효과적인 실제들이 자주 소개되어 왔다. 학교 차원의 긍정적 행동지원의 3단계 모형을 성공적으로 실행해 온 학교들은 다음과 같은 요소들을 종합적으로 적용하였다.

(1) 팀 중심의 실행

학교 차원의 실행은 지역 내 학교 팀의 적극적인 참여와 계획을 필요로 한다. 학교 차원의 팀은 행정직, 교수직, 관련 서비스직을 대표하는 5~9명으로 구성된다. 적절한 장소에서 부모, 학생, 이웃 대표자들을 참여시키는 것은 지역사회의 의견을 발표할 기회를 주고 참여를 확보하는 데 도움이 될 수 있다. 그렇게 되면 팀은 다양한 집단으로부터 다양한 시각과 창의적인 문제 해결 방안을 얻을 수 있게 된다. 팀 중심의 실행이 지닌 주요 특징은 학교 차원의 팀이 (1) 효과적인 절차에 따라 실행하고(예: 안건, 계획된 일정, 실행 계획, 회의록), (2) 개인이 팀 구성원으로 기능하기 위해 공동의 비전, 용어, 경험을 만들어 가고, (3) 학교에서 행동지원 노력을 지속적으로 개발하고 향상시키기 위해 성과 기록을 모으고 보고하고 사용한다는 것이다.

(2) 행정적 리더십

학교 차원의 긍정적 행동지원은 학교 관리자의 명확하고 지속적인 지원을 필요로 한다. 이것은 지원하겠다고 말만 하는 게 아니라 행동지원 또는 학교 팀에 적극적으로 참여하는 것을 의미한다. 학교에서 최고 관리자의 역할은 잘 인식되지 않는다. 학교장과 교감은 개혁과 발전을 위한 기회를 만들 수 있다(Colvin & Sprick, 1996). 관리자들의 참여는 일정 계획과 통합, 다양한 안건들에 대한 우선순위 결정 외에도 전 직원 및 예산과 관련된 의사결정 등에서 팀에게 권위를 부여한다.

(3) 문서화된 책무성

학교 차원의 긍정적 행동지원을 사용하기 위한 노력은 문제행동을 지닌 아동을 포함한 모든 아동들을 위한 교육의 노력에서 시작된다. 마찬가지 맥락에서 문서화된 책무성의 첫 단계는 학교를 위한 공통된 목적과 임무 진술에 대한 동의라고 할 수 있다. 이러한 진술은 학업 우수성, 효과적인 교수의 실제, 성품과 사회적 능력의 개발, 보호하면서 생산적인 지역사회 조성 등의 중요성에 대한 신념을 표현해야 한다. 뿐만 아니라 학교의 행동적 분위기 향상시키기가 (1) 학교의 최상위 세 가지 목표 중 하나가 되어야 하며, (2) 전 직원의 80% 이상의 지지를 얻어야 하고, (3) 완전히 실행되기 위해서 적어도 3년 이상의 기간을 허용해야 한다.

학교 개혁의 노력은 개혁을 위한 구체적인 활동을 정의하기 전에 개혁의 목표, 비전, 필요성에 대한 좀 더 광범위한 노력을 기울이는 것의 가치를 무시하곤 했다. 어떤 실행 과정도 현재 어떤 일이 일어나고 있는지, 그리고 발전을 위해서 필요한 것이 무엇인지에 대한 총체적인 진단 없이는 시작될 수 없다. 마찬가지로 진단으로부터 도출된 결론을 반영하고 적용 결과를 평가하는 근거 자료로 사용하기 위해서는 분명하고 측정 가능한 성과가 규명되어야 한다.

(4) 적절한 인력과 시간

과거 10년 동안 미국 학교 내의 주요 경향은 학생당 성인의 수가 감소되어 온 것이다. 이러한 감소는 교수 시간의 할당과 질, 반응 기회의 수, 교사와 학생과 부모들 간 상호작용의 양과 질, 학교 및 학급 분위기와 학업 성취에 영향을 미치는 기타 요소에 영향을 미칠 수 있다. 교사, 직원 및 관리자의 시간은 매우 소중하다. 증가된 기대와 점차 감소되는 성인의 시간에 대한 자연스러운 결과는 모든 활동에 할당되는 시간을 단축하는 것이다.

학교 차원의 긍정적 행동지원을 성공적으로 실행하기 위해서 팀은 적어도 격주로 자료를 검토하고 프로그램을 결정하기 위한 회의를 해야 한다. 이 회의는 적어도 45분 이상이 필요한 정기적인 모임으로 학교 운영의 중요한 부분이다. 학교 차원의 긍정적 행동지원을 실행하고 유지하기 위해 필요한 시간의 양은 학교별로 차이가 있지만, 성공적인 학교체계의 특성은 학교 차원의 노력을 조직하고 관리하기 위하여 소중한 시간을 사용해 왔다는 것이다. Kame' enui와 Carnine(2002)은 학교가 '더 많이 일하는 것이 아니라 더 현명하게 일하는 것' 을 배워야 한다고 지적하였다. 이는 다음과 같은 제안들로 설명될 수 있다. 즉, (1) 우선순위 정하기, (2) 한 번에 소수(2~3개)의 시도만 하기, (3) 원하는 성과 달성을 입증할 수 있는 실제와 전략 선정하기, (4) 시기적절하게 향상하고 발전할 수 있도록 지속적이고 직접적으로 실행을 감독하기다.

(5) 재정적 지원

학교 차원의 긍정적 행동지원은 아동의 교육적 경험을 향상시키고 교직원의 시간을 효율적으로 사용하기 위한 투자다. 그러나 이러한 투자를 위해서는 최소한 (1) 팀 개발, (2) 학교 차원의 훈련 과정을 수립하기 위한 교직원들의 시간, (3) 실행 가능하도록 교원을 준비시키기 위한 지원(교원 개발), (4) 학생의 적절한 행동을 인정해 주기 위한 자료 및 보상과 같은 것들을 위한 예산을 필요로 한다.

(6) 정보 체계

학교 차원의 긍정적 행동지원을 위한 주요 실천사항이 의사결정을 위한 정보 활용인 것과 같이, 주요 체계 변인은 이러한 자료를 전달할 수 있는 효율적인 정보 시스템의 개발이다. 학교 내의 팀과 관리자들의 책임 중 하나는 행동 정보를 수집하고 요약하고 사용하기 위한 저비용의 전략을 고안하는 것이다. 컴퓨터는 자료를 입력하고 조직화하는 데 활용될 수 있다. 일반적으로 자료에 쉽게 접근할 수 있어야 하며, (개별 학생의 자료뿐만 아니라) 학교 전체 자료의 시각적 디스플레이에 대한 접근이 허용되어야 하고, 팀과 모든 직원과 관리자들에게 정확한 최근 자료(즉, 최소한 48시간이 지나지 않은 자료)를 제공할 수 있는 체계가 개발되어야 한다.

5. 학교 차원의 긍정적 행동지원의 효과

지금까지 학교 차원의 긍정적 행동지원의 이론적 배경과 근거를 제시했다. 또한 학교 차원의 긍정적 행동지원 접근 내에서 1차적 예방을 위한 주요 실제와 체계를 검토했다. 그러나 중요한 것은 학교가 이미 사용하고 있는 실제와 체계는 어떤 것이고, 그 실제와 체계가 학생의 문제행동과 학업성취에서 변화를 가져왔는지에 관한 것이다. 이러한 질문에 대한 엄격한 실험적인 분석을 제공하기 위하여 연구의 노력이 기울여지고 있다. 현재까지는 일반적인 질문들에 답할 수 있도록 도와주는 몇몇 소규모의 서술적 연구들(descriptive studies)만이 이루어져 왔다.

1) 팀은 학교가 학교 차원의 긍정적 행동지원을 사용하는지 어떻게 알 수 있는가

학교 전체 팀이 학교 차원의 긍정적 행동지원의 실제를 어느 정도까지 활용하고 있는지에 대한 검사를 위해서 두 가지 도구가 개발되어 있다. 효과적인 행동지원을 위한 자가진단 질문지(Effective Behavior Support Self-Assessment Survey:

EBS Self-Assessment)는 긍정적 행동지원의 실제가 학교 전체, 학급, 개별 학생 수준에서 어느 정도까지 사용되고 있는지를 스스로 평가하기 위해서 학교 전체 팀과 전체 교직원이 작성하는 네 부분으로 구성된 설문조사 도구다(Todd et al., 1999). 학교 차원 평가도구(School-wide Evaluation Tool: SET)는 좀 더 정밀한 도구로 외부 검토자가 현장에서 학교 전체의 1차 예방 실제와 체계의 사용을 기록하는 28개 항목으로 구성된 연구 도구다. 예를 들어, 기대행동들이 정의되고 있는지를 평가하기 위해 관찰자는 서면 기록을 검토하고, 기대행동이 학교 전체 공공장소에 게시되어 있는지의 여부를 살펴본다. 학생들이 기대행동을 배웠는지를 평가하기 위해 관찰자는 교수하는 교육과정 교재들을 검토하고 몇몇 학생에게 기대행동을 알고 있는지를 질문한다. 실제로 정보 체계가 사용되고 있는지를 평가하기 위해 관찰자는 현재의 기록 자료를 검토하고, 모임에서 적극적인 의사결정을 위해 어떤 자료가 사용되는지를 검토한다. SET는 총점과 '교수된 기대행동' '보상된 적절한 행동' '의사결정을 위해 사용된 정보' 등의 일곱 가지 하위 영역별 점수를 산출한다. SET 결과에서 80%의 총점, 80%의 '교수된 기대행동'의 하위 영역 점수를 받는 학교는 학교 차원의 긍정적 행동지원을 사용하고 있는 것으로 간주된다. SET의 신뢰도와 타당도는 검증되었으며 수용 가능한 것으로 입증되었다(Horner et al., 2004).

SET는 기술적인 지원(technical support)이 제공되기 전과 후에 학교에서 학교 차원의 긍정적 행동지원의 상태를 진단하기 위하여 사용되었다. 흥미로운 것은 학교 차원의 긍정적 행동지원의 기술적 지원을 받기 위하여 자발적으로 참여하였던 하와이(29개)와 일리노이(32개)의 61개 학교 중 어느 학교도 지원을 받기 이전에는 SET 실행 기준에 미치지 못했다는 것이다(평균 총점=36). 이와 같은 자료는 학교 차원의 긍정적 행동지원의 실제가 많은 학교에서 적극적으로 실행되지 않고 있을 수도 있으며, 또 학교의 향상을 위한 계획의 주요 초점은 학교 차원의 긍정적 행동지원이 어느 정도로 사용되고 있는지를 자가 평가하는 것일 수도 있다는 사실을 시사한다고 할 수 있다(그러나 증명하는 것은 아니다).

2) 일반 학교들이 학교 차원의 긍정적 행동지원을 실시하기 위하여 필요한 변화를 만들 수 있는가

학교 차원의 긍정적 행동지원과 관련하여 학교가 어느 정도까지 학교 차원의 긍정적 행동지원을 실시할 수 있는가에 대하여 관심을 기울여야 한다. 절차가 효과적임을 입증하는 것과 전형적인 학교 상황에서 충실하게 실행될 수 있는지를 입증하는 것은 별개의 일이다. 이것은 학교 차원의 시스템을 주장할 때 특히 중요한 관심사라고 할 수 있다. [그림 13-6]은 5년 동안 학교 차원의 긍정적 행동지원을 사용한 오리건 학군 내에 있는 22개 학교들에 대한 기술적인 결과를 보여 주고 있다. 학군 내 초등학교와 중학교들은 학교 차원의 긍정적 행동지원 절차를 사용하기 위한 전문적인 지원을 받으려고 자발적으로 참여하였다. 이러한 과정의 일부로 각 학교는 전문적인 지원을 받기 전에 SET 평가를 받았으며 전문적인 지원이 제공된 후 최소 1년 후에 재평가를 받았다. 결과에 따르면 22개 학교가 지원을 받기 전에는 SET에서 평균 53.9점(총점)을 기록하였으며, 지원을 받은 후에는 1년에 평균 91.5점을 받았다. 이러한 결과는 실험연구 설계의 맥락에서 수집된 것이 아니므로, 기술적 지원과 SET 점수 간의 인과관계를 알 수는 없다. 그러나

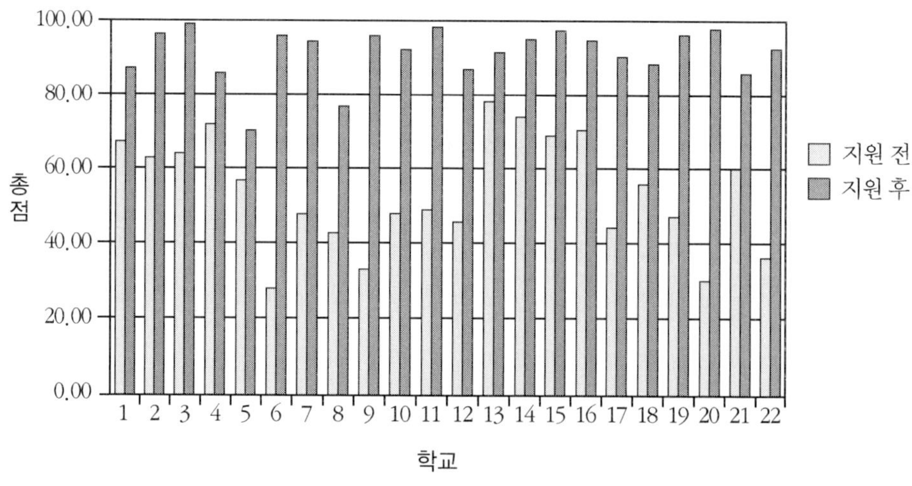

[그림 13-6] SET 점수에 따른 22개 초·중등학교의 학교 차원의 긍정적 행동지원 실행률

자료에 의하면 최소한 몇몇 학교들이 학교 차원의 긍정적 행동지원의 실제를 실행할 수 있었음을 알 수 있다.

3) 학교 차원의 긍정적 행동지원 실제 및 체계의 실행이 학생들의 문제행동에 영향을 미치는가

학교 차원의 긍정적 행동지원을 선택한 학교는 학생들에게 미친 영향을 평가하기 위해 관습적이고 교육적인 성과를 측정한다. 대체로 훈육실 의뢰, 출석, 정학, 퇴학 비율에서의 변화가 향상을 반영하는 것으로 사용되곤 한다. 그러나 이러한 것들에 대한 측정은 학생의 행동에 의해서뿐만 아니라 성인들의 의사결정 및 학교 내 관리체계에 의해서도 영향을 받는다는 점에 주의를 기울일 필요가 있다. 이러한 점들을 고려해 볼 때, 훈육실 의뢰, 정학, 퇴학을 초래하는 학생의 행동이 감소되는 것이 이상적이라는 것에 대해서는 동의한다. 훈육실 의뢰가 학교의 후생을 반영하는 중요하고 유용한 척도가 된다는 점에 대해서는 많은 논란이 있을 수 있다(Irvin et al., 2004).

학교 차원의 긍정적 행동지원을 실행한 학교가 제시한 사전-사후 자료는 학교 차원의 긍정적 행동지원을 충실히 이행한 후에 훈육실 의뢰 건수와 정학이 20~60% 감소되었음을 보여 주고 있다(Lohrman-O' Rourke et al., 2000; Luiselli, Putnam & Sunderland, 2002; Sadler, 2000; Taylor-Greene & Kartub, 2000; Taylor-Greene et al., 1997). [그림 13-7]은 1999-2000학년도와 2001-2002학년도에 학교 차원의 긍정적 행동지원 실행 기준에 도달하는 오리건 주 내에 있는 4개 초등학교와 3개 중학교의 훈육실에 의뢰된 사전-사후 결과를 제시한 것이다. 각 학교는 학교 차원의 기대행동들을 설정한 후에 학생 100명당 훈육실 의뢰율의 감소를 보여 주고 있다. 평균적으로 7개 학교가 실행하기 전년도에 비해 실행한 직후 당해 연도에 바로 훈육실 의뢰가 45% 감소되었다고 보고하였다. 그리고 실행 2년차를 기록하고 있는 3개 학교는 지속적인 향상을 보고하였다.

지속적인 효과를 입증하는 것은 특히 중요하다. 교육 개혁의 역사는 1~2년 후

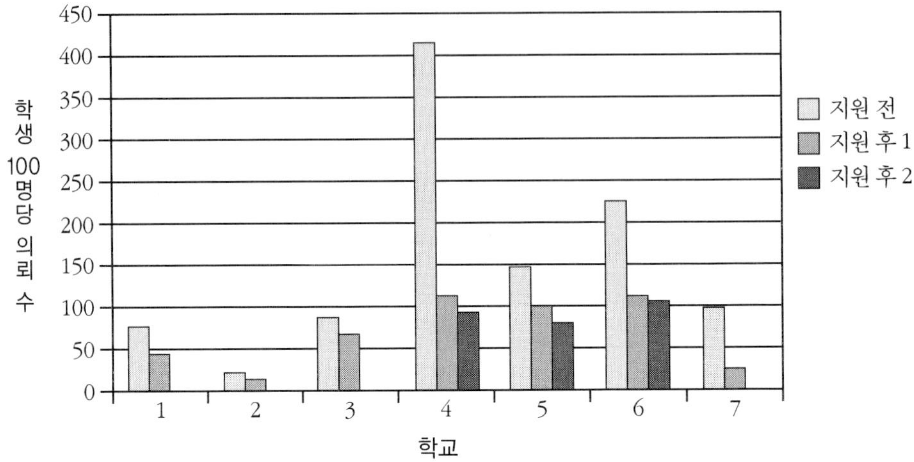

[그림 13-7] 7개 학교의 학생 100명당 학교 차원의 긍정적 행동지원 실행 전후(사전-사후검사)의 훈육실 의뢰 비율

에 사라지는 단기간의 개혁을 특징으로 한다(Latham, 1988). 학교 차원의 체계를 강조하는 것은 지속적인 변화를 촉진하기 위한 것이며, 초기의 연구 결과들은 이러한 지속적인 변화가 가능하다는 것을 보여 주고 있다. 오리건 주 엘미라의 펀리지(Fern Ridge) 중학교(6, 7, 8학년)는 Susan Taylor-Greene의 지도하에 1995–1996학년도 이래 학교 차원의 긍정적 행동지원을 사용해 오고 있다. 1994년에서 2002년까지의 학생 100명당 훈육실 의뢰 비율은 [그림 13-8]과 같다. 그림에 의하면 학교 차원의 긍정적 행동지원을 실행했던 첫해에 훈육실 의뢰는 40% 이상 감소되었고, 학교 차원의 긍정적 행동지원을 계속 실행한 7년 동안 지속적인 효과(훈육실 의뢰 65% 감소)가 있었음을 보여 주고 있다.

학생 행동과 관련해서 학교 차원의 긍정적 행동지원의 효과에 대한 좀 더 상세한 분석은 Cushing(2000), Smith(2000), Todd(2002)과 같은 여러 연구를 통하여 제시되었다. Lisa Cushing은 문제행동의 비율을 측정하고 학교에서 문제행동에 대한 다양한 사회적 후속결과의 조건 발생률을 평가하기 위하여 학생의 사회적 행동을 직접적으로 관찰하는 측정방법을 사용하였다(Cushing, Horner, & Barrier, 2003). Smith는 지속적인 사회적 행동 자료를 수집하기 위하여 이 측정을 사용하

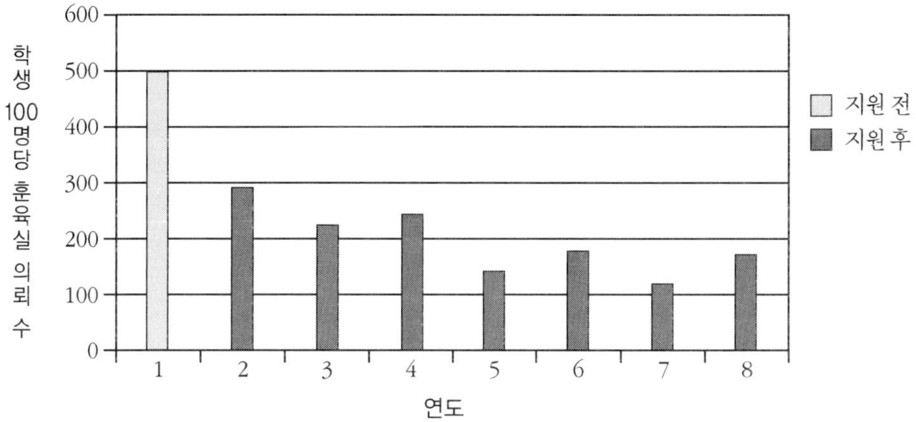

[그림 13-8] 편리지 중학교에서 학교 차원의 긍정적 행동지원 실행 전후에 학생 100명당 훈육실에 의뢰된 학생 비율(사전-사후검사)

였고, 더불어 학교가 학교 차원의 긍정적 행동지원 절차를 사용하는 범위를 측정하기 위하여 SET를 사용하였다. 이러한 방법을 통하여 5개 중학교의 식당과 복도에서 직접 관찰하여 수집한 문제행동에 대한 직접적인 비율을 비교할 수 있었다. 학교 차원의 긍정적 행동지원이 시행되기 전인 봄에 2회에 걸쳐 자료를 수집하였고, 학교 차원의 긍정적 행동지원 절차가 사용된 후인 다음 해 가을과 봄에 자료

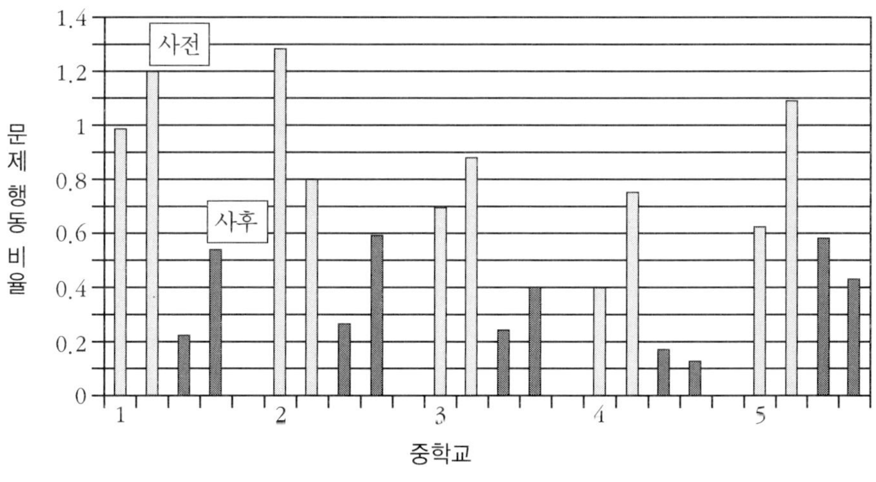

[그림 13-9] 학교 차원의 긍정적 행동지원의 실행 전후에 관찰된 문제행동의 비율

를 수집하였다. [그림 13-9]는 그러한 자료를 비교한 결과를 보여 주고 있는데, 학교가 학교 차원의 긍정적 행동지원을 적용함에 따라 문제행동의 비율이 감소하고 있음을 알 수 있다. 또한 이러한 결과는 각 학교가 기록한 훈육실 의뢰 비율에서의 변화가 다양한 학교환경(예: 복도, 식당)에서 관찰되는 문제행동 비율상의 진정한 변화와 관련되어 있음을 보여 주고 있다.

4) 학교 차원의 긍정적 행동지원의 실제는 학생의 학업 수행 변화와 관련되는가

학교의 주요 책임은 학생들이 학업기술을 성취하게 하는 것이다. 학업 수행을 평가하는 가장 적절한 방법에 대하여 지속적인 논쟁이 계속되고 있지만, 이 장에 관련된 관심사는 학생의 사회적 행동에서의 향상이 학업 성취에서의 향상과 연결되는가 하는 것이다(Barriga et al., 2002). 문제행동과 학업 성취 간의 관계를 검증한 연구들에서는 (1) 공격성과 학업 성취(Williams & McGee, 1994), (2) 주의력결핍 과잉행동장애(ADHD)와 학업 성취(Faraone et al., 1993) 간에 역상관관계가 있음을 제시하였다. 학교의 사회적 문화와 학업 성취 간의 관계는 저학년 시기에 문해기술의 발달에 집중적인 강조를 하게 되는 초등학교에서 특별히 중요한 관심사라고 할 수 있다. Kellam, Mayer, Rebok 및 Hawkins(1998)는 학교 차원의 긍정적 행동지원이 저학년 아동들의 읽기 성취에 미치는 효과를 검증하기 위해 무선통제집단 분석을 실시하였다. 그들의 연구에서는 선행연구에서 효과가 입증되었던 읽기 중재를 행동적으로 무질서한 학급에 도입하는 것이 읽기 수행의 향상과 상관이 없다는 점을 제시하였다. 동일한 읽기 중재가 학교 차원의 긍정적 행동지원과 연합될 때만 의미 있는 학업 성취를 얻을 수 있었다. 이러한 연구결과는 학업과 행동지원이 서로 관련된다는 것을 시사한다. 아동들이 사회적 기술을 배우는 것만으로는 읽기를 배우지 못하는 것이 사실이지만, 파괴적이고 무질서한 학급에 좋은 교육과정을 적용하는 것만으로도 읽기를 배우지는 못할 것이다. 효과적인 교육은 확고한 행동적 기반, 실증적으로 입증된 교육과정, 성실한 교수를 포함한다.

최근에 제시된 한 연구의 자료는 학업과 행동지원의 실제를 연합하는 것이 가치 있다는 것을 지지하고 있다(Watson, 2003). 이 자료에 따르면 오리건 주의 한 학군 내에서 학교 차원의 긍정적 행동지원을 사용하는 학교는 총 19개교로 모두 공인된 발음(phonics) 중심의 읽기 프로그램을 실행하였다. 1997−1998학년도와

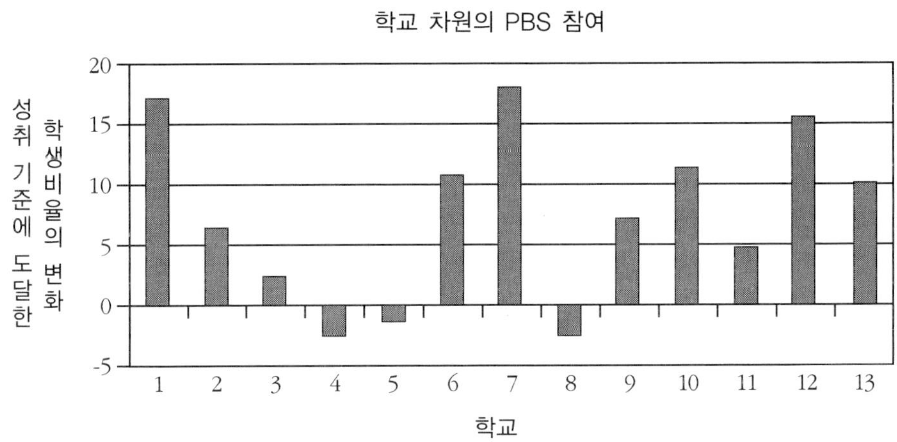

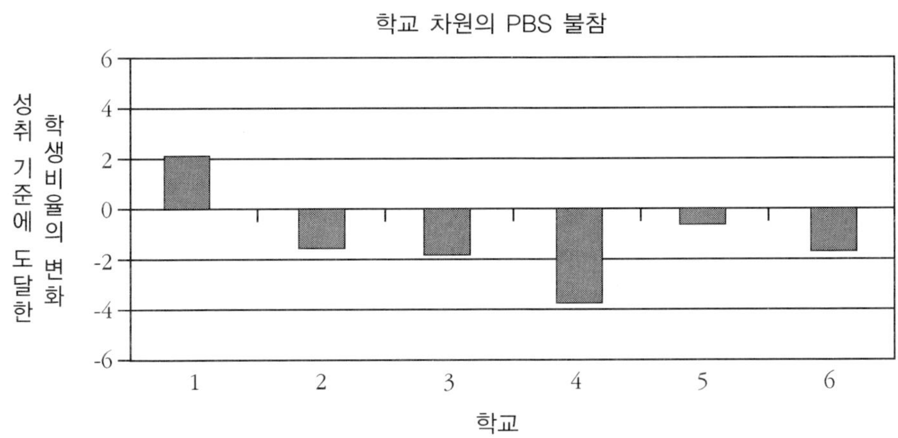

[그림 13−10] 1997−1998학년도 및 2001−2002학년도의 초등학교 3학년 읽기 수준을 성취한 학생들의 백분율 변화.

* 이 기간 동안 학교 차원의 긍정적 행동지원을 채택하고 사용한 13개 학교(상단)와 사용하지 않은 6개 학교(하단)의 백분율 변화를 나타낸다.

2001-2002학년도에는 13개 학교가 학교 차원의 긍정적 행동지원을 선택하여 사용하였다. 이들 학교들은 무선적으로 선정된 것이 아니며, 또한 실험 설계를 적용하지도 않았다. Watson은 1997-1998학년도에 각 학교가 주에서 정한 읽기 수준에 도달한 3학년의 백분율을 2001-2002학년도의 동일한 기준의 결과와 비교했다. [그림 13-10]의 상단 그림은 이 기간동안 학교 차원의 긍정적 행동지원을 채택한 13개 학교에서 주가 제시한 읽기 수준에 도달한 학생 백분율의 변화를 보여 주고 있다. 그리고 하단 그림에는 학교 차원의 긍정적 행동지원을 채택하지 않은 6개 학교들의 유사한 변화 점수가 제시되어 있다.

Watson이 제시한 자료는 사실에 근거한 자료로 다양한 변인들과 관련될 수 있다는 것을 이해하는 것이 중요하다. 그러나 그것은 Kellam 등(1998)의 연구 결과에서 나타난 양상과 일치하는 변화 자료를 제시하고 있다. 행동지원과 효과적인 교수의 병합은 미국 내 학교 개혁을 위한 중요한 논지가 될 것이다. 그러므로 앞으로 학업지원 및 행동지원의 병행에 대한 체계적인 분석이 이루어져야 할 것이다.

6. 요 약

학교 차원의 긍정적 행동지원은 학교의 행동문화에서 사회적으로 중요하고 지속적인 향상을 이루기 위하여 고안된 특정 방법과 체계를 병합한 학교 훈육을 위한 접근이다. 이 접근은 학생의 요구에 따른 다양한 수준의 지원이 통합되어 있는 3단계 모형을 기반으로 한다. 학교 전체에 긍정적 행동지원을 적용하는 것은 현재 미국 전역으로 확산되고 있다. 지금까지 이루어지고 있는 예비연구 및 서술적인 정보들은 학교가 적절한 기술적 보조를 받는다면 학교 차원의 긍정적 행동지원을 실행할 수 있을 것이며, 일단 방법과 체계가 실행되기 시작하면 계속될 수 있고, 이와 같은 방법과 체계는 아동의 행동 및 학업 성취에서의 사회적으로 중요한 향상과 관련된다는 사실을 보여 주고 있다.

긍정적 행동지원은 학교, 가정, 지역사회, 직장에서의 문제행동을 다루기 위하여 새롭게 제시되고 있는 주제다. 이 책의 각 장은 개인의 행동지원을 발전시키기 위한 긍정적 행동지원의 역할에 중점을 두었다. 이 장은 그러한 내용을 좀 더 광범위한 차원으로 확대시켜 다루었다. 개별 학생을 위한 지원은 필수적이지만 긍정적 행동지원이 모든 학생들에게 좀 더 폭넓은 사회적인 영향을 미쳐야 한다면 그것만으로는 충분하지는 않다. 따라서 이 장에서는 긍정적 행동지원의 혜택이 우리 사회의 한 부분으로 통합되어야 한다면 긍정적 행동지원의 논리를 좀 더 광범위한 사회 시스템(예: 학교)으로 확장하는 것이 실행 가능하면서도 필수적임을 강조하였다.

참고문헌 ……

Alberto, P. A., & Troutman, A. C. (2003). *Applied behavior analysis for teachers* (6th ed.). Upper Saddle River, NJ: Merrill/Prentice Hall.

Barriga, A., Diran, J., Newell, S., Morrison, E., Barbetti, V., & Robbins, B. (2002). Relationships between problem behaviors and academic achievement in adolescents: The unique role of attention problems. *Journal of Emotional and Behavioral Disorders, 10*, 233-240.

Becker, W. C., Engelmann, S., & Thoman, D. (1975). *Teaching 2: Cognitive learning and instruction.* Chicago: Science Research Association.

Cameron, J. (2002). *The detrimental effects of reward hypothesis: Persistence of a view in the face of disconfirming evidence.* Unpublished manuscript.

Cameron, J., Banko, K. M., & Pierce, W. D. (2001). Pervasive negative effects of rewards on intrinsic motivation: The myth continues. *The Behavior Analyst, 24*, 1-44.

Cameron, J., & Pierce, W. D. (1994). Reinforcement, reward, and intrinsic motivation: A meta-analysis. *Review of Educational Research, 64*, 363-423.

Cameron, J., & Pierce, W. D. (2002). *Rewards and intrinsic motivation: Resolving the controversy.* Westport, CT: Bergin & Garvey.

Carnine, D. (1992). Expanding the motion of teachers' rights: Access to tools that work. *Journal of Applied Behavior Analysis, 25*(1), 13-19.

Carnine, D. (1995). Using research to bolster student learning. *School Administrator, 52*(6), 10-14, 16.

Carnine, D. (1997). Bridging the research-to-practice gap. *Exceptional Children, 63,* 513-521.

Carr, E. G., Dunlap, G., Horner, R. H., Koegel, R. L., Turnbull, A. P., Sailor, W., et al. (2002). Positive behavior support: Evolution of an applied science. *Journal of Positive Behavior Interventions, 4*(1), 4-16, 20.

Carr, E. G., Horner, R. H., Turnbull, A. P., Marquis, J. G., McLaughlin, D., McAtee, M. L., et al. (1999). *Positive behavior support for people with developmental disabilities: A research synthesis.* Washington, DC: American Association on Mental Retardation.

Chapman, D., & Hofweber, C. (2000). Effective behavior support in British Columbia. *Journal of Positive Behavior Interventions, 2*(4), 235-237.

Colvin, G., & Fernandez, E. (2000). Sustaining effective behavior support systems in an elementary school. *Journal of Positive Behavior Interventions, 2,* 251-253.

Colvin, G., Kame'enui, E., & Sugai, G. (1993). Reconceptualizing behavior management and school-wide discipline in general education. *Education and Treatment of Children, 16,* 361-381.

Colvin, G., & Sprick, R. (1996). *Administrative support and the implementation of school-wide discipline.* Unpublished manuscript, University of Oregon.

Colvin, G., Sugai, G., & Kame' enui, E. (1994). *Curriculum for establishing a proactive school-wide discipline plan: Project PREPARE.* Eugene: University of Oregon.

Comer, J. (1985). The Yale-New Haven Primary Prevention Project: A follow-up study. *Journal of the American Academy of Child Psychiatry, 24,* 154-160.

Crone, D., Horner, R. H., & Hawken, L. S. (2004). *Responding to problem behavior in schools: The behavior education program.* New York: Guilford Press.

Cushing, L. S. (2000). *Descriptive analysis in the school social culture of elementary an middle school students.* Unpublished doctoral dissertation, University of Oregon.

Cushing, L. S., Horner, R. H., & Barrier, H. (2003). Validation and congruent validity of a direct observation tool to assess student social climate at school. *Journal of Positive Behavior Interventions, 5*(4), 225-237.

Darch, C. B., & Kame'enui, E. J. (2004). *Instructional classroom management: A proactive approach to behavior management* (2nd ed.). Upper Saddle River, NJ: Merrill.

Davies, D. E., & McLaughlin, T. F. (1989). Effects of a daily report card on disruptive behaviour in Drimary students. *Journal of Special Education, 13*(2), 173-181.

Didden, R., Duker, P. C., & Korzilius, H. (1997). Meta-analytic study on treatment effectiveness for problem behaviors with individuals who have mental retardation. *American Journal on Mental Retardation, 101*(4), 387-399.

Dougherty, E. H., & Dougherty, A. (1977). The daily report card: A simplified and flexible package for classroom behavior management. *Psychology in the Schools, 14*(2), 191-195.

Dwyer, K., Osher, D., & Warger, C. (1998). *Early warning, timely response: A guide to safe schools.* Washington, DC: U.S. Department of Education.

Eber, L., & Nelson, C. M. (1997). School-based wraparound planning: Integrating services for students with emotional and behavioral needs. *American Journal of Orthopsychiatry, 67,* 385-395.

Engelmann, S., & Carnine, D. (1982). *Theory of instruction: Principles and applications.* New York: Irvington.

Epstein, M. H., Nelson, C. M., Polsgrove, L., Coutinho, M., Cumblad, C., & Quinn, K. P. (1993). A comprehensive community-based approach to serving students with emotional and behavioral disorders. *Journal of Emotional and Behavioral Disorders, 1,* 127-133.

Evertson, C. M., & Emmer, E. T. (1982). *Preventive classroom management.* Alexandria, VA: Association for Supervision and Curriculum Development.

Faraone, S., Biederman, J., Lehman, B., Spencer, T., Norman, D., Seidman, L., et al. (1993). Intellectual performance and school failure in children with attention deficit hyperactivity disorder and in their sibling. *Journal of Abnormal Psychology, 102,* 616-623.

Fuchs, D., & Fuchs, L. (1994). Inclusive schools movement and the radicalization of special education reform. *Exceptional Children, 60*(4), 294-309.

Gilbert, T. F. (1978). *Human competence: Engineering worthy performance.* New York: McGraw-Hill.

Gilbert, T. F., & Gilbert, M. B. (1992). Potential contributions of performance science to education. *Journal of Applied Behavior Analysis, 25,* 739-763.

Gottfredson, D. C. (1987). An evaluation of an organization development approach to reducing school disorder. *Evaluation Review, 11,* 739-763.

Gottfredson, D. C., Gottfredson, G. D., & Hybl, L. G. (1993). Managing adolescent behavior: A multiyear, multischool study. *American Educational Research Journal, 30,* 179-215.

Gottfredson, D. C., Gottfredson, G. D., & Skroban, S. (1996). A multimodel school based prevention demonstration. *Journal of Adolescent Research, 11,* 97-115.

Gottfredson, D. C., Karweit, N. L., & Gottfredson, G. D. (1989). *Reducing disorderly behavior in middle schools.* Baltimore: Center for Research on Elementary and Middle Schools.

Gresham, F. M., Sugai, G., Horner, R. H., Quinn, M. M., & McInerney, M. (1998). *School-wide values, discipline, and social skills.* Washington, DC: American Institutes of Research and Office of Special Education Programs.

Hawken, L. S., & Horner, R. H. (2003). Evaluation of a targeted group intervention within a school-wide system of behavior support. *Journal of Behavioral Education, 12*(3), 225-240.

Heward, W. L., Heron, T. E., Hill, D. S., & Trap-Porter, J. (1984). *Focus on behavior analysis in education.* Columbus, OH: Merrill.

Horner, R. H., Diemer, S. M., & Brazeau, K. C. (1992). Educational support for students with severe problem behaviors in Oregon: A descriptive analysis from the 1987-1988 school year. *Journal of The Association of Persons with Severe Handicaps, 17*(3), 154-169.

Horner, R. H., Sugai, G., Lewis-Palmer, T., & Todd, A. W. (2001). Teaching school-wide behavioral expectations. *Report on Emotional and Behavioral Disorders in Youth, 1*(4), 77-79, 93-96.

Horner, R. H., Sugai, G., & Todd, A. W. (2001). "Data" need not be a four-letter word:

Using data to improve school-wide discipline. *Beyond Behavior, 11*(1), 20-22.

Horner, R. H., Todd, A. W., Lewis-Palmer, T., Irvin, L. K., Sugai, G., & Boland, J. B. (2004). The School-wide Evaluation Tool (SET): A research instrument for assessing school-wide positive behavior support. *Journal of Positive Behavior Interventions, 6*(1), 3-12.

Ingram, K. (2002). *Comparing effectiveness of intervention strategies that are based on functional behavioral assessment information and those that are contra-indicated by the assessment.* Unpublished doctoral dissertation, University of Oregon.

Ingram, K., Horner, R. H., & Todd, A. W. (2002). *Program evaluation of the School-Wide Information System (SWIS).* Unpublished manuscript.

Irvin, L. K., Tobin, T. J., Sprague, J. R., Sugai, G., & Vincent, C. G. (2004). Validity of office discipline referral measures as indices of school-wide behavioral status and effects of school-wide behavioral interventions. *Journal of Positive Behavior Interventions, 6*(3), 131-147.

Jensen, W. R., Sloane, H. N., & Young, K. R. (1988). *Applied behavior analysis in education: A structured teaching approach.* Englewood Cliffs, NJ: Prentice-Hall.

Kame'enui, E. J., & Carnine, D. W. (2002). *Effective teaching strategies that accommodate diverse learners* (2nd ed.). Upper Saddle River, NJ: Merrill.

Kame'enui, E. J., & Darch, C. B. (1995). *Instructional classroom management: A proactive approach to behavior management.* White Plains, NY: Longman.

Kazdin, A. E. (1982). Applying behavioral principles in the schools. In C. R. Reynolds & T. B. Gutkin (Eds.), *The handbook of school psychology* (pp. 501-529). New York: Wiley.

Kellam, S. G., Mayer, L. S., Rebok, G. W., & Hawkins, W. E. (1998). The effects of improving achievement on aggressive behavior and of improving aggressive behavior on achievement through two prevention interventions: An investigation of casual paths. In B. Dohrenwend (Ed.), *Adversity, stress, and psychopathology* (pp. 486-505). Oxford: Oxford University Press.

Kerr, M. M., & Nelson, C. M. (1983). *Strategies for managing behavior problems in the classroom.* Columbus, OH: Merrill.

Kerr, M. M., & Nelson, C. M. (2002). *Strategies for managing behavior problems* (4th ed.). Upper Saddle River, NJ: Merrill.

Knoff, H. M. (2002). Best practices in facilitating school-based organizational change and strategic planning. In A. Thomas & J. Grimes (Eds.), *Best practices in school psychology-IV* (pp. 235-252). Silver Spring, MD: National Association of School Psychologists.

Larson, J. (1994). Violence prevention in schools: A review of selected programs and procedures. *School Psychology Review, 23,* 151-164.

Latham, G. (1988). The birth and death cycles of educational innovations. *Principal, 68*(1), 41-43.

Leach, D., & Byrne, M. (1986). Some "spill-over" effects of a home-based reinforcement programme in a secondary school. *Educational Psychology, 6*(3), 265-276.

Lewis, T. J., Colvin, G., & Sugai, G. (2000). The effects of precorrection and active supervision on the recess behavior of elementary school students. *Education and Treatment of Children, 23,* 109-121.

Lohrman-O' Rourke, S., Knoster, T., Sabatine, K., Smith, D., Horvath, B., & Llewellyn, G. (2000). School-wide application of PBS in the Bangor Area School District. *Journal of Positive Behavior Interventions, 2*(4), 238-240.

Luiselli, J. K., Putnam, R. F., & Sunderland, M. (2002). Longitudinal evaluation of behavior support intervention in a public middle school. *Journal of Positive Behavior Interventions, 4*(3), 182-188.

March, R. E., & Horner, R. H. (2002). Feasibility and contributions of functional behavioral assessment in schools. *Journal for Emotional and Behavioral Disorders, 10*(3), 158-170.

May, S., Ard, W., III, Todd, A. W., Horner, R. H., Glasgow, A., Sugai, G., et al. (2000). *School-Wide Information System.* Eugene: Educational and Community Supports, University of Oregon.

Mayer, G. R. (1995). Preventing antisocial behavior in the schools. *Journal of Applied Behavior Analysis, 28,* 467-478.

Mayer, G. R., & Butterworth, T. (1979). A preventive approach to school violence and vandalism: An experimental study. *Personal and Guidance Journal, 57,* 436-441.

Mayer, G. R., Butterworth, T., Nafpaktitis, M., & Sulzer-Azarroff, B. (1983). Preventing school vandalism and improving discipline: A three year study. *Journal of Applied Behavior Analysis, 16,* 355-369.

McCord, J. (Ed.). (1995). *Coercion and punishment in long-term perspective.* New York: Cambridge University Press.

Nakasato, J. (2000). Data-based decision making in Hawaii's behavior support effort. *Journal of Positive Behavior Interventions, 2*(4), 247-251.

National Research Council & Institute of Medicine. (1999). *Risk and opportunities: Synthesis of studies on adolescence.* Washington, DC: National Academy Press.

Nelson, J. R., Colvin, G., & Smith, D. J. (1996, Summer-Fall). The effects of setting clear standards on students' social behavior in common areas of the school. *Journal of At-Risk Issues,* pp. 10-17.

Nelson, J. R., Martella, R., & Galand, B. (1998). The effects of teaching school expectations and establishing a consistent consequence on formal office disciplinary actions. *Journal of Emotional and Behavioral Disorders, 6,* 153-161.

Nelson, J. R., Martella, R., & Marchhand-Martella, N. (2002). Maximizing student learning: The effects of a comprehensive school-based program for preventing problem behaviors. *Journal of Emotional and Behavioral Disorders, 10*(3), 136-148.

Nersesian, M., Todd, A., Lehmann, J., & Watson, J. (2000). School-wide behavior support through district-level system change. *Journal of Positive Behavior Interventions, 2*(4), 244-247.

O' Neill, R. E., Horner, R. H., Albin, R. W., Sprague, J. R., Storey, K., & Newton, J. S. (1997). *Functional analysis of problem behavior: A practical assessment guide* (2nd ed.). Pacific Grove, CA: Brooks/Cole.

Patterson, G. R., Reid, J. B., & Dishion, T. J. (1992). *Antisocial boys.* Eugene, OR: Castalia.

Perters, M. T., & Heron, T. E. (1993). When the best is not good enough: An examination of best practice. *Journal of Special Education, 26,* 371-385.

Rose, L. C., & Gallup, A. M. (1998). The 30th annual Phi Delta Kappan/Gallup poll of the public's attitude toward the public schools. *Kappan, 79,* 41-56.

Sadler, C. (2000). Effective behavior support implementation at the district level:

Tigard-Tualatin School District. *Journal of Positive Behavior Interventions, 2*(4), 241-243.

Scott, T. M., & Eber, L. (2003). Functional assesment and wraparound as systemic school processes: Primary, secondary, and tertiary systems examples. *Journal of Positive Behavior Interventions, 5*(3), 131-143.

Shinn, M., Stoner, G., & Walker, H. M. (Eds.). (2002). *Interventions for academic and behavior problems: Preventive and remedial approaches.* Silver Spring, MD: National Association of School Psychologists.

Shonknoff, J. P., & Phillips, D. A. (Eds.). (2000). *Report: Board on children, youth and families, commission on behavioral and social sciences and education.* Washington, DC: National Academy Press.

Skiba, R. J. (2002). Special education and school discipline: A precarious balance. *Behavioral Disorders, 27*(2), 81-97.

Skiba, R. J., & Perterson, R. L. (2000). School discipline at a crossroads: From zero tolerance to early response. *Exceptional Children, 66*(3), 335-356.

Smith, B. (2000). *Problem behavior within the context of peer delivered consequences.* Unpublished doctoral dissertation, University of Oregon.

Sprick, R. S., & Nolet, V. (1991). Prevention and management of secondary-level behavior problems. In G. Stoner, M. R. Shinn, & H. M. Walker (Eds.), *Interventions for achievement and behavior problems* (pp. 519-538). Silver Spring, MD: National Association of School Psychologists.

Sprick, R., Sprick, M., & Garrison, M. (1992). *Foundations: Developing positive school-wide discipline policies.* Longmont, CO: Sopris, West.

Sugai, G. (2002, October). *School-wide positive behavior support.* Paper presented at the National Forum on schoolwide PBS, Naperville, IL.

Sugai, G., & Horner, R. H. (1994). Including students with severe behavior problems in general education settings: Assumptions, challenges, and solutions. In J. Marr, G. Sugai, & G. Tindal (Eds.), *The Oregon Conference monograph* (pp. 102-120). Eugene: University of Oregon.

Sugai, G., & Horner, R. H. (2002). The evolution of discipline practices: School-wide positive behavior supports. *Child and Family Behavior Therapy, 24*(1-2), 23-50.

Sugai, G., Horner, R. H., Dunlap, G., Hieneman, M., Lewis, T. J., Nelson, C. M., et al. (2000). Applying positive behavior support and functional behavioral assessment in schools. *Journal of Positive Behavior Interventions, 2*(3), 131-143.

Sugai, G., Sprague, J. R., Horner, R. H., & Walker, H. M. (2000). Preventing school violence: The use of office discipline referrals to assess and monitor school-wide discipline interventions. *Journal of Emotional and Behavioral Disorders, 8*, 94-101.

Sulzer-Azaroff, B., & Mayer, G. R. (1994). *Achieving educational excellence: Behavior analysis for achieving classroom and schoolwide behavior change*. San Marcos, CA: Western Image.

Taylor-Greene, S., Brown, D., Nelson, L., Longton, J., Gassman, T., Cohen, J., et al. (1997). School-wide behavioral support: Starting the year off right. *Journal of Behavioral Education, 7*, 99-112.

Taylor-Greene, S., Brown, D., Nelson, L., Longton, J., Gassman, T., Cohen, J., et al. (1999). *The High Five Program: A positive approach to school discipline*. Elmira, OR: Fern Ridge Middle School.

Taylor-Greene, S. J., & Kartub, D. T. (2000). Durable implementation of school-wide behavior support: The High Five Program. *Journal of Positive Behavior Interventions, 2*(4), 233-235.

Tobin, T., Sugai, G., & Colvin, G. (2000, May). A guide to the creation and use of discipline referral graphs. *NASSP Bulletin, 84*(616), 106-117.

Todd, A. (2002, May). *School-wide behavior support outcomes*. Paper presented at the annual meeting of the Association on Behavior Analysis, Toronto.

Todd, A. W., Horner, R. H., Sugai, G., & Strague, J. R. (1999). Effective behavior support: Strengthening school-wide systems through a team-based approach. *Effective School Practices, 17*(4), 23-37.

Tolan, P., & Guerra, N. (1994). *What works in reducing adolescent violence: An empirical review of the field*. Boulder: Center for the Study and Prevention of Violence, University of Colorado.

Tyack, D. (2001). Introduction. In S. Mondale & S. Patton (Eds.), *School: The story of American public education* (pp. 1-10). Boston: Beacon Press.

U. S. Department of Health and Human Services. (2001). *Youth violence: A report of the Surgeon General.* Washington, DC: Government Printing Office.

Vargas, J. S. (1997). *Behavioral psychology for teachers.* New York: Harper & Row.

Walker, H. M., Colvin, G., & Ramsey, E. (1995). *Antisocial behavior in public school: Strategies and best practices.* Pacific Grove, CA: Brooks/Cole.

Walker, H. M., Horner, R. H., Sugai, G., Bullis, M., Sprague, J., Bricker, D., & Kaufman M. J. (1996). Integrated approaches to preventing antisocial behavior patterns among school-age children and youth. *Journal of Emotional and Behavioral Disorders, 4,* 194-209.

Walker, H. M., & Shinn, M. R. (2002). Structuring school-based interventions to achieve integrated primary, secondary, and tertiary prevention goals for safe and effective schools. In M. R. Shinn, G. Stoner, & H. M. Walker (Eds.), *Interventions for academic and behavior problems: Preventive and remedial approaches* (pp. 1-26). Silver Spring, MD: National Association of School Psychologists.

Watson, J. (2003, MAY 14). *Report to the 4J School Board.* Eugene, OR: 4J School District.

Weissberg, R. P., Caplan, M. Z., & Sivo, P. J. (1989). A new conceptual framework for establishing school-based social competence promotion programs. In L. A. Bond & B. E. Compas (Eds.), *Primary prevention and promotion in the schools* (pp. 255-296). Newbury Park, CA: Sage.

Williams, S., & McGee, R. (1994). Reading attainment and juvenile delinquency. *Journal of Child Psychology and Psychiatry, 35*, 442-459.

Wolery, M. R., Bailey, D. B., Jr., & Sugai, G. M. (1988). *Effective teaching: Principles and procedures of applied behavior analysis with exceptional students.* Boston: Allyn & Bacon.

찾아보기

저자 소개

Linda M. Bambara, EdD Vanderbilt University에서 중도장애 전공으로 특수교육학 박사학위를 받았다. 현재 Lehigh University의 특수교육과 교수로 재직하고 있으며, 장애를 지닌 성인들의 지역사회 삶을 지원하는 대학 부설 프로그램인 Lehigh Support for Community Living의 소장으로 일하고 있다. 지난 15년 동안 연구자, 옹호자, 자문가로 활동하면서 발달장애를 지닌 학령기 아동과 성인들을 위한 긍정적 행동지원을 적극적으로 촉진해 왔다. 중도장애인의 자기 관리, 자기 결정, 지역사회 참여 등에도 관심을 가지고 있다. 긍정적 행동지원에 대한 두 권의 책을 포함하여 많은 논문과 책을 집필하였다. 현재 *Journal of Positive Behavior Interventions*를 포함한 5개의 발달장애 영역 전문 학술지의 편집위원을 맡고 있으며, *Journal of the Association for Persons with Severe Handicaps(JASH)*의 후속인 *Research and Practice for Persons with Severe Disabilities*의 편집위원장을 역임하였다.

Lee Kern, PhD University of South Florida에서 특수교육학 박사학위를 받았으며, 현재 Lehigh University의 특수교육과 교수로 재직하고 있다. 특수교육 분야에서 20년이 넘게 특수교사, 행동전문가, 자문가로 일했다. 관심 영역은 주로 사회적, 정서적, 행동적 요구를 지닌 학생들의 심각한 문제행동, 기능진단, 교육과정 중재 등이다. 이 분야에서 수많은 논문과 책을 집필하였으며, 행동 문제를 다루는 전략들을 연구하기 위하여 교육부와 국립정신건강연구소 등에서 연구비를 수혜하였다. 현재 *Education and Treatment of Children, Journal of Behavioral Education, Journal of Positive Behavior Interventions*의 부편집위원장을 맡고 있으며, 그 외에도 5개의 교육학 관련 학술지의 편집위원으로 일하고 있다.

■ 협력 저자

Mendy Boettcher, PhD Yale Child Study Center, Yale University School of Medicine, New Haven, Connecticut

Lauren Brookman-Frazee, PhD Child and Adolescent Services Research Center, Department of Psychiatry, University of California, San Diego, California

Shelley Clarke, MA Department of Child and Family Studies, University of South Florida, Tampa, Florida.

Geln Dunlap, PhD Department of Child and Family Studies, University of South Florida, Tampa, Florida

Lise Fox, PhD Department of Child and Family Studies, University of South Florida, Tampa, Florida

James Halle, PhD Department of Special Education, University of Illinois, Urbana-Champaign, Illinois

Joshua Harrower, PhD Department of Child and Family Studies, University of South Florida, Tampa, Florida

Robert H. Horner, PhD Educational and Community Supports, University of Oregon, Eugene, Oregon

Don Kincaid, EdD Department of Child and Family Studies, University of South Florida, Tampa, Florida

Tim Knoster, EdD Department of Exceptionality Programs, Bloomsburg University, Bloomsburg, Pennsylvania

Lynn Kern Koegel, PhD Department of Counseling, Clinical, and School Psychology, College of Education, University of California, Santa Barbara, California

Robert L. Koegel, PhD Department of Counseling, Clinical, and School Psychology, College of Education, University of California, Santa Barbara, California

Freya Koger, PhD Special Education Program, College of Education, Lehigh University, Bethlehem, Pennsylvania

Teri Lewis-Palmer, PhD Educational and Community Supports, University of Oregon, Eugene, Oregon

Raymond G. Miltenberger, PhD Department of Psychology, North Dakota State University, Fargo, North Dakota

Stacy Nonnemacher, MEd Special Education Program, College of Education, Lehigh University, Bethlehem, Pennsylvania

Robert E. O'Neill, PhD Department of Special Education, University of Utah, Salt Lake City, Utah

Joe Reichle, PhD Department of Communication Disorders, University of Minnesota, Minneapolis, Minnesota

Kristin Starosta, MEd Special Education Program, College of Education, Lehigh University, Bethlehem, Pennsylvania

George Sugai, PhD Educational and Community Supports, University of Oregon, Eugene, Oregon

Anne W. Todd, MS Educational and Community Supports, University of Oregon, Eugene, Oregon

역자 소개

▣ 이소현

현재 이화여자대학교 사범대학 특수교육과 교수로 재직 중이다. 이화여자대학교 사범대학 특수교육과, 샌프란시스코 주립대학교 대학원(MA), 밴더빌트 대학교 대학원(Ph.D)을 졸업한 후 자폐아 교육기관인 프린스턴 아동발달연구소에서 근무하였다. 현재 한국자폐학회 회장직을 맡고 있다. 주요 저서 및 역서로는 『장애 영유아를 위한 교육』(이화여자대학교 출판부, 1995, 2003), 『단일대상연구』(학지사, 1998), 『특수아동교육』(학지사, 1998, 2006), 『장애 유아 통합유치원 교육과정』(학지사, 2001), 『유아특수교육』(학지사, 2003), 『자폐 범주성 장애』(시그마프레스, 2005), 『아스퍼거 증후군』(학지사, 2006) 등이 있다.

▣ 박지연

현재 이화여자대학교 사범대학 특수교육과 교수로 재직 중이다. 이화여자대학교 사범대학 특수교육과, 캔자스 대학교 대학원(M.S.Ed., Ph.D.)을 졸업한 후 반석특수유치원, Brookcreek Learning Center 등에서 특수교사로 일하였고, Beach Center on Disability에서 연구원으로 재직하였다. 현재 학술지 『특수교육』의 편집위원장을 맡고 있으며, 연구 관심 분야는 긍정적 행동지원과 장애인 가족지원이다.

▣ 박현옥

현재 백석대학교 유아특수교육과 교수로 재직 중이다. 이화여자대학교 특수교육과를 졸업하고 동 대학 대학원에서 특수교육학 전공으로 석사 및 박사 학위를 취득한 후 이화여대 발달장애아동센터에서 연구원으로 재직하였다. 주요 저서 및 역서로는 『유아특수교육론』(박학사, 2004), 『자폐증 개론』(시그마프레스, 2004), 『나의 학교 이야기: 발달장애아동의 사회적 기술 향상을 위한 상황이야기』(파라다이스복지재단, 2005) 등이 있다.

▣ 윤선아

현재 서울대학병원 소아정신과 특수교육 주임교사로 재직 중이다. 이화여자대학교 대학원에서 특수교육학 전공으로 석사학위를 취득하고 박사과정을 수료하였다. 주요 역서로는 『장애인 가족지원』(학지사, 2006)이 있다.

장애 학생을 위한 개별화 행동지원: 긍정적 행동지원의 계획 및 실행
Individualized Supports for Students with Problem Behaviors: Designing Positive Behavior Plans

2008년 10월 10일 1판 1쇄 발행
2025년 7월 30일 1판 8쇄 발행

지은이 • Linda M. Bambara · Lee Kern
옮긴이 • 이소현 · 박지연 · 박현옥 · 윤선아
펴낸이 • 김 진 환
펴낸곳 • (주) 학지사
04031 서울특별시 마포구 양화로 15길 20 마인드월드빌딩 5층
대표전화 • 02) 330-5114 팩스 • 02) 324-2345
등록번호 • 제313-2006-000265호
홈페이지 • http://www.hakjisa.co.kr
인스타그램 • https://www.instagram.com/hakjisabook

ISBN 978-89-5891-911-7 93370

정가 **20,000**원